编委会

第六卷

陈其人文集

陈其人 著

复旦大学出版社

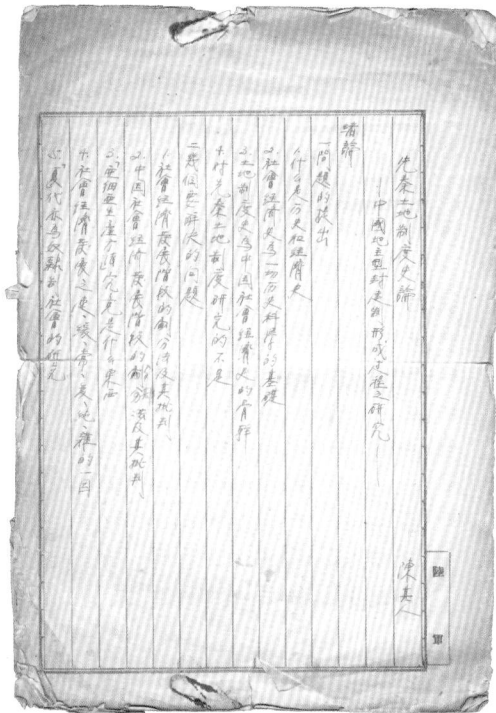

陈其人著《先秦土地制度史论——中国地主型封建制形成过程之研究》手稿

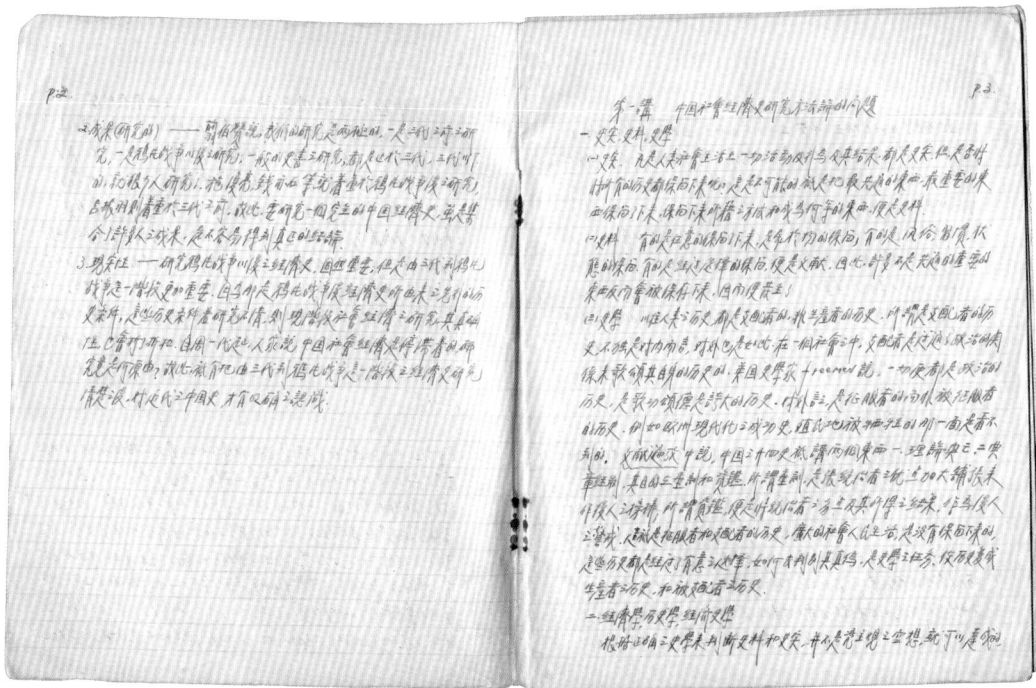

王亚南先生讲"中国社会经济史论纲",陈其人笔记手稿

陈其人

1924—2017

　　陈其人，广东新会人，著名的马克思主义政治经济学家、上海首批社科大师、上海市哲学社会科学"学术贡献奖"获得者、复旦大学国际关系与公共事务学院教授，一生致力于对《资本论》的深入研究和阐释以及对马克思主义政治经济学的传承和发展。

　　陈其人雕像于2023年11月13日在复旦大学文科楼和五教间的"国箴园"揭幕。

陈其人著《〈资本论〉中的政治学原理》手稿

世界经济体系理论

前　言

　　陈其人教授出生于 1924 年 10 月 16 日,广东新会人,1943 年考取中山大学经济系,1947 年毕业,获法学士学位。1949 年 2 月到上海市洋泾中学工作,同年考入复旦大学经济研究所,1952 年 2 月进入复旦大学经济系任助教,1954 年晋升为讲师,1957 年至 1959 年在上海宝山县蕰溪乡参加劳动,1959 年回到复旦,任教于复旦附中。1962 年调入复旦大学政治系,1964 年复旦大学政治系改为复旦大学国际政治系,担任国际政治系讲师,1980 年晋升为副教授,1985 年任教授,1986 年起担任国际关系专业博士生导师,1994 年 12 月离休,2017 年 10 月 1 日在上海岳阳医院逝世,享年 94 岁。他先后担任复旦大学校务委员会委员和学位评定委员会委员、复旦大学国际政治系学术委员会主任、综合性大学《资本论》研究会理事、美国经济学会理事等。

　　陈其人教授学养深厚、著述等身,长期从事马克思主义政治经济学理论教学和研究,在经济学说史、古典经济学说、《资本论》、殖民地理论等学术领域多有建树,为我国马克思主义经济学理论的研究和发展作出了独创性的贡献。他胸怀天下,坚持"为穷人摆脱贫困而研究马克思主义经济学",几十年如一日,年逾 90 仍笔耕不辍。七十多年来,陈其人教授出版专著 24 部,发表论文 150 余篇。1984 年获得上海高等学校哲学社会科学研究优秀成果论文奖,1986 年获得上海市论文奖,专著《李嘉图经济理论研究》获得上海市第十届哲学社会科学优秀成果著作类三等奖,《卢森堡资本积累理论研究》获得上海市第八届邓小平理论研究和宣传优秀成果著作类三等奖。鉴于陈其人教授在马克思主义政治经济学理论研究方面的突出贡献,他于 2012 年荣获作为上海市哲学社会科学领域最高奖项的"学术贡献奖",2018 年荣获首批"上海社科大师"称号。

陈其人教授是著名的马克思主义政治经济学家、政治学家、《资本论》研究专家，长期从事帝国主义政治与经济、殖民地经济、南北经济关系的研究，其学术活动几乎涉及政治经济学的所有领域，尤其精通古典政治经济学和帝国主义理论。他的研究贡献主要有：批判斯密教条并指出它对西方经济理论的影响；对商品生产、货币价值和物价上涨问题提出独特的见解；对危机理论和战后危机周期性作出系统的分析；提出帝国主义是垄断资本主义的世界体系的理论；全面总结斯密-马克思-列宁的殖民地理论；明确界定世界经济学的研究对象和基本范畴——外部市场；研究再生产理论及其历史；研究马克思的亚细亚生产方式理论，并以此为指导研究东西方发展同中有异的原因——亚细亚生产方式的存在。

陈其人教授在大学时代，师从梅龚彬教授，并深受王亚南教授的影响。早在 1946 年，他就着手研究了亚细亚生产方式理论、中国先秦时期的土地制度、中国封建社会发展等理论问题。他继承和发展了王亚南的“地主型封建制理论”，对中国封建社会长期发展迟缓原因的解释得到学界认可，不仅在当时引起学术界的重视，即使今天也仍有学术价值。1954 年，他开始研究经济思想史，尤其是马克思政治经济学的主要理论渊源——英国古典经济学，在商品价值量、工资与物价的关系，货币理论等领域都取得令人瞩目的成果。1985 年，陈其人教授的研究专著《大卫·李嘉图》出版，得到学界很高评价。1962 年，转入国际政治系后，他曾集中研究过空想社会主义理论和政治思想史。1978 年，根据工作需要，陈其人教授着手研究帝国主义理论、殖民地理论和一般的世界经济理论问题。为深入研究帝国主义理论，他又把研究重点转入中国半封建半殖民地经济形态，力求在方法论方面有所建树。他独立建立的殖民地经济关系理论(尤其是国内殖民地理论)，可以与七八十年代国际盛行的依附理论学派相关论述媲美。他先后出版了《帝国主义理论研究》《帝国主义经济政治概论》《殖民地的经济分析史和当代殖民主义》等多部专著。九十年代以来，在改革开放的新形势下，陈其人教授还关注并研究经济改革中出现的理论问题，如工资物价理论、货币理论、中国社会主义计划经济与商品经济的关系等。

陈其人教授从教四十余年，潜心教书育人，桃李满天下，先后荣获 1979 年复旦大学先进工作者、1980 年复旦大学优秀教学一等奖、1985 年复旦大学优秀工作者等奖项。他每年主动承担繁重的教学任务，为本科生开设"帝国主义政治和经济概论"等一系列课程。在教学中，他既坚持马列主义基本观点，又关注理论研究的新动向；既严密和细致地说明问题，又努力提供新的研究视角，授课效果好，深受学生欢迎，他的学生至今仍对此记忆犹新。在研究生教育方面，他特别注重培养学生的抽象思维和创新能力，尤其要求掌握马克思主义方法论，为国家为社会培养了一大批有创新能力、理论联系实际的优秀研究生。他十分重视扩展学生的基础知识、基础理论和研究能力，支持学生在学术上深入研究；他提倡学生多读书，要求学生研究问题要有理有据；他爱护学生、爱惜人才，注意发挥学生的特长，培养了很多硕士、博士研究生。这些研究生毕业后，无论在教书育人、学术研究、国家建设方面都作出贡献，取得很大成绩。

陈其人教授非常关心青年教师的成长。工作期间经常和年轻教师谈心，介绍自己的治学经验，在业务上支持鼓励，在生活上关心照顾，使他们能全身心投入工作。在青年教师准备新课时，给予他们诸多指点和帮助，使青年教师能尽快进入角色，更好地完成新承担的任务。

陈其人教授一生以教书育人、学术研究为己任。他淡泊名利、甘于奉献，为复旦大学马克思主义政治经济学、国际政治学教学、研究的发展作出巨大贡献；他热爱国家、追求真理，持之以恒地耕耘在马克思主义政治经济学研究领域；他关心学生、提携后进，为国家为社会培养了众多优秀人才。先生曾在古稀之年作一对联，堪为其人生写照："执教著文中有我，吃饭穿衣外无他。"思考和学术，就是他的生命的全部。

陈其人教授是国务学院教师的楷模！他是大先生也！

2024年是陈其人先生诞辰一百周年。复旦大学国际关系与公共事务学院于2019年立项《陈其人文集》编辑出版工作，成立了编委会。陈其人教授学术思想宏富，体系严密，作品时间跨度大，我们按照先生作品内容，按照主题分为八卷，较为完整地体现先生的政治经济学思想体系。复旦大学国际关系与公共事务学院多位教授全身心投入文集的编选、编校工作中，他们是：第一卷（《古典政治经济学与庸俗政治经济学批判》）：周志成；第二卷

《资本主义政治经济制度》）：陈晓原、陈周旺；第三卷（《马克思主义政治经济学》）：陈周旺、熊易寒；第四卷（《货币理论与价值理论》）：周志成、郑宇；第五卷（《殖民地与帝国主义理论》上、下）：殷之光；第六卷（《世界经济体系理论》）：张建新；第七卷（《世界经济发展与南北关系》）：苏长和、李瑞昌；第八卷（《社会主义经济制度》）：苏长和、陈玉刚、张骥。复旦大学副校长陈志敏一直关心文集的出版工作；陈其人先生子女在著作权授权上给予了很大方便；复旦大学出版社董事长严峰、副总经理王联合以及编辑邬红伟、朱枫、张鑫等，为文集出版作出了不可替代的贡献。我们对以上各位表示衷心的感谢。

复旦大学国际关系与公共事务学院

《陈其人文集》编委会

于 2024 年 9 月 10 日第四十个教师节

编 校 说 明

一、《陈其人文集》（全 8 卷）收录了陈其人教授各类已出版作品，并在此基础上对原作品进行了校订。具体编校工作之依据参见各部分辑封页说明。

二、全卷注释采用脚注形式，编者对原著文献引用统一进行校订处理（补齐、增加、规范化处理），部分文献因年代久远，现已无法查证，遂保留了原出版物中的注解。

三、若未特别注明，全卷所引马克思主义著作，译者均为中共中央马克思恩格斯列宁斯大林著作编译局。

四、为保证上下文内容的完整连贯，部分重复内容予以保留。

目　　录

第二部分　世界体系论的否定与肯定
——卢森堡《资本积累论》研究

第三部分　对《卢森堡资本积累理论研究》的补充

第一章　主要经济理论著作及体现在其中的平衡论

　　尼古拉·伊万诺维奇·布哈林生于 1888 年 10 月 10 日（俄历 9 月27 日）。1906 年 18 岁时参加布尔什维克党。1908 年被选入党的莫斯科委员会。1909 年 5 月被捕，后被释放，接着又被捕，后被保释。1910 年整个党的莫斯科组织被破坏，他又被捕，被驱逐到奥涅加，后逃往国外，开始了生活的新阶段。在奥地利的维也纳听冯·庞巴维克和维塞尔的课。于第一次世界大战前夕被捕，被驱逐到瑞士，再历尽艰辛到瑞典，在图书馆研读直到被捕。接着到挪威，不久秘密赴美国。革命后取道日本回俄国。任莫斯科苏维埃执行委员会委员、莫斯科市委委员。其后任中央委员、政治局委员、共产国际执委会主席团委员、《真理报》编辑（主编）。一直是著作家、讲师、党的鼓动员、宣传员。以上是写于 1924—1925 年的《布哈林自传》的最简单的摘要。

　　1929 年，布哈林被定为党内右倾集团的头目。但他仍努力工作。最后，于 1937 年被捕；1938 年 3 月 15 日被处决。罪名是：人民公敌、匪帮暴徒、法西斯奴仆和间谍、谋刺列宁，凶杀基洛夫、缅因斯基、古比雪夫和高尔基的杀人犯，反对党、反对列宁和反对苏维埃国家的反革命阴谋家。1988 年 2 月被平反昭雪。

第一节　主要经济理论著作

　　布哈林不仅是伟大的无产阶级革命家，而且是杰出的马克思主义理论家，他将革命实践和理论斗争密切地结合在一起。《布哈林自传》中列举的主要理论著作,以经济理论著作居多,这反映了他对马克思主义理论的贡献。他列举的主要著作,虽是限于1925年之前出版的,但可以说是完备的,因为在这以后,除了《到社会主义之路和工农联盟》(1925年)和《论过渡时期的规律性问题》(1926年),由于众所周知的原因,他已经没有什么重要著作了,或者虽然有,至今也未能看到。现在我们就简单地介绍一下这些著作。

《食利者政治经济学》,副题是《奥地利学派的理论和利润理论》。写于1912—1914年。该书是对马克思以后的资产阶级政治经济学所作的总结,这涉及奥地利或效用学派、新历史学派和英美学派,但重点是奥地利学派。该书的特点是将方法论的、社会学的和理论逻辑的批判结合起来。他在流亡的生活中,通过听课和利用各地的图书馆钻研讨论,完成此书。该书是他在24—26岁时写成的,但就他来说,理论已相当成熟,例如这时他就提出社会主义不存在政治经济学,此后一直坚持。70多年来,马克思主义经济学家中对奥地利学派的批判,就我所能看到的,从深度看,还没有人超过他。

《世界经济和帝国主义》,写于1915年,出版于1918年。该书是一篇同名论文的扩展。列宁在写作《帝国主义是资本主义的最高阶段》之前,既读了这篇论文,也读了该书的原稿,并为其写了一篇序。布哈林关于金融资本的定义,影响了列宁;列宁在帝国主义论中的某些论述,也影响了布哈林。我的意思是,这两本书是相互影响的。布哈林在书中虽然也像当时的理论权威考茨基、希法亭那样,把帝国主义看成一种政策,但同时又认为是金融资本条件下的世界经济,列宁正是在后一层意义上为其作序的。布哈林在书中第一个研究了国家资本主义托拉斯,并认为它从内部看已不存在商品生产。更重要的,他在书中提出,随着垄断资本的产生,尽管存在的仍然是私有制,自觉的经济过程已开始产生。

《过渡时期经济学》第一部分,副题是《转化过程的一般理论》。出版于1920年。列宁读原书时,写下了评注,有批评,有赞扬,认为重版这本书对于俄国读者来说是很必要的,并能为科学院带来更大的荣誉。该书写于俄国实行战时共产主义,即不仅在城市、在国营工业之间,而且在农村、在城乡之间,都消灭了商品生产和商品交换的时候。1921年,俄国改为实行恢复商品交换、允许私人经济进行商品生产的新经济政策。于是,有人劝他改写本书。他说,他写的是过渡时期的一般理论,而不是俄国经济史。虽然他想坚持这种正确方法,但由于不能根据更多的实践以概括一般的理论,以致他的研究不能不受俄国狭隘实践经验的限制。

《帝国主义和资本积累》,出版于1925年。该书从研究市场理论、实现理论、危机理论、积累理论开始,以解决帝国主义这个当时非常重要的理论问题。从基本理论问题看,布哈林研究的和列宁在研究帝国主义理论以前研究的(其中最重要的代表是《俄国资本主义的发展》)完全相同。该书采取了同德国(原籍波兰)著名马克思主义理论家罗莎·卢森堡女士论战的形式。原因是卢森堡于1913年出版的《资本积累论》中反对马克思的资本积累理论,认为资本主义生产的剩余价值,要由非资本家、非工人的"第三者"来购买才能实现,因此,随着"第三者"如个体农民,在实现剩余价值的过程中而归于消灭时,资本主义因无法积累也自动崩溃。这种错误理论受到批判后,卢森堡在狱中进行反批评,写成《资本积累——一个反批评》,书稿在她牺牲在敌人的屠刀之下以后出版。对此,布哈林在书中集中力量进行批判。这场历时将近30年的争论,事实上至今仍未结束。列宁和布哈林捍卫马克思的资本积累理论,反对的则不仅有像卢森堡这样的著名马克思主义理论家,也有前马克思主义者,当然还有反马克思主义者。

《到社会主义之路和工农联盟》,出版于1925年。布哈林将社会主义分为落后的和发达的两种类型。他虽然力图贯彻他的方法,即不是从历史而是从理论去研究建成社会主义的规律性,但单个人的认识不能不受历史的限制。因此,他对建成发达社会主义的规律性的阐述不多,较多的是对建成落后社会主义的规律性的阐述,本书是其中的最重要者。根据上述道理,这里同样存在着俄国的实践的限制。

《论过渡时期的规律性问题》,副题是《对普列奥布拉任斯基同志〈新经济学〉一书的批评性意见》,出版于1926年。该书从内容看,实质上是布哈林关于社会主义经济方法论的论述。问题集中到一点就是:社会主义经济既不能自发产生,产生之后又不能自发地战胜私有经济,并且不能自行运转,这一切都要以人们认识了客观的经济规律,并以政策、计划体现这些规律为前提。用一句话说就是:社会主义是完全取代了必然王国的自由王国。在垄断资本条件下开始产生的自觉经济过程,经过生产资料私有制全部被生产资料公有制取代后,已在社会经济中占全面统治地位。由于这样,认识经济规律以制订经济政策和经济计划的机构,对经济运行具有决定性的作用。换言之,上层建筑对经济基础有特殊的作用。

第二节　经济理论著作中的平衡论

布哈林的经济理论著作,同其他马克思主义者的经济理论著作相比,有一个十分显著的特点,那就是他用马克思于 1868 年 7 月 11 日致库格曼的那封著名的信,作为他研究经济关系的重要方法。马克思在信中说:"任何一个民族,如果停止劳动,不用说一年,就是几个星期,也要灭亡,这是每一个小孩子都知道的。人人都同样知道,要想得到和各种不同需要量相适应的产品量,就要付出各种不同的和一定数量上的社会总劳动量。这种按一定比例分配社会劳动的必要性,绝不可能被社会生产的一定形式所取消,可能改变的只是它的表现形式,这是不言而喻的。自然规律是根本不能取消的。在不同的历史条件下能够发生变化的,只是这些规律借以实现的形式,在社会劳动的联系体现为个人劳动产品的私人交换的社会制度下,这种劳动按比例分配所借以实现的形式,正是这些产品的交换价值。"①

据此,布哈林认为,在一切社会形态中,都存在着按比例分配社会总劳动的规律,这是社会平衡的必要条件,他称为劳动消耗规律。这个规律在不同的历史条件下有不同的表现形式,或他所说的历史表皮。在自发的经济过程的条件下,由于平衡社会劳动的各个部分不是自觉地进行的,它就表现为价值规律,即价值规律是劳动消耗规律的表现形式或历史表皮。只有在自发的经济过程的条件下,劳动生产物才表现为商品,商品价值的实体就是自发地交换分配在各生产部门的劳动。在这个条件下,存在着商品拜物教,人与人的关系被掩盖起来。

他认为,自发的经济过程和自觉的经济过程,同生产资料私有制和生产资料公有制并无必然的联系。当然,生产资料公有制是同自觉经济过程相联系的,但庄园经济、种植园经济是以生产资料私有制为基础的,它们的经

---

① 《马克思恩格斯全集》(第三十二卷),人民出版社 1974 年版,第 541 页。

济过程都是自觉的。垄断经济的情况同样如此。只有相互分立的私人生产者之间的经济过程才是自发的。

在他看来，人类社会发展，就存在于其中的经济过程来说，是从自觉的到自觉与自发并存，到自发为主，再到自发与自觉并存，最后到自觉的完全统治。

他就以这样的基本方法，去研究非常复杂的经济关系；这些经济关系经过他的抽象研究，都归结为按比例分配社会劳动的破坏、建立，再破坏、再建立。这被称为布哈林的平衡论。

对平衡论的议论很多。本书不对此予以评论。我只表明我的基本看法，我认为，生产要素合乎比例地分布在各生产部门之间，这可以说是生产的自然规律，无法改变；能改变的，只是它的表现形式。布哈林的这些看法是正确的。至于他由此论及的自发的和自觉的经济过程以及商品和产品的转化等，可以作为一种看法，留待实践的检验。

我只想说明一点，布哈林从劳动比例分配于各生产部门的平衡或比例失调来说明经济危机，我认为既正确，又不正确。说其正确，是因为这能说明局部的经济危机，即一些部门生产过剩就是另一些部门生产不足，反之亦然，而不可能所有部门都生产过剩，因为所有都过剩，就意味着比例符合了。说其不正确，是因为这不能说明所有部门的生产过剩。这种普遍的经济危机不是劳动分配不符合比例引起的，而是生产发展和消费落后于它的矛盾引起的，即使劳动在各生产部门之间的分配合乎比例，也是这样。我这个看法，不是研究了布哈林才产生的。①

---

① 这个看法产生于 60 年代初，当时我尚未系统阅读布哈林的著作。参见拙作《对〈论战后美国经济危机及经济周期的性质〉疑问的质疑》，《世界经济》1980 年第 6 期，第 19—24 页。

第二章 资本主义经济理论

第一节 概述

布哈林的资本主义经济理论,主要体现在对资产阶级经济学进行批判,以及在马克思主义内部讨论资本主义经济理论的作品中。

首先谈对资产阶级经济学的批判。这实质上是对马克思以后的资产阶级经济学的总结。布哈林将其概括为三个主要学派,此外还有一些具有这样或那样倾向的个别经济学家。这三个学派是德国历史学派、奥地利边际效用学派和英美学派;前两者产生时间早于后者,影响也较大,后者主要是吸取了边际效用学派的理论,再同被马克思称为庸俗经济学的某些理论融合而建立起来的。布哈林对其批判,是将社会学的、方法论的和理论逻辑的(如果它具有的话)批判结合起来进行的。对这一点他认为十分重要。他说:"到现在为止,马克思主义阵营中对最新资产阶级经济学家的批判,主要归结为两种批判:或者只是社会学的批判或者仅仅是方法论的批判"。所谓社会学的批判,就是指出理论的阶级性,或同阶级心理的血缘关系。所谓方法论的批判,就是指出处理问题的方法不正确。这些都是必要的,但是这是不够的,因为"马克思主义所以具有普遍意义,正因为它是最先进阶级的理论体系",但是"很清楚,在意识形态的斗争,恰恰必须通过对敌视我们的体系进行逻辑批判,才能揭示这个真理"。① 这样说来,是否可以只进行理论批判,而不进行社会学的和方法论的批判呢? 他认为不可以。就社会学的批判而言,其所以必要,是由于"如果把一种理论的各个论点孤立地拿出来,甚

---

① 布哈林:《食利者政治经济学》,载《布哈林文选》(下册),人民出版社 1983 年版,第 3 页。

至经过仔细分析也不能揭示它的社会内容,那么,如果我们找出这种理论体系的特征,找出它的一般观点,这种社会内容就显示出来了;这时,各个单独的论点就会作为整个链条而获得新的意义,而这整个链条所围绕的是这个或那个阶级、这个或那个社会集团的生活经验"。① 我认为布哈林这些论述是十分重要的,至今仍有重大意义。下面我们将看到,他对边际效用学派的批判,是相结合地从三方面进行批判的典范。

布哈林概括地指出,资产阶级经济学最初用历史学派和边际效用学派反对马克思的经济理论。他说:"资产阶级能把两种基本经济思想流派同卡尔·马克思的坚强体系相对立:我们指的是所谓'历史学派'(罗雪尔、希尔德布兰德、克尼斯、施穆勒、卡尔·毕歇尔等人)以及最近时期广为传播的'奥地利学派'的学说(卡尔·门格尔、冯·庞巴维克、维塞尔)。这两个流派标志着资产阶级政治经济学的破产。但是,这种破产表现在两种完全对立的形式上。这就是说,在第一个流派那里,资产阶级抽象理论的破产表现在对任何类似的理论根本采取否定的态度,而第二个流派则相反,它试图创立的正是这种理论,但只是导致一系列异常巧妙地杜撰出来的'表面解释',这些解释首先正是在马克思理论最强有力的问题上,即在现代资本主义变动的问题上,遭到了破产。"②

历史学派可以区分为历史学派和新历史学派或青年历史学派。前者是英国古典学派在资产阶级范围内的对立物,后者是马克思经济理论的对立物,两者具有相同的否定理论的倾向。关于历史学派产生的社会根源及其否定理论的原因,布哈林写道:"古典学派经济学家力图找到表达经济生活的最普遍规律即'抽象'规律的公式",相反,"'历史学派'作为对古典学派的'世界主义'和'永恒主义'的反动面目出现。这种差异有其深刻的社会经济根源";古典学派鼓吹自由贸易,认为它适合于任何国家,宣扬"世界主义",但却是"非常民族的东西:这是英国工业的必然的理论产物",因为它不怕任何人的竞争;而同英国相比,"德国这个'历史学派'的发源地,在很大程度上是一个落后的农业国;新兴的德国工业由于英国的竞争而深受苦难",因此,

---

① 布哈林:《食利者政治经济学》,载《布哈林文选》(下册),人民出版社1983年版,第17页。
② 同上书,第6—7页。

"德国资产阶级必定特别注意民族特点,以便通过德国发展的'特殊性''独特性'等等,从理论上论证'保护性'关税政策的英明"。所以,"从社会学的观点来说,历史学派也是德国资产阶级增长的意识形态的表现"。① 从逻辑的观点来说,古典学派是"世界主义的",历史学派则是"民族的"。

他继续指出,历史学派在自己进一步的发展中产生出一系列派别,其中,以施穆勒为首的新历史学派,除带有保守的农业色彩,使大地主和农业工人之间的"宗法"关系理想化外,最"害怕'无产阶级祸害'和'红色危险',这一切充分暴露了这些'客观'的教授,揭示出他们的'纯科学'的社会根源"。②

在布哈林看来,历史学派(包括新历史学派)的社会学特征,产生出它相应的逻辑特征。"从逻辑方面来看,'历史学派'的特点,首先是对抽象理论采取否定态度","甚至连这种研究的可能性本身也被怀疑",在这类学者看来,"'抽象'这个词是'毫无意义'的;有的则对任何科学最重要的概念——'规律'的概念抱怀疑态度,最多只接受由历史经济和统计的研究所揭示的所谓'经验的规律'"。③ 新历史学派的代表施穆勒提出积累历史资料的口号。不仅这样,历史学派还认为,社会经济生活完全不能脱离生活过程的其他方面。特别是不能脱离法和道德,即反对将人类的生活用抽象法逐一抽出经济、法和道德加以研究,分别揭示其规律。

对于这种论述,布哈林指出:"没有抽象就不可能有认识;概念本身就是从'具体'东西抽出来的;任何的描述同时也就是要求从某方面看认为重要的特征而对现象作某种选择,因此,抽象就是认识行为的必要特征";只有"当抽掉具体特征就会使抽象变成完全空洞的东西"时,"抽象才不容许存在"。④ 由于反对抽象,"历史学派活动的结果,出现了大量历史描述的著作:价格、工资、信贷、货币等等的历史;但价格和价值的理论、工资理论、货币流通理论的研究工作却寸步不前。同时任何人都清楚,这是两种完全不同的东西"。⑤ 这是因为科学能够抱有两个目的:它或者描述一定时间、一定地点

---

① 布哈林:《食利者政治经济学》,载《布哈林文选》(下册),人民出版社 1983 年版,第 7—8 页。
② 同上书,第 8 页。
③ 同上。
④ 同上书,第 10 页。
⑤ 同上书,第 10—11 页。

已经发生或正在发生的事情;或者力求引出那些总是形成公式的现象的规律,即如果有 A、B、C,那就必然会有 D。他认为政治经济学理论属于第二种类型的科学,它把认识的序列规律任务提到首位。"历史学派轻视得出'一般规律',从而实质上根本取消了政治经济学,代之以个体记述性'纯描述',把它融化在经济生活史和经济统计学这门实质是个体记述的科学中。"①

历史学派和新历史学派就这样以反对抽象、反对理论、反对研究经济规律,来分别反对古典派和马克思的经济理论,在这样做的时候,它们就将资产阶级经济学葬入坟墓。

边际效用学派和新历史学派的不同在于:它用建立主观主义的经济理论,来反对马克思的经济理论。由于它有庞大的理论体系,也由于对其逻辑批判要结合对其社会学的和方法论的批判来进行,这就要另行安排。

英美学派和其他个别的资产阶级经济学家,由于其理论和边际效用学派有关,对其批判就要放在对边际效用学派的批判之后。

其次谈在马克思主义内部讨论资本主义经济理论。这集中在三个问题上:(1)认为政治经济学作为一门科学,只把商品社会,特别是商品资本主义社会作为自己的对象;(2)认为资本积累或社会资本扩大再生产,无须非资本主义环境,只以资本主义本身为条件就能实现;(3)认为经济危机的原因是比例失调,生产与消费之间的矛盾是比例失调的表现。

第二节　对边际效用学派的批判

1. 从社会学和方法论上进行批判

布哈林对以冯·庞巴维克为代表的边际效用学派(或称奥地利学派)的批判,在马克思主义政治经济学发展史上占有重要的地位。这不仅因为它深刻地揭示了这个学派的理论,其中最重要的是价值理论、利润理论和利息理论,同马克思的理论完全是对立的,而且因为它有机地将对这个学派的社会学的、方法论的和理论的批判结合起来,从而完整地批判这个学派。

---

① 布哈林:《食利者政治经济学》,载《布哈林文选》(下册),人民出版社 1983 年版,第 11 页。

布哈林指出，马克思主义政治经济学的方法论基础是：客观主义、历史观和生产观点；与此相反，边际效用学派的方法论基础是：主观主义、非历史观和消费观点。之所以如此，从社会学方面看，前者是无产阶级在经济上的意识形态，后者是资产阶级中的一个阶层，即食利者阶层在经济上的意识形态。

当时，一些有影响的马克思主义者认为，持有企业股票、靠剪息票获得收入，因而脱离生产经营、过寄生生活的人，就是食利者。布哈林的看法不是这样。他认为，这些企业有风险，从而股息不稳定，持股者就要关心企业的生产经营，他不可能完全脱离生产过程。例如，在金融资本条件下，由于银行资本变成工业资本，过去脱离生产的资产阶级重新进入生产领域，其中，有的成为托拉斯的组织者和领导者①，这样的持股者阶层，是不能不关心生产经营的。下面将看到，他认为美国学派才是这个阶层在经济上的意识形态。

在布哈林看来，边际效用学派是这样的食利者在经济上的意识形态，他们"首先是具有固定息率的有价证券的所有者，如国家公债及各种债券等的占有者，其次是用资本购买土地和拥有固定持久收入的人"；他们"不仅不处在生产活动中，而且也不处在流通过程中"；他们同与"投机动荡密切相关的股票占有者每天可能倾家荡产，或者迅速飞黄腾达"不同，既不需关心生产过程，也不需关心流通过程。② 这个阶层的产生，是由于近几十年来资本主义以异乎寻常的速度发展，由于各种形式信贷的发展，积累起来的剩余价值也流入一些同生产无关的人手里。他认为这个阶层只存在一段时间，这是因为如上所述，随着金融资本的产生，情况就发生变化。正是在这个意义上，他说"食利者的类型就是边际型的资产者"。③

经过分析之后，布哈林指出，从社会意识看，无产者和食利者有两个完全对立的特征：无产者——生产者心理、集体主义和寄希望于未来；食利者——消费者的心理、露骨的个人主义和最好是及时行乐。关于消费者的心理，布哈林写道："这种食利者的'活动'领域可以说是消费领域。消费是他们全部

① 布哈林：《食利者政治经济学》，载《布哈林文选》（下册），人民出版社1983年版，第20页。
② 同上书，第14页。
③ 同上书，第20页。

生活的基础,而且'纯消费'心理使得这种生活具有它的独特'风格'。'消费的'食利者眼睛里只看到供他骑的马、地毯、香烟、托凯酒。如果他偶尔谈论劳动,那他最爱谈摘花的劳动或买戏票的劳动。生产,为获得物质福利而花的劳动并不被重视,因而是某种偶然的东西。"①这就决定了食利者必然是露骨的个人主义的。布哈林说,如果说资产阶级从幼年起就是个人主义的,那么,食利者的个人主义就更加尖锐了。这是因为,"食利者绝不是过社会生活——他处在社会生活之外;社会联系崩溃了,甚至连阶级的共同任务也无法使分散的'社会原子'结合在一起。不仅对'资本主义企业',而且对整个'社会事业'都不感兴趣"。② 正是极端个人主义的、消费者的心理,决定食利者必然信奉及时行乐的生活哲学。布哈林指出:食利者的"眼界不能超越现在的东西",他"害怕无产阶级,害怕临近的社会灾难",如果"他'想到'未来,那他只不过按现在的模型去创造未来;或者在他心理上不能想象竟会有他这类人不能靠有价证券获得收入的时候";他的"思维是彻底非历史的"。③

　　社会学的批判为方法论的批判准备了条件。布哈林认为,方法论即理论的基础或理论的方法,它把整个理论体系的各个论点连成一体。由于这样,"任何经济理论既然是一种理论,那就是抽象的理论——在这里马克思主义完全同奥地利学派有类似之处。但是,这种类似之处完全是形式上的;如果不存在这种类似,那么甚至无法作为理论把奥地利学派的学说同马克思的学说相对立"。④ 他指出这两种对立理论的方法论是:马克思的经济理论是客观主义、历史观和生产观点;奥地利学派是主观主义、非历史观和消费观点。布哈林认为,主观主义是同个人主义相联系的。既然个人主义是资产阶级具有的,那么即使古典派的劳动价值理论,也有主观主义的因素,例如,斯密认为,生产商品的劳动有一个苦或乐的主观评价问题。但奥地利学派与此不同,它是从没有社会联系的、孤立的经营个人的心理状态出发去分析问题的。在冯·庞巴维克的笔下,全是些"沙漠中的旅客","孤立于全

---

① 　布哈林:《食利者政治经济学》,载《布哈林文选》(下册),人民出版社1983年版,第15页。
② 　同上书,第16页。
③ 　同上书,第17页。
④ 　同上书,第24页。

世界之外的农夫","在原始森林中有一座单独棚舍的移民"。关于非历史观,布哈林认为往往同不了解社会联系的意义相一致,这是因为,研究资本主义就要注意使它区别于其他社会的特征,如果不联系、不抓住这些特征,"就只有适合于任何社会生产关系的普遍的范畴,因而就无法说明历史上一定的、完全独特的'现代资本主义'的发展过程"。① 例如,资本是生产关系,是带来剩余价值的价值,但冯·庞巴维克却将它定义为:是充当获得财富的手段的产品总额,这等于说资本是一个永恒的范畴。食利者的消费观点,决定了奥地利学派的消费观点。布哈林指出,冯·庞巴维克把生产放在次要地位,而把分析消费、经营主体的需求和愿望放在首位;冯·庞巴维克"在分析价值时迫使自己的鲁滨孙们不去生产财货,而是丢失或'丧失'财货"②;很明显,"这种观点早就排除了理解社会现象发展的可能性"。③

这里谈的实质上是奥地利学派体系中"经济人"的特征。我们知道,对资本主义经济进行抽象研究的理论体系,必然存在着一个"经济人"。问题是其特征是否表现资本主义经济的特点。斯密的"经济人"是自私自利;李嘉图的"经济人"是追逐金钱;马克思的"经济人"是"经济范畴的人格化,是一定的阶级关系和利益的承担者",因为"不管个人在主观上怎样超脱各种关系,他在社会意义上总是这些关系的产物"。④ 这些都是正确的。与此相反,冯·庞巴维克的"经济人"则是离群索居的、没有社会联系的、只以消费观点来评价财富的,其意识不是资本主义经济关系的产物。这当然是错误的。布哈林虽然谈到"经济人"的问题,但没有展开。

布哈林将对奥地利学派社会学的和方法论的批判结合起来,指出:它在这方面的缺点,"在一般理论'体系'的不同部分中不断重复着:同主观主义方法联系在一起的恶性循环;由于非历史观的原因,不能说明资本主义特有的历史形式;最后,在经济发展的所有问题上完全破产,这种破产同消费观点有着必然联系"。⑤

---

① 布哈林:《食利者政治经济学》,载《布哈林文选》(下册),人民出版社 1983 年版,第 10 页。
② 同上书,第 46 页。
③ 同上书,第 47 页。
④ 马克思:《资本论》(第一卷),人民出版社 1975 年版,第 12 页。
⑤ 布哈林:《食利者政治经济学》,载《布哈林文选》(下册),人民出版社 1983 年版,第 49—50 页。

2. 对价值理论的批判

价值学说是资本主义经济理论的基础。布哈林指出："斯密、李嘉图、马克思都把分析价值作为自己研究的基础。"①冯·庞巴维克也是这样。但是，冯·庞巴维克和马克思的价值学说是完全不同的。应该怎样批判冯·庞巴维克的价值学说呢？布哈林认为："奥地利学派的批评者经常指出，这个学派把价值和使用价值'混为一谈了'，它的学说与其说是论述政治经济学，不如说是论述心理学，如此等等。所有这些实质上都是正确的。不过，我们觉得，作这种宣布是绝对不够的。必须站在被批判的理论的作者的立场上，在体系内部联系上来了解整个体系，而后再指出它的矛盾，指出由基本错误所造成的它的毫无根据性。"②他进一步指出，价值的定义不管多么不同，但毕竟有某种共同的地方，这就是价值被想象为交换的标准，价值概念被用来解释价格；这样，"如果关于价值的一种学说解决了价格的问题而无内在矛盾，这种学说就是正确的；如果做不到这一点，它就一定会被推翻"。③ 这就是批判的标准。

布哈林高度概括地说："根据主观学派（边际效用学派——引者）的观点，社会经济现象的基础应当在个人的心理现象中去寻找；就价格来说，这反映在如下的一点上：对价格的分析应当归结为对个人估价的分析。"④

这种单个估价以进行估价的主体和被估价的客体为前提，它们之间的关系的结果就是主观学派的主观价值。冯·庞巴维克对主观价值的定义如下：一物质财货或某类物质财货对于主体的幸福所具有的意义。

冯·庞巴维克认为，客观价值与此不同，它是物提供某种客观成果的能力，它的功效有多少，就有多少客观价值，如菜的营养价值、肥料的肥料价值、炸药的爆炸价值等，它们对主体的幸福或不幸福不具备意义。冯·庞巴维克把带有经济性质的客观价值分为交换价值、收入价值、生产价值、雇佣价值等；其中意义最大的是客观交换价值。他对客观交换价值的定义如下：

---

① 布哈林：《食利者政治经济学》，载《布哈林文选》（下册），人民出版社1983年版，第51页。
② 同上书，第52页。
③ 同上书，第53页。
④ 同上。

物质财货交换时取得其他一定量物质财货的可能性,这种可能性被看作物质财货本身所固有的力量或属性。这正如营养、肥料、爆炸是某些财货固有的力量一样。

布哈林立即揭示出冯·庞巴维克在理论上的矛盾:冯·庞巴维克"反对把主观价值理解为物本身所固有的、不依赖于进行估价的主体的东西,而在确定客观价值的时候又把后者与对'主体的幸福或不幸'持中立态度的物的技术性质等量齐观,完全忘记了在这种情况下,主观价值和客观价值之间不可能有他的理论上所要求的起源上的联系"①,即在逻辑上排除了价值和价格之间的联系。这是因为,"如果说客观价值是主观估价的结果,那它就不可能和物的物理、化学性质混为一谈;相反地,它和物理、化学性质有原则区别:在它里面不可能有'任何一个物质的原子',因为它是由非物质因素产生和形成的,这些非物质因素是不同'经营主体'的各个人的估价"。②

布哈林进而批判冯·庞巴维克的主观价值学说。冯·庞巴维克认为,当现有的满足相应需要的物质资料不多,或者根本不够,或者刚够,以致在一定的情况下进行估价的那部分物质资料要是去掉一部分,需求的一定数量就得不到满足,在这时,这类物质资料就具有价值。这可以用水为例加以说明。一个坐在饮水资源丰富的清泉旁边的人,水对他只有用途;一个在沙漠中旅行的人,一杯水对他有很大的价值。布哈林指出,随着自然经济向商品经济,商品经济向资本主义商品经济的过渡,经营主体越来越不对产品的效用进行估价。因为效用对他来说是不存在的。"由此可见,生产财货的生产单位完全不依据效用来估价财货成为普遍现象"。③

以上是对生产者来说的。对购买者来说也是这样。任何一个商人都完全不想自己商品的效用或使用价值。为自己购买消费品(关于购买生产资料的情况以后再谈)的购买者情况虽复杂些,但绝不按照冯·庞巴维克提出的途径办事。例如,一个主妇在购买时一方面从既定价格,另一方面从拥有的货币额出发;只有在这个前提下,才按效用进行某种估计。显然,这时的估价是以价格为前提的。这是一。第二,这时每一种商品的估价又不是由

---

① 布哈林:《食利者政治经济学》,载《布哈林文选》(下册),人民出版社1983年版,第55页。
② 同上。
③ 同上书,第59页。

它的效用决定,明显的例子是对生存资料的估价,没有一个主妇是根据无限大的主观价格来估价面包的,相反,她的估价接近于市场上既定的价格。

主观价值的量由什么决定?冯·庞巴维克的回答是:一物的价值是由这一物的边际效用的大小来测量的,即由现存该物所满足的许多需求中居于最后一位的具体需求的重要性决定。这就是所谓的边际效用学说。

对此,布哈林指出,这种决定价值量的方法,要以一定的估价单位为前提。很明显,"随着估价单位的选择,不仅价值量会变动,而且也可以提出有关价值本身的问题,价值存在的问题"。① 他说,冯·庞巴维克举了这个例子:农民每日需要 10 个百升水,而他却有 20 个百升水,于是多出的 10 个百升就不代表任何价值了。但这是以百升为单位的。如以 2 千升为单位,就全部有价值;以 1.5 千升为单位,多出的 0.5 千升就没有价值。因此,布哈林说:"价值现象本身将取决于单位的选择。"② 还有一个问题与此有关。假如 6 单位财货的不断下降的效用用 6,5,4,3,2,1 这些数字来表示,这样,每 1 单位财货的价值,都由其边际效用决定,即为 1。假如现在用两个过去单位的总和来做单位,这个新的单位的边际效用就不是 1×2,而是 $1+2$,新单位下的全部财货价值就不是 1×6,而是 $(1+2) \times 3$。"总之,估价单位在这里起着重要的作用。"③ 然而,"推销自己的麻布的工业资本家,买卖麻布的大批发商,一整批小经纪人,——所有这些人都可以用尺,用寸,用匹……来计量自己的商品,但是,在所有这些场合,它们的估价不会采取任何'不同的形式'";这是因为,"现在的'经营主体'的估价取决于市场价格,而在市场上,价格决不会取决于单位的选择"。④ 这就说明,边际效用学派对经济现象的社会性质采取主观主义的和个人主义的态度是完全错误的。

布哈林继续从这个角度以及价值概念被用来解释价格的角度,批判冯·庞巴维克的理论。这首先涉及替代效用学说。冯·庞巴维克说:一物的边际效用和价值,要用来买到另一份代替已丧失财货的另一类一定量物质财货的边际效用来决定。对此,他举例解释说:某人的冬大衣被偷,他无法用同样

---

① 布哈林:《食利者政治经济学》,载《布哈林文选》(下册),人民出版社 1983 年版,第 65 页。
② 同上书,第 66 页。
③ 同上。
④ 同上书,第 67 页。

一件大衣代替它,但又不能不满足原来的需求。因此,他设法把这损失转到另一些不太重要的需求上:如果他富有,就从储蓄中取出买新大衣所需的 40 元,而减缩奢侈品的支出;如果是中等人家,就必须节约出 40 元;如都做不到,就要典当值 40 元的东西;如极端贫困,就只好不穿大衣而挨冷。据此,他认为,除最后一点外,在其他情况下,对物的估价都不是孤立,而是和对他物的估价联系在一起的;这时,一物的价值就由替代物的边际效用决定。

布哈林说,从主观主义的观点看,"这些论断和我们上面谈到的那些论断相比要接近现实得多",因为它毕竟要同市场相联系后才进行估价,尽管是根据边际效用来估价的;但这对冯·庞巴维克的"全部理论的'安宁'具有很大的否定'作用'"。[①] 为什么呢? 问题在于作为提取储蓄、节约支出、典当一定量某物的前提的 40 元是从哪里来的,为什么不是其他的数目呢? 很明显,这是冬大衣的市场价格。这就构成理论本身的逻辑矛盾:原来说的是客观价值由主观估价来说明,现在是主观估价由客观价值来说明;理论上要求由价值说明价格,现在是由价格说明价值。

其次涉及主观交换价值。前面谈到客观交换价值是指财货固有的在交换时取得一定量其他财货的力量或属性。主观交换价值则是在这个基础上对客观交换价值进行主观估价的结果。布哈林指出,在冯·庞巴维克的理论体系中,"主观价值划分为主观使用价值(效用——引者)和主观交换价值的依据,就是财货的这种双重意义:一方面是直接或间接(这指的是生产资料,关于其价值的决定问题,下面再谈——引者)满足需求的资料……另一方面是交换资料"。[②] 但财货有多种使用方法,除自己使用外,还可以交换多种其他的财货,在这个条件下,财货的价值由什么决定? 对此,冯·庞巴维克解释说:在这种情况下,决定价值的基础总是最高的边际效用;一物的真正边际效用,同经济地使用该物时所提供的最小效用是一致的。布哈林评论说:"这里首先产生了奇怪的术语。'最高效用'是一种'最小效用'……为什么它是'最小'——这仍是完全不清楚的。但是,事情的实质并不在这一点上。"[③] 他认为,问题的实质在于:如果把冯·庞巴维克的公式用于现实经

---

① 布哈林:《食利者政治经济学》,载《布哈林文选》(下册),人民出版社 1983 年版,第 71 页。
② 同上书,第 83 页。
③ 同上书,第 85 页。

济生活,就又会发现构成冯·庞巴维克推理基础的那种恶性循环,因为可以设想一种最简单的情况:"我们有财货 A,把它出卖以后,我们可以用卖得的货币买到一系列的东西:x 量商品 B,或 y 量商品 C,或 z 量商品 D 等等。很明显,被购买的商品的种类,也就是说,使用我们财货的方式,将取决于市场上形成的商品价格:我们将考虑这种或那种商品当时的贵贱来购买这种或那种商品",如果购买生产资料,则根据其产品的价格来作出选择,总之,使用方式是"事先以价格为前提的"。①

冯·庞巴维克自己进一步的解释是:正如使用价值即效用的大小,是由所有者用来直接满足自己需要的被估价的物中得出来的边际效用的大小决定的一样,主观交换价值的大小,是由该物换得的物质财货的边际效用决定的;由此可以得出结论:主观交换价值的大小必须取决于两种情况:第一,取决于该物的客观交换价值,进而决定该物所能换得的物质财货的量;第二,取决于所有者的需求的性质和规模以及财产状况,进而决定所有者对交换得来的一定量财货的主观估价,即决定其边际效用。布哈林揭示其中的逻辑矛盾:"正是我们的大师告诉我们,'主观交换价值的大小必须取决于客观的交换价值'……在这里'客观'市场界不是从后门偷偷地带进来的;相反,在主观交换价值的大小的决定本身中暴露出建立在个人心理……上的理论的破产。"②

再次涉及生产资料的价值。从消费观点和主观主义出发,冯·庞巴维克无法直接说明生产资料的价值是如何决定的,因为生产资料不直接供个人消费。但是,他仍然坚持从消费财货的价值出发,来解释生产财货的价值的原则。为此,他先把财货按其离消费过程的远近分为若干类。这就是 a.消费财货;b.生产消费财货的生产财货,即第一级生产财货;c.生产第一级生产财货的生产财货,即第二级生产财货。在他看来,消费财货的边际效用即价值,决定第一级生产财货的价值;第一级生产财货的价值,决定第二级生产财货的价值。他说,最终产品的边际效用决定一连串越来越远的物质财货的价值,便是这个意思。如果生产败货只生产一种财货,按照他的理论逻

① 布哈林:《食利者政治经济学》,载《布哈林文选》(下册),人民出版社 1983 年版,第 83 页。
② 同上书,第 84 页。

辑,事情会是这样。但是,生产财货事实上可能生产三种或多种财货,情况又怎样? 他回答说,假如生产三种,相应的边际效用为 100、120、130,这时前面说过的替代原则就起作用,即如丧失生产财货,就会缩小生产边际效用最小的产品。这样,生产财货的价值,就由该财货单位在经济上所能生产的一切产品中边际效用最小的那个产品的边际效用决定。

布哈林循着冯·庞巴维克的原则加以反驳。他说:冯·庞巴维克认为,"生产资料的价值由产品的价值决定;归根到底,决定性的因素是边际产品的边际效用",那么,后者的高度又由什么决定?"我们已经知道,边际效用的高度与被估价的产品的量成反比";那么,"这个量本身又由什么决定呢"?[①] 冯·庞巴维克认为,供出卖的商品的量本身,特别是由生产费用的高度决定。该商品的生产费用越高,这个商品的数量就相对地越少。我们知道,生产财货的价值构成生产费用。针对这点,布哈林说:生产费用"由产品的价值决定;产品的价值取决于产品的量;产品的量由生产费用决定。简言之,生产费用由生产费用决定"。[②]

最后,作为对冯·庞巴维克的价值学说批判的结束,谈一谈布哈林对他的生产财货的价值,由该财货生产的边际产品的边际效用决定这个原理本身的批判,是非常有益的。冯·庞巴维克承认,在生产财货可能生产的多种产品中确定哪一种是边际产品,"经济上的考虑"是前提。布哈林指出:如果我们考察资本主义生产,就立刻会看到冯·庞巴维克所说的"经济上的考虑",是以"事先已知的价格范畴为前提的"。[③] 而整个奥地利学派之所以错误地否认这一点,"是由于不懂得社会联系在形成现代'经济人'的个人心理时所起的作用造成的"。[④] 它是这个学派作为食利者的经济意识形态所具有的露骨的个人主义的反映。

3. 对分配理论的批判

上述冯·庞巴维克的价值学说,为其补全财货价值学说准备了条件。

---

① 布哈林:《食利者政治经济学》,载《布哈林文选》(下册),人民出版社 1983 年版,第 97 页。
② 同上书,第 97—98 页。
③ 同上书,第 98 页。
④ 同上。

补全财货学说实质上是"归属论",它是向分配理论的直接过渡。

冯·庞巴维克把互相补充的财货叫作补全财货。这是因为,为了获得经济效用,有些物质财货要结合起来共同使用的,例如纸、笔和墨水,针和线,一双手套,等等。生产财货就是补全财货,因为各种生产要素要互相结合才能发生作用。这样一来,补全财货或生产要素生产的边际产品的边际效用,即反过来决定生产要素的价值是一个整体,怎样才能解决每一生产要素的价值大小呢? 他分为三种情况来谈:第一,生产要素只能共同起作用,每一要素都不能替代。这样,产品就是它们的总价值的体现者。第二,生产要素各成分可以在该补全组之外另作他用。假如有 A、B、C 三要素,共同作用产生的价值为 100,分别另作他用的价值是 10、20、30,即 A 的单独价值为 10,但 A 作为生产要素之一的价值,要取决于"丧失"A 之后所损失的价值,等于 A、B、C 共同创造的价值 100,减去 B 和 C 的价值,即减去20+30,即等于 50。第三,生产要素中的部分要素可以被替代。在这个条件下,总价值中按替代要素的价值分配后,余下的价值则分配给不可替代的要素。

这样,冯·庞巴维克就非常容易地提出他的分配论:在生产要素中,劳动、原料、燃料、工具等是有替代品的,因为它们可以买卖,也就是可以用其他东西来替代,只有少数是不能替代的,这就是土地、矿产、铁路、工厂和特殊的企业人才等。所以,在生产物的价值中,把可以替代的生产要素的价值,也就是把工资、原料费、工具耗费等成本扣除后,余下来的价值就属于不能替代的生产要素了,即农民把它归于土地,矿工把它归于矿产主人,制造家把它归于工厂主,商人把它归于自己的商业活动力。这就是所谓的归属论。

布哈林记住自己的任务:不仅从社会学方面,而且要从理论逻辑方面进行批判。他指出,以可被替代的生产要素来说,"资本家可以花多少来购买这种或另一种机器,他可以花多少来雇佣工人等等,对他来说又绝不是无所谓的"。他很关心市场情况,"他或者使用新机器,或者情愿增雇工人,或者扩大生产,或者缩小生产,这些都以市场价格为转移"。[①] 此外,还要加上客

———————

① 布哈林:《食利者政治经济学》,载《布哈林文选》(下册),人民出版社 1983 年版,第 90 页。

观上已知的经济量的其他范畴,即利息的高度。布哈林问道:土地所有者如何估价土地价格呢? 冯·庞巴维克的分析只能说明地租。但是,地租的资本化才是土地价格。而资本化是要以利息高度为前提的。这一切说明,这里的估价是离不开市场的,也离不开价格和利率。

现在我们论述布哈林对冯·庞巴维克的利息即利润学说的批判。利息或利润的产生同资本有关。布哈林指出,在冯·庞巴维克看来,资本就是生产工具,是个自然范畴。冯·庞巴维克认为,有两种生产方法:赤手空拳进行生产,即直接生产;先制造生产工具,再进行生产,即迂回生产,在这个条件下,生产工具就是资本。因此,他认为资本主义和社会主义同样有资本和利润或利息。布哈林明确指出,这是由非历史观产生的错误。

关于资本主义利润的形成,冯·庞巴维克的解释如下:迂回生产就是资本主义生产,它的有利方面是比赤手空拳的生产取得更多的产品,不利方面是取得产品总是要损失时间,消费品要经过一段时间才能提供。后者使等待成为必要。他认为这是工人在经济上依赖于企业主的基础。就是说,资本家不仅自己可以等候,而且可以向工人预付消费品,以换取工人拥有的商品即劳动。具体地说就是:企业主购买生产要素,生产供消费用的财货,结果资本家除得到上述的、由其才能产生的工厂主收入外,还有一个余额,它通常同投入企业的资本额成比例,这就是"资本的原初利息"或"利润"。对此,布哈林先指出,由于所谓的迂回生产,工人就必须等候消费品,这是不能成立的,因为"只要我们进行的是社会生产过程,那么社会消费品就会同时存在于这种产品生产的各个阶段上"。[①] 工人在经济上依赖于资本家的真正原因不在这里,而在于资产阶级垄断了生产资料。

冯·庞巴维克还没有回答利润是从哪里产生的。他进一步认为产生利润的规律是:现在财货总是比同一数量的同类未来财货具有更大的价值。劳动和生产资料一样,按其经济性质来看,是未来财货,因此,它应比借助于它而生产出来的那些财货具有较小的价值。因为假定从 x 量劳动中可获得 y 量商品 a,其价值现时等于 A;那么,整个生产过程中的未来价值小于 A。而劳动的现时价值等于产品这种未来价值,资本家是用现时的

---

① 布哈林:《食利者政治经济学》,载《布哈林文选》(下册),人民出版社 1983 年版,第 120 页。

货币表现劳动的价值和购买劳动的,这样,他就是用比他出售产品时得到的货币要小一些的数目去购买劳动,利润就是这样产生的。这就是说,产生利润的根本原因就是对现时财货和未来财货的不同评价,是人类本性造成的结果。

布哈林问道:这一差异量由什么决定? 冯·庞巴维克自己也承认,对于勉强糊口的人来说,这一差异量最大;对于拥有一定财货贮备的人来说,这一差异则小些。[①] 这等于说:"'评价上的差别'也必然要以'社会的差别'为前提。"[②]

冯·庞巴维克继续提出积极的理由,并且将问题从消费品和货币转移到生产资料。他说:"第一,同量的现时的生产财货比未来的生产财货提供更多的产品;第二,在这场合,现时的生产财货所提供的这一产品的价值以及最大的价值会更大些;第三,因此,现时的生产财货的价值高于未来的生产财货的价值;第四,因为现时的消费财货有可能使生产财货投入更有生产效率的工序中去,即在现在就把它们用于长期的生产,所以现时的消费财货会比未来的消费财货得到更高的评价。"[③]第二点中的"最大的价值"是何意思,下面就会说到。

布哈林再从理论逻辑上进行批判。他指出,关于现时的生产财货的价值,冯·庞巴维克曾经认为,由它带来的最高的边际效用决定,这就要承认,它反复经历的生产过程次数越多,就有更多的产品和更大的价值。但这样一来,就要把事情推到我们的曾孙或重曾孙时代了,这和个人主义的立场不相符,因此,冯·庞巴维克认为,最大的价值不必同最多的产品相一致,它属于这样一类产品,这类产品的单位量乘以产品单位值,将得到最高限量。这不但同上述矛盾,而且无法具体说明这最高限量为何值。关于现时的消费财货的价值,冯·庞巴维克曾经认为,是由它决定生产财货的价值的,现在倒反过来,是由于有了消费财货,生产财货才能用于长期的生产,它的价值要由生产财货的价值决定。这也是自相矛盾的。

---

① 布哈林:《食利者政治经济学》,载《布哈林文选》(下册),人民出版社 1983 年版,第 122 页。
② 同上书,第 123 页。
③ 同上书,第 139 页。

第三节　对其他资产阶级经济学的批判

1. 对美国学派的批判

布哈林是在批判边际效用学派中论述马克思以后的资产阶级政治经济学时，论述美国学派的。在论述这两个学派在资产阶级政治经济学发展中的关系时，布哈林说："我们认为'奥地利学派'的理论是已经被排出生产过程的那些资产阶级的意识形态，这是没落的资产阶级，它的永远没落心理的特征体现在自己的……在认识上完全无用的理论中。这种看法和下述情况丝毫没有矛盾：在当代的科学使用上，奥地利学派所创立的那种边际效用论本身，更加被时髦的'英美学派'所排挤，这个学派最杰出的理论家就是克拉克。"[1]边际效用决定价值的学说，是被美国的克拉克抛弃了，但边际的概念或边际的分析法，却被克拉克在旧的基础上提出来并加以运用。所以，布哈林又说，美国学派是对边际效用学派的折中。

前面谈到，布哈林认为，食利者的类型是边际型的资产者，边际效用论就是这种边际型的意识形态；美国学派与此不同，它是重新进入生产领域成为托拉斯的组织者和领导者的资产阶级的意识形态。因此，"美国学派是进步资产阶级的产物，而不是没落资产阶级的产物"，在资产阶级存在着"继续上升的趋势和开始没落的趋向"中，"美国学派只表现第一种趋向；难怪这个学派充满了美国精神"。[2] 它的政治意识就是军事帝国主义，而它的哲学就是地道的实用主义哲学。关于军事帝国主义的经济根源。我们在下面再谈。

由于这类资产者是在企业组织中的，而企业组织无论如何毕竟是个集体，在这里个人的意志在一定程度上退居第二位，而且注重生产，美国学派"甚至采用'社会组织'方法来研究整个社会经济"。[3]

---

① 布哈林：《食利者政治经济学》，载《布哈林文选》(下册)，人民出版社 1983 年版，第 19 页。
② 同上书，第 20 页。
③ 同上。

关于在理论体系逻辑上，美国学派如何遵循边际效用学派，布哈林有一段分析：如果全面地考察庞巴维克的理论体系，就会看到，"价值理论是利润的基础"；持有这种观点的并非巴维克一人，"维塞尔的'归属'理论就被他本人用来推导资本、劳动和土地的份额"，这些份额被看作"自然的"、同无产阶级所受的社会压迫无关的量；"我们在美国学派的最著名的代表克拉克那里也看到了同样的情况"。①

在这里我想沿着布哈林的思想路线，简单地谈一谈克拉克如何运用边际效用学派的逻辑程序和边际效用学说中的边际概念，用社会组织方法来研究社会经济。

他将使用价值看成价值，这样，价值便被说成由生产三要素，即劳动、资本和土地创造的。但是，由于是共同创造的，就不能确定每一种要素创造的价值的大小，并根据这一点进行分配。克拉克用边际生产率理论来解决问题。这就是说，在生产三要素中，分别设定两个要素不变，增加另一要素，产量或价值较前增加的部分，便是这个要素的增加部分创造的。不过，他认为，这样一来，由于破坏了生产三要素的比例，每增加一个要素，即边际要素，其生产率便降低，由此决定，各该要素分配到的收入也是递减的。这种理论其后被凯恩斯利用，认为工资是劳动边际效率、利润是资本边际效率的产物。对于这些理论，布哈林说得很深刻："我们到处都会发现同样的动机：价值理论是在理论上对现代社会制度的辩护，对于那些关心保持这种社会制度的阶级来说，边际效用理论的'社会价值'就在于此。"②下面我们还会看到这种情况。

2. 对巴拉诺夫斯基的批判

俄国的杜冈-巴拉诺夫斯基曾经是马克思主义者。他的主要理论是实现理论或危机理论，但为了叙述的方便，我将它放在论述布哈林和卢森堡争论实现问题中加以论述，因为他们两人恰恰从不同方面反对马克思的实现理论。这里论述布哈林怎样批判他将马克思的价值理论和边际效用学派的

---

① 布哈林：《食利者政治经济学》，载《布哈林文选》（下册），人民出版社1983年版，第153页。

② 同上。

价值理论加以调和。

杜冈对边际效用理论十分推崇,认为它永远是价值学说的基础,将来它可能在细节上有所补充和变动,但是它的基本思想已成为经济科学的永恒成果,一劳永逸地结束了关于价值理论的争论。对此,布哈林指出,既然这样,杜冈就完全有理由提出这个问题,即决定边际效用的同类财货的量是由什么决定的。杜冈对这个问题的看法如下:每一种产品的最后单位的效用,随生产规模的变化而变化;因此,可以通过扩大或缩小生产来降低或提高边际效用;与此相反,单位产品的"劳动价值"是某种客观存在的、不以我们的意志为转移的东西,它是决定的因素,而边际效用是被决定的因素;这两者的关系是:每一类可以不受约束地进行再生产的产品的最后单位的效用,即产品的边际效用,应与单位劳动时间里生产出来的产品的相对量成反比,换句话说,应与产品的"劳动价值"成正比。据此,他认为边际效用理论和劳动价值理论不是相互排斥的,而是和谐一致的;两种理论研究的是同一个评价过程的不同侧面;边际效用理论弄清了经济价值的主观因素,劳动价值理论弄清了经济价值的客观因素。

布哈林先从理论上批判。他指出,根据杜冈的理论,可以得出这样一个系列:价格由边际效用决定,边际效用由"劳动价值"决定,而边际效用和"劳动价值"两者之间,可以随意用一个量来代替另一个量。可是,根据前面对庞巴维克的批判,边际效用理论根本不能成立,这种建立在主观主义和极端的个人主义基础上的理论,尤其不能和建立在客观主义和社会观点上的劳动价值理论调和,主观估价的边际效用和客观的由劳动决定的价值,更是不能相互变换的。

布哈林根据杜冈的分析,进一步分析其方法论的错误。杜冈说,经济科学的任务在于确立经济现象和因果规律的体系,这是由它的现代研究对象即自由交换经济的特征引起的。布哈林强调说,认为政治经济研究交换经济,特别是资本主义经济(由此得出的结论是:政治经济学同资本主义经济同时消灭,这是布哈林一直坚持的观点。这个问题下面再谈),这是正确的,他就从这个观点来考察杜冈的公式。根据前面关于两种价值的说明,杜冈认为,"劳动价值"本身决定经济计划,所谓经济计划,就是人类劳动在不同生产部门之间的分配;这种劳动分配决定各种财货的量,财货的量决定边际效用。这就是所谓的因果规律。对此,布哈林指出,这样一来,这个"经济计划"就是一个"个体经济的范畴,而且是为自己生产各种各样'财货'的自然经济的范畴"①,因为只有个体经营的自然经济,例如男耕女织的农民,才能如此分配劳动。与此相反,在现在的个体经济即资本主义企业那里,这样的"经济计划"是没有的,"因为工厂生产是专业化的生产,那里用不着在几个'部门'之间分配劳动时间,每个生产单位都只生产一种产品"。② 可见,即使有"劳动价值",它也只能是自然的个体经济范畴,而不是组成整体的社会经济范畴。现在进一步谈边际效用问题。布哈林指出,既然"边际效用无非是财货对'经营主体'的幸福所起的'作用',这是以自觉计算为前提的某种评价",所以,只有把它看作"个体经济的范畴,它才具有意义",社会经济决不像"个别企业主那样进行'估价',因为这是自发发展起来的体系,其规律性有独特的特征"。③ 因此,边际效用也只能是自然的个体经济范畴,而不是组成整体的社会经济范畴。自然的个体经济是不必进行交换的。杜冈说过,经济科学的产生是由自由交换的现代国民经济所引起的,但它将不需要交换的自然的个体经济范畴塞进经济科学中,这是方法论的错误。

杜冈有一种奇特的分配理论,它不以价值理论为基础,或者说它取消了价值理论。布哈林将其归结为两个方面:第一,"工资和利润的大小首先取决于社会劳动生产率。因为用来进行分配的产品量是由它提供的,其次取决于工人和资本家分摊(产品)的份额;这些份额本身又取决于力量的相互对比"。④ 布哈林首先指出,劳动生产率在所有历史形态下对表现为产品的收入发生同样的影响,阶级力量对比的作用也是这样,但这样一来,就不能说明资本主义分配的历史特点了。很明显,资本主义分配要以说明价值和劳动力价值为前提。他再指出,从质量看,工人和资本家的消费品各不相同,不能以不同的使用价值总和为分母,工人和资本家的消费品分别为分子,说明两者的份额不同。要说明这种不同,也要以说明价值为前提。

第二,工资和利润可能同时提高,这不仅从产品量看,而且从作为社会

---

① 布哈林:《理论上的调和主义》,载《布哈林文选》(下册),人民出版社1983年版,第165页。
② 同上。
③ 同上书,第166页。
④ 布哈林:《无价值的政治经济学》,载《布哈林文选》(下册),人民出版社1983年版,第184页。

产品的份额看,也是这样。布哈林指出,从产品量看,是可能的;从份额看,是不可能的。这个错误与价值概念的缺乏有关。

总之,离开价值理论的分配理论,从方法论看,必然是错误的。

布哈林总结说:"在寻求新道路的过程中,俄国的资产者对马克思采取了惊人的'批判'态度,而对西方资本主义科学体系则几乎采取了宗教式的崇拜态度。"[1]杜冈是这样,下面谈到的司徒卢威也是这样。

3. 对彼得·司徒卢威的批判

俄国"合法马克思主义者"彼得·司徒卢威全面反对马克思的价值理论,认为马克思主义与中世纪的经院哲学同源:在经院哲学看来,人们的经验主义的行动是由原罪决定的,与此完全相同,在马克思看来,经验主义的"价格"受价值规律的制约,即价格从价值的实体中获得自己的存在。司徒卢威进一步认为,根据马克思的这种理解,个别的经验事实不仅或者与观念或准则——价值——相矛盾,或者与价值相符合,而且受价值的支配,总之,价值是价格的基础:这种观点是形而上学的观点。这就是说,在马克思看来,经验主义的即现实存在的价格,或者与他说的价值相符,或虽不相符,但经过抽象后结果相符,这个价值就是离开经验而存在的,因而和经院哲学的原罪说一样,是形而上学。

布哈林驳斥了这种对马克思的基本理论的歪曲。他说:"这里根本没有任何形而上学的东西,而只是确定一系列现象之间的经常联系……在社会劳动生产率和价格之间存在着一定的联系。"[2]在简单商品经济中这种联系是极其简单的;在资本主义商品经济中,这种联系就要复杂得多。布哈林指出,对"经验主义的'价格'"即市场价格和价值的关系,马克思"在研究中是从'市场价格'经过'生产价格'到'价值'的;在阐述中他则是从'价值'经过'生产价格'到'市场价格'的"。[3] 这和马克思自己的说明完全相同。马克思说:"研究必须充分地占有材料,分析它的各种发展形式,探寻这些形式的内在联系。只有这项工作完成以后,现实的运动才能适当地表现出来";因此,

---

[1] 布哈林:《理论上的调和主义》,载《布哈林文选》(下册),人民出版社 1983 年版,第 168 页。

[2] 布哈林:《司徒卢威先生的魔术》,载《布哈林文选》(下册),人民出版社 1983 年版,第 178 页。

[3] 同上书,第 170 页。

"在形式上,叙述方法必须与研究方法不同"。① 这就是说,从简单商品经济条件下,一种商品的市场价格的波动中,可以抽象出价值,而价值就是社会必要劳动的凝结;但在资本主义自由竞争下,从一种商品的市场价格的波动中,抽象出来的却是与价值有区别的生产价格,要从生产价格才能抽象出价值。这是研究方法。叙述方法却相反地从价值到市场价格,以及从价值到生产价格,再从生产价格到市场价格。

司徒卢威歪曲马克思的理论,认为既然在马克思看来,两种财富在交换中有一种共同实体,它就是价值,那么,交换之所以能够进行,就是由于商品存在着价值,即存在着先于交换的某种相等。他认为这是形而上学的论点。他与此相反提出经验主义的论点:没有也不可能有任何共同的实体以及任何先于交换的相等,价格完全不受价值的控制,价值倒是由价格构成的。布哈林批判了司徒卢威的错误。关于所谓马克思的形而上学论点,他指出:"价值'先于'一般交换,——这样的论断是错误的。但是在马克思那里并没有这样的论断。在理论上可以把交换经济之外以及在交换之外的产品相等设想为劳动消耗的相等。但这是产品的相等,而不是价值的相等。从马克思的观点看来,价值是交换经济的范畴,交换经济之外的价值是不可思议的。"②关于司徒卢威的经验主义论点,他认为这样一来,"价值只能有一种意义:这是某种统计的平均数";因此,这样的"价值理论并不是价值理论,而是统计平均数的结论,是制定价格表,他的价格理论同样是不存在的,因为价格的形成还是一个实际的问题"。③

4. 对弗兰茨·奥本海默的批判

布哈林指出:"阶级斗争越激烈,则各种意识形态分道扬镳的倾向就越强烈,可以并非根据经验地指出,中间状态的意识形态的胜利,是同现代社会各基本阶级的斗争的紧张程度成反比的。因此,这些意识形态现在往往不得不设法穿上别人的衣衫,以便在别人的旗帜下把'自己的货色'端出

----

① 马克思:《资本论》(第一卷),人民出版社 1975 年版,第 23 页。
② 布哈林:《司徒卢威先生的魔术》,载《布哈林文选》(下册),人民出版社 1983 年版,第 179—180 页。
③ 同上书,第 180 页。

来";柏林的"私人讲师弗兰茨·奥本海默⋯⋯的理论，就是这种理论的一个标本"。①

奥本海默反对马克思的价值理论，指责它以对事实的不完善的归纳为基础，对价值现象只是提供部分的解释；不完善的归纳表现为忽略了垄断价值。他的意思是说，马克思认为价值由劳动决定，但有些商品或者不是劳动产品，或者其价值与耗费的劳动无关。他认为马克思没有谈过垄断价值和垄断的关系。对此，布哈林首先指出，这种指责是建立在对马克思的基本观点毫无所知的基础上的，因为马克思的任务是揭示现代社会的经济运动规律，这就首先必须研究自由地再生产的财富，这是因为，"社会发展的线索就在这个领域里面。进一步的分析表明，其他的'财富'也都间接地取决于所耗费的劳动，因为它们的价格是'自由地再生产的财富'等等的价值的转换"；从这一点看，如果奥本海默能够"指出马克思的地租理论站不住脚时，才能驳倒他的理论"。② 因为马克思的地租理论表明，按照劳动决定农产品价值的原理，就能说明即使是最劣的耕地也能交纳地租以及它的高度，而这似乎与生活经验相矛盾：劣等耕地除得到平均利润外，再也没有可以转化为地租的超额利润了。但是，奥本海默对此未置一词。关于垄断关系，布哈林指出，马克思区分为两种：资本家阶级的垄断和资本家阶级内部的垄断，并以前者作为研究的起点，而将后者如奥本海默说的刮脸刀专利之类撇开；马克思有权这样做，因为理论是对典型东西的研究，当时的典型是自由竞争。至于垄断价格，马克思在《资本论》（第三卷）中多次谈过。奥本海默说没有谈过，这证明他"只看过《资本论》（第一卷）"。③

奥本海默提出自己的价值理论：产品的绝对内在价值不是以体现在其中的劳动时间为基础，而是以体现在其中的劳动价值为基础。认为这是对价值规律的"经过修正和补充"的表述。这种理论是错误的，并有颇长的历史。布哈林指出，这并非什么修正和补充，因为早在1776年斯密就这样错误地说过；而马克思已对其进行了批判："斯密把劳动的交换价值⋯⋯当作商

---

① 布哈林：《自由社会主义的理论》，载《布哈林文选》（下册），人民出版社1983年版，第204页。
② 同上书，第207页。
③ 同上书，第207页注(2)。

品的价值尺度……这里把价值本身当作价值标准和说明价值存在的理由，因此成了循环论证。"①关于垄断价值，他也有自己的说明：价值可分为自然价值和垄断价值两种；前面说的是自然价值的决定；如果垄断价值同自然价值相交换，这时，即使被交换的是同等质量的商品，那也不是等量的时间，却是相等的"劳动价值"的交换。为什么呢？他认为起作用的是"天平"：自由竞争，天平就两端等长，交换双方的时间和"劳动价值"都相等；垄断存在，天平两端不等长，于是，1 小时的垄断劳动平均抵偿得许多小时的其他熟练劳动。布哈林认为，这等于说"x 商品 A 可以交换 y 商品 B，也就是说价格 xA＝yB"；但是，"绝不可以用另一个东西来说明一个东西：如果那样做的话，就是死板的同义反复。因此，科学的政治经济学决不能只限于指出交易中价格的相等，而且要往前走，由价格走到价值，任务恰恰是要说明价格事实上的相等，并且确定价格形成的普遍规律"；问题在于：在奥本海默那里，"价值……概念同价格概念毫无区别"。②

　　他以垄断关系的理论来建立自己的剩余价值理论。他断言马克思得出剩余价值形成规律时忘记了阶级垄断。布哈林指出，这不正确；马克思的这一理论，恰恰是以资产阶级垄断生产资料、从而工人出卖劳动力为前提的。奥本海默认为，出卖劳动力是"劳动消耗"；以"劳动消耗"价值代替前面的"劳动价值"决定商品的价值；"劳动消耗"的"自然价值"由生产出来的商品的价值决定。由此他又进一步认为，"垄断者"从垄断的猎物中得到的剩余收入叫剩余价值，它是"劳动消耗"的自然价值，减去"劳动消耗的实际价值"的结果。对这种论述，布哈林指出：在理论上"劳动消耗的自然价值"概念是站不住的，因为它忽视了阶级垄断和其他垄断的区别，但这个概念根据前面的说明，"要以自由竞争为前提，即要以否认阶级垄断为前提，而对阶级垄断的否定又否认'劳动消耗'（劳动力——引者）的出卖，也就是否认它的商品价值"③；在实际上剩余价值泉源是不能说明的，因为"劳动消耗的实际价值"这个被减数是什么，人们无法了解，这里"除了产品价值决定劳动消耗

---

① 《马克思恩格斯全集》（第二十六卷第一册），人民出版社 1972 年版，第 47—48 页。

② 布哈林：《自由社会主义的理论》，载《布哈林文选》（下册），人民出版社 1983 年版，第 211—212 页。

③ 同上书，第 219 页。

价值以及劳动消耗价值决定产品价值这种毫无意义的定义之外"①,就没有任何东西了;同样的理由,也无法理解"劳动消耗的自然价值"这个减数是什么。

布哈林指出,奥本海默接触具体例子时,上述错误论点就行不通,就迫使他改变自己的理论:他假使20马克硬币体现20小时的平均社会劳动,它是一个具有平均熟练程度的工人的一周的工资,该工人每天劳动8小时,一周劳动48小时,这样,资本家就用20小时社会劳动购买48小时社会劳动,在交换中赚取了28小时社会劳动的剩余价值。这其实是对马克思的剩余价值理论的拙劣的抄袭。

最后,布哈林意味深长地说,奥本海默的理论给我们提供的一点东西是:它再次表明,一切模棱两可的体系在理论上是一钱不值的。问题尖锐地摆着,同我们在一起还是反对我们!如果要同我们在一起,那么,在理论上就要接受马克思的完整的体系;在实践上就要坚决抛弃"自由"社会主义②,而接受无产阶级的社会主义。

第四节　在马克思主义内部讨论资本主义经济理论

1.认为政治经济学只研究资本主义商品经济

马克思主义是理论的体系,其中,对资本主义经济本质和规律的揭示最为深刻和详尽,这是由资本主义生产关系决定的,因为它以全部经济为范围,使经济现象歪曲其本质,使经济规律被埋藏着,要揭示才能被认识。马克思多次谈到,如果现象和本质是一致的,科学就是多余的。这就是说,在他看来,资本主义政治经济学是必需的。其他社会经济形态是否需要政治经济学,他自己没有说。但是,由于他研究资本主义各种经济范畴时,也历史地研究它们在资本主义以前的表现,并预示它们在资本主义以后的命运,

---

① 布哈林:《自由社会主义的理论》,载《布哈林文选》(下册),人民出版社1983年版,第220页。
② 由于想突出价值和剩余价值理论方面的问题,本文没有涉及奥本海默的"自由"社会主义理论。

恩格斯就认为,政治经济学,从最广义的意义上说,是研究人类社会中支配物质生活资料的生产和交换规律的科学。对此马克思是同意的。

布哈林不同意这种看法,他认为政治经济学只能研究资本主义商品经济,或者反过来说,只有资本主义商品经济才需要政治经济学这门科学。与布哈林同时代的卢森堡也有这种看法,但不及布哈林的深刻,就是说,不论正确与错误,都有其深刻性。

从我接触的文献看,从 1912—1914 年写作《食利者政治经济学》到 1926 年出版《论过渡时期的规律性问题》,他都持这种看法。现述评如下。

前面说过,布哈林认为,在所有社会经济形态中,其物质生产的进行,都要求在各生产部门中合乎比例地分配劳动,这种分配可以是自发的,也可以是从自发的过渡到自觉的,自发的表现为价值规律,并存在商品和商品拜物教,自觉的就是劳动消耗规律。因此,他认为只有在存在商品拜物教的条件下,才存在政治经济学。这就是研究资本主义商品经济的政治经济学。

他说:"马克思仔细地分析了劳动消耗规律:(1)在农民家庭'宗法生产'的条件下;(2)在'自由人'的联合体中,那里人们用公共的生产资料按照计划进行劳动,'劳动时间的社会的有计划的分配,调节着各种劳动职能同各种需要的适当比例';最后,(3)在商品经济中,劳动消耗规律给自己穿上了价值规律的拜物教外衣。"①所谓农民家庭的"宗法生产",即男耕女织的自然经济,以及由其组成的领主庄园经济,不存在商品生产和价值规律,其中存在的剥削和被剥削关系是清清楚楚的,没有被掩盖起来,布哈林认为,这种社会经济形态是不需要政治经济学的。所谓"自由人"的联合体,即社会主义——共产主义社会经济形态,布哈林认为,不存在商品生产,"人与人之间的关系将会简单而明确,这些关系的物的、拜物教性的表现方式将会消除,而代替自发生活的规律性的,将会是集体行动的规律性",因此,"在社会主义制度下,政治经济学将失去自己的意义:只保留'经济地理'——个体记述的科学和'经济政治'的标准科学"②——关于这个问题,下面将进一步述评。

---

① 布哈林:《论过渡时期的规律性问题》,载《布哈林文选》(中册),人民出版社 1983 年版,第 92 页。

② 布哈林:《食利者政治经济学》,载《布哈林文选》(下册),人民出版社 1983 年版,第 40 页。

布哈林认为，与此相反，资本主义商品经济及由此产生的商品拜物教，则必须由政治经济学来研究。他说："政治经济学作为一门科学，只把商品社会……作为自己的研究对象"，因为这里涉及的商品经济，"特别是涉及商品经济的资本主义形式：价值、价格、资本、利润、危机等等这样的问题"，"需要理论经济学来解决"；"只有商品生产及其最高形式即资本主义生产，才具有马克思在《资本论》中称之为'商品拜物教'并作了精辟分析的那种现象"；由此就产生了"资本主义生产所固有的'神秘性'，以及这里对于理论来说初次出现的特别问题"。①

在这里，由于写作的任务所限，布哈林没有就资本和利润等问题同商品拜物教问题的关系予以论述。这种关系的基础是：作为资本主义生产特征的剩余价值生产，要以劳动力成为商品为前提。在这个前提下，一方面，一切产品成为商品，商品生产的基本矛盾，即私人劳动要实现为社会劳动的矛盾，以社会为规模展开，在此同时，资本主义生产方式的基本矛盾，尤其是其中的生产无限扩大和消费相对落后的矛盾又日益发展，在这个条件下，商品的实现是困难的，生产者的命运由市场上的自发规律支配，人手的产物支配了人，正如人脑的产物——神——支配了人一样，人们对其顶礼膜拜，这就是商品拜物教；另一方面，劳动力商品必然被歪曲为劳动商品，劳动力价值或价格被歪曲为劳动价值即工资，这样一来，剩余价值就被歪曲为资本本身产生的，即转化为利润。揭示这里的神秘性及经济规律，就需要政治经济学。上述认识，也来自马克思创立的政治经济学。

由于这样，在《过渡时期经济学》中，布哈林明确地说："资本主义商品社会的末日也就是政治经济学的告终。"②

布哈林的论述，列宁并不同意。他评论说："不对。甚至在纯粹的共产主义社会里不也有$\text{IV}+m$和$\text{II}C$的关系吗？还有积累呢？"③列宁说的，布哈林都了解；列宁未能有针对性地进行批评。

单纯以现实生活中社会主义存在有计划的商品经济来批判，也不能完

---

① 布哈林：《食利者政治经济学》，载《布哈林文选》（下册），人民出版社1983年版，第41页。

② 布哈林：《过渡时期政治经济学》，余大章、郑异凡译，生活·读书·新知三联书店1981年版，第2页。

③ 列宁：《对布哈林〈过渡时期经济〉一书的评论》，人民出版社1958年版，第3页。

全解决问题。因为有计划就不存在商品拜物教;社会主义消灭劳动力商品:在这种情况下,无神秘性需要揭露,现象没有掩盖本质,无须揭示规律,政治经济学在布哈林看来仍然是不需要的。更何况如下面将要论述的,他还有其他理由认为如有社会主义政治经济学,它也必然要由其他具体的应用科学所代替呢。

总之,布哈林的理论具有深刻性,要在这个问题上指出其错误,还要努力。

2. 坚持资本积累无须非资本主义环境的理论

马克思批判了斯密教条,即认为价值分解为 $c+v+m$,其中的 c 最终也分解为 $v+m$ 而不复存在的错误,指出在社会资本再生产中,不仅存在个人消费,而且存在生产消费,在这个基础上指出前人在再生产问题上的共同错误是忽视生产消费,建立了科学的社会资本扩大再生产即资本积累的理论,认为资本积累完全可以在资本主义生产内部实现,明确指出"在分析年再生产的产品价值时,把对外贸易引进来,只能把问题搅乱,而对问题本身和问题的解决不会提供任何新的因素"。① 这里的对外贸易,指的是资本主义对非资本主义的交换。

卢森堡反对马克思的理论,在其 1913 年的《资本积累论》和 1915 年的《资本积累——一个反批判》中,反复说明自己的观点。布哈林将它归纳为两方面:马克思的再生产模式,"纯粹是纸上谈兵。他们忽视了最重要的问题,即积累对谁有利,谁去消费那些必将积累的剩余价值。多余部分可以存放在那里。她本人认为,这样的消费者在资本主义制度范围内是不存在的,也不可能存在"②;模式其所以行得通,"只是因为资本的货币形式在这些模式里很少得到考虑"。③ 布哈林就从这方面反驳卢森堡,坚持马克思的理论。

布哈林首先批判"对谁有利"论。针对卢森堡将马克思的理论,即扩大第Ⅰ部类的生产是为了扩大第Ⅱ部类的生产,而后者又是为了前者,说成资

---

① 马克思:《资本论》(第二卷),人民出版社 1975 年版,第 528—529 页。
② 布哈林、罗莎·卢森堡:《帝国主义与资本积累》,柴金如、梁丙添、戴永保译,黑龙江人民出版社 1982 年版,第 176 页。
③ 同上书,第 198 页。

本家成了为了扩大再生产而扩大再生产的糊涂虫时,布哈林先从下面几方面进行批判:这不取决于资本家的主观目的,是竞争及由此导致的利润率下降迫使他这样做;在资本积累中,资本家和工人的消费都在增长,这构成资本主义社会制度发展的基本前提;这就是说,图式绝不是卢森堡所指责的生产发展完全可以脱离消费的杜冈-巴拉诺夫斯基主义(下面将论述);反过来,消费的不断的增长,同卢森堡说的相反,不是没有积累,而是要以相应的积累为前提;工人消费的增长不是与资本家无关,因为它是资本家不得不进行积累的条件和结果。① 上述问题,都可以归结为马克思的基本论点,布哈林最后引用了这个论点。马克思说:"作为人格化的资本,产业资本家是为生产而生产,为发财而发财的(布哈林对此加上着重号)",而产业资本家一旦成为享受财富的代表,一旦追求乐趣的积累,而不是追求积累的乐趣,他也就或多或少不再适于完成他的职能(人格化的资本——引者)。②

布哈林再说明积累中的货币问题。卢森堡指责马克思的图式没有表明积累所需的更多的货币从何而来,她自己的答案是要从非资本主义环境那里来。其实,在不是资本积累而有生产规模扩大的地方,就有更多货币的来源问题,对此马克思早已作了科学的解释;他并且特别指出:"年产品借以流通的货币量,是社会原有的,是逐渐积累起来的。这个货币量不是当年的价值产品,但是,用来补偿已经磨损的铸币的金是例外。"③布哈林在批判时,重申了马克思的原理,他说:在我们考虑的仍然是一个抽象的、孤立的资本主义社会时,对于货币从哪里来到这个国家这个问题的答复是:"来自黄金开采工业";但是,"认为商品价值的每一次新的增殖都必须伴之以相似的隐藏在神秘的金子幕罩下的价值增殖,这是十分荒谬的",因为"黄金单元的媒介……可以连续为许多次商品交易服务"。④ 这就是说,社会原来黄金开采的继续进行,加速货币流通等,就可以实现更大的商品价值量,包括实现资

① 布哈林、罗莎·卢森堡:《帝国主义与资本积累》,柴金如、梁丙添、戴永保译,黑龙江人民出版社1982年版,第177—180页。
② 马克思:《剩余价值学说史》(第一卷),人民出版社1975年版,第303—304页。布哈林对其引用,见《帝国主义与资本积累》,柴金如、梁丙添、戴永保译,黑龙江人民出版社1982年版,第181页。
③ 马克思:《资本论》(第二卷),人民出版社1975年版,第537页。
④ 布哈林、罗莎·卢森堡:《帝国主义与资本积累》,柴金如、梁丙添、戴永保译,黑龙江人民出版社1982年版,第200页。

本积累。

3. 认为经济危机的原因只是比例失调

资本积累问题就是资本主义商品实现问题，从另一方面看就是资本主义经济危机问题。

前面说过，卢森堡认为，如果没有非资本主义环境，资本积累就是不可能的；与此相反，俄国前马克思主义者杜冈-巴拉夫斯基则不但认为可能，而且进一步认为只要资本主义生产生产资料部门的生产发展了，消费资料生产部门的生产即使十分落后，积累或扩大再生产仍能顺利进行，因为在这里生产丝毫不受消费的制约。布哈林对其进行批判。

布哈林首先指出，马克思由于批判斯密教条而提出在再生产中不仅有个人消费，而且有生产消费，因而积累完全可以在资本主义内部实现的理论，如何被杜冈加以歪曲。杜冈说，把整个社会的资本主义经济概括起来加以考察，必然得出资本主义经济中的市场容量根本不决定于消费量的结论。社会产品不仅有消费品，而且也有生产资料。机器代替工人时，社会对消费品的需求当然减少，但对生产资料的需求都在增加。同样，当资本家的收入由其个人消费基金转化为资本时，对消费品的需求减少，但对生产资料的需求却在增加。总之，只要社会生产比例适当，无论消费需求怎样减少，也不会使市场上的产品供给总量超过需求。[①] 布哈林认为，按照马克思的理论，社会生产两部门之间、生产消费和个人消费之间是有一定的比例关系的，这就是："(1)生产资料的增长引起消费资料的增长；(2)与此同时，生产资料的增长促使对这些消费资料产生新的需求，其结果(3)生产资料生产的特殊水平同消费资料生产的十分特殊的水平相适应，换句话说，生产资料的市场同消费资料的市场是联系在一起的"[②]，它不可能单独发展，完全脱离后者。

杜冈还进一步将其错误理论向前发展到极限。他说：生产资料生产无

---

① 参见布哈林、罗莎·卢森堡《帝国主义与资本积累》，柴金如、梁丙添、戴永保译，黑龙江人民出版社1982年版，第222页。由于概述中译者对上述着重号句子的翻译有严重错误，在理论上不通，我改为参考杜冈-巴拉诺夫斯基《周期性工业危机》，张凡译，商务印书馆1982年版，第226页。

② 布哈林、罗莎·卢森堡：《帝国主义与资本积累》，柴金如、梁丙添、戴永保译，黑龙江人民出版社1982年版，第227页。

论怎样单独发展,都不可能有找不到市场的剩余产品。假如所有工人都被机器所代替,只剩下一个人,他推动所有多得惊人的机器,来生产机器和资本家的消费品,也不会使工业品的销售发生困难。这时,资本家将拥有大量的消费品,一年的总产品就在下一年的生产和资本家的消费中消耗掉。如果资本家贪求积累,减缩消费,这也行得通,这就是减缩消费品生产,扩大生产资料生产,例如,将煤和铁的生产不断地用于扩大煤和铁的生产,如此反复进行,直到这些矿藏耗尽,都不会发生生产过剩。① 对此,布哈林首先指出,这就意味着一个高得难以置信的资本有机构成,这是不可能的,因为有大量剩余工人,其低廉的工资限制了资本家对机器的使用。但为了批判,他后退一步接受这个不合理的假设,然后指出,这样一来,生产资料即使不过剩,消费资料必然因多到资本家不能消费殆尽而过剩。因为前面说过,杜冈认为社会生产是要比例适当的,这种比例就只能是“两者必居其一:要么煤和铁的生产只是为了生产煤和铁,要么生产煤和铁也是为了制造机器,维修铁路,纺织工厂,酿造厂和电力等等”②,前者与消费无关,后者则有关。显然,后者符合实际。如果不是这样,整个社会再生产的全部过程就是一个谜。

既然这样,布哈林就指出,杜冈认为只要社会生产比例适当,无论消费需求怎样减少,都不会有生产过剩,就是荒谬的,因为这既使消费资料减少,又使生产资料生产和消费资料生产的比例破坏,列宁说过,一定的消费状态乃是比例的要素之一,比例一旦破坏,就发生生产过剩的经济危机。

将杜冈和卢森堡加以对比时,布哈林说:“杜冈的错误不在于他认为实现是可能的,而在于他把生产和消费之间的必要联系分割开了。另一方面,罗莎·卢森堡的错误不在于她坚持这种联系,而在于她认为在资本主义社会范围内实现是不可能的。”③

布哈林在批判中提出他的经济危机理论。他从他用以分析社会生产得以进行的劳动比例分配论出发,认为经济危机的原因是比例失调,这就必然

① 布哈林、罗莎·卢森堡:《帝国主义与资本积累》,柴金如、梁丙添、戴永保译,黑龙江人民出版社 1982 年版,第 228 页。
② 同上书,第 229 页。
③ 同上书,第 236 页。

承认,只能有局部的危机,不可能有普遍的危机,因为劳动比例失调,只能意味着此多即彼少,而不可能都过多,因为都过多这件事本身就意味着符合比例。他分析普遍危机时,曾经谈到这是生产与消费的矛盾造成的,这明明不是劳动分配比例的问题,但他将其错误地理解为是这个问题。现述评如下。

他首先重申马克思的重要观点:如果我们有重要的消费资料生产过剩,那么必然也存在着生产资料的生产过剩;因为后者直接或间接地是用来生产前者的,这样,织物的生产过剩就已经包含着纱的生产过剩。这是正确的。但织物之所以过剩,原因应该是消费落后于生产,这是资本主义基本矛盾之一。

布哈林一方面谈到这两者同时过剩,但又说,人们不能说"煤(相当于纱——引者)对于铁(相当于织物——引者)有生产不足,即认为铁生产得过多是因为煤生产得太少了(从劳动分配比例论来看,这是正确的——引者);因为没有煤的相应的生产过剩,铁的生产过剩是不可能的"。[①] 引文中分号后的话,同分号前的话是矛盾的;同前节说的织布与棉纱的关系也是矛盾的,因为按照这个关系,没有铁的生产过剩,就不可能有用来炼铁的煤的生产过剩,情况同布哈林现在的分析相反。这只有用以铁采煤才能解释。

他一直用劳动比例失调来说明危机,这就必然不承认有普遍的经济危机。用这个理论来解释资本主义工业和落后国家农业的关系时,他说:工业"制成品的生产过剩,同时也就是农产品的生产不足。农产品的生产不足在下述情况下对我们来说是重要的:工业方面的需求过度巨大,即有大量制成品不能换到农产品;这两个部门之间的比例关系被破坏了"。[②] 这是事实。但这是问题的一方面,这只是工业制造品过剩的危机,即局部危机;问题的另一方面是,农产品和工业制成品同时过剩,即普遍危机,它不是工农业比例失调造成的,而是生产与消费之间的矛盾造成的。由于这个矛盾,农产品会过剩,影响所及,用来生产农产品的工业制成品也过剩;或者反过来,工业制成品过剩,用来生产工业制成品的农产品也过剩,哪怕在两种场合下,两者都是符合比例的。

---

① 布哈林、罗莎·卢森堡:《帝国主义与资本积累》,柴金如、梁丙添、戴永保译,黑龙江人民出版社1982年版,第238页。
② 布哈林:《世界经济和帝国主义》,蒯兆德译,中国社会科学出版社1983年版,第78—79页。

由于布哈林只从比例失调，而不从生产与消费的矛盾来解释经济危机，在 1928 年 8 月的共产国际第六次代表大会上，就有人提出应该用普遍的(或总的、全面的)生产过剩来说明普遍危机，并且削弱或取消比例失调是其原因的提法。从上述分析可以看出，这是正确的。布哈林答辩说，普遍的生产过剩当然同消费能力和生产能力增长之间的矛盾有关，但这对矛盾已由比例失调所包括。他指责提问题的人有一种回避这两者之间相互关系的倾向。他说："问题在于，购买力同生产力增长之间的比例失调和不同生产部门之间的比例失调无非是资本主义经济中缺乏计划性的表现"；"一旦撇开居民的购买能力同生产力之间的相互关系，不同生产部门之间的比例或者比例失调这一概念就会毫无意义"；例如，煤、铁、纺织品，三者之间有比例关系，但各自的产量由什么调节呢？假如不知道生产多少由消费者的有支付能力决定的纺织品，"那怎么能谈得上纺织工业和制铁工业之间的比例或者比例失调呢？"[①]他的意思是说，纺织品和购买力的比例，同纺织品、制铁工业、煤炭工业的相互比例，都同样是社会劳动分配的比例，它们失调了，就发生危机。

不是的。后三者的比例是劳动在生产部门中分配的比例，前者的比例是在这以外的生产与消费的比例，后者失调产生局部危机，前者失调产生普遍危机，这好比一个饭店，肉、禽、蛋、油、盐、醋，都符合炒菜的比例，炊事员也符合比例，但菜价贵了，炒菜少了，普遍都发生过剩一样。这绝不是加强计划性所能解决的。

正是从比例失调或缺乏计划性才发生经济危机的论点出发，布哈林才说："拿西欧意义上的国家资本主义来说，在这种制度下，危机是不可能发生的，尽管工人们的'份额日益减少(存在着生产和消费的矛盾——引者)。这种日益减少的'份额'是计划所能估计到的。"[②]其实，"有计划"地减少工人消费品及其有关的生产资料的生产，让一部分机器设备、原材料、工人闲在那里，这个现象本身就是危机的构成因素。关于这个问题，我们留在下面再详谈。

---

① 布哈林：《在共产国际第六次代表大会上关于共产国际纲领草案的报告》，载《布哈林文选》(下册)，人民出版社 1983 年版，第 389—390 页。

② 同上书，第 398 页。

第三章　世界经济、垄断资本和殖民地理论

第一节　概述

从 19 世纪 80 年代开始,资本主义宗主国加速夺取殖民地,并将殖民地从政治上和宗主国连在一起,到 19 世纪和 20 世纪之交时,世界已被宗主国分割完毕。与此同时,欧洲和美洲的经济和政治书刊,越来越多地使用帝国主义这个概念来说明时代的特征。就是说,借用古代罗马帝国的帝国主义来说明时代的特征。当时,英国人一方面将它理解为把巨大殖民地国家的所有部分同宗主国合并成一个统一国家的意图,另一方面将它理解为越来越扩大这个国家的意图;在其他国家中,所谓的帝国主义实际上只是指后一种意图,因为没有别的国家像英国那样拥有独立的殖民地。这是人们在日常生活中使用的帝国主义概念的含义。

社会科学家试图对帝国主义予以科学的说明。最早研究帝国主义的是英国改良主义经济学家霍布森。他在 1902 年出版的《帝国主义》中,用区别殖民主义、国家主义和帝国主义的办法来研究帝国主义。他的理论和马克思的理论无关。第一个运用马克思的理论来研究帝国主义的,是奥地利的希法亭,他在 1910 年出版的《金融资本论》中,首创金融资本的理论,认为帝国主义是金融资本的政策。1912 年,第二国际召开两次代表大会,讨论即将爆发的战争和帝国主义的关系,但对帝国主义的认识都没有超出霍布森和希法亭的论述。1913 年,德国(原籍波兰人)马克思主义者卢森堡出版其《资本积累论》,与马克思相反,她认为一定要有非资本主义环境,资本积累才能实现,帝国主义就是争夺尚未被占领的资本积累环境。德国的考茨基自认为从 19 世纪末就开始研究帝国主义,但在 1915 年出版的《帝国主义》中才对

帝国主义下了这样的定义：是工业化的国家为了取得农产品，取代了自由贸易政策而采取的另一种政策。第一次世界大战爆发后，他又认为任何一个有远见的资本家都会大声疾呼：全世界资本家联合起来！这就会出现一个统治全世界的超级帝国主义，就会出现罗马帝国式的和平。

布哈林就是在这样的社会经济和意识形态条件下来研究帝国主义的。可以看出，希法亭的理论对他影响很大。他在1915年就写成、但1918年才出版的《世界经济和帝国主义》中认为，帝国主义就是金融资本条件下的世界经济。这本著作是他发表的一篇论文的发展。这两者都写在列宁的《帝国主义是资本主义的最高阶段》之前。列宁看了后者的原稿，并为其写了一篇序言。这时的布哈林并不认为帝国主义是一个历史阶段。其后，列宁的论帝国主义的著作陆续发表，布哈林就接受列宁的观点，认为帝国主义是一个历史阶段。对于考茨基的"超帝国主义论"，卢森堡的以其资本积累理论为基础的帝国主义和殖民地理论，布哈林都反对。

第一次世界大战中，资本主义国家政权干预或统制经济日益加强，由国家政权兴办的公营经济尤其是军火工业迅速发展，这两者都意味着计划化和社会化的产生和发展。这种经济现象，最初是在19世纪70年代以后的德国产生的。当时，普鲁士在普法战争中获胜，得到巨额赔款，其宰相俾斯麦为了对外扩张和安抚工人，兴办国营企业（包括军火工业），实行社会保障政策。对此，德国新历史学派称之为国家社会主义；拉萨尔则坚决反对，称之为国家资本主义。现在这种现象，如上所述，重新产生。所不同的，是在战争时期中，丝毫没有社会保障，又是在金融资本占统治地位的条件下大量产生的。资产阶级思想家称之为国家社会主义或战时社会主义。布哈林反对这种看法。他是马克思主义者中第一个研究这种现象的。他首创地认为，这是垄断资产阶级的政权同垄断金融资本的结合物，即国家资本主义托拉斯。

第二节　世界经济和帝国主义

1. 世界经济的定义和内容

布哈林的世界经济理论包含着意义深刻的独到见解。他的帝国主义理论是他的世界经济理论的另一面,这些理论是他运用马克思主义对资本主义最新经济现象进行分析的结果。

布哈林对世界经济下了这样的定义:"世界经济是全世界范围的生产关系和与之相适应的交换关系的体系。"①这里说的生产关系等,虽然是以全世界为范围的,但这个范围并不能说明这些生产关系是同质的还是异质的,也就是全世界的资本主义生产关系,还是全世界的资本主义生产关系和前资本主义生产关系。从生产关系能构成一种体系来看,定义指的不可能是前者,而应是后者,因为资本主义生产关系在世界范围内扩展了,仍是资本主义生产关系,只有随着资本主义生产关系在世界范围内扩展,同前资本主义的生产关系,如封建主义生产关系发生联系,才有可能产生某种新的经济规律,这些规律体现着不同质的生产关系体系的运动。从这方面看,定义并不清楚。

针对当时许多著作中流行的关于"世界经济"的谬误理解,布哈林根据其对世界经济的理解进行批评。在批评时,他的说明回答了我在前面提出的问题。他说:"当我们说世界经济时,我们是以经济联系的范围为分类标准,而不是以生产方式的不同为标准。因此,如果对马克思主义者进行责难……说马克思主义者预见到资本主义社会以后是社会主义社会,而没有预见到世界经济,这是荒谬的。……(这)不过是把根本不同的分类混为一谈罢了。"②这就是说,构成世界经济的全世界范围的生产关系等的体系是同质的生产关系,都是资本主义的生产关系,不是异质的生产关系发生联系,因而结成的生产关系体系,不是资本主义生产关系同社会主义生产关系在世界范围内并存(布哈林认为,社会主义首先在国家资本主义托拉斯薄弱的地方取得胜利)的状态。

但是,在深入论述问题时,布哈林事实上认为世界经济是全世界范围内的异质生产关系等构成的生产关系体系,即资本主义生产关系和前资本主义生产关系相联系而构成的体系。他说:"国际联系在范围上的扩大,伸展到过去没有卷入资本主义生活旋涡的地区,这种情况可以说是世界经济在

① 布哈林:《世界经济和帝国主义》,蒯兆德译,中国社会科学出版社1983年版,第8页。
② 同上书,第9页脚注2。

广度上的发展"。"国际经济联系向纵深发展,愈来愈频繁,可以说形成一个愈益紧密的罗网,这种情况是世界经济在深度上的发展。"在历史上,"世界经济发展的两个方面同时并进,在广度上的发展主要是通过列强实行兼并政策完成的"。①

这些分析是完全正确的。唯其正确,我们根据马克思主义政治经济学的原理,就可以看出:只有当资本主义经济向没有卷入资本主义生活的地区伸展,两种异质的生产关系发生联系并构成体系时,才能产生体现这个体系的某些新的经济规律,揭示这些规律就是目前待建立的世界经济学的对象;而资本主义经济本身包括世界经济在广度上发展时已资本主义化的经济,在深度上的发展,即愈来愈加"厚",仍然是资本主义生产关系,不可能产生新的经济规律,只要情况是这样,研究资本主义生产关系本身运动的规律,以及其他生产关系本身运动的规律,应该是政治经济学的对象。

研究世界经济时,布哈林是正确地从它是异质的生产关系体系这一点出发的。他说:"世界资本主义,即世界性的生产体系,现在呈现如下面貌:一方面是少数几个组织强国的经济体('文明的强国'),另一方面是外国的半农业或农业体制的不发达国家。"②这就是那时的世界经济,即社会主义尚未产生前的世界经济。研究世界经济,就是要说明这个体系的产生,并揭示这个体系内部的规律。这些都是正确的。

2. 世界经济的形成和三个方面

世界经济或世界性的生产体系,既然是由文明的强国即工业化国家和不发达国家即农业国家构成的,布哈林首先就要说明世界划分为工业国和农业国的原因。在这里,他没有涉及前人的国际分工理论,如李嘉图的比较成本理论、马克思的产业革命理论。③ 他认为国际分工需要两种前提:自然环境不同决定的自然前提和文化程度、经济结构与生产力发展水平不同决定的社会前提。某些农作物的生产和全部矿产品的开采取决于自然前提,他认为是不容置疑的,其实从比较成本理论看来,不完全是这样。但他认

---

① 布哈林:《世界经济和帝国主义》,蒯兆德译,中国社会科学出版社 1983 年版,第 10 页。
② 同上书,第 51 页。
③ 马克思:《资本论》(第一卷),人民出版社 1975 年版,第 522—523 页。

为,自然前提虽然重要,但同各国生产力发展不平衡造成的差别,即同社会前提相比,它的作用日益降低。例如,不具备开采煤矿的技术和经济前提,煤矿储藏便是没有意义的;交通不发达,生产某些农作物也是没有意义的。其实,按照此说,是无法说明上述的国际分工的,它只能说明生产力发展水平最高的先实现工业化,生产力发展较慢的后实现工业化,而不能说明生产力水平高的国家,在进行产业革命过程中,为什么在工业品变得便宜时,农产品反而变得昂贵,但生产力水平低因而没有进行产业革命的国家则不是这样,就是说由于价值规律的作用产生国际分工。这要由马克思的有关理论来说明。[①]

布哈林认为,国际分工形成世界经济,世界经济是资本国际化过程的产物。由于世界分为工业化的文明强国和农业的不发达国家,前者就需要后者成为它的工业商品销售市场和工业原料的供应市场,即前者以工业品卖给后者,后者主要以农产品卖给前者。随着商品流通的国际化,资本流通和劳动力流通也逐渐地国际化,因为资本向利润率和利率高的地方流动,劳动力向工资高的地方流动。随着生产力的发展,工业化国家的资本有机构成提高,利润率有下降的趋势;农业国家存在着大量前资本主义经济,其中的高利贷资本的利率和商业资本的利润率当然很高,它如果产生了资本主义经济,由于资本有机构成较低,资本利润率也比较高。这样,资本流动的国际化,就不像商品交换的国际化是双向的(工业品和农产品交换),而只是单向的,即资本从工业化国家流向农业国家。至于劳动力流动的国际化,由于新大陆缺乏工资劳动者,工资最高,当它还是个农业地区时,欧洲的工业国家和亚洲的农业国家都有劳动力流动到那里。因此,劳动力流动的国际化过程,同商品流通、资本流动的国际化过程不同,它不可能从工业化国家和农业国家的角度来说明流向。由于这样,布哈林认为,由资本国际化过程形成的世界经济包含着三个方面:商品销售市场、原料市场和投资范围。它们都是工业化国家和农业国家之间的经济关系。这些关系构成以全世界为范围的异质的生产关系和与之相适应的交换关系的体系。

---

① 马克思:《资本论》(第一卷),人民出版社 1975 年版,第 522—523 页;马克思:《剩余价值理论》(第二册),人民出版社 1975 年版,第 542—544 页。

很明显,布哈林的这些分析无论是在理论上还是在方法论上都存在待改进的地方。从理论上看,如果说在国际分工的条件下,工业品和农产品在国际的流通,一般说来较少地受到政治条件的限制,那么资本的国际流动,即资本从工业化国家输出到农业国家就不是这样。除了欧洲资本随着移民流入美洲和大洋洲这些移民垦殖殖民地,一般说来可以不受政治条约限制外,工业化国家的资本要输到亚、非等地,显然受到政治条件的限制——在有用的前提下,是否安全是一个重要问题。这个问题,李嘉图比布哈林早100年就提出来了。他说:"有种种因素阻碍着资本移出:比方说,资本不在所有者的直接监督下时将会使他发生想象的或实际的不安全感;并且每一个人自然都不愿意离乡背井,带着已成的习惯而置身于异国政府和新法律下。"①输出资本的政治条件问题在理论上要解决。

从方法论上看,按照上述理论,世界经济的三个方面就应该是随着资本主义的产生就形成的,这样,就没有办法说明帝国主义和一般资本主义有何区别,而19世纪末20世纪初"帝国主义"一词正在经济生活和政治生活中广泛流行,理论家要回答帝国主义的实质是什么这一重要问题。帝国主义的形成条件在方法论上要解决。

由于要解决这些问题,布哈林就认为,世界经济同时也是资本民族化过程的产物。资本的国际化和民族化是一个经济过程的两个方面。他说:资本民族化的过程,是由"世界经济中三大方面——商品销售市场、原料市场与投资范围——发生的变化促成的"。② 在这些条件下形成的世界经济,就是布哈林从理论和方法论上统一理解的帝国主义。

3. 金融资本和帝国主义

在布哈林看来,世界经济的变化是由垄断的形成所引起的。而"资本家垄断组织的形成过程,是资本积聚与集中过程的逻辑的和历史的延续"。③ 这个过程既有横向的同种生产部门的兼并,又有纵向的不同生产部

---

① 大卫·李嘉图:《政治经济学及赋税原理》,郭大力、王亚南译,商务印书馆1962年版,第115页。
② 布哈林:《世界经济和帝国主义》,蒯兆德译,中国社会科学出版社1983年版,第57页。
③ 同上书,第43页。

门的兼并,直至以全社会为范围,各生产部门组成一个垄断企业。这个过程既发生在生产部门,也发生在流通部门,还发生在银行和工业之间,这样,"银行资本向工业渗透,从而资本转变为金融资本"。[①] 经过这样的兼并,全社会的竞争和生产无政府状态就消失了。不仅如此,由于除了唯一的一个垄断工业和垄断银行相渗透的垄断经济外,再也没有其他经济的存在,国家政权就同垄断经济相结合,成为国家资本主义托拉斯。

由于发生了这种变化,布哈林认为,商品销售市场就发生变化。首先是国内市场。国内市场既然消灭了竞争,国家政权就可以提高关税,"生产者"就能在国内市场上提高商品价格,获得相等于关税的增加额。其次是世界市场。有了上述这笔额外利润,就可以在世界市场上以低于生产成本的价格销售商品,即实行倾销政策。垄断经济之所以实行这种政策,说到底是由于能扩大由关税加以保护的经济领土和降低生产成本,这两者相互影响,增加了垄断的额外利润。倾销的结果是经济领土的扩大,在政治上控制经济领土意味着扩大用关税保护的国内市场,这能增加额外利润,从而扩大倾销……。国内市场和倾销扩大,使产量增加,单位生产成本下降,总的额外利润增加,从而倾销扩大,经济领土扩大……。其结果就是"把国家有机体的分散部分结合起来,使殖民地与宗主国合并,组成一个具有共同关税壁垒的统一帝国的趋向"。[②] 这是资本民族化第一个方面的结果。

这段理论说明,对布哈林的世界经济和帝国主义理论有着重大的方法论意义。他在努力说明金融资本的向外扩张不同于一般资本的向外扩张。马克思曾经说明,资本主义的直接剥削条件和实现这种剥削的条件不是一回事;这构成资本主义生产和消费的矛盾;这个矛盾促使资本主义不断扩大市场。[③] 布哈林引用了马克思的论述后说,这虽是事实,但不能将它理解为一种绝对的必然性。[④] 因为按照马克思的说明,如不能扩大市场,这个矛盾就导致生产过剩的经济危机,但危机能相对地解决矛盾,所以,即使不扩大市场,一般资本仍能存在。金融资本与此不同。在这里,布哈林在没有说明

---

① 布哈林:《世界经济和帝国主义》,蒯兆德译,中国社会科学出版社1983年版,第48页。
② 同上书,第57页。
③ 马克思:《资本论》(第三卷),人民出版社1975年版,第272—273页。
④ 布哈林:《世界经济和帝国主义》,蒯兆德译,中国社会科学出版社1983年版,第58页。

垄断资本为什么要取得垄断利润(他称为额外利润)的前提下,确实说明了"利润的运动,驱使商品越出国家疆界"。[①] 表面看来,布哈林似乎区别了两种不同的对外扩张,其实不然。马克思说的一般资本是向非资本主义扩张;布哈林认为的垄断资本扩张是不区分经济性质的地域扩张。布哈林之所以有此方法论上的缺陷,我认为是由于没有论证垄断利润的必要和来源。这一点留在下面谈。

原料供应市场也发生变化。布哈林认为,一般的经济学家只认为出售商品是困难的。其实,购买原料,首先是农业生产的供工业需要的原料,也是困难的。其原因在于农业的发展落后于工业,而农业发展落后的原因又在于存在着土地占有的垄断,即不对土地私有权缴纳地租(绝对地租),土地就不能耕种。因此,"资本主义发展的步伐愈迅速,经济生活的工业化与农村的都市化进程愈强有力,工业与农业之间的不均衡就愈严重";而"原料的市场过去与现在都主要是作为销售制成品的'国外'市场国家,即欠发达国家(包括殖民地)"[②];这样,工业发达国为占有落后国而进行的竞争也愈激烈,例如,英国在竞争中就把整个埃及转变为替英国纺织工业提供原料的棉花种植园。这是资本民族化第二个方面的结果。

这些论述是有缺点的。由土地私有权而产生的绝对地租,使农产品价格提高,这是一直存在的,它不可能是从工业化时开始的农业落后于工业的原因,它尤其不是现在的金融资本比过去的一般资本更为激烈地占有原料供应地的原因。前者应是产业革命发生时造成的,后者应是为了取得垄断利润,金融资本就要占领原料产地,压低原料价格。

资本的世界流动同样发生变化。资本总是向利润率较高的落后国流动,从这点看,布哈林认为,"在资本主义发展的几乎全部历史中,我们都可以看到资本输出"[③];但要在金融资本条件下,它才具有空前的特殊重大的意义。首先,垄断的存在使资本的利用受到限制,而非垄断经济的剩余价值,一部分被转移到"垄断组织的共同所有者手里"[④],因而利润下降严重,这驱

---

① 布哈林:《世界经济和帝国主义》,蒯兆德译,中国社会科学出版社1983年版,第59页。
② 同上书,第70、68页。
③ 同上书,第70、71页。
④ 同上书,第70、72页。

使资本输出。① 其次,高关税的存在,使资本绕过关税进入高关税国家并成为生产资本,再反过来受高关税保护。"资本输出是金融集团实现其经济政策最便利的方法,它能最容易地征服新领土。"②这是资本民族化第三个方面的结果。

这里的分析在理论上和方法论上都是正确的。值得指出的是,布哈林在这里指出了垄断利润要来自非垄断的资本主义经济,但他没有有意识地在全部理论中贯穿这个思想。

上述资本民族化三个方面相互发生作用的过程,就是工业化列强在激烈竞争中,扩大其国家疆界建立一个经济有机体的过程,这个有机体由宗主国和殖民地两个对立部分组成,但两者逐渐组成同质的金融资本的经济关系。这就是不同于以前的金融资本条件下的世界经济。

由于这样,他完全同意希法亭对金融资本政策的说明。希法亭说:"金融资本的政策追求三重目标:第一,建立尽可能最大的经济领土;第二,这个领土必须用关税壁垒保护起来,以防国外的竞争;从而第三,这个领土必须成为本国垄断公司的剥削场所。"③希法亭认为这样的政策就构成帝国主义。布哈林引用了这段说明后,再补充说:"经济领土的扩大给民族卡特尔开辟了农业区,从而开辟了原料市场,并扩大了销售市场和投资范围;关税政策可以抑制外国的竞争,取得超额利润,并且使倾销这个破城槌发生作用。这一整套办法有助于垄断组织提高利润率。"④下面将看到,布哈林对提高利润率的全部解释并不能说明剥削问题。

经过这样的分析,布哈林就认为,金融资本是高度发达的经济有机体,是具有一定广度和深度的世界性联系的经济⑤;帝国主义就是金融资本的政策,它"支撑金融资本的结构;它使全世界服从于金融资本的统治;它以金融资本的生产关系代替古老的前资本主义生产关系和旧的资本主义的生产关系"。⑥ 其实,他应该看出,金融资本条件下的世界经济就是工业化强国对落

---

① 这是重复希法亭的理论。
② 布哈林:《世界经济和帝国主义》,蒯兆德译,中国社会科学出版社 1983 年版,第 70、77 页。
③ 同上书,第 93 页。
④ 同上书,第 80—81 页。
⑤ 同上书,第 88 页。
⑥ 同上。

后国家的兼并,这种经济有机体在政治上的表现就是殖民帝国,因此,帝国主义就是金融资本或垄断资本条件下的世界经济。正是这样,列宁说:布哈林"考察了世界经济中关于帝国主义的基本事实,他把帝国主义看成一个整体,看成极其发达的资本主义的一定的发展阶段"。[①] 布哈林偶尔也说:"帝国主义是资本主义竞争的扩大规模的再生产"[②],即不是政策而是经济。但是,他没有明确的认识。其原因我认为不是他的研究本身带来的,而是他受到当时理论权威的影响,当时,考茨基、希法亭等人都认为帝国主义是一种政策。布哈林认为帝国主义是金融资本的政策,是受到希法亭的影响。

布哈林的帝国主义理论有一个发展过程。在他提出上述的帝国主义理论之后十年,他在批评考茨基和卢森堡时指出:"近代资本同过去的不同,表现在它再生产出了在扩大的水平上的生产的新的历史环境,即金融资本主义环境。帝国主义的基本要点就寓于此。"[③]

考茨基认为,资本主义的农业落后于工业,帝国主义是列强因竞争剧烈而采用的政策,即取代用自由贸易政策获取农产品的另一种政策。布哈林认为,工业化国家要从农业国取得原料虽然是事实,但帝国主义绝不止夺取农业国家,它为了取得超额利润,"争斗已经从单纯地争夺农业国家……变成瓜分世界"。[④]

卢森堡认为,资本主义进行扩大再生产就要将一部分剩余价值转化为资本,即进行资本积累,资本积累不能由资本家和工人来实现,而要由他们之外的"第三者",或非资本主义环境如个体经济来实现。她认为:"帝国主义是一个政治名词,用来表达在争夺尚未被侵占的非资本主义环境的竞争中进行的资本积累的。"[⑤]这种资本积累理论是错误的,因为马克思的社会资本扩大再生产理论已证明,单在资本主义条件下,资本积累是可以实现的。

---

① 布哈林:《世界经济和帝国主义》,蒯兆德译,中国社会科学出版社1983年版,第Ⅱ页,列宁为该书写的序言中的话。
② 同上书,第84页,标题。
③ 布哈林、罗莎·卢森堡:《帝国主义与资本积累》,柴金如、梁丙添、戴永保译,黑龙江人民出版社1982年版,第274页。
④ 同上书,第272页。
⑤ 罗莎·卢森堡:《资本积累论》,彭尘舜、吴纪先译,生活·读书·新知三联书店1959年版,第359页。

布哈林批评卢森堡的帝国主义理论时指出：帝国主义向外扩张是为了取得额外利润，是剥削，而不是实现资本主义已经生产出来的剩余价值，扩张的对象不仅是非资本主义环境，不管它是尚未侵占的还是已被侵占的，而且是资本主义环境，总之，要瓜分和重新瓜分世界。

这些批评都是正确的，是以垄断资本或金融资本要取得垄断利润这一理论基础上的。

4. 巨大功绩和如何改进

从上述分析可以看出，布哈林提出这些理论都是首倡的，至少有两大功绩。第一，认为世界经济是全世界范围的生产关系和与之相适应的交换关系的体系。这样，研究这个体系的科学就是世界经济学，这是很有创见的。我们知道，马克思主义政治经济学的研究对象是历史上继起的几种生产关系演变的规律，但在实际生活中，历史上继起的生产关系有些在时间上同时存在，在空间上发生联系，只要有经济联系，必有规律可寻，研究这些规律的科学，我想应该称为世界经济学。第二，认为帝国主义是金融资本条件下的世界经济。这在当时普遍认为帝国主义是一种政策的条件下，是一种反映问题本质的新看法。它同列宁的帝国主义是垄断资本主义阶段的理论可以相互补充，事实上也是这样。①

但布哈林的理论也有不足之处，需要改进。主要有两方面：第一，对世界经济下定义以及进行研究时，他事实上认为构成世界经济的是由全世界范围的异质的生产关系等构成的，但偶尔又说世界经济只以联系范围为标准，不以生产方式不同为标准，以致认为社会主义和资本主义并存，不是他所理解的世界经济。第二，对构成帝国主义的金融资本条件下的世界经济，同一般资本条件下的世界经济有何不同，就世界经济的三个方面而言有的没有说清楚，这就不能将帝国主义和一般资本主义加以区别。我认为这些不足，说到底是由于他没有将金融资本为什么要取得垄断利润作为一个重大问题加以研究，并作为分析问题的出发点而产生的。

---

①　明显的例子是：列宁接受了布哈林关于金融资本的定义，布哈林后来接受了列宁关于帝国主义是历史阶段的思想。

布哈林在没有论证垄断资本取得垄断利润的必要性,以及垄断利润不可能由垄断资本产生出来的前提下,去说明垄断利润的来源和它的取得方法。就工业化国家内部而言,垄断资本为了使竞争减小甚至消灭,就利用国家政权实行高额关税制度,借以保护国内市场,再以垄断高价出售商品,将非垄断的资本主义经济的一部分剩余价值变成垄断利润。这里他没有提及个体经济在其中的作用,因为他认为随着资本主义的发展,这种旧的经济形态逐渐破坏殆尽①;他也没有提及用低价向非垄断的资本主义经济购买产品同样能产生垄断利润,因为他没有办法如像用高关税来说明垄断高价的形成那样,找到一种经济杠杆来说明购买低价的形成。这种方法的发展,影响了他以后的研究。

前面说过,布哈林认为,随着垄断的发展,非垄断经济就全部消灭,整个国民经济就成为纯粹的垄断资本主义,并且是唯一的垄断组织,甚至进一步同国家政权结合起来,成为国家资本主义托拉斯。其实,根据他对垄断利润来源的说明,非垄断的资本主义是不能消灭殆尽的,纯粹垄断资本主义和国家资本主义托拉斯是不可能的。这是理论上的矛盾。下面将看到,布哈林有他的解释。

我认为,国家资本主义托拉斯这个范畴,使布哈林的世界经济和帝国主义理论发生错误。在他看来,国家资本主义托拉斯从内部来看,社会分工完全消灭,由托拉斯内部分工所取代,生产无政府状态完全消灭,由计划生产所取代,如果不是由于要同其他国家资本主义托拉斯竞争,并在竞争中把落后农业国和其他国家资本主义托拉斯划入自己的经济领土,商品生产在国家资本主义托拉斯内部便消灭了;从外部来看,由于存在争夺经济领土的竞争,由国家资本主义托拉斯构成的国民经济就由关税壁垒保护着,随着经济领土的扩大,国民经济扩大,关税壁垒圈也扩大,换句话说就是,"金融资本渗透进世界经济的每个孔隙,同时造成了一个强有力的趋势:使国民经济有机体与外界隔绝,以经济上自给自足作为加强各自资本家垄断地位的手段。"②这个发展过程的极限,就是全世界组成一个托拉斯,只是由于种种社

① 布哈林:《世界经济和帝国主义》,蒯兆德译,中国社会科学出版社1983年版,第43页。
② 同上书,第57页。

会矛盾的尖锐化,尚未达到这个极限时,垄断资本主义已开始崩溃。

这些论述存在着很多问题。现在只能就同我们有关的谈一谈。先从国家资本主义托拉斯内部来看。布哈林关于这方面的全部论述,都是从希法亭那里来的,所不同的只在于:后者认为,在这个条件下,商品生产已消灭;前者则考虑到托拉斯的外部条件,便认为虽然商品生产要到全世界组成一个托拉斯(他又认为这是达不到的)时才能消灭。但是,各个国家资本主义托拉斯内部的经济,已发生某种变化,即"在这里存在着'有计划的经济',不仅在不同生产部门的联系和相互关系方面而且在消费方面也实行着有组织的分配。这个社会里的奴隶取得他的一份口粮,他的一份构成总劳动产品的实物"。① 从这里我们可以看出,如果我们责难布哈林,认为在国家资本主义托拉斯条件下,非垄断的经济都消灭了,垄断利润就没有来源了,他就会回答,有计划地克扣"奴隶"的口粮就是垄断利润的来源。

经过这一段说明,我们便可以看出,布哈林为什么认为世界经济不包括社会主义生产关系同资本主义生产关系发生联系的内容了,因为前者不可能对外发生这种联系。它是由国家资本主义托拉斯转化而来的,国家资本主义托拉斯所存在的经济领土又构成自给自足的区域,社会主义不像国家资本主义托拉斯那样要向外扩张:所有这一切,在理论上都使社会主义对内对外都不存在商品,不能同资本主义生产关系发生联系。由于这样,社会主义虽与资本主义并存,但不发生联系,无法构成生产关系的体系,就不是布哈林理解的世界经济。

布哈林由于遇到矛盾而无法解决,就只好说世界经济不以生产方式不同为标准。既然这样,他为什么又说世界经济是由资本主义工业国和前资本主义的农业国构成的呢? 关于这一点,他有一段说明:资本民族化的过程。就是在"国家疆界范围里建立同质的、相互间尖锐对立的经济有机体的过程"。② 如果他能说明"尖锐对立的经济有机体"为什么是"同质"的,问题就解决了。这应该是他说的以单一的金融资本的生产关系代替古老的前资本主义生产关系和旧资本主义的生产关系,但他没有进一步地说明。

---

① 《在共产国际第六次代表大会上关于共产国际纲领草案的报告》(1928 年)。转引自《论布哈林和布哈林思想》,贵州人民出版社 1982 年版,第 327 页。

② 布哈林:《世界经济和帝国主义》,蒯兆德译,中国社会科学出版社 1983 年版,第 57 页。

这个问题其实是帝国主义理论问题的一部分，即从旧资本主义发展而来的金融资本，如何剥削前资本主义，使后者不能正常地发展为资本主义，而联结成金融资本剥削落后的农业经济这样的生产关系体系。但他的国家资本主义托拉斯理论使他不能说明这个问题。

他认为，国家资本主义托拉斯内部完全消灭竞争，但对外都进行激烈的竞争——以国家的力量来进行竞争。竞争的目的，在于从世界经济三个方面去取得超额利润。这种利润不能来自其他的国家资本主义托拉斯，因为这不仅是循环论证，而且无法说明最劣的国家资本主义托拉斯如何取得它；只能来自落后的农业国，因为这是说明"尖锐对立的经济有机体"所必需的。但他无法说明这一点。

布哈林是这样说明金融资本取得垄断超额利润的：用高额关税保护国内市场，然后制定垄断价格出售商品。但是，在落后国被划进经济领土，从而同工业国一起用关税壁垒联结起来以前，是不能使用这种方法的，而经济领土的形成和扩大，又只能是落后国被剥削的结果。他陷入理论困境。这样，他就只能用工业国和农业国互相交换商品时双方的劳动生产率不等，去说明前者在对外贸易中能实现一个超额利润。他说，根据马克思的理论，"超额利润来源于商品的社会价值（所谓'社会'，应理解为世界资本主义整体）同它们的个别价值（所谓'个别'，应理解为'各国民经济'）之间的差异。而且马克思已经预见并且解释了，在一定领域内，由于垄断组织的支配地位，会发生超额利润的某种固定性。这种情况，在现代具有特别重要的意义"。① 这样，一方面，寻求国外市场的商品量日益增加；另一方面，列强的垄断组织尚未占有的市场更加狭窄，列强在本国资本的要求推动下，很快就征服了尚未被占领的土地，这就是从1870—1880年起，夺取领土的过程以狂热速度进行的原因。随着这种经济领土的殖民地化，一个以高额关税保护着的殖民帝国就形成了，殖民地成为投资场所的政治条件就具备了。

这个分析存在着许多问题。我只着重谈其中的"垄断超额利润"。布哈林是用两种经济的不同劳动生产率在形成价值中发生的差额来说明的。我且不说劳动生产率的高低应是指生产同种产品而言的，不适用于这里分析

---

① 布哈林：《世界经济和帝国主义》，蒯兆德译，中国社会科学出版社1983年版，第61页。

的工、农产品价值的形成,即使将世界平均条件的劳动看成平均劳动,高于它的工业国的劳动是生产率高的,低于它的农业国的劳动是生产率低的。这样,前者在同量劳动时间比后者形成较多的价值,将这个超过额称为超额利润,并且由于它归国家资本主义托拉斯独占,称为"垄断超额利润",这虽是垄断条件下的独有现象(在自由竞争条件下,这个超额利润要转化为平均利润,并由此提高平均利润率),但这个利润是国家资本主义托拉斯支配的劳动创造的,在对外贸易中实现的,不是来自对农业国的剥削,同布哈林以前说的、来自非垄断的资本主义经济的剩余价值的垄断利润有不同的性质。在这一点上,他同卢森堡一样,不能说明宗主国对殖民地的剥削。下面将进一步谈这个问题。

最重要的,布哈林不能从方法论和理论相统一方面,来说明一般资本条件下和金融资本条件下的世界经济有何不同,即资本主义和帝国主义有何不同。他已经接近解决问题的边缘,但半途而废。前面说过,他认为资本主义生产与消费的矛盾,并不要求有一个非资本主义的国外市场来解决;而金融资本条件下的"利润运动,驱使商品越出国家疆界"。他说后半句话时,是以金融资本取得垄断利润为前提的。如果他能分析一下,金融资本为什么要取得垄断利润,他就会了解一般资本的再生产条件,并不要求资本主义和前资本主义发生联系,金融资本的再生产条件是要取得垄断利润,而垄断利润又不能由金融资本自己生产出来,只能来自非垄断的资本主义经济和前资本主义经济,因此,金融资本和它们发生经济联系,是由于要进行再生产。这样,两种不同的世界经济,资本主义和帝国主义,就可以加以区别了。

第三节　国家资本主义托拉斯

1. 国家资本主义托拉斯的形成

前面我们多次提到布哈林的国家资本主义托拉斯理论,但没有详尽加以研究,现在我们全面分析它。其实,这同样是希法亭有关理论的发展。

现在进一步谈一谈,布哈林研究垄断资本主义时如何受到希法亭的影响。希法亭认为,资本主义工业的发展使银行业的积聚得到发展,积聚起来的银行业集中了庞大的货币资本,这些资本供应工业的需要,促使工业卡特尔和托拉斯化,这又反过来促使银行业卡特尔化。这个工业和银行业卡特尔化的过程本来是相互影响的,因为双方都能购买对方的股票,双方的资本融合在一起,但是希法亭却认为,货币资本是属于银行所有的,再由银行贷给工业使用。体现着这种借贷关系的货币资本,希法亭称为金融资本。由此他便认为,只要流通实现社会化,例如,将柏林六家大银行收归社会所有,它们便能从货币资本方面控制垄断工业,等于将工业社会化,这就能实现社会主义。他并且认为,随着工业和银行业卡特尔化的发展,最终会出现由一个庞大的卡特尔囊括整个国民经济,非垄断资本主义经济和小商品经济消灭殆尽,从而竞争完全消灭的局面。由于这个庞大的卡特尔属于一个所有者,它就可以实行有计划的生产。这就是有组织资本主义论。

对于希法亭的金融资本理论,布哈林没有完全接受,而是加以扬弃。他一方面如前所述,根据希法亭的论述,认为"银行资本向工业渗透,从而资本转变为金融资本"[①];另一方面又将它引申为两方相互渗透,从而"工业家的代表们在管理银行,而银行的代表们也在管理工业"。[②] 这样,布哈林事实上认为金融资本是垄断工业资本和垄断银行资本的融合,避免了希法亭的通过流通社会化就可以到达社会主义的理论错误。布哈林的金融资本理论对列宁有很大的影响。[③]

关于布哈林完全接受希法亭的有组织资本主义论及由此产生的问题,我们在后面再谈。这里先论述他如何将希法亭的这一理论发展为国家资本主义托拉斯理论。

布哈林说:"在竞争战中,大规模生产到处都取得了胜利。它把'资本巨头'联合起来,形成一个支配全部经济生活的强固的组织。金融寡头掌握着

---

① 布哈林:《世界经济和帝国主义》,蒯兆德译,中国社会科学出版社 1983 年版,第 48 页。

② 同上书,第 50 页。

③ 列宁认为,银行资本和工业资本日益混合生长是布哈林中肯的说法。参见列宁《帝国主义是资本主义的最高阶段》,人民出版社 1972 年版,第 38 页。得到列宁的肯定后,布哈林后来就明确地以此观点来批评希法亭。

国家政权,管理着由银行联为一体的生产。"①他又说,随着资本积累的进行,"金融资本就把整个国家置于其铁钳的夹榨中。'国民经济'成为一个由金融资本集团与国家合伙组成的巨大联合托拉斯。这个组织,我们称为国家资本主义托拉斯"。② 可以看出,在布哈林的脑海里,国家资本主义托拉斯是这样一种组织:全部国民经济由唯一的托拉斯囊括,托拉斯由垄断银行和垄断工业组成,国民经济由国家管理。因此,在这个经济组织中,国家是管理机构,银行是财务机构,工业是生产单位。国家管理包括计划生产和统治工人。

有的研究者将布哈林使用的国家资本主义托拉斯这个范畴,完全等同于一般经济学家使用的国家垄断资本主义,我们有时也是这样。一般说来这是可以的,但要按照前一段的说明那样去理解,其中特别重要的是,国家资本主义托拉斯是囊括整个国民经济的,而国家垄断资本主义是在垄断统治的条件下,多种经济成分或经济关系中的一种。

2. 国家垄断资本主义中的国家

在布哈林看来,国家垄断资本主义是一个由经济和政治组成的有机体,它并不单纯地是在战争条件下,因而要由国家动员社会一切力量为战争服务的产物,在和平条件下它也是存在的。布哈林说:"战争所加强的经济进化,势必造成而且事实上已经造成一种局面,使资产阶级整个来说对于国家权力的垄断性干预采取比较容忍的态度。这个变化的根本原因,是国家政权和金融资本的领导集团之间发生了日益密切的联系。国家与私人垄断企业在国家资本主义托拉斯的结构内结成了一个统一体。国家的利益与金融资本的利益日趋一致。"③本来,国家政权是反映"上等阶层"的利益的,它怎么会变成只同金融资本的领导集团日益密切地相互联系呢? 布哈林认为,过去"这个上等阶层曾多少是乌合之众,因而有组织的国家机器在面对一个无组织的阶级(或几个阶级)时,体现了后者的利益。现在,情况完全不同

---

①　布哈林:《世界经济和帝国主义》,蒯兆德译,中国社会科学出版社 1983 年版,第 81—82 页。

②　同上书,第 92 页。在同书,他偶尔也称国家垄断资本主义为国家资本主义(第 126 页)。在以后的著作里,他都称为国家资本主义。

③　布哈林:《世界经济和帝国主义》,蒯兆德译,中国社会科学出版社 1983 年版,第 124 页。

了。国家机器不仅一般地体现统治阶级的利益,而且体现统治阶级集体地表达出的意愿。国家机器面对的不再是统治阶级的分散成员,而是他们的组织"。① 他认为这就是垄断资本主义条件下,国家机器中行政权力上升、议会权力下降的原因。这些分析是正确的。

问题不仅是国家体现了金融资本家的利益,更重要的是垄断统治条件下的国家,吞噬了在这个条件下产生的其他资产阶级的组织,即"在政治领域中有各种政治党派及其全部组织体系;在科学领域中有各种科学组织",就是说,"科学、政党、教会、企业主同盟都纷纷被纳入国家机构";这样的国家,"既有精神权力(各种愚弄手段:宗教、出版物、学校等等)又有物质权力(警察、军队)"②;这就是帝国主义强盗国家,也就是"当代的怪物,当代的利维坦"。③

这个当代的"利维坦"就是为国家垄断资本主义经济服务的。但在谈论布哈林对这个问题的看法之前,先要指出他对国家职能二重性之间的关系的看法。国家职能二重性是马克思首先提出来的。他在谈论资本家指导二重性的基础上,指出国家或政府职能的二重性。他说,资本主义"政府的监督劳动和全面干涉包括两方面:既包括执行由一切社会的性质产生的各种公共事务,又包括由政府同人民大众相对立而产生的各种特殊职能"。④ 鉴于有些人在公共事务职能问题上有错误看法,布哈林明确指出:"国家政权的这些职能绝不排斥它的纯阶级的性质。这些职能要么扩大剥削过程本身的必要条件(铁路),或维护统治阶级的其他利益(卫生措施),要么是对阶级敌人的战略让步","这里,'公益的'职能无非是剥削过程的必要条件"。⑤

以上谈的只是国家作为上层建筑的"公益"职能具有阶级内容。此外,国家作为社会生产的计划者和公营企业的经营者,当然也具有剥削职能。这时的国家是经济基础。他认为,这恰如无产阶级专政的特点是,国家组织同社会基础、同生产直接联系,而且经济组织是国家机关的组成部分一样。

---

① 布哈林:《世界经济和帝国主义》,蒯兆德译,中国社会科学出版社 1983 年版,第 101 页。
② 利维坦,圣经中记载的一种怪兽。
③ 布哈林:《帝国主义强盗国家》,载《布哈林文选》(下册),人民出版社 1983 年版,第 248—249 页。
④ 马克思:《资本论》(第三卷),人民出版社 1975 年版,第 432 页。
⑤ 布哈林:《过渡时期经济学》,余大章、郑异凡译,生活·读书·新知三联书店 1981 年版,第 14 页。

3. 如何取得垄断利润

前面我们曾指出,布哈林未能从商品交换的角度说明工业国如何从农业国取得垄断利润。他说明垄断企业以垄断高价出售产品的办法,向国内一般资本主义经济取得垄断利润时(随着资本主义经济的消灭,这个来源就没有了),是以实行高关税政策从而垄断国内市场为前提的。这当然无法说明如何能用这种办法向农业国取得垄断利润。其实,垄断企业以其垄断地位,可以不借助关税而用高价出售和低价购买的办法,向国内外非垄断经济取得垄断利润。

布哈林对国家垄断资本主义经济取得垄断利润的途径的分析是很清楚的。这主要是通过国家经营企业和干预经济。他指出:"这方面的有关问题是:国家垄断(生产垄断与贸易垄断)的形成;所谓'混合企业'组织(国家或城市是企业的合伙人,同私人辛迪加及托拉斯携手合作);国家对私人企业生产过程的管制(强制生产、生产方法的管理等);分配方面的管理(强迫交货与接受货物,成立国家的'中央分配局',设立原料,燃料与食品的国家仓库。制订价格,采用面包券、肉食品券、禁止某些货物的进口与出口等);国家的信贷组织;最后,国家的消费组织(公共食堂)。"[①]这里虽有战时的特点,但基本原理也适用于平时,这就是国家政权用经营企业和干预经济,即用政策和计划获取垄断利润。但这只是获取利润的途径,而不是利润的来源。

关于国家垄断资本主义的利润来源,布哈林的分析并不清楚。他说,有充分的统计资料证明,许多最大的企业尤其是与军事订货有密切关系的企业,也就是那些在重工业中占有首要地位的企业的利润,即所谓军事利润,大大地增加了。这在很大程度上是由于损害其他非垄断的资产阶级的利益而取得的。这说的是事实。但是,布哈林的垄断资本和国家垄断资本主义理论认为,非垄断经济是要消灭的,这样一来,来源就丧失殆尽了。这时,就只好用削减工人的消费来说明垄断利润的来源了。但这不仅违背了价值规律的要求,同他一直采用的平衡方法矛盾,而且也与奴隶制经济相同,不能说明垄断资本主义的特点。这再次说明纯粹垄断资本主义这个理论是错误的。

---

① 布哈林:《世界经济和帝国主义》,蒯兆德译,中国社会科学出版社 1983 年版,第 119 页。

4. 内部竞争和外部竞争

布哈林认为,国家垄断资本主义内部的非垄断经济全部消灭,与国家政权相结合的唯一的金融资本囊括整个国民经济,竞争完全消灭。对外则存在着尖锐的竞争,目的在于同其他的国家垄断资本主义争夺落后国以及各自争夺对方,虽然抽象地说外部竞争最终也会消灭,但还没有消灭时,国家垄断资本主义就被推翻了。

前面说过,最早提出垄断资本主义完全消灭非垄断经济,全部经济由一个垄断组织囊括,竞争完全消灭的理论家是希法亭,布哈林完全接受这个理论。他自己的说明可简述如下:"资本家垄断组织的形成过程,是资本积聚与集中过程的逻辑的和历史的延续。在封建制垄断的残骸上产生的手工业者之间的自由竞争,使生产资料积累在资本家阶级的手里,成为他们的垄断占有物;同样地,资本家阶级内部的自由竞争也正愈益受到限制,受到垄断整个'国民'市场的巨大经济的形成的限制。"①资本集中可以区分为两种:"第一种我们称为横向集中,即一个经济单位吞并与之同类的另一单位。第二种称为纵向集中,即一个经济单位吞并非同一部门的另一经济单位,也就是所谓的'经济补充'或者联合体。"②从上述例子看,第一种是形成垄断的工业和银行,第二种是它们的联合即金融资本。这样发展下去,全部经济为一个垄断组织所囊括,它和国家结合成为国家资本主义托拉斯,竞争完全消灭。至于这样一来,就发生前面提到的垄断利润国内来源不复存在的问题,后面将看到布哈林的回答。

布哈林认为国外竞争较难消灭,其理由如下:"第一,在国家范围里克服竞争,要比在世界领域里容易得多(国际协定通常是在国内垄断已经存在的基础上产生的);第二,现有的经济结构不同,以及因而发生的生产成本的差异,使协定不利于先进国(先进国首先破坏它——引者注);第三,国家的统一与国家疆界,本身就是不断扩大着的、确保额外利润的垄断。"③这就使疆界内的竞争消灭后,以国家为后盾的国家垄断资本主义之间的竞争仍然进

---

① 布哈林:《世界经济和帝国主义》,蒯兆德译,中国社会科学出版社 1983 年版,第 43—44 页。
② 同上书,第 94 页。
③ 同上书,第 52 页。

行着。

布哈林将这种竞争的主要内容归纳如下："最强的国家为它的工业争到最有利的贸易条约,设立不利于竞争敌手的高关税,帮助它的金融资本垄断销售市场、原料市场,特别是投资范围。"①由于这样,国家的军事组织就要扩充,因为"国家资本主义托拉斯之间的斗争,首先取决于它们的军事实力对比,因为一国的军事实力是斗争中的'民族'资本家集团所凭借的最后手段"。② 这就是帝国主义战争的根源,而帝国主义就是国家垄断资本主义竞争的表现。

各国的国家垄断资本主义能否联合起来,组成如像霍布森所说的联帝国主义,或考茨基所说的超帝国主义呢? 布哈林认为不是绝不可能,而是较为困难,因为要做到这一点,就要具备这两个条件:(1)"纯经济对等,其中包括生产成本相等";(2)"经济政策方面的对等",因为经济政策意味着"资本与国家的结合",它能"转化为一种附加的经济力量"。③ 要这两者都对等是很难办到的,因此"没有理由——至少在较近的将来没有理由——可以指望国家资本主义托拉斯之间签订协定或者合并,进而组成一个统一的世界托拉斯"。④

但是,这就已经包含有"如果抽象地从理论上谈问题,这样的托拉斯是完全可以设想的"⑤这种看法了。因此,他非常同意希法亭的看法:"发展进程的结果,应该出现一个全世界的卡特尔","这个中心机构决定一切部门的生产规模……。这将是一个得到有意识调整的对抗形式的社会。但是这种对抗是在分配方面的对抗"。⑥ 然而,他和希法亭又同样认为,由于社会的和政治的原因,这样的世界性组织产生之前,各种矛盾的爆发已促使国家垄断资本主义崩溃。其后,列宁认为,这些矛盾就是阶级矛盾和民族矛盾。

---

① 布哈林:《世界经济和帝国主义》,蒯兆德译,中国社会科学出版社 1983 年版,第 108 页。
② 同上书,第 98 页。
③ 同上书,第 108 页。
④ 同上。
⑤ 同上书,第 107 页。
⑥ 鲁道夫·希法亭:《金融资本论》,1955 年柏林德文版,第 349 页。

5. 生产计划性和经济危机

从上述分析不难看到,布哈林认为国家垄断资本主义的生产是有计划的。由此他又认为,生产计划性可以消灭生产过剩的经济危机,因为他认为危机的原因是比例失调。

马克思一直认为,商品生产是与生产的无政府状态相联系的。他虽然看到由法律即由计划规定工作日长度的事实,但不认为资本主义商品生产可以同计划相联系。19 世纪 30 年代,英国工人阶级提出 10 小时工作日的要求,经过 30 年的斗争得到实现。由于减缩工时,生产率提高,利润率也提高,从前反对由法律规定工作日的经济学家这时都改口了。对此,马克思指出,这个斗争涉及一个大争论,即构成资产阶级政治经济学实质的供求规律的盲目统治,和构成工人阶级政治经济学实质的由社会预见指导社会生产之间的争论①;并认为 10 小时工作日法律的实行是一个原则的胜利,因为它使资产阶级经济学家被迫承认由法律干预经济是必要的。虽然这样,他并不认为资本主义商品生产可以同计划相联系。马克思没有看到的现象,恩格斯看到了。他说在托拉斯中,自由竞争变为垄断,资本主义的无计划生产,向着未来社会主义的有计划生产投降。② 资本家从反对到实行计划生产,这就是"投降"。其后,希法亭又提出了前面提到的、由一个中心机构决定一切部门的生产规模的论点。

布哈林接受了这种论点,他明确指出:"我们所讨论的是一个高度发达的资本主义有机体,这个有机体可以实行社会生产的有计划发展。"③他对此的发展,是说明了国家垄断资本主义经济取得垄断利润都是通过国家计划进行的,这在前面已谈到了。

垄断经济的计划生产,使生产过剩的经济危机消灭,这个论点是希法亭提出来的。布哈林接受这个论点并加以发展。这个论点的反面是比例失

---

① 参见《国际工人协会成立宣言》,载《马克思恩格斯文选》(两卷集第一卷),外国文书籍出版局 1954 年版,第 360 页。
② 参见《社会主义从空想到科学的发展》,载《马克思恩格斯文选》(两卷集第二卷),外国文书籍出版局 1955 年版,第 147 页。
③ 布哈林:《世界经济和帝国主义》,蒯兆德译,中国社会科学出版社 1983 年版,第 105 页。

调,使生产过剩的危机发生。因此,他认为国家垄断资本主义经济能消灭普遍危机:"在这里存在着'有计划的经济',不仅在不同的生产部门的联系和相互关系方面而且在消费方面也实行着有组织的分配。这个社会的奴隶取得他的一份口粮,他的一份构成总劳动产品的实物。他取得的也许很少,但照样不会发生危机。"①

如果这是奴隶制经济,由于不进行扩大再生产,是不会发生危机的。但按照布哈林的说法,由于对外竞争,国家垄断资本主义必定是扩大再生产的,这样,作为一个总体来看,由于部分产品销售不掉的直接或间接影响,许多有关的产品也销售不掉,尽管它们之间是有计划地符合比例的,这就是普遍危机。

现在可以看到,对不存在其他经济成分的国家垄断资本主义,布哈林如何说明垄断利润的国内来源了,那就是有计划地克扣工人的口粮。

6. 商品生产和自给自足

布哈林认为,国家垄断资本主义之所以还存在商品生产,是由于它对外仍存在竞争,囊括世界的垄断组织尚未形成。此外,他的纵向集中理论,又使他认为对外竞争会形成一个由工业国和农业国组成的自给自足的有机体。

这种看法是由希法亭首先提出来的。他根据马克思的商品生产存在条件是社会分工和私人劳动的理论,结合他对垄断的分析提出这种看法。他说:在囊括整个国民经济的卡特尔内部,"社会分工……不断缩小,而另一方面,联合企业内的劳动技术分工却日益推进"②;由于这样,"随着联合的扩大……为了自己生产的规模也扩大。它之所以是为了自己的生产,是因为商品不是供应市场的,而是作为本企业的不变资本的一个因素使用的。但是它根本不同于从前各种社会形态的旨在满足需要的为了自己的生产,因为它不是为消费服务的,而是为商品生产服务的"③;这样一来,"随着生产无政

---

① 《关于共产国际纲领草案第一部分的若干问题》。转引自《论布哈林和布哈林思想》,贵州人民出版社1982年版,第327页注。
② 鲁道夫·希法亭:《金融资本论》,1955年柏林德文版,第350页。
③ 同上书,第357页注1。

府状态的消失,物的外观消失了,商品的价值对象性消失了,从而货币消失了"。① 这就是说,卡特尔内部不存在商品生产,对外仍存在商品生产。

布哈林接受了这种思想。他说,生产的纵向集中,"一方面,因为它把先前分在几个企业中的劳动联合在一个企业里,所以是社会分工的收缩;另一方面,它又促进着新生产单位内部的分工"。② 因此,他说:"金融资本主义的生产关系的改组走向包罗一切的国家资本主义组织(国家资本主义托拉斯——引者),同时消灭商品市场,使货币变为计算的单位,实行国家内的有组织的生产,使整个'国民经济的'机制从属于世界竞争的目的。"③但是对此他是矛盾的。因为马克思说过,物一旦对外成为商品,由于反作用,对内也成为商品。因此,他进一步考虑这个问题,就提出了极其深刻的看法。他说:假如能够"通过组织全世界经济成为单一的巨大的国家托拉斯(我们在讨论超帝国主义的一章里已试图证明这是不可能的)",生产的商品性质就消失了,就会有一种全新的经济形式;"这将不再是资本主义,因为商品生产消失了;更不是社会主义,因为一个阶级对另一个阶级的统治依然存在(甚至更加强了)。这样的经济结构,就像是没有奴隶市场的奴隶占有制经济"。④

在我看来,布哈林这种提法显然影响了列宁。列宁说:"资本家为国防即为国家工作,这已经不是'纯'资本主义了(这是明显的事实),而是国民经济的一种特殊形式。纯资本主义是商品生产。商品生产是为不可知的自由市场工作的。为国防工作的资本家则完全不是为市场工作,而是按照国家定货甚至往往是为了取得国家贷款而工作的。"⑤

应该指出,布哈林和列宁论述的对象不完全相同,结论也不完全相同;但有一点是相同的,这就是有计划地生产的产品不是商品,也不是资本主

① 鲁道夫·希法亭:《金融资本论》,1955年柏林德文版,第349页。
② 布哈林:《世界经济和帝国主义》,蒯兆德译,中国社会科学出版社1983年版,第48页。
③ 布哈林:《过渡时期经济学》,余大章、郑异凡译,生活·读书·新知三联书店1981年版,第26页。
④ 布哈林:《世界经济和帝国主义》,蒯兆德译,中国社会科学出版社1983年版,第126页注1。
⑤ 列宁:《实行社会主义,还是揭露盗窃国库行为?》,载《列宁全集》(第二十五卷),人民出版社,第52—53页。列宁在19世纪末写的一系列批判俄国民粹派的著作,都是论述市场问题的,这时的市场是从再生产的实现条件来考察的,现在论述的市场则是日常生活中的概念。

义。以后我们就会看到,这影响他们对社会主义商品生产命运的看法。

布哈林还认为,纵向的集中使非同一的经济部门联合起来,例如,落后的农业使英国纺织工业征服埃及,并同埃及的棉花种植园组成经济有机体。这就是"金融资本渗透进世界经济的每个孔隙,同时造成了一个强有力的趋势:使国民经济有机体与外界隔绝。以经济上自给自足作为加强各资本家集团垄断地位的手段"。[①] 因此,金融资本"一方面使经济生活国际化,另一方面又竭尽全力把经济生活封闭在'国家疆界'的范围内"。[②] 不言而喻,如果只从内部看,不存在商品生产,但是由于外部存在的商品交换的反作用,内部应存在商品生产,但他又认为计划化就不是商品生产。以后看到,这对社会主义经济理论和政策的影响很大。

第四节　殖民地

1. 殖民地的形成和作用

在布哈林的经济理论体系中,世界经济是金融资本条件下形成的有机体,由发达的资本主义工业国和落后的农业国构成;前者对后者实行的政策,即金融资本的政策就是帝国主义,这时他把帝国主义看成一种政策。但他有时也突破这种传统的、在日常生活中形成的观念,认为帝国主义是一种经济关系,即金融资本条件下形成的世界经济有机体,并从这个角度去研究殖民地。

布哈林说:"在现代,金融资本的利益首先要求扩张本国领土,也就是说,施行征服政策,采用军事压力,推行'帝国主义兼并'路线。然而,在由于特殊的历史条件而在很大程度上维持旧时的自由贸易制度,而且国家领土十分大的地方,我们看到与施行征服政策并行出现的一个趋向,即把国家有机体的分散部分结合起来,使殖民地与宗主国合并,组成一个具有共同关税

---

①　布哈林:《世界经济和帝国主义》,蒯兆德译,中国社会科学出版社 1983 年版,第 57 页。

②　同上书,第 117 页。

壁垒的广大的统一帝国的趋向。这就是英帝国的政策。"①这无非是说,被宗主国征服和合并的就是殖民地。在这里可以看到,他是从日本生活中形成的帝国主义观念的反面去解释殖民地的形成。

这样的殖民地,就只能是丧失主权的殖民地国家,而不可能是为金融资本提供垄断利润的经济成分和地区,因为这样的成分和地区,不仅存在于国外,而且存在于国内,这就是将主权和疆界予以舍象的经济殖民地。经济殖民地理论首先是由马克思提出的②,其后由列宁加以阐述和运用。③ 布哈林和其他著名马克思主义经济学家一样,缺乏这个概念,以致无法论证,从金融资本要攫取垄断利润的角度看,国内和国外的非垄断资本主义经济和地区有同样的作用,都是经济殖民地。

从某一点看,他之所以排除有国内殖民地,是由他的国家资本主义托拉斯理论决定的。根据这一理论,国内非垄断资本主义经济已消灭殆尽,就当然不可能有为国家资本主义托拉斯提供垄断利润的国内殖民地。前面谈到,在这个条件下,他认为可以用克扣工资的办法来取得垄断利润,这样,如果说有国内殖民地,那就是被克扣工资的工人。但工人是国家资本主义托拉斯的构成部分之一,这就等于说国家资本主义托拉斯以自己为殖民地,这是逻辑错误。因此,他在理论上排除了国内殖民地的存在。

但这样一来,许多问题就无法解释。例如,以他提到的英帝国来说,它首先组成的不列颠及爱尔兰联合王国,在联合王国内,爱尔兰和不列颠有同等权利,它是不是殖民地? 再以多民族的资本主义国家,或以将其他国家的异族居住地并入本国版图的国家如沙皇俄国来说,被统治的少数民族地区是不是殖民地? 他是难以回答的。

按照布哈林的世界经济三方面和金融资本政策三个目的的说明,殖民地或者现在应该说殖民地国家的作用,就是为金融资本提供超额利润。但在论述的过程中,他进一步认为,殖民地的作用是宗主国进行物质生产的不可缺少的部门,并且再生产着金融资本的生产关系。

---

① 布哈林:《世界经济和帝国主义》,蒯兆德译,中国社会科学出版社1983年版,第56—57页。
② 1866年,美国独立后90年,马克思认为它仍然是欧洲大工业的殖民地。参见马克思《资本论》(第一卷),人民出版社1975年版,第495页注234。
③ 《列宁全集》(第三卷),人民出版社1959年版,第543页。

先谈它是物质生产的一个部门。布哈林说：资本主义的工业越发展，农业就越落后，因此，这两个部门的比例关系被破坏了，而且程度越来越严重，这样，不断增长的工业就要寻求农业的"经济补充"，就是说，"在资本主义特别是在资本主义的垄断形态即金融资本的范围内，这一情况必然表现为以武力征服农业国家"。① 从经济内容看，这就是垄断资本的纵向兼并，例如，英国垄断的棉织业兼并埃及的种棉业，两者在物质生产上结成一体，以经济上的自给自足作为加强资本家集团垄断地位的手段。② 就是说，金融资本在把国民经济变成一个民族的托拉斯的基础上，再将农业国并吞掉，使托拉斯扩大为自给自足的有机体。以后我们看到，他认为这个自给自足体一旦破裂，进行社会生产必需的平衡条件丧失，金融资本的统治就开始动摇。

再谈它再生产着金融资本的生产关系。他认为，由国家资本主义托拉斯及其经济补充单位组成的有机体，就起了这样的作用。因为，"在这里，与在'国民经济'的范围内一样，表现了同样的矛盾和同样的动力……这样，在斗争的更高阶段，在不同部门之间再生产出同样的矛盾，但规模大大扩大了"。③ 从历史唯物论看，他认为"在一定的生产制度基础上产生的政策，其职能就是促进该种生产关系的简单再生产或扩大再生产……商业资本的政策，就是要扩大商业资本的统治范围；金融资本的政策，就是要在更大的范围里再生产金融资本的生产基础"④；从经济关系看，殖民地的作用恰恰是在宗主国产生金融资本时，适应金融资本的要求，改变自己的前资本主义生产关系，和宗主国的生产关系构成金融资本的生产关系，并再生产着和在地理上扩大这种生产关系，其结果是在全世界"以金融资本的生产关系代替古老的前资本主义生产关系和旧的资本主义的生产关系"。⑤

2. 落后的农业国是殖民地的主体

由于国家资本主义托拉斯之间的竞争，布哈林一方面指出，世界资本主

---

① 布哈林：《世界经济和帝国主义》，蒯兆德译，中国社会科学出版社1983年版，第79页。
② 同上书，第57页。
③ 同上书，第94页。
④ 同上书，第86页。
⑤ 同上书，第88页。

义的生产体系,呈现这样的面貌:一方是少数几个组织强国的经济体,即"文明的强国",另一方是外国的半农业或农业体制的不发达国家;另一方面又指出,竞争战"起初表现在争夺尚未被占领的土地,为取得'先占权'而相互斗争,然后进行重新分割殖民地,最后,当斗争愈益激化时,连本国的领土也被卷入重新分割的进程"。[①] 历史事实,的确如此。

从理论上看,这里存在着问题。被兼并的农业国是殖民地,从布哈林的理论看,这是必然的结论。但是,被兼并的较弱小的国家资本主义托拉斯是不是殖民地呢,他没有明确的答复。他说,有两种不同的兼并,即纵向的和横向的,都是金融资本的政策,即都是帝国主义;那么,纵向的如英国兼并埃及,埃及是殖民地,这已清楚;横向的如他说的德国想兼并比利时,如果成功,比利时是不是殖民地呢?他没有回答。如果不是,那就是虽有帝国主义政策,而不一定有殖民地了。

可以看出,他又被一个理论问题难住了。他将殖民地理解为替垄断资本提供额外利润的地区,然后以此为基础,认为这些地区应是被占领的。农业国符合这个条件,较弱小的国家资本主义托拉斯不符合这个条件,因为它不仅不能提供额外利润,相反地,它本身也要求额外利润。殖民地的定义和殖民地现实之间的矛盾,他未能解决。

3. 殖民地与无产阶级

布哈林明确指出:"殖民政策,对于强大的国家,即对于这些国家的统治阶级,对于'国家资本主义托拉斯',是巨大的收入源泉。因此,资产阶级实行殖民政策。也正因为如此,资产阶级才有可能榨取殖民地被征服的、未开化民族来提高工人的工资。"[②]因此,从暂时的观点看,欧洲的工人是得益者,他们由于"产业繁荣"而提高了工资。

正是在殖民掠夺对无产阶级有相对利益的基础上,无产阶级同资产阶级帝国主义国家资本家组织之间的联系,就发展和加强起来。由于这样,布哈林认为,在社会主义文献里,这就表现为社会民主党人机会主义者的"国

---

① 布哈林:《世界经济和帝国主义》,蒯兆德译,中国社会科学出版社 1983 年版,第 94 页。
② 同上书,第 132 页。

家"观点;"这种在一切场合加以强调的'国家哲学',意味着对革命的马克思主义观点的全面背叛"。①

因此,由国家资本主义托拉斯争夺而导致的世界大战爆发之后,"先进资本主义国家的工人阶级,拴在资产阶级国家政权的战车上,出力为助,这是不足为奇的。先前的全部事态发展,已经为无产阶级的这种行为作了准备。这是无产阶级与金融资本的国家组织相关联的结果"。②

但是,战争已经向无产阶级证明,无产阶级在帝国主义政策中得到的利益,同战争使他们遭受的痛苦比起来,是微不足道的。这是因为,如果说帝国主义的残暴从前是施加于殖民地人民的,那么现在,在战争中则施加于无产阶级。"欧洲工人从帝国主义的殖民政策中得到的几文钱,与几百万被屠杀的工人、战争吞噬的无数财富、猖狂的军国主义骇人听闻的镇压、恣意破坏生产力的暴行、高昂的生活费用和饥馑比起来,又算得了什么呢"!③

这样,就出现了帝国主义的危机和无产阶级社会主义的再生。世界大战摧毁了使工人束缚于资本家的最后枷锁,即工人结束了对帝国主义国家机器的奴隶般的服从。国际无产阶级要进行武装斗争,推翻金融资本的专政,摧毁金融资本的国家机器,建立新的政权——工人阶级反对资产阶级的政权。这个政权提出废除国家疆界,把所有各民族融合成一个社会主义家庭的口号。来代替保卫或扩张那种束缚世界经济生产力的资产阶级国家疆界的思想。这样,"无产阶级在经过痛苦的探寻之后,终于成功地掌握了它的真正的利益——通过革命达到社会主义"。④

第五节　自觉经济过程的产生

现在应该特别强调指出,布哈林的垄断资本理论包含着一种重要思想:随着垄断的产生,虽然在私有制条件下,自觉的经济过程开始产生;到

①　布哈林:《世界经济和帝国主义》,蒯兆德译,中国社会科学出版社1983年版,第133页。
②　同上书,第134页。
③　同上。
④　同上书,第135页。

社会主义公有制取代私有制时,自觉的经济过程就完全取代自发的经济过程。

垄断的产生,自觉的经济过程也随之产生,最初是由恩格斯提出来的。他说:"历来受人称赞的自由竞争已经日暮途穷,必然要自行宣告明显的可耻破产。这种破产表现在,在每个国家里,一定部门的大工业家会联合成一个卡特尔,以便调节生产。一个委员会确定每个企业的产量,最后并分配接到的订货。"①这里已暗含着自觉的意思。希法亭以此为基础,在提出纯粹垄断资本主义理论时,突出地谈到自觉的经济过程。他说,在全社会组成一个总的卡特尔时,"随着生产的无政府状态的消失,物的外观消失了,商品的价值对象性消失了,从而货币消失了。卡特尔分配产品。物质的生产要素被再生产,并且被用于新的生产。新产品中的一部分配给工人和知识分子,其余部分归卡特尔随意使用。这是得到有意识调整的对抗形态的社会"。② 布哈林将这些思想加以发挥,使自觉经济过程的理论更为有系统。

他将资本主义的发展分为两个阶段,这是以个体所有制和集体所有制来区分的。他说:"如果资本的个体所有制是帝国主义时代以前的特征,那么在组织上互相联合起来的资本家集体所有制,就是现时金融资本主义的经济特征。"③前者的经济过程是自发的,后者是自觉的。之所以如此,与社会分工的变化有关。在前者,每个所有者都是经济主体,他们之间的关系构成社会分工;在后者,经济主体是联合起来的生产者,以前的社会分工现在变成生产单位内部的分工。在这个条件下,从前由各个经济主体生产和交换的商品,现在变成由生产单位内部供生产消费和个人消费的产品。虽然在两种情况下,都存在着阶级矛盾和分配上的对抗,但在后一情况下,这种对抗是可以用计划即有意识地加以调整的。因此,在前一情况下必然存在的商品拜物教,在后一情况下就归于消灭,因为商品生产的基本矛盾,即私人劳动要实现为社会劳动的矛盾已经消灭,资本主义生产方式的基本矛盾已得到有意识的调整,使资本主义经济变成如像"没有奴隶市场的奴隶经济"那样。总起来就是,社会生产所必需的有比例地分配劳动的规律,再也

---

① 马克思:《资本论》(第三卷),人民出版社 1975 年版,第 495 页,恩格斯的插话。
② 鲁道夫·希法亭:《金融资本论》,1955 年德文版,第 349 页。
③ 布哈林:《帝国主义强盗国家》,载《布哈林文选》(下册),人民出版社 1983 年版,第 247 页。

不表现为价值规律,而恢复到劳动消耗规律的本来面目。

以上所谈的,在布哈林看来,只适用于国民经济,即由垄断的金融资本开始,发展为唯一的一个国家资本主义托拉斯,都存在着自觉的经济过程。国家资本主义托拉斯之间的斗争,则存在着自发的经济过程。有组织的国民经济与无政府状态的世界经济,这是一对矛盾。但国家资本主义托拉斯在扩张中兼并了农业区域,并组成自给自足的有机体,它又成为自觉的。最后,在矛盾斗争和平衡破裂中,为更高一级的社会主义自觉经济过程所取代。

第六节 对考茨基和卢森堡的批判及与其合流

布哈林写作《世界经济和帝国主义》的目的之一,就是批判考茨基的"超帝国主义论"。但是,由于方法论上的原因,他虽努力批判,但不仅未能达到目的,反而与"超帝国主义论"合流。这在理论逻辑上,使他不得不认为金融资本的发展,会达到由一个囊括世界的垄断组织剥削殖民地,以攫取超额利润的阶段,即"超帝国主义"阶段。

考茨基是这样论述"超帝国主义"的:现在的帝国主义政策被新的、超帝国主义的政策取代,后者用国际上联合起来的金融资本对全世界的共同剥削,来代替各国金融资本之间的相互斗争;从纯经济的观点看,这种趋势是不可避免的,而世界大战的教训,使有远见的资本促使全世界的资本家联合起来;这个局面一旦出现,就像由一个罗马帝国剥削其殖民地一样,由一个统治世界的垄断组织剥削其殖民地。这样,罗马式的世界和平就再度来到人间。

布哈林怎样批判"超帝国主义论"呢? 前面说过,他认为金融资本可以在国内消灭竞争和非垄断经济,组成国家资本主义托拉斯。但由于种种原因,在国外却不可能消灭竞争,这就表现为国家资本主义托拉斯之间的竞争,其最尖锐的表现就是世界大战。但是,这种国内外竞争不同论,从方法论上看是二元论,是站不住脚的。正由于这样,布哈林不得不承认,从理论逻辑上,"超帝国主义论"是可能的。他说:"正如我们大家都知道的,帝国主义不过是国家资本主义托拉斯之间竞争的表现。因此,这种竞争一旦消除,帝国主义政策的基础也就消除了,而分开为许多'民族的'集团的资产阶级就转变成一个统一的世界性的组织——一个与全世界无产阶级相对立的全世界托拉斯。"①他认为,"如果抽象地从理论上谈问题,这样的托拉斯是完全可以设想的。因为一般来说,卡特尔花在经济上是没有界限的"。② 从逻辑上,这种观点完全正确。因为只要在理论上错误地认为垄断完全消灭竞争,在逻辑上就必然同意,不仅在国内,而且在全世界,都可能只存在一个垄断组织。在这里,妄想维持方法论上的二元论当然是行不通的。但这样一来,他就同考茨基的"超帝国主义论"合流了。

他不能从经济方面进行批判,就只好从社会和政治方面进行批判了。他说:"这个抽象的经济的可能性绝不意味着现实性。"③因为,"从资本主义的角度看,集中过程必然同一个与之对抗的社会政治趋向发生冲突,因此,它决不能达到逻辑上的终点就崩溃了"。④ 这无非说,当一个从经济上看有可能出现的世界唯一的垄断组织产生前,阶级矛盾已经使资本主义灭亡了。但是如果以此能够说明世界唯一的垄断组织事实上不可能形成,那么一国的唯一垄断组织,由于同样的理由,事实上也不可能形成。这里同样是方法论上的二元论在作祟。

现在转到殖民地问题上。考茨基的"超帝国主义论"意味着唯一的世界性垄断组织和平地剥削殖民地。布哈林的理论从逻辑上看也是这样。随着国内非垄断经济成分的消灭,超额利润的来源就只能存在于国外的非垄断经济成分,尤其是落后的农业国;而在世界上,唯一的垄断组织逐渐在形成,在世界无产阶级能够起来消灭世界资本主义之前,这个形成中的垄断组织就和平地剥削作为殖民地的农业国,以攫取垄断组织不能片刻缺少的超额利润。这也是同考茨基的理论合流。

布哈林写作《帝国主义与资本积累》的主要目的,就是批判卢森堡的《资

---

① 布哈林:《世界经济和帝国主义》,蒯兆德译,中国社会科学出版社 1983 年版,第 106—107 页。
② 同上书,第 107 页。
③ 同上。
④ 同上书,第 113 页。

本积累论》。应该说，批判是正确的和尖锐的。但是，布哈林宣扬平衡理论，因此就认为，殖民地和帝国主义国家之间的关系一旦瓦解，平衡不能维持，资本主义体系就瓦解。这就是同卢森堡的资本积累环境一旦消灭，资本主义就自动崩溃的理论合流。

对于卢森堡的理论，从某方面看，布哈林非常了解。他正确地批评卢森堡认为没有"第三者"资本积累就不能实现的错误。但在这前提下，他从另一个角度对其进行评价。他说：卢森堡在理论上的最大功绩，是她提出了资本主义和非资本主义环境之间的关系问题。但是，她仅仅提出了这个问题。她默默地或者几乎是默默地避开了与这个广泛问题有关的许多特殊问题……但是毫无疑问，仅仅提出这个问题也应大受尊敬。①

我们知道，卢森堡将对资本积累所必需的资本主义和非资本主义的交换称为国外贸易；其中，存在于资本主义国外并以政治力量加以巩固的国外贸易环境，就是殖民地。对于这种国外贸易观点，布哈林完全了解，因此说："外贸一词不一定表明生产方式的区别"②，并建议最好将其称为"同非资本主义环境相交换"。③

卢森堡认为，资本主义之所以需要殖民地，它们之间需要进行两次"国外"贸易：一是为了剩余价值在价值上实现；二是为了资本积累在物质上实现，这都与攫取额外利润无关。因此，布哈林对其进行尖锐的批判。他说："这样，实现问题就同更大的利润问题分开了，从而同剥削非资本主义经济形式的问题也分开了"④，但是，"根本的经济事实是，我们面临的是额外利润的实现，而不是其他任何实现"⑤，正是从这里出发，他又指出，照考茨基的说法，帝国主义是争夺新的农业国家，考茨基和卢森堡都无法理解"大垄断资本主义组织的斗争不可能满足于这一目的。帝国主义行动的破坏性影响不仅扩及到依附性的'第三者'，而且扩及到资本主义领土；是的，甚至扩及到

---

① 布哈林、罗莎·卢森堡：《帝国主义与资本积累》，柴金如、梁丙添、戴永保译，黑龙江人民出版社1982年版，第284—285页。

② 同上书，第258页。

③ 同上书，第259页。

④ 同上书，第263页。

⑤ 同上书，第264页。

外国的金融资本的领域。争斗已从单纯地争夺农业国的分配变成瓜分世界"①，这些论述是正确的，尽管他没有清晰地表明，这样的资本主义领土和金融资本领域是不是殖民地。

从上述观点出发，布哈林批判卢森堡的帝国主义定义，因为按照这个定义，"争夺那些已经成为资本主义领土的，不是帝国主义"；"争夺'被占领的'领土的，也不是帝国主义"②，批判完全正确。但是，布哈林并不了解卢森堡产生这个错误的理论根源仍然是其资本积累理论。这表明从另一方面看，他又不了解卢森堡的理论。

对于卢森堡的帝国主义定义，布哈林概括地加以批评。他说："人们一般还是习惯地只把征服殖民地看作帝国主义。这个根本错误的观念在从前曾找到一点理由，即资产阶级遵循阻力最小的路线，因而倾向于用夺取那些阻力较小的、未被占领的土地的办法，来扩大其领土。"③认为卢森堡将帝国主义定义为争夺未被占领的土地，是因为这里阻力较小，这种看法完全错误。如上所述，已占领的土地正在资本主义化，它们和资本主义一样，在卢森堡看来，不能成为资本积累环境，所以，对它的再争夺就不是帝国主义。在这里，帝国主义定义中的错误，同资本积累理论的错误有着密切的联系，对此布哈林显然看不到。

虽然布哈林正确地批评了卢森堡的殖民地是实现资本积累的环境的理论，认为殖民地作为销售市场、原料市场和投资范围，其作用是提供额外利润，这是正确的。但布哈林却错误地认为，这样一来，帝国主义国家和殖民地就在再生产上联结在一起，然后从平衡理论出发，认为这种联系一旦破裂，资本主义体系就瓦解。

布哈林认为，在世界大战前，世界经济处于动的平衡状态，它将世界经济体系各个部分联结起来；战争使平衡破坏，世界经济体系分裂为许多小单位，由于平衡破坏，资本主义体系的崩溃将从组织方面和资本主义方面最薄弱的环节开始，俄国就是这样的环节。他还认为，"资本主义体系瓦解的最

---

① 布哈林、罗莎·卢森堡：《帝国主义与资本积累》，柴金如、梁丙添、戴永保译，黑龙江人民出版社1982年版，第272页。
② 同上书，第270页。
③ 布哈林：《世界经济和帝国主义》，蒯兆德译，中国社会科学出版社1983年版，第94页。

大因素是帝国主义国家同它们的无数殖民地之间联系的瓦解"①,从平衡破坏,即再生产条件破坏,来说明资本主义体系崩溃以及殖民地起义和独立将使资本主义体系瓦解,这是错误的。

卢森堡从资本积累环境消灭的角度,布哈林从再生产条件破坏的角度,来说明殖民地的消灭将使资本主义崩溃,这是他们在理论上的合流。

---

① 布哈林:《过渡时期经济学》,余大章、郑异凡译,生活·读书·新知三联书店 1981 年版,第135 页。

第四章　过渡时期经济理论

第一节　概述

过渡时期经济理论,在布哈林的经济理论体系中,占有十分重要的地位。因为它是布哈林全部经济理论研究的总结,它也是布哈林能够对他生活和斗争在其中的经济关系进行理论研究的总结。本来,就布哈林的生命来说,他曾在被宣布为过渡时期结束以后的经济关系中生活过,他既是革命家,又是理论家,理应对这种经济关系进行研究,但由于众所周知的原因,他或者不可能进行这种研究,或者虽有研究但成果未能公诸于世,致使我们缺乏论述其理论所必需的资料。

过渡时期理论首先是马克思提出来的。作为一个范畴,在人类社会的历史中,过渡时期是特指从资本主义私有制社会到建成共产主义(其第一阶段是社会主义)公有制的时期,即从私有到公有的过渡期。这是因为,在马克思看来,生产资料公有制是由于要解决生产资料私有制的矛盾而产生的,但资本主义政治上层建筑保护私有制,公有制不能自发产生,它的产生要以无产阶级夺取政权为条件,因此,新政权的产生就是过渡时期的开始,在政权的作用下,私有制全部被公有制取代,就是过渡时期的结束。这是马克思的看法。

从经济方面看,过渡时期理论应包括:(1)"资本主义私有制的丧钟就要响了。剥夺者就要被剥夺了"[①],这是以那一种形式进行的。马克思提出这个被剥夺问题,并预言其结果将是"一个自由人联合体,他们用公共的生产

---

① 马克思:《资本论》(第一卷),人民出版社 1975 年版,第 831—832 页。

资料进行劳动,并且自觉地(着重句是引者加的——引者)把他们许多个人劳动力当作一个社会劳动力来使用"①,但对其具体形式,不可能有所论述。(2)资本主义社会实际上存在着个体生产者,他们不是剥夺者,也不能被剥夺,但其生产资料也有一个如何社会化的问题。马克思由于以个体生产者濒于消灭的英国作为研究对象,这个问题就被取消了。恩格斯其后研究了存在着大量小农的法国和德国,提出对其要进行集体化,但没有说明这样一来,社会化的工业和另一种社会化即集体化的农业之间,以何种形式发生联系的问题,这要研究。这个问题就是商品生产的命运问题。(3)关于社会成员如何过渡的问题。上述两个问题解决后,工人和个体生产者在相应的经济形式中进行劳动,这是不言而喻的。要研究的是那些仍然参加经营管理的资本家或其职能执行者,即经理人员。虽然恩格斯论述过这样的事,即资本主义工厂在危机中破产以后,"工厂已改组成工人的合作工厂,而由以前的工厂主担任经理"②,但没有清晰地论述有经营管理经验的人如何过渡,尤其是马克思认为"资本主义的管理就其内容来说是二重的"③,即既是组织社会劳动所必需,又是监督工人所必需,如何过渡就特别需要研究。(4)马克思说,资本主义私有制是对以自己的劳动为基础的私有制的第一个否定,但它由于自然过程的必然性,造成对自身的否定。"这是否定的否定。这种否定不是重新建立私有制,而是在资本主义时代的成就的基础上,也就是,在协作和对土地及靠劳动本身生产的生产资料的共同占有的基础上,重新建立个人所有制。"④这是一个关系到更高一级的社会形态具有怎样的所有制形式,才能成为一个自由人的联合体,更好地发展生产力的重大理论问题。对马克思的命题,无论作哪种理解都不应不研究。这些我认为是过渡时期经济理论必须解决的问题。

布哈林明确表示,他于1920年出版的《过渡时期经济学》,"写的并不是俄国的经济史,而是过渡时期的一般理论"⑤,从方法论看,这是万分正确

① 马克思:《资本论》(第一卷),人民出版社1975年版,第95页。
② 马克思:《资本论》(第三卷),人民出版社1975年版注(76)。
③ 马克思:《资本论》(第一卷),人民出版社1975年版,第368页。
④ 同上书,第832页。
⑤ 布哈林:《过渡时期经济学》,余大章、郑异凡译,生活·读书·新知三联书店1981年版,第7页。

的。这是因为,正如下面将指出的,社会主义革命是自觉的产物,过渡时期是自觉经济过程取代自发经济过程的时期,政权对经济的发展具有特殊作用,政策正确与否,举足轻重,而俄国的政策并不都是正确的,这样,它的经济史并不都符合经济规律,在这种情况下,以写经济史来充当过渡时期经济学,岂不是布哈林批判过的德国历史学派的俄国版国民经济学?正因为这样,一些人鉴于俄国经济史于1921年发生重大变化,即下面将论述的由实行战时共产主义改为实行新经济政策,劝布哈林重新撰写《过渡时期经济学》,他拒绝后回答说,"那些不能理解一般问题的纯粹的新闻记者和狭隘的'实践家'是不能理解这种一般理论的"①,这里,他重申要研究一般理论。

布哈林虽然努力突破俄国狭隘实践的限制,去探讨一般理论,但是又无法完全突破这种限制,以致只能从俄国实践范围内谈论一般理论,在实践以外的就在视野之外。这样,他的过渡时期理论就包括以下几个问题:(1)社会主义革命的经济条件,这是过渡时期的前提,马克思认为这应是如像英国那样的高度发展的资本主义国家,但俄国却不是这样,这应如何理解;(2)俄国的实践是从消灭商品生产的战时共产主义,再到恢复商品生产的新经济政策,从一般理论看,实行的应是那一种政策;(3)在战时共产主义政策时期,资产阶级和经理人员在经济上已不存在,但在新经济政策时期,产生了新的资产阶级,即所谓的"耐普曼",就要研究这种在特殊条件下产生的阶级;(4)工业化问题;(5)商品荒问题;以上五者是根据情况来谈一般理论;(6)价值规律转化为劳动消耗规律和旧经济范畴的消灭;(7)自发因素和自觉因素的矛盾及其解决;以上三者是根据对垄断资本主义的认识,以及它必然被社会主义取代是一个过程的认识,得出来的逻辑结论,并不是从俄国的实践中概括出来的理论;它们之间存在着逻辑联系,核心问题是一个,即过渡时期是商品生产走向消灭的时期。根据这一点,布哈林反过来将俄国的实践屈从于其理论逻辑。前面提到的过渡时期的其他理论,他没有论述。

---

① 布哈林:《过渡时期经济学》,余大章、郑异凡译,生活·读书·新知三联书店1981年版,第7页。

第二节　社会主义革命的经济条件

社会主义革命需要有一定的经济条件,布哈林将它归结为世界资本主义的成熟性问题,并且指出它包含着互相联系和互相制约的三个方面:"第一,世界资本主义的经济技术基础及其组成形式。第二,各阶级的对比关系,工人阶级、小资产阶级和资本主义大资产阶级之间的力量对比。第三,无产阶级在文化、思想上的成熟性";他认为不能将第三方面理解为:"无产阶级只有创造出自己的文化,培养出管理国家所必需的行政干部等等之后,才能夺取政权。"[①]在他看来,这些条件都已具备:"毫无疑问资本主义关系总的说来已经成熟到可以向社会主义关系过渡。布尔什维克在这里提出了关于资本主义的最后的帝国主义阶段(此时的布哈林已接受了列宁关于帝国主义是资本主义最后阶段的论点——引者)的论点,关于资本主义的特殊组织形式(金融资本、资本主义垄断、银行团等等),把世界帝国主义战争这一事实本身看作资本主义关系成熟性的证据,因为帝国主义战争本身正是生产力发展同它的资本主义外壳之间最严重的矛盾的表现,这个资本主义外壳对于今后生产力的或多或少正常的发展来说已经变得太狭窄了。"[②]

但是,布尔什维克的论点遭到反对。首先,德国的亨利希·库诺认为,马克思说过,无论哪一个经济形态,在它耗尽自己的全部力量以前,是不会灭亡的,而我们只要看看现实情况,就知道资本主义还将得到长时间的发展,尤其是在大战中,部分地消灭了生产力,资本主义将得到额外发展的可能性。与此相近的是俄国半马克思主义者波格丹诺夫的观点,他认为,资本主义世界生产生产资料的两大工业,即生铁和煤炭。在全人类生产比重中仅占2%—3%,非资本主义经济还多得很,资本主义远不是占压倒多数。

布哈林反驳说,首先,"他们认为,只有当资本主义生产方式完全排除(或者几乎完全排除)其他生产方式的时候,它才会灭亡。而实际上资本主

---

① 布哈林:《论我国革命的性质以及在苏联胜利进行社会主义建设的可能性》,载《布哈林文选》(中册),人民出版社1983年版,第136页。

② 同上。

义生产方式的灭亡将会早得多,因为它发展自己的内部矛盾要早得多,这些矛盾使得它的继续存在变得无法忍受和在客观上成为不可能",他们"所持的出发点是关于资本主义灭亡的前提的极端简化、完全不是辩证法的观念"。① 其次,他们"抱着这样一个论点:资本主义在物质上的成熟应该是这样的,在夺取政权后就会出现差不多现成的社会主义,它立即把整个社会全部包括进去",因此,在他们那里,"几乎整个过渡时期都消失了,而这个过渡时期是社会主义经济形式在非社会主义经济形式中间的发展时期"。②

第二种反对意见是针对阶级力量对比问题的。考茨基认为,无产阶级在居民中只是算术上的少数时,就不能夺取政权。考茨基看法的真正含义是:无产阶级政权是投票的结果。布哈林重申列宁的看法,无产阶级专政是阶级斗争的结果和工具;他们不了解无产阶级专政,是由于不了解掌握在无产阶级手里的国家政权,可能并且应该成为把非无产阶级劳动群众吸引到无产阶级方面来的工具,成为把这些群众从资产阶级和小资产阶级党派那里争取过来的工具。

第三种反对意见即波格丹诺夫的意见认为,无产阶级的文化未达到一定的高度,不能担负建设的复杂任务,就不能夺取政权。布哈林指出,"这个理论之所以不正确,是因为它认为无产阶级作为一个在经济上、政治上和文化上被剥削被压迫的阶级,有可能在资本主义范围内'成熟起来',以致能够立即管理整个社会,并且在自己的队伍中拥有解决建设时期最复杂任务的力量"。③ 无产阶级只有在自己专政的时期,才能"改造自己的本性",并且成熟为社会的组织者。

布哈林总结说,关于国际资本主义的成熟性问题对布尔什维克主义的批评,就表现为这几种形式。至于说到布尔什维克主义本身,它在这方面是一致的。但是,他认为,"如果我们看一看另一个问题,即关于资本主义关系在俄国的成熟性问题,情况就完全不同了"。④

---

① 布哈林:《论我国革命的性质以及在苏联胜利进行社会主义建设的可能性》,载《布哈林文选》(中册),人民出版社1983年版,第139页。
② 同上。
③ 同上。
④ 同上书,第145页。

　　他认为,托洛茨基是对这个问题持反对意见者中的代表。并指出托洛茨基的看法:第一,无产阶级还在它的统治初期,就不仅要最深刻地侵犯封建所有制,而且还要最深刻地侵犯资产阶级所有制。在这种情形下,它不仅会和一切资产阶级集团发生敌对冲突,而且会和那些协助过它取得政权的广大农民群众发生敌对的冲突。在农民占人口绝大多数的落后国家内,工人政府所处地位的矛盾,只有在国际范围内即在无产阶级世界革命舞台上,才能解决。在由于历史的必然性而突破了俄国革命狭隘的资产阶级民主主义的范围之后,胜利的无产阶级不得不突破其民族国家的范围,也就是自觉地力求使俄国革命成为世界革命的序幕。第二,没有欧洲无产阶级直接的国家援助,俄国工人阶级就不能保持政权,就不能把自己暂时的统治变成长久的社会主义专政。

　　在具体批评托洛茨基的看法之前,布哈林指出:"资本主义经济的各个中心和这个经济的殖民地外围地区有着严格的差别;作为世界资本主义的整个资本主义的成熟性完全不是以各个不同国家资本主义的完全同样的水平和同样的速度等等为条件的。"①因为列宁关于资本主义发展不平衡性的规律的理论,正说明由于不平衡会引起资本主义国家集团之间的战争,彼此削弱力量,使落后国家的无产阶级有可能起来夺取政权。

　　布哈林指出,托洛茨基的第一点看法,即无产阶级取得政权后必须和广大农民发生敌对冲突,因而无法保持政权,这实质上是考茨基的看法的俄国版。因此,对考茨基的批评可以移到托洛茨基的身上。他进一步指出,托洛茨基的两点看法其实是两个不同的问题。第一个问题是,在落后的国家如俄国,能不能一国建成社会主义社会。回答是肯定的:"如果我们从我国内部的各种力量的配合出发,那么,尽管我国落后,尽管由这种落后所决定的巨大困难,我们有建成社会主义所必需的而且足够的一切。"②第二个问题是,在一国建成社会主义是否意味着社会主义的最终胜利。回答是否定的,因为当主要资本主义国家尚未进行社会主义革命时,一国的社会主义总"受

---

　　① 布哈林:《论我国革命的性质以及在苏联胜利进行社会主义建设的可能性》,载《布哈林文选》(中册),人民出版社1983年版,第137页。
　　② 同上书,第166页。

到以下一系列危险的威胁:战争、干涉、封锁等等"。① 所以,"争论的是内部力量的问题,而不是同国外有关的危险问题",因为后者是大家都看到的,从这一点看,"争论的是我国革命的性质问题"。②

需要指出的是,布哈林认为,"当我们说一国建成社会主义的时候,我们所说的'一国'就是指的俄国。我们不能说,在任何一个国家都可以建成社会主义。譬如说,如果我们面前是某一个十分落后的国家,没有我国所具有的建设社会主义的最低限度的物质前提,那么,我们就不能做出我们的结论"。③ 关于这些国家的社会主义前途问题,留在后面再谈。

布哈林这种看法,同托洛茨基的理论,即凡是农民占多数的国家,就不能建成社会主义,就只能在世界革命时走向社会主义的理论,是完全不同的。他指出,按照托洛茨基的理论,并且把问题考虑得彻底,那么,"如果我们把无产阶级专政扩展到全世界,我们就会得到大致同苏联一样的无产阶级和农民之间的对比关系。因为,当无产阶级将来在英国取得政权的时候,它势必要同印度以及其他过去的英国殖民地打交道。如果无产阶级将来在法国取得政权,它势必要同非洲打交道。如果无产阶级将来在全世界取得政权,它势必要同所有其他的农民国家打交道"。如果从全世界看,无产阶级同农民的对比关系"大致同苏联一样,那么,在根据没有外部援助必然灭亡的理论作出相应的结论之后,不管是否愿意,就会得出库诺的问题提法,说什么世界'还没有成熟到'可以实行社会主义变革"。④ 这就是说,只要将全世界的无产阶级和农民的对比关系,看成落后国如俄国的同一对比关系,那么,对后者的无产阶级革命的否定,必然导致对前者无产阶级革命的否定。这样一来,就只好坐等农民无产阶级化达到相当程度时,才能谈论无产阶级革命的可能性了。

① 布哈林:《论我国革命的性质以及在苏联胜利进行社会主义建设的可能性》,载《布哈林文选》(中册),人民出版社 1983 年版,第 166 页。
② 同上书,第 171 页。
③ 同上。
④ 同上书,第 173 页。

第三节　新经济政策

1. 核心问题是承认市场的存在

俄国无产阶级在 1917 年的十月革命中取得政权。其后不久，国内外敌人相勾结，妄图以武装力量颠覆这个政权。俄国劳动人民进行反武装干涉的战争。这时苏俄实行的是战时共产主义政策。在军事上战胜敌人后，1921 年改为实行新经济政策。布哈林将这两种政策进行对比研究。

战时共产主义政策的内容首先是合理地组织消费，而这种消费又首先应当包括军队和留在城市里的那部分工人阶级；在国民经济方面，基本的口号不是要关心它的稳步恢复，而是要立刻获得产品，哪怕是以破坏生产力为代价；它的核心是实行余粮征集，因此农民对增加生产不感兴趣，因为他所有的剩余产品都被拿走了，不能合法地卖东西，经营中的个人利益被摧残；这样一来，工农业之间的经济联系完全脱节，商品流转被封锁。[1]

新经济政策是从实行粮食税制度，以取代余粮征集制度开始的；它考虑到经营中的个人利益，农民纳税后的多余粮食进入商品流转，以换取工业品；这样，农业活跃了工业，工业又活跃了农业；因此，必须把"各种各样的经济部门、各种各样的经济成分联结起来，以便保证它们经济上的相互繁荣"，而"贸易恰恰是这样一种联系，这种联系使得一种经济成分能够影响另一种成分，首先是使得城市和农村能够相互影响"。[2]

在这个基础上，布哈林明确指出，新经济政策的核心问题是承认市场的存在。他说："只要想到我国大约有一亿农民，两千多万农户，只要想到农民经济是我国国营工业的经济基础，——那么问题一下子就清楚了，由于过渡到新经济政策我国该能获得多么大的前进动力"；"过去我们认为，我们可以

---

[1]　布哈林：《经济政策方针》《论新经济政策和我们的任务》，载《布哈林文选》（上册），人民出版社 1983 年版，第 26、356—357 页。

[2]　布哈林：《论新经济政策和我们的任务》，载《布哈林文选》（上册），人民出版社 1983 年版，第 357—358 页。

一举消灭市场关系。而实际情况表明,我们恰恰要通过市场关系走向社会主义"。①

布哈林进一步认为,这种市场关系由于它本身的发展而消灭。他说,在资本主义社会,市场占统治地位,通过竞争,大生产最后排挤小生产,导致生产集中在大型的资本主义组织,即国家资本主义托拉斯中;撇开对外贸易,国家资本主义托拉斯内部是不存在市场的。② 在走向社会主义时也是这样,但具有不同的经济内容。他说,我们有国营企业、合作社企业、在新经济政策下发展起来的私人资本主义企业等,但最大的企业掌握在无产阶级国家手中,"一切优越性都将在国营大生产方面,它将在竞争斗争中打败自己的私有者对手"③;小农将通过无产阶级国家政权所支持的合作社,而取得大联合的优越性;国营企业和合作企业将通过市场上的斗争,排挤自己的竞争者即私人资本;这样,"市场本身就迟早会消失,因为一切都会由国家和合作社进行的产品分配所代替"。④

按照布哈林的观点,通过市场竞争,私人资本会消灭,市场上少了这种经济成分,这是清楚的;但为什么当只存在国家经营的企业和合作企业时,市场就不存在呢,这是要研究的。这个问题的实质就是:新经济政策的核心问题既然是承认市场的存在,那么,农业集体化完成后,市场是否存在? 新经济政策应否存在?

对此,布哈林的回答是否定的。这是因为,在他看来,商品、价值和市场这三者是相关联的,都是自发经济过程的产物,同所有制形式并无必然的联系;在国家资本主义托拉斯内部,这种自觉性已开始产生。随着社会主义的产生和发展,自觉性就逐步完全取代自发性,其表现就是,两种不同形式的大生产,逐步取代分散零碎的小生产。因此,他就离开所有制问题,完全从经济自发性的角度对市场下了这样的定义:"市场关系是怎么回事呢? 这不

① 布哈林:《到社会主义之路和工农联盟》,载《布哈林文选》(上册),人民出版社 1983 年版,第440—441 页。
② 同上书,第441 页;布哈林:《过渡时期经济学》,余大章、郑异凡译,生活·读书·新知三联书店1981 年版,第8 页。
③ 布哈林:《到社会主义之路和工农联盟》,载《布哈林文选》(上册),人民出版社 1983 年版,第441 页。
④ 同上书,第442 页。

是别的,而正是特种生产关系的表现,这种生产关系的特征是形式上独立的个体生产者的分散劳动。"①这样,集中到一点,集体化完成后,"在没有小生产的地方,大家就可以完全放心地反对'新经济政策',反对市场关系和类似其他事物"。②

本来,集体化完成后,国营企业和集体企业之间仍要保存市场关系,从这一点看,实质上仍要继续实行新经济政策,但由于上述观点的影响,苏联便中止了新经济政策,并一度认为,城乡间按合同进行的交换不是商品交换。在这里,布哈林将俄国的实际屈从于自己的理论。这种认识的独立化和发展,离开了布哈林一再强调的劳动消耗规律,以致城乡间的产品交换价格既不反映劳动消耗,也不反映供求关系。这种影响直到今天尚未完全消除。

2. 新经济政策与阶级路线的关系

新经济政策的阶级实质及其坚持的社会方向,一直受到歪曲。这个问题实质上是新经济政策的实行是否贯彻了无产阶级的阶级路线问题。对此,布哈林作了深刻的阐述。

首先,是国际资产阶级的歪曲。这里我们不谈实质上是谩骂的歪曲,而谈那些理论上的歪曲。布哈林先介绍了著名经济学家米修斯的论述:米修斯同意马克思主义者的意见,即最能发展生产力的经济制度就是最好的制度;但共产党人的那种"破坏性"的社会主义只能导致生产力的下降;之所以如此,首先是因为共产党人忘记了私人的个人主义刺激因素和个人的首创精神的巨大作用;资本主义有缺陷,这不假;但是资本主义竞争导致生产力的发展,随着生产力的发展,工人阶级所得的那一份也就多一些;既然共产党人想根据命令,用强制办法来生产,他们的政策必将遭到而且现在已经遭到不可避免的失败。③ 对此,布哈林说:"战时共产主义制度,从它的经济本质的观点来看,无疑有些地方是像这幅对社会主义的讽刺画,一切有学问的

---

① 布哈林:《在共产国际第六次代表大会上关于共产国际纲领草案的报告》,载《布哈林文选》(下册),人民出版社1983年版,第392页。

② 同上。

③ 布哈林:《论新经济政策和我们的任务》,载《布哈林文选》(上册),人民出版社1983年版,第359页。

资产阶级经济学家都预言了它的死亡";因此,实行新经济政策时,他们就嚎叫说:"这是从共产主义思想退却的开始……他们回复到可敬的资本主义。"①

布哈林再次对此进行驳斥。他说,实行新经济政策本身就可以驳倒那些反社会主义的论据。因为这个政策的意义在于:"利用农民、小生产者,甚至资产者的经济主动性,从而允许私人积累,这样,我们也就在一定意义上使他们客观上为社会主义国营工业和整个经济服务";因此,"输了的,其实不是我们,而是他们。"②

其次,是党内一些人的歪曲。这与实行新经济政策意味着把宝押在谁的身上的争论有关。党内一些人认为,这是对资产阶级投降。具体地说就是:在国内战争时期,存在的是依靠城市工人阶级和农村半无产者、雇农、半雇农、小农、一般贫农的联盟,这是体现了"真正无产阶级的"路线;其后,政策的重心移到了农村;在农村,过去把宝押在贫农身上,依靠像贫农委员会那样的组织,后来宣布了支持中农的口号,中农成为"农村经济的中心人物",即把宝押在中农身上,离开"纯粹无产阶级的"路线,再过一段时间,已开始谈论给予富裕农民,甚至给予富农以广泛的经济自由了,看来会把宝真正押在富裕农民的身上。此外,还有在新经济政策下产生和发展的新资产阶级,即"耐普曼"③;对外国资本开放,实行租让制和租赁制,对工人阶级实行非共产主义的、和资本主义形式相同的计件工资等。

布哈林否定这些看法,对争论的问题予以正确的解释。他首先指出,实行新经济政策绝不是对资产阶级投降;恰恰相反,由于实行这一政策,"工人阶级和一般劳动群众的力量、社会主义在同资本主义经济作斗争中的力量,大大地增长了";"我们在经济方面取得了巨大的成就,而且我国的生产力已经朝着这样的方向发展,即社会主义的各种经济形式以及接近社会主义的、沿着社会主义道路前进的各种经济形式,已经取得了而且正在取得愈来愈大的优势"。④

---

① 布哈林:《论新经济政策和我们的任务》,载《布哈林文选》(上册),人民出版社1983年版,第359页。

② 同上。

③ "耐普"即新经济政策,"曼"即人或分子。

④ 布哈林:《到社会主义之路和工农联盟》,载《布哈林文选》(上册),人民出版社1983年版,第439页。

他接着作了具体解释。他认为,新经济政策的实行,在农村中就能使小生产者的私人利益和无产阶级的社会主义建设任务和目的正确地结合起来,因为"只要抓住小生产者的私人经济利益,就可以通过合作社逐步地把他们引导到社会主义"。① 当然,组织合作社也有个阶级路线问题。他不否认"在总的合作社组织网中,既有富农组织,可能有时是纯粹富农组织,也有贫农组织和中农组织,还有混合型的组织";但是,这幅画面毕竟会有某种基本的底色,尽管出现农民分化的过程,但农民的基本核心,即"中农这个如列宁同志所说的'我国农村经济的中心人物'毕竟会保持下来"。② 这是因为,一方面,如果说即使在资本主义条件下,中农阶层也能保持相对稳定,那么,在无产阶级专政下,农民的分化决不会更快,相反地,只会更慢;另一方面,随着国家政权日益有可能给予贫农和中农以物质援助,农村阶级构成就会有一个趋向于均等的新的转折,不过已是建立在与过去完全不同的基础上。

他指出,在新经济政策的条件下,农村各阶级发展的趋势是:随着整个国民经济和国营工业的发展,农民阶层得到的援助就越来越多,通过改善自己的经营方式和合作社组织把许多农户的力量联合起来,他们的生活水平将赶上富裕的农民上层,这些合作社就成为社会主义经济成分中的一种;富农的合作社也会长入这个体系中,"不过,它们在某种程度上将是异物,例如像租让制企业那样"。③ 富农合作社的发展前途如何? 由于它非同无产阶级的信贷机构发生联系不可,就必然受到种种限制。同样的道理,随着整个国民经济和国营工业的发展,就使"富农或雇佣一些农业工人的富裕农民非服从我们的总制度不可"。总之,"无产阶级国家关心各种'非资本主义的'即社会主义的经济形式的发展",因此,"不能对劳动合作社和富农式的合作社抱一视同仁的态度"。④

为了实行新经济政策,发展生产力,而又要坚持社会主义形式,列宁对合作制有两种战略计划。布哈林对它们的关联作了深刻的分析。1921年,

---

① 布哈林:《到社会主义之路和工农联盟》,载《布哈林文选》(上册),人民出版社1983年版,第440页。
② 同上书,第427页。
③ 同上书,第428页。
④ 同上书,第429页。

列宁在《论粮食税》中认为,在走向社会主义的运动中,首先必须克服分散的小资产阶级自发势力;因此,从经济观点看,小资产阶级自发势力、小业主是主要敌人,为了克服这种势力,需要有勇气利用大资本,主要是租让资本作为中间人。这样,无产阶级即社会主义经济成分,加上大资本,在一定意义上组成经济联盟,用以束缚住分散的小资产阶级自发势力。在这个战略计划中,列宁认为合作社是国家资本主义的重要环节,因为它首先帮助资本主义成分、农村的富农成分。但这并不可怕,因为通过合作社,无产阶级就可以保持和这些资本主义成分的联盟,战胜小资产阶级的自发势力。

1923年,列宁在《论合作制》中提到另一个战略计划,在其中,合作社的性质也有所不同。列宁说:"在我国现存制度下,合作企业与私人资本主义企业不同,因为合作企业是集体企业,但它与社会主义企业没有区别",因此,"现在我们有理由说,在我们看来,单是合作社的发展就等于……社会主义的发展"。① 布哈林指出,这里的整个战略部署与《论粮食税》中所讲的不一样;这里的基本路线,是和组成合作社的农民结成联盟,反对大资本和私人资本残余。这就是在新条件下的工农联盟。

布哈林还指出,合作社的性质和作用发生变化的原因有3个:(1)现在的租让合同非常少,从前更少,即这种形式的国家资本主义事实上没有什么作用;(2)在没有别人援助的情况下爬起来了;(3)真正掌握了增长起来的经济命脉。这样,就发生了阶级力量的变动。②

关于在新经济政策允许的自由贸易中产生的"耐普曼",布哈林作了阶级分析。他首先指出,有些人无条件地引用列宁在《论粮食税》的有关论述,认为凡是自由贸易都是资本主义,这是错误的。他指出,我国国家机构之间的自由贸易绝不是资本主义;中农在自由贸易中有可能转化为资本家,但我们可将其引导参加合作社。他进而指出,在自由贸易中确实产生了"耐普曼";列宁说过,我国社会制度是以工、农这两个阶级的合作为基础的,现在也容许"耐普曼"即资产阶级在一定条件下参加,问题在于让农民跟谁走;无产阶级可以通过税收、国营工业、国营商业、合作社,逐渐排挤"耐普曼"。

---

① 《列宁选集》(第四卷),人民出版社1972年版,第686、687页。
② 布哈林:《论新经济政策和我们的任务》,载《布哈林文选》(上册),人民出版社1983年版,第364—365页。

布哈林对利用外国资本,以租让制和租赁制等形式发展生产,采取十分慎重的态度。他说:"如果现在我们决定把我们的整个国家非常便宜地交给美国资本,那么很可能在它们投进自己的全部剩余资本之后,在最初时期可以比我们更快地发展我国的经济";但值得注意的是,我们需要的是这样的经济高涨,"即与此同时要发展社会主义形式,要不断排挤和削弱敌视社会主义的资本主义形式"。①

在布哈林看来,实行新经济政策就是从私人利益方面调动个人生产和经营的积极性,促使社会主义经济发展,如上所述,对农民是这样,对工人实行计件工资制也是这样。他说:"实行形式上和过去一样的工资制度——计件工资制等等,调动工人落后阶层的个人主义的刺激因素为社会主义服务,因为他们前进的动力不是共产主义思想,而是私人利益。"②

总结这个问题时,布哈林说:我们把宝"押在工人阶级和劳动农民身上,押在社会主义经济形式的增长上,首先押在国营工业的增长上,其次押在农业合作社的增长上。这两种基本形式之间的结合是我们胜利的必要条件"。③

3. 新经济政策的普遍性和特殊性

新经济政策是不是一切国家向社会主义过渡都要采取的政策? 如果不是,原因是什么? 如果是,各国有何不同? 对此,布哈林都作了回答。

前面说过,他认为新经济政策的核心问题是承认市场的存在,而市场关系的基础则是形式上独立的个体小生产者的分散劳动。这就是说,新经济政策只与分散劳动是否存在以及其规模大小有关,与过渡时期必然存在多种不同所有制无关。这就是他回答问题的依据。

由于这样,他就认为存在着个体所有制小农的俄国实行新经济政策是必需的;但同样存在着个体所有制的大牧场的澳大利亚,就不是必需的,他说:"比如像对澳大利亚来说,谈论新经济政策又有什么意义呢?"④为什么同

---

①　布哈林:《论新经济政策和我们的任务》,载《布哈林文选》(上册),人民出版社1983年版,第360—361页。

②　同上书,第359页。

③　布哈林:《到社会主义之路和工农联盟》,载《布哈林文选》(上册),人民出版社1983年版,第443页。

④　布哈林:《在共产国际第六次代表大会上关于共产国际纲领草案的报告》,载《布哈林文选》(下册),人民出版社1983年版,第391页。

样是个体所有制,一个必需实行,另一个不需实行呢?原来布哈林认为,大牧场数量少,或者可按合同进行生产和交换,或者立即可以合作化,在两种情况下城乡交换的产品都不是商品,都不构成市场,因为他认为商品和市场都是自发经济过程的产物;俄国的小农则不是这样,既多又散,不能一挥手就组织起来。

不过,总的说来,他认为新经济政策是必需的。这是因为,世界上"有哪个国家会没有小生产者,或者它们的比重已微不足道呢?这样的国家是没有的。或许列宁说过的英国就是这样的国家,但连这一点也是值得怀疑的。为什么:第一,在英国也有自己的农场主,第二,英国并不是一座孤岛"。① 后者的意思是,对外贸易的反作用使内部存在市场。如果确实是这样,理应也适用于澳大利亚,难道它可以没有对外贸易?

他也从上述观点考察实行新经济政策后各国的市场关系容量和范围。他认为,苏联的特点并不是新经济政策本身,而是它的规模,即市场关系的容量;如果拿另外一个小生产者的比重不怎么大的国家为例,在那里市场关系的容量也就会与苏联有所不同。他由此得出的结论是:"愈是工业发达的国家,愈是高度工业化的国家,在无产阶级掌握政权之后,国内的市场关系就起着愈小的作用";而从动态观点看,"在市场关系发展的背景上,将伴随着整个经济机构的成长:市场关系的容量将缩小,市场关系消亡的速度将更快,社会主义经济从萌芽形式向完全成熟形式的社会主义的发展速度将更快,这种社会主义经济所代表的是统一的单一的有机体。据我看来,不论是新经济政策的实质,或者是它的'普遍性'的问题,都可以这样来解决"。②

新经济政策的特殊性或市场容量大小问题,与布哈林的落后的社会主义和发达的社会主义理论有关。他认为,"不是在任何一个国家都有可能依靠本国力量建设社会主义",因为生产力的发展和工业的集中化等等必须要有一定的程度;没有这个前提,就休想在这一个或者那一个国家有可能发展社会主义。就有可能一国建设社会主义的国家来说,"其向社会主义发展不

---

① 布哈林:《在共产国际第六次代表大会上关于共产国际纲领草案的报告》,载《布哈林文选》(下册),人民出版社1983年版,第393页。
② 同上书,第394页。

是从空地上开始的；向社会主义的发展是在工人阶级夺取政权以后开始的，而工人阶级得到的是资本主义制度给它留下的遗产"；这种遗产各国不同，因此，"社会主义在其发展初期，在世界各国融合成为一个整体以前，也必将具有自己的特点，这些特点是由以前的发展的特点产生的"。① 他将这些各具特点的、发展初期的社会主义区分为两大类：落后的社会主义和发达的社会主义。就小生产者、自发势力和市场关系来说，它们的差异如下：

落后的社会主义：例如俄国。"由于存在着小商人和小企业主，所以即使在我们的制度下，他们仍将继续存在一个相当长的时期；由于存在着在我国具有极其巨大的经济意义的非常广大的农民阶层，所以，第一，到达完全的社会主义的道路是相当长的，第二，作为农民经济向社会主义发展的康庄大道的农业合作社具有非常重要的意义"；这样，"我们的社会主义形式必然是落后的社会主义形式"，但是，"即使这些形式也会保证我们越来越朝着日益完善和日益完全的社会主义形式前进"。②

发达的社会主义：例如英国。由于"农民经济的作用非常微小，在那里，国民经济的组织形式必然会是另外一些形式，而且发展的进程会比我们的速度快得多"。③

两者比较：就市场关系和自发势力来说，落后的社会主义"经济的相对无计划性——或相对计划性——是建立在小经济和市场联系的形式，也就是说，存在着大量无政府状态的成分的基础上的。因此，这种计划本身具有一种特殊性质：它远不是发达的社会主义社会的比较'完备的'计划。这种计划有许多对自发的合量的预测成分（例如，对粮食产量、商品粮食额、全部农民生产的产品的商品量以及价格等等的计算），这种合量是这种或那种指令的出发点。正因为如此，我们不可能有'理想的'计划"。④

在布哈林看来，上述两种社会主义都将达到"完全的社会主义"。⑤

①　布哈林：《到社会主义之路和工农联盟》，载《布哈林文选》（上册），人民出版社1983年版，第475页。

②　同上书，第475、474页。

③　同上书，第475页。

④　布哈林：《一个经济学家的札记》，载《布哈林文选》（中册），人民出版社1983年版，第276页。

⑤　布哈林：《在联共（布）列宁格勒省第二十三次非常代表大会上的报告》，载《布哈林文选》（中册），人民出版社1983年版，第53页。

4. 俄国革命后开始时实行的是何种经济政策

布哈林既然认为新经济政策具有"普遍性",就当然认为俄国无产阶级取得政权后,开始实行的就是这一政策;战时共产主义只是由于发生战争而不得不实行的。但是,他的有关论述却表明问题没有说清楚。问题在于,他把计划生产和商品生产、市场关系对立起来,把社会主义和计划生产相联系,而新经济政策的核心又是市场关系,这样,取得政权时他的认识必然是,立即消灭市场关系,实行计划生产和分配。这就是实行战时共产主义的思想基础,战争只不过使其具有某些特点。只是经过失败的教训,才认识到不能一举消灭市场,而要通过发展市场来消灭市场,这才是其后改为实行新经济政策的思想基础。

布哈林和列宁一样,把计划生产和商品生产对立起来,并且同样认为,计划生产不是资本主义。布哈林在理论上假设,如果全世界成为一个单一的巨大的国家托拉斯,由于商品生产消失了,这样的经济结构,就像是没有奴隶市场的奴隶占有制经济。列宁也说:资本家为国防即为国家工作,这已经不是"纯"资本主义了,而是国民经济的一种特殊形式。既然在社会主义之前,理论上可能产生的计划生产是既非资本主义,又非社会主义的经济结构,并且事实上已产生了非资本主义的国民经济特殊形式,而这都是由于消灭了商品生产,他们就当然认为,只要将存在于其中的资本家消灭了,这种计划生产就是社会主义。这样,他们就不但根据马克思的传统理论,而且根据自己的理论,认为社会主义是消灭商品生产的计划经济。这是一方面。

另一方面,他们又清楚地看到,旧俄存在着许多个体农民,这种遗产使俄国革命后仍要保留商品生产。前面引用布哈林的论述已表明这一点。列宁也说:"引我们来的是原始商品经济形式的资本主义。必须认清这一切,因为只有估计到现实,我们才能解决例如对中农态度的问题。"[1]但是,保留商品生产,又是同他们对于社会主义必须实行计划生产的认识相矛盾的。于是,他们就认为可以用政权的力量,即使对小生产者也实行计划生产和分配,即直接到达社会主义——共产主义。这一点同布哈林的社会主义是一

---

[1] 《列宁选集》(第三卷),人民出版社 1959 年版,第 776 页。

个"自由王国"的哲学认识尤为合拍。

这种认识反映在当时俄共纲领的制订过程和内容上。1918年3月召开的"七大",是俄共取得政权后召开的第一次代表大会。布哈林认为它还没有"探讨出经济政策的正确原理",尽管"列宁当时已经在理论上谈到向社会主义的各种可能的过渡阶段"。[①] 1919年3月召开的"八大"。俄共通过了取得政权后的新党纲。列宁由于积累了摧毁资本主义的初步措施的实际经验,就主张退回到原始的商品生产形式。但是,党纲实际上规定了消灭商品生产的做法。其中的第13条说:"继续有计划地组织全国范围的产品分配以代替贸易。其目的在于严格集中所有分配机关,将所有居民都组织在统一的能够最迅速、最有计划、最经济而消耗劳力又最少地分配一切必需品的消费公社网中。"[②]对于这种矛盾状况,布哈林解释说:党纲是在共产主义时期写的,它带有这个时代的烙印。这就是说,俄国实行战时共产主义,消灭商品生产,只是战争所致。

其实不是这样。列宁在《论粮食税》中曾这样说过,但在1921年的《十月革命四周年》中修改了这种说法,而认为这是未经充分思考的结果。他说,他们曾打算单凭无产阶级国家的直接法令而在小农国家里按共产主义原则来调整国家的生产以及由国家进行的产品分配,实际生活指明了这是错误的。这就是实行消灭商品生产的社会主义——共产主义原则,战争只不过使它具有某些特点。

布哈林由于具有健全的逻辑思维,既然承认新经济政策的普遍性,就认为"事实上'新经济政策'恰恰就是我们投入革命时所持的那一政策和纲领。战时共产主义是一种军事压制方法和对正确的经济政策的否定。新经济政策就是回到最初的计划,但它是建立在扩大的国内战争的胜利的基础上的。这就是我们经济学的辩证法"。[③]

但这与他以下的论述自相矛盾:"过去我们认为,我们可以一举消灭市

---

① 布哈林:《十月的纲领(纪念我们党的纲领发表十周年)》,载《布哈林文选》(中册),人民出版社1983年版,第368页。

② 《联共党(布)关于经济建设问题的决议》(国民经济恢复时期),施滨、伊真编译,新华书店华东总分店1950年6月版,第8—9页。

③ 布哈林:《革命面具下的凯撒主义》,载《布哈林文选》(上册),人民出版社1983年版,第502页。

场关系（这是实行战时共产主义的原因——引者）。而实际情况表明，我们恰恰要通过市场关系走向社会主义（这是到农业集体化为止实行新经济政策的原因——引者）。"①很明显，是由于失误了才明白过来的。因此，他又说："可见，我们关于向社会主义发展的观念有了很大的改变……在新经济政策中第一次找到了小生产者的私人利益和社会主义建设的整个事业之间的正确结合。新经济政策不是对无产阶级路线的背叛（有人认为只有原来实行的战时共产主义才符合无产阶级路线——引者），而是唯一正确的无产阶级政策。"②

这一切表明，布哈林始终认为，商品生产和计划生产是对立的，社会主义是计划生产，无产阶级政权应一举消灭商品生产，只是由于行不通，才经过承认商品生产并通过市场的发展消灭商品生产和市场。

5. 新经济政策及其理论的影响

列宁和布哈林对新经济政策的看法有许多地方是相同的。列宁病重和逝世后，布哈林一度是解释新经济政策的理论权威，对联共和第三国际都有很大影响。他认为构成新经济政策核心的市场关系的基础，只是独立小生产者的分散劳动，这样在理论上就必然地认为，即使实行这政策时，国营企业之间的交换不是市场，交换的产品不是商品；农业集体化后，市场关系便消灭，新经济政策实质上终止；在这两种场合下交换的只是产品。人们就可以认为，交换时可以不考虑劳动消耗，也不考虑供求关系。这个错误影响到其后的社会主义国家，以致直到今天还要费很大的气力加以消除。

第四节　人与人之间的不平等及如何消除

布哈林满怀信心地指出："共产主义社会是这样一种经济组织，在那里人与人之间完全平等，在那里没有任何人剥削人的现象，也没有任何由一些

---

①　布哈林：《到社会主义之路和工农联盟》，载《布哈林文选》（上册），人民出版社1983年版，第441页。

②　同上书，第442页。

人的集团对另一些人的集团发号施令和使用暴力的现象。只要把人类社会的这种状况同资本主义制度遗留给我们的社会状况加以比较,就能明了,为了使人类发展到这个最高阶段,必须进行某种巨大的、历时几十年的工作。因此,十分明显,在工人阶级夺取政权之后总共还不过几年的时候,绝不可能设想一下子就消灭一切不平等和一切贫困。"①这就是说,过渡时期还不能全部解决这种不平等问题,但布哈林认为,应该在分析这种现象的基础上指出解决问题的办法。

先谈经济领域中的不平等。前面说过,资本主义生产方式使农业、农村落后于工业、城市,城乡之间的这种关系是夺取了政权的工人阶级以及支持它的农民作为遗产接受下来的。这样,城乡之间当然存在着物质生活条件上的不平等。解决问题的办法只能是:"逐步地填平以往人类社会发展的全部历史所造成的城乡之间的深渊……使工业同农村接近以及给予农村以经济和技术援助";"城市和农村生活的物质条件将逐渐趋于平衡",这"对两方都有极大的好处。城市居民被封锁在城市的监狱之内,看不到大自然,在这种条件下,尽管有相对的物质福利,也必然趋于退化,如今他们由于接近大自然而得到好处。反之亦然,农村居民也得到极大的好处,因为他们的劳动生产率会提高,而且最后,他们会享受到过去只有我们的敌人才能享受到的一切文化和文明的福利"。② 这种思想是恩格斯在《反杜林论》中相应思想的发展,而同斯大林后来在《苏联社会主义经济问题》中的相应思想不同。

在城市内部,人们的经济生活也是不平等的。他说:"只要把'耐普曼'和他们的生活水平同流浪街头饥肠辘辘的儿童生活,或者哪怕同大批失业者加以比较,就能看出,我们离开我们作为自己的任务而提出的那种理想境地还多么遥远。"③他把城市内不同人的经济生活排列如下:

(1)新资产阶级即"耐普曼",它靠剥削别人的劳动而获得利润,这种利润有的来自工业企业的利润,有的是商业利润或供应者的赚头,或者是投机利润,或者是其他形式的所谓的"非劳动收入"。这些人的生活水平往往接

---

①　布哈林:《到社会主义之路和工农联盟》,载《布哈林文选》(上册),人民出版社 1983 年版,第455 页。

②　同上书,第 457 页。

③　同上。

近战前那些并不特别大的资本家的生活水平。(2)高级苏维埃职员,主要是经济机构和经济机关的职员,如托拉斯经理、辛迪加管理委员会的成员、不可缺少的大专家等。(3)所谓的一般负责工作人员。(4)熟练工人。(5)非熟练工人。(6)失业者、流氓无产阶级,即不务正业的人和乞丐等。

这些人的经济生活是一级不如一级的。"解决问题的办法,对'耐普曼'是:排挤私人企业主",直至它们消灭;在消灭前,用"税收制度……对新资产阶级生活水平的进一步提高加以限制"。这样,"这种基本不平等就将通过这种方式而被消灭"。[①] 对苏维埃职员和领导者当中的高级干部和中等工人之间的不平等问题,情况要复杂得多。"这种不平等就其最深刻根源来说是由于工人群众的文化落后而产生的,因为他们在资本主义社会内是被剥削、政治上被压迫和文化上被压抑的阶级。为了完成管理经济的复杂工作,为了进行在其他方面管理国家的……工作,需要大量知识、经验、本领。工人阶级中某些人有能力完成这样的任务……但是这样的人为数很少。十分明显,绝非全体工人群众都能提高到这样的水平。另一方面,各种各样的专家早在资本主义制度下就是专家,他们积累了科学、管理、经济等等方面的大量经验,……而进行这一类工作自然要求有相当高的报酬,以保证相应的生活方式。"[②]这样,解决问题的办法就是工人阶级克服自身这种落后状态,分期分批地学习现代科学技术,"直到我国的生产力发展创造出足够的经济基础,使得所有工人的子女都能完全正常地上中学和高等学校,经过相应的实习,然后进入生活,从而克服过去所形成的劳动者内部在文化上的一切不平等"。[③] 他认为这里所说的,也适用于工人阶级不同阶层之间的不平等问题。从某一点看,这实质上是他对于消灭体力劳动和脑力劳动的差别的看法。

在农村内部同样有各种各样的农民阶层,他们的经济生活水平的差别也相当大。只要把富农和雇农,或者同贫农比较一下就行了。"但是,现代农村所特有的这个基本矛盾,同样将随着生产力的发展和随着国营经济和合作社经济的高涨而慢慢地归于消灭";由此可见,"在经过一定的期限之

---

① 布哈林:《到社会主义之路和工农联盟》,载《布哈林文选》(上册),人民出版社 1983 年版,第458 页。
② 同上书,第 458—459 页。
③ 同上书,第 460 页。

后,即到我们的社会主义经济形式开始更迅速地增长起来的时候,我们在农村中的发展的基本路线是消灭、克服现存的经济不平等的路线"。①

再谈政治领域中的不平等。这表现为以下三个方面:(1)依靠非劳动收入生活的人,即"耐普曼"、富农、为取得利润以这种或那种形式剥削劳动力的各种各样的人,没有选举权。(2)劳动农民不拥有和无产阶级同样的权利,即产生一个代表,所需的选民数目,前者多于后者。(3)无产阶级享有政治上的优越地位,在立法机构中占优势地位。

布哈林指出,产生这种不平等的原因是:"要保证劳动者的根本利益,就必须保证无产阶级的领导以及它同农民的反对资产阶级的联盟";"农民由于自己的社会地位以及由于当前一些特殊困难,有时容易向资产阶级方向摇摆";"如果新资产阶级增长起来,强大起来,展开自己的翅膀,并且在争取农民的斗争中战胜了工人阶级的话,那么整个革命事业就一定会有遭到破坏的危险"。工人阶级是最有觉悟的力量,但在俄国其人数大约只为农民的十分之一。"为了使无产阶级能够牢牢地把握住舵,在当前的发展阶段,首先必须使资产阶级在政治上不能为害,使它不能向农民和城市小资产阶级中间阶层传播自己的政治影响,因此,必须剥夺私人企业主、商人、店铺老板、富农、一般'耐普曼'的政治权利。"②

工人阶级及其政党公开承认这种政治上的不平等,并指出,工人阶级的特权只是暂时的,随着资产阶级的消灭,无产阶级对农民的政治影响越大,这种特权就越早被消灭。

他指出,将来一切阶级壁障都消失,城乡劳动者的界限消灭,政治消亡,它被对社会经济进行管理的科学代替。

第五节　"耐普曼"问题

我们不从俄国经济史,而从过渡时期经济理论的角度来谈这个问题。

---

① 布哈林:《到社会主义之路和工农联盟》,载《布哈林文选》(上册),人民出版社 1983 年版,第461 页。

② 同上书,第 463 页。

"耐普曼"是新经济政策的产物,而新经济政策有个普遍性和特殊性的问题,"耐普曼"有没有这个问题呢,布哈林没有直接回答。但从他的全部论述中可以发现,相应的回答是有的。

他说:"在我国目前有三个阶级,其中两个阶级即工人阶级和农民是我们的社会和我们的制度的基本阶级,而第三个阶级——资产阶级(富农、'耐普曼'等等),只有当它在某种程度上和一定条件下'被容许'与工人阶级和农民'进行合作'时,才存在。"①这就是说,"苏维埃政权的力量和稳定是如此明显,以致我们社会的资产阶级阶层('耐普曼')也非常清楚:进行积极尖锐的政治斗争来反对新制度的一切企图,都完全是徒劳的,不管愿意不愿意,这些阶层都必须容忍事物的现存秩序。在一定范围内资产阶级被允许进行经济活动"。②

"耐普曼"的消灭过程,就是国营企业和合作社企业最终在国民经济中占统治地位的过程。这就是由国家立法保护工人的事业、保证工会的权利、迫使私人企业主支付保险费、剥夺企业主的选举权,对企业收入和利润课税;以此为基础,"在市场竞争的过程中,国营工业、国营商业、合作社逐渐排挤私人企业主"。③

布哈林还特别提到,当时,俄国"存在这类现象,即由于某些失误和在经济方面出现的某些困难,在经济战线的某些地段上已经取得的阵地,在有些地方被收购粮食的私商占去了,由于严重的商品荒,在新的经济困难的基础上,私人资本家、商人、买卖人就能为自己捞到额外的利益,把出厂的批发价格和零售价格之间的差额装进自己的腰包,而且还用这种商品荒进行投机等等"。④

以上所述,就是布哈林对"耐普曼"论述的摘要。从这里可以看出,"耐普曼"具有俄国的特点:这就是由于俄国的资产阶级和国际资产阶级相勾结,掀起武装叛乱和干涉,在这个条件下,俄国资产阶级在经济上就被消灭,在政治上就被剥夺选举权和被选举权;其后,在实行新经济政策时,在工业

---

① 布哈林:《到社会主义之路和工农联盟》,载《布哈林文选》(上册),人民出版社 1983 年版,第 429 页。

② 同上书,第 431 页。

③ 同上书,第 431—432 页。

④ 布哈林:《在联共(布)列宁格勒省第二十三次非常代表大会上的报告》,载《布哈林文选》(中册),人民出版社 1983 年版,第 13 页。

中的资本主义没有什么发展,商业中的资本主义大多数和投机倒把有关,这样的"耐普曼"谈不上有什么经营管理经验可以被社会主义利用的,因此,这类问题就在布哈林的视野之外。这是俄国历史对他的限制。

如果撇开俄国的历史特点,"耐普曼"即资产阶级就是过渡时期普遍存在的。这是因为,首先,资本主义社会本来就存在的资产阶级或其职能执行者在过渡时期仍要存在一段时间,或者不如说,过渡时期的必要,就是由于他们赖以存在的资本主义经济以及下面要提到的个体经济,变成布哈林所强调的有组织的经济需要时间;其次,资本主义社会留下来的个体经济总会产生出新的资产阶级,他们的消灭也要一段时间。这些布哈林没有具体论述。

还有一个层次更深的问题,这就是从理论上看,高度发达的资本主义建成社会主义,其中的资本主义不需要经过发展就逐步归于消灭,在此条件下,个体经济的合作化也较为迅速;落后的社会建成社会主义,还要利用其中的资本主义以发展生产力,在此条件下,个体经济也会分化出资本主义来,因此,这里的资本主义是经过发展后才归于消灭的。由于这样,资产阶级在前一场合,从过渡时期开始就逐渐消灭;在后一场合,过渡时期开始后先发展,然后归于消灭。布哈林关于新经济政策的核心问题,即关于市场的容量和范围的论述,已经包含上述看法了,但没有进一步论述。

第六节　工业化问题

从经济史看,苏联在过渡时期中有一个实现工业化的问题,从经济理论看,这是不是过渡时期的经济规律呢?布哈林没有具体说明,但从他的论述中可以看出,他的回答是否定的。

他说:"我们整个计划计算的轴心,我们全部经济政策的轴心,应当是对日益开展的国家工业化的关怀";从任何角度,即发展生产力、发展农业、扩大社会主义比重、加强国内的结合、提高国际经济的比重、加强国防能力、满足增长的群众需要来看,实现苏联的工业化,应该成为法律。同时,他又明确地指出:"我国的社会主义工业化同资本主义工业化的区别在于:它是由无产阶级为社会主义的目的而实行的，它对农民经济产生另一种影响，它对整个农业抱另一种'态度'。资本主义使农业受轻视。"①从这里可以看出，有资本主义工业化，也有社会主义工业化，它们都与农业有关，就是使工业生产取代农业生产成为国民经济中的重要部门，但两者对农业的影响不同。这就是说，工业化同社会制度并无必然的联系，在资本主义条件下实现了工业化的国家，它在向社会主义过渡时，就不再有工业化的问题。社会主义工业化只是尚未完成工业化的国家向社会主义过渡时，必须完成的历史任务。

正因为这样，布哈林认为，社会主义工业化不仅一般地要受农业的制约，而且特殊地要使农业和工业相互促进。

布哈林从其平衡理论出发，认为不能像巴拉诺夫斯基主张的那样，即生产资料生产的发展和生产的发展，可以完全脱离消费资料生产的发展和消费的发展。这样就可以得出如下的结论："决定需求的国内市场容量，是直接决定轻工业规模，部分地决定冶金和其他工业规模的最重要因素之一。根据'连锁关系'，这又决定其他部门间的比例。因此，不可能制订任何'自在的'工业化计划。可见，我国的工业'生产计划'总是同收成问题联系着的，这完全不是偶然的。现在请试想一个不计算'农民市场容量'，即抽象掉这个问题的'计划'出来！难道这不是谬论吗？"②这是完全正确的。因为撇开对外贸易不谈，工业的规模首先要取决于农业对工业生产的生产资料和消费资料的需要，这又和农业生产中原来使用的工业生产的生产资料，以及从农业收成中提供的供工业和工人需要的原料和粮食，经过交换后再转化为对增加的工业生产的生产资料的需要，与工业生产的消费资料的需要有关。这一点，既适用于资本主义的工业化，也适用于社会主义的工业化。以后将看到，布哈林认为它也适用于建成社会主义后的经济计划的制订。

社会主义工业化应该有一种尽可能高的速度。在布哈林看来，这包括两方面的问题。首先是固定资本投资或基本建设、重工业和轻工业之间的比例问题。他认为高速度并不意味着把一切都用于基本建设，这个问题就

---

① 布哈林：《一个经济学家的札记》，载《布哈林文选》(中册)，人民出版社 1983 年版，第 290—291 页。

② 布哈林：《论过渡时期的规律性问题》，载《布哈林文选》(中册)，人民出版社 1983 年版，第 117 页。

是积累的界限或投资的最大界限问题,留在下面谈。"在重工业和轻工业发展的比重方面同样必须使二者达到最完满的结合。将重心放在生产资料的生产上是正确的,但同时必须估计到将国家资本过多地投到大规模工程上的危险性,因为这类建设需要经过若干年才能出产货品;另一方面必须注意,轻工业(生活必需品的生产)的周转较快,可以让我们在发展轻工业的条件下,利用其资本来从事重工业的建设。"①

其次是积累的界限问题。这个问题同社会主义特有的工业和农业相互促进的问题有关,我们结合起来谈。社会主义工业化所需资金的积累,可从两个不同的范围来考察:一个是工业领域内创造的新价值,以何种比例分配为积累基金和消费基金;另一个是除工业本身的积累外,是否还可以从农业领域得到积累,如果可以,其界限如何。显然,这两种范围的积累是相互影响的。布哈林认为,"只有工业在农业迅速增长的基础上达到高涨这样的结合下,我们才能长期地保持最大的速度。正是在这种情况下,工业的发展才会打破纪录。然而,这要以农业能够有迅速的真正积累为前提,因而远不是以一种托洛茨基主义的政策为前提。过渡时期开辟了一个城乡关系的新时代,这一新时代将结束农村一贯的落后状态,结束'农村生活的愚昧状态',为消灭城乡对立这一方针奠定基础,使工业本身'面向农村',使农业实现工业化"②,这就是说,社会主义工业和农业相互促进,农业应有迅速的积累。但是,他又认为,为了更好地发展农业,就要迅速地发展工业,工业就要向农业取得积累,因此指出:"小资产阶级的骑士们要'保护'农业免除用于工业的一切扣款……不懂得农业的发展要依靠工业的发展,这就是说,如果没有拖拉机,没有化学肥料,没有电气化,农业就注定要陷于停滞状态"③,这就是说,农业为了自身的利益,要向工业提供积累。

这样一来,就有一个农业提供积累的界限问题。这是因为,"如果某个生产部门不能经常地收回生产费用并加上一个增加额(这个增加额相当于一部分剩余劳动,能够成为扩大再生产的来源),这个部门就会停滞或退化。这个

<hr />

① 布哈林:《苏联共产党第十五次代表大会决议》,载《布哈林文选》(中册),人民出版社1983年版,第295—296页。

② 同上书,第297页。

③ 同上书,第279—280页。

规律也'适用于'谷物业";"如果认为计划经济的增长会造成(在价值规律消亡的基础上)一种按我们意愿行事的可能性,那他就是不懂经济学的起码常识。这些意见足以成为规定'抽调'界限的基础",总之,"真理在于适中"。①

布哈林虽然认为社会主义工业化的资金,从农业中取得"适中"的数额是必要的,但是他并没有进一步指出,以哪一种经济杠杆取得这一数额。我们记得,他分析发达工业国向农业国取得额外利润时,是用前者有较高的劳动生产率,因而在农业国销售商品时可以实现更多的价值来说明的,我们指出,这就不存在剥削和被剥削的问题。现在,他也以社会主义工业对于农业具有大生产的优越性来说明工业资金的一个来源。如果是这样,这个来源也不是对农业的"扣款"。以下谈论他和普列奥布拉任斯基关于积累问题的争论时,将看得很清楚。

第七节 "商品荒"问题

苏联过渡时期在事实上存在的"商品荒",是不是过渡时期的经济规律?布哈林对这个问题的回答也是否定的。

他和资本主义社会相比,描绘了苏联过渡时期中独特的"危机"或"商品荒"的情况。他说,在苏联经济增长和社会主义增长的同时,独特的"危机"发生了,尽管苏联的发展规律性和资本主义的发展规律性截然不同,这种"危机"都似乎是资本主义危机的"再现",当然,它是歪曲地反映出来的。在这里和那里,都出现了生产和需求的比例失调,但是在我们这里,这种失调是"颠倒的",因为那里是生产过剩,这里是"商品荒";那里是群众的求大大低于供,这里是求过于供。这里和那里都投入巨额"资本",但在那里与经济危机相联系,在这里与困难相联系。投资问题也不相同:那里是积累过多,资本过剩,这里是资金缺乏。这里和那里都存在着不同生产领域之间的比例失调,但在这里的典型例子是"金属荒"、"商品荒"和"粮食荒"。"金属荒"

---

① 布哈林:《苏联共产党第十五次代表大会决议》,载《布哈林文选》(中册),人民出版社1983年版,第286页。

是由工业发展引起的，"商品荒"是由于大规模建设，工业消费品的生产相对减少造成的，而"商品荒"使农民不能得到相应的工业品，因而出售粮食就减少，这就产生"粮食荒"。

之所以出现这种情况，布哈林认为是客观上过渡时期存在着计划性和无政府状态或自发因素之间的矛盾，因此，主观上就"不能过高地估计计划经济的因素，也不应忽视大量的自发性成分"；如果能够这样，那么，"尽管我们的计划工作具有相对性，其作用确实是巨大的"；如果经济领导"犯了破坏国家的基本经济比例的严重错误"，就必然发生种种"商品荒"的现象。① 因此，"商品荒"不是过渡时期的绝对发展规律，基本经济比例的"危机性"的破坏不是不可避免的。

接着，他又分析了计划工作和领导工作的错误问题。他说："一般说来，或者是政策的总路线上的错误、政治路线的错误，或者是日常领导上的错误、暂时的错误。如果我们犯的是第一类错误，这就是说，我们的敌人会长期利用这种状态，他们将长期打击我们。在我们这里，这样的错误至少到目前是不存在的。可是，我们常常有相当严重的暂时的错误。暂时的错误不是政治路线的错误，但是它们可以在一定的、比较短的一段时间内起很大的作用。"②

最后，他和资本主义的经济危机相对照，分析了过渡时期独特的"危机"或"商品荒"问题。他说："如果我国'危机'似乎具有'颠倒的'资本主义危机的性质，如果群众的实际需求超过生产，那么，'商品荒'是不是我国发展的普遍规律？我们是否由于生产和消费的另一种关系而注定要经受颠倒的基础上的周期性或非周期性'危机'？这些'危机性'困难是不是我国发展的铁的规律？"③

他认为在这个问题上，有一种看法是错误的，因为它"混淆了两种完全不同的东西：一种是不断发展的生产力落后于（在每一个特定时刻）更为迅

---

① 布哈林：《苏联共产党第十五次代表大会决议》，载《布哈林文选》（中册），人民出版社1983年版，第277页。

② 布哈林：《粮食收购工作和沙赫特事件的教训与党的任务》，载《布哈林文选》（中册），人民出版社1983年版，第212页。

③ 布哈林：《一个经济学家的札记》，载《布哈林文选》（中册），人民出版社1983年版，第275页。

速增长的需要（落后于广义上的'需求'）；另一种是特别尖锐的'危机'形式即'商品荒'的形式（这里的问题在于有支付能力的需求)"。① 我认为区分这两者是十分重要的，因为经济学上的需求，同供给发生联系而产生商品过剩或商品不足的需求，只能是有支付能力的需求，而不单纯是一种欲望的需求。

他继续说，第一种现象只表明：社会确实在向社会主义过渡，需要的增长是社会的经济发展的直接动力，生产成为手段，等等。破坏再生产过程的危机性质的因素则完全是另一回事"。这当然是正确的。问题在于后者如何发生。

他认为这种现象"只在经济平衡的各种条件遭到破坏的情况下才能存在，也就是在再生产的各种因素（包括消费因素在内）不能正确协调的时候产生的"。他在这里的论述，同以前对资本主义经济危机之原因的论述有所不同。在那里，导致危机的平衡条件的破坏，指的是物质生产部门的比例失调，即社会劳动没有全部符合比例地分布在各生产部门之间，我曾指出这样解释普遍危机是错误的。在这里，平衡条件的破坏指的是再生产的各种因素（包括生产增长和消费落后）所造成的比例失调，这确实是普遍危机的原因。

他用再生产各种因素平衡破坏来说明"商品荒"。他说："这种和资本主义相比是歪曲的'危机'性质，是由群众需要和生产之间确实崭新的关系所决定的。但是，这种关系不是一种发展着的对抗（恰恰相反，生产不断追赶作为整个发展基本动力而走在前面的群众消费），因此，这里没有'危机规律'的基础，没有不可避免的危机规律的基础。但是，这里也可能出现危机，它是由相对的无政府状态即由过渡时期经济的相对无计划性产生的。"② 这里的第一层意思，即生产追赶群众的消费欲望同"商品荒"并无关系。只有第二层意思，即无政府状态同"商品荒"有关系。但不加说明，仍不能说明问题，因为无政府状态只能说明社会劳动在各生产部门之间分布不符合比例，这样，一些部门过少，反过来说就是另一些部门过多，这里是商品不足，那里是商品过剩。总之，布哈林未能科学地说明"商品荒"的原因。

我认为，"商品荒"不是过渡时期本身，而是在过渡时期中实行社会主义

---

① 布哈林：《一个经济学家的札记》，载《布哈林文选》（中册），人民出版社1983年版，第275—276页。

② 同上书，第276页。

工业化的方针时,未能按照前面说的根据农业决定工业中的生产资料和消费资料的生产规模,即片面强调发展重工业或工业,片面地增加固定资本投资造成的。这样一来,第一,引起金属荒;第二,重工业和固定资本本身不是消费品,但其成本中的工资却构成对消费品的需要,它的片面发展就引起工业消费品的求过于供;第三,"工业消费品荒"使粮食出售减少,引起"粮食荒"。所以,只要根据农业决定工业规模的原理办事,就能消灭"商品荒"。

第八节 价值规律的转化和旧经济范畴的消灭

在布哈林看来,从经济规律的角度来看过渡时期,就是自发的因素向自觉的因素过渡,其中,最重要的是价值规律转化为,或者更精确地说是还原为劳动消耗规律。他根据 1868 年 7 月 11 日马克思致库格曼那封信中所阐述的原理指出:"在一切社会历史形态中,按比例的劳动消耗规律,或者简单地说,'劳动消耗规律'是社会平衡的必要条件。它可以有不同的'表现形式'。特别在商品社会(无论在商品资本主义社会,无论在任何一个商品社会),它给自己穿上了价值规律的拜物教外衣。价值规律是历史相对的规律,是一种特殊的形式……它'是属于生产过程支配人而人还没有支配生产过程的那种社会形态的'[1],不能把价值规律只看成劳动消耗规律,因为这意味着忽视价值规律的特殊历史意义和性质。但是,从另一方面来说,也不能在社会历史形式之外来考察这一规律的物质劳动内容。"[2]这就是说,既然在各生产部门之间合乎比例地分配劳动是社会生产的根本条件,那么在布哈林看来,劳动消耗规律就是"经济平衡的普遍的和万能的规律。可见,问题只能是它(这一规律)的社会形式的变换"。[3] 这个变换的社会形式是价值规律。价值规律依以变换的自发经济过程消失后,它就还原为劳动消耗规律。

布哈林进一步指出,"价值规律转变为劳动消耗规律的过程表现在,在

---

[1] 马克思:《资本论》(第一卷),人民出版社 1975 年版,第 98 页。

[2] 布哈林:《论过渡时期的规律性问题》,载《布哈林文选》(中册),人民出版社 1983 年版,第91—92 页。

[3] 同上书,第 93 页。

计划的程序中半虚拟职能的'价格'(已经不是从'市场晴雨表的波动'观点来决定的价格)是自觉形成的,而和自发形成的不同"。① 这包括两方面:首先是国营工业和农民的简单商品经济的存在及其相互关系。在这里,他特别强调既非资本家又非工人,而是他们之外的"第三者"的农民,认为其存在是过渡时期这个范畴能够成立的前提。因为如果不是个体农民众多,其组织化需要一个较长的过程,那么过渡时期将是非常短暂的。正是他们的存在以及国营工业要和他们发生联系,商品和自发形成的价格才存在,而当他们开始走向组织化的道路,能够按合同规定的价格出售产品时,这个价格由于是自觉制定的,价值规律就不复存在,而还原为劳动消耗规律了。至于国营工业的产品按计划价格出售,布哈林认为是不需论证的。其次是私人资本主义的存在及其变化。依照同样的道理,它使劳动消耗规律从表现为价值规律及其转化形态即生产价格规律,再还原为劳动消耗规律。只要它的价格不是由"市场晴雨表的波动"来决定的,在布哈林看来,起作用的就是劳动消耗规律。

进一步论述问题时,布哈林指出,由计划决定的价格取代由市场波动决定的价格,其所以意味着价值规律还原劳动消耗规律,不仅是由于"这里是预先估计到(先想到)在自发的调节下事后才能确定的东西",而且是由于"整个的中介的机制、生产的刺激、生产与消费间的相互关系等等"都发生了变化,因为在这里,"不是平均利润,而是满足群众的需要越来越成为(虽然是逐渐地)生产的有计划活动的基本原则,所以生产的比例同私人资本主义社会结构下的比例也将是不同的"。②

在布哈林看来,从经济范畴的角度来看过渡时期,就是旧的经济范畴逐渐消灭的时期。最根本的就是"工人阶级专政消灭了各阶级的形式上的平等,但是却使工人阶级在物质上不受奴役。'契约自由'随'贸易自由'一起消失",即劳动力再也不是商品了。"但是对资本家阶级'自由'的这种侵犯,乃是对劳动群众真正自由的保障"。③

由于这个根本性的变化,"当我们第一次认真地试图真正科学地掌握我

---

① 布哈林:《论过渡时期的规律性问题》,载《布哈林文选》(中册),人民出版社1983年版,第99页。
② 同上书,第99—100页。
③ 布哈林:《无产阶级专政的理论》,载《布哈林文选》(上册),人民出版社1983年版,第19页。

们称之为过渡时期经济的那种极不安静的具体的东西时,我们发现理论经济学的旧概念刹那间拒绝服务。我们看到奇怪的矛盾。政治经济学的旧范畴仍然是实际概括不断变化着的活的经济现实的形式"。但是,"这些范畴没有任何可能透过'表面现象'深入进去,即摆脱庸俗的思维,在整体上和发展中理解经济生活的过程"。因此,"马克思在相应的生产关系的非常现实的存在的基础上清清楚楚地说出来的马克思主义思想的经过考验的旧工具开始失效了"。①

由于劳动力再也不是商品,作为它的价值或价格的转化形态的工资当然再也不存在了。"工资只留下它的外壳——货币的形式,而这种形式也将同货币体系一起自行消灭。在无产阶级专政体系下,'工人'领得的是社会劳动份额,而不是工资。"②与此相应,剩余价值和利润范畴都同样消失了。这是阶级关系发生根本变化的必然结论。

随着价值规律还原为劳动消耗规律,如上所述,商品和价值范畴消失了。而"这一现象本身又同货币体系的崩溃联系着。货币是联结整个发达的商品生产体系的物的和社会的纽带、枢纽。显而易见,在过渡时期,在消灭商品体系本身的过程中也进行着货币的'自我否定'过程"。"货币不再是普遍等价物,而成为产品流动的约定的——并且是极不完善的——符号。"③

第九节　自发因素和自觉因素的矛盾及其解决

在上述基础上,布哈林指出,问题很清楚,"社会主义计划原则胜利的过程无非是劳动消耗规律脱去自己身上罪恶的价值外衣的过程,也就是说,是价值规律转变为劳动消耗规律的过程,是社会基本调节者消除拜物教的过程"。④从另一方面看,这就是在社会生产中的自觉因素逐渐克服自发因

①　布哈林:《过渡时期经济学》,余大章、郑异凡译,生活·读书·新知三联书店 1981 年版,第108—109 页。

②　同上书,第116 页。

③　同上。

④　布哈林:《论过渡时期的规律性问题》,载《布哈林文选》(中册),人民出版社 1983 年版,第93—94 页。

素,最后成为唯一的社会生产调节者或计划者的过程。

布哈林充分估计到这个过程的复杂性。他说:"用社会规律来替换它们的历史表皮",例如,用劳动消耗规律来替换价值规律,"这比起更替脏衬衫来,当然是一个更为长期得多的过程,分析过渡时期的全部不同寻常的复杂性就在于外衣是形形色色的,如果这个国家的经济机体总和是由各种最不同的经济形式结合而成的,情况就更加如此了"。这就意味着,落后国家比诸发达国家,过渡时期中的自发因素要多得多,情况也复杂得多,因为它的个体经济太多,垄断资本主义经济太少。这构成下面将论述的落后的社会主义和发达的社会主义理论。他继续说:"无产阶级取得政权和'剥夺剥夺者',是社会规律开始换毛过程的前提条件。这一过程是以国家经济及其影响的增长作为基础的。这一过程是在许多复杂的,并且常常是最矛盾的形式中进行的:计划因素本身在很大程度上是建立在对起同样作用的各自发因素的预见上的。因此,在每一个有关的时期,都必须避免对计划因素估计不足和估计过高,还要记住对立本身的历史相对性。当然,与此有关的还有在理论上对社会规律换毛程度的估价问题。分析所有这些最复杂的情况和找出发展的基本规律性,组成了过渡时期的理论。"①

普列奥布拉任斯基反对布哈林的这些看法。他认为,布哈林所说的无产阶级计划原则,不是同按比例的劳动消耗规律的价值外壳作斗争的原则,而是同这些规律的物质实体作斗争的原则。换句话说,他认为"无产阶级计划是要使社会经常地失去平衡、经常地破坏不同生产部门之间的社会必要的比例,也就是说,经常同社会存在的最基本条件作斗争"。② 因此,他就在劳动消耗规律之外,提出一个"社会工艺学"作为社会生产的调节者。

布哈林指出,这样一来,就有两个社会生产的调节者,即劳动消耗规律和"社会工艺学"。这是错误的。如果确实有一门计划社会生产的科学,它只能是在对劳动消耗规律认识了的基础上,用综合性的应用科学来体现它的要求,即表现为自觉的计划社会生产。"社会工艺学"在这一点上同价值规律是相同的,即价值规律也体现劳动消耗规律的要求,只不过它是自发的;即使在过渡时期,价值规律处在逐步脱下自己的历史表皮,而还原为劳

① 布哈林:《论过渡时期的规律性问题》,载《布哈林文选》(中册),人民出版社 1983 年版,第86—87 页。
② 同上书,第 94 页。

动消耗规律的过程中的时候,它经过迂回曲折仍要自发地体现劳动消耗规律的要求。因此,布哈林说:"不能这样设想:存在着两个就实体而论是对抗性的调节者,我们知道,无论从现实观点来看,也无论从同马克思主义最起码原理相抵触的观点来看,这都是毫无意义的";普列奥布拉任斯基的错误在于不理解,"在目前的场合,问题不可能是指(就其实质来说)规律的物质内容的对抗性,而只可能是指社会形式的对抗性";这个错误的根源,是由于"他用价值规律转变为他自己所喜爱的'社会主义原始积累规律'的过程来'替代'价值规律转变为劳动消耗规律的过程"。[①] 由于这样,他就有必要在劳动消耗规律之外,杜撰一个"社会工艺学"作为社会生产调节者。关于"社会主义原始积累规律"等问题,我们在下面再论述。

从上述分析可以看出,布哈林关于过渡时期中价值规律还原为劳动消耗规律,以及自觉因素取代自发因素的论述,其实是一个问题,即由社会预见来计划的生产取代由市场波动来调节的生产。这个过程从垄断资本开始,到过渡时期终结全部完成,它和公有制代替私有制并无必然的联系。所不同的是,在私有制下,它为资本的利益服务;在公有制下,它为人民的利益服务。在论述中,他的逻辑推论多于事实分析,以致常常要狭隘的实践服从其理论。这一点,在他关于社会主义经济方法论的论述中也有所表现。

---

① 布哈林:《论过渡时期的规律性问题》,载《布哈林文选》(中册),人民出版社 1983 年版,第94 页。

第五章　社会主义经济方法论

第一节　概述

从布哈林对资本主义经济、垄断资本主义经济和过渡时期经济的论述中不难看出,在他看来,社会发展就是自觉的经济过程在逐步取代自发的经济过程。正是这样,他认为社会主义是取代"必然王国"的"自由王国";从经济上看,社会主义的经济规律是被认识了的经济规律。

上述过程的另一方面是所有制的变化,即从个人的资本主义所有制发展为集体的资本主义所有制时,自觉的经济过程开始产生;从个体所有制、资本主义所有制质变为社会主义公有制时,自发的经济过程消灭,自觉的经济过程居统治地位。与此相应,政权也在发生变化:从个人的资本主义所有制到集体的资本主义所有制时,资产阶级整个阶级掌握的国家变成垄断资本家一个阶层掌握的国家;社会主义公有制的产生则以无产阶级政权的建立为前提,离开了无产阶级政权,社会主义这个"自由王国"就没有经济主体,就成为不可理解的。

这样一来,从方法论上看,社会主义经济就有下面几个问题:(1)资本主义经济要有一个历史前提,即劳动者丧失生产资料,生产资料集中在少数人的手中,这个资本主义前史就是资本原始积累,与此相对照,社会主义经济有没有前史? 有没有社会主义原始积累?(2)资本主义经济之所以需要政治经济学,是由于它存在着自发的因素和商品拜物教,使经济规律不能直接呈现出来,使经济现象掩盖经济本质,这就要由科学来揭示,社会主义都是自觉因素,现象和本质一致,是否仍需要政治经济学?(3)揭示自由竞争的资本主义经济规律时,必须将干扰的因素撇开,揭示垄断的资本主义经济规律时,已经不能将政策因素撇开,揭示社会主义经济规律时能不能将经济政策、经济计划撇开?(4)在资产阶级尤其是垄断资产阶级专政的条件下,以及在无产阶级专政的条件下,有的经济现象相同,其本质是否相同?

布哈林对这些问题都有独到的看法。有些问题,他是在激烈的争论中提出自己的看法的。

第二节　不存在社会主义原始积累

布哈林是在 1926 年发表的《论过渡时期的规律性问题——对普列奥布拉任斯基同志〈新经济学〉一书的批评性意见》中,集中地谈论是否存在社会主义原始积累的。普列奥布拉任斯基认为存在社会主义原始积累,它的实质就是社会主义国营经济向个体经济取得积累,因此,过渡时期的矛盾就是社会主义原始积累规律和价值规律之间的矛盾。布哈林否认存在社会主义原始积累,认为如果说存在,也不是一些经济学家理解的那样;否认存在所谓的社会主义原始积累规律和价值规律之间的矛盾,如上所述,认为过渡时期从经济规律看就是价值规律转化为劳动消耗规律。

布哈林在批评普列奥布拉任斯基时坦率地承认:"六年以前,即 1920 年,我在《过渡时期经济学》一书中使用了'社会主义原始积累'这一名词,并在脚注中说明'这是弗·米·斯米尔诺夫提出的名词,列宁对这一点作了如下的评注:'非常糟糕。抄袭成人使用的名词的儿戏。'"①当时,他和马克思分析的资本主义原始积累相比较,对社会主义原始积累的分析如下:前者的实质在于"资产阶级政权动员了大量的居民群众,掠夺他们,把他们变成无产者,使他们组成资本主义社会的基本生产力",这样,"资本通过掠夺、阶级暴力和抢劫动员了生产力,使之成为继续发展的出发点";后者的实质不在于"为剥削过程创造前提,而在于在消灭剥削的条件下恢复经济;不在于对一小撮资本家施用暴力,而在于劳动群众的自我组织";因此,"社会主义原始

---

① 布哈林:《论过渡时期的规律性问题》,载《布哈林文选》(中册),人民出版社 1983 年版,第 90 页。

积累是对资本主义原始积累的辩证否定"。① 下面我们将看到,他以后虽然否定了"社会主义原始积累"这一名词,或虽使用而另作解释,但上述辩证否定的思想仍然保留,并向前发展。

在批评"社会主义原始积累"一词时,布哈林从方法论说明它不可能存在。他指出,马克思分析资本主义原始积累时曾说明,"所谓原始积累只不过是生产者和生产资料分离的历史过程。这个过程所以表现为'原始的',因为它形成资本及与之相适应的生产方式的前史"。② 既然是前史,就是出发点而不是结果,是有严格的时间界限的。这样,他就指出,"把'资本主义前史'算作它的历史是完全错误的,更不用说当作它的全部历史了。但是我国的许多经济学家却有这种倾向"③,例如,将农民的破产、对殖民地的掠夺这些资本主义产生后仍然存在的历史,当作原始积累。

根据这种方法论,布哈林认为不可能有社会主义原始积累,因为社会主义生产方式的本质是生产者和生产资料相结合,这只有建立了无产阶级政权之后才有可能,而这个政权一旦建立,就已经是社会主义的开始,即过渡时期,所以,社会主义既没有前史,也不存在原始积累。但是,根据这种方法论,布哈林认为,相对地说可以有一个社会主义原始积累时期。他说,"大概只可以把'剥夺剥夺者'和采取相应措施的那种行动叫作'社会主义原始积累时期'"。④ 很明显,这是无产阶级取得政权,即过渡时期开始后的事情。⑤

接着,布哈林指出,如果使用"社会主义原始积累"一词,它和资本主义原始积累的同异如下:相同点是"使用暴力,过程的特点是'各种变革',过程的'突然性和强制性'","历史的前提和'起点',而不是它的'结果'";相异点除了前面提到的一个是生产者和生产资料的分离,另一个是这两者的结合

---

① 布哈林:《过渡时期经济学》,余大章、郑异凡译,生活·读书·新知三联书店 1981 年版,第 85—86 页。

② 马克思:《资本论》(第一卷),人民出版社 1975 年版,第 783 页。

③ 布哈林:《论过渡时期的规律性问题》,载《布哈林文选》(中册),人民出版社 1983 年版,第 103 页。

④ 同上书,第 107 页。

⑤ 普列奥布拉任斯基也认为:"要说社会主义也有它的前史,那么,这一时期只有在无产阶级夺得政权后才能开始。大工业国有化,就是这种社会主义积累的第一个行动。"(参见布哈林《论过渡时期的规律性问题》,载《布哈林文选》(中册),人民出版社 1983 年版,第 104 页)他常常将所谓的社会主义原始积累和社会主义积累两个概念弄得十分混乱。

外,则是,"我们的剥夺,是反对不久前还是统治阶级的一种经济革命;资本主义原始积累时期不是革命,并且也不是反对旧的统治者,而只是使农民破产;在那里,建立了必要的阶级优势;在我国,情况全然不同"。①

我认为,从方法论看,布哈林的论述是正确的。

人们也许会问,从这些论述看,他并没有将农业中生产者和生产资料结合为农业大生产,看成也是社会主义原始积累的内容,是何道理? 我认为,这还是由他的方法论决定的。因为他认为原始积累只是社会主义的历史前提,而不是社会主义产生的历史过程。因此,他继续说:"在那里,继续采取措施,以便继续剥夺'第三者'(资本家和工人以外的个体生产者——引者);在我国,剥夺问题是针对资产阶级和地主的,普列奥布拉任斯基同志所指的主要的、进一步的问题,那是小生产者即另一个阶级的问题;在那里,进一步的演变,是在破产、排挤,或者也可以说,'吞没'的角度下进行的,在我国,这是在'和睦共处'、'改造'、'使同化'等等角度下进行的。"②正是这样,他又说,作为现实历史的社会主义"前史",是"社会学和历史经济分析的对象"。③

从上述观点出发,布哈林反对普列奥布拉任斯基认为社会主义原始积累,就是社会主义国营经济向个体经济主要是个体农民取得积累的观点。应该指出,普列奥布拉任斯基起初对社会主义积累和社会主义原始积累这些名词的解释,是十分模糊和混乱的,在辩论和反批评中,他最后将这两者定义如下:社会主义积累是在社会主义范围之外连一个"戈比"也得不到的一种积累,社会主义原始积累就是哪怕只有一个"戈比"也得来自社会主义范围之外的那种积累。④ 对此,布哈林先从方法论上批评:这样一来,资本主义存在的整个时期,都从"第三者"那里得来额外利润;同样,社会主义国营经济由于具有大经济的优越性,只要个体经济还存在,它总能从中得到一个"戈比"作为积累基金的,这就没有时间界限,不是"前史"或"历史前提",而是历史本身了。他再从理论上说明,这个"戈比",在普列奥布拉任斯基那

---

① 布哈林:《论过渡时期的规律性问题》,载《布哈林文选》(中册),人民出版社 1983 年版,第107 页。

② 同上。

③ 同上书,第 103 页。

④ 同上书,第 106 页。

里,是将个体经济当作殖民地,用掠夺的办法,即以社会主义原始积累规律向价值规律作"斗争"得来的;在他本人那里,是根据价值规律的等价交换原则,由于大经济相对于个体经济具有的优越性得来的,即大经济能由此实现而不是剥削一个"戈比"。[①]

由此,布哈林就进一步说明根本不存在所谓的社会主义原始积累和价值规律之间的矛盾。他认为过渡时期就是价值规律转化为劳动消耗规律的时期。这是因为,从资本主义向社会主义过渡的时期,如上所述,随着个体生产转化为大生产,哪怕存在着不同的所有制形式,由于生产过程是自觉的,商品生产就不存在,价值规律就转化为有计划地分配社会劳动的规律——劳动消耗规律。这就涉及下面几个问题。

第三节　不存在社会主义政治经济学

布哈林否定社会主义政治经济学的存在。根本理由是社会主义对资本主义"必然王国"是一种否定,它是认识了必然性的"自由王国。"这包含着相互关联的两方面。

首先,"自由王国"使以自发性为存在条件的商品生产和商品拜物教消灭,从这方面看,经济现象并没有掩盖经济本质,现象与本质一致,科学包括政治经济学便是多余的。

与布哈林同时代的马克思主义经济学家,都是否认社会主义存在商品生产的,例如,卢森堡就是这样,她并且同样认为,国民经济学只是研究商品生产的,而商品生产只与无组织的经济相联系。[②] 布哈林和一般经济学家的不同在于:他不是一般地从传统的理论,即社会主义是公有制,而是特殊地从社会主义是"自由王国",来说明商品生产的消灭。

---

① 这里存在的理论问题是:大工业和个体农民的产品种类不同,无法以社会必要劳动时间和个别劳动时间的差别来说明前者能由此实现超额利润。

② 卢森堡:《国民经济学入门》,彭尘舜译,生活·读书·新知三联书店1962年版,第67页。卢森堡使用"国民经济学"一词是受德国历史学派的影响。后者认为经济学有国民性,以反对古典派的政治经济学。

在《过渡时期经济学》中，他对商品下了这样的定义：商品"这一范畴首先是以社会分工或其分裂及因此造成的缺乏经济过程的自觉调节者为前提的"，因此，"只要在生产无政府状态的基础上才存在着经常的而不是偶然的社会联系，商品才会成为普遍的范畴。因此，当生产过程的不合理性消失的时候，也就是当自觉的社会调节者出来代替自发势力的时候，商品就变成产品而失去自己的商品性质"。①

这个定义显然是从马克思的定义演化而来的。马克思说，在社会分工条件下"独立的互不依赖的私人劳动的产品，才作为商品相对立"。② 值得注意的是布哈林将其中的私人劳动去掉，认为只有在社会分工而又造成生产无政府状态的条件下，商品才存在。

在布哈林看来，社会主义既然不存在商品生产，当然也不存在商品拜物教。但这不是逻辑推论，而是理论分析的结论。商品拜物教是马克思提出来的。它的含义是：犹如宗教是人脑的产物，但人要受其统治、对其崇拜一样，商品是人手的产物，但商品生产者要受其支配，要对它顶礼膜拜。其原因是商品生产的基本矛盾是私人劳动要实现为社会劳动的矛盾。这就是一，生产商品的使用价值，如服装款式，是否为社会所需要；二，生产商品耗费的劳动时间，是否比别人少些；三，该商品的供需情况如何。所有这些，生产者无法自己决定，其命运要受市场或商品运动支配。布哈林认为，在社会主义条件下，由于实行计划经济，不存在这些矛盾，即使存在也容易解决。布哈林说，在社会主义条件下，"劳动消耗的客观规律是和自觉实行的劳动消耗定额相符合的。波动首先是按照统计计划进行的"，"自觉和预先确定的劳动生产率的不断提高……是基础"，"没有阶级，没有社会各阶层不同质的消费收支"③，这样，生产者之间和人与人之间的关系，没有被掩盖起来，是一清二楚的。因此，他认为："随着资本主义的崩溃，商品拜物教和它半神秘的范畴也就消失了"；"过渡时期的基本趋势之一是冲破商品拜物教的外壳"。④

---

① 布哈林：《过渡时期经济学》，余大章、郑异凡译，生活·读书·新知三联书店 1981 年版，第115 页。

② 马克思：《资本论》（第一卷），人民出版社 1975 年版，第 55 页。

③ 布哈林：《论过渡时期的规律性问题》，载《布哈林文选》（中册），人民出版社 1983 年版，第98 页。

④ 布哈林：《过渡时期经济学》，余大章、郑异凡译，生活·读书·新知三联书店 1981 年版，第48、117 页。

既然商品生产和商品拜物教都不存在,经济现象没有歪曲经济本质,政治经济学也就成为不必要的了。①

我认为,布哈林用以证明在社会主义条件下不必存在政治经济学的两个条件,即不存在商品生产和商品拜物教,前者错误,后者正确。前者错误,是由于他将在垄断条件下就发生的、到社会主义更为全面的计划生产和商品生产完全相对立,不考虑产品对外②成为商品,由于反作用,对内也成为商品的问题。后者正确,是由于社会主义既是计划经济,又是商品经济,有计划地分配劳动既是有计划发展规律的要求,又是决定价值的因素。这样,政治经济学的存在是必然的。

其次,自发的经济过程转化为自觉的经济过程,客观的经济规律转化为被认识的经济规律,经济规律转化为经济政策和经济计划,政治经济学就转化为各种应用科学或普列奥布拉任斯基的"生产工艺学"。③ 因此,政治经济学就不复存在。

表面看来,似乎很容易指出布哈林的错误。首先,这是以错误地认为社会主义只存在计划经济的产物,但这不过是重复前面的批评。其次,认识客观经济规律以制定经济计划,这件事本身就说明需要政治经济学。但是,这和布哈林的认识对不上口径。因为他明确地说过,"在被认识的规律后面,是这些规律自身,也就是说,任何一个自觉的计划,都不是天上掉下来的,而是被一定的方法所决定的:像通常所说的,被认识了的必然性终究是一种必然性"。④ 他当然知道,揭示必然性是科学的任务。但是,值得注意的是他继

---

① 列论对布哈林这一论断的批评是:甚至在共产主义条件下都有 I（V+m）和 IIC 的关系,都有积累,以此来证明政治经济学的存在和必要。这和布哈林的论述不对口径。在《食利者政治经济学》中,布哈林说:"在社会主义制度下,政治经济学将失去自己的意义";因为"人与人之间的关系将会简单而明确"[《布哈林文选》(下册),人民出版社1983年版,第40页]。

② 包括国外和一种经济成分对另一种经济成分,例如国营经济对集体经济。

③ 参见布哈林《论过渡时期的规律性问题》,载《布哈林文选》(中册),人民出版社1983年版,第80、86页。斯大林在《苏联社会主义经济问题》中批评布哈林将社会主义政治经济学变成"社会组织技术"[见《斯大林选集》(下卷),人民出版社1979年版,第587页]。话虽然不是这样,意思都是这样。这不符合布哈林的原意。布哈林在《过渡时期经济学》中,分析战争带来的穷竭和崩溃带来的破坏,提出从社会—组织技术的角度看,资本主义要过渡到社会主义的(参见该书,余大章、郑异凡译,生活·读书·新知三联书店1981年版,第48页)。

④ 布哈林:《论过渡时期的规律性问题》,载《布哈林文选》(中册),人民出版社1983年版,第86页。

续写道："把这种'必然性'同它是'被认识了的'相割裂,这对有计划的经济来说,就意味着从社会规律的身上剥下它的历史表皮"。① 这是什么意思呢?这就是说,被认识了的经济规律只能表现在经济政策和经济计划上,即揭示社会主义经济规律,不能将政治或社会机构的因素予以舍象,不像揭示自由竞争的资本主义经济规律那样。关于这个问题,我们留在下面研究。这里先指出,他如何从这里得到在社会主义条件下政治经济学不复存在的结论呢?

前面我们曾经指出,他在《食利者政治经济学》中论述马克思政治经济学以后的历史学派经济学时说,"它认为社会经济生活完全不能脱离生活过程的其他方面,特别是不能脱离法和道德"②,这就不能建立政治经济学。这是因为,"人类社会生活过程是统一的流,实际只是一个历史,而不是各种不同的经济史、法律史、道德史等等。只有科学抽象才能把统一的生活分成若干部分,人为地分出各种现象"③,只有运用抽象法,才能建立科学。下面将说明,他认为揭示社会主义经济规律不能舍象政治,因此,不能建立社会主义政治经济学。

第四节　揭示经济规律不能撇开经济政策

揭示社会主义经济规律能否将经济政策或政治予以舍象,从而将经济规律纯粹地抽象④出来加以研究,是布哈林和普列奥布拉任斯基争论的另一个问题。

布哈林对此所持的否定意见可以简述如下:资本主义的规律是自发的发展规律,它们是盲目的,它们反映了社会过程的不合理性;有组织的社会

---

① 布哈林:《论过渡时期的规律性问题》,载《布哈林文选》(中册),人民出版社 1983 年版,第86 页。
② 布哈林:《食利者政治经济学》,载《布哈林文选》(下册),人民出版社 1983 年版,第9 页。
③ 同上。
④ 马克思研究经济规律和经济关系时,先将次要的、扰乱的因素撇开,即予以舍象,这就等于将主要的、本质的因素把握住,即予以抽象。这是一个过程的两个方面。舍象和抽象是相对的。下面引文中所用的抽象指的其实是舍象。我怀疑是翻译上的问题。

主义社会与此不同,当然,这里发生的事情也有因果性,但它被人们所认识,并通过他们有组织的集体意志表现出来,这就是前面提到的已被认识的必然性即自由王国;过渡时期就是自发的规律转变为已经被认识了的和自觉运用规律的时期;这种转变表现在计划性的增长上,反映在自发的调节者被自觉的调节者,即被无产阶级国家(从某一时期起,它失去自己的阶级性,也就是自我否定为不再是国家的国家)的经济政策所代替的过程上;因此,如果"抽象掉无产阶级国家的经济政策,这就意味着在规律的历史特征之外,在'自发的东西'转变为'自觉的东西'之外,来把握过渡时期的规律"①;结论自然是揭示社会主义经济规律不能舍象掉经济政策。

普列奥布拉任斯基的意见和布哈林相反。他认为布哈林的意见,在经济理论上不能从庸俗经济学的泥坑中摆脱出来,在科学地研究社会主义经济方面不能迈出真正前进的一步。他指出,马克思揭示资本主义经济规律时,是舍象掉国家及其职能的;"在我们这里国家领导着社会主义经济成分,它同这种经济成分是不可分的,这只不过是证明,对于抽象来说,在这里比在资本主义条件下有更大的困难,但这绝不是说反对在一定的研究阶段上有必要把经济同政治分开"。②

对此,布哈林坚决反对。他认为它的错误根源是没有看到,在无产阶级专政条件下,经济基础和上层建筑、经济和政治之关系的特点。他指出马克思所分析的古典资本主义,经营的主体不直接包括在国家的政权机关中,国家不是生产关系的组成部分,研究生产关系是经济理论的事。金融资本主义开始有所不同,它包含着合理因素的一定增长,"经济理论也不能抽象掉这些因素。假如关于金融资本的经济理论抽象掉例如垄断价格、倾销、资本输出等政策,那大概是奇妙无比的理论。当然,这里的任务是要为这一政策确立客观的界限,寻找它的经济制约性等等。但是,这绝不意味着要抽象掉这些因素"。③ 他进一步指出社会主义的上层建筑的特点,这就是:"我们的

---

① 布哈林:《论过渡时期的规律性问题》,载《布哈林文选》(中册),人民出版社 1983 年版,第 81 页。

② 普列奥布拉任斯基:《新经济学》。转引自《布哈林文选》(中册),人民出版社 1983 年版,第 82 页。

③ 布哈林:《论过渡时期的规律性问题》,载《布哈林文选》(中册),人民出版社 1983 年版,第 84 页。

托拉斯和辛迪加是包括在国家机关总和之中的"，因此，"我们的国家经济机构，是苏维埃社会生产关系的组成部分"①，"就是说，社会主义政治包含着经济。与此相关联的就是工人阶级在生产过程中起着领导作用"，这"首先具体表现在无产阶级对工业的管理上，无产阶级对国家的全部经济生活的领导上"。因此，"撇开它们，抽象掉他们，意味着撇开'新经济'的基本特征，这种抽象，事实上正是意味着离开马克思主义的立场"。因为"抽象掉什么都可以，但是抽象掉主要的、决定历史上生产类型内容的东西，是马克思主义所不允许的"。②

根据这样的方法论，布哈林的结论是："无产阶级专政以及同它相适应的生产关系，是共产主义社会的萌芽。国家的计划机构、调节机构、管理机构，是共产主义'对物的管理'的萌芽。无产阶级国家执行经济职能时（经济政策）是合理的因素，是集体经营的主体。撇开它，把它'抽象掉'，从而你也就抽象掉计划，抽象掉自发规律向被认识了的规律的转化，抽象掉政治经济学向科学（普列奥布拉任斯基同志把它叫作'社会工艺学'）的转化。"③

我认为，他在这里提出一个极其重要的方法论问题。几十年来，创建中的社会主义政治经济学（与布哈林认为不存在相反）之所以经常变化，很难形成科学体系，就是由于没有处理好经济规律和经济政策之间的关系，或者不如说，把经济政策本身当作经济规律，以致政策一变，就前后矛盾。

我认为，布哈林是能自圆其说的。因为他以商品生产不存在，实行计划经济为前提来谈方法论。这样，确实无法从不存在的现象变化中揭示其中的规律，例如不能从市场价格变动中揭示价值规律。在这里，一切都可以从布哈林一再强调的"劳动消耗规律"来说明，而使这个规律变成被认识的规律，就要运用各种应用科学，这种认识的结果就表现为经济计划。但是，社会主义事实上是存在商品生产的，经济规律的自发作用仍存在。在这个条件下，这种方法论就成问题了。

即使实行的是计划经济，布哈林的方法论中有些问题仍要解决，这是他

①　布哈林：《论过渡时期的规律性问题》，载《布哈林文选》（中册），人民出版社 1983 年版，第84 页。布哈林论述资本主义社会的国家资本主义托拉斯时，也认为是国家政权同时也是基础。

②　同上书，第 85 页。

③　同上书，第 86 页。

多少也看到的。这就是:(1)如何为经济"政策确立客观的界限,寻找它的经济制约性"①;(2)"在一定的分析阶段上,抽象掉该时期纯粹政治局势波动所引起的特殊政治影响,是完全可以允许的"。② 我就计划经济必然存在的国民收入如何划分为积累基金和消费基金的问题提出疑问。确定这两者的比例有客观的界限,它们之间有经济制约性,政策是确定的结果,而不是前提,就是说,要"抽象掉"政策。战争这种特殊的政治会使个人消费基金在国民收入中占的比重下降,将其"抽象掉"当然正确。但是一般的政治影响也会有此作用,这和战争的作用只有量的不同,是否也要将其"抽象掉"? 如果是肯定的,那是时刻都有的。这就等于说,即使在计划经济条件下,揭示经济规律不能完全排斥将经济政策予以舍象。

不管怎样,布哈林提出的社会主义上层建筑和工人阶级的经济作用值得重视。下面将看到,正是从这里出发,他看到在社会主义条件下,与资本主义相同的经济现象有不同的本质。

第五节　与资本主义相同的现象有不同的本质

布哈林严肃地提出,从过渡时期开始,马克思"用于资本主义社会的那些方法论上的方法和'思维范畴'是否适用"③的问题。他的回答是否定的,重要原因是"资本主义生产由于自然过程的必然性已走向对自身的否定"。④

他除了指出商品、价值、货币、价格、工资和利润这些范畴不再存在外,还特别对资本主义和社会主义条件下的国有化、社会化以及公营经济,对这些苏联经济学家都称为国家资本主义经济的范畴进行深刻的分析。他从方法论上指出:在不同的经济制度下,"形式上相似的现象在职能上的对立,在这里整个地取决于组织体系在职能上的对立,取决于组织体系的对立的阶

---

① 布哈林:《论过渡时期的规律性问题》,载《布哈林文选》(中册),人民出版社 1983 年版,第84 页。

② 同上书,第 87 页。

③ 布哈林:《过渡时期经济学》,余大章、郑异凡译,生活·读书·新知三联书店 1981 年版,第105 页。

④ 同上书,第 106 页。

级特征"。① 因此，"非常清楚，'一般'国家化（民族化）掩盖着由国家本身的阶级特征所决定的全然不同的物质阶级内容"，必须把不同的民族化区分开来，"资产阶级民族化导致国家资本主义体系。无产阶级民族化导致国家社会主义形态"。②

接着，他又指出，国家资本主义体系的阶级本质是：经济主体是资本主义国家集合的、集体的资本家，因此，它是"一小撮寡头剥削群众一切手段中最为完善的形式"。③ 国家资本主义的本质既然如此，"所以在无产阶级专政下显然谈不上任何'国家资本主义'，无产阶级专政是在原则上就排除这种可能性的"。④ 总之，无产阶级政权的国有化和公营经济是不能称为国家资本主义的。

在他看来，这可称为国家社会主义，它是"国家资本主义的辩证否定和对立"。⑤ 它首先是社会主义，之所以再冠以"国家"一词，是因为在完全的社会主义条件下，阶级对抗消灭了，国家已开始消亡，这样的社会主义就不是国家社会主义，与由政权经营的经济有所不同。

他曾经设想，在"无产阶级国家存在之初，在'剥夺剥夺者'以前要调节资本主义托拉斯的活动，'合理地'准备这种剥夺，以便保持所有'机构'的完整，在这种情况下，'一般'说来"⑥是可以提出国家资本主义的形式的。⑦ 但是，他进一步认为，"如果这种体系是可能的，那么这不会是资本主义的，因为后者是以资本主义国家的存在为前提的。这不会是资本主义制度的最高表现，而是革命发展中的某种过渡阶段。但这种形式是不可能的，因为允许有这种形式是建立在非常流行的幻想之上的——似乎无产阶级能够'掌握'全部资本主义机构，又不能动其资本主义贞操，而资本家老爷们也能够甘心情愿地服从无产阶级政权的一切命令"。⑧

---

① 布哈林：《过渡时期经济学》，余大章、郑异凡译，生活·读书·新知三联书店1981年版，第93页。
② 同上书，第95页。
③ 同上书，第92页。
④ 同上书，第91页。
⑤ 同上。
⑥ 同上。
⑦ 同上。
⑧ 我国将私人资本主义改造的各种形式，如统购统销、加工订货、公私合营等，称为国家资本主义。

我认为，布哈林对国家社会主义的分析是正确的；对无产阶级政权下可以有国家资本主义形式的设想也是正确的；后来，他以资本家老爷不服从无产阶级政权为由否定这种设想，则是错误的。在这个问题上，不管他自觉与否，他受到俄国实际情况的限制，未能根据较多国家的情况，抽象出过渡时期的一般理论，虽然这是历史条件对他的限制。

俄国在实行新经济政策时，出现了一些租让和租借的经济形式，俄共称之为国家资本主义。对此，布哈林严肃地指出："我个人认为这个名称是不正确的。但是，因为问题不在于名称，而在于'事实的实质'"；接着，他又指出实质的不同："在本义的国家资本主义下，全部剩余价值归资产阶级国家所有，即归资产阶级所有。而在我国的'国家资本主义'（租让、租借等等）下，剩余价值却直接分为两部分：一部分作为利润进入资本家的口袋；另一部分采取提成或租金的形式，交给我们的国家，即落入无产阶级之手。"①这个分析是完全正确的。

综上所述，布哈林关于社会主义经济和政治之关系的论述，是社会主义经济方法论的核心问题。论述中有正确之处，也有错误之点，两者都具有深刻性。错误的根源，是受苏联计划经济模式和具体历史情况的限制，尽管他想突破狭隘的实际限制，概括出一般理论来。但从认识论上说，个人的认识无法完全突破这种限制，任何人都是这样。认识这些，对于完善创立中的社会主义政治经济学是十分重要的。

---

① 布哈林：《经济政策中的新方针》，载《布哈林文选》（上册），人民出版社 1983 年版，第 34—35 页。

第六章 社会主义经济理论

第一节 概述

　　这里论述的经济理论,并不是布哈林对宣布已建成社会主义后的苏联经济实践的理论概括,而是我根据他对资本主义经济尤其是垄断资本主义经济的矛盾的分析,所得出的社会主义必然代替资本主义的结论,其中包括垄断资本中的自觉经济过程和计划生产如何被社会主义所扬弃的论述,以及他对过渡时期经济分析时所得出的它如何发展为社会主义经济的结论,即根据所有这些论述综合出来的理论。之所以这样,是由于众所周知的原因,布哈林不可能对宣布为建成社会主义的苏联经济进行理论研究,或者虽有研究,其成果也未见公之于世。我这样做,多少也是符合布哈林的思想的,因为他说过写过渡时期的一般理论,并不是写俄国经济史;根据这一点,我论述他对社会主义经济的逻辑分析,尽管这种分析不是和不可能是以俄国经济史为对象的,这种分析仍然是他思想上的社会主义经济理论。但是,正如他对过渡时期经济理论的研究,不能不受到俄国狭隘实践的限制一样;他对社会主义经济的逻辑分析,事实上也受到俄国狭隘实践即俄国历史的限制。这就是说,俄国是在经济落后的历史遗产的基础上建设社会主义的,这不能不对他的研究发生很大的影响。

　　由于这样,布哈林虽然极目远眺,在努力描绘社会主义世界经济的前景时,探讨各国如何分别从落后的和发达的社会主义发展为完全的社会主义,但是他论述得较多的只能是落后的社会主义。经过综合,我将他的社会主义经济理论分为以下 7 个问题:(1)社会主义的两种类型:发达的和落后的社会主义。(2)所谓无产阶级专政蜕变的问题。这个问题同落后的社会主义有关,因为按照托洛茨基的说法,如果不进行无产阶级世界革命,一个落后国家的无产阶级政权必然蜕化。(3)工人阶级本身的改造。这同落后的社会主义有关。(4)经济比例、阶级对比和工农联盟。在落后的社会主义国家,这个问题特别重要。(5)以农民市场为基础的计划经济。这是落后国过渡时期计划生产的扩大。(6)经济危机问题。(7)完全的社会主义和社会主义世界经济。

第二节　发达的和落后的社会主义

布哈林将社会主义区分为两种类型:发达的社会主义和落后的社会主义。这种区分是以资本主义经济发展不平衡这一理论为前提的。因为向社会主义的发展是在工人阶级取得政权以后开始的,而工人阶级得到的是资本主义制度留给它的遗产。这种遗产在各国是不同的。这种不同,根据他的论述,可以简括如下:"美国的资本主义具有突出的垄断资本主义的特点,与本国的强大组织(托拉斯)结合在一起的银行在其中占统治地位。""法国的资本主义主要是一种国内工业不甚发达的、高利贷类型的资本主义,这种资本主义把钱借给其他国家,剥削那些国家,这种资本主义的特点是国内的生产活动非常之少,在它的怀抱中小农经济还有栖身之所,可是,例如在英国的资本主义体系中,这种资本主义已经完全把自由农民的经济吞噬了,已经把世界掠夺者的特点同大力发展本国工业的活动结合起来了"。"可怕的、半农奴制的野蛮状态和可怕的总的经济落后,同西欧资本主义所达到的最先进的形式的这种结合,就构成俄国资本主义的显著的特点。"[①]

就建设社会主义来说,这些遗产的不同可以归结为农民经济在国民经济中所占的比重和地位的不同。比重大和地位重要的,将建成落后的社会主义,其特点是农业合作社具有非常重大的意义,与此相关的其他问题,除可从前述过渡时期经济理论中了解外,留得下面分析。比重小和地位无关

---

① 布哈林:《到社会主义之路和工农联盟》,载《布哈林文选》(上册),人民出版社 1983 年版,第474、475 页。

紧要的,将建成发达的社会主义,其特点表面看来似乎是农业合作社毫不重要。但布哈林的认识没有停留在这里。作为一个理论家,他当然考虑他论述过的世界经济理论,尤其是其中的以国家资本主义托拉斯理论为轴心的工业国和殖民地的经济关系的理论,他要将发达社会主义理论和这些理论有机地结合起来,构成一种理论体系。

在论述了落后的社会主义后,他指出:"在其他一些国家中(如果不论殖民地的话),例如在英国,农民经济的作用非常微小,在那里,国民经济的组织形式必然会是另外一些形式,而且发展的进程会比我们的速度快得多。相反地,如果我们研究一下西欧无产阶级将要面临的对于过去的殖民地(在那里有大批农民居民)的任务,那么,那里的许多任务和许多经济形式,将与我们正在解决的一些问题和任务相类似,将与我们的建设中采用的一些经济生活的组织形式相类似。"①这种看法,我认为在布哈林的理论体系中占有重要的地位。它将发达国家建设社会主义分为两个方面:一方面,撇开殖民地来看,它们建设的发达社会主义,将不同于落后的社会主义;另一方面,结合殖民地来看,它们和殖民地一起建设的社会主义,将与落后的社会主义相同,换句话说,从世界范围看,只有一种社会主义,这就没有发达和落后之分了。

在布哈林看来,拥有殖民地的发达国家建设社会主义,是不能撇开殖民地的。我们知道,在马克思主义历史中,恩格斯首先谈到无产阶级革命时,资本主义宗主国和奴役土著的殖民地之间的经济联系问题。他说,无产阶级革命时,"那些被征服的土著人居住的土地——印度、阿尔及利亚以及荷兰、葡萄牙、西班牙的领地,无产阶级不得不暂时接受过来,并尽快地引导它们走向独立。这一过程究竟怎样展开,还很难说"。"我们在自己家里将有足够的工作要做。只要欧洲和北美一实行改造,就会产生巨大的力量和做出极好的榜样,使各个半文明国家自动地跟着我们走,单是经济上的需要就会促成这一点。至于这些国家要经过哪些社会和政治发展阶段才能同样达到社会主义的组织,我认为我们只能作出一种相当空泛的假设。"②布哈林在

① 布哈林:《到社会主义之路和工农联盟》,载《布哈林文选》(上册),人民出版社1983年版,第475页。

② 《马克思恩格斯全集》(第三十五卷),人民出版社1971年版,第353页。

垄断资本主义条件下对这个假设予以充实。

我们记得,他认为宗主国的垄断资本要从殖民地取得额外利润,国家资本主义托拉斯要将农业国加以合并,组成自给自足的经济有机体,这样一来,殖民地作为农业生产部门就同作为工业生产部门的宗主国在再生产上联系起来。无产阶级革命涉及两者。由于经济上的需要,两者要联结起来走向社会主义。因此,他从前论述的落后的社会主义的种种组织形式将在这里出现。

这同他反对托洛茨基时所持的观点是一致的。后者认为无产阶级在落后国只占少数,一国革命不能胜利,只有在无产阶级世界革命时才可能胜利。他指出,按此看法,英国无产阶级胜利时,必然要同印度打交道;法国无产阶级胜利时,必然要同非洲打交道。如果印度和非洲的农民和英、法的工人的比例,与一个落后国家内部农民和工人的比例相同,将问题放在世界范围内来看,无产阶级世界革命也不可能胜利。这时,就只能静待农民无产阶级化后才能进行革命了。

总之,布哈林的发达的社会主义理论,在他的理论体系中是一个环节。

第三节　所谓的无产阶级专政蜕变问题

无产阶级专政蜕变问题,是那些认为在农业国一国的无产阶级革命不可能胜利的人提出来的。按照他们的看法,不分过渡时期和建成社会主义,只要农民占多数和工人文化水平太低,无产阶级专政总会蜕变,社会主义终归失败。布哈林反对这种看法。但在论述这个问题之前,先要谈一谈他对建成社会主义后的无产阶级专政的看法。

他认为,从过渡时期到建成社会主义,社会主义公有制和个体私有制以及资本主义私有制之间的矛盾解决了,过渡时期三个基本阶级中的资产阶级消灭了,个体劳动者主要是个体农民变成集体农民,同无产阶级构成社会主义社会的两个基本阶级。由于剥削阶级消灭了,无产阶级专政和国家政权,从对剥削阶级专政这一点来看已不存在。但是由于,第一,在一国中建设社会主义,国外仍有剥削阶级,它妄图颠覆社会主义,无产阶级专政和国家政权仍然需要存在;第二,自觉经济过程已占统治地位,被认识了的经济规律表现为经济政策和经济计划,制订政策和计划比什么时候都更为重要,这需要一个社会机构,它执行的本来是社会职能,而不是阶级职能,但在无产阶级专政和国家政权存在的条件下,这种职能也由专政和政权来担任。从这一点看,布哈林认为,社会主义也存在无产阶级专政。

按照托洛茨基的观点,在一个农民国家里进行无产阶级革命,无产阶级专政或者同农民冲突而垮台,或者被富农淹没而蜕变,这两者都使社会主义失败。布哈林反对这种观点,他明确地指出,认为"由于我国技术经济的落后性,由于我国的农民太多,我们不可避免地在这整个和平时期内必定在蜕化的中心线上运动",这种看法是"对我们的国营企业的社会主义性质,对我们专政的社会主义性质,对我国经济发展进程的社会主义性质和我们国家的进程的社会主义性质"表示怀疑,因为"如果我们由于我国国内阶级力量的配合而对关于建成社会主义的可能性问题给予否定的回答,那么,我国生产力的发展就必定同它这样的发展是一样的,这种发展在或多或少的程度上使资本主义因素占优势",这样一来,"这种性质将肯定无疑地把重心转到农民方面而反对工人阶级"。如果情况确实是这样,就可以走上讲坛宣布:"在上层我们正在变成脱离工人群众的官僚,而我们国家机关的下层则处于被富农分子淹没的状态之中"。[①] 布哈林在正面回答问题时说,既然具有建设社会主义的最低限度的物质前提,就没有理由怀疑"我们经济中的社会主义成分一年比一年取得优势,我们经济中的公有成分比资本主义成分发展得更快……我们的力量将一年比一年取得优势",这样,人们就"完全不明白,从国内怎么会产生使今后的社会主义建设成为不可能的力量"。[②]

应该说,上述争论是针对过渡时期经济发展情况的,即使布哈林没有来得及指出社会主义经济的完全胜利,但发展的规律确实是这样。因此,争论中的富农淹没无产阶级专政问题,在理论上已不存在。但是,无产阶级专政官僚化问题,即使过渡时期结束了,还存在着。

波格丹诺夫强调无产阶级专政蜕变中的官僚化问题。他认为一个农民

---

① 布哈林:《论我国革命的性质以及在苏联胜利进行社会主义建设的可能性》,载《布哈林文选》(中册),人民出版社 1983 年版,第 169、170 页。

② 同上书,第 171—172 页。

国家中的工人，文化水平太低，无法参加经济管理和政治事务，执行这些职能的人并不是工人，而是技术知识分子官僚和"组织者"。持有同样观点的人认为，当时在苏联建设的并不是社会主义，或者社会主义总归要失败；这就是考茨基的"土耳其斯坦社会主义"论、希法亭的"布哈拉的毛拉社会主义"论，以及李伯尔的"在愚人城里在一条街上建设社会主义"论，等等。对于这些在俏皮话中包含的对社会主义事业的嘲笑，布哈林严正地指出："应该使真正的革命者感到厌恶"，是妄图使革命者"在困难的时刻擅离岗位"。① 接着，他又全面地论述了如何解决无产阶级专政的官僚化问题，这就是工人阶级本性的改造和社会主义文化建设问题。

第四节　工人阶级本性的改造和文化建设

布哈林指出，所有"这些用来反对胜利的共产主义的指责，所有这些'文化论据'是多么可笑，多么可怜，多么愚蠢！"②因为不是别人，正是列宁尖锐地、深刻地指出这个问题。布哈林摘录了列宁在俄共第八次代表大会上关于党纲的讲话，其中说："我们清楚地知道，这种文化落后性怎样贬低了苏维埃政权并使官僚主义复活。苏维埃机构在口头上是全体劳动者都参加的，而实际上远不是他们全体都参加的。这根本不是法律妨碍这一点，如在资产阶级时代那样，恰恰相反，我们的法律还促进这一点。但只有法律是不够的。必须有广大的教育工作，这不能用法律迅速办到，这需要进行长期的巨大的努力。"③

接着，他又摘录了列宁关于如何完成这个任务的论述。列宁说："从前我们是把重心放在而且也应该放在政治斗争、革命、夺取政权等方面，而现在重心改变了，转到和平组织'文化'工作上面去了。假如不是因为国际关

---

① 布哈林：《论我国革命的性质以及在苏联胜利进行社会主义建设的可能性》，载《布哈林文选》（中册），人民出版社 1983 年版，第 172 页。

② 布哈林：《列宁主义和文化革命问题》，载《布哈林文选》（中册），人民出版社 1983 年版，第 246 页。

③ 《列宁选集》（第三卷），人民出版社 1972 年版，第 784—785 页。

系,我们是应当把重心转移到文化建设方面的。如果把国际关系撇开不谈,只就国内经济关系来说,那么我们现在的工作重心的确是转向文化建设了。"①对此,布哈林解释说,无产阶级专政的发展过程,可以从两个方面来考察,即从社会主义经济增长方面和从工人阶级本性改变方面来考察。换句话说,"我们可以从群众的改造、他们本性的改变和首先是从无产阶级本身的改造的观点去考察这整个巨大的世界历史过程"。②

最后,他摘录了列宁关于两个划时代的任务的论述,并指出和解释其中不易理解的地方。列宁说:"我们面前摆着两个划时代的任务。第一个任务就是改造我们原封不动地从旧时代接受下来的简直毫无用处的国家机关……第二个任务就是在农民中进行文化工作。这种在农民中进行的文化工作,其经济目的就是合作化。"③对此,布哈林指出:"在列宁同志的这整个方针中工人阶级被放到哪儿去了"?怎样解释这一点呢?他认为:"当列宁同志说到改造我们的国家机关时,他是把这一问题同提高工人阶级本身文化的问题紧密联系在一起的。因为苏联的国家机关实际上是什么呢?这是国家政权的骨架。而什么是我们的国家政权呢?用马克思的话来说,这是'组织为国家政权的工人阶级'。在我们这里,国家是工人阶级的最广泛的组织。因此,改造国家机关这一列宁同志确定为时代的任务,是我们在工人阶级中间进行工作的一个——也是最重要的——方面。应当按照什么路线来改造我们的国家机关呢?按照同官僚主义斗争的路线,教育工人的路线,教给工人群众管理艺术的路线。改造国家机关,这在很大程度上乃是文化问题。"④

为了文化建设,布哈林重申了列宁关于要尽可能汲取资本主义文化的论述。列宁说,群众把资本主义摧毁了,"但仅靠摧毁资本主义,还不能饱肚子:必须取得资本主义遗留下来的全部文化,用它来建设社会主义。必须取得全部科学、技术、知识和艺术。没有这些,我们就不能建设社会主义社会的生

① 《列宁选集》(第四卷),人民出版社1972年版,第687页。
② 布哈林:《列宁主义和文化革命问题》,载《布哈林文选》(中册),人民出版社1983年版,第247页。
③ 《列宁选集》(第四卷),人民出版社1972年版,第687页。
④ 布哈林:《列宁主义和文化革命问题》,载《布哈林文选》(中册),人民出版社1983年版,第248—249页。

活。而这些科学、技术、艺术却在专家们的手中,在他们的头脑里"。① 对此,布哈林指出,那时,很大一部分工人,并且还有共产党党员不懂得这种必要性,因此,特别需要有列宁这样铁的意志和铁的逻辑,才不至于让"左的词句"断送正确的革命政策和革命的事业,而通过极端复杂曲折的历史道路把无产阶级引出有巨大危险的迷宫。

当然,布哈林也指出,不能把"资产阶级文化完整地、不加触动地简单地搬到我们这儿来"。"列宁多次说过,应当借用有益于无产阶级的东西,坚决摒弃一切有害的东西。他对待宗教、哲学唯心主义、资产阶级社会科学等等的态度是众所周知的。他多次抨击那些满脑袋资产阶级传统的人。"②

总之,布哈林认为,"如果我们闭关自守,如果我们使工人阶级脱离群众,或者使阶级的一部分脱离整个阶级,或者使无产阶级的某个小集团脱离其社会脐带,那我们就会犯一个不可原谅的大错误。问题不在于立即把所有科学颠倒过来,问题在于瞄准识字和文化的最基本的敌人,以最快的速度摧毁之,把这些任务放在首位,把我党的全部注意力集中到这上面来"。③

第五节　经济比例、阶级对比和工农联盟

布哈林是在谈论过渡时期经济,尤其是针对俄国这个农民占多数的国家谈论这些问题的,因此,从内容看,它当然包含着过渡时期所特有的问题,即富农问题,以及他认为过渡时期所特有的问题,即市场问题,但从方法论看,如果将富农问题去掉而代之以集体农民,将市场问题不仅看成自发交换并且也是计划交换的问题,布哈林在其中提到的关系问题,显然也是适用于落后的社会主义的。

问题是苏联过渡时期发生的粮食收购困难引起的。布哈林说:这要从理论问题谈起,"这个问题一方面是关于我国经济中的生产和市场的比例问

---

① 《列宁全集》(第二十九卷),人民出版社 1956 年版,第 50 页。
② 布哈林:《列宁主义和文化革命问题》,载《布哈林文选》(中册),人民出版社 1983 年版,第251 页。
③ 同上书,第 250 页。

题,另一方面是关于我们国家的社会阶级力量问题"。① 关于粮食收购困难的原因,他认为有两种提法是不正确的。其一是:一切过错在于破坏了主要的市场比例,即工业品生产少了,农村需求扩大了,分析到此为止。其二是:问题不在于我们的工业品生产是不是能满足农村的需求,不在于我们的市场是不是出现了比例失调,而在于在我们这里,富农富了,富农在农村中的阵地增强了,同中农或者同某一部分中农抱成了团。他认为这两种看法都是片面的,因为"一种看法只看到经济形式和市场关系,但是看不到阶级;另一种看法只看到阶级和阶级斗争,但看不到市场关系和经济比例。这两种看法都是不正确的。符合实际情况的正确说法应该是:各阶级通过经济形式、通过市场、通过商品量、通过这些商品量的调节、通过对这些商品量的占有、通过生产关系以及通过市场关系展开斗争。不能把一个方面和另一个方面割裂开来,即不能把阶级和经济、把经济和阶级割裂开来"。② 应该说,他的看法是正确的。

他继续说,这样一来,关于机构即关于我们国家的计划领导的问题具有怎样的意义就十分清楚了。如果我们的计划领导机构由于某些失算而破坏了必要的经济比例,那么,这从阶级斗争的角度来看意味着什么呢? 这意味着,造成一种可以被我们的敌人——富农、私商和一般资产阶级轻而易举地可以利用的局面,我们的坏事和损失成为阶级敌人的好事和益处。与此相反,如果我们能做到把国民经济的诸因素正确地加以平衡,使它们保持一定的均势,我们的阶级敌人在反对我们的斗争中就会被限制在相当狭窄的范围内。他们反对我们的斗争当然没有消灭,没有停止,然而是在对我们的敌人并非有利的条件下进行的。这就表明,在剥削阶级已不存在的社会主义条件下,有计划地平衡经济,是调节不同的劳动阶级之间的关系的基础。

布哈林对当时苏联为解决粮食收购困难提出的方法的分析,对社会主义经济具有方法论的意义。大家都了解,困难的解决在于使经济归于平衡。但是,他深刻地指出,"如果把平衡各个经济因素的任务看成数学任务,那么,可以按照不同的方法平衡"。③ 既然不平衡在于工业品生产少了,农村需

---

① 布哈林:《粮食收购工作和沙赫特事件的教训与党的任务》,载《布哈林文选》(中册),人民出版社 1983 年版,第 210 页。
② 同上书,第 211 页。
③ 同上书,第 227 页。

求扩大了,那么,按照单纯的数学观点,可以削减工人的消费基金,即提高粮食价格,使工人用于购买粮食的支出增加,用于购买工业消费品的支出减少,压出一部分工业品来满足农村的需要;也可以提高工业品的价格,既减少工人也减少农民对工业品的需求。这两种方法都可以使各经济因素达到平衡,但显然没有考虑阶级关系或阶级对比。第一种方法,"削弱工人阶级的阵地,因为工人阶级……在以工资形式取得的直接的物资数量方面遭到削减;与此同时却增强我们农村中最富裕的阶层的经济实力"。① 第二种方法,使工人阶级、贫农、中农陷于困难境地,并毁掉促进工业降低成本等的动力。他认为,正确的方法应该是扩大工业品的供应,包括工业生产的消费品和农用生产资料,努力提高劳动生产率以促使工、农业生产发展。在这种条件下达到的经济平衡,才是有利于工、农两大劳动阶级的团结和联盟的。

布哈林论述的原理,有些是适合于建成社会主义后的工农联盟的。这个联盟在战胜资本家、地主和富农方面所起的重要作用,即政治上的重要性,不必谈了,现在只从经济上谈问题。布哈林指出,工农联盟的基础在于:工人阶级和农民的根本利益,"表现在根本上互相依靠的工业和农业必须相互帮助。正如我们已经讲过的那样,我们的工业首先是为农民的市场而进行生产的"。因此,"农民的有支付能力的需求愈大,我们的工业就发展得愈快"。同样,"没有城市工业的发展,农民经济的发展也是不可设想的",因为"农业要发展,就必须获得它自己不生产的、要由我国的各工业部门提供的种种产品"。② 这个问题,下面还要论述。布哈林进一步指出,工农之间也有经济利益上的矛盾。首先,"农民出卖粮食而工人购买粮食。出卖粮食的农民但愿价格高些,购买粮食的工人但愿价格低些。在实际生活中确实存在这种矛盾"。③ 其次,"问题涉及国营工业的产品,则组成为国家政权的工人阶级以卖主的身份出现,而农民以买主的身份出现。……买主想要按尽可

---

① 布哈林:《粮食收购工作和沙赫特事件的教训与党的任务》,载《布哈林文选》(中册),人民出版社1983年版,第228页。

② 布哈林:《到社会主义之路和工农联盟》,载《布哈林文选》(上册),人民出版社1983年版,第422—423页。

③ 同上书,第404页。

能低的价格购买商品,卖主则想要按较高的价格出售商品"。①　因此,经济愈发展,价格问题,即农产品的价格和国营工业产品的价格问题,就会成为愈为重要的问题。所以,应当看到,"在这里,工人阶级和农民之间存在着直接的利益的矛盾。这个矛盾必然造成我国两个基本劳动阶级之间的摩擦,这些摩擦是对工农同盟的某种危险"。②

要解决这个问题,布哈林认为最重要的是要"不断地提高国民总收入,不断地增加我国每年生产的商品的数量和价值,也就是说,增加国民收入、整个社会的总收入";因为只有这样,"工人阶级和农民就能每年分得一个越来越大的价值额,这两个阶级的物质状况就会迅速改善"。③　关于价格问题,他不同意抬高工业品价格,以便工业多积累和提高工人工资的做法,也不同意抬高农产品价格的做法,认为这是近视的行为,说到底对工业和农业的发展是不利的。但作为一种发展趋势,他认为"工人阶级从自己的切身利益的观点来看,必须竭尽全力尽快地搞好自己的生产,尽可能廉价地生产国营工业的产品,并且尽可能廉价地出售这些产品,一方面,从日益增多的大量出售的产品中得到好处,另一方面,保证整个国民经济每年都越来越扩大"。④　换句话说,在他看来,解决价格问题的关键,在于逐步降低工业品的价格。

应该说,这是正确的。因为在垄断资本主义条件下,从事实看,工业品是以高于生产价格的垄断价格出售的,农产品则相反,这种历史上遗留下来的价格差,直到建成社会主义后仍要解决。但是布哈林不能从理论上谈问题,因为正如我们一再说明的,他不认为垄断利润是这样产生的。因此,他只谈政策,不谈制订政策的理论。总之,他有健全的逻辑本能。

第六节　计划经济和制订经济计划的原则

前面论述的布哈林的有关理论集中地表明,他认为社会主义是计划经

---

① 布哈林:《到社会主义之路和工农联盟》,载《布哈林文选》(上册),人民出版社1983年版,第421页。
② 同上书,第421—422页。
③ 同上书,第424页。
④ 同上书,第425页。

济,而不是商品经济。他说:"社会主义意味着社会生活合理化的强大趋势,首先是它的经济基础合理化的强大趋势。"①我们知道,他是将商品和自发的经济过程相联系的,这样一来,社会生活的合理化就使计划经济取代商品经济。

对于那种认为社会主义仍然存在商品生产和商品交换的观点,布哈林是不同意的。他说:"有一种理论认为经济过程是永远二元论的,在那里,理性因素(计划)和非理性因素(经济自发性)之间的矛盾是任何一个社会所固有的原则,提出这种理论的反社会主义的挑战,按其实质来说是亚当·斯密的幼稚教条,根据这个教条,商品交换是永恒的范畴,而向往交换是人的'灵魂'的基本特性之一。对于依附在资本主义生产关系外壳上的蜗牛来说,这似乎是'公理'。但是,工人阶级的革命粉碎了这个外壳,同时也粉碎了这一'公理'。"②其实,按照布哈林的理论,商品既然只与经济自发性有关,和所有制形成并无必然的联系,那么,在垄断资本主义经济内,尽管资本主义生产关系外壳尚未粉碎,但由于自觉因素的产生,商品已开始消灭。

他进一步论述了社会主义自觉因素或理性因素和计划经济的关系。他说:社会主义的社会关系,"首先是生产的社会关系的这种合理化是与18世纪的唯理主义毫无共同之处的。无产阶级经济政策的合理因素即计划原则本身是依靠精确的科学分析的。对于马克思主义来说,自由是被认识了的必然性,而不是人类智慧的随意反映。经济计划不是数字的堆积,不是'一般的'数字的理想结合,而是精确地估计现实相互关系的结果,是在具备实行计划的物质基础(国家集中掌握生产资料)的条件下科学地分析这些相互关系的结果"。③

由于这样,计划经济就要建立在科学工作的基础上。他说:"计划就是科学工作的结果。……经济政策即使从这个角度来看也必然地贯穿着科学精神,而科学则变成为社会改造的巨大杠杆。作为计划作用的对象的'经济整体'的规模本身说明,使社会主义建设过程得以运行的科学领域是如此丰

---

① 布哈林:《论我国革命的性质以及在苏联胜利进行社会主义建设的可能性》,载《布哈林文选》(中册),人民出版社1983年版,第127页。

② 同上书,第128页。

③ 同上书,第127—128页。

富多彩,而这些科学领域反过来又使社会主义建设富有成效。……联合起来的和社会地组织起来的社会主义建设的巨大规模将产生……更为巨大的包括一切的知识领域,从地质学、力学到医学、心理学和病原学等的科学机构和研究所网。"①

布哈林认为,由众多的应用科学工作的结果构成的经济计划,其制订要遵守一个原则,即在工业和农业两大物质生产部门中,工业生产的规模要取决于农业生产的规模,具体点说,取决于农业对工业生产的农用生产资料,以及农民对工业生产的个人消费品的需求。在适应农业这些需求的基础上,才产生工业生产内部的需求,以及适应工农业产品流通的交通运输的需求。布哈林说,"社会主义工业是由农民需求的数量变化和质量变化来决定的。那么,什么是农民的需求呢? 农民经济的需求有两种:一种是对消费的需求,即对纺织品、印花布等等的需求;另一种是生产的需求,即对农具和各种生产资料的需求"。②

农民对生产的需求由什么决定呢? 由农业生产上耗费的生产资料中由工业生产的那一部分决定,随着农业的现代化,这部分将增大。农民对消费的需求由什么决定呢? 布哈林认为它"取决于农民经济发展的状况和速度"。③ 这是正确的,但它没有进一步论述。

原理应该是这样:首先,要根据英国经济学家詹姆斯·斯图亚特提出的"自由的手"的理论,作为对社会总劳动力进行劳动分工的基础。这就是撇开对外贸易不谈(如不撇开,那就以整个世界为对象),总劳动力中有多少人可以不从事农业劳动,要取决于直接农业劳动者和为农业制造生产资料的工业劳动者的劳动(这两者可以合起来称为广义农业),合起来能提供多少剩余的农业消费品,即取决于农业的劳动生产率。这些可以不从事农业劳动的劳动力是"自由的手",它们可以分别从事工业消费品、为工业制造生产资料、交通运输、商业金融(在布哈林看来,这已不存在),以及其他各种劳

---

① 布哈林:《论我国革命的性质以及在苏联胜利进行社会主义建设的可能性》,载《布哈林文选》(中册),人民出版社1983年版,第128页。

② 布哈林:《论新经济政策和我们的任务》,载《布哈林文选》(上册),人民出版社1983年版,第366页。

③ 同上。

动,它们之间要有一定的比例关系。其中最重要的是,上述剩余的农业消费品,是直接决定工业消费品、间接决定为工业制造生产资料的规模的重要因素之一。其次,在上述劳动分工条件下,要根据马克思的社会再生产实现条件的原理,不从工农业生产的角度,而从再生产的角度,将社会生产分成两大类,每一部类内部和两大部类之间,要有一定的比例。第三,进行扩大再生产,上述两者都要有计划地加以变动,这里无法细述。这个原理同样适用于无政府状态下的社会化大生产,只不过这些关系要由自发的经济规律(如价值规律)来调节。

布哈林特别强调国内市场对建成社会主义后的经济计划的重要性。他说:"我们的工业首先是为农民市场而进行工作的。从前,它在发展中就依赖于农民市场,但在无产阶级专政条件下,它必然比在旧制度下在更大程度上依赖于农民市场:第一,我们正在失去国外市场,因为我们不执行沙皇制度所执行的那种掠夺政策……第二,我们……正在大大地削减我们的军事开支……因此,必须重新装备一系列工厂,使它们由生产军用品转为生产民用品,首先是农业劳动所必需的用品,即各种农具;第三,巩固无产阶级专政和加强工人阶级对农民影响的政治需要,也促使我们更加重视农民市场。"[1]这里说的是落后的社会主义的情况。

其实,从某一点看,根据布哈林的理论,强调农民市场对发达社会主义的重要同样是正确的。因为他认为,英、法发生无产阶级革命,将是发达社会主义,但它们要分别同印度、非洲打交道,那里主要是农民,英、法同它们在再生产上连在一起,这样,发达社会主义制订经济计划就要重视农民市场。直至全世界都成为社会主义,而消费品仍要由农业生产时,都将是这样。

第七节　经济危机问题

建成的社会主义是否会发生经济危机,布哈林的回答当然是否定的,因

---

① 布哈林:《到社会主义之路和工农联盟》,载《布哈林文选》(上册),人民出版社 1983 年版,第422 页。

为他认为社会主义存在的是自觉的因素,是国家资本主义托拉斯的计划经济,尽管在分配上仍然存在着阶级对抗,已不发生经济危机,因为社会主义计划经济消灭了这种对抗,就当然不存在发生经济危机的社会原因。但是,现实中的社会主义仍然存在着商品经济,它虽然不是同计划经济对立的,然而按照马克思的理论,商品运动使买和卖分裂为两个行为,只要两者不平衡,便有了经济危机的可能性,这样,社会主义是否会发生经济危机呢?我认为,根据布哈林对苏联过渡时期发生的经济危机的论述,只要将内容上涉及的过渡时期问题撇开,它就完全适用于分析社会主义的经济危机问题。前面说过,他是从生产因素之间的比例破坏来说明经济危机的,我则认为这只能说明局部危机,不能说明普遍的或全面的危机,后者的原因是生产发展和消费相对落后之间的矛盾,这在社会主义制度下是不存在的。

布哈林指出,苏联当时的"全面的经济危机"的发生,首先是由于农业和工业的再生产周期之间存在脱节现象,因为在苏联,农产品的出售时间不是在工业充分开工的时候,相反地,而是在工业刚刚发生某种季节性下降的时候。这是苏联的特殊情况。但农业生产具有季节性,这是一般情况。这就可能产生农产品出售困难,或者虽不困难但出售后却购买不到足够数量工业品的情况,这两者都意味着局部的经济危机,解决问题的方法,就是在经济计划中要有足够的货币贮备和工业品贮备。

其次,各种农产品之间的比价并不反映它们生产上的劳动消耗。具体情况是:畜产品、经济作物价格上升快,谷物价格上升慢,比价不利于谷物。与此起同样作用的是课税,谷物的征税率较高。这样一来,就发生谷物危机。

再次,个人消费基金和消费品供应之间的平衡被破坏。经济作物和畜产品价格的提高以及农民从事基建劳动,使农民的货币收入大增,其中的大部分构成对消费品的需要;城市工人的工资基金增加,也有同样的作用。于是,在消费品领域内就出现需求大于供给的矛盾。这样,在当时的苏联就出现这样的情况:在秋季,为了满足城市而停止了对农村市场供应工业消费品;在冬季,为了收购粮食,就停止了对城市供应工业消费品,而将工业品供应农村。这也是局部的经济危机。

最后,货币流通和货币积累失调。上述矛盾只是使经济危机有发生的可能性,如果能够很好地调节货币的流通量和积累量,使同样数量的纸币用作购买消费资料的和购买生产资料的数量发生变化,这个经济危机就不一定会发生,即使发生,也减少作用。布哈林关于货币这种作用的分析,值得注意。

布哈林说,农业生产的周期和工业生产的进程是不同的,农民得到货币而不能及时买到足够的工业消费品,但他们为什么不能拿着货币等待呢?其实,这也适用于工人。他明确指出,这是因为纸币还没有稳固到可以作为积累手段的地步。农民和工人只把它看作支付手段和流通手段。宁肯用来购买商品,也不愿存入银行。这就使所有农民和工人手中的代表消费基金的纸币,直接成为对消费品的需求,造成消费品供应不足。如果货币是稳定的并存入银行,一则可以减少对消费品的需求;二则可以将一部分消费基金转变为积累基金,对消费品的需求就可以有一部分变为对生产资料的需求,消费品的供求矛盾就可以缓和。

由此可以看出,布哈林认为纸币和贵金属货币不同,不能执行贮藏手段的职能,不能调节自身的流通量,要从货币方面防治危机,就要使纸币代表的价值稳定而且能储蓄。

第八节　完全的社会主义和世界社会主义经济

布哈林对社会主义—共产主义事业的胜利充满信心。在预示社会主义的发展时,他认为每一个国家都走向完全的社会主义,即完全的社会主义是一个国家建设社会主义的概念;所有国家都将先后不同地走向社会主义,直至各国融为一体,这是世界社会主义经济,即世界社会主义经济是所有地区不分国家地建设社会主义的概念。

关于完全的社会主义,他写道:"如果我们将单独地建设社会主义,即既没有资本主义国家的直接干涉,也得不到西欧无产阶级国家援助,那么我们至少要用几十年的时间才能达到完全的社会主义。这是毫无疑义的:如果有援助,我们就走得快些;没有援助,我们就走得慢些。"[1]这种完全的社会主

---

① 布哈林:《在联共(布)列宁格勒省第二十三次非常代表大会上的报告》,载《布哈林文选》(中册),人民出版社 1983 年版,第 52—53 页。

义,已经消除了由各国资本主义历史遗产所决定的特点,即已无落后的和先进的社会主义之分了。但在世界各国都成为社会主义经济,即世界社会主义经济形成前,它具有不同于世界社会主义经济的特点,最明显的就是仍保留人民武装,用以对付国外敌人。

关于世界社会主义经济,他写道:资本主义国家之间的经济联系,是"统一的世界社会主义经济的前提",就是说,同反对派所说的"各国的社会主义体系将永远是互不联系的、单独一块一块的东西"①相反,而是融合为一个整体的。这样,它在制订经济计划时,就以全世界为范围,各种资源将得到最合理的利用。

很明显,从各个国家的社会主义发展为世界社会主义经济是一个过程。当这个过程尚未结束时,还存在着以前说过的资本主义的世界经济,这时各个国家的社会主义是不是这个世界经济的有机构成部分? 布哈林的回答是否定的。以前,我谈论他的资本主义世界经济理论时这样说过;现在,结合他对社会主义的论述再谈一下。他从一国建设社会主义的角度谈问题,他说:"以世界经济为一方和以我们苏联经济为另一方⋯⋯我们也绝不是一定要毁灭的。"②这就是说,苏联的社会主义经济不是资本主义世界经济的构成部分。为什么呢? 因为这种世界经济是宗主国垄断资本主义经济和殖民地经济的有机体,其中的关系是取得和提供超额垄断利润,社会主义无论是从垄断资本主义产生的还是从殖民地产生的,都不能再保持这种关系,更不用说扩大或新建这种关系了。当然,这并不是说,一国的社会主义不同资本主义及其殖民地发生经济联系,经济联系是有的,但这种联系不构成资本主义的世界经济。

正是这样,他又论述了一国的社会主义经济的发展同资本主义世界经济之间的辩证关系。他认为,由于世界市场的关系,"一方面,我们对世界经济有越来越大的依赖性,而另一方面,——尽管听起来很离奇——我们越来越独立,通过我们同资本主义的国外联系,我们的经济基础越来越巩固。这

---

① 布哈林:《在联共(布)列宁格勒省第二十三次非常代表大会上的报告》,载《布哈林文选》(中册),人民出版社1983年版,第52页。

② 布哈林:《在共产国际执行委员会第七次扩大全会第二十次会议上的发言》,载《布哈林文选》(中册),人民出版社1983年版,第187页。

里是辩证的矛盾"。[①]

布哈林的资本主义世界经济理论，被人利用来说明在整个世界经济中的某一部分实现社会主义而不触动整个世界经济，是不可能的，因此，社会主义革命只有作为世界革命才是可能的。李伯尔就持这种看法。他说，社会主义制度将代替资本主义。资本主义造成世界经济。因此，设想在这个经济的某一部分实现社会主义而不触动整个资本主义世界经济，那是不可思议的。社会主义革命只有作为"国际革命"才是可以想象的。因此，它要求不仅在一个、两个、三个、四个、五个国家中，而且要求在大多数工业发达的国家中发生，因为不然的话，就必然会发生那些还没有做好准备实现社会主义的国家，同那些已经成熟到实现社会主义的国家之间的冲突。[②]

这个问题其实就是不可能在一个国家内进行社会主义革命的问题。对此，布哈林已作了明确的回答。在他的论述了在一个国家内完全可能建成社会主义后，这个问题就变成：这个社会主义国家是否一定要同资本主义国家发生冲突？两者的关系如何？在这个条件下，资本主义如何全部被社会主义取代？下面就谈论布哈林的有关论述。

---

① 布哈林：《在共产国际执行委员会第七次扩大全会第二十次会议上的发言》，载《布哈林文选》（中册），人民出版社 1983 年版，第 177 页。

② 同上书，第 170 页。

第七章 社会主义经济制度和世界资本主义的关系

第一节 概述

从布哈林关于有可能在一国建成社会主义和社会主义最终胜利的分析中可以看出,他并不认为资本主义各国会同时发生无产阶级革命,资本主义在全世界会同时被社会主义取代。他认为,这个取代将是一个历史过程。在理论上,他这样看;在实际上,他也看到这个过程的一段。他说:"世界革命是一个过程,而且是一个相当长的过程。这是整整一个时代。但是,应当记住,英国革命发生在 17 世纪,法国大革命发生在 18 世纪末,而一系列其他国家的资产阶级革命还要晚,更不用说在地中海意大利共和国和西班牙等国资本主义还刚刚处在萌芽状态。我们的革命时代将短得多。"①为什么短得多,他未能从理论上说明。他的说明,或多或少是来自信念。

其后,有人提出这种理论来说明资本主义取代封建主义是少数人对多数个体生产者的剥夺,社会主义取代资本主义则是多数人对少数资本所有者的剥夺,因此,前者的过程较长。这是从马克思对资本主义积累的历史趋势的分析得到启示而提出的看法。但马克思的分析,是以暗含的资本主义同时取代封建主义,社会主义同时取代资本主义为前提的。如果不是同时取代,情况就不一定是这样。

社会主义取代资本主义既然是一个历史过程,这就意味着,在这个过程

---

① 布哈林:《在共产国际执行委员会第七次扩大全会第二十次会议上的发言》,载《布哈林文选》(中册),人民出版社 1983 年版,第 183 页。

尚未结束时,社会主义经济制度同世界资本主义体系是并存着的。这种并存,除了发生上述的有经济联系,但社会主义并不构成资本主义的世界经济这种关系外,还有如下的关系:(1)社会主义和资本主义两种对立的制度并存时,其共处和冲突关系将是怎样的;(2)社会主义经济制度是由于要解决资本主义所有制,以及个体所有制所存在的矛盾而产生的,它在一国产生和发展后,它的存在本身对世界资本主义体系有何影响;(3)社会主义经济制度对无产阶级世界革命有无帮助? 如何帮助? 对此,布哈林都有论述。

第二节 两种制度的冲突和共处

布哈林认为,在无产阶级专政条件下,一国内部新产生的社会主义经济成分,同残留下来的资本主义经济成分,或由政权加以利用的资本主义经济成分,是不能长期并存的。因为社会主义经济的产生,就是由于要解决资本主义经济本身存在的矛盾,过渡时期的经济内容,就是前者最后战胜后者。他还认为,从阶级关系说,全世界的"无产阶级组织和资本主义国家的永久共处……是空想"。① 这时,他看到的仿佛就是共产国际和国际联盟的对立。上述两种认识,同他对从世界范围看两种对立的社会制度的关系的认识有密切关系。

他强调指出:"我们同资本主义世界之间存在着根本的、原则性的矛盾。"②至于这种矛盾同资本主义列强之间的矛盾,从世界范围看,孰轻孰重或何时孰轻孰重,他没有明确的看法。在社会主义制度产生的前夕,他认为世界多种矛盾中最根本的是国家资本主义拉托斯之间的矛盾,世界大战就是由它引起的。社会主义制度从大战中产生后,新的矛盾产生了,哪一对矛盾是世界的根本矛盾,他没有分析。但从他在前面谈到的两种制度存在着根本性的矛盾、全世界的单一的国家资本主义托拉斯不是没有可能的,以及下面将要论述的、他认为社会主义国家要直接援助落后国和殖民地以进行

---

① 布哈林:《在共产国际执行委员会第七次扩大全会第二十次会议上的发言》,载《布哈林文选》(中册),人民出版社1983年版,第184页。

② 同上书,第183页。

世界革命的看法，将这些论述加以综合，就可以看出，他认为世界的根本矛盾是两种对立制度之间的矛盾。这样，他就认为，这两种制度必然是一方要主动消灭另一方，直至全世界恢复为原来的制度或成为新的制度。在这个前提下，是发生武装冲突还是暂时和平共处，要取决于两方的力量对比。

　　他正是这样分析已发生的事件和预示事态的发展的。1918年到1921年，他认为是两种制度冲突的时期：1917年俄国二月革命和十月革命之后，爆发了"1918年3月芬兰的工人革命；1918年8月日本的'米骚动'（因提高米价引起）；1918年奥地利和德国的十一月革命；匈牙利的无产阶级革命；1913年3月朝鲜暴动；1919年巴伐利亚苏维埃政权的成立；1920年1月土耳其的资产阶级民族革命；1920年9月意大利工人夺取工厂；这个时期也必须包括红军向华沙进攻；最后，还有1921年德国的所谓三月暴动"。[1] 除俄国外，其余的起义和政权都被对立的资产阶级一方镇压和扼杀了。他说："1918—1921年外国武装干涉清除了年轻的工人国家，……全世界报刊，从庸俗的报刊到科学的报刊（都）异口同声地证明社会主义的破产。"[2]他总结说，这个时期"充满了规模巨大而具有历史意义的革命事件。这些事件极其尖锐地暴露了资本主义制度的瓦解过程，首先是欧洲资本主义的瓦解过程"。[3] 但是，由于力量的对比，两种制度冲突的结果，资本主义制度的绝大部分还是保留下来了。

　　接着而来的就是两种制度的共处。这是就事实而言的。他说，认为社会主义必然破产之后，"现在连资产阶级世界的经济专家们也不得不承认两种制度，即资本主义制度和社会主义制度共处的事实"。[4] 在这个条件下，当时唯一的社会主义国家苏联，在经历了武装干涉、战争和干涉之后，同资本主义国家发生了经济联系，经济逐渐地恢复和发展。与此同时，资本主义国家的经济也在恢复和发展。因此，在共处时期，由于两种制度对比力量在变化，就预示着又将发生新的冲突。

---

　　[1]　布哈林：《国际形势和共产国际的任务》，载《布哈林文选》（下册），人民出版社1983年版，第367页。

　　[2]　布哈林：《科学和苏联》，载《布哈林文选》（中册），人民出版社1983年版，第122页。

　　[3]　布哈林：《国际形势和共产国际的任务》，载《布哈林文选》（下册），人民出版社1983年版，第368页。

　　[4]　布哈林：《科学和苏联》，载《布哈林文选》（中册），人民出版社1983年版，第122页。

布哈林指出："这个时期是资本进攻的时期,是无产阶级进行一般防御斗争特别是防御性罢工的时期,是资本主义形成某种局部稳定的时期";"直接革命的事件从欧洲大陆转到了殖民地和半殖民地国家。1925年摩洛哥发生暴动,1925年8月叙利亚发生暴动,同年中国的伟大斗争正尖锐化";在这个时期,"直接革命的形势……成为世界帝国主义的殖民地外围区的特点了"。① 这预示着,两种制度新的冲突将再度发生;冲突的直接原因,是资本主义武装干涉从殖民地和半殖民地中产生的社会主义国家,以及干涉下面将论述的绕过资本主义阶段而向社会主义发展的国家。

总之,他认为:"历史直截了当地提出的问题是:谁将取得最终的胜利?世界要么属于我们,要么属于资产阶级。这是最起码的一点,社会主义的最终胜利等于社会主义在全世界的确立。只能这样提出问题";"共处是暂时现象。这是显而易见的";"资产阶级将进行武装斗争来反对每一个苏维埃国家,反对每一个无产阶级国家";而从"我们的前景看,我们和资本家之间的武装斗争是不可避免的"。② 他断言声明,社会主义的最终胜利,至少是无产阶级在资本主义实力的一切决定性的中心的胜利。他预言,当社会主义走向最终胜利,在中非确立社会主义之前,"在社会主义国家和各大资本主义盟国之间将发生长期的战争"。③ 这是因为,凡是没有无产阶级的国家,就缺乏农民民主革命转变为社会主义革命的内部前提,世界无产阶级就要将其纳入自己的影响范围,这就不可避免地要同资本主义盟国发生武装冲突。布哈林的这种世界革命思想,下面再谈论。

第三节　资本主义体系总危机

社会主义由于解决资本主义的矛盾而产生后,世界资本主义体系就开

---

① 布哈林:《国际形势和共产国际的任务》,载《布哈林文选》(下册),人民出版社1983年版,第368页。

② 布哈林:《在共产国际执行委员会第七次扩大全会第二十次会议上的发言》,载《布哈林文选》(中册),人民出版社1983年版,第183—184页。

③ 同上书,第183页。

始崩溃或瓦解。从开始到结束是一个历史过程。布哈林称这个包含着世界历史大变革的经济过程为资本主义体系的总危机。他说:"不应当把资本主义和资本主义体系的总危机设想成这样:资本主义几乎在一切国家或在大多数国家都正在垮台。情况不是如此";这种危机在于:"由于从前直接战争时期和战后时期的结果,现在整个世界经济中发生了根本的结构变化,这些变化必然会千百倍地加剧资本主义体系的一切矛盾而最终导致资本主义体系的灭亡。"[①]这就是说,"对资本主义体系总危机的分析是同总的论述作为资本主义体系本身矛盾再生产的结果的崩溃论相联系的"。[②]

社会主义产生后,资本主义体系就慢慢崩溃,其原因他认为首先是由于世界资本主义经济体系中产生了一种异体!他说:"现在举苏联的存在这个事实为例。苏联的存在意味着什么呢? 首先,这是战后资本主义危机的结果。其次,是危机在继续的表现。因为在整个世界资本主义经济体系中存在着一种发展着的、敌视的、根本对抗的异体。的确是一种异体! 难道这不是世界经济中根本的结构变化吗?"[③]由于社会主义制度的产生和资本主义体系的矛盾,战后以来,"直接的革命形势已经转移到东方和整个殖民地外围区。这也是战后危机的结果。但是在资本主义的这些外围区的强大革命震动,难道不是深刻危机的表现吗?"[④]同样的原因,"美国和力图摆脱美国的霸权的欧洲之间的所谓不平衡现象意味着什么呢? 这也意味着世界经济体系中的结构变化"。而"资本主义国家国内市场的缩小,殖民地的凋敝和赤贫化也以另一种方式提出了生产与消费的相互关系问题,不是像在'正常的'资本主义条件下那样"。由于这样,就造成了这样的形势:"资本主义不能像苏联似乎不存在那样前进。资本主义不能像中国革命似乎没有发生,欧洲和美国之间的不平衡现象似乎不存在,市场似乎没有缩小等等那样

---

① 布哈林:《国际形势和共产国际的任务》,载《布哈林文选》(下册),人民出版社 1983 年版,第 376 页。

② 布哈林:《在共产国际第六次代表大会上关于共产国际纲领草案的报告》,载《布哈林文选》(下册),人民出版社 1983 年版,第 386 页。

③ 布哈林:《国际形势和共产国际的任务》,载《布哈林文选》(下册),人民出版社 1983 年版,第 376 页。

④ 同上。

前进。"①

总起来说就是,资本主义的稳定在遭到破坏,"这不是根据一两个国家中资本主义处于直接崩溃的状况这一点得出来的。稳定之所以遭到破坏是因为在目前形势下发展是在新的、由前一阶段造成的范围内进行的,新的范围又反过来使一切矛盾极端尖锐化。而矛盾的尖锐化则导致大崩溃、大灾难"。②

这里应该着重指出,在布哈林的理论体系中,其内涵为资本主义制度逐步崩溃的资本主义体系总危机,和其内涵为周期发生的、资本主义特有的全面经济危机或普遍经济危机,即通常所说的总危机(区别于局部危机),是不同的,尽管前者开始后会使后者的形态发生变化,即当时有些苏联经济学家所论述的那样:总危机不可能再走向高涨。对于资本主义总危机(不是布哈林说的资本主义体系总危机),他有一个说明:在《共产国际纲领(草案)》讨论中,有人"建议用另一种表述来说明我们纲领中关于资本主义总危机的提法。这些意见的实质可以归结为:提出'总的生产过剩'来削弱或取消比例失调的因素"。③ 我们知道,比例失调也罢,总的生产过剩也罢,这是经济危机方面的问题,和资本主义制度崩溃的总危机是不相同的。

我个人认为,资本主义体系总危机理论的提出是有重大意义的,因为这表明,和马克思的设想不同,资本主义不是大体上同时被社会主义取代的,它的崩溃是一个较长的历史过程,这就要研究这个过程的规律性。布哈林是这样做的,这一点将在下面论述。但是,这一理论提出不久,就被误解了。其后就逐渐成为一个可以被随意解释的或可以无限扩大的概念,正好成为布哈林强调的只有科学的抽象才能把统一的生活分成若干部分,才能进行科学研究这一方法的对立面。为了科学的发展,有必要谈谈。

瓦尔加是一位有影响的苏联经济学家。1921 年,他认为该年资本主义国家发生的经济危机,不是通常的那种生产过剩的经济危机,而是具有这样

---

① 布哈林:《国际形势和共产国际的任务》,载《布哈林文选》(下册),人民出版社 1983 年版,第 376、377 页。

② 同上书,第 377—378 页。

③ 布哈林:《在共产国际第六次代表大会上关于共产国际纲领草案的报告》,载《布哈林文选》(下册),人民出版社 1983 年版,第 388 页。

特征的经济危机,即资本主义将长期受危机支配,因而进入最后阶段。他称这样的经济危机时期为资本主义总危机(不是资本主义体系总危机)。它原来指的是经济危机,而与资本主义制度崩溃无关。但因他认为这种经济危机使资本主义进入最后阶段,资本主义总危机的含义就演变为资本主义制度的危机了,即与布哈林的资本主义体系总危机的含义相同。

斯大林提出资本主义总危机的理论有一个过程。1927 年,他针对1921 年的经济危机已经过去时说:"由于十月革命胜利和苏联脱离世界资本主义体系而形成的资本主义的总的和根本的危机不仅没有过去,反而日益加深,使世界资本主义生存的基础本身发生动摇。"① 在这个基础上,1930年,他对当时正在发生的大经济危机进行分析时说,这次经济危机是在资本主义总危机的基础上发展起来的,并提出了被认为是对资本主义总危机下的定义:"资本主义已经不是唯一的和包罗万象的世界经济体系;除资本主义经济体系外,还存在着社会主义体系……这一事实本身……动摇着资本主义的基础";"帝国主义战争和苏联革命的胜利动摇了帝国主义在殖民地和附属国的基石"。② 很明显,斯大林的资本主义总危机的含义,和布哈林的资本主义体系总危机、瓦尔加的资本主义总危机的含义相同。

有时候,斯大林又把他所理解的资本主义总危机称为世界资本主义体系的总危机。例如,他说:"世界资本主义体系的总危机,是在第一次世界大战时期,特别是苏联脱离资本主义体系之后开始的。"③

总之,从上面的论述可以看出,直到下面的事情发生前,苏联最重要的理论家和政治家,都将资本主义总危机、资本主义体系总危机、世界资本主义体系总危机,看成世界资本主义制度逐渐崩溃的历史过程或历史时期,而不是经济危机,即不是全面的、普遍的、总的经济危机。

但是,1938 年出版的《苏联共产党(布)历史简明教程》(以下简称《教程》)使用的资本主义总危机的含义,却与上述的不同,它指的是全面的、普

① 斯大林:《在联共(布)第十五次代表大会上的政治报告》,载《斯大林全集》(第十卷),人民出版社 1954 年版,第 243 页。

② 斯大林:《在联共(布)第十六次代表大会上的政治报告》,载《斯大林全集》(第十二卷),人民出版社 1955 年版,第 216 页。

③ 斯大林:《苏联社会主义经济问题》,载《斯大林选集》(下卷),人民出版社 1979 年版,第581 页。

遍的、总的经济危机。《教程》说："战争原是资本主义总危机的反映。"[1]按照斯大林的定义，资本主义总危机是在第一次世界大战中，俄国发生十月革命时开始的。按照《教程》则恰恰相反，第一次世界大战是由资本主义总危机引起的，因此，这种资本主义总危机就不是资本主义制度开始崩溃的危机，而是引起战争的全面的经济危机。应该说，苏联以及其他国家的马克思主义经济学家中，有一部分人是从后一种意义去理解资本主义总危机的。

由于理解分歧，苏联经济学家便向斯大林请教。斯大林回答说："世界资本主义的总危机是否仅仅是政治危机或仅仅是经济危机呢？ 二者都不是。它是世界资本主义体系的总危机，是既包括经济、也包括政治的全面危机。"[2]这里的解释同以前的定义有相同之处，即都包含有制度崩溃之意；也有不同之处，即增加了经济危机的内容。这样一来，对资本主义总危机的理解，即使就斯大林而言，也前后不一，并有扩大化的趋势。这就为以后的理解扩大化提供了条件。

对这个范畴的理解加以扩大化的代表人物是瓦尔加。1957 年，他说：资本主义总危机"包括了资产阶级社会制度一切方面——基础与上层建筑：经济、内政与外交、劳资之间的斗争、战争力量与和平力量之间的斗争、资产阶级意识形态"。[3] 他没有说明怎样从以前的认识发展为现在的认识。

作这种理解的资本主义总危机，不可能是科学范畴。这里用得上布哈林对历史学派的批判：人类社会生活过程虽然是统一的流，但要经过科学抽象把统一的生活分成若干部分，才能开始科学研究。

第四节　社会主义制度在世界革命中的作用

社会主义不可能同时在全世界胜利，这个重要的理论问题在布哈林看

---

① 《苏联共产党(布)简明历史教程》，莫斯科中文版，第 224 页。

② 斯大林：《苏联社会主义经济问题》，载《斯大林选集》(下卷)，人民出版社 1979 年版，第 582 页。

③ 瓦尔加：《帝国主义经济与政治基本问题》，陈用仪等译，生活·读书·新知三联书店 1958 年版，第 1 页。

来,除了先进资本主义国家的无产阶级革命有先有后之外,还由于落后的国家,或者无产阶级非常弱小,或者没有无产阶级,它们只有在已经发生革命的国家的无产阶级政权援助下,才能建成和走向社会主义。从这一角度看,他认为先产生的社会主义制度对推进无产阶级世界革命有重要作用。

布哈林认为:"世界革命过程是从世界经济中发展水平最低的那部分体系开始的,那里无产阶级比较容易取得胜利,但新关系的形成却比较困难;爆发革命的速度同资本主义关系的成熟和革命类型的高度成反比。"[①]资本主义经济发展水平较低,建设社会主义较困难,这一点他在论述落后的和发达的社会主义时已经谈过了;资本主义经济发展水平较高,发生社会主义革命较困难,是由于它从殖民地那里得到的垄断利润多,无产阶级经济生活较好,这使"帝国主义'祖国'和工人阶级之间暂时'利益一致'"[②],使无产阶级产生"爱国主义"[③],这就是第一次世界大战中,很多社会民主党议员投票赞成进行帝国主义战争的国家预算,并号召工人为祖国而战的原因。在这个条件下,他认为是不可能发生无产阶级革命的。根据这种理论,他认为无产阶级革命之所以首先在俄国实现,是因为"在这里国家机器在组织上最为薄弱。国家资本主义形式刚刚初具轮廓。总的说来是个农业国,它在技术上的薄弱造成了军事上空前的失败"。[④] 此外,俄国布尔什维克党又提出一条无产阶级在战争中,使本国政府失败,变帝国主义战争为国内革命战争的正确路线,使革命取得胜利。这意味着资本主义体系开始瓦解。

他进一步认为,从理论上看,"资本主义体系瓦解的最大因素是帝国主义国家同它们的无数殖民地之间联系的瓦解",因为"殖民政策的主体,即帝国主义国家,它们是个复杂的体系,有坚强的核心和从属的外围,也存在着这一殖民政策的客体,它们都带着不同色彩和不同程度的从属性",所以,"随着资本的国家政权的瓦解,必然出现帝国主义体系的瓦解、殖民地的脱

---

①　布哈林:《过渡时期政治经济学》,余大章、郑异凡译,生活·读书·新知三联书店 1981 年版,第 132—133 页。

②　同上书,第 131—132 页。

③　布哈林:《世界经济和帝国主义》,蒯兆德译,中国社会科学出版社 1983 年版,第 131 页。

④　布哈林:《过渡时期政治经济学》,余大章、郑异凡译,生活·读书·新知三联书店 1981 年版,第 132 页。

离、'列强'的分裂、独立的'民族国家'的分立"。①

这些脱离了资本主义体系的殖民地或落后国,不论是在资本主义国家世界大战中,还是在宗主国无产阶级发生革命时,或者在其他条件下,发生民族革命或起义,脱离资本主义体系。在布哈林看来,如果没有先建立社会主义的无产阶级的援助,就不可能建成和走向社会主义。这有两种情况。

第一种情况是:"在某些殖民地,资本主义已经相当发达,在这些地方我们提出关于无产阶级领导权的问题,但在这些地方无产阶级的内部力量仍然没有发展到没有外来的进一步援助就能推动社会沿着社会主义道路继续发展的程度。"这是因为,正如前面说过的,不是任何一个国家都有可能依靠本国的力量建设社会主义,生产力的发展和工业的集中化不达到一定程度,就休想在这一个或者那一个国家发展社会主义。因此,"在这里,我们要提出无产阶级专政对这一个或那一个建设社会主义的国家的无产阶级提供援助的问题。在经济方面落后的国家,问题就是这样的"。②

第二种情况是:在资本主义实际上还处于萌芽状态的地方,在还存在着前资本主义形态的地方,在资本主义还没有特别有力地深入社会经济生活中去的地方,问题就不一样了。因为"在这里特别明显地提出了关于'跳越'资本主义阶段的可能性问题,关于'绕过'资本主义而发展的可能性问题。在这里关于外部援助的论点意味着什么呢?"③他和前一种情况相比较,说明现在的情况。在那里,"已经实行了无产阶级专政的工业中心的无产阶级,与领导农民跟着自己走的(落后国)无产阶级具有一定的相互关系,在这里我们就有了一个中间环节——(落后国)无产阶级,它起着独立的作用、领导者的作用"。④ 但在这里就不同了,因为它的无产阶级只占居民的极小部分,或者简直没有无产阶级。工业国家的无产阶级专政在这里没有中间环节。由于这样,从这一点看,这里的发展将是另一种情况,即按其内部力量来说,它不会直接发展为社会主义,而直接发展为资本主义。这样外部援助的意

① 布哈林:《过渡时期政治经济学》,余大章、郑异凡译,生活·读书·新知三联书店1981年版,第135页。
② 布哈林:《在共产国际第六次代表大会上关于共产国际纲领草案的报告》,载《布哈林文选》(下册),人民出版社1983年版,第382页。
③ 同上书,第383页。
④ 同上。

义就不同了。"在这里,我们仍然可以谈论革命转变为社会主义的问题,然而是有条件的……那就是其他国家的工业中心把农民外围区最后归入自己的影响范围。"①

为了说明这一点,布哈林举苏联为例。苏联有庞大规模的农业,也有工业城市。有一批村苏维埃是没有工人的,如果它们和市苏维埃是隔离的,它们就只能是苏维埃农民民主。但是,这两者之间是有联系的,因为整个苏维埃结构体系是这样构成的,即这些下级基层组织是苏维埃国家整个机体的细小组成单位,在这个国家里,城市工人苏维埃起着领导作用。"在这里,整个体系的构成是这样的:越是在上面,无产阶级的影响越大,当遇有意见分歧的时候,由无产阶级——并且只有无产阶级作出决定,由于所有这些原因,农民基层组织就变成无产阶级专政的组成部分。只有这些联系才使我们有可能吸引农民来参加无产阶级领导的社会主义建设。"②他认为,这个道理明白了,就了解无产阶级数量极少,甚至没有无产阶级的游牧民族或者纯农业居民的国家,绕过资本主义,发展社会主义的问题。

他认为,从全世界看,世界工业城市或工业无产阶级专政与殖民地农村的情况,也可以说同上述情况相类似,因为在革命以后,在工业国家无产阶级专政的条件下,"我们将把所有这些地区通过联邦或者其他不同形式统一起来,那么,纯农民地区——原来的殖民地——在无产阶级专政的世界体系中就会起着像苏维埃在我国整个苏维埃体系中所起的那种作用"。这样,"这里也会产生朝社会主义革命方向发展的过程。这并不是因为在这个农民外围区存在着真正的无产阶级集团,而是因为其他国家的无产阶级把整个农民外围区纳入自己的影响范围,并且能够创造使它绕过资本主义的发展阶段而直接过渡到社会主义的条件"。③

现在我们可以完全明白,布哈林为什么认为社会主义和资本主义两种制度之间的战争是不可避免的,以及这种战争在中非实现社会主义之前是必然要爆发的,因为已经建成社会主义制度的国家,要对中非这些没有资本

---

①　布哈林:《在共产国际第六次代表大会上关于共产国际纲领草案的报告》,载《布哈林文选》(下册),人民出版社1983年版,第383页。

②　同上书,第384页。

③　同上。

主义经济因素的国家予以援助,使其走上社会主义道路,实现世界革命,这就必然同要维护资本主义世界体系的国家发生战争。

经过这样的分析,他就认为,"如果我们谈论无产阶级和它在世界革命中的领导作用问题,极重要的基本任务之一就是要解决世界无产阶级对世界农民的领导问题";这个问题的另一面就是,假如在共产国际纲领谈到"世界无产阶级专政,那么我们应当谈一谈世界城市和世界农村之间的相互关系"。① 尽管他认为,这同列宁的看法,即无产阶级反对国际资本的世界性斗争的胜利结局取决于是否将几亿殖民地人民吸引到这个斗争来,是密切相联系的,但在我看来,这不仅同列宁的看法,而且同列宁拥护的共产国际的口号有重大区别,共产国际的口号是:全世界无产者和被压迫民族联合起来。产生这种重大区别的原因,我认为是布哈林的世界经济理论的缺陷,即他认为殖民地只是为宗主国实现超额利润、提供农产品的场所,并没有看到殖民地整个民族成为剥削对象,因此,他在殖民地革命问题上只突出农民问题,不提被压迫、被剥削问题。

---

① 布哈林:《在共产国际第六次代表大会上关于共产国际纲领草案的报告》,载《布哈林文选》(下册),人民出版社 1983 年版,第 385 页。

第八章　斯大林对布哈林的批判述评

第一节　概述

斯大林对布哈林的批判,是在宣布党内存在布哈林右倾集团之时开始的。1929年1月底和2月初,斯大林在两个会议上宣布这个集团的存在。同年4月,他在《论联共(布)党内的右倾》中对布哈林的理论进行批判,理论涉及的方面较多,这里只谈对经济理论的批判。批判最终总要归结为政治路线的错误,这里尽可能地将经济理论和政治路线适当地分开,着重从经济理论和方法论上谈问题。

产生这次批判的原因和背景,根据斯大林的分析,是由于国际的和国内的经济形势变化而引起的国际的和国内的阶级关系的变动,从这些变动中就可以看出布哈林右倾集团的路线和党的路线是对立的。经过综合,批判可以归结为3个问题:(1)当时世界资本主义的稳定,是属于哪一种性质的稳定?这与认识无产阶级革命运动是处于低潮时期,还是处于为革命高潮的来临而作准备的时期有关。(2)苏联社会主义工业和农业的关系问题,这包括工业品和农产品比价、从农业中积累工业化的资金、工业和农业结合的新形式等问题。(3)富农和承租企业的资本家长入社会主义的问题。

第二节　关于资本主义稳定的性质问题

据斯大林说,问题是从布哈林提交给共产国际第六次代表大会(1928年)的关于国际形势的提纲开始的。联共(布)代表团对布哈林的提纲提出修正,其中有一个关于资本主义稳定的性质问题。提纲将战后资本主义的发展分为三个时期:尖锐的革命危机、生产力恢复和资本主义稳定时期。关于稳定时期,斯大林根据布哈林的论述,将它的特点概括为:"没有发生任何动摇资本主义稳定的新现象,相反地,资本主义正在改造,并且基本上相当巩固。"斯大林认为,它的错误在于:"这种估计会使我们的批评家得到借口,说我们采取了所谓资本主义'恢复健康'的观点,即希法亭的观点,即我们共产党人所不能采取的观点。"因此,联共(布)代表团将其修正为:"由于世界资本主义危机的尖锐化,这种稳定正在被事变的进程动摇着,而且以后还会被动摇。"由此得出的政治结论是:"我们现在是处在……新的革命高潮的条件日益增长的时期。"①总之,错误在于认为资本主义的稳定是不发生任何动摇,是希法亭的观点。

我们来看看布哈林的论述。他说,这第三个时期,即"资本主义改造时期,这种改造在质和量上都超过战前的范围。资本主义生产力的发展,一方面是由于相当巨大的技术进步,另一方面是由于资本主义经济联系的普遍改组。但是,随着这种技术改造和经济改组,随着迅速的资本主义托拉斯化过程而来的是同资本主义对抗力量的增长以及资本主义内部矛盾的最迅速的发展";资本主义对抗力量的增长"必须首先提到苏联的发展"。②

这个时期内资本主义技术进步,布哈林认为是不言而喻的。关于他对这个时期的经济改组的分析,由于被认为与希法亭持相同观点,就有必要摘要介绍布哈林的看法。他说:"我们看到国家资本主义趋势的某种发展,并且这种发展采取的不是从前实行配给制和具有由战争决定的特点的'战时资本主义'的形式……现在,托拉斯、卡特尔、银行团同帝国主义资产阶级国家机关更加结合的过程在发展起来……这里说的是帝国主义资产阶级的经济组织同资产阶级的国家机关结合的组织形式。"其政治后果,就是像资产阶级报刊所说的:"如果我们说,他(胡佛)自认为是并且确实是美国实业界的总领导,这绝不是夸大之词。政府机关同实业这样结合在一起,就像实业

---

① 斯大林:《论联共(布)党内的右倾》,载《斯大林全集》(第十二卷),人民出版社 1955 年版,第 20 页。

② 布哈林:《国际形势和共产国际的任务》,载《布哈林文选》(下册),人民出版社 1983 年版,第 368—369 页。

的主管部门一样,这是前所未有的。"①以后我们看到,这被认为和希法亭于1927年提出的有组织资本主义论相同。

布哈林继续说,既然资本主义大大加强,那么,关于资本主义稳定的分析应该怎样呢?关于世界资本主义体系总危机的问题又怎样呢?关于资本主义的稳定,他说,在共产国际第一个纲领草案中,"对于资本主义今后命运的观念,可以用不断下降的曲线来表现";其后讨论这个草案时,修改成局部的、暂时的稳定;总之,认为"这只是'经济上的昙花一现',决不能信以为真";这种"关于相对稳定的估计,在许多方面已经不符合目前的形势了"。②他认为"正确的答案应该是:资本主义总危机(不同于资本主义体系总危机——引者)在继续,而且在发展,虽然现在危机的形式有所不同",即"危机的旧形式已被新形式所取代——这就是问题所在"。③可见,在布哈林看来,问题不在于对稳定加上哪一种修饰语,而在于分析危机的新形式。

关于资本主义体系总危机,以前已经谈过。他认为资本主义国家不会同时垮台,但由于战争时期和战后时期的结果,整个世界经济发生了根本的结构变化,它加剧了资本主义体系的一切矛盾,最终导致资本主义体系灭亡,直接的革命形势已转移到东方和整个殖民地外围区。

以上两点,我认为已由实践所证实。殖民地外围区的革命形势是十分明显的;经济危机的形式,只要稍加分析,也可以看出有了变化:30年代的大危机与过去不同,第二次大战后的经济危机也与过去不同。④

还要谈一谈希法亭的观点问题。前面曾经谈到他在《金融资本论》中认为垄断消灭竞争的理论,以及关于全部国民经济由唯一的一个卡特尔所囊括的设想。以此为基础,他在1927年德国社会民主党基尔代表大会上,结合战后国家垄断资本主义发展的情况指出,现在已形成了有组织的资本主义,而有组织的资本主义实际上意味着,在原则上用有计划生产的社会主义原则来代替自由竞争的资本主义原则。由于有用社会主义原则来代替资本主

---

① 布哈林:《国际形势和共产国际的任务》,载《布哈林文选》(下册),人民出版社1983年版,第372、373页。
② 同上书,第374页。
③ 同上书,第376页。
④ 陈其人:《帝国主义经济与政治概论》,复旦大学出版社1986年版,第67—68页。

义原则的提法,希法亭这一论点被认为有组织的资本主义就是社会主义。斯大林就是根据这一点,将布哈林的看法归结为希法亭的观点,意即布哈林认为无须革命资本主义就变成社会主义。

我认为这是对希法亭论点的误解。希法亭的用语来自恩格斯的说法:"在托拉斯中,自由竞争变为垄断,而资本主义的无计划生产,向着未来社会主义的有计划生产投降。"①恩格斯所论的"投降"来自马克思的说法:"10 小时工作日法律不仅是一个重大的实际的成功,并且是一个原则上的胜利;资产阶级政治经济学第一次在工人阶级政治经济学面前公开投降了";之所以如此,是因为"关于立法限制工时问题的斗争……涉及一个大的争论,即构成资产阶级政治经济学的实质的供求法则的盲目统治和构成工人阶级政治经济的实质的由社会预见指导社会生产之间的争论"②;根据这个原则,资产阶级及其理论家本来是反对 10 小时工作日法律的,但由于它的实施,不仅没有降低反而增加了利润,因此,他们都改口了,说什么"认识在法律上规定工作日的必要性,是他们这门'科学'(经济学——引者)的突出新成就"。③ 从反对到赞成,这就是"投降"。经过这样的说明,我想对希法亭论点的误解应该清除了。

希法亭并不认为有组织的资本主义就是社会主义,还可以从下述得到证明:要依靠国家的帮助,依靠社会自觉调整的帮助,把这个由资本家组织和领导的经济,变成一个由民主国家领导的经济,这才是社会主义;从这一角度看,社会主义问题是通过经济发展本身提出来的。这就是社会民主党的理论。

总之,我并不同意有组织的资本主义理论;但不应将它说成有组织的资本主义就是社会主义;更不应认为,布哈林既然论述战后国家资本主义的发展是使资本主义趋于稳定的因素之一,就将被误解的希法亭观点加在他的身上。

对斯大林的批评,布哈林在《真理报》上申辩。首先,他强调国家资本主义发展在资本主义改造中的作用,最重要的是使"市场问题在一定程度上正在消失,尽管追逐市场还是一个紧迫的实际问题",使"组织问题,在当前条件下最好地、'最有利地'进行组织,并且以远远超出私人经济范围的规模进

---

① 《社会主义由空想发展为科学》,载《马克思恩格斯文选》(第二卷),莫斯科中文版,第 147 页。
② 《国际工人协会成立宣言》,载《马克思恩格斯文选》(第一卷),莫斯科中文版,第 360 页。
③ 马克思:《资本论》(第一卷),人民出版社 1975 年版,第 326 页。

行组织的问题,越来越提到最重要的地位"。①

其次,他明确地指出,他的观点同希法亭的社会民主党的观点根本不同。他说,社会民主党"惊喜万状地注视着托拉斯化的资本主义的发展,国家资本主义倾向的发展,并把资本统治的这种高级的(同时也是腐朽的,同时也是最后的)形式叫作社会主义,认为这种社会主义只不过是缺乏一点'经济民主',否则,就是最真实的、最'社会主义的'社会主义了"。② 在他看来,"有组织的资本主义"实质上是"有组织的经营不善";而"组织上的'经营不善'的'实质'在于,组织环节本应是达到经济目的的手段,可是现在却变成目的本身","经营不善的组织前提在于官僚集权制的调节,也就是说,企业的领导是从一个中心,通过极为局限的……从属机构,凭借与生活相违背的指示命令来实现的"。③ 这是从单个国家资本主义企业看的。要消灭"经营不善",就要"使统治阶级毫无益处的个人消费减至最低限度、改变生产方向、消灭地租和大部分利润(不仅包括积累部分,而且包括消费部分)、消灭军国主义、消灭竞争费用、消灭妨碍生产的私有制障碍、消灭形成垄断、为所有劳动群众扩大提高地位的机会,等等"④,只有这样,才能以社会为范围,消灭"有组织的经营不善"。很明显,这就是要推翻资本主义制度。

第三节　关于社会主义工业和农业的关系问题

问题的实质是社会主义工业和农业怎样才能相互促进,共同发展。这样,首先就遇到这两种产品的比价问题。根据我们在前面对布哈林的有关理论的分析就可以看出,他从劳动消耗规律和平衡理论出发,必然认为产品价格应抵偿耗费之后仍有盈余,这样才能进行再生产和扩大再生产;当时虽

---

① 布哈林:《资产阶级理论家对现代资本主义某些问题的看法》,载《布哈林文选》(下册),人民出版社 1983 年版,第 411、412 页。
② 同上。
③ 布哈林:《有组织的经营不善的理论》,载《布哈林文选》(下册),人民出版社 1983 年版,第419、423 页。
④ 布哈林:《资产阶级理论家对现代资本主义某些问题的看法》,载《布哈林文选》(下册),人民出版社 1983 年版,第 434 页。

然实行新经济政策，但战时共产主义政策仍有影响，粮食等农产品的价格偏低，因而应恢复常态，提高农产品的价格；工业应发挥其大生产的优越性，提高劳动生产率，降低工业品的价格；在上述条件下，应加速资金周转，以增加工业资金的积累。这些构成体系的理论，是布哈林对比价问题看法的依据。

斯大林批判这种看法。他认为这是允许农民（以后我们知道，他指的是富农）在市场上自由玩弄价格，这是从右的方面来理解新经济政策，以为它允许不加限制的自由贸易，而正确的理解应该是：在保证国家对市场起调节作用的条件下，在一定限度和一定范围内允许私人贸易自由。因此，他认为："在我国市场上没有像在资本主义国家所常见的那种自由玩弄价格的现象。粮食价格基本上是由我们规定的。"①他没有进一步说明粮食价格要根据哪一种原理来规定。

斯大林进而批判布哈林的提高粮食价格的主张。他说：如果我们在秋天，在收购初期提高粮价，但各种投机分子会用两倍高的价钱来收买粮食，而我们又不能和他们竞争，因为他们收购量少，我们收购量多，这样，粮食持有者还是会把粮食囤积起来，等待粮食继续上涨。到了春天，当国家最需要粮食的时候，我们不得不再度提高粮价。春天提高粮价，就坑害贫农和农村中力量单薄的阶层。在这里，他没有说明，如果农民因粮价太低而不出售粮食怎么办，或者"出售"了，以后就不生产或少生产怎么办。以后我们知道，他对当时收购粮食困难的原因的看法，只认为是富农经济力量增长后对无产阶级政权的反抗。

他将布哈林的主张归纳为："第一，提高了粮食收购价格，我们以后还必须提高农业所生产的原料的价格，以保证各种农产品的一定比价。第二，提高了粮食收购价格，我们在城市里……就必须提高粮食的售价……就必须加速提高工资。但是，这样做就不能不提高工业品价格，因为不提高工业品价格就会违反工业化的利益，使资金从城市流入农村。结果……我们必须采取使工业品和农产品涨价的方针"，以"拉平工业品和农产品的价格"。②

这里面包含的马克思主义的经济理论问题是：提高粮价从而提高工人

①　斯大林：《论联共（布）党内的右倾》，载《斯大林全集》（第十二卷），人民出版社1955年版，第40页。

②　同上书，第42页。

的货币工资,本来可以不相应地提高工业品价格的,因为价格由价值决定,价值由劳动决定,货币工资提高了,价值不会增加,但利润降低了,这就违反工业化的利益。但由此认为资金就从城市流入农村就不正确了,因为这些资金本来就属于农村的,如果不提高粮价,资金倒是从农村流入城市,即成为工业化的积累来源了,以后我们看到,斯大林的主张正是这样。至于认为按照布哈林的提高粮价的意见办事,为了积累工业化资金,就会拉平工业品和农产品的价格,这不是布哈林的原意。因为布哈林认为降低工业品的价格而加速资金周转,是可以积累工业资金的。其实,按照斯大林的"拉平价格"论,等于不调整比价,其实质是要维持原有的比价,使农业为工业提供积累。

斯大林认为,如果实行布哈林的政策,"占便宜的是富农和富裕分子,是'耐普曼'和其他富有阶级"。[①]

第二个问题是从农业中积累工业化资金。布哈林从原则上反对从农业中积累工业化资金,认为如果这样,就是要农民缴纳"贡税",就是对农民实行"军事封建剥削"。但是,他在事实上又认为,工业品和农产品价格上的剪刀差在目前是不可避免的,承认使资金从农业"流入"工业是不可避免的,承认"一种类似贡税的东西"的提法。这就是说,在实际问题上,他和斯大林并无分歧。

斯大林自己也说:"这样看来,在问题的实质上我们并没有意见分歧。"但是,他认为布哈林还是错误的。因为布哈林反对用"贡税"这个字眼,而这个字眼是列宁在类似的问题上使用的;更重要的是,布哈林认为这是对农民实行军事封建剥削,这表明"他们对我们各机关所实行的我们党对待富农的政策的极端不满。对党在领导农民方面的列宁政策的不满,对我们的粮食收购政策不满,对我们的全力发展集体农庄和国营农场的政策不满,最后,希望'解放'市场和规定私人贸易完全自由"。[②] 这里并没有涉及经济理论问题。

第三个问题是工业和农业结合的新形式。如果撇开价值问题和彼此要

---

① 斯大林:《论联共(布)党内的右倾》,载《斯大林全集》(第十二卷),人民出版社 1955 年版,第 43 页。

② 同上书,第 50 页。

以越来越多和越来越好的产品相互交换的问题不谈，完全从结合的新的经济形式谈问题，那么，布哈林的看法可以简述如下：在工业方面要建设新的、越来越多的大工厂，并且用一个总的计划统一起来，但是一种工业的独立的计划经济是不可思议的，还要使农民的经济在发展起来的同时越来越有组织，并成为这样一种经济，即单个农户和单个的小经济越来越走上彼此相互联系的道路，走自己联合起来的道路，这样，就和无产阶级的国营工业结合起来。农民怎样联合起来呢？这将通过合作制进行。首先是采购合作社、销售合作社和信贷合作社，因为这种在流通领域中的合作形式不涉及农民的份地，在旧制度下多少也是存在的，农民比较容易接受。至于生产领域中的合作形式，即集体农庄，就要慢一些，因为这涉及农民的份地。一些旧习惯、旧的经济方式在人们当中非常根深蒂固，急剧地打破这些习惯是不可能的。参加合作社有各种各样的农民，甚至有由富农组织的合作社，但是正如前面说过的，由于受到无产阶级国家强大信贷机构的限制，它们将通过银行等长入国家机关的体系中。

斯大林对此进行尖锐的批判。首先，他认为必须发动一个群众性的农业集体化运动，以解决社会主义大工业和个体农业之间的矛盾，不这样就无法解决农产品（包括粮食）危机问题。这是在急缓问题上同布哈林发生分歧。其次，他认为在这个基础上要发展对农产品的预购制，并且认为预购的农产品是商品，而布哈林认为不是商品。但他并没有分析布哈林有此看法的原因，也没有提及列宁也有此看法。最后，他认为按照布哈林的说法，在这种结合中，富农以及（从逻辑推论下去）所有剥削分子都长入社会主义，这是明目张胆地背叛马克思主义。

社会主义工业和农业结合的新形式中，还有一个根本性问题，这就是如果这种结合的基础发生某种断裂，例如粮食荒，其原因究竟是什么以及应如何解决。

前面已经谈过，布哈林认为，当时一方面是粮食荒，另一方面是工业商品荒，因为工业品供应少了，没有足够的工业品去交换农民出售的粮食和其他农产品，农民也不愿出卖农产品后将贬值的纸币留在身边，等到将来才购买工业品，因此，宁肯将粮食等存起来不卖，这就产生粮食荒。由于经济比例失调，投机分子才抬高物价，从中获得暴利。因此，他的结论是：经济比例和阶级对比是相互关联的。解决问题的方法,最重要的是改进计划工作,使各种经济比例协调,这样就能铲除滋生投机分子的土壤。

斯大林批判这种看法。他认为社会主义越发展,阶级斗争就越尖锐。粮食荒之所以发生,是由于富农的经济在新经济条件下有所发展,于是,他们就反对苏维埃政权,将粮食囤起来。他没有将粮食荒和工业品荒联系起来,也没有谈粮食收购价格问题,认为粮食荒的原因不在经济方面,而在政治方面。他斥责从经济方面例如从提高粮食收购价格以解决问题的主张,认为这是要工业、工人和城乡富有阶层相结合。

第四节　关于富农长入社会主义的问题

布哈林说:"富农合作社的窝巢也将会通过银行等等长入这个体系中去(同一般农民的合作社那样成为社会主义经济链条中的环节——引者);不过,它们在某种程度上将是异物,例如像租让企业那样。"①他为什么有这种认识呢? 因为他认为,各种合作社的发展和性质,要取决于它存在的社会经济制度。"在资本主义制度下,各种形式的农民合作社必然处于资本主义经济的影响之下";因此,"在这种情况下,合作社组织如果要得到发展,就必然要受资产阶级和地主的经济领导,逐渐同这些资本家和地主的经济组织结合起来,并且在很大程度上自身也变成以利用和剥削雇佣劳动为基础的某种资本主义组织"。② 据这种方法论,他认为在社会主义条件下的农民合作社,也将变成社会主义经济的一种形式。当然,他也看到,富农合作社的这种转变,从某一点看,和一般农民合作社有所不同,所以说是如同租让企业那样是异物,因为两者都存在着剥削分子。

斯大林引用了布哈林的论述,认为这就是主张富农长入社会主义,并且认为,既然将租让企业和富农相提并论,那么,租让企业家也长入社会主义。结论是:虽然在某种程度上是社会主义经济的异物,但是"城乡资本家、富农

---

① 布哈林:《到社会主义之路和工农联盟》,载《布哈林文选》(上册),人民出版社 1983 年版,第 428 页。

② 同上书,第 417 页。

和承租企业家,都长入社会主义,——请看布哈林说出了多么愚蠢的话"①,因为这等于说"城乡资本家会长入无产阶级专政体系"。②

斯大林的批判没有涉及理论问题,而是根据字义进行逻辑推论。

从理论上看,在我看来,布哈林认为,通过流通过程的社会化,就能到达社会主义。他论述在流通领域的种种形式的合作社,如何变成社会主义的经济形式时,强调的是流通领域中的国家银行和信贷机构对它们的限制和影响,因此,这是两层意义的流通社会化。从方法论看,我认为布哈林是受到希法亭的影响,因为正如前面说过的,希法亭认为金融资本是银行家所有的而由工业家使用的货币资本,而不是垄断的银行资本和垄断的工业资本的混合生长,因此,他认为只要将柏林6家最大的银行收归社会所有,整个德国包括其工业就是社会主义的。这就是希法亭的流通社会化论或流通决定论。布哈林虽然谈到这一点,但仍受其影响。

如果再深入一步,还可以指出希法亭这种方法论是受到德国历史学派的影响。历史学派为了在方法论上反对英国古典学派,便强调两国所处经济发展阶段的不同。但经济阶段不能从生产的角度来划分,因为如果这样划分,最后就要同意古典学派的理论,所以,历史学派就从流通的角度来划分,即从有无交换、交换范围变化、有无信用的角度来划分。这种方法论不仅影响了希法亭,而且影响了当代的经济学家。

---

① 斯大林:《论联共(布)党内的右倾》,载《斯大林全集》(第十二卷),人民出版社 1955 年版,第 27 页。
② 同上书,第 28 页。

第九章　结语——伟大贡献和待检验的问题

　　布哈林在捍卫和发展马克思主义的经济理论中作出了伟大的贡献。为叙述方便,贡献可分为方法论的和理论的两方面。在作出贡献的同时,也存在一些要留待实践来检验的问题。不管未来对这些问题的检验结果如何,即不管是正确,是错误,还是要加以发展,它们对马克思主义经济理论的发展都有重大影响。当然,我也认为他有的理论是错误的,但它也具有深刻性。

　　先谈方法论。布哈林在坚持马克思的经济理论的方法论的同时,也发掘和发展了马克思应用过的方法。马克思没有总结自己的方法论,或者说,他除了在《政治经济学批判》的序言中谈论历史唯物论的公式,这个公式可视为经济理论的方法论外,就没有专门论述这个问题。但是,他对俄国经济学家考夫曼关于他的方法论的总结是完全同意的。考夫曼说:"在马克思看来,只有一件事是重要的,那就是发现他所研究的那些现象的规律,而且他认为重要的,不仅是在这些现象具有完成形式和处于一定时期内可见到的联系中的时候支配着它们的那种规律。在他看来,除此而外,最重要的是这些现象变化的规律……即它们由一种形式过渡到另一种形式,由一种联系秩序过渡到另一种联系秩序的规律。""马克思给自己提出的目的是,从这个观点出发去研究和说明资本主义经济制度……这种研究的科学价值在于阐明了支配着一定社会机体的产生、生存、发展和死亡以及为另一更高的机体所代替的规律。"①这就是生产关系要适合生产力水平的规律。布哈林坚持这个方法论。

　　布哈林发展了马克思的社会生产要求社会劳动合比例地分配在各生产部门之间,社会形态不同只能改变它的表现形式的方法论,认为这就是劳动

---

① 马克思:《资本论》(第一卷),人民出版社 1975 年版,第 22、23 页。

消耗规律及其历史表现——价值规律；发掘了马克思的自由人联合体的劳动是自觉的这一方法论，但认为自觉的经济过程同生产资料所有制的形式并无必然联系，即在资本主义条件下，由自发的发展为自发和自觉并存，在社会主义条件下，由这种并存发展为自觉的经济过程的完全统治；认为价值规律和商品生产与自发经济过程相联系，计划经济与自觉的经济过程相联系。这是一种新创的经济方法论。

布哈林没有将生产关系要适合生产力水平的规律、劳动消耗规律、自发经济过程和自觉经济过程相互转化规律，在方法论上加以联系，用来研究经济理论。

再谈理论。1926 年，布哈林总结列宁的经济理论时将其分为三个部分。第一部分是市场和实现的理论。他说："列宁关于市场问题的文章（90 年代的文章）即 35 年前就对这个问题作出了实质上是唯一正确的答案。这里还包括生产和消费相互关系的学说，关于'一定的消费状况是按比例发展的因素之一'的学说……按实质说，这里也包括关于危机的问题，这个问题现在有了唯一正确解决的基础。最后，这里还包括对'第三者'问题的分析，这个问题列宁解决得非常出色。关于对外贸易（国外市场或外部市场——引者）、帝国主义等问题都是同这个问题联系着的。"①第二部分是资本主义条件下的土地经济。第三部分是"关于帝国主义、关于帝国主义战争和殖民地战争、关于社会革命、关于资本主义发展不平衡和革命过程多样性的学说"，关于"社会主义建设时期……的一系列理论原理。"②这里的第一部分和第三部分，就其内容范围来说也是布哈林所研究的。由于他们两人共同战斗，所以有的理论是相互影响的。更多的则是布哈林既捍卫了列宁的理论，又作出了新的发展。有一部分是布哈林独创的。此外，正如布哈林没有研究列宁所研究的土地经济问题一样，列宁也没有研究布哈林所总结的马克思以后的资产阶级经济学。

布哈林对马克思主义经济理论的伟大贡献，首先是总结了马克思以后的资产阶级经济学。这有两层意义：其一，将社会学的、方法论的和理论逻辑的

---

① 布哈林：《谈谈研究列宁主义的问题》，载《布哈林文选》（中册），人民出版社 1983 年版，第 64 页。

② 同上书，第 66 页。

批判结合起来进行,为批判资产阶级经济理论树立了榜样,至今仍有巨大意义;其二,对奥地利学派的批判,以及对调和根本对立的马克思经济理论和奥地利学派的理论种种做法的批判,至今不仅是最深刻的,而且仍有现实意义。

第二是创建了世界经济理论。只有将世界经济理解为不同质的生产关系之间的关系,才有可能以此为基础,建立一门区别于其他经济学科的世界经济学。当然,在这个问题上,布哈林认为社会主义生产关系和资本主义生产关系并不发生构成他所理解的世界经济的那种联系,这个问题要进一步研究。

第三是创建了国家资本主义托拉斯理论。他不是一般地论述全部国民经济由唯一的垄断组织所囊括,而且特殊地论述这个垄断组织和国家机器相结合,国家机器成为经济组织的一部分。由此又论述它的内部已消灭了商品生产。这个理论是否正确以及正确程度如何,最好留待实践检验。

第四是认为社会主义是一个取代必然王国的自由王国,这意味着自觉的经济过程完全取代自发的经济过程,而自觉的经济过程与商品生产是不相容的。自由王国不是经济理论的研究对象,但这个问题的解决有利于对社会主义经济的研究。至于否定社会主义存在商品生产,这不符合目前社会主义国家的实践,但这种实践时间短、范围窄,因为现在的社会主义国家都是从落后国家发展而来的,将来发达资本主义国家建设社会主义时,是否存在商品生产,作为一种理论,社会主义是否存在商品生产,仍需由较长的实践来检验。

第五是否认社会主义政治经济学的存在。这涉及自由王国问题、揭示经济规律不能撇开政策问题、人与人之间的关系没有被掩盖问题等问题,这要从多方面进行深入研究,才能解决。

在论述布哈林的全部经济理论中,我只认为他的普遍危机的理论是错误的。因为这不是社会劳动分配比例失调引起的,消费落后于生产也不是劳动比例失调。布哈林的平衡论不能解释普遍的经济危机。列宁在《再论实现论问题》中说:"甚至在社会总资本的再生产和流通是理想般匀称的情况下,生产的增长和消费的有限范围之间的矛盾也是不可避免的"[①],这是十分正确的。布哈林引用了列宁的许多论点,不知何故,没有引用这一点。

---

① 《列宁全集》(第四卷),人民出版社 1958 年版,第 71 页。

后　记

　　本书的写作,如果从用笔即从具体行动看是由于得到国家社会科学基金会的资助,于1989年2月开始动笔,至同年5月中旬脱稿;但从思想酝酿看,则经历了多年。

　　余生也晚,没能赶上前辈和学长们阅读布哈林著作的年代。1943—1947年在中山大学经济系读书时,我并不知道布哈林其人,因为没有听到老师讲,也没有读到有关书籍。原因很简单,布哈林在肉体上已被消灭,其思想传播和著作流传也受影响。

　　但情况不完全是这样。1945年7月,当时因日本帝国主义建立"大东亚共荣圈"步步入侵我国,我随学校从广东省乐昌县坪石镇,"逃难"到广东省蕉岭县路亭圩已3—4个月,接到亲戚寄来的王亚南老师的著作《经济科学论丛》,其中有《中国经济学界的奥地利学派经济学》一文,针砭时弊,读后难以忘怀。1949年3月,我只身来沪,在旧书店淘经济学著作,得布哈林著《有闲阶级经济学》(今译《食利者政治经济学》);上海解放后,又买到亚南师的新著《政治经济学史大纲》,其中有对布哈林经济理论的述评,并说及《有闲阶级经济学》"迄今仍有其现实意义与价值"。我敬佩对我影响最大的老师,就遵照其教导,研读《有闲阶级经济学》,从中知道王老师那篇文章就是参考该书写成的。这样说来,我在1945年便接触布哈林的经济理论了。

　　此后中断了30多年。那本《有闲阶级经济学》在"史无前例"中作为反动书籍,和其他反动书刊一起,被勒令一捆一捆地上缴了。直至1979年,我着手准备原先并不感兴趣的有关帝国主义的课程,才从其他书籍中读到布哈林对世界经济和帝国主义的论述。于是就读他的《世界经济和帝国主义》。他对世界经济的定义引起我很大的兴趣。不久,《布哈林文选》出版,我就系统地阅读布哈林的文章。他的平衡论、他对卢森堡的资本积累理论的批判、他特有的社会主义经济方法论,也引起我很大的兴趣。系统地研究布哈林的经济理论并写成著作的想法,就是这样产生的。

在构思全书的过程中,我写过几篇独立的论文,它们是《布哈林的世界经济和帝国主义理论》《布哈林的国家垄断资本主义理论》和《布哈林的社会主义经济方法论述评》,分别发表后,其基本内容又移入本书。

本书献给 43 年前鼓励我"致力于《资本论》"的人。

缺点和错误,敬希读者指出。

陈其人

1989 年 5 月 27 日于上海四余室

第二部分

世界体系论的否定与肯定
——卢森堡《资本积累论》研究

（本部分内容根据陈其人先生著、时事出版社 2004 年
4 月出版的《世界体系论的否定与肯定——卢森堡〈资本
积累论〉研究》一书校订刊印）

自　序

　　1959 年，罗莎·卢森堡的《资本积累论》中译本出版，我第一次阅读，就引起极大的震动。这有两个原因：其一，她在书中明确提出资本主义经济是不能自己独自存在的，要以另一种经济成分的存在作为它存在的条件，这种看法同我已经接受的历史唯物论不完全相同。按照历史唯物论的公式，历史上继起的经济形态或社会形态，从前一种经济形态或社会形态中产生（社会主义和共产主义社会例外）以后，就独自存在，不以其他经济形态或社会形态的存在为其存在的条件。因此，她是在向传统的历史唯物论挑战。其二，1956 年，我在一篇拙作中论述垄断资本主义经济必须攫取垄断利润，而垄断利润又只能来自非垄断经济成分和非垄断经济成分中的社会成员，明眼人一看就知道，我事实上认为垄断资本主义经济是不能独自存在的，当时，这是极其大胆的提法，是离经叛道的。因此，一读《资本积累论》，知道卢森堡在方法论上（不是理论上）早已有此看法，这就为我壮了胆（但是，即使这样，很长一段时间，我还是不敢明说：在这个问题上，卢森堡是我的权威。因为那时，卢森堡的名声还是不够好）。就在这一时刻，我就暗下决心：要为卢森堡写点什么。但是，由于命途多舛，暗下决心时，我刚过"而立"，到现在动手将其写出来，已是耄耋了。中间间隔 40 多年。

　　这 40 多年，我是怎样过的呢？这可以分为两段："文革"之前和之中，下放劳动、三次"四清"、隔离审查、两进干校，堪称下乡和劳动的"专业户"，还要加上挨斗……"文革"之后，突然进入我的黄金时期：不断地独自创新课，不断地上课，不断地指导，不断地自写教材，不断地参加答辩。我有一个坏习惯：从不用已有的教科书，不是自己写的，一概不用。即使为研究生开课，并且开几门课，都是这样"自产自销"的。即使这被讽刺为"克隆"研究生，我也顽固不改，因为我自己也是被"克隆"的。允许我说一句违反生物学的话，说实在的，我还因被"克隆"得"不够"而感到遗憾呢！（假如我有幸能从师傅那里多学一些，最好能将衣钵接过来，那我今天的水平将会高得多）我这样做，虽不艰苦，但占去时间不少，我常常是边写、边讲、边修订、边交付出版的……在这当中，当然多次涉及卢森堡，但是，没有充裕的时间全面写她的最重要的资本积累理论。直到1996年，大病一场，我才彻底摆脱教学工作，经过四年与病魔相斗，终于站起来，处理了几部稿子和几篇文章之后，用两个多月的时间，写完卢森堡的资本积累理论，终于了却一桩心事。

本书稿从酝酿到脱胎历时40多年，在这个过程中，我对卢森堡资本积累理论的基本论点的看法没有改变。完稿后，也谈不上对此有什么"深化"，就是说一直如此。虽然这样，但我还是将再生产理论的历史梳理了一遍，收获是很大的，特别对西斯蒙第的理论有了进一步的认识。

我深知本书稿是有缺陷的：没有将理查德·坎蒂隆简明的再生产理论和魁奈经济表的优点，即说明农业中的剩余生产物如何决定非农业人口和非农部门的规模，补充到马克思的扩大再生产公式中。马克思的再生产图式没有表明农业中的剩余生产物如何决定非农业人口和非农业部门的规模，尽管他在《资本论》（第三卷）和《剩余价值学说史》（第一卷）中都说明了农业中的剩余生产物决定非农业人口的原理，但是，他毕竟没有将此二者结合为一个图式。因此，我们作为他的学生，应该完成这一任务。但是，我只能以文字而不是图式说明这一点。原因当然是我的数学不好，无法完成任务。说到底，这就是如何将马克思的经济理论量化的问题，这是我们的共同任务。不完成这个任务，要运用马克思主义经济学为社会主义经济服务是很困难的。这一点，看来要寄希望于年轻一代的马克思主义经济学家了！这篇东西，内容虽属于再生产理论，但不是卢森堡的论述，理应不能作为本书的有机构成部分，可我还是这样处理了。

我读遍能读到的卢森堡的所有著作，处处感到这位杰出的共产主义战士既是思想巨人，又是革命战士，是用理论来指导革命的战斗之鹰。科学史的规律是科学家站在思想巨人的肩膀上攀登，这似乎不适合于她——她似乎是前无古人的。有的经济学史专家认为她的资本积累理论是受西斯蒙第的影响，这是错误的。从根本上说，西斯蒙第是斯密教条的信奉者，这就决定他不可能有正确的再生产理论，因而就自然地认为生产和消费是相等的。

只是由于小生产者的破产,生产就大于消费,实现就困难,经济危机就不可避免;卢森堡却是斯密教条的批判者,确认不变资本的存在,它不可能全部分解为收入,这就具备理解扩大再生产的条件。但是她却认为,用于积累的剩余价值既不能由资本家来实现,又不能由工人来实现,只能由这两者以外的"第三者"来实现,随着他们的不可避免地消灭,资本积累就不可能了,资本主义存在也不可能了。但是,这是一个非常缓慢的过程,在它到来之前,无产阶级就应起来推翻它。卢森堡就是为了完成这一历史使命而献出宝贵的生命的! 就是说,她绝非是苏联理论界因某种原因而说的资本主义自动崩溃论者。卢森堡是俄属波兰人,但是,她反对波兰独立,只认为波兰应取得民族自治权,反对列宁主张的民族自决权。这被认为是她的政治错误。这个问题很复杂。我认为这同她的资本积累理论有关。因为波兰的资本主义发展水平比俄国高,俄国还有许多"第三者",所以,她认为波兰的资本积累要由俄国来实现。由此,她就认为两者在再生产上连在一起,不可分割;一旦分割,两者的再生产都不可能进行。这就导致反对民族自决权——被统治民族拥有脱离统治民族、独立为一个国家的权力。其实,独立之后,仍可结成联盟以保持经济联系。有此联系,再生产就不会中断。这是卢森堡将民族自决和参加联盟对立起来所导致的错误。不过,即使苏俄,也没有全部实行民族自决权。我所以谈这些,是因为卢森堡受到误解,有一段时间,她蒙受了不白之冤。

本书稿的结构大体上是一目了然的。"代绪论"虽然有点特别,但我相信是容易读懂的。需要说明的是第五篇我写卢森堡的经济思想是将自己放进去的。第五篇的主要内容是:我得到卢森堡资本积累理论中方法论的启示和鼓舞,就进一步有意识地运用这个方法论进行研究而取得的一些成果;这个方法论是我建立我的"殖民帝国系列"(目前包括《帝国主义经济与政治概论》等四本书)的方法论基础。我得益于卢森堡的很多。由于"创新"篇不是预先订了计划再写出来的,而是随想随写的,篇内各章以及这一篇和其他篇的内容难免有重复,但由于"创新"篇各章是独立存在的,有的是发表过的,如加以删改就破坏其完整性,使人看不懂,只好保持原貌,请大家原谅。

"创新"篇中的《论外部市场范畴形成的过程及其含义的质的变化》这一章,是我将我与刘百鸣合写的《试论世界经济学的基本范畴——外部市场》

（载《世界经济研究》1985年第4期）加以改写而成的，现收入本书稿。刘百鸣是我的学生兼同事，征得她的同意，我就将我们共同的作品作了如上述的处理。

　　附录部分的两篇是《读〈社会改良还是社会革命?〉》和《〈国民经济学入门〉述评》。我认为有了这两篇，再加上正文的内容，卢森堡最重要的四本经济著作（《社会改良还是社会革命?》《国民经济学入门》《资本积累论》和《资本积累——一个反批判》）的主要经济思想都涉及了。这样，我们就既了解了卢森堡最重要经济理论——资本积累理论，又了解了其一般的经济思想。

　　我要对一切关心我要写卢森堡的人表示感谢！大概是1960年，正是我戴上不称为帽子的帽子——修正主义分子——的时候，我还是硬着头皮，去请教一位经济学权威，表示我想写卢森堡的资本积累理论的意愿。问他的看法如何？他劝我不要自找麻烦，理由是马克思列宁主义不是传给卢森堡，而是其他人，这个人有权，你写卢森堡，不是和这个其他人对立了吗？他是好意。但我不以为然。我认为，如果连卢森堡都不写，就没有值得我写的马克思主义大经济学家了！与此不同的是，我的一位老领导，曾常和我们一起学习经典著作，逐字逐句讨论，"政治学习"确实是学习，决不开"无轨电车"，大家受益良多，对此我至今仍留恋；阔别40多年，我送给他一本《布哈林经济思想》，他马上就说："你应该再写卢森堡。"我服了。难得的马克思主义理论家兼知心人呀！我的一位研究生，到了海外，还念念不忘此事，鼓励我无论如何都要写卢森堡……

　　写完此书稿，我想得很多：我原来接受某些经济学家的说法，以为卢森堡只是在1913年出版的《资本积累论》中才提出其资本积累理论的，读了她的其他著作，才知道早在1893年她就有此理论胚胎了。当时，她才22岁，还在波兰。以后逃离波兰，到瑞士求学，再到德国党校教学，这一思想就更完备了。她的《资本积累论》和在狱中写成的《资本积累——一个反批判》，除了反复论述她特有的资本积累理论外，还分别对原始社会尤其是其中对农村公社的描写，对帝国主义扩张的描写，确实是有血有泪，是同类著作不可比的。

　　我曾"浪漫"了一下，设想卢森堡和布哈林都不死于非命，他们面对面地就积累理论争论，会是怎样？两人都是马克思主义的大理论家，会不会如像

19 世纪 20 年代,李嘉图和西斯蒙第两大经济学家面对面讨论危机理论那样,给我们留下宝贵的思想财富?

最后,我要说,卢森堡的资本积累理论是错误的,因为资本积累确实如马克思所分析的,不需要非资本主义环境来实现。但是,正如布哈林所说,她仅仅提出一种经济成分要以另一种经济成分为其存在的前提,从方法论看,就是极大的贡献。布哈林在《世界经济和帝国主义》(1915 年完稿,1918 年出版)中,对世界经济的定义如下:世界经济是全世界范围的生产关系和与之相适应的交换关系的体系。就是说,是空间上并存的不同生产关系和与其相适应的不同的交换关系的体系。这是正确的,也是与现在流行的世界经济课本(其实是各国经济概况和世界性经济问题的总汇)根本不同的,前者有经济规律待寻,所以成其为科学。例如,19 世纪上半期,俄国农奴向领主交纳的地租——小麦、法国小农耕种的小麦、英国资本主义农场生产的小麦,都在欧洲同一市场出售。俄国小麦对领主而言,无所花费;法国小麦对个体农民而言,只求收回成本:C+V+R(C 是生产资料耗费,V 是工资支出,R 是交纳的绝对地租);英国小麦对农业资本家而言,则包含 C+V+P+R(P 是平均利润),三者在同一市场上出售,其价格如何决定,这就有规律待寻了。后者恕我直言,除了谈情况,就再无特有的经济规律可谈了,不成其为科学。我认为布哈林的定义无疑是金子,总有一天要发光的,而它就有卢森堡思想的痕迹。即使在我国,由于历史原因,人们已讳言天才了,我还是认为她是天才! 其实,马克思是承认天才的,对于英国古典经济学的鼻祖配第,认为财富(价值)是由土地和劳动共同创造的,并且将这两个质不同因而不能有量的比较的因素,错误地换算为同一的单位[①],如像将拿回扣和朗诵诗两者不合理地换算为同一单位一样,以便计算各自在创造财富中的贡献这件事,称为"这个迷误本身是天才的"!

现在,知道卢森堡的人不多了,即使经济学家也是这样。我就读了一本论述世界体系理论的专著,列举了许多世界体系论者,唯独就不见卢森堡。

---

① 他这样换算:2 亩地没有人的劳动,长出的青草供在这地上的牛吃用,一年中牛长的肉,可供 1 个人吃 50 天,这就是土地的价值,即 1 年的地租;1 个人在这块地上种粮食,一年中收的粮食,可供 1 个人吃 60 天,这多出的 10 天粮食,就是 1 个人一年的劳动创造的,即他的工资。这样,土地和工资的价值都是用若干天的食物来表示的,也是土地和劳动的换算单位。

其实,卢森堡应该是始祖。原因我看是宣传和研究不够!

　　错误之处,敬请指正。

　　另外,我要特别指出的是,本书出版得到复旦大学文科科研推进计划金秋项目资助,特此致谢!

陈其人

2002 年 10 月 16 日,一个可纪念的日子。

代绪论

一、卢森堡的世界体系论和考茨基的世界体系论

1. 垄断资本主义经济是一种世界体系

我将一种不能为自己提供存在条件的经济成分称为一种世界体系。从方法论看,世界体系这一概念实质上是卢森堡提出来的。她的资本积累理论是反对马克思的再生产理论的。她认为,资本积累问题只是剩余价值的实现问题,在只有资本家和工人两个阶级的条件下,资本积累是不可能的。资本家只有将用于积累的剩余价值(它体现在物质资料上)出售给资本家和工人以外的"第三者",主要是个体生产者,从他们的手中获得货币(这是第一次交换),然后再用这些货币向"第三者"购买原料和材料,以及向他们雇佣工人(这是第二次交换),这才不仅在价值上,而且在物质上实现了资本主义积累。换句话说,资本积累要经过两次资本主义经济和个体生产者的交换,即资本主义如果没有同非资本主义的交换,它就不能生存。卢森堡说:"这两者都是资本主义生产与周围非资本主义世界之间的交易。所以从剩余价值的实现及不变资本物质要素的取得两方面来看,国际贸易,一开始就是资本主义历史存在的首要条件。"[①]她认为这是一种本质的联系,因而就构成世界体系。这就是:资本主义是一个"自己不能单独存在的经济形态,它需要其他的经济形态作为传导体和滋生的场所"。[②] 之所以说卢森堡的资本积累理论是错误的,是因为马克思的再生产理论表明,资本积累不单是剩余价值的实现,而且是包括剩余价值在内的全部价值以及使用价值这两者统

---

① 罗莎·卢森堡:《资本积累论》,彭尘舜、吴纪先译,生活·读书·新知三联书店 1959 年版,第 283 页。

② 同上书,第 376 页。

一的实现或补偿,资本主义自己能为自己提供实现的条件,其存在无须以其他经济的存在为条件。但是,卢森堡的理论包含的方法论——有的经济成分不能自己单独存在,就构成世界体系——却使我得到启发:它使我认识到奴隶制经济和垄断资本主义经济都是这样的。

另一方面,在卢森堡看来,如果资本主义经济没有外部市场,它就不能存在。卢森堡是从经济成分来区分内部和外部市场的。她说:德国资本主义的工业和英国资本主义的工业交换,这是内部市场,因为这是资本主义自己的交换;德国资本主义工业和德国个体农民的交换,对资本主义的工业来说则是外部市场。国家政治疆界在这里的意义不大。

根据这一方法论,以及我们对垄断资本主义经济必须从其他经济成分攫取垄断利润的分析,我们就可以说没有外部市场垄断,资本主义经济就不可能存在。

必须强调的是:我们并不是将某一种经济同另一种经济是有联系的这一事实记录下来,就认为它是一种世界体系,不是这样的。我们是根据是否有本质的联系,即是否缺少了这种联系,资本主义或垄断资本主义经济就不能存在来判断其是否是世界体系的。

有些经济学家将资本主义经济看成一种世界体系。他们的方法论特点是:将资本主义经济从产生时开始,就同其他经济成分在事实上有联系,并且一直都是如此地把具体情况记录下来。这样做,就必然无法区别一般的资本主义经济和垄断资本主义经济有何不同。由此必然产生的错误,下面就会看到。

2. 垄断利润的国内和国外来源

垄断利润只能来自非垄断资本主义的经济成分和非垄断资本家的社会成分,这是不分国家界限的。攫取垄断利润的最根本办法是:垄断企业以垄断价格,即高于价值或"生产价格"(这时由于垄断利润的存在,经济条件发生变化,平均利润已不是原本意义上的,所以生产价格也不是原来意义上的)出售商品,而以低于价值或"生产价格"向小生产者和一般的资本主义企业购买生产资料,它们的垄断地位使它们有条件这样做。这种情况是适用于国内和国外的。关于垄断价格的制定原则等问题,一般论述帝国主义的书籍已有说明,这里不赘。

但是,国内来源和国外来源还是有区别的。首先,由于国内外利率不同,用输出资本的办法攫取垄断利润就只适用于落后国,除非垄断资本主义国家的落后地区也存在着高利贷利率。其次,也是最重要的,在垄断资本主义国家,政权是由垄断资本家本人或其代表掌握的,因此,他们可以借助政权制定有利于垄断资本主义经济的财政与货币政策。例如,以财政支出来购买他们以垄断价格出售的商品,或者为他们提供一个有保证的市场。还有就是为了支持由此而常常发生赤字的财政预算,就废金本位实行纸币本位制,并在这个基础上滥发纸币,从而降低货币的价值,导致物价上涨,而不相应地提高货币工资,从而增加所有资本家的利润包括垄断利润,但是非垄断资本的利润有一部分还是落到垄断资本家的腰包里。像这种直接利用政治力量攫取垄断利润的办法,垄断资本在国外一般说来是不适用的。

这里要指出的是,垄断资本主义经济用财政的办法,或者说通过由国家包买商品的办法,取得了垄断利润以后,这些不管是一般商品还是军火,不管积压着还是丢到大海中,都与垄断企业无关了。如果以发达国家的名义,将这些商品送给落后国家,或者贷款给落后国家,后者的用途指定是用来购买这些商品的。那么,在垄断资本家已经得利的条件下,又能将落后国家进一步拴住,以便以后从中得到更多的利益。应该指出,这就是所谓的经济援助和军事援助的经济内容。卢森堡资本积累论中的军国主义理论就是建筑在这个基础上的。这一点下面谈。

对于据以攫取垄断利润的外部市场,垄断资本主义更为看重的是国外的外部市场。这有两个原因:其一,落后的或农业国家有众多的小生产者,生活费用极其低廉,资本主义经济又不发达或阙如,工资因众多的小生产者破产又当不成工人而特别低下。换句话说,土著资本主义的利润因工资低而较高。这样,无论是小生产者以 C＋V(放弃 M)的价格出售,还是资本家以低于价值或生产价格的价格出售产品,他们的再生产还可以勉强维持,只是其工人苦不堪言。其二,垄断资本主义国家为了巩固其世界体系的基地,就有必要采用加深对外榨取而减轻对内榨取的办法,以缓和国内矛盾。这样做,有时还会给国内的工人、小生产者甚至一般资本家带来某些物质利益。这就是布哈林所说的垄断主义经济占统治地位的国家,受垄断资本主义剥削的各种人甚至连工人也会产生国家主义或爱国主义的经济条件。

3. 奴隶制是一种世界体系

历史和现实中,确实有不能独自存在的生产方式和经济形态。历史上的奴隶制,不论是古代的还是现代的,从奴隶来源看,都是不能独自存在的经济成分。在古代社会,奴隶这种劳动力来自其他经济成分的个别的成人,就是古典的奴隶制;来自集体的成人,就是东方的奴隶制,也就是最初的贡纳制。

埃及经济学家萨米尔·阿明说:"贡纳生产方式是最常见的接替公社方式的一种形式,这是一个规律。这个生产方式的特点是公社的继续存在与它又被国家所否定这两者之间的矛盾。而且,由于这种情况,占有剩余产品的上层阶级和政治上占统治地位的阶级混淆起来(经济上的剥削者和政治上的统治者是同一的——引者)。这种情况就不可能把生产关系简化为法定的财产关系,而使我们不得不把生产关系从它全面、原始意义上来视为从生产组织中产生的一种社会关系。这种生产方式有时被不精确地称为'亚细亚生产方式'。"①

除了前面提到的古代奴隶制以外,美国南北战争前,南部的现代奴隶制也是这样。在那里,多半经营种植园,种植棉花和烟草。但是奴役性的劳动使奴隶很快死亡,急需要补充,使奴隶对劳动没有兴趣,地力很快就耗尽,再不适宜种植棉花和烟草,因此,在当时的生产力水平低下的条件下,美国南部有几个州只好变成为专门繁殖奴隶的地区,但是仍不能满足奴隶劳动力的需求,还要继续从非洲捕捉黑人来充实奴隶市场。

以上分析表明,奴隶制是用另一种经济成分的劳动力与生产资料结合起来进行生产的,这是不能独自存在的经济成分或生产方式;是我所理解的一种世界体系。

4. 评考茨基的世界体系观

考茨基在其研究帝国主义的著作之一,即《民族国家、帝国主义国家和国家联盟》中,详细地记叙了一种社会制度或一种经济成分,同另一种社会制度或经济成分发生联系——他称之为扩张倾向——的情况。他认为任何社会生产都要求各生产部门之间存在一定的比例性,这种比例性也存在于

---

① 萨米尔·阿明:《不平等的发展》,高铦译,商务印书馆1990年版,第5页。

工业和农业之间,资本主义越发展,农业就越落后于工业,先进资本主义工业国就要向落后农业国家和地区取得工业原料和粮食。当英国一国独霸世界时,它用自由贸易政策达到这一目的;当多国起来和英国竞争时,它们都用帝国主义政策达到这一目的。

考茨基的叙述虽然详细,但是并不全面,他没有提到奴隶制社会要从其他经济成分用暴力取得奴隶。在考察近代奴隶制时,他是从贸易的角度说明奴隶的来源的,这样一来,古代奴隶制社会的奴隶来源问题,就在其视野之外了。考茨基也没有提到金融资本或垄断资本主义经济要从其他经济成分和社会成分取得垄断利润,因为他的思想里不存在这类问题。最重要的是,他没有将这些扩张同各种社会制度或经济成分的再生产联系起来加以考察,说明那些对外扩张是实现再生产的必要条件。

列宁说,"一般地"谈论帝国主义而忘记或忽视社会经济形态的根本区别,这样的议论必然会变成最空洞的废话或吹嘘。就像以"大罗马"和"大不列颠"拿来相提并论那样。我认为,将不同社会经济形态的帝国主义即通常所说的对外扩张政策加以区别,最重要的就是将它们在各社会经济形态的再生产中发生的作用加以研究。

总起来说,我的看法是:奴隶制经济和垄断资本主义经济是世界体系,其他经济形态不是世界体系:世界体系论在不同的场合既应否定,又应肯定。

二、温州师范大学江华博士来信选编

陈先生:您好!

多谢惠赠大作,大作加深了我对卢森堡著作的理解。

您在 1956 年的提法甚至比其他学者超前:一是您对传统的生产方式递进和独立提出批评,当代西方史学研究也证明这种生产方式观念是错误的;二是您具有整体的观念,研究的是作为整体的世界经济,而非国别经济汇编的世界经济。

您提出的卢森堡在理论上的错误和方法上的启示对我而言也是一种启示,有不少学者在批评卢森堡的理论错误时确实忽视了其方法上的意义。卢森堡提出的世界经济的整体性确实了不起,可惜被史学界忽视了,如果以资本主义对非资本主义的侵蚀来描述近代以来的世界历史进程,肯定很有新意。这段时间我对两个西方学者很感兴趣:一是李斯特,他通过历史分析力图解构亚当·斯密的"自由贸易";另一是卢森堡,她在分析单位上抛弃了国家这个实体;也许只有抛弃国家为分析单位,才能建构真正的世界经济。

沃勒斯坦的世界体系论经常受到的批评之一是结构决定论,试图把所有的一切都装到一个框架中。他强调结构内的因素,而忽视结构外的因素的影响。他强调经济的同质性和政治的异质性,所以,他就将卢森堡的异质的世界经济同质化了。其实,在他之前布罗代尔、弗兰克就如此做了。这种做法确实也能解释一些问题,但有时也显牵强。如您所举的奴隶的例子,在沃勒斯坦看来,美洲的奴隶经济是资本主义经济的一部分,都属于同一世界体系,但作为奴隶来源的非洲却在世界体系之外,这就有点莫名其妙了。

沃勒斯坦的世界体系还有一个方法论上的问题,即真正意义上的世界体系只有一个,不可能通过归纳演绎的方法得出一个具有普遍意义的概念。后来,一些学者就通过自己的分析提出不同的世界体系,例如,蔡斯—邓恩就指出世界体系中可以存在多种积累方式(不同于生产方式),只不过不同时期主导的积累方式不同。

对于奴隶制,您的提法很有见地。东方的奴隶制我接触少,我对古典奴隶制相对熟悉。罗斯托夫采夫经常用"资本主义"来描述希腊化和罗马时代的奴隶制,在他看来,我们用传统的观念来看奴隶制是有缺陷的。在希腊的一些城邦,奴隶在生产中并非主导的,他们确实是其他经济成分的劳动力,这以雅典最为突出。

沃勒斯坦的世界体系在生产方式上是一元的,蔡斯—邓恩的世界体系在积累方式上是多元的,您的世界体系在生产方式上也是多元的,您还取消了一个结构主义的限制。您对马克思主义经典比沃勒斯坦熟悉,您的说法比他更马克思主义,尽管他被称为"新马克思主义者"。

第一篇
对再生产理论史的述评

　　罗莎·卢森堡是百科全书式的马克思主义理论家。即使仅就经济科学来说,她也是经济学原理、经济史、经济学说史、世界经济等无一不精通。她对于经济问题,真是信手拈来,就能议论,并且得心应手;写的时候,一泻千里,娓娓动听,热情奔放。下面这一段高度概括的话,对于理解她提出资本积累论的背景有十分重要的意义。她说:"资本主义历史地生育并发达于非资本主义环境之中。西欧诸国的资本主义,最初是处于产生它的封建环境之中——在农村是庄园经济,在都市是基尔特(行会)手工业。以后,脱离了封建制度之后,它又主要处于农民和手工业的环境之中,也就是说,处于农业及商业的简单商品生产的体系之中。此外,围绕欧洲资本主义的,还有非欧洲文化的广大区域,它们代表各个发展水平,从逐水草而居以狩猎或畜牧为业的原始共产主义的部落,一直到农业和手工业的商品生产。这就是资本主义积累所处的环境。"[1]从资本的发展来说,"可以区分为三个阶段:资本对自然经济的斗争,资本对商品经济的斗争,资本在世界舞台上为争夺现存的积累条件而斗争"。[2] 她特别重视铁路网的发展。她说:"铁道网的发展,大体上反映了资本的侵入。铁道网的急速发展,在欧洲是在(19 世纪)40 年代,在美洲是在 50 年代,在亚洲是在 60 年代,在澳洲是在 70 年代至 80 年代,在非洲是在 90 年代。"[3]据此,她的结论是:资本化的剩余价值,只有在资本主义外部,无条件地通过非资本主义生产和社会阶层及社会形态,才能找

---

　　[1]　罗莎·卢森堡:《资本积累论》,彭尘舜、吴纪先译,生活·读书·新知三联书店 1959 年版,第 290—291 页。

　　[2]　同上书,第 291 页。

　　[3]　同上书,第 335 页。

到购买者。

历史事实似乎是这样。但是,本质不是现象的总和,规律并不是事实的总和。研究资本积累时,她就没有想一想,如果像她所主张的那样,将用于积累的,即体现在商品上的那部分剩余价值卖给个体的农业和手工业生产者,然后再向他们买回等价的商品,这对实现积累事实上是没有任何作用的。所以,这里必须运用抽象法,将对外贸易予以舍弃,然后在理论实验室里分析问题。这样就能看到:在只有资本家和工人两个阶级的条件下,资本积累是完全可以实现的。因此,我认为卢森堡不会运用抽象法,只是屈从于事实,是其资本积累理论发生错误的方法论原因。

关于卢森堡的热情奔放,我想说两句:愤怒出诗人,但出不了科学家。后者需要的是冷静。卢森堡怒斥资产阶级对落后民族的掠夺和侵占之后说:"想要从这些乱纷纷的政治暴力、欺诈和掠夺中,探求出经济过程的严密规律,那是需要费一点气力的。"[1]我说,即使费气力,她还是无法揭示其中的规律的,因为暴力是无规律性可言的。换言之,她只能说明独立生产者是实现资本积累的环境,但是无法说明他们是如何被剥削的。布哈林就批评说:她将剩余价值的实现问题和剥削问题分割开来了。她想要说明剥削而无法说明,这是她的资本积累理论的缺陷。

---

① 罗莎·卢森堡:《资本积累论》,彭尘舜、吴纪先译,生活·读书·新知三联书店1959年版,第364页。

第一章　坎蒂隆、魁奈和斯密的再生产理论

叙述卢森堡本人的扩大再生产即资本积累理论之前,要谈论她对马克思的资本积累即扩大再生产理论的批评。这就又要了解斯密的错误的再生产理论及在其基础上的两大派的争论。为了加深对斯密错误理论的了解,就要将重农学派的代表人物魁奈的理论拿来对比,而魁奈又有其前驱坎蒂隆。我们将上述次序倒过来一一加以研究。其中,坎蒂隆的思想是卢森堡本人未做研究的。

第一节　坎蒂隆

理查德·坎蒂隆(1680—1734)是英国古典政治经济学产生时期的代表之一,著有《商业性质概论》。其时,英国正处在从封建主义向资本主义的过渡中,土地权力还大于资本权力,土地产品的生产规律和分配规律在全社会起支配作用。

坎蒂隆从论财富开始分析。他认为土地是生产财富的源泉,劳动是生产财富的形式。因此,他认为人类总要以各种方式利用土地。但这在他看来,却成为土地所有权必定属于私人的。就是说,他是未加说明就将土地私有权作为分析问题的起点。这样一来,就发生土地租赁关系,地租也由此产生。

关于地租,他是从物质的观点进行考察的。在他看来,人的衣、食都是农产品,而农产品中扣除种子等以后的余额,就是可以供人们消费的。但这显然不能全部成为地租。因为它还要扣除耕种土地者的消费资料(工资),以及在资本主义条件下的农业经营者的利润。他要回答地租、工资和农业利润是如何决定的。

他最初是从经验事实而不是从理论来回答的。他说,租地农场主通常取得土地产品的 2/3。他把其中的 1/2 用于补偿成本和供养帮工,其余 1/2 作为自己的经营利润。就是说,土地产品的 1/3 是地租。我们撇开这里的具体数据不谈,只考察其中包含的理论。我认为,这种说法有正确的一面,这就是农场主取得的土地产品要分为两大部分:一是补偿成本,即 C 和供养帮工的 V;二是农业经营者的利润。就是说,他已经看到农业中不变资本和可变资本的区别;但也有很大的缺点,这就是从物质形态考虑,缺乏价值观念,就不能清楚地说明 C 的扣除,因为除了种子是农产品外,肥料和工具不是农产品,不能直接从农产品中扣除;也不能说明 V 的全部决定,因为工资不完全是农产品。如果说,工资说到底就是由农产品决定,其量的大小可以由经验决定,那么,农业经营者的利润就无论如何都不能从物质形态来说明了,因为农业利润除了供农场主消费外,还要用于积累。利润的大小不能说明,地租也就不能从理论上加以说明。换言之,商品经济程度不高,价值概念尚未形成,平均利润率尚未形成,必然使坎蒂隆的地租理论有很大的缺陷。但不管怎样,经过他的说明,农业中的简单再生产是可以反复进行的了。

坎蒂隆还进一步说明,非农业劳动者的数量和收入是由土地关系决定的。他首先说明,在土地耕作者劳动的附近,必须有为其服务的各种工匠,土地耕作者的人数同耕作的土地成比例,各种工匠的人数同土地耕作者的人数成比例,后者居住的地方就成为村庄;土地所有者居住的地方,是市集、城市和都市。在这些地方,也有为土地所有者服务的各种工匠、商人和业主,他们之间也是有比例的。这两种比例说到底要受土地所有者人数和他们占有的土地数量的制约。

其次,最重要的是他进一步说明,所有的人都要靠土地生活,有多少人可以不做土地耕作者,要取决于土地耕作者提供的剩余生产物。这就是说,非农业人口要由农业劳动者所提供的超过了自己消费的剩余农产品决定,也就是由农业的劳动生产率决定。这就是后来由詹姆斯·斯图亚特所发展的"自由人手"理论;也就是诺贝尔经济学奖获得者阿瑟·刘易斯的工业人口是农业劳动生产率的函数的理论。具体地说就是,前面说过,他认为租地农场主取得土地产品的 2/3,用作补偿成本、供养帮工和所赚利润;土地所有者取得土地产品的 1/3,作为地租。他认为那 2/3 的产品,直接地或间接地供养了所有生活在农村的人以及一些住在城里的工匠和业主。这就是说，这部分土地产品在物质形态上是消费资料，其中，在价值形态上的 V 和利润分别由耕种者和经营者消费，C 经过交换，则由工匠和业主消费。工匠和业主供应农业生产所必需的生产资料(工匠和业主所需生产资料的来源，没有说明)。那 1/3 的产品则不仅供养了土地所有者，还供养了那些把土地产品从农村运送到城里的脚夫，以及供养了土地所有者在城里雇佣的所有工匠(工匠所需生产资料的来源，没有说明)和其他人。这就是说，这部分土地产品是消费资料，是地租，由土地所有者及为其服务的人消费。

第二节　魁奈

卢森堡对法国重农学派的鼻祖魁奈(1694—1774)的再生产理论，即《经济表》的述评，过于简约。因此，在介绍之前，我必须对这一学派的背景和基本理论略作说明。这一学派的故乡是小农占优势的法国，是对法国实行重商主义，即以牺牲农业和管制手工业以便增加出口而获取贸易顺差这样的错误政策体系(也称"柯尔培尔主义"，柯尔培尔是法皇路易十四的财政大臣)，进行批评而过了头的产物，或如斯密所说，是矫枉过正的产物。重商主义的注意力完全集中在流通领域，认为利润是高价出卖的结果，只有交换价值的结晶，即金银才是价值，但高价出卖，一方的多得价值就是另一方的不足价值，全国的价值并不由此增加；因此，要增加一国的价值，就要开采金银矿，没有金银矿的，就要取得贸易顺差，使金银进口。在法国，是以牺牲农业和管制手工业的办法来增加出口的，结果是农业凋敝，全国经济比例失调。重农主义就来一个 180 度的转变，将注意力集中在一个可以离开流通，也能进行生产的部门——农业相对地说，就是这样的部门，因为其种子、口粮甚至肥料都可以自给自足，不需购买——进行分析。因此，法国这个小农占优势的国家，就成为重农主义的故乡；英国严格说来就不是，因为英国的航海和贸易都发达，即使是农业，其生产要素也都是买来的。因此，英国只有一位值得一提的重农主义者，比起法国重农主义者的群星灿烂，真是天壤之别。重农主义的理论，集中起来，就是认为：只有农业是生产的，即纯产品。

所谓纯产品,就是农业的产出大于投入的差额。它的投入都是农产品:种子、肥料、劳动者和经营者的消费资料(经营者也参加劳动,农业利润还不是一个独立范畴),从物质观点看,产出大于投入,其差额就是纯产品,其价值表现就是纯收入,即农业中的 M(马克思所说的剩余价值)来自自然,转化为地租。因为农业和工商业的区别,就是农业的劳动对象处于生命的生长过程中,即使在不是施加劳动的时候,它也在生长,从物质的而不是价值的观点看,它投下的物质小于它产出的物质。其他经济部门(手工业和商业)没有这样的自然的赐予,就不生产纯产品。当然,各部门的交换是等价的。明白了这些,就可以介绍卢森堡对重农主义的评价了。

表 2-1 经济表

再生产总额:50 亿利弗

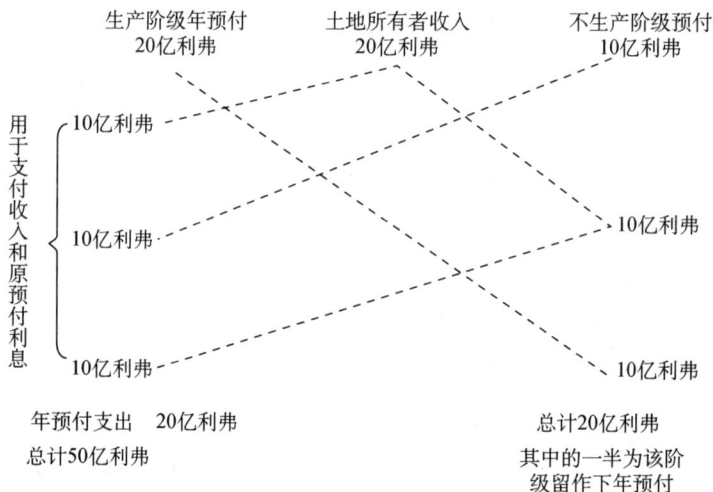

卢森堡(马克思也一样)分析的是魁奈 1766 年修订过的"经济表"(魁奈的"经济表"通常称作"表",实际上叫"经济图"更为确切);该表如上(见表 2-1)。

卢森堡认为,"经济表"是这样的复杂,"以至在马克思之前没有人能读懂它"。[①] 她自己对"经济表"的解释是:"照魁奈看法,一个社会包括三个阶级:农业家的生产阶级;所有在农业范围以外活动的不生产阶级——工业、

---

① 罗莎·卢森堡:《资本积累论》,彭尘舜、吴纪先译,生活·读书·新知三联书店 1959 年版,第 16 页。

商业和自由职业者;最后是地主阶级,包括君主和什一税税吏。全国总生产物,即总的食物和原料是在生产阶级的手中生产出来的,假定它的总额为50亿利弗。在这个数目中,20亿利弗代表每年的农业流动资本,10亿利弗代表固定资本的磨损,有20亿利弗是作为地主的纯收益(转化为地租的纯产品——引者)。除了这总生产物外,农业家(这里,被看作相当符合资本主义意义的租地农家)手中有20亿利弗的现款。于是,流通进行如下(农产品共值50亿利弗,其中20亿利弗是食物、种子和肥料,即年预付,也就是马克思所说的流动资本,包括工资和原料,直接由生产阶级用于个人消费和生产消费,不进入不同阶级之间的流通;进入流通的是20亿利弗纯产品即地租,以及他说的原预付的10亿利弗利息,这些利息其实是固定资本的折旧基金和保险基金;就是说,进入流通的农产品为30亿利弗;此外,还有不生产阶级预付的20亿利弗工业品:进入流通的商品共为50亿利弗——引者);租地农业家付给地主20亿利弗现款的地租(作为上次生产周期的成本——原作者。应该不是成本,因为成本就是投入,而它是产出大于投入的差额,是纯产品——引者)。地主阶级用这笔钱向租地农业家购买10亿利弗的食物,并向不生产阶级购买其余10亿利弗的工业品。租地农业家再以流回到他们手里的10亿利弗购买工业品(是生产资料还是消费资料,没有说明,这个问题下面再谈——引者)。于是,不生产阶级以他们手中的20亿利弗购买农产品:其中的10亿利弗是原料(不是固定资本——引者),用来补偿他们每年的流动资本;其余10亿利弗是食物。这样,这些货币的结局就流回到原来的出发点:租地农业家阶级;生产物被分配到所有阶级,使得每个人得到消费品;同时,不生产阶级和生产阶级的生产资料都已得到补偿(按照以上所述,不生产阶级的原料得到补偿,但是,工具即固定资本却没有得到补偿;生产阶级的种子、肥料等生产资料和食物,自己补偿,工具是否像上面所说的从不生产阶级那里购买,以下再议论——引者)。而地主阶级取得了收益(纯产品或纯收入,即地租——引者)。再生产的前提已具备,流通的条件都得到满足,于是,再生产就能循着有规则的轨道重新开始了。"[1]

---

[1] 罗莎·卢森堡:《资本积累论》,彭尘舜、吴纪先译,生活·读书·新知三联书店1959年版,第16—17页。

马克思对"经济表"也有解释。他和卢森堡的解释的主要不同,我认为有两点:第一,明确地指出进入流通即交换的有 20 亿利弗货币、50 亿利弗商品,其中的 30 亿利弗是农产品(另有 20 亿利弗是自给自足,本部门消耗掉的)、20 亿利弗是工业品;第二,明确地指出工业品中有 10 亿利弗是用作固定资本,"对于租地农场主来说,这一部分工业品只是他们基本投资的利息的转化形式,这种利息是他们从农业再生产上直接得来的"。① 这一点,卢森堡并不明确,而笼统地说是"工业品"。

卢森堡认为:"上述论点虽然流露一些天才的光芒,但仍然是有缺点和粗陋的。"②光芒何在? 她的说明太笼统。我认为魁奈提出了坎蒂隆没有的思想:一是原垫付的概念(固定资本)及其利息(折旧问题),与此相应的是年垫付的概念(流动资本)问题;二是农业劳动生产率,即农业生产者超过了本身消费的剩余农产品数量,决定非农业的人口的规律表述得更清楚了,这就是"经济表"中的纯产品,即地租 20 亿利弗,决定土地所有者阶级和不生产阶级的人口总量。

缺点何在? 卢森堡认为,就是"在'经济表'中看到不生产的工人阶级只创造了等于他们所消费的原料和食物的 20 亿利弗价值。因此,在交换过程中,全部制造品分为两部分:一部分归之于租地农业家阶级(这部分指的是什么,不明确;留在下面谈——引者),另一部分归之于地主阶级,而制造阶级没有消费它自己的生产物(包括消费资料和生产资料,尤其是生产资料中的工具;后者前面已经提出来了。马克思如何解决这个问题留在下面谈——引者)"③粗陋何在? 第一点是:"在商品生产上,严格地讲,制造阶级只再生产它所消费的流动资本,它没有给企业家创造任何所得(或译为收入——引者)";第二点是:"魁奈假设只有在农业中存在着固定资本,即他所称的原垫支(垫支或译为预付,下同——引者)以区别于年垫支。照魁奈看来,工业显然是在没有固定资本下进行活动的,它只有每年周转的流动资本,因此,工业每年出产的商品中没有创造任何价值因素,用来补偿固定资

---

① 恩格斯:《反杜林论》,吴理屏译,生活书店 1938 年版,第 250 页。
② 罗莎·卢森堡:《资本积累论》,彭尘舜、吴纪先译,生活·读书·新知三联书店 1959 年版,第 17 页。
③ 同上书,第 22 页。

本(如房屋、工具)的磨损。"①我认为"经济表"还有一个缺点卢森堡没有发现,这就是生产阶级和不生产阶级消费的生活资料中都没有工业品。换言之,工业生产的消费资料只够供土地所有者的消费。

关于"没有给企业家创造任何所得"这种说法,是卢森堡思想不严密的反映,因为不生产阶级向农业家购买的食物,不生产阶级中的企业家同工人都是消费者,企业家消费的就是其所得;正确的说法应为"没有给企业家创造工资之外的所得",即利润。但当时利润还不是一个和工资相独立的范畴,而是两者连在一起,因为企业家还参加体力劳动。更重要的是,在重农主义者看来,工业是不生产纯产品的,这就不可能有利润这种所得。

关于缺点,即不生产阶级没有消费自己生产的产品,包括生产资料和消费资料,和第二点粗陋,即工业部门不使用固定资本,以及我在上面提出的生产阶级和不生产阶级都不消费由工业所生产的生活资料:这三个有联系的问题,马克思在恩格斯的《反杜林论》第2篇第10章中是试图解决的:第一,关于工业应使用固定资本问题,马克思说:"工具、机器等算是这一阶级(不生产阶级——引者)本身的制造品,但是,这些制造品在这一阶级本身的工业的生产中所起的多种作用,以及在这一阶级内部进行的商品流通和货币流通,在'经济表'中都没有涉及。"②这里存在的问题,留在下面谈。第二,关于不生产阶级应消费工业品问题,马克思说:"在这里或许可以提出这样的异议:不生产阶级为了自己的家用也消费工业品;如果它把自己的全部产品都通过流通而转归其他阶级,那么它自己所消费的工业品列到哪里去了呢?对于这个问题,我们得到如下的回答:不生产阶级不但自己消费自己商品的一部分,还企图尽可能多地保留一部分商品。因此,它把投入流通的商品卖得比实际价值要高,而且它也必须这样做,因为我们是把这些商品计算在他们生产的全部价值内的。"③但是,这明显地违反了重农主义遵守的等价交换原则。第三,关于生产阶级应消费工业品问题,马克思说:"在魁奈那个

①　罗莎·卢森堡:《资本积累论》,彭尘舜、吴纪先译,生活·读书·新知三联书店1959年版,第23页。

②　恩格斯:《反杜林论》,吴理屏译,生活书店1938年版,第247页。

③　同上。

时代,在法国,而且或多或少地在整个欧洲,农民家庭工业供给了大部分非食品类的用品,所以,家庭工业在这里就被看作农业的当然附属物了。"①这就是说,生产阶级消费的工业品是自己制造的。它们应计入生产阶级所消费的生活资料的总价值,因此,这个总价值必然是增大了,转移到农产品上的价值也相应地增大了,就是说,相应于农业流动资本的产品价值不止是 20 亿利弗。但是,"经济表"上却仍为 20 亿利弗。这也是问题。

这里必须指出,生产阶级向不生产阶级购买的到底是什么是一个要进一步解决的问题。回答是不相同的。"经济表"上说的是"加工品",这就应该是原料或半成品。卢森堡说的是笼统的工业品,不知是消费资料还是工具之类的固定资本。如上所述,马克思认为是补偿原预付的利息的固定资本,但是,马克思又自相矛盾地认为"租地农场主用 10 亿利弗向不生产阶级购买工业品;其中的很大部分是农业工具和农业所必需的其他生产资料"②,意即小部分是生活资料。由于要证明后一说法,马克思再认为,不生产阶级所需的生活资料,"一部分是直接从生产阶级获得的(按照前面所说,不生产阶级直接从生产阶级获得的应是原料——引者),另一部分是间接地通过土地所有者获得的(这部分就是土地纯产品即地租的转化,应是生活资料——引者):这样,按照马克思所说的条件,不生产阶级向生产阶级获得的生活资料,就只能是生产阶级从自己生产和消费的生活资料(不是相应于纯产品的生活资料)中拿一部分出来,同不生产阶级生产的工业生活资料相交换了,这同"经济表"的论述是矛盾的,这是一;第二,上述的不生产阶级所需的工具之类的固定资本来自生产阶级自身之说,就不能成立了。

以上分析说明"经济表"本身有缺陷,使其不能全部说明再生产的进行。我们知道,从再生产的角度看,工业和农业都应分为第一类和第二类。第一部类即Ⅰ,生产生产资料;第二部类即Ⅱ,生产消费资料。这是从产品的自然形态来区分的。但是,还要从价值形态来区分:两大部类产品要都分为 C+V+M,C 是不变资本,即生产资料的价值,V 是可变资本,即工资或工人所需消费资料的价值,M 是剩余价值,即农业中的纯产品,"经济表"认为工

---

① 恩格斯:《反杜林论》,吴理屏译,生活书店 1938 年版,第 245 页。
② 同上书,第 248 页。

业中是没有的。根据马克思的政治经济学原理,再生产要从自然形态和价值形态同时得到补偿。简单再生产的实现条件是:Ⅰ(V＋M)＝ⅡC,两者相等并交换,ⅠC则内部交换,或自给自足,Ⅱ(V＋M)也是内部交换,或自给自足。我们记住:Ⅰ和Ⅱ都是既有工业,又有农业的。"经济表"没有Ⅰ和Ⅱ之分,只有农业和工业之分。这样,要进行简单再生产,要符合Ⅰ(V＋M)＝ⅡC这一基本条件,就必然很复杂,容易引起观察上的混乱。这里不能全面谈论(下面谈论斯密和马克思的再生产理论时还要谈),只对上述生产阶级向不生产阶级购买的到底是什么这一问题进行分析,找出其所以回答不一的原因。

生产阶级的生产(农业生产)可以分为Ⅰ和Ⅱ,不生产阶级(工业生产)也可以分为Ⅰ和Ⅱ。农业中的ⅠC要购买的工业品是工业中的ⅠC,即农业向工业购买工具,也就是固定资本。农业中的Ⅰ(V＋M)要购买的工业品是工业中的ⅡC,即农业向工业购买生活资料;农业中的ⅡC要购买的工业品是工业中的Ⅰ(V＋M),即农业向工业购买工具,也就是固定资本,农业中的Ⅱ(V＋M)要购买的是工业中的Ⅱ(V＋M),即农业向工业购买生活资料。因此,农业向工业购买的既有生产资料(包括原料和工具之类的固定资本),也有工业生产的生活资料。这是再生产原理决定的。这是最基本的问题。其他问题,这里就不谈了。因此,对于农业向工业购买什么的问题,如果不是全部谈,而是只侧重谈一方面,是可以有不同的答案的。这是由不区分物质生产的两大部类引起的问题。

除此之外,我认为"经济表"存在上述缺点和粗陋是必然的,是由其理论本身决定的。只要承认其理论,就无法修正。第一,这个学派认为工业是不生产纯产品的,其产品价值只等于农业部门供给它所消耗的食物和原料的价值,即上述的20亿利弗,因此,它不能由于增加劳动而增加其价值。这样,如果设想:它增加劳动生产本部门和生产部门所需的生活资料,以及工具、机器等固定资本,就会没有原料,如果说,利用自然界本来存在的物质加工就能解决问题,那么,所增加的劳动就不能增加价值(总价值已由上述食物和原料的价值,即20亿利弗规定了),这样,它留下这部分产品后,按原来规定的工具和机器供给生产阶级,以及按原来规定的消费品供给土地所有者阶级,其总价值必然小于20亿利弗,而卖20亿利弗,这就是不等价交换。第二,这个学派认为,只有农业是生产的,其突出表现我认为就是农业所生产的生活资料比生产这些生活资料所消费的生活资料多,如果生活资料中也有工业品,就不能做这样的比较,上述说法就有破绽。

第三节　亚当·斯密

斯密的再生产理论不是集中在一个地方谈的,这和魁奈不同——魁奈有一个"经济表"集中谈论再生产问题;也和马克思不同——马克思是在《资本论》(第二卷)第二篇集中谈论再生产问题的。斯密关于再生产的论述,是分散在《国富论》第一篇第六章"论商品价格的组成部分"、第二篇第二章"论作为社会总资产的一部门或作为维持国民资本费用的货币"、第二篇第三章"论资本积累并论生产性和非生产性劳动"和第四篇第九章"论重农主义"等之中。由于这样,卢森堡述评时,就将其提炼出 5 个论点:(1)不仅农业劳动创造价值,工业劳动也创造价值;(2)资本可以分为固定资本和流动资本;(3)朦胧地看到有生产生产资料的部门和生产消费资料的部门的区别;(4)否认不变资本价值的独立存在,即认为资本最终全部分解为收入;(5)试图区分总收入和纯收入。如果说,科学的任务是揭示规律,那么,对于揭示再生产的规律,第(1)和第(3)点是斯密的贡献,即超越前人之处;第(2)点尚需研究;第(4)点则是大倒退,使再生产成为不可理解的,并且使第(5)点不能成立。此外,还有一点卢森堡没有说及,即无视前人已有的农业劳动生产率决定非农业人口的思想,这也是倒退。这一点留在坎蒂隆、魁奈和斯密三人比较中谈。

1. 卢森堡指出,在斯密看来,工业和农业一样,其劳动是创造价值的。她写道:"英国古典学派迈进了一大步,他们声称每一种劳动都是生产的,从而揭露了在工业中创造剩余价值,正如在农业中一样。"这就是说,和重农主义不同,英国古典学派认为,工业劳动既创造价值,又创造剩余价值,后者就是重农主义所说的纯产品(其价值表现就是纯收入):这是正确的。为什么说英国古典学派而不直接说斯密呢?"因为斯密自己在这一点上有时悄悄地退回到重农学派的观点上去。只有李嘉图把劳动价值论发展到在资产阶级研究方法的限度内所能达到的高度和逻辑性。"①斯密在说明绝对地租如何产生的时候,认为牲畜和人一样,都是劳动者,其"劳动"创造价值:这就是重农学派理论的痕迹。因此,尽管斯密认为工业劳动者的劳动是创造价值和剩余价值的,但在贯彻劳动价值论时不够彻底,所以,卢森堡在这里就不强调斯密,而只能笼统地说英国古典学派。这里还有一个问题:根据卢森堡的叙述,好像在斯密看来,"每一种劳动都是生产的"。不是的。这种说法是片面的。在包括斯密在内的英国古典学派看来,服务这种劳动是不创造价值的。就在卢森堡谈论这个问题的同一页的注解②上,她引用了斯密的一段话:"制造业工人,通常会把维持自身生活所需的价值与提供雇主利润的价值,加在所加工的原材料的价值上。反之,家仆的劳动却不能增加什么价值。制造业工人的工资虽由雇主垫付,但事实上雇主毫无所费。制造业工人把劳动投在物上,物的价值便增加。这样增加的价值通常可以补还工资的价值,并提供利润。"②这段话恰恰说明,有的劳动其支出过程同时就是被消费的过程,没有载体,不凝结在有形的使用价值上,不能再出卖,就不是生产劳动,而是非生产劳动,即斯密所说的服务,不创造价值。③

卢森堡认为,在上述基础上,斯密就自然了解一国的全部年生产物的价值,就是魁奈所说的原垫支的折旧基金、年垫支的价值,以及魁奈认为只有农业才有而斯密认为工农业都有的纯产品价值之和。她引用了斯密这段话:"一个大国的全体居民的总收入,包含他们土地和劳动的全部年产物。在总收入中减去维持固定资本和流动资本的费用,其余留供居民自由使用的便是纯收入。换言之,所谓纯收入,乃是以不侵蚀资本为条件,留供居民享用的资财。这种资财或留供目前的消费,或用来购置生活必需品、便利品、娱乐品等。国民真实财富的大小不是取决于其总收入的大小,而是取决于其纯收入的大小。"④斯密这里说的总收

---

① 罗莎·卢森堡:《资本积累论》,彭尘舜、吴纪先译,生活·读书·新知三联书店1959年版,第23页。

② 亚当·斯密:《国民财富的性质和原因的研究》(上卷),郭大力、王亚南译,商务印书馆1972年版,第303页。

③ 这个问题,目前我国正在讨论,问题很复杂,尚没有结论。参见陈其人《关于马克思两个生产劳动定义问题——兼论重农主义和斯密的生产劳动观》,《当代经济研究》2002年第3期。

④ 亚当·斯密:《国民财富的性质和原因的研究》(上卷),郭大力、王亚南译,商务印书馆1972年版,第262页。

入,其实是总产品或国民生产总值(GNP),即全部(C+V+M),纯收入是全部 M。斯密为什么将国民生产总值说成是总收入,留在下面谈。

2. 这里要指出的是,卢森堡认为,斯密已经用固定资本代替魁奈的原垫支,用流动资本代替魁奈的年垫支。我认为卢森堡这样认识斯密的固定资本和流动资本观是有片面性的。这是将斯密的固定资本和流动资本观,说成同马克思的完全一样。为了证明自己的看法,卢森堡又分别找出斯密对固定资本和流动资本下的定义:"一个社会有一笔固定资本,它的任何部分是不计入社会纯收入中去的。它包括'为了维持有用的机器和工具所需要的材料和为了把这些材料变成适当的形态所需要的劳动生产物'。①斯密把这种固定资本特别提出来作为一种特殊种类的生产,并明白地把它区别于消费品的生产,他这样做实际上是把固定资本转化为马克思所称的不变资本——包括一切物质生产资料而与劳动力不同的那部分资本。"②我认为,对此要加以分析。斯密论述这个问题时,是劳动决定价值论者而不是收入合成价值论者。这样,一方面,如第 1 点所述,既然纯收入是国民生产总值扣除了为生产这些国民生产总值所耗费的固定资本和流动资本之后的剩余,那么,不论对固定资本和流动资本作何理解,这两者就只能是为了生产国民生产总值所耗费的生产资料的价值,以及工人所消费的消费资料的价值,因此,这些生产资料的价值就是马克思所说的不变资本(包括工具、机器等固定资本和原料等流动资本);另一方面,既然固定资本包括为了"维持有用的机器和工具(马克思所理解的固定资本;不变资本中的一部分——引者)所需要的材料(原料如金属,马克思所理解的流动资本中的不变资本——引者)和把这些材料变成适当的形态所需要的劳动生产物(机器和工具,即马克思所理解的不变资本中的一部分,工人所需的消费品,即马克思所理解的流动资本中的工资——引者)"③,即这些不变资本的价值都转移到固定资本上,或同固定资本合在一起,从而增大了固定资本的价值,那么,这里的材料

---

① 亚当·斯密:《国民财富的性质和原因的研究》(上卷),郭大力、王亚南译,商务印书馆 1972 年版,第 262 页。

② 罗莎·卢森堡:《资本积累论》,彭尘舜、吴纪先译,生活·读书·新知三联书店 1959 年版,第 28 页。

③ 亚当·斯密:《国民财富的性质和原因的研究》(上卷),郭大力、王亚南译,商务印书馆 1972 年版,第 262 页。

和劳动生产物,其实就是生产和维持机器和工具所需的生产资料或不变资本和工资或可变资本,而不单纯是不变资本。

卢森堡又说,在斯密看来:"一个社会有一笔流动资本。扣除了固定或不变资本部分,剩下来的只有消费品一类:这些东西不是社会的固定资本,而是社会的纯收入,一笔消费基金。"①

这里存在的问题是:纯收入就是消费品,是社会总产品扣除了不变资本之后的剩余,前面第1点的纯收入则是社会总产品扣除了固定(不变)资本和流动资本之后的剩余:这是两个不同的纯收入定义;再将斯密的固定资本和流动资本这两个定义合起来,就等于说:在斯密看来,社会全部产品,除了固定资本本身,以及为维持固定资本所需的产品,其余的产品都是流动资本。这就等于说:所有产品,不属于固定(不变)资本的,就是流动资本(消费品,或纯收入)。老实说,这是人们凭感官就能解决的问题。马克思认为这是粗浅的"经验主义方法"。② 我认为:卢森堡将斯密的固定资本等同于魁奈的原垫支,又将它引申为马克思的不变资本,然后再将全部社会产品扣除了生产资料或不变资本后,再用经验主义的方法,虽然正确地得出余下的就是消费品的结论,但是最终又得出这就是社会纯收入(应该是国民收入)的结论,这是不正确的。

我认为有必要看看斯密自己下的定义。从这里可以看出其固定资本和流动资本观还有错误的一面。他说:固定资本"其特性是不必经过流通,不必更换主人,即可提供收入或利润。其中主要包含四项:……机器与工具;……有利润可取的建筑物;……使土地变得更适于耕种的土地改良费;……社会上一切人民学到的有用的才能(这就是现在的人力资本理论的发轫——引者)"。③ 流动资本"其特征是要靠流通、要靠更换主人而提供收入"。它也包含四项:"各种商家手里的食物、材料、制成品及货币。食料、材料、制成品的流转和分配,都须有货币。"④"前者他保管在手中从而获得利

---

①　罗莎·卢森堡:《资本积累论》,彭尘舜、吴纪先译,生活·读书·新知三联书店1959年版,第28页。

②　马克思:《资本论》(第二卷),郭大力、王亚南译,人民出版社1964年版,第212页。

③　亚当·斯密:《国民财富的性质和原因的研究》(上卷),郭大力、王亚南译,商务印书馆1972年版,第257页。

④　同上书,第258页。

润,后者他支付出去从而获得利润。"①最重要的是斯密认为:"固定资本都是由流动资本变成的,而且要不断地由流动资本来补充。营业上一切有用的机器和工具,都出自流动资本。流动资本提供制造机器的材料,提供维持建造机器的工人的费用。机器制成以后,又常须有流动资本来修理。没有流动资本,固定资本不能提供任何收入。工作所用材料,工人生存所赖的食料,都出自流动资本。"②

正是这样,卢森堡就说:"我们看到斯密在这里简单地把除了已经使用的固定资本外的一切东西都包括在流动资本的范畴内,那就是说,一切东西除了食品、原料及一部分商品以外,这部分商品按照它们的自然形态是属于补偿固定资本的";除了这些,其余的都是流动资本。这就是上面所说的经验主义的分类法。因此,卢森堡接着说:"这样,他把流动资本的概念弄得含糊不清。"③

卢森堡没有将"含糊不清"的原因告诉我们。马克思则指出其原因,是斯密混同了流动资本(这只能从生产资本进行划分)和马克思称为的流通资本。后者处在属于流通过程的形式,即处在属于以交换为媒介的形式变换的形式,因而是商品资本和货币资本,这是和属于生产过程的资本形式(生产资本)相对立的。因此,斯密就将处于流通过程中的商品资本和货币资本,即处于买卖中的商品和货币看成是流动资本。这就是他之所以认为"流动资本包括四部分,即货币、食料、材料、制成品"④的原因。后三者只要是在商店里买卖的,就是斯密所说的流动资本。但这样一来,工具和机器只要是在买卖场所里的,就是流动资本。这也是"含糊不清"的。

按照马克思的说明,观察资本的流通过程可以有两种方法:一种方法是分析资本经历的形态,即分析资本价值如何从货币资本变为生产资本,这是一次流通过程,然后进入生产过程,再变为商品资本,商品资本又变成货币资本,这

---

① 亚当·斯密:《国民财富的性质和原因的研究》(上卷),郭大力、王亚南译,商务印书馆1972年版,第255页。

② 同上书,第258—259页。

③ 罗莎·卢森堡:《资本积累论》,彭尘舜、吴纪先译,生活·读书·新知三联书店1959年版,第26页。

④ 亚当·斯密:《国民财富的性质和原因的研究》(上卷),郭大力、王亚南译,商务印书馆1972年版,第264页。

是另一次流通过程;资本价值依次经历三种形态,经过两次流通过程和一次生产过程;这是资本循环,它不涉及时间问题;另一种方法是计算资本经历一次上述所有形态和过程所需要的时间,即计算一次资本循环的时间,这是资本周转;从资本周转出发,就有必要并且只能将生产资本区分固定资本和流动资本,这两者按不同的方式参加价值形成过程和把价值转移到产品上面,即完成一次周转就能收回全部价值的,如原料和工资,是流动资本;经历一次周转,只能收回部分价值(所谓的折旧),而要经历多次周转才能收回全部价值的,如工具、机器和厂房等,是固定资本:这是理论分析的结果,经验主义是无能为力的。

3. 固定资本和流动资本的提出,使斯密朦胧地看到生产生产资料和生产消费资料两大部类,即Ⅰ和Ⅱ的区别。卢森堡介绍说,斯密把这种"固定资本"即生产资料特别提出来作为一种特殊种类的生产,并明白地把它区别于消费资料的生产。

斯密说明固定资本同说明收入和资本的区分是连在一起的。卢森堡引用了斯密一段很长的话,这里先引第一小段:"补充固定资本的费用,决不能算在社会纯收入之内。有用的机器,必待修补而后能用;营业上的工具,必待修补而后能工作……这种修葺所必要的材料,以及把这种材料制成为成品所需要的劳动产品,也都不能算作社会纯产品。"这里说的是生产资料的生产,即Ⅰ(C+V+M)不是社会纯收入,这是正确的。接着卢森堡又引第二小段:ⅠV即"劳动的价格,也许会成为社会纯收入的一部分,因为从事此种劳动的工人,可能要把工资的全部价值作为留供目前消费的资财"。就是说,生产生产资料的工人的工资是社会纯收入的一部分,是要用来购买消费资料的,但它的自然形态却是生产资料,是资本。这里的实际意义是:从社会资本的角度看,生产资料的价值不是收入(他称之为纯收入),但从个别资本的角度看,生产资料价值的一部分即工资是社会纯收入的一部分,这也是正确的。但是,斯密忘了说,利润和地租即ⅠM也是这样。最后,卢森堡又引第三小段:"但就别的劳动来说,那就不仅劳动的价格归入这种资财,而且劳动的产品也归入这种资财。"①就是说,ⅡV即生产消费资料的工人的工

---

① 亚当·斯密:《国民财富的性质和原因的研究》(上卷),郭大力、王亚南译,商务印书馆1972年版,第262页。

资,是用于购买消费资料的社会纯收入的一部分,它的自然形态也是消费资料。这里的实际意义是:从社会资本的角度看,消费资料的价值是收入(他称为纯收入),从个别资本的角度看,消费资料价值的一部分,即工资也是社会纯收入的一部分,这同样是正确的。但是,斯密忘了说,利润和地租即ⅡM也是这样。上述问题,只要列成公式,就非常清楚了:

$$Ⅰ(4\ 000C+1\ 000V+1\ 000M)=6\ 000$$
$$Ⅱ(2\ 000C+500V+500M)=2\ 000$$

Ⅰ是生产资料,是价值6 000的社会资本;Ⅱ是消费资料,是价值2 000的社会收入。或者这样说:在简单再生产条件下,Ⅰ(1 000V+1 000M)=Ⅱ 2 000C,两者相交换,交换后,Ⅰ 4000C+Ⅱ 2 000C=6 000,即社会资本;Ⅰ(1 000V+1 000M)+Ⅱ(500V+500M)=3 000,即社会收入。

我要特别分析Ⅰ(1 000V+1 000M)=Ⅱ 2 000C,即两者交换的问题。从个别资本看,Ⅰ(V+M)是收入,ⅡC是资本,两者交换,是收入和资本的交换;交换后,从Ⅰ看,Ⅱ的资本是它的收入,从Ⅱ看,Ⅰ的收入是它的资本。有些经济学家认为资本和收入很难划分,因为对一个人是资本,对另一个人则是收入;反之亦然。这种看法的产生,就是由于混同了社会资本和个别资本。我们看得很清楚:从社会资本的角度看,在简单再生产条件下,生产资料的价值全部等于社会资本,或者说,经过交换,全部成为资本;消费资料的价值全部等于社会收入,或者说,经过交换,全部成为收入。但是,从个别资本的角度看,生产资料的价值和消费资料的价值一样,一部分是资本,另一部分是收入。

这里要谈一谈劳动力的价格,即工资是资本还是收入的问题。由于商品劳动力有两重性能:在工人手里是商品,在资本家手里是生产资本的一个因素,所以劳动力的价格也有两重性:在工人手里是收入(工资),在资本家手里是资本的一部分(可变资本)。

因此,从再生产来分析何为资本,何为收入,有一个角度问题。有时从这个角度看,有时从那个角度看,就会得出矛盾的结论。

卢森堡论述下面将谈论的斯密教条时,涉及这个问题。她说:"机器制造商在他的工厂里生产机器,年生产物是若干数量的机器。但是,以价值而言,这个年生产物包含制造商所垫支的资本以及他所赚得的纯收入。因此,所制造的一部分机器代表制造商的收入,并注定在流通过程中实现这个收入。但向制造商购买这些机器的人不是作为收入而购买的,而是为了利用它们作为生产资料;对于某一个购买者,这些机器是资本。"①这个分析是对的,但不全面。因为这种交换,应该就是ⅡC和ⅠM的交换。但是,由于卢森堡没有从两大部类的交换这一角度进行分析,就可以被理解为完全是个人行为,例如,被理解是Ⅰ内部的交换。

4. 我们看看卢森堡如何评价斯密再生产理论中最大的错误,即斯密认为:"在社会总年生产物价值中,一点资本的痕迹都没有留下来。它能完全分解为三种收入:工资、资本的利息和地租。"她进一步解释道:"斯密的基本理论是:社会总生产物,从价值方面考察,能完全分解为工资、利润和地租:这个观念是根深蒂固地渊源于他的科学理论:价值仅仅是劳动生产物。但凡是已经完成的劳动都是工资劳动。这样把人的劳动与资本主义工资劳动等同起来,的确是斯密学说中的精义。"②应该说,卢森堡的最后一句是正确的。但是,它同斯密认为价值中属于生产资料的价值最终完全分解为收入,没有本质的联系。因为在斯密看来,即使在个体生产者那里,不存在工资、利润甚至地租的概念,价值全归生产者自己,用斯密自己的话说,就是"在这种社会状态下,劳动的全部生产物都属于劳动者自己"③,但是,按照斯密的理论,其生产物中属于生产资料的部分,最终也是不再存在的。她接着说:"社会总生产物价值包括垫支工资的偿还和从无偿劳动得到的剩余,这些剩余表现为资本家的利润和地主的地租。"④就是说,资本主义生产物的价值只是 V+M, V 是工资, M 则分解为利润和地租,即属于生产资料的那部分价值是不存在的。我认为这样介绍斯密的理论,并不符合斯密的原意。因为

① 罗莎·卢森堡:《资本积累论》,彭尘舜、吴纪先译,生活·读书·新知三联书店 1959 年版,第 20 页。

② 同上书,第 29 页。

③ 亚当·斯密:《国民财富的性质和原因的研究》(上卷),郭大力、王亚南译,商务印书馆 1972 年版,第 42 页。

④ 罗莎·卢森堡:《资本积累论》,彭尘舜、吴纪先译,生活·读书·新知三联书店 1959 年版,第 29 页。

斯密认为属于生产资料的价值是存在的,只是最终也分解为工资、利润和地租。她接着又说:"凡是对于个别商品适用的,对商品总额也必定同样地适用。社会所生产的商品全部,作为一个价值量来看,不是别的,而是劳动生产物,即有偿的和无偿的劳动生产物,因此,它也必然完全分解为工资、利润和地租。"①

关于"最终"分解问题,卢森堡认为,斯密由于不像后来的马克思那样,认识到生产商品的劳动具有二重性:作为具体劳动,在生产使用价值的同时,将生产商品所耗费的生产资料的价值转移到商品上去(因此,这既适用于个体商品生产者,也适用于资本主义商品生产者),作为抽象劳动则创造新的价值,因此,就无法说明商品生产者的一次劳动,怎能既转移生产资料的价值,又创造新的价值。但是,转移的价值他是看到的。只是由于不能说明,他就将其化为乌有。他用生产资料的价值不断分解,以至最终全部成为收入的方法,来否认生产资料价值的存在。就是说,他认为 C+V+M,由于 C 不断分解为 V+M,最终就使 C+V+M=V+M。这样,C 似乎就不存在了。这就是卢森堡所说的,认为斯密看不到商品价值中包含着生产资料的价值是错误的,他是看到的。但是,"斯密不断地要我们从一个生产阶段转移注意到前一个阶段——像马克思所指责的,把我们引得东奔西窜,借以证明总价值有全部分解为 V+M 的可能——从这一事实,斯密证明自己是充分了解这一点的。在这里令人惊异的,是他再三地把生产资料的旧价值也分解为 V+M,终于它吞没了包含在商品中的全部价值"。②

怎样"东奔西窜"呢?卢森堡引用斯密的话说:"以谷物的价格为例。其中,一部分付给地主的地租,另一部分付给生产上所雇用的劳动者的工资及耕畜的维持费(耕畜本身的价值及耕畜的维持费,合起来应是生产资料的价值,如同机器的价值及发动机器的电力费用,合起来是生产资料的价值一样;下面的耕畜和农具、耕马代价及其维持费也是一样——作者),第三部分付给农业家的利润。"这样,谷物中由生产资料转移下来的价值似乎就看不到了。不是的。斯密继续说:"也许有人认为,农业资本的补充,即耕畜和农

---

① 罗莎·卢森堡:《资本积累论》,彭尘舜、吴纪先译,生活·读书·新知三联书店 1959 年版,第 29 页。

② 同上书,第 33 页。

具消耗的补充,应作为第四组成部分。但农业上一切用具的价格,本身就由上述三个组成部分构成。就耕马来说,就是饲马土地的地租、牧马劳动的工资,再加上农业家垫付的地租和工资的资本利润(资本家垫付的生产资料的价值,也应是资本家计算利润的依据之一;只是由于斯密否认生产资料的存在,就在计算利润时逻辑地将它排除在外——引者)。因此,在谷物价格中,虽然必须以一部分支付耕马的代价及其维持费,但其全部价格仍直接或最后由地租、劳动及利润这三部分组成。"①就是说,耕马的价值又可以分解为 $C+V+M$,其中的 C 再可以分解为 $C+V+M$,每一层次的 C 都是如此,也就是说经过"东奔西窜",C 就最终只分解为 $V+M$ 了。换言之,产品价值虽等于 $C+V+M$,但由于 C 不断地分解为 $V+M$,C 就最终全部化为 $V+M$,C 就化为乌有,于是,全部价值就变成 $V+M$,即价值产品。结果,$C+V+M=V+M$,这就是经济学说史上有名的斯密教条。它否认 C 的存在,使再生产研究成为不可能。

卢森堡对斯密教条的批判是经过深刻考虑的。她认为:"只有在一个条件下,一个商品的价值仅仅等于 $V+M$,即如果一个人在半空工作,没有原料,没有工具和工场。"②她的本意是认为根本不可能。但是,斯密好像早有准备似的,认为是可能的。例子就是:"苏格兰的某些地方,有少数穷人在海岸拾集通常叫作苏格兰玛瑙的斑色小石。"③他们只用手,不用工具和盛器,在当地出售,其价值就全部是收入,C 不存在。如果这种小石被雕刻者买去加工后再出售,其中的一部分 C,即小石的价值,就全部分解为收入了。卢森堡认为不可能的,斯密早就以例子证明是可能的。可见,这样批判斯密教条是不行的。

根据上述所述可以看出,斯密教条的根源是斯密不能说明:生产商品的一次劳动,怎能在创造新价值时,又将生产资料的旧价值转移到商品上去,表现则为 $C+V+M=V+M$;手法是将 C 不断地分解为 $V+M$,最终就变为

①　亚当·斯密:《国民财富的性质和原因的研究》(上卷),郭大力、王亚南译,商务印书馆1972 年版,第 45 页。

②　罗莎·卢森堡:《资本积累论》,彭尘舜、吴纪先译,生活·读书·新知三联书店 1959 年版,第 30 页。

③　亚当·斯密:《国民财富的性质和原因的研究》(上卷),郭大力、王亚南译,商务印书馆1972 年版,第 46 页。

C＋V＋M＝V＋M：矛盾在于：由 C＋V＋M 中的 C 不断转化为 V＋M，加上原来的 C＋V＋M 中的 V＋M，这两个 V＋M 之和，和原来的 C＋V＋M 中的一个（V＋M），两者的数量是不等的：其差就是 C，即不能说：C＋V＋M＝V＋M。斯密教条是错误的。

5. 我们要说明为什么斯密把国民生产总值说成是总收入，以及总收入和纯收入之间关系的问题。他认为由于 C＋V＋M＝V＋M，所以，第一，Ⅰ(C＋V＋M)＋Ⅱ(C＋V＋M) 即国民生产总值＝Ⅰ(V＋M)＋Ⅱ(V＋M) 即总收入或国民收入；第二，在总收入（其实是国民生产总值）中，减去固定资本和流动资本，这两者不论斯密作何解释，其和必然等于不变资本和可变资本之和，扣除这两者，余下的就是纯收入，即Ⅰ(C＋V＋M)＋Ⅱ(C＋V＋M)－Ⅰ(C＋V)－Ⅱ(C＋V)＝ⅠM＋ⅡM，这就是纯收入。这个纯收入就是魁奈认为只有农业中才存在的纯产品或纯收入（它转化为地租），再加上斯密认为工业中也存在的纯收入。将国民生产总值说成总收入，暴露出斯密思想中的矛盾：他明明看到全部产品价值中是有 C 的存在的，但苦于不能以生产者的劳动说明它是怎样转移到商品上去的，因此，就否认其存在，这样，就不能使用国民总产值的概念了，因为这个概念是包括 C 的，只好使用总收入的概念来代替它。也是由于这个原因，在简单再生产的条件下，总收入或国民收入Ⅰ(V＋M)＋Ⅱ(V＋M)，应该是全部用于个人消费的，下面将论及的斯密信徒们就持这种看法，但斯密看到他所说的总收入中是有 C 的存在的，因此，就矛盾地认为总收入不能全部用于个人消费。

斯密的传世之作《国富论》的第一句就是这种矛盾思想的产物："一国国民每年的劳动，本来就是供给他们每年消费的一切生活必需品和便利品的源泉。构成这种必需品和便利品的，或是本国劳动的直接产物，或是用这类产物从外国购进来的物品。"[①] 这里的错误是混淆了年产品价值和年价值产品，后者只是过去一年劳动的产物，前者除此以外，还包含在生产年产品时消费掉的，然而是前一年甚至是前几年生产的一切价值要素——生产资料，它们的价值只是再现而已，就它们的价值来说，它们既不是过去一年间耗费

---

① 亚当·斯密：《国民财富的性质和原因的研究》（上卷），郭大力、王亚南译，商务印书馆1972 年版，第 1 页。

的劳动生产的,也不是它再生产的。这里只看到个人消费,只看到消费品,看不到用于生产的原料、工具和机器等生产资料,并认为消费资料的生产可以不用生产资料。不是只要有了每年的国民劳动,就有当年的消费品;当年的消费品,必然包含过去的劳动。

第四节　坎蒂隆、魁奈和斯密的比较

关于再生产理论,卢森堡将魁奈和斯密进行比较。我认为应该加上她没有论述的坎蒂隆。卢森堡的比较过于笼统,我认为应该对口比较,尽量具体。我分为六方面进行比较。

再生产图式的清晰程度。马克思认为,魁奈的"经济表"用几根粗线条就将一国的再生产说清楚了。卢森堡说得很中肯:重农学派理论中的扼要、严谨和清楚的图式,被斯密分解为一堆杂乱的概念和关系,这些概念和关系,初看起来,好像是一团糟。坎蒂隆关于再生产的说明也比斯密强。斯密最差。

非农业规模如何决定。最重要的是说明农业中的剩余生产物,决定非农业劳动者的人数。坎蒂隆认为全国农产品的 2/3 归于土地耕种者,其中的 C 以及 1/3 归土地所有者,这两者合起来制约非农业人口;"经济表"则以农业中的纯产品来制约非农业人口。坎蒂隆和魁奈都认为,农业中的剩余生产物决定非农业人口。斯密没说清楚这个问题。他只是说:"按照事物的自然趋势,进步社会的资本,首先是大部分投在农业上,其次投在工业上,最后投在国外贸易上。"[①]这只是不同生产部门的发展顺序,没有说明非农业人口受何因素所制约。诺贝尔经济学奖获得者阿瑟·刘易斯认为,斯密已提出工业的规模是农业劳动生产率的函数,不知根据何在?

纯产品生产问题。坎蒂隆所说的地租,就是农业中的纯产品。魁奈只认为农业有纯产品。斯密认为农业和工业都有纯产品。

---

① 亚当·斯密:《国民财富的性质和原因的研究》(上卷),郭大力、王亚南译,商务印书馆1972年版,第 349 页。

固定资本问题。坎蒂隆有生产资料的概念，没有固定资本的概念。魁奈认为原垫支即固定资本，只适合农业生产，不适用于工业生产。由于这样，就发生问题：工业不使用固定资本，也不能消费自己生产的消费品。斯密将其普遍化，认为工业中也使用固定资本。

资本和收入问题。坎蒂隆已看到农业中不变资本和可变资本的区别。魁奈不明确。斯密则认为，从个别资本看，既有资本，又有收入；从社会资本看，全部都是收入。

C 的存在问题。坎蒂隆和魁奈都认为在农产品价值中，C 是存在的。他们两人不是劳动价值论者，因此，就可以绕开劳动的两重性问题，直接认为产品中有生产资料的价值在其中。斯密是劳动价值论者，但不了解生产商品的劳动具有两重性，就无法说明劳动者的一次劳动怎能既创造价值，又将 C 的价值转移到商品上去，因而否认 C 的存在，理由是 C 最终会全部分解 V＋M 而不复存在。这样，就使再生产的研究成为不可能。

总之，斯密的再生产理论是落后于坎蒂隆和魁奈的。科学史表明，理论的发展不是直线上升，而是螺旋式的。这就是例子。

第二章　马克思的再生产理论

从认识事物的规律来说，先认识其高级或成熟形态，再去说明其低级或未成熟形态，是正确的认识路线。这好比登泰山，在绝顶一览，众山不仅小，而且其通向绝顶的路径，何者可通，何者不通，也一目了然。这就是马克思所说：解剖人体，为解剖猴体打下基础。凡治科学史的人都知道，科学史上的里程碑总有不足之处。这就是说，我们本应先研究马克思的再生产理论，然后再论述马克思的前人的。只是由于马克思的这一理论，是读者大概早就了解的，不必特别放在前面予以介绍；再加上卢森堡原来的安排，就是按照再生产学说发展的历史顺序进行的，我们就没有必要非先谈马克思的有关理论不可。由于这样，马克思本人的理论就尽量从简。而卢森堡补充的和前人没有谈到而又是再生产中的重大问题，我倒要多谈些。我这样做，还有一个原因：下面将看到，卢森堡是不重视资本主义经济互相交换的内部市场的，只把注意力放在资本主义和非资本主义之间的交换的外部市场，由于要适当地说明内部市场的重要，就要从再生产理论说明资本主义国家内部市场的形成和扩大。这就涉及非农业人口要由农业劳动生产率来决定的问题。但是由于这个问题是笔者介绍马克思和列宁的有关论述，同卢森堡无关，所以要说明一下。

第一节　简单再生产

在总结前人理论的基础上，马克思提出的简单再生产理论是十分简单明了的。卢森堡将其概括如下："我们现在得出下列的结论：（1）C＋V＋M用来表示作为整个来看的社会生产，也表示个人资本家的生产。（2）社会生产分为两大类,分别从事生产资料和消费品的生产。(3)这两部类都按照资本主义方法进行活动,就是说,两者都以生产剩余价值为目的,因而C＋V＋M对这两部类都是适用的。(4)这两部类是互相依赖的,因此,这两者必然表现某种数量上的关系,这就是一个部类必须生产所有一切生产资料,而另一部类必须生产两部类的工人和资本主义所需的所有一切生活用品。"①

从这个观点出发,马克思进一步设计了资本主义再生产图式如下:

Ⅰ 4 000C＋1 000V＋1 000M＝6 000 生产资料

Ⅱ 2 000C＋500V＋500M＝3 000 消费品

再生产的进行,社会产品必须从自然形态或使用形态和价值形态相统一得到补偿。Ⅰ是第一部类,生产生产资料,Ⅱ是第二部类,生产消费品;C是不变资本的价值,V是可变资本的价值,M是剩余价值。它们之间互相流通进行如下:Ⅰ为整个再生产过程,为本身和Ⅱ提供生产资料。这样,Ⅰ必须等于ⅠC＋ⅡC,即Ⅰ6 000＝Ⅰ4 000C＋Ⅱ2 000C。同样,Ⅱ为整个再生产过程,为本身和Ⅰ提供消费品。这样,Ⅱ必须等于Ⅰ(V＋M)＋Ⅱ(V＋M),即Ⅱ(2 000C＋500V＋500M)＝Ⅰ(1 000V＋1 000M)＋Ⅱ(500V＋500M)。

卢森堡根据马克思的思想指出:上述不仅是资本主义的再生产,而且也是各种社会形态的再生产的价值关系。

这里还要说明:一般教科书没有论述C中的固定资本磨损,即折旧和补偿问题。卢森堡根据马克思的看法,详细地论述了这一问题。上述两大部类的C,事实上是包括了固定资本磨损部分的价值,即会计学上所说的折旧。假设某工厂的固定资本只是一只锅炉,每年磨损即折旧10％,就是说10年才购买一只新的锅炉。这样,该工厂每年的供给和需求,从价值看,就必然是不等的。因为有9年,它供给的价值是包括了固定资本的折旧的,需求则不包括这些折旧的价值,因为要到第10年,它才买新的锅炉。但是,到第10

---

① 罗莎·卢森堡:《资本积累论》,彭尘舜、吴纪先译,生活·读书·新知三联书店1959年版,第45—46页。

年购买新的锅炉时,它需求的价值又大于它供给的价值,因为这时有积累了 9 年的折旧,再加上第 10 年的折旧,共 10 年的折旧,要动用来购买新的锅炉,而它供给的价值还是和过去 9 年中的一样。这就是说,每一个具体生产单位,从价值看,其供给和需求时刻都是不平衡的。但是,不平衡就不能进行再生产。既然每一个单位只能是不平衡,那么,从全社会看,是否能使固定资本的折旧和更新平衡呢? 有此可能。条件是:每年固定资本的折旧要等于固定资本的更新。换言之,假设全社会的锅炉是 1 000 只,每年折旧 10%,折旧基金就等于 100 只锅炉的价值,这就要每年更新 100 只锅炉。只有这样,生产锅炉的工厂才能均衡地每年生产 100 只;而每 10 年需要更新锅炉的工厂,届时就能更新。但是,固定资本何止是锅炉,简直是成千上万。因此,资本主义的供需不平衡,最容易发生在固定资本的供给和需求上。要它们的折旧和更新相等,怎样才能办到呢?

从上述分析可以看到,两大部类的比例关系以及各个部门的比例关系,包括固定资本的磨损和补偿的关系,是一个复杂的比例网。那么,第一,它是怎样得以维持的? 说白了,靠的就是斯密说的那只"不见的手"。对此,卢森堡做了深刻的分析。她说,在资本主义条件下,"C 和(V+M)间的关系是资本主义社会中一个明显的、真实的客观关系:这是平均利润率〔平均利润率不是 C 和(V+M)的关系,而是 C+V 和 M 的关系;因为平均利润率就是 M/(C+V)。我怀疑排印有错误——引者〕;每一笔资本实际上是被看作一个共同体,即社会总资本的一部分,并按照它的数量大小在从社会所榨取的剩余价值中分配给它应得的利润,不管这笔资本实际所创造的有多少。……这样,平均利润率就指导着和指挥着交换的整个过程。这是在下列三种方式下进行的:(1)通过价值规律的运用……;(2)把资本和劳动的若干部分分配给各个生产部门;(3)通过劳动生产率的发展,一方面刺激个人资本从事于开拓性的工作,以取得高于平均利润率的利润为目的,另一方面把个人取得的进步推广到全部生产领域去"。[①]

第二,在复杂的比例网中,到底哪一个比例是基本的,是基础或起点呢?

---

①　罗莎·卢森堡:《资本积累论》,彭尘舜、吴纪先译,生活·读书·新知三联书店 1959 年版,第 42 页。

马克思事实上认为是以第二部类中的农业生产或食物生产为起点。这一重大问题,我们留在后面谈。

第二节　简单再生产中货币的流通和生产问题

货币流通并不是再生产必不可少的因素,因为在没有货币的地方,例如,鲁滨逊在荒岛上也有再生产。但是,商品经济条件下的再生产,却是存在货币流通的。因此,就有一个货币如何流通和货币从何而来的问题。卢森堡根据马克思的理论回答了第一个问题,但将货币从何而来的问题,偷换为需求从何而来的问题。后者留在下面谈。

关于简单再生产条件下的货币流通问题,坎蒂隆指出,一国所有的产品以及制造商品所用原料都直接或间接地来自农场主之手,农场主产品中属于地租的部分,必须以现金的形式付给地主,其他部分即用于买铁、锡、铜、盐、糖等部分,也要使用现金。乡下人的食物和饮料,由于本身就是农产品,则不需要现金。至于制造商所需的农产品,包括食物和原料,则可以用农场主和地主付给他的现金去购买。在魁奈的"经济表"中,全部流通的商品是50亿利弗,所需货币是农业家手中的最初用作付地租的20亿利弗。斯密则由于认为 C 最终是不存在的,即 C+V+M=V+M,所以就将消费者需要支付的全部 V+M,说成是消费者最终需要支付全部 C+V+M。用马克思的话说,就是斯密提出"商品价值最终可以分解为工资＋利润＋地租这样一个根本错误的教条,也可以这样来表述:消费者最终必须对总产品的全部价值实行支付"。[①] 马克思的简单再生产公式(商品价值 9 000)所需的货币是第一部类资本家手中的 1 000。[②] 作为流通的结束,货币从哪里预付的,就回到哪里去。马克思说,这是一个规律。至于最初的货币是从哪里来的,它既然不是天上掉下来的,那就只能是从货币生产者那里来的。这个问题下面谈。

这里特别要提出的是,在马克思看来,独立生产者的商品,即新价值全

---

① 马克思:《资本论》(第三卷),郭大力、王亚南译,人民出版社 1964 年版,第 953 页。
② 同上书,第 441—442 页。

部归生产者,同资本主义商品生产者,即新价值要分解为 V＋M,两者所需的货币流通量是相同的,即不因 M 的出现而增加货币流通量。因为"总要有足够的货币使年再生产量的不同要素进行交换。这个前提不会因为一部分商品价值由剩余价值构成而受影响。假如全部生产归工人所有,从而他们的剩余劳动只是为自己的而不是为资本家的剩余劳动,那么,流通的商品价值量也会保持不变,并且在其他条件不变的情况下,这个商品价值量的流通所需的货币量也保持不变。所以,在这两个场合的问题只是:这全部商品价值借以进行交换的货币从何而来? ——而绝不是:剩余价值借以货币化的货币从何而来?"[①]以后我们看到,卢森堡就是混淆了这两个问题。

马克思认为,货币材料(金和银,特别是金)的生产属于第一部类。由于金和银是历年积累下来的,它不烂、不蛀、不锈、不怕火、不怕水,确实"货币天然是金银",它不像一般商品那样,不久就再不存在。所以,如果货币流通速度为 1,那也不必重新生产等于全部流通中的商品价值量的货币量,当然,磨损的那部分例外。磨损部分是可观的。马克思在《政治经济学批判》中指出,1809 年,欧洲有 3.8 亿金镑,到 1829 年即 20 年后,有 1 900 万镑由于磨损而完全消失了。它的再生产是一个问题。马克思详尽地分析在社会生产中的货币的生产问题。他特别指出:"贵金属在它的产地直接地同其他商品交换。在那里就是卖(商品所有者方面)而不买(金银所有者方面)。而以后的没有继之以买的卖,不过是使贵金属进一步分配给一切商品所有者的媒介。因此,在交易的各个点上,有不同数量的金银贮藏。"[②]

卢森堡反对马克思的看法,认为货币生产应属新的部类——第三部类。她认为马克思不对:第一,第一部类生产的是生产资料,而货币即金银是不能当作生产资料的。这种认识就有点片面了。金银也是制造首饰的材料,难道不是生产资料? 哥伦布到达美洲时,金子还不是货币,更多的是用作装饰品,加工装饰品当然是第二部类。但是,生产或从河滩和溪水中捡金片,却应为一部类。再说,金银成为货币后,仍然也是装饰品,并且两者可以互相转化。有的地方,作为货币的金银和作为饰品的金银,成色完全相同,为

---

① 马克思:《资本论》(第二卷),郭大力、王亚南译,人民出版社 1964 年版,第 532—533 页。
② 马克思:《资本论》(第一卷),郭大力、王亚南译,人民出版社 1963 年版,第 151 页。

的是随时可以转化,这也就是货币储藏和美的储藏可以转化。从这样看,金银的生产既可以属于第一部类,也可以属于第二部类。其实,农业生产也是这样:谷物生产,当作种子和原料,是第一部类,当作食物,是第二部类。这些都要看其用途而定。第二,由于在未来社会中,货币是消灭的,把它独立列为第三部类,将来消灭了,对社会生产没有影响。这一点包含着这样的含义:货币既不进入生产,也不进入消费,是一种纯粹流通费用,随着商品生产消灭而消灭。但是,金银生产在未来社会中肯定存在,因为在那样的社会里,饰品将成为生活普通用品。

马克思明确地指出,用于簿记、买卖和货币流通等纯粹流通费用,是由社会剩余价值补偿的。因此,属于金银货币磨损部分,应该是这样补偿的:发行金银货币(发行纸币也是如此)的金融机构,将其包括金属货币磨损费用在内的全部支出(都是纯粹流通费用)作为成本,将其存贷款利息差加服务费作为总利润,总利润减去成本,是纯利润,它由社会平均利润率调节:这样,金银货币磨损的费用,就由社会剩余价值来补偿了。

我在这里只是把问题提出来,让经济学家们来讨论。我希望大家注意的问题是:纯粹流通费用是从社会剩余价值中补偿的;金银货币需要补偿的,只是磨损的那部分;这部分补偿,应和其他的纯粹流通费用的补偿一起考虑;货币确实既不进入生产,也不进入消费,但军火也是这样:这两者的生产应属于哪一部类? 是否可以一起考虑?

第三节　积累或扩大再生产理论

卢森堡将马克思资本积累或扩大再生产理论的精粹介绍给我们。

她指出,简单再生产不是资本主义的特征。资本主义在危机时是缩小的再生产,而在一般情况下,则是扩大再生产。"把部分的剩余价值(特别是把越来越多的大部分)用来生产,而不是用来供资本家个人的消费,或用来增加准备金,是在资本主义生产条件下进行扩大再生产的基础。"[1]接着她又

---

① 罗莎·卢森堡:《资本积累论》,彭尘舜、吴纪先译,生活·读书·新知三联书店1959年版,第66页。

指出积累的条件:A.剩余价值分割为资本和收入;B.确定资本积累的各种情况,例如,对劳动力的剥削程度和劳动生产率;C.固定资本对流动资本的相对增长;D.工业后备军的加速发展,这是资本积累的前提,也是资本积累的结果。这四点中,有一点我认为是表述得不精确的,这就是 C。因为她谈的是马克思的而不是斯密的固定资本和流动资本,因而其中的流动资本是包括原料(这是不变资本)和工资(这是可变资本)的,这和不变资本和可变资本不同。马克思强调的是不变资本对可变资本的相对增长,即资本有机构成的提高,这是劳动生产率提高的资本主义表现,在这个条件下,工业后备军就加速发展。她这样说,同下面的论述也是矛盾的:在扩大再生产的条件下,"被古典经济学者不断忽视的不变资本,与用在工资上的可变资本比较起来,将相对地增长。这只是劳动生产率增长的影响在资本主义下的表现"。①

资本积累意味着剩余价值分割为资本和收入两部分,也就是资本家不能将剩余价值全部作为收入花光,而要留下一部分作为资本。后一部分是资本家不能消费的。从这里就产生两种错误看法:一种是所谓的"节欲论",始作俑者是英国经济学家西尼尔。他认为积累是资本家实行"节欲",是自我牺牲,为此,他应该得到报酬。马克思指出,积累必须要有这样的生产结构:Ⅰ(C+V+M)>ⅠC+ⅡC,即生产出来的生产资料大于已经消耗的生产资料,大于的部分的自然形态是生产资料,如铁、钢、工具、车床、煤炭等。总之,是吃不得、喝不得、穿不得的东西,是资本家不能"干杯到底",用于个人消费的,就是说,积累所需的生产结构既然这样,资本家愿意也好,不愿意也好,是非"节欲"不可的;另一种是李嘉图的积累是全部被生产劳动者而不是非生产劳动者所消费的理论。这里的要害是认为积累全部分解为工资,不分解为不变资本:这是斯密教条的产物,即认为 C 最终也分解为 V+M;次要的,则是正确的:工资应供生产劳动者,即生产价值的人消费,不应供非生产劳动者,即不生产价值的人,如家仆、歌女等消费。

从上述分析可以看出,扩大再生产不必以全社会生产量的增大为条件,

---

① 罗莎·卢森堡:《资本积累论》,彭尘舜、吴纪先译,生活·读书·新知三联书店 1959 年版,第 68 页。

而需生产结构发生变化,符合这个最基本的条件就行:$I(V+M)>IIC$。卢森堡根据马克思的思想正确地指出:"扩大再生产和简单再生产的基本差别在于:在后者资本家阶级及其随从者消费全部剩余价值,而在前者,剩余价值的一部分是从它的所有者的个人消费中取出来,不是用来储藏,而是用来增加活动的资本,即资本化。为了使这件事情有可能,新增资本必须有供它此后进行活动的物质前提。这里,社会总生产物的具体构成变得重要了。"[①]当然,除了生产结构变化之外,还要有追加的劳动力。这样,马克思的扩大再生产图式就是(生产周期为 1 年):

$$I\ 4\ 000C+1\ 000V+1\ 000M=6\ 000$$
$$II\ 1\ 500C+750V+750M=3\ 000$$

——

第一年结束时合计:9 000

卢森堡对此加以分析,她说:"这里,我们碰到严重的比例失调:所创造的 6 000 生产资料,超过了社会实际耗用的,即 $I\ 4\ 000C+II\ 1\ 500C$,因而剩下了 500。同样地,生产出来的消费品(3 000)少于支付工资的数目($I\ 10\ 000V+II\ 750V$,即工人的需要量)加上所生产的剩余价值总量($I\ 1\ 000M+II\ 750M$)。这造成了短缺 500。既然我们的前提不允许我们减少所雇佣工人的数目,其结果必然是资本家阶级不能消费它所取得的全部剩余价值。这证明完全符合了在资本主义基础上扩大再生产的两个物质条件:被占有的剩余价值的一部分不是被消费掉,而是用来从事生产;较多的生产资料必须生产出来,借以保证把资本化的剩余价值实际上作为扩大再生产之用了。"[②]

上述内容可以用图式表示:$I(C+V+M)>IC+IIC$,即社会生产的生产资料大于社会所消耗掉的生产资料,就是说,必然有一部分生产资料要用于扩大再生产;$I(V+M)+II(V+M)>II(C+V+M)$,即社会的收入

---

① 罗莎·卢森堡:《资本积累论》,彭尘舜、吴纪先译,生活·读书·新知三联书店 1959 年版,第 70 页。

② 同上书,第 72 页。

大于社会所生产的消费品,就是说,必然有一部分收入要用于积累。卢森堡根据上述的马克思的扩大再生产图式,按照马克思的方法,图解了再生产进行 5 年的情况。为节省篇幅,这里只谈第一年到第二年结束的情况。[①] ——反正全部 5 年的情况在任何一本政治经济学教科书里都可以看到。

让我们假设第一部类的剩余价值的一半是被积累起来了。资本家于是用 500 供他们的消费,而以另外的 500 增大他们的资本。为了进行活动,我们知道,这笔追加资本 500 必须分割为不变资本和可变资本。假定对于原来资本的 4∶1 的比例不变,第一部类的资本家将把他们的追加资本 500 分割如下:他们将以 400 购买新的生产资料,而以 100 购买新的劳动力。这并不发生什么困难,因为我们知道第一部类已经生产了过剩的生产资料 500。但可变资本相应地增大了 100 是不够的,因为新增的劳动力必须找适当数量的消费品,而这些消费品只能由第二部类供应。现在这两大部类间的流通是转移了。以前,在简单再生产的条件下,第一部类为它自己的工人取得 1 000 消费品,而现在它必须为自己的工人找到另外 100 消费品。所以,第一部类从事扩大再生产如下:

$$4\ 400C+1\ 100V$$

轮到第二部类时,它出售了这些消费品达到价值 100 后,现在就有可能从第一部类取得同量的追加的生产资料,事实上,第一部类刚好有 100 的剩余生产物留下来,这些生产物现在就流到第二部类里去,使得第二部类能够同样地扩大再生产。但在这里,只是追加的生产资料也没有多大的用处;要使得它们能够起作用,就需要追加劳动力。再假定以前的资本有机构成不变,即不变资本对可变资本的 2∶1 的比例,那么,就需要 50 的追加劳动力来运用这追加的生产资料 100。但这些追加的劳动需要相当于他们的工资额的追加的消费品,而这些追加的消费品事实上是由第二部类供给的。所以,这个部类除了生产供第一部类的新工人用的 100 追加消费品和供自己工人

① 罗莎·卢森堡:《资本积累论》,彭尘舜、吴纪先译,生活·读书·新知三联书店 1959 年版,第 71—81 页。

用的消费品以外,还必须生产另一笔消费品 50,作为它的总生产物的一部分。所以,第二部类以 1 600C+800V 的速率开始扩大再生产。

现在,第一部类的总生产物(6 000)已全部被吸收了。5 500 是补偿两大部类的老的、耗用掉的生产资料所必需的,而其余 500 是用来扩大再生产:400 在第一部类,100 在第二部类。至于第二部类的生产物 3 000,1 900 用来供应两大部类的增大了的劳动力,剩下的 1 100 消费品供资本家的个人消费,即他们的剩余价值用于消费的部分。500 在第一部类里消费,600 在第二部类里消费,而在第二部类里,从剩余价值 750 中,只有 150 是资本资本化(100 用之于生产资料,50 用之于工资)了。

扩大再生产现在能按照自己的方向前进了。如果我们维持剥削率(剩余价值率)100%,如在原来资本的情况下一样,下一周期将得出如下的结果:

Ⅰ 4 400C+1 100V+1 100M=6 600

Ⅱ 1 600C+800V+800M=3 200

——

第二年结束时合计:9 800

(第 3 年开始到第 5 年结束的情况略)

她认为这里的规律是:"我们可以无尽地把上述方程式的链锁继续写下去,只要我们遵守这个简单的原则:第一部类不变资本的某种增加总是要求它的可变资本的某种增加,这事先规定了第二部类增加的幅度,而随着第二部类的增加,必须同时配合可变资本的相应增加。最后,留给资本家个人消费的应占总量的多少,取决于两大部类的可变资本的增加幅度。这个增加幅度还表明留给资本家私人消费的消费品数量正好等于两大部类中没有资本化的那部分剩余价值。"[1]

我认为这里存在一个非常重要的问题:按照马克思这个扩大再生产图

---

[1] 罗莎·卢森堡:《资本积累论》,彭尘舜、吴纪先译,生活·读书·新知三联书店 1959 年版,第 76 页。

式,5年下来,用马克思的话说,就是"在规模扩大的再生产期间,第一部类和第二部类的总资本,已经由 5 500C＋1 750V＝7 250,增加到 8 784C＋2 782V＝11 566,也就是按 100：160 之比增加了。总剩余价值原来是1 750,现在是 2 782。已经消费的剩余价值,原来在第一部类是 500,在第二部类是 600,合计等于 1 100;但是在最后一年,在第一部类是 732,在第二部类是 745……"[①]按照图式,无论总资本还是剩余价值,都是第一部类大于第二部类,但是消费的剩余价值,无论是开始的一年还是最后的一年,就是说每一年,都是第二部类比第一部类多;反过来说,就是第一部类的剩余积累率(积累占剩余价值的比率;与其相对的是剩余消费率)比第二部类高得多。我们知道,资本家是"经济人",在自由竞争的条件下,他们是平等主义者,资本大的,消费率反而低,这可能吗? 当然也可以这样解决:资本家在两个部类都投资。这里存在的问题,可以理解为与选定的数字有关,这就需要另外的数字。

还有一个问题。卢森堡认为在扩大再生产中决定两大部类比例关系的,是从第一部类中的 M 分解出来的积累的大小,以及积累分解为 C 和 V 的大小;总之,是第一部类起决定性的作用。但是,这似乎可以倒过来说,由第二部类起这样的作用也是可以的。卢森堡自己就谈道:"让我们再设想一个社会主义社会。从一个有调节的社会的观点来看,我们当然应从第二部类而不是从第一部类出发。"[②]开始时我们说过,再生产理论是适合于任何社会形态的。那为什么两大部类的积累谁是第一步却与社会制度性质有关? 到底如何,应进一步研究。

马克思认为,是农业中的超过其劳动者所需的即剩余生产物决定非农业人口,这一原理在坎蒂隆和魁奈那里是表现得很清楚的;马克思虽然进一步说明这个原理,但在其划分两大部类的再生产图式中,就没有得到反映。卢森堡由于只分析资本积累问题,就没有必要提出这个问题,但这是个应该解决的问题。

有关货币的流通问题,这里暂时从略。因为它不是再生产的要素。况

---

① 马克思:《资本论》(第二卷),郭大力、王亚南译,人民出版社 1964 年版,第 580 页。

② 罗莎·卢森堡:《资本积累论》,彭尘舜、吴纪先译,生活·读书·新知三联书店 1959 年版,第 86 页。

且我们已经知道,货币从哪里预付,就流回到哪里。

上述马克思的公式,我们称为第一例,由于存在缺点,于是就有第二例(生产周期为1年):

Ⅰ 5 000C＋1 000V＋1 000M＝7 000

Ⅱ 1 430C＋285V＋285M＝2 000

——

第1年结束时合计:9 000

卢森堡指出,与上面的例子不同,两部类的资本在这里有相同的构成,即不变资本与可变资本的比例是5∶1。这里假定资本主义已经有显著的发展,跟着社会劳动生产率也有显著发展——生产规模已经有显著的先行的扩大,最后,在工人阶级中生产出相对过剩人口的事情也有发展。我们不再像在第一例一样,(是)在简单再生产阶段开始转入扩大再生产的阶段上才看到扩大再生产的。第一例只是为了抽象理论才这样做。这一次,我们面对的积累过程是在一个确定的、相当高度发展的阶段上进行的。设想这些条件是完全合法的,它们并不歪曲我们必须用来推算再生产螺旋形的各个环节的那些原则。这里,马克思仍以第一部类的剩余价值的半数转化为资本作为起点。

假定第一部类的资本家只消费剩余价值的半数500,而以其余半数积累。(1 000V＋500M)Ⅰ＝1 500 要转化为1 500 ⅡC。但在这里,ⅡC只＝1 430,不足之数,必须由剩余价值70来补足。在285 ⅡM中减去此额,留下215 ⅡM。在这里,卢森堡特别地指出,第二部类的剩余价值是285,其中的70必须加到不变资本上去。"由此可知,第二部类走向扩大再生产的第一步同时就是第一部类资本家增加消费的条件和结果。"①这样,我们得:

Ⅰ 5 000C＋500M(要资本化的)＋(1 000V＋500M)(资本家与劳动者

---

① 罗莎·卢森堡:《资本积累论》,彭尘舜、吴纪先译,生活·读书·新知三联书店1959年版,第82页。

的消费基金）

Ⅱ 1 430C＋70M（要资本化的）＋（285V＋215M）（资本家与劳动者的消费基金）

但因为在这里,有 70 Ⅱ M 直接合并在 Ⅱ C 里面,所以,为要推动这个追加的不变资本,还要有一个可变资本 70/5＝14。这也要由 215 Ⅱ M 中扣除,所以,只余下 201 Ⅱ M。我们得:

Ⅱ（1 430C＋70C）＋（285V＋14V）＋201M

在这些初步安排之后,资本化现在已经能继续进行下去。这是依下列情况进行的:第一部类已经资本化的 M 分割为 417C＋83V。这 83V 从ⅡM 吸取了同等的数量,这ⅡM 就用来购买不变资本,加到ⅡC 上去。ⅡC 增加了 83 就要求ⅡV 增加 17(83 的 1/5)。这里卢森堡特别地指出,这"又一次明显地看出第一部类的积累依赖于第二部类;第一部类必须从第二部类取得较过去多 83 的消费品供自己的工人之用"。[①] 在完成了这个周转后,我们得:

Ⅰ（5 000C＋417M）＋（1 000V＋83M）＝5 417C＋1 083V＝6 500
Ⅱ （1 500C＋83V）＋（299V＋17M）＝1 583C＋316V＝1 899

——

合计:8 399

在这个基础上至下年度的再生产结果如下:

Ⅰ 5 417C＋1 083V＋1 083M＝7 583
Ⅱ 1 583C＋316V＋316M＝2 215

——

合计:9 798

---

① 　罗莎·卢森堡:《资本积累论》,彭尘舜、吴纪先译,生活·读书·新知三联书店 1959 年版,第 82 页,m* 表示用于消费的 M。

如果在继续进行积累是维持同样的比率,第二年终的结果如下:

Ⅰ 5 869C＋1 173V＋1 173M＝8 215
Ⅱ 1 715C＋342V＋342M＝2 399

——

合计:10 614

第三年终:

Ⅰ 6 358C＋1 271V＋1 271M＝8 900
Ⅱ 1 858C＋317V＋317M＝2 600

——

合计:1 1500

卢森堡对两个图式加以总结:"第一部类采取了主动,积极地实现整个积累过程;第二部类只是一个被动的附属品。这个依赖关系也表现在下列的确切规则上:积累必须在两部类同时进行,而只有在下列的条件下,才有可能做到这一点,这个条件是:生活资料部类增加不变资本的数量恰恰等于生产资料部类的资本家增加他们的可变资本和个人消费基金的数量。不管我们在具体应用中选择什么数字,这个方程式(ⅡC 的增加＝ⅠV 的增加＋Ⅰm* 的增加)是马克思积累图式的数学奠基石。"①

卢森堡认为,第二例"与第一例显著不同的,是这两大部类积累的进展是一致的(每年都增长 0.083——引者)。从第二年起,两大部类都以剩余价值的半数转化为资本,半数供消费。因此,在第一例中,似乎由于数字选择得不好,积累才表现了任意变动的情况。但为了确定这次不仅仅由于巧妙选择的数字加以数学运算,才达到积累的顺利进展,我们还必须进行查对一下"。② 所谓查对,即是否只要按照这些比例,再生产就能无止境地进行

——

① 罗莎·卢森堡:《资本积累论》,彭尘舜、吴纪先译,生活·读书·新知三联书店 1959 年版,第 83—84 页。
② 同上书,第 81—82 页。

下去?

　　马克思认为,在资本主义条件下,再生产的进行是必然被打断的,即再生产是在比例破坏和恢复中,是在经历经济危机中进行的。原因是这些比例关系,尤其是固定资本的折旧部分和更新部分的平衡,固然不易维持,但是更重要的则是生产增长和消费相对落后的矛盾,使消费资料的需求落后于它的生产,再使生产资料的需求落后于它的生产,这就发生普遍性的生产过剩危机,使生产普遍下降到与低下的消费水平相适应,生产才再发展。但是这显然不是说,资本主义不能进行积累或扩大再生产。卢森堡不同意此说。她认为,不要以为"按照我们上面所指出的几条简易原则,积累按这样的图式继续发展,(就)是没有限制的。……我们要进一步问:是否仅仅由数学方程式容易地写在纸上,积累就会没有障碍地无限地继续下去。换言之,现在已经到了寻求积累的具体的社会条件的时候了。"①下面我们将看到,她在寻求另一种积累条件中,在理论上虽犯错误,但在方法论上,我却认为她提供了一种全新的研究经济社会形态的方法,使我们得出与过去截然不同的结论。

---

　　①　罗莎·卢森堡:《资本积累论》,彭尘舜、吴纪先译,生活·读书·新知三联书店 1959 年版,第 76 页。

第三章　马克思和列宁论农业决定非农人口、生产结构和市场容量

卢森堡并没有论述本章的问题。这是由于行文需要,笔者自己进行论述。

马克思在前人的基础上,提出农业劳动生产率制约非农业人口数量的理论。列宁以此理论为指导而写出的《俄国资本主义的发展》,就某一点看,就是关于农业人口转变为非农业人口的普遍理论和俄国实际相结合的著作。

第一节　由农业劳动生产率制约的"自由人手"决定国内市场的容量和结构

经济学家早就知道,非农业人口要受生产食物的农业劳动者生产出超过自己消费以上的剩余生活资料数量的制约。这是因为,前者最必需的生活资料,吃的和穿的,是由后者的剩余劳动提供的。农业劳动者能提供剩余劳动,则与一定高度的农业劳动生产率有关。

关于这个问题,马克思在总结前人的理论时说:如把对外贸易撇开不说(如不撇开,就以全世界为对象),能够用在工业等上面,可以完全从农业解放出来的劳动者人数,或如斯图尔特·穆勒所说的"自由人手"的数目,要由农业劳动者在他们本人的消费额以上能够生产的农产品的总量决定。[①] 马克思进一步指出:"社会上一部分人用在农业上的全部劳动——必要劳动和

---

① 马克思:《剩余价值学说史》(第一卷),郭大力译,人民出版社 1951 年版,第 16 页。

剩余劳动——必须足以为整个社会,从而也为非农业工人生产必要的食物,也就是使从事农业的人和从事工业的人有实行这种巨大分工的可能;并且也使生产食物的农民和生产原料的农民有实行分工的可能。"①在我看来:这就是农业劳动者和非农业人口依此划分的根据,也就是从全局看的农业人口转变为非农业人口的经济规律(以下简称"农转非")。

马克思在这个问题上的重要贡献,即超越前人的地方,我认为是:(1)将这个问题放在商品生产的条件下进行考察,指出如何才能使"自由人手"的数量和生产生活资料的农业劳动者提供的剩余产品建立适当的比例;(2)再将这个问题放在资本主义制度下进行考察,指出一定高度的农业劳动生产率如何成为这个制度的自然基础。现阐述如下。

在前面的引文之后,马克思接着说:"虽然食物直接生产者的劳动,对他们自己来说也分为必要劳动和剩余劳动,但对社会来说它所代表的,只是生产食物所需的必要劳动。"②正是从这里出发,马克思提出一个重要原理:社会内部分工所产生的各种产品,都是结成比例关系的,生产它们所必需的劳动,也是必要劳动。这种非常复杂的比例关系网依以建立的出发点,是生产食物的必要劳动;这些结成比例关系的必要劳动,同生产一个产品所需耗费的由平均条件所决定的必要劳动相比较,"不过是整个价值规律进一步发展的表现,虽然必要劳动时间在这里包含着另一种意义",即决定价值的第二层含义的必要劳动。这就是说,只有当包括食物在内的各种"全部产品是按必要的比例性进行生产时,它们才能卖出去"。③ 因此,如果交通、市场、购买力等都不发生问题,食物都普遍卖不出去,这就表明生产食物的总劳动过多了,要按比例减少一部分,将它转移到其他部门去。这就是从全局看的"农转非"的经济规律。

"一切剩余价值,不仅相对剩余价值,而且绝对剩余价值,都要以一定的劳动生产率为基础。如果劳动生产率只发展到这样的程度,以至一个人的劳动时间,只能够维持他自己的生活,只够生产和再生产他自己的生活资料,那就不会有剩余劳动,也不会有剩余价值。"而"这个作为前提的生产率

---

① 马克思:《资本论》(第三卷),郭大力、王亚南译,人民出版社1964年版,第716页。
② 同上。
③ 同上书,第717页。

阶段,必须已经首先在农业劳动上存在";所以,"本国或外国农业一定程度的发展,对资本的发展来说是基础"。① 根据前面的说明就可以了解:农业部门中的剩余劳动,或食物中的剩余产品,是其他一切劳动部门所以能够独立经营的自然基础,而包括农业部门在内的一切劳动部门,全都是生产剩余价值的,因此,一定高度的农业劳动生产率,就是剩余价值生产的自然基础。以上所述,只要将资本主义的特点去掉,其基本原理就是适用于要由农业生产食物的一切社会的。

现在我们分析农业劳动生产率提高和"自由人手"增加,对国内市场的容量和结构所起的作用。我们从三类产业而不是两大部类开始分析。农业劳动,即大体上是第一产业的生产率越高,由其制约的"自由人手"就越多;对工业生产,即第二产业就会提出如下要求:A.农业劳动者和"自由人手"对由工业生产的生活资料需求(如衣服)就越多,由此决定的生产生活资料的工业部门(如服装业)的规模就越大;B.由上述规模(如服装业)决定生产用来制造工业生活资料的生产资料的(如缝纫机)的工业部门(如缝纫机业)的规模就越大;C.农业部门的劳动生产率越高,对由工业部门生产的生产资料(如农业机械)的需求就越多,由此决定生产用来制造农用生产资料的工业部门(如农业机械业)的规模就越大;D.由 B 和 C 的规模(如缝纫机业和农业机械业)合起来,决定生产用来制造工业用生产资料的生产资料的工业部门(如机械工业和采矿业,严格说来采矿业应属第一产业)的规模也越大;E.上述农、工业的规模决定的运输业规模就越大,运输业规模又反过来影响生产运输业用的生产资料的工业部门(如机械工业)的规模。农业和工业的劳动生产率都提高了,在增加的"自由人手"中,就可以有相当大的一部分从事商业、金融业和交通业,即第三产业工作,以及从事政治和思想上层建筑工作,这些产业和事业本身又会对工业生产提出要求,工业生产又可以扩大。三种产业的劳动者和政治和思想上层建筑工作者,又会对文化产品和服务提出要求……这一切就决定了国内市场容量和结构。以上所论只是荦荦大端,但从这里我们已清楚地看到农业生产是国民经济的基础。这是从再生产理论分析问题得出的结论,而不是从通常所说民以食为天得出的结论;尽

① 马克思:《剩余价值学说史》(第一卷),郭大力译,人民出版社 1951 年版,第 17 页。

管后一说法并不错。

我们再从社会生产划分为两大部类进行分析。这里我暂时撇开第三产业能否构成第三部类的问题不谈，仍以社会生产分为两大部类进行分析。这样，作为比例网的起点的农业生产，就要区分为第一部类和第二部类；生产食物的是第二部类，它提供的剩余生产物就决定非食物生产者，即自由人手（这里的"自由人手"，指的是可以不生产食物的人手。同前面由斯图尔特提出的"自由人手"不同，他说的"自由人手"指的是可以不生产农产品的人手。之所以有此不同，是由于斯图尔特没有区分生产食物的农业和生产原料的农业）的数量，其中就包括决定农业中生产原料的劳动者的数量，即决定第一部类中的农业生产的规模。食物生产者和自由人手对由工业生产的生活资料需求（如衣服），决定第二部类的规模（如服装业），它进一步又决定生产第二部类使用的生产资料，即第一部类中生产消费资料的生产资料的规模（缝纫机制造业）。第二部类和第一部类中的农业生产，即食物和农业原料生产对农业机器的需求（如农用机器），决定第一部类中生产农用生产资料的规模（如农业机器制造业）。以上生产消费资料的生产资料（如缝纫机制造业）和生产生产资料的生产资料（如农业机器制造业）对生产它们的生产资料的需求（如制造业），决定最终需求的生产资料（如钢铁业、冶炼业和开采业）的规模。

从以上分析可以清楚地看出：一个国家的非食物生产者，即自由人手的数量，从国内市场的结构和容量来看，归根到底取决于生产食物的农业劳动生产率。就是说，离开这一点，不努力提高生产食物的劳动生产率，而谈论扩大国内市场，就等于缘木求鱼。我认为，美国等高度农业规模化的发达国家，其对外贸易依存度（一国的进出口贸易总额占该国 GDP 的比重；这一比重越大，该国经济发展受外部的影响就越大）之所以比我国低得多，是由于它的食物劳动生产率比我们高得多，美国农民只占人口的 2%，我国则占65%—70%，美国一个农民生产的粮食，可供百余人吃用，我国一个农民生产的粮食，只能供一个多人吃用，它们的"自由人手"相对于总人口来说，比我国多得多。当然，我们不能从绝对的意义上来理解这两国的农民在全国人口中的比重，以及他们分别生产的粮食数量。因为美国的农业已形成规模经济，为农服务的工人很多，我国人多地少，全国可耕地约 16 亿—17 亿亩,农业人口约8亿,目前,每个农业劳动者使用的土地远远低于其可能耕种的土地,规模经济尚未形成,为农服务的工人很少。

以上谈论的国内市场,是以农业劳动生产率有较大提高,以及由此产生的"自由人手"能转化为资本主义工业的工人为条件的。如果不是这样,即使有大量离地的农民,对国内市场形成所起的作用也不是这样。因为在这个条件下,农业既不会对由工业生产的劳动资料提出巨大的需求,离开土地的农民也不会对由工业生产的生活资料提出有购买力的需求。例如,自秦统一天下到新中国成立前的中国就是这样。秦从商鞅变法开始,废井田,置郡县,土地可以买卖,农民也有人身自由。但由于这时的地租由高利贷利率调节,大大高于如果办资本主义工业可能得到的利润,资本主义工业并不因有"自由人手"就发展起来。因此,在重额地租剥削下离地的农民,并不能转化为资本主义工业的工人,而是"老者转乎沟壑,壮者散之四方"。这就无法形成与资本主义工业相适应的国内市场。

第二节　从农业人口中分解出非农业人口或　　"自由人手"的规律

以上谈的是在社会生产中工业已经是一个独立的部门时,社会总劳动如何划分为农业劳动和非农业劳动。但在前资本主义,存在的大多数是和农业相结合的手工业,手工业并没有从农业分离出来成为独立的部门,这种情况在存在着农村公社或亚细亚生产方式基础的东方和俄国尤为多见,这也就是新中国成立之前的男耕女织的个体自给自足生产。在这个条件下,"农转非"的过程是怎样的呢?

我们暂不谈这个过程的属于生产关系变革的一面,而先谈其中属于"农转非"的一面。马克思指出:"对农村居民断断续续的、一再重复的剥夺和驱逐,不断地为城市工业提供大批完全处于行会关系之外的无产者。……但是,与独自的、自耕的农村居民稀薄化相适应的,不仅仅是工业无产阶级的稠密化";或者说,这个过程的一方稀薄化和另一方稠密化之所以可能,只能是由于"种地的人数减少了,但土地提供的产品和过去一样多,或者比过去更多,因为伴随土地关系所有权关系革命而来的,是耕作方法的改进、协作的扩大、生产资料的积聚等"。[①] 这就是说,农业的生产力提高了,剩余的食物增加了,因此,农业劳动者可以减少一部分,这些人变成非农业人口,其中就包括成为工业部门的工人。

列宁非常重视这个理论问题。他多次指出,这个历史过程是:工业人口由于农业人口减少而增加,而不是毫无联系的工业人口增加、农业人口减少。他说,因为在商品经济以前的时期,制造工业同采掘工业结合在一起,而后者是以农业(采掘业和农业合起来被称为第一产业)为主,所以,商品经济的发展就是一个个工业部门同农业分离。商品经济不太发达或完全不发达的国家的人口,几乎全是农业人口,然而不应该把这理解为居民只从事农业,因为这只是说,从事农业的居民自己进行农产品的加工,几乎没有交换和分工。因此,商品经济的发展就意味着越来越多的人口同农业分离,就是说工业人口由于农业人口减少而增加。

现在需要指出的是,历史上最初的个体农民离开农业,变为工业工人,是一次深刻的生产关系的变革。首先,这些农民必须是人身自由的,不是农奴,他们可以离开土地,可以自由处理自己的劳动力。马克思说的是独立的、自耕的农村居民,意味着是人身自由的。19世纪60年代以前的俄国,存在的是农奴制,这个条件就不具备了。其次,农奴制废除或动摇后,土地逐渐可以买卖,这时的封建主义地租就由高利贷利率来调节,即地租成为地价按高利贷利率计算的利息,只要情况是这样,它就必然高于资本主义的工业利润,拥有货币的人就宁可买土地收地租,而不办工业牟利润,这样离开土地的农民还是当不成工人。这类国家如无法向外取得巨额利润,并待工业发展后,在产业资本循环中形成巨额的借贷资本,然后压低高利贷利率,如17世纪的荷兰所做过的那样,那么,对内废除封建土地制度就十分重要。这一切都意味着一场深刻的社会制度的变革。所以,历史上最初的"农转非"并不是自然发生的经济过程,而是深刻的社会经济条件发生变化的过程。

---

① 马克思:《资本论》(第一卷),郭大力、王亚南译,人民出版社1963年版,第813—814页。

第三节 非农业人口或"自由人手"产生和
国内市场形成的历史过程

历史上最初的"农转非",不仅为工业资本游离出工人及其生活资料和劳动资料,同时也建立了国内市场。这是因为,在这个过程中,生活资料变成了可变资本的物质要素,也就是被游离出来的农民必须从自己的新主人工业资本家那里,以工资的形式挣得这些生活资料的价值;国内农业提供的工业原料也同生活资料的情况一样,它变成了不变资本的一个要素。

随着土地制度的变革,除了从农业中游离出来的已变成工人的农民会影响国内市场外,由小农变成的租地经营的大农场也会影响国内市场的形成。以前,农民家庭生产并加工绝大部分供自己以后消费的生活资料和原料;现在,这些原料和生活资料都变成了商品,大农场主出售它们,手工工场则成了它们的市场。与此相应,过去由农民生产和消费的纱、麻布、粗毛织品,现在变成了工场手工业的产品,农业地区正是这些东西的销售市场。以前由于大量小生产者独自经营而造成的、分散在各地的买主们,现在集中为一个由工业资本供应的巨大市场。只有消灭了农村家庭手工业,才能使一个国家的国内市场获得资本主义生产方式所需要的范围和稳定性。

马克思特别地指出,工场手工业只能占国民生产的很小一部分,因为它以手工业劳动为物质基础,就不能在经济上彻底打败农村家庭副业,相反地,它还要农村家庭副业为其将原料加工到一定的程度。因此,它会产生一个新的小农阶层,这些小农以工业劳动为主业,以种地为副业,就是说,国内市场的形成仍受到限制。"只有大工业才用机器为资本主义农业提供了牢固的基础,彻底地剥夺了绝大多数的农村居民,使农业和农村家庭手工业完全分离,铲除了农村家庭手工业的根基——纺纱和织布。这样,它才为工业资本征服了整个国内市场。"[①]

———————————

① 马克思:《资本论》(第一卷),郭大力、王亚南译,人民出版社 1963 年版,第 817 页。

第四节　应该是生产食物的部类决定
生产生产资料的部类

　　从上述分析可以看出,无论是从农业(包含食物生产)、轻工业、重工业的角度,还是从第一部类和第二部类(包含食物生产)的角度来看,都是食物生产在规模上决定其他部门和部类的规模。因此,在这里我提出来希望我们特别注意的是:马克思的再生产图式表明,两大部类之间以及每一部类内部都是结成比例的,就是说,社会生产是一张巨大的比例网,孤立地看似乎从任何一个点上的比例出发来建立这个网,只要符合比例就是可以的。最常用的办法是从生产生产资料的第一部类的积累出发,即由生产生产资料的第一部类需要向生产消费资料的第二部类以多少生产资料交换多少消费资料,来决定第二部类的积累。这虽然是马克思本人的看法,但是我认为这不符合马克思关于农业的劳动生产率决定非农业人口的理论。根据这个理论,应该是生产消费资料的部类的积累,决定生产生产资料的部类的积累。如果将前一部类称为 A 部类,将后者称为 B 部类,那么,主要是由农业生产的食物生产部门在社会生产比例网中起决定性的作用,就是说是 A 部类决定 B 部类。与此相应,安排社会生产的顺序应为:农业、轻工业,然后才是重工业,而不是倒过来。卢森堡没有从这一角度谈论问题,只是认为在社会主义社会,由于将提高人们的生活放在第一位,因此,应该是由第二部类决定第一部类。

第二篇
对再生产理论论战的述评

第四章　再生产理论论战之一：
西斯蒙第等对李嘉图等

以下两组人的论战是在斯密教条的基础上进行的。其背景是：1815年和1818—1819年英国最初发生的经济危机，使经济学家对资本主义经济体系的神圣性发生严重的怀疑。"导致危机的原因，当初还只是外部的，而且表面上带有偶然的性质。因为：第一，由于拿破仑（战争）的大陆封锁，英国在某一时期对欧洲市场的联系被人为地阻断了；大陆各国的工业在短期内有了显著的发展。第二，（拿破仑战争结束）大陆封锁取消以后，由于长期战乱的结果，大陆上的民穷财尽使那里对英国生产物的需求较预期的要少。然而，这些早期的危机，仍然足以把大家认为一切社会组织中最好的一种所包含的可怕的黑暗面暴露出来了：一方面，市场的泛滥，商店堆满了商品而找不到购买者，无数的破产者；另一方面，劳动者大众的极度贫穷——这些事实都初次展开在那些理论家的眼前，他们曾经宣扬资产阶级自由放任所带来的美好的和谐，并曾以各种音调加以歌颂。"[①]

关于他们都信奉斯密教条的情况，卢森堡说："这一点在西斯蒙第理论的实际发展中更突出地得到证明。为了支持他的见解，他和古典学派的代表者及传播者李嘉图、萨伊和麦克库洛赫进行了激烈的论战。这场论战的两方面，代表着两个对立的见解：西斯蒙第认为积累决不可能；而李嘉图、萨伊及麦克库洛赫则支持积累无限可能性的见解。但关于斯密的某些错误见解，两方面都是相同的：西斯蒙第的反对者，也同样无视了再生产中的不变资本，特别是萨伊，他把斯密关于总生产物分解为 V＋M 的混乱理论，当作

---

① 罗莎·卢森堡：《资本积累论》，彭尘舜、吴纪先译，生活·读书·新知三联书店 1959 年版，第 124 页。

无可非难的教条而企图永远保存下来。"①卢森堡在这里没有谈到马尔萨斯的观点,那就是信奉斯密教条,认为只是由于地主阶级的不断高价购买,利润才能实现,而地主阶级只买不卖,其源源不断的购买力则来自特权,即土地私有权索取的地租。

这场论战是很活跃和自由的,是经济学理论的百家争鸣。虽然学者们之间有尖锐的交锋,但不影响他们之间的友谊。例如,李嘉图与西斯蒙第针锋相对,但是李嘉图在去世之前还赶到瑞士,同西斯蒙第面对面地讨论问题。马克思积极称赞这个时期,因为政治经济学方面的科学活动极为活跃。

第一节　西斯蒙第

原籍瑞士、后居法国的西斯蒙第(1773—1842)是《政治经济学新原理》的作者。该书初版于 1819 年,7 年后(卢森堡认为是 8 年),第二版问世。他和英国的空想社会主义者欧文同时批判资本主义。但他和欧文不同,他站在小生产者即小资产阶级的立场进行批判。卢森堡介绍他时说:"他打击了资产阶级经济学的每一个要害:小企业的没落、农村人口的外流、中产阶级的无产阶级化、工人的贫困化、机器的驱逐工人、失业、信用制度的危险(机)、社会的对立、生活的不安定、危机恶化和无政府状态。他的辛辣而深刻的怀疑,对当时在英国的麦克洛克、法国的萨伊的影响下流行于这两国的庸俗经济学所宣传的对和谐的空洞的崇拜和知足的乐观主义,构成了一个锐利的不调和的音调。"②

西斯蒙第的批评抓到了问题的要害。对于他来说,把他所揭发的资本主义致富的黑暗面,当作单纯的过渡期间的暂时缺陷而加以漠视的让步或逃避的办法是不存在的。他对萨伊作如下的反驳:"7 年来,我指出了社会组织中的这种疾病,但是这种疾病在这 7 年中并没有消除,反而更加恶化。我

①　罗莎·卢森堡:《资本积累论》,彭尘舜、吴纪先译,生活·读书·新知三联书店 1959 年版,第 139 页。
②　同上书,第 128 页。

不能把这种长时期的苦难看作只是伴随着变化而来的摩擦。再回到收入的问题上，我认为我已经表明我们所遭受的疾病，是我们组织中的缺点的结果，我已表明疾病看来是不会终止的。"①对此，卢森堡说："西斯蒙第看出了资本主义社会一切罪恶的根源，在于资本主义生产与由此决定的收入与分配之间的不均衡。由此，他就进入我们现在所关心的积累问题上来了。"②

卢森堡认为，西斯蒙第批判的古典经济学的主要论点是：资本主义生产受到无限扩大的鼓励，而完全不顾及消费，但消费是由收入决定的。应该说，卢森堡这一段话不是很严密。因为上述的萨伊是这种主张的创始人，李嘉图只是追随者，而李嘉图是古典经济学家，萨伊却不是。但我们不谈这一点。西斯蒙第说："当代的经济学家已经完全承认：公共财产既然是私人财产的总和，那就应该采取每个私人所使用的办法来培植它、增加它、分配它和消费它。谁都十分清楚，在私人财产中，最值得注意的部分就是收入；而且应该量入为出，否则，就会亏本。但是，正如公共财产一样，在某一个人是资本，在另一个人就成为收入，因而很难确定哪一项是资本，哪一项是收入，结果，他们采取最简便的方法，干脆把后者一笔勾销了。"③前面我们说过，$I(V+M)$从个别资本看是收入，IIC从个别资本看是资本；但是，这两者要交换，交换后，从社会资本看，$I(V+M)$变成了资本，IIC变成了收入。西斯蒙第未能从这方面批判他说的古典经济学。西斯蒙第接着说："萨伊和李嘉图先生由于未能确定许多非常重要大问题而得出这样的学说，他们认为消费是一个无限的力量，或者至少是除了生产的界限以外没有其他的界限，其实，它受收入的限制。他们说，任何生产出来的财富都会有消费者，他们鼓励生产者造成大批商品积压，现在这种积压正在使文明世界遭受灾难，但是，他们应该预先告诉生产者，叫生产者只应该指望有收入的消费者。"④下面，我要指出的是，他又批评马尔萨斯和麦克库洛赫："马尔萨斯先生也忽略了这一点，他虽然指出人口无限制增加的危险，却只是根据土地所能生产的

---

① 罗莎·卢森堡：《资本积累论》，彭尘舜、吴纪先译，生活·读书·新知三联书店1959年版，第129页。

② 同上。

③ 西斯蒙第：《政治经济学新原理》，何钦译，商务印书馆1964年版，第11页。

④ 同上。

粮食提出一个限度，然而，土地生产的粮食还能长期以极大的速度增加；如果他考虑到收入的时候，马上就会看出是由于劳动人民的人口和劳动人民的收入不平衡才产生种种苦难。麦克库洛赫先生在一篇为了向人民说明工资问题而写的短文中，曾经肯定地说：穷人的工资，必须符合人口和资本之间的比例；可是，工资是所需要的劳动量的结果，如果消费与收入正比，工资也应该与消费成正比。在同一篇短文里，他号召穷人使家族人口的增加与国家资本的增长协调起来，不过，穷人对国家资本的数量不可能形成一个概念，哪怕是最模糊的概念；可是，他又指出：任何人只要一结婚，组织一个家庭，那就必须量入为出，因此，就很容易得出这样一个结论，只要所有的人都量入为出，国家就万事大吉了。"①可以这么说：经过西斯蒙第自己的表白和对别人的介绍，全部论战者的论点我们都知道了。不过后面两人，卢森堡没有引用西斯蒙第的话予以介绍；是笔者引用西斯蒙第的话予以介绍的。

那么，在西斯蒙第看来，危机或生产过程的中断是怎样发生的呢？前面说过：他信奉斯密教条，因此，他说：从这个观点看，"国民收入就只能包括两个部分，一部分包括在年生产中，一部分在年生产之外：前者是由财富中生的利润，后者是由生活产生的劳动能力。说到'财富'一词，我们认为既指土地所有权又包括资本；说到'利润'一词，我们理解它包括将要给予土地所有者的纯收入和资本家的收益"。② 对此，卢森堡说："全部生产资料，就与当作'财富'的'国民收入'区别开来了。而'国民收入'被分解为剩余价值及劳动力，更精确地说，即可变资本的等价物。于是，我们可以看出（虽然表示得不十分明确）不变资本、可变资本和剩余价值分割了。可是，转瞬之间，西斯蒙第又把'国民收入'理解为社会总生产物。"他说："年生产，或国家在一年中完成的全部工作的结果，同样由两部分组成：一部分（和我们方才所说的一样）是财富所产的利润；另一部分是劳动的能力，它等于它所交换的那部分财富或劳动阶级的生活资料。"③卢森堡继续说："在这里，社会总生产物从价值上看，只分解为可变资本及剩余价值，而不变资本却不见了。于是我们到达斯密的教条上来了，即一切商品价格，分解为 V＋M（或者说由 V＋M）所

---

① 西斯蒙第：《政治经济学新原理》，何钦译，商务印书馆 1964 年版，第 11 页。
② 同上书，第 75 页。
③ 同上。

构成，换言之，总生产物，只是由工人及资本家的消费资料所构成。"①

　　如果确是这样，他就应该完全同意李嘉图的生产等于消费论，也同意萨伊和麦克库洛赫的理论，因为这三个人的理论的实质相同。这样，他就应该认为资本主义是不可能发生经济危机的。因为生产的全部消费掉了，何来危机呢？但他却认为不是这样，是要发生危机的。我们且看他是如何论证的。

　　卢森堡指出："西斯蒙第接着讨论总生产物的实现问题。一方面，一个社会的总收入总额是由工资、资本利润与地租所构成，以 V＋M 表示之；其他方面，从价值上说，同样分解为 V＋M，'因此，国民收入和年生产相互平衡（并表现为相同的数值）'。也就是必须在价值上相等。'年总生产物，每年完全被消费掉。其中的一部分是由那些以劳动相交换的工人来消费，这些工人就把它转化为可变资本并再生产出来；另外一部分，由那些以收入相交换的资本家来消费并消灭了它'。'年收入的全部，势必与年生产物的全部相交换'。由此，西斯蒙第就……提出了再生产的明确规律如下：'支付今年的生产的不能不是去年的收入'。如果是这样，资本主义的积累又如何发生呢？假定总生产物必须被工人和资本家完全消费掉，一点也没有剩余，很明显，我们停留在简单再生产的范围内，积累问题就无法解决了。事实上，西斯蒙第的理论等于否认了积累的可能性。既然一切社会需要是由工人的工资总额和资本家的个人消费组成的，那么，在扩大再生产的场合下，什么人购买那些剩余生产物呢？（又是这个问题。应该由扩大再生产本身——引者）在这一点上，西斯蒙第争辩说：'积累在客观上是不可能的。'他说：'结果，实际所发生的总是这样：我们把本年生产的全部，与上年生产物的全部相交换。倘若生产逐渐增大，则在交换中，每年势必引起小额的损失，这样，就同时改进了将来的条件。'换言之，积累在生产物全部都实现的时候，就不能不生产出每年无法出卖的剩余。西斯蒙第不愿意得出这个最后的结论，他宁愿采取'中间路线'，从而不得不求助于相当难懂的遁词，他说：'倘若损失不大，而且分配得当，每个人宁愿负担下来，不致为自己的收入诉苦。国民经济正是这样建立起来的。一系列的小牺牲，反足以增加资本与公共财

---

① 西斯蒙第：《政治经济学新原理》，何钦译，商务印书馆1964年版，第137页。

产。'另一方面,如果积累肆无忌惮地进行,那么,不能出卖的剩余就会增大,酿成大众的灾难,结果危机必然上门。这样,小资产阶级的逃避方法就成为西斯蒙第的解决途径:这就是压低积累的速度。他对主张生产力的无限制发展和生产无限制扩张的古典学派不断进行论战。他的全部著作不外乎是对无限制热望、积累所引起的不幸后果敲起警钟。"①

卢森堡这一段长文,一方面引用西斯蒙第的原话,另一方面在评论原话中展开自己的看法,在我看来,集中起来是:第一,斯密教条的作用;第二,社会总产物的价值,即分解为 V+M 的收入,全部用于个人消费,不能积累,在再生产中,是用去年的收入购买今年的社会总产物;第三,不经说明,就认为今年的总产物价值大于去年的收入(自相矛盾地认为是有小量积累在进行),这样,必然有小部分产物的价值不能实现,由于损失较小,就算了;如果积累很大,去年收入不足以购买今年产物之差额就必然很大,这就是经济危机。因此,务必减低积累的速度,这就是小生产者害怕竞争的表现。从中我们可以看出,其理论既是错误的,又是不彻底的。

卢森堡知道有一位俄国马克思主义者叫作伊林(列宁的化名)的,曾批评西斯蒙第的理论,认为其根本错误是抹杀不变资本的存在,从而痛快地把西斯蒙第的积累论一笔勾销,认为全部是不恰当的、谬误的。但是,卢森堡认为:"这样的态度足以证明,他们自己对西斯蒙第真正关心的事情、对西斯蒙第的最后问题缺乏敏感。其后,马克思的分析初次指出了亚当·斯密的重大谬误,这个分析证明:如果只考虑总生产物中相当于不变资本价值部分,积累问题决不算得到解决。"②这里,她强调的仍然是追加的需求是从哪里来的。正确的答案当然是:从扩大再生产本身来。

第二节　麦克库洛赫对西斯蒙第

卢森堡指出,西斯蒙第对欧洲资本残酷地取得统治地位曾发出强有力

---

① 罗莎·卢森堡:《资本积累论》,彭尘舜、吴纪先译,生活·读书·新知三联书店 1959 年版,第 137—138 页。
② 同上书,第 139 页。

的警告,这就引起三方面激烈的辩论:英国的李嘉图派、法国的萨伊即斯密学说的庸俗化者,以及空想社会主义者法国圣西门学派。这里我们只谈西斯蒙第与李嘉图派的辩论。首先是李嘉图的庸俗化者麦克库洛赫对西斯蒙第的批评。1819 年 10 月,即西斯蒙第的《新原理》出版后不久,麦克库洛赫在《爱丁堡评论》上匿名发表文章,攻击西斯蒙第。这看来是得到李嘉图的同意的。西斯蒙第于 1820 年在罗西的《法学年报》上发表文章,作为回答。

西斯蒙第说:"我们都是为了真理而争论。对于目前的灾难,'人们提出了两个互相对立的解释:有些人说我们生产得太多了,又有人说我们生产得不够。前者的人说,倘若我们尽数消费那些卖不出去而压迫市场的某些过剩商品,倘若我们根据购买者的需要为将来组织生产,那么,均衡才能开始恢复,和平与幸福才能得到;后者的人说,只要我们付出双倍的努力去积累和再生产,均衡即可以保持。如果你们以为我们的市场上商品泛滥成灾,那是欺人之谈。因为我们的仓库只装满一半,让我们装满其余一半,而这些新财富的相互交换就会使商业获得新的生机。'就这样,西斯蒙第以透彻明了的笔法,表明了争论双方的分歧。"①

前者是西斯蒙第的观点,因为他说过,今年的生产是由去年的收入来购买的,而今年的生产由于他未经说明的积累而比去年的收入更大一些,就发生过剩,生产(积累)越多,过剩就越多。后者是麦克库洛赫的观点,这些观点其实是从萨伊尤其是从老穆勒那里来的。卢森堡在这里没有提到穆勒,原因不详。

经过卢森堡的整理,麦克库洛赫(1789—1864)的观点可以综述如下:"供给与需求确实是相关的而且可转化的名称。某种商品的供给,形成对他种商品的需求。因此,对一定量农业生产物的需求,只有在提供一定量的工业生产物(与农产品的生产费用相等的),与之相交换的场合下,才能发生;另一方面,对这种工业生产物的有效需求,也只有在提供一定数量的农业生产物的场合下才能发生。"②对此,卢森堡指出:"李嘉图派的策略在这里是很明显的。换言之,他有意识地把货币流通撇开不谈,好像商品只是直接以商

---

① 　罗莎·卢森堡:《资本积累论》,彭尘舜、吴纪先译,生活·读书·新知三联书店 1959 年版,第 141—142 页。

② 　同上书,第 142 页。

品去购买和支付的。"①这就是说,麦克库洛赫将商品交换视为物物交换;也就是买卖是统一的行为,不会分解并独立为买和卖,两者不会脱节。这当然是错误的。另外,还有卢森堡没有指出的错误:就是萨伊的"销路说",即认为产品会自己开辟销路;老穆勒的"形而上的平衡论",即认为买卖在价值上总是相等的。换言之,麦克库洛赫的这番议论包含三层错误。

卢森堡指出,西斯蒙第对此的反驳是很笨拙的。他以德国最大的书市——莱比锡为例说:"按照这个李嘉图门生所谓的需求和生产是相关的,可以互换的;一方从他方买进,一方又向他方支付,一方是他方的结果。但是……坏书即使在莱比锡可以交换,然而依然很难卖出价去(使用价值不被社会承认,怎样出卖? ——引者)。于是,这些书就充满在书商的书架上,任何人都不需要它……"②这根本驳不倒麦克库洛赫。

麦克库洛赫继续说:"例如,有一个农业家以粮食与衣服预付给 100 个劳动者,这些劳动者就生产出能养活 200 人的粮食。同时,工业家方面也假定以粮食和衣服付给 100 个劳动者,这些劳动者可以生产出 200 人的衣服。于是,农业家扣除了他预付给劳动者的衣食外,还可以自由地处理其他 100 人的粮食;工业家在偿付劳动者的衣食外,可以把剩余的 100 人的衣服送到市场上去。在这个场合,这两种物品互相交换,粮食的供应决定了对衣服的需求;衣服的供应决定了对粮食的需求。"③注意,这里没有资本家的任何需求,也没有生产资料的耗费。

麦克库洛赫的目的是说明危机不可能。他的方案就是按计划即供求一致,没有生产过剩的要求而进行生产的。对此,卢森堡批评说:"总之,为了要证明在无计划的、资本主义的、私人经济中,危机是不可能发生的,他就假设了一个没有生产过剩的有计划的严格被统制的生产。然而,狡猾的麦克库洛赫的滑稽处是别有所在。在论战中争执的问题是积累问题。使西斯蒙第感到苦恼,而他又以之使李嘉图及其门徒感到苦恼的问题是:如果剩余价值的一部分没有被资本家私人消费,而被转化为资本,也就是用来扩大生

---

① 罗莎·卢森堡:《资本积累论》,彭尘舜、吴纪先译,生活·读书·新知三联书店 1959 年版,第 142 页。
② 同上书,第 143 页。
③ 同上书,第 144 页。

产,那么,从哪里找到剩余产品的买主呢? 资本化的剩余价值又怎样呢? 含有这部分剩余价值的商品又归何人购买呢?"①她极力地将问题变为用于积累的部分的需要者是谁的问题。这个多次提出来的问题,我们留在最后谈。我要指出的是,麦克库洛赫这里的错误,除了上述三者外还有一条:信奉斯密教条,这里看不到对生产资料的补偿。此外,就是没有属于资本家的任何份额。

为了让资本家不致喝西北风和光身子,麦克库洛赫就改进其例子:令工、农业的劳动生产率都提高一倍。农业除了生产 200 人吃的粮食外,还生产与粮食的生产费用相等的糖、酒和烟;相应地,工业除了生产 200 人的衣服外,还生产与衣服的生产费用相等的花边、缎带和麻布。这样,资本家就可以交换这些奢侈品,而不致喝西北风和光身子了。这里除了重复上述的错误外,有的只是简单再生产,因为剩余价值全部都用于资本家的个人消费了。对此,马克思讽刺地说:"只生产自己需要的东西……这是……麦克库洛赫……开的药方,作为防止生产过剩的这种流行病的灵丹妙药。"②对于麦克库洛赫,西斯蒙第的反驳是错误的。他说,一个富人可以消费 10 000 个工人生产的花边、缎带和麻布;但是,"一个人不能以同一比例来消费农产品……这些东西不能出卖"③,这就是生产过剩的经济危机。这是用胃的消化力和肠的吸收力受到限制来说明生产过剩的危机。

第三节　李嘉图对西斯蒙第

李嘉图(1772—1823)对其门徒同西斯蒙第的辩论并不满意。他要亲自出马。卢森堡写道:"危机和积累问题继续使李嘉图困惑不解。在 1823 年,也是他生命的最后一年,他在日内瓦住了几天,以便亲自与西斯蒙第讨论这

---

① 罗莎·卢森堡:《资本积累论》,彭尘舜、吴纪先译,生活·读书·新知三联书店 1959 年版,第 144 页。

② 马克思:《资本论》(第一卷),郭大力、王亚南译,人民出版社 1963 年版,第 217 页。

③ 罗莎·卢森堡:《资本积累论》,彭尘舜、吴纪先译,生活·读书·新知三联书店 1959 年版,第 148 页。

个问题。这些讨论的结果就成为西斯蒙第在 1824 年 5 月出版的《百科全书评论》中发表的一篇以《论生产与消费间的平衡》为题的论文。

"李嘉图在他的《政治经济学及赋税原理》里,完全接受了萨伊的陈腐的生产和消费协调的理论。在第 21 章中,他说:'萨伊已最令人满意地证明没有任何数量的资本在一个国家内会找不到被使用的场合,因为生产的唯一限界就是需求。人们如果不是为了消费或出售,就不会生产;如果不是为了购买其他某种商品,也不会出售,而所购买的某种其他商品或者直接对他有用,或者对于将来生产能够起作用。因此,生产者必然是自己的产品的消费者,或者是别人产品的购买者和消费者'。"①

卢森堡继续说:"在讨论之初,西斯蒙第和李嘉图双方同意了一个异常清晰和精确地表述问题的方法,他们把对外贸易问题完全撇开不谈。……但尽管如此,西斯蒙第并没有像后代评论家所归功于他的那样,认识到剩余价值的实现问题,即积累问题,依赖对外贸易,作为唯一的解救方法。相反地,西斯蒙第……明白地表示:'为了使这些估计具有更多的确定性,并为了简化这些问题,我们迄今为止一直把对外贸易完全抽象掉,并假定一个孤立存在的国家;这个孤立的国家是人类本身。凡是适应于一个没有对外贸易的国家的,也同样适用于全人类。'就是说,'他据以立论的前提,是与其后马克思所采用的前提相同的。'"②这里,我要说明的是,后代评论家加在西斯蒙第身上的对外贸易,同卢森堡所说的剩余价值赖以实现的"对外贸易"不是同一的概念。前者就是一般说的超越国界的贸易,后者是卢森堡的重大贡献,它指的不是超越国界的,而是资本主义同非资本主义之间,大量是同小生产者之间的贸易。这个概念在卢森堡的资本积累理论中具有决定性的作用。下面将详细予以研究。

卢森堡继续指出:"在与西斯蒙第的争辩中,李嘉图的论点是这样的:'假定 100 个农夫生产 1 000 袋小麦,100 个毛呢工人生产 1 000 欧纳呢料,这里暂不考虑人类需要的其他一切产品,不考虑他们中间有任何中介人,只假定世界上仅有这两部分人:他们用 1 000 欧纳呢料交换 1 000 袋小麦;假定

---

① 罗莎·卢森堡:《资本积累论》,彭尘舜、吴纪先译,生活·读书·新知三联书店 1959 年版,第 152 页。
② 同上书,第 153 页。

由于生产不断发展,劳动生产率提高了10%,同样的人就要用1 100欧纳呢料交换1 100袋小麦,从而每个人穿得更好,吃得更饱了;如果再向前发展一步,就要用1 200欧纳呢料交换1 200袋小麦,这样发展下去,提高生产只能增加生产者的享受。'"①②这个例子其实就是上述麦克库洛赫的例子的翻版。这就怪不得卢森堡评论说:"我们不得不遗憾地指出,伟大的李嘉图的推理水平,似乎比那个苏格兰大骗子手麦克库洛赫还要低些。我们又一次被邀请来参观'欧纳'和'袋'两者间的和谐而优雅的舞蹈会。"③卢森堡接着指出:"真正的问题,真正的争辩对象是:如果资本家生产的产品多于他们自己消费和工人消费所需要的,也就是如果他们把他们的剩余价值的一部分转化为资本,用来扩大生产,增加他们的资本,那么,谁是这些随之而来出现的剩余生产物的购买者和消费者呢? 李嘉图的答复是对资本的增大问题完全不管。……这个例子中对于资本的扩大只字都没有提到。这里,我们见到的不是扩大再生产,而是简单再生产。"④西斯蒙第接过李嘉图的例子,指出:"李嘉图假设的劳动技术的变化必然归结到下列两种中的任何一种的结果:其一是比例于劳动生产率的提高,若干数目工人必将被解雇——而从一方面出现剩余的生产物,另一方发生失业和贫困的遭遇。或者,这些剩余生产物用来维持那些从事新的生产部门,即奢侈品生产的工人。"卢森堡对此评论说:"这里西斯蒙第的见解无疑地超越了李嘉图:他突然想起了不变资本的存在,并激烈地对英国古典学派予以正面的攻击。"⑤西斯蒙第说:"恢复平衡必须取决于奢侈品工人的迅速形成。而建立一座新的奢侈品工厂,还必须一笔新资本;必须制造机器,必须运来原料……"⑥这些就是不变资本。我们记得,李嘉图在论述资本积累时,曾断言它是全部分解为工资的,只是应为生产劳动者的工资,而不是应为不生产劳动者的工资。这是斯密教条的产物。现在,"西斯蒙第与古典派的一个迷信决裂了,这个迷信就是资本

---

① 西斯蒙第:《政治经济学新原理》,何钦译,商务印书馆1964年版,第544页。
② 罗莎·卢森堡:《资本积累论》,彭尘舜、吴纪先译,生活·读书·新知三联书店1959年版,第154页。
③ 同上。
④ 同上。
⑤ 同上书,第156页。
⑥ 西斯蒙第:《政治经济学新原理》,何钦译,商务印书馆1964年版,第509—510页。

扩张时,所有追加资本都是用在工资即可变资本上的。西斯蒙第清楚地与李嘉图分道扬镳了。但是,尽管如此,在 3 年以后,他仍然让从这个学说所产生的全部错误混进他的《新原理》第 2 版中去"。①

第四节　萨伊对西斯蒙第

卢森堡说:"西斯蒙第在 1824 年 5 月号《百科全书评论》上发表的反驳李嘉图的论文对于萨伊是一个最后的挑战。当时,萨伊(1767—1832)是公认的'经济科学的巨子',是所谓的亚当·斯密学派在大陆上的代表人物、继承人和普及者。萨伊在致马尔萨斯的信中,已经对西斯蒙第提出若干责难;在同年 7 月的《百科全书评论》中又发表了一篇反驳论文,标题为《论消费与生产间的平衡》。对这篇论文西斯蒙第又发表了一篇简短的答复。这样,论战的次序与对抗理论出现的次序恰恰相反,因为最初把符合神意的生产和消费间的平衡论传播给李嘉图的是萨伊,而李嘉图又以之传授给麦克库洛赫。事实上,早在 1803 年,萨伊在他的《政治经济学概论》(第一卷)第 12 章"论销售市场"中,做了如下斩钉截铁的声明:'……人们总是以生产物来支付生产物的。因此,倘若某一个国家生产某种产品过多,那么,销售它们的办法是生产别一种类的货物'。"②这就是前面提到的所谓销路说。下面的话也是同样的意思:"货币在双重交换中,仅仅完成中介的任务。交换终结时,人们显然是以生产物来支付生产物。因此,当一国持有的生产物过多时,销售这些东西的办法就是生产其他种类的货物。"③

我一直以为夸夸其谈的萨伊是销路论的创始人。现经卢森堡的说明,才知道他是剽窃他人的。卢森堡指出:"萨伊唯一的成就不过是把前人所发表的见解用夸大其词和教条的形式重述一下而已。正如伯格曼在他的《危机理论》中所指出的,在乔治·杜克的著作中,杜尔哥在法文小册子中的注

---

① 西斯蒙第:《政治经济学新原理》,何钦译,商务印书馆 1964 年版,第 156—157 页。
② 罗莎·卢森堡:《资本积累论》,彭尘舜、吴纪先译,生活·读书·新知三联书店 1959 年版,第 158 页。
③ 同上。

释,魁奈以及其他作者的文章中对供给和需求间的平衡,或甚至两者的等同性都提出了类似的见解。然而,这位忧郁的萨伊……,作为和谐论福音的传播者,要求把'市场理论'的伟大发现归功于他……"①过去(包括卢森堡)对萨伊的销路论的批评,只限于指出它是错误的斯密教条和错误的物物交换论的产物。因为他认为价值不仅全部分解为收入,而且全部进入个人消费(斯密有时还从实物的形式考察,认为一部分生产物是不能进入个人消费的),生产等于消费;认为生产物只用生产物来支付,买卖自然就是统一的,甚至是同一回事。因此,经济危机是不可能的。这样批判当然对,但是我认为是不够的。为了驳斥萨伊的这个论点:如果你坚持生产过剩是可能的,为什么在我们社会中会出现那么多衣不蔽体、食不果腹、赤贫的人呢? 因此,我认为有必要进一步指出,即使撇开货币作为流通手段,有可能使买卖分裂为两个独立的行为这一点不谈,一种生产物也不是无条件地可以同另一种生产物交换,或唤出另一种生产物的。只要我们回忆一下马克思的再生产图式,就很清楚了。在简单再生产的条件下,ⅠC 只能内部交换,Ⅰ(V+M)只能全部同ⅡC 交换,并以此作为简单再生产的条件,Ⅱ(V+M)只能内部交换,这里既有质的规定,又有量的限制。因此,如果认为代表ⅠC 的产品能同其他任何产品交换,那是不可能的。在扩大再生产的条件下,部分ⅠM由于要积累,就要用于增加生产ⅠC,而比原来减少生产ⅡC,这种生产结构的变化,就已经决定相应产品的特定用途,不是无条件就可以交换任何产品的,如此等等。更加重要的是,随着扩大再生产的进行,两大部类的规模都扩大了,但是,工资的增加落后于生产的增加,于是,Ⅱ(C+V+M)有一部分过剩,影响所及,Ⅰ(V+M)也有一部分过剩,再影响所及,Ⅰ(C+V+M)也过剩。这就是马克思所说的,资本主义的"直接剥削条件和实现这种剥削的条件,不是一回事。二者不仅在时间上和空间上是分开的,而且在概念上也是分开的。前者只受社会生产力的限制,后者受不同生产部门的比例和社会消费力的限制。但是社会消费力既不是取决于绝对的生产力,也不是取决于绝对的消费力,而是取决于以对抗的分配关系为基础的消费

---

① 罗莎·卢森堡:《资本积累论》,彭尘舜、吴纪先译,生活·读书·新知三联书店1959年版,第159页。

力;这种分配关系,使社会上大多数人的消费缩小到只能在相当狭小的界限以内变动的最低限度。这个消费力还受到积累的欲望的限制,受到扩大资本和扩大剩余价值生产规模的限制"。① 这一矛盾使生产过剩的危机成为不可避免的。这就有力地回答了萨伊所说的生产过剩同饥寒交迫同时存在的原因。

当然,萨伊提出否认危机的销路论时,资本主义国家还没有发生周期性的危机(这样的危机是1825年从英国开始的。这时,李嘉图已经逝世),我们不应苛求萨伊回答尚未发生的事件的原因。但是,他的销路论预示着他必然是否认普遍的生产过剩的经济危机的。

第五节　马尔萨斯

马尔萨斯(1766—1834)曾被西斯蒙第引为权威,以便对李嘉图派进行争论。就是说,他们有共同点:就是否定生产和消费之间建立平衡的可能,肯定普遍危机的可能。

但是,正如卢森堡所说:"他们的共同点到此为止。如果说西斯蒙第认为危机的原因在于工资的低廉和资本家消费能力的有限性,那么,马尔萨斯把工资低廉的事实转变为人口运动的一个自然规律。至于资本家的有限的消费力,他以寄生者对剩余价值的消费作为替代,例如,对财富和奢侈品贪得无厌的地主乡绅和僧侣便是。'具有巨大胃口的教会是得到上帝的祝福的'。"②卢森堡继续说:"马尔萨斯和西斯蒙第两人为了挽救资本主义积累,把它从危险的境地解救出来,都求之于只买不卖的一类消费者。"③不过,我认为这更适合于马尔萨斯。卢森堡继续说:"马尔萨斯则希望这些消费者成为一般的利润生产者。至于食利阶层和受国家供养者,既然从资本家手里得到他们的购买力,他们如何能通过按提高的价格购买商品来帮助资本家

---

① 马克思:《资本论》(第三卷),郭大力、王亚南译,人民出版社1964年版,第272—273页。

② 罗莎·卢森堡:《资本积累论》,彭尘舜、吴纪先译,生活·读书·新知三联书店1959年版,第169页。

③ 同上。

占有利润——这始终是马尔萨斯的一个秘密。"①

其实，这一秘密是很容易揭开的。在我看来似乎是这样：马尔萨斯认为利润是从流通中产生的，即是卖价高于成本的差额。但是资本家之间提高价格的结果是谁也得不到利润，因为他们必然相互报复。对工人提高价格，虽然工人不能报复，但这些利润只能表现在实物上，其价值不能实现。例如，将商品提价10％，即10元的卖11元，工人就只能买回10/11，余下的1/11是资本家的利润基金，工人没有货币，它的价值就不能实现。因此，只有提高价格卖给如像地主那样的"第三者"，他们只买不卖，不能进行报复，利润才能实现。当然，他们之所以能源源不断地只买不卖，只能是由于他们凭特权，得到源源不断的收入——地租。如果这地租不是从天而降的，就只能是从资本家的腰包中分出来的。这对实现利润到底有何作用？②

----

① 罗莎·卢森堡：《资本积累论》，彭尘舜、吴纪先译，生活·读书·新知三联书店1959年版，第169页。

② 近年由于我国实行计划生育政策，有人就认为马尔萨斯的人口原理似乎是正确的。我认为这是一种片面认识。《人口原理》初版于1798年，是一本匿名的小册子。目的是反对英国当时的救贫法。因为越救越生，越生越贫。由于获得统治阶级的青睐，第二版就大增篇幅，并以真实名字出版。善良的人们以为，马尔萨斯提出人口增加快于粮食增加，是其学说的精华，因而是可取的。其实，如马克思所说，抽象的人口规律是没有的；不受社会影响的生殖规律只存在于社会外的动物界。我认为马尔萨斯人口理论的要害，是在《人口原理》第2版中暴露出来的。这就是："在一个已被占有的世界中出生的人，如果不能从他具有正当要求的双亲那里取得生活资料，以及如果社会不需要他的劳动，那么，他就没有取得少量食物的权利，事实上他在地球上是多余的。"只要我们想一想有劳动能力而得不到生活资料的是哪些人，因而被马尔萨斯认为是多余的，问题就很清楚了。

萨伊认为生产过剩和饥寒交迫同时存在是不可理解的；马尔萨斯倒发现了资本主义三个怪物同时存在：生产过剩、人口过剩、（地主阶级的）消费过剩；只是无法说明其中的联系。

第五章　再生产理论论战之二：
洛贝尔图斯对基尔希曼

洛贝尔图斯和基尔希曼的争论是再生产理论论战的第二个回合。它距离第一次论战大约 25 年。它的背景是：第一，经济危机已经周期性地发生，1837 年、1839 年、1847 年，甚至 1857 年，都发生过普遍过剩的经济危机，因而像李嘉图学派那样，否认危机或用比例失调来解释局部危机的发生，用来解释这几次普遍危机是无能为力的；第二，许多秘密团体和社会主义学派展开活动。卢森堡说："大家都知道，德国的洛贝尔图斯在创立社会主义上优先于马克思（的谎言）。……梯尔教授在一篇短文中说：'洛贝尔图斯是德国科学社会主义的真正创始人，因为早在马克思和拉萨尔之前，他在 1839 年至 1842 年间的著作中已提出了一个全面的社会主义体系、对斯密学说的批判，以及对社会改革的新理论根据和建议。……洛贝尔图斯不仅是社会主义的急先锋，在他的启发的推动下，整个政治经济学获得了进展，特别在经济理论方面，他对古典经济学的批判，对收入分配的新理论……'"[①]洛贝尔图斯和基尔希曼的论战，是由前者在 1842 年写的《关于德国经济状况的认识》引起的。后者在《民主主义新闻》上发表两篇文章：《论社会关系上的地租》和《物物交换的社会》，予以答复。前者又在 1850 年和 1851 年写了《社会书简》进行答辩。于是约在 30 年前，西斯蒙第和李嘉图等的同一理论战场再度爆发了争论。

---

① 罗莎·卢森堡：《资本积累论》，彭尘舜、吴纪先译，生活·读书·新知三联书店 1959 年版，第 172 页。

第一节 洛贝尔图斯

上面所谈的洛贝尔图斯优先于马克思，指的是剩余价值理论的创导者不是马克思，而是洛贝尔图斯。这个问题，弄得沸沸扬扬。事实已由恩格斯澄清了。[①] 我这里想指出的是，自从资本主义生产诞生以来，剩余价值就客观地存在着，英国古典学派看到它，但无法科学地说明它，这除了很多人已谈到的他们不认识劳动力成为商品之外，还有一个原因：从剩余价值的分支形态，即利润、利息或地租直接说明剩余价值一般形态的产生。例如，从利息形态说明利息的产生，就必然错误。洛贝尔图斯将利润和地租合起来，称为租金，就无法说明租金是如何产生的。洛贝尔图斯的"科学社会主义"的精髓就是卢森堡所批判的：500 年后才能实现共产主义，现在则要拥护稳定的 200％的剩余价值率。洛贝尔图斯说："我想只限于提出这样一些建议，这些建议不破坏土地和资本的所有权，其目的只是更加公平合理地支出生产性劳动的报酬。这样，会保证当前的社会基础平安无事地再存在二三百年。"当然，我们最关心的是，他的收入分配新理论是什么？ 同他的危机理论有何关系？

卢森堡指出："在洛贝尔图斯的早期著作中，发表过这种想法：在现代社会里，劳动生产率提高了，但在国民收入中工资所占的份额却更加缩小。他认为这是他的创见。……这个'工资份额下降'是现代社会的万恶之源，特别是赤贫化和危机的根源。他把赤贫化和危机合并起来叫作'我们时代的社会问题'。"[②]卢森堡继续说："基尔希曼不同意这个说明。他把赤贫化归咎于地租腾贵的影响，把危机归咎于市场的缺乏……"这样，他们两人的分歧是很明显的："洛贝尔图斯认为国民生产的分配有缺点，这是罪恶的根源；基尔希曼则认为根源在于对于资本主义生产，市场是有限的。"卢森堡根据自己的思想，认为基尔希曼"在某种程度上对资本主义生产的创痛之处，即市

---

① 马克思：《资本论》（第二卷），郭大力、王亚南译，人民出版社 1964 年版，序言。

② 罗莎·卢森堡：《资本积累论》，彭尘舜、吴纪先译，生活·读书·新知三联书店 1959 年版，第 173 页。

场的有限性,比执着在分配问题上的洛贝尔图斯有更多的了解。因此,把西斯蒙第曾经提到日程的问题,再次提出来的是基尔希曼。尽管如此,基尔希曼并不同意西斯蒙第对这个问题的阐明和解答,他毋宁是站在西斯蒙第的反对者一边。他不仅接受了李嘉图的地租理论和亚当·斯密的'商品价格只由资本的利息和劳动的工资两部分组成'的教条(基尔希曼把剩余价值转变为'资本的利息');他也同意萨伊和李嘉图的这个命题:生产物只能用其他生产物来购买,生产本身创造自己的需求,因此,如果一方面看起来生产过多了,这只是意味着另一方面生产的不足。由此可见,基尔希曼忠实地步上古典学者的后尘,不过有些像是'德国的翻版'罢了"。①

第二节　基尔希曼

基尔希曼(1802—1884)认为,萨伊的生产与需求自然平衡论没有全面反映现实。之所以如此,是由于:第一,生产物的分配太不平等;第二,在人类进行劳动中自然界所带来的困难;第三,作为生产与消费之间的媒介的商业缺点。这里我们着重分析第一点。他认为,正是劳动工资太低,以至引起衰退。在一些人看来,商品价格只由资本的利息和劳动的工资构成,因此,工资高,价格就高;工资低,价格就低。就是说,工资和价格是直接相关的,两者相互平衡。他说,英国之所以要取消《谷物条例》、取消肉类和其他食物的关税,就是要促使工资降低,从而使英国制造厂家能够以较低廉的商品在世界市场排挤其他的竞争者。可是,这只在某种程度上是正确的,它并不触及生产物在工人和资本家分配的比例。这两者之间分配的太不平等,是萨伊规律之所以在现实生活中不能实现,在一切部门的生产进行下,市场之所以泛滥的基本原因。②

基尔希曼以例子解释因分配不平等而发生危机。假设一个地方叫奥尔脱(Ort),有903个居民,其中,有3个企业家,每人雇佣300工人。3个部门

---

① 罗莎·卢森堡:《资本积累论》,彭尘舜、吴纪先译,生活·读书·新知三联书店1959年版,第178—179页。
② 同上书,第174—175页。

生产的东西足够全部 903 个居民的需要。第一部门生产衣服,第二部门生产食物、灯料、燃料和原料,第三部门生产住宅、家具和工具。资本和原料全部由企业家供给。三个部门都以产品的一半付给工人,作为工资;另一半付给企业家,作为资本的利息和企业的利润。开始一切正常,但好景不长,不几天,具有现代特点的工商业危机就出现了。3 个企业家生产的东西塞满仓库,房屋也没有人住。原因何在呢? 是不是如李嘉图和萨伊说的那样,某种产品过多是由于另一种产品过少? 他回答说:"不是"。在奥尔脱这块土地上,每样东西都有恰当的数量,刚好满足全部居民的需要。危机是分配造成的。这些生产物没有公平地在全体居民中进行分配,企业家保留了一半,而仅将另一半分给工人。这样,衣服部门的工人只能以自己的生产物的一半来交换所生产出来的食物、房屋等的一半;或者撇开吃饱穿暖等不谈,只考虑各种产品交换的比例,每个部门的工人留下 1/3 的产品自己消费,其余的2/3,即两个 1/3 则分别同另两个部门交换,这样,由于符合比例,工人之间的交换问题就解决了;但企业家还是不能卖掉其消费不了的部分,因为工人自己没有更多的生产物来进行交换。于是,企业家对于存货不知如何是好、工人对于自身的饥饿和衣不蔽体也不知如何是好。这就是基尔希曼的危机发生原因论。

那么,能否使分配公平一点而解决危机呢? 卢森堡认为不行。她说:"工人们被分配的生产物数量越大,他们对企业家的交换关系就越少,换言之,工人们互相间的交换将增加。企业家手中的剩余生产物确是缩小了,但这不是由于剩余生产物的交换得到了方便,而是由于剩余价值根本减少了。现在像以前一样,工人和企业家间交换社会生产物仍旧是不可能的。"[①]卢森堡认为,上例的错误是:第一,没有理由将生产分为这样的三个部门。如果说,李嘉图将租地农业家和工业家相对照,那是受到重农主义的影响,就是说在马克思提出生产两大部类之前,经济理论仍然受到传统的农业和工业划分的影响,那么,基尔希曼的三部类论是没有意义的。因为这三者的划分显然不是基于再生产的考虑;第二,分配的是生产物本身,而不是其价值;第

---

① 罗莎·卢森堡:《资本积累论》,彭尘舜、吴纪先译,生活·读书·新知三联书店 1959 年版,第 178 页。

三,作为前提,全部生产物是成为企业家和工人的收入而用于消费的,但是在生产物中却有原料和工具,这是不能进入个人消费的;工人不要,企业家也不欢迎;3个企业家无论如何消费不了等于300个工人应予消费的产品。基尔希曼觉察到最后的缺点,因此,他将企业家应占有的产品全部改为生产奢侈品。这总可以消费殆尽了吧!这就是说,使生产和消费重新建立平衡的灵药竟然是奢侈!

卢森堡进一步论述洛贝尔图斯在批判古典学派中提出其经济危机理论。洛贝尔图斯说,由于劳动生产率的提高,一国财富和资产积累的增加快于人口的增长。从这个增长中,新旧财富的创造者也要分配一些利益,这是不是自然的或合理的要求?他们的收入应否增加一些?他们的劳动时间应否缩短一些?或者,他们应否更多地参加到幸运者的队伍中去并享受劳动的成果?然而,国家经济或更确当地说国民经济造成了相反的结果。对这番言论,卢森堡评论说:"在西斯蒙第和欧文的30年后,在英国社会主义者非难李嘉图的信徒们的20年后,在《共产党宣言》发表以后,上述的勇敢言论本身不具有破天荒的重大意义。现在,最重要的事是这个控诉的理论依据。"①

理论依据有三:第一,交换价值代替了"正常的""构成的"价值,结果,金属货币替代了一种确实符合货币观念的"纸币"或"劳动券";第二,"交换经济"的结果,使劳动(不是劳动力)沦为商品,因而,劳动工资是作为一个生产费用的项目,而不是作为国民生产物的固定份额的代表而被决定的;就是说,劳动也和它的生产物一样,受同一的交换规律所支配,劳动本身取得交换价值,工资的高低依存于供给和需要的影响。正是那笔维持劳动所必需的支付额,使得劳动有可能通过子孙传代而继续存在——这就是所谓的"生存最底额"。第三,既然"交换价值规律"决定工资,那么,劳动生产率的增长必然使工人在生产物中的份额下降。

第一点不过是拾人牙慧。因为这是蒲鲁东和欧文早就提出过,并且是由其交换银行实践过而归于失败的。其理论依据就是李嘉图说的劳动是价值尺度,原因是不了解这只是商品生产者的内部尺度,而不是外在的、社会

---

① 罗莎·卢森堡:《资本积累论》,彭尘舜、吴纪先译,生活·读书·新知三联书店1959年版,第181—182页。

的尺度，即不了解商品生产的基本矛盾是私人劳动要实现为社会劳动的矛盾，而货币虽然是私人劳动的产物，但是它和一般的商品不同，它无须经过交换，直接就是社会劳动。因此，认为可以保留商品而消灭货币，必然是行不通的。蒲鲁东和欧文事实上认为任何劳动产品都有价值，都是货币，因而记录商品生产所耗费时间的纸张即劳动券就可以代替货币。第二点，由于不了解劳动力成为商品，其价值是可以变动的，社会中没有一个不变的工资额。当然，这并不是说，工资总额因而就可以同生产增长的幅度同比例增长。第三点，由此导致的"工资份额下降"说是不正确的。对此，卢森堡总结说："于是，我们就达到洛贝尔图斯体系的重心点。这个'工资份额下降'说，是他的最重要的'创造性'发现，……一直到死，他反复提到它，并认为完全是他的独创。"①"这就是为什么'工资份额下降'是危机的原因。唯一有效的克服办法，就是使国民生产物中的工资份额保持一定不变的比例，并用立法手段把它固定下来。"用立法手段使工资保持一定的不变比例是什么意思呢？卢森堡指出："用国家的力量阻止 V 对 M 的比例变小，这意味着劳动力这个基本商品被排斥在进步之外，因为所谓进步就是要降低所有商品的生产费用，这意味着这种商品受不到技术进步的影响。不仅如此，'工资率下降'是剩余价值率上升的另一种说法，而剩余价值率的上升是阻止利润率下降的最有力和最有效的手段，因此，它既是一般资本主义生产的原动力，也是在这个生产制度内部的技术进步的原动力。用立法手段阻止'工资份额下降'无疑是取消资本主义社会的'存在理由'，对它的整个制度给以致命的打击。"②在洛贝尔图斯看来，工资份额下降为什么导致危机呢？卢森堡指出："他对他的理论作出如下的解释：工人阶级份额所体现的需求和资本主义阶级份额所造成的需求之间的关系的不断变化，必然造成生产和消费间长期的比例失调。"③卢森堡继续说："由此观之，危机的解释大致如下：国民生产物包括工人用的许多'普通商品'（像基尔希曼所说的）和资本家用的'高级商品'。工资代表前者的数量，而剩余价值代表后者的数量。如果资

①　罗莎·卢森堡：《资本积累论》，彭尘舜、吴纪先译，生活·读书·新知三联书店 1959 年版，第 185—186 页。
②　同上书，第 198 页。
③　同上书，第 192—193 页。

本家按照这个基础组织生产,同时,如果生产率不变,那么,比例失调现象就立刻发生了。因为今天工人的份额不再是昨天的份额,而是较小了。如果'普通商品'的需求曾经占昨天国民生产物的 6/7,那么,它今天只占5/7,而企业家却提供了 6/7 的'普通商品',他们因之将突然痛苦地发现他们多生产了 1/7。"①这就是危机的原因。

但是,正如卢森堡指出的:"工人阶级所失去的购买力即为资本家阶级所获得;如果 V 减少,M 必定增加以资抵偿。在这个粗略的表式中,社会整个购买力不能有所变动。"这样,危机的发生就只能以"普通商品"过多是由于"高级商品"过少来解释了。这样,就回到萨伊的观点上去了。

卢森堡指出:"资本家是够奢侈的了,但是危机依然经常发生,原因又何在呢?"基尔希曼回答说:"这只能是,奢侈品还是不够,换言之,即那些有能力消费的人依然消费得太少!"最后,卢森堡根据自己的观点指出:"这个论述,不管如何幼稚,很清楚地表明基尔希曼的基本概念和全部经济理论中的可怕之点:在只有工人和资本家的社会中,积累将成为不可能。"②她显然没有考虑扩大再生产本身会解决问题。

这种危机理论的根本错误,就是只看到个人消费,而无视资本积累即生产消费在生产发展中的巨大作用。关于普遍的生产过剩的危机的原因,马克思有很清楚的说明:"资本主义生产的真正限制是资本自身,这就是说,资本及其自行增殖,表现为生产的起点和终点,表现为生产的动机和目的;生产只是为资本而生产,而不是相反:生产资料只是不断扩大生产者社会的生活过程的手段。以广大生产者群众的被剥夺和贫困化为基础的资本价值的保存和增殖,只能在一定的限制以内运动,这些限制不断地与资本为它自身的目的而必须使用的并旨在无限地增加生产,为生产而生产,无条件地发展劳动社会生产力的生产方法相矛盾。"③这一矛盾的爆发,就是生产过剩的经济危机。

---

① 罗莎·卢森堡:《资本积累论》,彭尘舜、吴纪先译,生活·读书·新知三联书店 1959 年版,第 193 页。
② 同上书,第 179 页。
③ 马克思:《资本论》(第三卷),郭大力、王亚南译,人民出版社 1964 年版,第 278—279 页。

第六章 再生产理论论战之三:沃龙佐夫等对巴拉诺夫斯基等

再生产理论的第三次论战是在与前两次论战完全不同的历史环境中发生的。这次论战发生在 19 世纪 80 至 90 年代,地点是俄罗斯。其时,资本主义在西欧已经成熟了,各种矛盾已暴露得清清楚楚。"由于生产力的发展受到大力的推动,并由于资本主义的内在矛盾,资本主义为社会走向新的经济和社会形态的历史性的前进提供了肥沃的土壤。资本主义初期的消极、沮丧的倾向——有一个时期仅仅被西斯蒙第一人揭露出来,40 年代和 50 年代又被洛贝尔图斯观察到——已被一种意志昂扬的倾向所代替;这就是工人们为取得权势而在职工运动中和通过政治所进行的充满希望的胜利的斗争。"[①]

但是,上述只是西欧的情况,同期的俄国则迥然不同。19 世纪 70 年代和 80 年代,俄国在各方面都表现为一个过渡时期,一个充满着痛苦的国内危机时期。由于专制政府所采取的用强力促进资本主义成长的政策,资本原始积累已在俄国蓬勃发展了。由于是自上而下的改革,很不彻底,城市的工业无产阶级,无论在社会上还是在思想上,都没有成长为近代无产阶级。根据这种社会经济情况,卢森堡指出:"如果说在俄国公共生活的经济方面显示出过渡时期的尖锐的不调和的音调,那么,在精神生活方面也同样发生危机。作为俄国社会主义的土生变种的'民粹主义',理论上是以俄国农业制度的特殊性为基础,但随着它的极端革命分子'民意派'的恐怖政策的失败,它在政治上也就破产了。另一方面,为马克思的思想体系在俄国开辟道路

[①] 罗莎·卢森堡:《资本积累论》,彭尘舜、吴纪先译,生活·读书·新知三联书店 1959 年版,第 208—209 页。

的普列汉诺夫的著作,至1883年和1885年才刊印出来,而在以后的10年内产生的影响似乎很小。在80年代,直到90年代为止,具有反抗倾向的俄国人,特别是社会主义知识分子的精神生活是被'土著的''民粹派'残余和马克思主义理论的任意拥护者的混合体所支配。这个混合体最突出的特点是对俄国资本主义发展的可能性抱着怀疑的态度。"①

当时,俄国的知识分子的注意力集中在俄国是否应仿照西欧的先例,发展资本主义。最初,他们只看到西方资本主义的阴暗面。与此相反,在俄国农村却有大量的土地公有制,这就是著名的农村公社,它好像提供了一条通往社会主义乐土的途径,这条途径不必经过充满灾难的资本主义(这其实就是马克思晚年关于"跨越卡夫丁峡谷"的设想,是马克思在致俄国查苏利奇女士的信件的草稿中提出来的,不知何故,卢森堡没有提到此事)。这就是说,如果用国家的力量将资本主义制度强制地移植到俄国来,这样做对不对? 在两条道路面前,俄国应走哪条路? 在俄国,反映这一社会经济道路问题的文学、艺术、社会科学的著作,可以说是汗牛充栋。我们感兴趣的自然是关于资本主义发展前途的不同意见的争论。争论的问题首先是俄国资本主义及其前途,但由此发生的讨论必然导致有关资本主义发展的全部问题。

在讨论中,卢森堡特别地指出:"有一件事实对于讨论的内容起了很重要的作用,这就是不仅马克思在《资本论》(第一卷)中所作的资本主义生产的分析已经成为俄国有修养的人士的共同财产,而且马克思《资本论》的(第二卷),连同它对资本再生产整个问题的分析,也已于1885年出版了。这对讨论带来了一个根本性的转变。在分析上,也不再盲目地在收入、个人资本和社会资本的概念上摸索了。马克思的社会再生产图式已经给人们提供了一个巩固的立足点。最后,问题已不再是放任自流和社会改良之间的争论,而是两种类型的社会主义之间的争论。小资产阶级以及头脑紊乱的俄国社会主义者的'民粹派'变种,相当地因袭了西斯蒙第的见解,也部分地因袭了洛贝尔图斯的见解,对资本主义发展的可能性抱怀疑的态度,尽管他们常常引用马克思作为他们的依据。另一方面,俄国的马克思学派则抱乐观态度。

---

① 罗莎·卢森堡:《资本积累论》,彭尘舜、吴纪先译,生活·读书·新知三联书店1959年版,第209页。

这样，舞台上的布景已完全转移了。"①

上述情况，使我想起 1927 年大革命后我国兴起的三次论战：中国社会性质论战、中国社会史论战和中国农村性质论战。这同"五四运动"中的新旧文化论战不同，三次论战完全是运用马克思主义的范畴进行的，即使是国民党极右派或西山会议派（如戴季陶），也谈什么帝国主义之类的问题。这表明马克思主义传到中国来之后的巨大威力：迫使马克思主义的敌人也要使用其词句。论战正确地回答了中国革命的性质和任务问题。

第一节　沃龙佐夫

民粹派有两位理论健将：沃龙佐夫和尼·弗·丹尼尔逊。这里先谈前者。他在 19 世纪 80 年代对俄国知识分子的影响最大，马克思主义者必须与其论战。他的主要著作有《俄国资本主义的命运》（1882 年）、《论市场供给中的商品过剩》（1883 年）、《军国主义与资本主义》（1889 年）、《我们的倾向》（1893 年）和《经济理论大纲》（1895 年）。卢森堡指出："他既不赞同纯粹的斯拉夫狂的理论，也就是从俄国经济结构的特殊性和俄国独有的'民族特性'，把资本主义看成对于俄国是牵强的、有害的；他也不赞同马克思主义者把资本主义发展看作一个不可避免的历史阶段、看作扫清俄国前进的道路所必需的一个阶段。沃龙佐夫自己只是简单地指出，反对资本主义或赞美资本主义同样都是没有用处的，因为资本主义在俄国是没有基础的，因而是不可能的，也是没有前途的。……但如果我们更详细地考察一下，我们便可看到沃龙佐夫的主张并不这样绝无通融余地。因为如果我们注意到资本主义并不仅仅意味着资本财富的积累，而且还包含小生产向无产阶级水平的没落、劳动者生活的缺乏保障，以及周期性危机的爆发，那么，沃龙佐夫也不会不承认所有这些现象在俄国是存在的。……他说：'我只是对资本主义作为一种生产形态在俄国统治的可能性表示异议，至于作为一种对国民

---

① 罗莎·卢森堡：《资本积累论》，彭尘舜、吴纪先译，生活·读书·新知三联书店 1959 年版，第 211 页。

资源的剥削形态和剥削程度，它的前途如何，我不愿表示任何肯定的意见。'"①

卢森堡认为，他对资本积累问题做了极清楚的表述："生产物的主要目的是实现包藏其中的剩余价值。那么，这种使资本家发生兴趣的剩余价值是什么东西呢？在我国看来，这是国内生产超越消费的部分。每个工人所生产的，超过他自己所能消费的，而所有这些剩余价值部分都积累在少数人的手里。这些剩余部分的所有者自己消费这些东西，为了这个目的，把它们用来在国内和国外与种种必需品和奢侈品进行交换。可是，不管这些所有者尽量吃、喝、跳舞，他们不可能把剩余价值全部挥霍掉，势必有巨额的剩余，这个剩余部分尽管不能以之交换其他生产物，也必须加以处理。他们必须把它转化为货币，否则就很不好。既然资本家在国内找不到可以承担这个剩余的人，它就必须向国外输出。这就是为什么对于走资本主义道路的国家，国外市场是必要的。"②意即夺取不到国外市场，危机就是不可避免的，资本主义也就不能发展。而俄国是迟到者，国外市场已经被先进国夺走了。因此，俄国的资本主义的前途无望。建立了自己的危机理论后，沃龙佐夫就揭露古典派危机理论的错误。他认为这一错误的根源在于资产阶级经济学家所服膺的生产费用论（他的生产费用概念不包括利润），因而利润和危机都是不可想象的、不能解释的东西。卢森堡认为，这个独创见解，只有通过作者自己的话，我们才能领会到。沃龙佐夫说："根据资产阶级的经济学说，一个生产物的价值是由生产上所使用的劳动决定的。但资产阶级经济学家表述了价值的决定后，不久就忘记了，于是，他们后来对于交换现象的解释是以另外一个理论为基础的，这个理论以'生产费'代替了劳动。这样，两个生产物互相交换的数量，使双方的生产费用相等。对于交换过程如果抱这样的意见，这将使国内无过剩可言了。"这是因为，按照这种看法，工人每年劳动的生产物，"代表这个生产物所用的材料，在生产时所使用的工具，以及在生产期间用来维持工人的生活用品。它之所以出现在市场上，（只）是为

① 罗莎·卢森堡：《资本积累论》，彭尘舜、吴纪先译，生活·读书·新知三联书店 1959 年版，第 213 页。
② 同上书，第 214—215 页。

了改变它的使用形态，把它转化为其他对象物，转化为供工人用的生产物和更新工具所必需的价值"。① 它的意思是，既然生产费不包含利润，生产就不能超过消费，工人生产时所耗费的生产资料和消费资料，生产成一个产品，在市场上等价交换，对方的生产费也与此一样，经过交换，双方满足，哪里会有过剩？

自以为批判了古典学派的危机理论后，他就指出："诚然，如果我以代表生产费五卢布的生产物交换相等价值的另一生产物，我取得的东西仅是抵偿我的生产费用，至于对于我的节欲（讽刺西尼尔的节欲论，认为利润是对资本家不消费、即实行节欲的报酬，以此代表利润——本书作者注），我却一无所得。"这是必然的，因为利润在生产费中不存在。这当然批不倒古典学派。他自己也说："如果没有利润，就没有商品过剩。"②古典学派的错误不在这里，而在于将 C 全部分解为收入，即 V＋M，因而全部进入个人消费，这样，生产等于消费，就不会有生产过剩的危机。

但是，沃龙佐夫认为应该有利润或剩余价值。卢森堡指出："他自称在他后期的著作中'利用'了马克思的合乎逻辑的劳动价值论，以这个理论为基础，沃龙佐夫把危机说成剩余价值的直接后果。他说：'如果以工资劳动形态加入生产费中的那部分是由人口中的劳动者阶层来消费，那么，剩余价值除了在市场上用以扩大生产的那部分外，必须由资本家自己加以销毁。如果资本家能够这样做，并在实际上这样做的话，商品过剩就不会发生。不然，生产过剩、工业危机、工人从工厂中解雇以及其他灾难都接踵而至。'"③

那么，最后对这些灾祸负责的是什么呢？"在沃龙佐夫看来，那是由于'人类有机体缺乏足够的弹性，它不能随着剩余价值的增加而同样迅速地增加它的消费能力'。他反复地发表这个谬论。他说：'资本主义工业组织大的致命弱点就在于企业家缺乏消费他们全部收入的能力'。"④因此，这个问题的解决办法，"是把参加生产的人之间的国民收入的分配，加以适当的改

---

① 罗莎·卢森堡：《资本积累论》，彭尘舜、吴纪先译，生活·读书·新知三联书店 1959 年版，第 215—216 页。
② 同上书，第 216 页。
③ 同上书，第 217 页。
④ 同上。

变。如果企业家在每次增加国民收入时,只从中提出足以满足个人各种癖好所必需的部分,而把其余部分都交给工人阶级、人民群众,那么,资本主义的统治将在一个很长的时期内获得保证"。① 这就等于说,资本家只要把剩余价值送给工人,资本主义不成其为资本主义,生产过剩的危机就消灭了。

卢森堡指出:"在资本家接受沃龙佐夫的忠告之前,正在用其他方法,每年把他们剩余价值的一部分销毁掉。近代军国主义就是这些适当方法之一,更确切地说,就在军国主义的费用由资本家的收入,而不是由劳动群众的收入来支付的场合下——像这类颠倒事实的事情,沃龙佐夫是会做得出来的——这是一个适当的方法。但是,资本主义国家的主要补救办法是对外贸易,而对外贸易又是俄国资本主义的致命伤。因为俄国资本主义是最后一个走上世界市场的餐桌,所以,它在国外市场和最基本的生存条件这两方面都缺乏经验。俄国依然是一个'农民的国家',一个'民粹'生产的国家。"②

我们看得很清楚,沃龙佐夫同样地看不到扩大再生产本身会使生产消费和个人消费都增长。

第二节 尼·弗·丹尼尔逊

民粹派的另一位理论家是尼·弗·丹尼尔逊,他和恩格斯有通信关系,他也是精通俄国经济的专家之一。早在 1880 年,他就在《斯洛伏》(Slovo)上发表关于农业收入资本化的论文。13 年后,他因受 1891 年俄国大饥荒的刺激,撰写了《我国改革后期社会经济概论》,进行进一步的研究。他认为,俄国资本主义的发展,对俄国人民来说是一切灾难的根源,也是饥荒的由来。他对俄国资本主义的命运的见解,是以他的一般资本主义发展条件的理论为基础的。

他说,每一个资本主义国家总是力图确保一个尽可能大的市场。资本

---

① 罗莎·卢森堡:《资本积累论》,彭尘舜、吴纪先译,生活·读书·新知三联书店 1959 年版,第 218 页。
② 同上书,第 219 页。

主义国家首先依赖国内市场。但到一定时候,它就不能只满足于国内市场。这是由下列原因造成的:生产物分为两部分。一部分由工人以工资形态占有;另一部分是被资本家占有。工资部分越来越低。此外,随着资本主义占领农村,农民失去生计,其购买力下降。资本家的部分,不论其需要如何大,也不能全部用于个人消费。因为一部分要用于积累,进行扩大再生产。生产率的提高使资本家无法消费完其庞大的生产物。这样,资本主义发展到一定的阶段,就必然产生了自己发展的障碍物。任何国家走上资本主义道路,迟早将陷进这一矛盾中。

对此,卢森堡评论说:"我看他懂得马克思,并很好地利用了第一和第二卷的《资本论》。然而,他的全部议论仍然是西斯蒙第型的。资本主义自身造成了国内市场的缩小,因为它使人民群众贫困化。近代社会的一切灾难都是由于'民粹型'生产方式的破坏,也就是说,小规模企业的破坏所致……他甚至比西斯蒙第更为公开地以赞美唯一导致幸福途径的小企业,作为他的批判的主旨。归结起来,资本主义总生产物不可能在本社会内部实现,它必须求助于外部市场。尼·弗·丹尼尔逊尽管在理论出发点上与沃龙佐夫大不相同,却得到了与沃龙佐夫相同的结论。……俄国资本主义发展一开始就不能获得国外市场,它只能呈现出它的最黑暗的方面——它造成了人民群众的贫困化。因此,在俄国鼓吹资本主义是一个'致命的错误'。"①

他认为,挽救俄国的唯一救命圈,就是以土地公有制为基础的农村公社,即古老的"奥勃希那"(Obshchina)。必须把近代大工业和科学技术的成就移植到农村公社上来,这样就成为高级的生产"社会主义化"形态的基础——至于怎样移植,对于尼·弗·丹尼尔逊来说,始终是一个谜。我认为这个问题可以进一步研究。其中的"高级"二字尤为珍贵。

在我看来,这里的论述同马克思晚年致查苏利奇信(草稿)中的论述完全相同。这就是利用俄国大量存在的农村公社,以及村社农民的共同劳动的习惯,跨越资本主义阶段向社会主义过渡的理论。因为理想的社会是建立新型的农村公社,所以,马克思晚年有过"跨越卡夫丁峡谷"的设想。这指

---

① 罗莎·卢森堡:《资本积累论》,彭尘舜、吴纪先译,生活·读书·新知三联书店1959年版,第222页。

的是,像俄国这样的大量存在农村公社,并有共同劳动习惯的社会,就不要破坏这种公有因素,而要在俄国革命和西欧无产阶级革命互相补充的条件下,即在必须吸收资本主义的一切肯定成果的基础上,农村公社就可以不必经过被破坏,再经过私有制社会的几个阶段,尤其不必经过发展为资本主义,即可以"跨越卡夫丁峡谷",不经过这些灾难,就可以过渡到公有制的社会。就是说,利用资本主义已有的成就,建立比资本主义更高级的社会。这是马克思关于农村公社中的公有因素直接发展为更高级的公有制社会的设想。

在这里,我感到不可理解的是,卢森堡在论述上面的问题时,特别引用了恩格斯在 1875 年的《流亡者文献》中的一段话,以佐证尼·弗·丹尼尔逊寄希望于俄国农村公社是错误的。恩格斯说:"俄国沿着资产阶级的路线继续发展,将不需要俄国政府的'枪和鞭子'的干涉,即能逐步破坏公共所有制。在租税和高利贷的压迫下,土地公有制已不再是特权,而是一种桎梏。农民常常带着家眷或单身脱离了农村,丢掉了土地,作为一个流浪的劳动者而寻求生计。我们看到俄国农村的公共所有制老早已经度过了它的繁荣时期,现有的一切迹象表明它的没落已日趋接近了。"①根据这篇文章,卢森堡说:"恩格斯的这些话,在尼·弗·丹尼尔逊的主要著作发表前 18 年,已准确地击中了农村公社问题的目标。如果尼·弗·丹尼尔逊后来以其新的勇气用符咒把公社的幽灵呼唤出来,那是一个恶劣的时代错误,因为约 10 年后,沙皇政府正式把农村公社埋葬了。"②卢森堡以此再次证明沃龙佐夫等寄希望于农村公社是错误的。

但是,恩格斯在同一篇文章中也论述了俄国农村公社的另一种发展可能性,大概是由于同尼·弗·丹尼尔逊的观点相同,或者是后者曾参考过的,不利于卢森堡对尼·弗·丹尼尔逊的批判,因此,她就不引用了。恩格斯的这段话是:"虽然如此,但也不可否认有可能使这一社会形式转变为高级形式,只要它能够保留到条件成熟的时候,只要它能够发展到农民已不再是个别而是集体从事耕种的程度;要实现这种走向高级形式的转变,必须要俄国农民不经过资产阶级的小块地所有制的中间阶段。然而,这种转变只

---

① 罗莎·卢森堡:《资本积累论》,彭尘舜、吴纪先译,生活·读书·新知三联书店 1959 年版,第 225 页。
② 同上。

有在下述情况下才会发生，即西欧方面还在这种村社所有制彻底解体以前就胜利地完成无产阶级革命，而这个革命会提供给俄国农民以进行这一转变所必需的条件，其中也提供他们为了在整个农业制度中实行必然与其相联系的变革所必需的物资。"①恩格斯这段话，同马克思致查苏利奇的信（草稿），以及1882年《共产党宣言》俄译本马克思和恩格斯共同署名的序言最后两段话的内容完全一致。

1906年，沙皇政府大臣会议主席斯托雷平下令破坏农村公社，但到1916年年底，欧俄仍有2/3的农户和4/5属于农民的那份地在农村公社里。就是说，俄国的农村公社在十月革命后还存在很久，直到全盘集体化后才最终消失。对此，我不理解的是：苏联进行农业集体化时，根本没有研究过马克思的这一设想，无论赞成还是反对，都不予考虑。我查遍了斯大林的《列宁主义问题》和《联共（布）党史简明教程》，都没有关于苏联在农业集体化中如何对待这些仍然存在的农村公社的记载。这两本著作中有关于农业公社的记载，但是，农业公社不是原有的农村公社，因为它不仅生产社会化，分配也社会化，个人所有制（自留地和副业）全部消灭，与农村公社既有公有因素，又有私有因素不同。当然，苏联进行集体化时，西方并没有发生无产阶级革命，就是说，缺少马克思设想中的政治条件。马克思的意思是，缺少这个条件，西方就不会对苏联的农村公社提供技术援助，公社的共同劳动就不易巩固。可是，苏联进行农业集体化时，西方正处在严重的经济危机中，这使发达国家的矛盾加深，苏联有可能利用这个矛盾，从西方输入所需的民用技术。苏联共产党对马克思的设想不予重视，就使马克思的设想丧失实践的机会。这不能不说是一大遗憾！

第三节　司徒卢威

我们现在谈俄国马克思主义者对上述民粹派的批判。第一个是司徒卢威。对此，卢森堡有一个总的说明：对于我们现在的问题，他只限于证明资

---

① 《马克思恩格斯文选》（第二卷），外国文艺书籍出版局1955年版，第57页。

本主义并不缩小国内市场,而相反地扩大国内市场,借以反驳沃龙佐夫和尼·弗·丹尼尔逊。后者犯了同西斯蒙第相同的错误。他们都只描述了传统的小企业生产形态被资本主义破坏的过程这一面。他们只看到由此造成的群众生活水平的降低和居民中广大阶层的贫困化,而没有看到这个过程的属于经济的一面,即在农业地区自然经济被排除出去,代之而起的是商品经济。这等于说,资本主义通过把以前独立和自足的生产者越来越多地吸收到自己的领域内,连续不断地把人民中以前不买它的商品的那些新的阶层转变为商品购买者了。事实上,资本主义发展的进程恰恰与民粹派按照西斯蒙第的模型所描绘的景象相反。资本主义没有毁灭国内市场,而是借助于货币经济的普及着手创立国内市场。

司徒卢威特别地批评了沃龙佐夫的剩余价值不能在国内实现的理论。他认为沃龙佐夫和尼·弗·丹尼尔逊都是把资本主义社会看成只有两大阶级:企业家和工人。卢森堡根据自己的观点,特别地强调:"当然,从这种观点来看,资本主义总生产物的实现似乎是无法理解的。"其实完全可以理解。她倒认为沃龙佐夫提出下列观点是正确的:"即无论是资本家的消费也好,或工人的消费也好,都不能实现剩余价值,因此,必须设想有'第三者'的存在。"①但是,卢森堡认为,民粹派设想的"第三者",如随从、雇员、政府官员、自由职业者等,并不是真正的"第三者",因为他们事实上是从属于资本家的,分析资本家时,事实上已将他们包括在内了。只有其后由卢森堡提出的资本主义以外的独立生产者,如个体农民,才是能解决积累难题的真正的"第三者"。

同民粹派的认识相反,司徒卢威认为:"一国领土越广,人口越多,这个国家发展资本主义所需的国外市场就越少。"我认为,如果加上其农业劳动生产率又较高,这个命题就是非常正确的。因而,他继续说:"在这一点上,俄国的资本主义比之其他国家的资本主义具有更有利的条件。"②他描绘了俄国新市场的图景:由于西伯利亚铁路的修筑,就在西伯利亚、中亚细亚、小亚细亚、波斯和巴尔干开辟了新的市场。对此,卢森堡指出,这已不是国内

---

① 罗莎·卢森堡:《资本积累论》,彭尘舜、吴纪先译,生活·读书·新知三联书店 1959 年版,第 226—227 页。

② 同上书,第 228 页。

市场的开辟，而是特殊的国外市场的开辟了。她的批评的真正用意，下面再进行说明。

卢森堡认为："司徒卢威的外国市场及其对资本主义生产的重要性的理论是同样站不住的。在这一点上，他推崇'民粹派'的机械的见解。按照这个见解以及教授们的教科书，资本主义国家首先剥削国内市场到它的极限，然后，在国内市场完全或几乎完全枯竭之后，转向国外市场。……实际上，资本主义生产从它的性质来说是世界规模的生产。……资本主义从它的幼年时代起，就已经为世界市场而生产了。"我们看到，到现在为止，她还没有说清楚司徒卢威到底错在哪里，就突然说："这个'国外贸易'的概念不能帮助我们把握住世界市场的复杂性以及它的无数的支流和千差万别的劳动分工。美国的工业发展现时在世界市场上，甚至在英国本身的市场上，已成为英国的危险的竞争者，正像它们在世界市场上和在德国本身的市场上，已经打垮德国的竞争者一样。这个事实证明了司徒卢威的推论的虚妄，实际上，司徒卢威在他写下这些推论时已经陈旧过时了。"①要知道，司徒卢威根本没有提"国外贸易"，而只是在那里区分国内市场和国外市场：美国进入英国本身的市场和进入德国本身的市场，这些市场从美国来看是国内市场还是国外市场呢？对此，卢森堡有自己的看法。下面将看到，她认为是内部或国内市场。那么，卢森堡为什么突然提出"国外贸易"呢？下面将看到，她要以经济成分是否相同来划分内外市场或内外贸易，取代以国家政治疆界来进行这样的划分。因为她要以真正的"第三者"作为实现资本积累的条件，而资本主义和"第三者"的交换，从经济成分看，就是资本主义的国外贸易、外部市场、国际贸易了。她是预先在新创的范畴上做好准备的。

从一个人口众多、领土广阔的国家，其资本主义就可以依靠国内市场而发展的观点出发，司徒卢威就接受了德国瓦格纳等教授的"世界三大帝国"的理论。世界三大帝国是英国、美国和俄国。在他看来，它们的特点是靠"国内市场"发展的。它们不是拥有巨大的国外市场吗？不，英国既是不列颠与爱尔兰联合王国，又是包括这王国在内的，再加上既有移民殖民地，又

① 罗莎·卢森堡：《资本积累论》，彭尘舜、吴纪先译，生活·读书·新知三联书店 1959 年版，第 230 页。

有奴役土著殖民地的英帝国，美国则是在美西战争中刚吞下夏威夷和菲律宾，俄国的领土除了旧俄之外，还包括波兰（卢森堡的祖国）和芬兰，这三者的领土是够大的了，人口是够多的了，仅仅这一"国内市场"就足够其资本主义发展了。因此，就被看中。其实，中国也是人口众多、领土广阔的，但是，不仅不是"帝国"，相反的是经济殖民地，它的国内市场成为列强的国外市场。因此，就在教授们和司徒卢威的视野之外。

第四节　布尔加科夫

第二个批判民粹派的俄国马克思主义者是布尔加科夫。他坚决反对"第三者"是资本主义积累的最后依靠的看法。他说："在马克思之前，大多数经济学家为了解决这个问题，认为某种'第三者'作为一个救命神是必要的，也就是说，借助他们来消费剩余价值。扮演这种角色的，有豪华的地主（像马尔萨斯所主张的），有挥霍的资本家，还有军国主义，以及其他。"①对此，他问道："从哪儿得到购买手段呢？"我们已经知道，以前对积累的疑问是哪儿来需要？现在由于不正确地解决了需要问题（正确地解决应是扩大再生产本身构成的需要），他就将问题说成是哪儿来购买手段。说到底就是从黄金生产者那儿来。换言之，是黄金生产者购买了全部剩余价值。这当然是荒谬的。——他用这种办法来反对"第三者"的理论。

卢森堡指出："布尔加科夫对于他从马克思那里推断出来的解决方法，作如下的表述：'在某些条件下，资本主义可以只靠国内市场而存在。利用国外市场来吸收资本主义的过剩生产，并不是资本主义生产方式所特有的内在必要性。这是著者研究上述社会再生产的分析后得出的结论。'"②布尔加科夫说："确定积累形成的来源并不困难。第一部类（生产资料部类）必须生产为扩大自己的生产和第二部类的生产所必需的追加生产资料。另一方面，第二部类也必须供应追加的消费资料来扩大两大部类的可变资本。如

---

① 罗莎·卢森堡：《资本积累论》，彭尘舜、吴纪先译，生活·读书·新知三联书店1959年版，第231页。

② 同上书，第232页。

果把货币流通暂置不论,生产的扩大就是第二部类所需的第一部类的追加生产物与第一部类所需的第二部类的追加生产物相交换。"①我认为这是完全正确的。但是,卢森堡却说:"像他们所考察的那样,机构如果扩大了,究竟谁从中得到好处呢? 仅仅因为我们把积累的比例数字写在纸上,能不能就算解释了问题呢? 不能,因为正当布尔加科夫宣布问题已解决,而接着要在分析中引入货币流通问题时,他就马上碰到下列问题:第一部类和第二部类购买追加的生产所需要的货币从哪里来呢? 过去我们研究马克思时,他的分析中的弱点不止一次地冒出来,也就是,把实际上是扩大再生产中的消费者问题,以歪曲的形式表现为追加货币的来源问题。"②我认为:问题不是谁从中得到好处,而是竞争的压力迫使资本家非扩大再生产不可;也不是扩大再生产中的消费者和货币来源问题,而是扩大再生产本身就会产生追加的需要。

卢森堡根据自己对布尔加科夫资本积累理论的理解,将其说成是:以黄金生产者为资本主义积累的"救命神"的理论。她摘录了布尔加科夫的有关论述:"我们已经知道另外一些生产者中有一个黄金生产者。即使在简单再生产的条件下,黄金生产者一方面增加在国内流通的货币绝对数量,另一方面,他购进生产资料和消费品,而不出售商品,仅以自己的生产物,即交换的一般等价物来支付他们购买的东西。现在,黄金生产者可能向第二部类购买全部积累起来的剩余价值,并以黄金支付,而第二部类用黄金向第一部类购买生产资料,并增加自己的可变资本用来支付追加的劳动力。当然,黄金生产者也可以购买第一部类积累起来的剩余价值,并以黄金支付,第一部类用黄金向第二部类购买消费资料,并按比例增加生产资料。这样,黄金生产者看起来好像是一个真正的国外市场。"撇开这里的"国外市场"不谈,其余的分析我认为是对的。因为货币材料生产者是要随着生产的扩大而增加这些材料的生产的;在积累的条件下,货币材料生产者是要向两大部类分别购买已经积累起来的剩余价值(分别体现在消费资料和生产资料上)的。

但是,布尔加科夫却否定了自己的正确看法。他说:"然而这个假定是

① 罗莎·卢森堡:《资本积累论》,彭尘舜、吴纪先译,生活·读书·新知三联书店1959年版,第232页。

② 同上书,第233页。

十分荒谬的。接受这个假定将意味着社会生产的扩大依存于黄金生产的扩大。这又以黄金的生产增加为前提,而黄金的增加却不是很乐观的。"幸好,随着资本主义的发展,信用制度也发展起来,这就可以减少很多现金。他认为这是"交换经济发展的必要补充,否则,交换经济的发展将因缺乏硬币而受到阻碍"。[1] 我认为,这里的论述就其基本思想来说是正确的。当然,如能补充说明硬币是历史地积累下来的,因为金和银的化学性质,决定它们不蛀、不锈、不烂、不怕火、不怕水等,为了实现商品的价值,不必重新生产与其等值的货币(假设货币的流通速度为1),只是硬币的磨损部分是例外。随着货币流通速度的增加、信用制度的发展和信用货币的产生,我们会有足够的货币及信用货币,用以实现扩大了的商品量的价值。布尔加科夫否定自己的正确看法,是完全不必要的。

卢森堡利用布尔加科夫对黄金生产者所起作用问题看法的摇摆,将积累问题引到她所希望的方向。她说:"布尔加科夫也好,广泛地讨论这个问题的俄国一般马克思主义者也好,要真正地解决他们的问题必须在别处寻找。"[2]她指出:布尔加科夫"没有想到,关于(扩大再生产)最后何人得到好处的问题,虽然在全部剩余价值供个人消费的假定下是无关紧要的,但在扩大再生产的假设下,它成为一个尖锐的问题了"。[3] 布尔加科夫认为,竞争的压力使资本家扩大生产,换言之,资本主义是为生产而生产。卢森堡对此不同意,认为这样一来,资本家就是糊涂虫了。

卢森堡说,布尔加科夫等俄国马克思主义者创立了关于资本主义社会生产与消费的一个完整的理论。这是在以下的基础上建立的:马克思说明斯密教条的错误,即指出生产物价值不是 V+M,而是 C+V+M;说明随着资本主义的发展,C 对 V 的比例增大,即资本有机构成提高。根据第一点,就可以谈论生产和消费都在增长;根据第二点,就可以知道消费的增长必然落后于生产的增长。这样,就有条件谈论生产和消费的关系了。布尔加科夫说:"消费,或社会需要,仅仅是资本流通中的一个附带的因素。生产的规

---

[1] 罗莎·卢森堡:《资本积累论》,彭尘舜、吴纪先译,生活·读书·新知三联书店 1959 年版,第 235 页。
[2] 同上。
[3] 同上书,第 236 页。

模决定于资本的规模,而不是决定于社会需要的数量。生产的发展与消费的增长不仅不是相伴而行,而且是互相对抗的。资本主义生产,除了(知道)有支付能力的消费外,不知(道)有其他的消费。所谓的有支付能力的消费,只是那些握有工资或剩余价值的人,他们的购买力严格地相当于他们的收入额。但是,我们已经看到,资本主义生产的基本规律倾向于压低可变资本和资本家们的消费基金的相对数量(尽管在绝对数量上这两者有增加)。这样,我们可以说,生产的发展减少了消费。生产的条件和消费的条件因此是互相矛盾的。生产的扩大没有、也不可能促进消费。"这里的意思是消费随着生产的发展而绝对减少。这是错误的。应该说是相对减少,也就是消费的增长落后于生产的增长。布尔加科夫明明看到:"这种扩大(生产)的大部分分配给第一部类,即不变资本的生产,而以较小(相对地)的部分分配给生产直接消费商品的第二部类。这两大部类关系的变化充分说明消费在资本主义社会中所起的作用,它也指出了我们应从那里找到资本主义商品的最重要需求。"这是完全正确的。可是,他还是回到消费绝对减少的思想路线上去,得出这样的结论:"资本主义生产不是依靠消费而存在,而是由于外部范围的扩大,这个生产外部范围实际上就构成了资本主义生产物的市场。许多马尔萨斯学派的调查工作者,不满意于萨伊和李嘉图学派的和谐学说,曾有不少苦工,以解决这个毫无希望的工作;即在资本主义生产方式必然会降低消费的情况下,寻求增加消费的方法。唯有马克思才分析了其中的真正关系:消费的增长致命地落后于生产的增长,即使任何人发明什么'第三者',情况还是如此。因此,消费及其规模决不能成为生产扩大的直接界限。资本主义生产通过危机使自己从脱离生产真目的偏差中得到纠正,但它不是依赖消费为转移。"①

这段冗长的话,正确与错误相交织。正确的是:资本主义特有的生产扩大和消费相对落后的矛盾使危机发生,而危机又能破坏生产,使生产下降到与消费相适应的水平,从而使这矛盾得到暂时的解决(纠正)。错误的是:"资本主义生产不是依靠消费而存在"、"资本主义生产方式必然会降低消费"、资本主义"不是依赖消费为转移"。正是这一错误使巴拉诺夫斯基走得

① 罗莎·卢森堡:《资本积累论》,彭尘舜、吴纪先译,生活·读书·新知三联书店1959年版,第237页。

更远,最终认为资本主义生产可以完全脱离消费而发展。

我们看到,这一理论以为资本主义可以不需要任何"第三者"而发展。这就当然否认对外贸易是再生产所必须的条件,而只认为某些缺乏必要资源的国家才需要外贸。但是,有输入就必有输出,以取得支付手段。如果说输出的是国内无法实现的剩余价值,那么,通过输入,它又以另一种使用价值的形态再输入。从价值看,是相等的。因此,问题还是一样。此外,尽管没有说明对外贸易是同哪一种经济成分交换,但是,必然包括同非资本主义成分的交换,而这正是卢森堡寄予希望的。对此,卢森堡说:"在俄国马克思主义者的手中,这个理论成为他们的主要武器,用来在市场问题上打击他们的论敌,民粹派的怀疑论者。只要我们根据一切众所周知的事实,看到这个理论与日常实践之间的触目惊心的矛盾,我们就能充分了解它的大胆狂妄。他们胜利地宣称他们的命题是最纯粹的马克思主义者的福音,而实际上,那是建立在一个十分简单的混淆上面。"以后,"当我们评论杜冈-巴拉诺夫斯基时,我们还将有机会提到这个混淆的问题"。[①] 她将问题提高为:"到此为止,从马克思退回到资产阶级经济学,只差一步了,而命运却促使杜冈-巴拉诺夫斯基来完成这一步。"[②]

第五节　杜冈-巴拉诺夫斯基

尽管杜冈用俄语发表自己见解是在 1894 年,早于司徒卢威和布尔加科夫,但卢森堡将他排到最后来论述,原因有两个:其一,由于他用德语发表著作是在他们之后;其二,由于他有较大的影响,可以用他来总结俄国马克思主义者关于积累问题的看法。

卢森堡指出:"布尔加科夫作为马克思的热心的弟子,只是力图忠实地跟着马克思走,并把他自己的结论都归之于老师;杜冈-巴拉诺夫斯基则相反,他把规律归功于马克思,但认为马克思没有很好地利用自己对于生产过

---

① 罗莎·卢森堡:《资本积累论》,彭尘舜、吴纪先译,生活·读书·新知三联书店 1959 年版,第 238 页。
② 同上书,第 242 页。

程的杰出论述。"他认为："资本主义积累在收入和消费的资本主义形态下不仅是可能的，而且实际上是完全不依存于这两者的。他说，形成最好的市场不是消费，而是生产本身。生产和市场因此是相同的。既然生产的扩张本身是无限的，市场，即吸收它的生产物的能力，也是没有界限的。"① 由于这样，"杜冈-巴拉诺夫斯基对马克思的危机理论作了一个修正，因为他认为这个危机理论是从西斯蒙第的'消费不足论'中发展出来的。'一般认为占居民的绝大多数的工人的贫困，造成需求的下降，使不断扩大的资本主义生产的产品不可能得到实现'。马克思大体上同意这个见解。但这个见解肯定是错误的。我们已经看到，资本主义生产创造它自己的市场——消费只是资本主义生产的契机之一。在一个计划的社会生产中，如果生产指导者掌握关于需求的全部知识，并拥有把劳动和资本从一个生产部门自由地转移到另一部门的权力，那么，任凭社会消费水平如何低下，商品的供给不会超过需求"。② 这就是说，只要符合比例，危机就不会发生。由此他就从逻辑上加以发展，竟认为全部社会生产都用机器，而只有一个工人按电钮，只要符合比例，也不会发生危机。布哈林也有这种看法，认为这时可以有计划地减少第二部类的产量。他认为国家垄断资本主义是存在计划生产的，"不仅在不同生产部门的联系和相互关系方面，而且在消费方面也实行着有组织的分配。这个社会的奴隶（工人）取得他的一份口粮，他的一份构成总劳动产品的实物。他取得的也许很少，但照样不会发生危机"。③ 其实，在我看来，劳动和资本自由转移也好，计划减少消费资料的生产也好，在这样调整的过程中，消费资料生产的减少和工人暂时失去工作：这个现象本身就已经是危机了。关于这个问题，列宁说得非常正确："甚至在社会总资本的再生产和流通是理想般的协调和按比例的情况下，生产的增长和消费的有限范围之间的矛盾也是不可避免的。何况事实上实现过程并不是在理想般的协调和比例中进行的，而只能是在'困难''波动''危机'等中进行的。"④

———————————

① 罗莎·卢森堡：《资本积累论》，彭尘舜、吴纪先译，生活·读书·新知三联书店 1959 年版，第 242—243 页。

② 同上书，第 243—244 页。

③ 《论布哈林和布哈林思想译文集》，贵州人民出版社 1982 年版，第 327 页。

④ 《列宁全集》（第四卷），人民出版社 1984 年版，第 73 页。

卢森堡认为,用以支持杜冈上述理论的是技术的必然进步。杜冈说:"技术的进步是以劳动手段(机器)、较活劳动(工人)的重要性越来越增加这一事实来表现的。生产资料在生产过程和商品市场上起越来越重要的作用。与机器相较,工人越来越退向后台去,而工人的消费所产生的需要也被从生产资料的生产性的消费所产生的需求所掩盖了。整个资本主义经济的活动具有一种为本身而存在的运行机构,在这个机构中,人类的消费表现为再生产过程和资本流通的一个单纯的契机。"换言之,就是资本主义以牺牲第二部类的发展来发展第一部类。这一点被"杜冈-巴拉诺夫斯基用来作为他的理论的客观证明:那就是,资本主义社会的人们消费越来越变得不重要,而生产越来越变为目的本身了。这个命题形成了他的整个理论体系的基石。①

卢森堡用以反驳杜冈认为只要符合比例,即使是第一部类以牺牲第二部类而发展,资本主义也可以无危机地发展的理论,首先是用事实说明:资本主义是有危机的;然后在理论上说明:社会主义社会由于使用机器不存在限制,其第一部类就比在资本主义制度下更快地发展,但是它将不会发生危机。卢森堡说:"资本家之使用机器,是在机器的生产费——在生产能力相同的场合下——低于它所排挤(代替)的工人的工资时,才加以考虑。"而在"一个不受利润动机支配而以节约人类劳动为目的的社会中,机器的使用,只用它所能节约的劳动超过它本身在制造时所需的劳动就符合了经济原则"。因此,"在资本主义社会和社会主义社会中的机器的经济使用限度,两者间的距离,至少等于活劳动及其有偿部分之间的差别,换言之,就是整个资本主义剩余价值的等量物。因此,如果取消了资本主义的利润动机,实行了社会主义劳动组织,机器使用的界限将突然增高,其增高的差额相当于资本主义剩余价值的全部,所以,那时,将为机器的胜利前进开辟了想不到的广阔场所"。② 这就是说,资本主义社会和社会主义社会的经济发展,都存在着第一部类超过第二部类的情况,但是两者的两部类都符合比例,而前者发生危机,后者将不存在,由此证明危机的原因是在第一部类更快发展之外,

---

① 罗莎·卢森堡:《资本积累论》,彭尘舜、吴纪先译,生活·读书·新知三联书店 1959 年版,第 247 页。

② 同上书,第 252—253 页。

也是在比例失调之外。其原因是：前者存在剩余价值生产，后者则否。卢森堡多次说过，剩余价值不能在资本主义内部实现；没有非资本主义的市场，即没有真正的"第三者"的存在，危机就必然发生。我们再次看到，卢森堡确实处处在为其以后提出的理论作准备。

马克思认为，经济危机的真正原因是"直接的剥削条件和实现这种剥削的条件，不是一回事。二者不仅在时间和空间上是分开的，而且在概念上也是分开的。前者只受社会生产力的限制，后者受不同生产部门的比例和社会消费力的限制。但社会消费力既不是取决于绝对的生产力，也不是取决于绝对的消费力，而是取决于以对抗性的分配为基础的消费力；这种分配关系，使社会上大多数人的消费缩小到只能在相当狭小的界限以内变动的最低限度。这个消费力还受到追求积累的欲望的限制，受到扩大资本和扩大剩余价值生产的限制"。[①] 这里既提到生产的比例性，又提到社会消费力。杜冈只强调比例性，从西斯蒙第到沃龙佐夫到尼·弗·丹尼尔逊，则只强调消费力。两者都是片面的。

---

① 马克思：《资本论》（第三卷），郭大力、王亚南译，人民出版社 1964 年版，第 272 页。

第三篇
提出错误的资本积累理论

第七章 《资本积累论》出版前的
资本积累思想

　　罗莎·卢森堡是波兰、德国和国际工人运动的杰出女革命家、马克思主义理论家、德国社会民主党左派领袖、德国共产党创始人之一。她出生时，波兰分别被俄国、德国和奥匈帝国所征服。1871 年 3 月 5 日，她出生在被俄国占领的那部分波兰。1887 年中学毕业，就参加革命活动。1888 年，参加波兰"无产阶级"党。1889 年年底，流亡瑞士。1890—1893 年，在瑞士苏黎世大学学习，先后学哲学、政治经济学、法学及自然科学。1893 年，她 22 岁时，就代表波兰王国社会民主党机关刊物《工人事业》编辑部向 1893 年第三次国际社会主义工人代表大会做报告。这个报告已经包含着她初步的资本积累理论。1897 年获博士学位，博士论文为《波兰工业的发展》，其中的资本积累理论有了进一步的发展。可惜的是，笔者没有看到论文全文，只读到一些介绍。1898 年取得德国国籍，迁居德国，参加德国社会民主党的工作。1899 年，结集出版《社会改良还是社会革命？》，批判伯恩斯坦的修正主义，书中提出的关税政策和军国主义是其资本积累理论的部分具体化。1907 年在德国社会民主党党校讲授政治经济学，在此基础上写《国民经济学入门》（于其死后的 1925 年出版），该书没有写完，但已涉及资本积累理论，并引发她写作《资本积累论》。后者于 1913 年出版，其资本积累理论已经完全成熟，引起很大的争论。她在监狱中答辩，1915 年写下《资本积累——一个反批判》，其中对鲍威尔的反批判最为激烈，该书于其遇难后才出版。她 1919 年 1 月 15 日被陆军军官逮捕，当日被杀害。

　　从事实看，资本主义经济的发展，不仅突破了民族和国家的界限，而且深入个体经济中，因此，资本积累即剩余价值转化资本，有一部分事实上是在资本家和工人以外的"第三者"中实现的。但是，从规律看，有卖必有买，并且等价交换,所以,问题还是回到原来的出发点:在只有工人和资本家的社会中,资本积累是完全可能的。在这里运用抽象法,将对外贸易予以舍象,抽象地研究问题,是完全必要的。

在上面的叙述中,我强调说明一个问题:卢森堡提出资本积累理论,事实上并不像一般论者所说的是在写作《资本积累论》的时候,也不是在讲授政治经济学或根据讲课内容写作《国民经济学入门》的时候,而是比这些早得多,即1893年为波兰王国社会民主党写报告的时候。因为她看到资本的积累事实上越来越多是在非资本主义环境中实现的。她由于缺乏抽象力,就认为资本积累的必要条件是既非工人又非资本家的个体农民的存在。

第一节　1893年的报告

1893年,22岁的卢森堡代表波兰王国社会民主党机关刊物《工人事业》杂志编辑部向1893年苏黎世第三次国际社会主义工人代表大会所作的报告,这是来自波兰的被俄国征服的那一部分的波兰社会民主党参加代表大会第一次所作的报告。报告中已经包含有她的初步的资本积累论的思想。

她说:"由于俄国的销售市场能使(波兰的)资产阶级把它从波兰工人那里掠夺来的剩余价值变成黄金,资产阶级就成了'王位和祭坛'的忠实支柱。它不是作为一个独立的政治力量而存在的。波兰的小资产阶级还在很早以前就具有了爱国的革命传统。它的利益同由于波兰与俄国结成政治联盟而发展起来的大工业处于对立地位,所以,它充满爱国情绪,并且渴望实现波兰的独立。但是,小资产阶级同大资产阶级一样不能独立进行活动。在我们的社会中,只有工人阶级才是唯一的采取对抗行动的成分。"这里说的"波兰工人创造的剩余价值要在俄国来实现(俄国经济落后于波兰,存在着非资本主义经济成分——引者)",就包含有资本积累要靠非资本主义环境来实现的思想。

她继续说:"在世界市场商品持续过剩的情况下,今天波兰的大工业之所以能够存在和发展,只是依靠它同俄国在政治上的共存,由这一共存产生了两国在经济上的联系。总的说来,俄国政府还在不断地促进波兰的工业,这部分地是为了争取资本家阶级以促进俄罗斯化,部分地是为了俄国自身的经济利益,而它就是通过这一阴险的政策使两国的经济联系不断得到加强。鉴于这一经济联系符合资本主义的不可抗拒的逻辑,因此,要建立一个资本主义的波兰国家的意图是缺乏任何现实基础的。"这就是说,由于经济上联系在一起,波兰就不应脱离俄国而独立。"俄国整个无产阶级的共同口号"应该是:"推翻专制制度。"①这就发展为她在1908年反对波兰独立和民族自决权。在这一年出版的《民族问题与自治》中,她系统地表述了对民族问题的看法,认为在资本主义制度下,被压迫民族是不可能实现真正的民族自决权和民族独立的,只能争取经济上的独立自主和政治与文化的自治。她认为只有社会主义才能真正解决民族问题。

为了反对波兰独立和具有民族自决权,她就引用其于1897年写的博士论文《波兰工业的发展》中的材料,说明波兰已迅速地把工业制品向俄国出售,由此认为在俄国和波兰的关系中,现代资本主义的纯粹经济因素已经占优势。既然在再生产方面,波兰和俄国即殖民地和宗主国是连在一起的,波兰就不应该独立,即殖民地不应具有自决权,不应独立为民族国家。

其实,她把两个不同的问题相混了:一个是在再生产上连在一起;另一个是独立后仍可以结成联邦,而不影响其已有的经济联系。就是说,波兰独立后,可以同俄国结成联邦,以解决上述矛盾。马克思认为,作为英国殖民地的爱尔兰,其工人阶级和英国工人阶级,既然因宗教信仰、民族不同、经济利益不同而难以团结起来,不能共同进行社会主义革命,同时推翻英国的资本主义制度和消除英国对爱尔兰的民族和殖民压迫,他就后退一步,设想由爱尔兰的资产阶级领导民族和民主革命,使爱尔兰脱离英国而独立,然后同英国结成联邦。这一原则显然适合于波兰之于俄国。

第二节 《社会改良还是社会革命?》

卢森堡的《社会改良还是社会革命?》是反对伯恩斯坦的《社会主义的前

---

① 《卢森堡文选》(上卷),人民出版社1984年版,第7、8、9页。

提和社会民主党的任务》的。两者涉及的问题很多,这里只谈卢森堡有关资本积累的论述。

卢森堡说:"在资本主义的历史上,关税政策和军国主义曾经起过它们的不可缺少的作用,在这个意义上,也就是起过进步的、革命的作用。在个别国家里,如果没有关税,大工业的兴起几乎是不可能的。但是今天的情况变了。今天,保护关税不是用来扶植年轻工业使其成长,而是用来人为地保持过时的生产形式。……现在,各工业部门是互相依赖的,对于这些商品征收了保护关税,就会使本国的另外一些商品的生产昂贵,这就是说,又再束缚了工业。但是,从资产阶级利益的观点看来,事情不是如此。工业为自己的发展并不需要关税来保护,但企业主却要保护销路。这就是说,关税今天已经不再当作一个保护手段,保护上升中的资本主义生产去对抗那些更成熟的资本主义生产,而是当作一个民族资本集团用来反对另一个民族资本集团的斗争手段。……最鲜明地表现今天关税政策的特质,就是现在在关税政策中起决定作用的根本不是工业,而是农业,就是说,关税政策已经变成将封建利益注入资本主义的形式,并且用来表现封建利益的手段。"[1]这里的"保护销路"发展到后来,就成为争夺国外的和保护国内的"第三者",以保证资本主义有一个实现剩余价值的环境这样的思想。

她认为军国主义也发生了同样的变化。军国主义即战争对于资本主义的发展曾经是不可缺少的因素。美国和德国、意大利和巴尔干半岛各国、俄国和波兰,这些国家都从战争中得到了资本主义发展的条件或者推动的。今天,这方面的情况也变了。今天,"军国主义已经对他们(资产阶级)成了不可缺少的东西,这里有三个方面:第一,它是个斗争的手段……;第二,它是最重要的投资形式,无论对金融资本或工业资本来说,都是如此;第三,它是国内阶级统治的工具,用来反对劳动人民"。[2] 这里最值得注意的是:军国主义这一投资形式,就发展为资本积累的一个领域。

---

[1] 卢森堡:《社会改良还是社会革命》,徐坚译,生活·读书·新知三联书店 1958 年版,第 23—24 页。

[2] 同上书,第 24 页。

第三节 《国民经济学入门》

卢森堡在讲授或写作《国民经济学入门》中,分析"资本主义生产方式的矛盾"时,觉得资本主义生产的进行本身必然会否定自己的存在。她认为,资本主义在地理上(不是在深度上)进行扩大再生产,就意味着"资本统治范围的巨大扩张、世界市场和世界经济的形成。在世界市场内部,地球上所有有居民的地带,同时互为生产者、互为生产物的消费者,作为席卷全世界的同一经济的参与者而进行共同劳动"。这是过程的一方面;过程的另一方面则是,随着地球上越来越多的人加速贫困化,以及世界市场的发展,就引起一系列对资本主义生产具有重大意义的现象。欧洲的资本侵入欧洲以外诸国,是通过两个阶段进行的:第一,通过商业资本的侵入,把土著居民现有的生产形态转化为商品生产;第二,采用各种手段,掠夺土著居民的土地,从而攫取他们的生产资料。这种生产资料在欧洲人的手中转化为资本,土著居民则变成无产者。在上述两个阶段之后,迟早会出现第三个阶段:或者由欧洲移民,或者由富有的土著居民在殖民地建立起自己的资本主义生产。这样,欧洲和欧洲以外的还没有发展自己的资本主义生产的那些社会阶层和国家的经济生活,就处于资本主义的统治之下了。最后,她得出这样的结论:"资本主义正是在这样的发展中,陷入根本矛盾的困境:资本主义愈加排挤落后的生产形态,那么,为追求利润所创立的、供满足现有资本主义企业扩大生产的要求的市场界限就愈加狭小。……如果资本主义发展得这样迅速,以至地球上人类所生产的一切东西都只是以资本主义生产方式生产出来的,换言之,只是在大企业中由私人资本主义企业家用雇佣工人的劳动生产出来的,那么,到了这个时候,资本主义存在的不可能性就鲜明地暴露出来了。"[①]就是说,资本主义自身的发展会导致资本主义的崩溃。这些思想在以后的《资本积累论》中就发展为系统的理论。

---

① 卢森堡:《国民经济学入门》,彭尘舜译,生活·读书·新知三联书店1962年版,第258、260页。

第八章 对马克思资本积累理论的质疑

卢森堡对马克思的积累理论提出疑问:"无疑地,在资本主义条件下,第二部类,就它的积累决定于现有的追加生产资料而言,是依赖第一部类的。反过来,第一部类的积累依赖可供追加劳动力用的相应数量的追加消费品。然而,不能由此得出结论说,只要这两个条件都被遵守了,两大部类的积累必然像马克思图式所显示的,自动地年复一年地进行。……为了保证积累事实上前进和生产事实上能够扩大,需要另一个条件,即对商品的有支付能力的需求必须也在增长。在马克思的图式中,这形成了规模不断扩大的再生产的基础。但这个不断增长的需求是从哪里来的呢?"①在我看来,答案是很清楚的:资本主义的扩大再生产本身就构成这个增大的需求,因为扩大再生产一方面增加了对生产资料的需求,从而使第一部类生产增长;另一方面增加了对工人就业的需求,从而增加对消费品的需求,使第二部类生产增长;在生产扩大的基础上,资本家的个人需求也增加了,从而使第二部类生产增长。

第一节 哪里来的需求?

卢森堡反对这种看法。她认为:"按照马克思的图式,第一部类采取主动:这个过程是以生产资料的生产为起点。那么,谁需要这些增加的生产资料呢? 这个图式回答道:第二部类是为了生产增多的消费品而需要它们。

---

① 罗莎·卢森堡:《资本积累论》,彭尘舜、吴纪先译,生活·读书·新知三联书店1959年版,第87页。

那么,谁需要这些增多的消费品呢? 这个图式回答道:当然是第一部类,因为第一部类现在雇佣着较多的工人。我们简直是在兜圈子。为了维持更多的工人,因而生产较多的消费品;为了使这些过剩的工人得到工作,因而生产较多的生产资料——从资本主义观点看来,这样做是荒唐的。"①当然,资本主义扩大再生产的目的,不是增加工人就业,而是为了攫取更多的剩余价值,但是在竞争的压力下,不扩大生产,就不能生存,就不能攫取到更多的剩余价值。资本主义的生产实质就是这样。

在卢森堡看来,资本主义扩大再生产怎么是可能的呢? 人口的自然增加是不是原因呢? 她说:"按照马克思的图式,人口中只有两个阶级:资本家和工人。资本家的自然增加已经从被消费的那部分剩余价值中得到照顾,因为那部分在绝对数量上是增长的。无论如何,不能由资本家消费其余的部分,因为全部剩余价值由资本家消费就意味着回复到简单再生产。这(就)剩下了工人们,工人阶级也由于自身增加而不断扩大。但资本主义经济对这个增加的本身作为增长着的需要的出发点是不感兴趣的。"这是因为:"供 I V 和 II V 的消费品的生产本身不是目的,不像在那么一个社会里,那里的经济制度是为工人和他们的需要的满足而形成的。在资本主义制度下,第二部类不是仅仅为了维持第一和第二部类的工人而生产大量的消费资料。相反地,一定数量的第一和第二部类的工人之所以能够维持自己,是因为在既存的供求条件下,他们的劳动力是有用的。这意味着资本主义生产的出发点不是一定数量的工人以及他们的需要……"②不能是资本家,又不能是增加的工人人口,那么,可能是这两大阶级外的其他人,即土地所有者、僧侣、职员、自由职业者如医生、律师、艺术家和科学家吗? 不可能。因为这里的 M 是还没有分割的,假定 V 是属于工人的,这些人的收入就只能从 M 中分割而来。这样,前面分析 M 时实质上已经论述过这个问题了。

对外贸易能否解决问题? 不能。因为这是将一国的问题推到外国甚至推到全世界。将世界经济视为一个整体,将世界经济作为再生产的研究对象,对外贸易就不存在了。卢森堡说:"求助于对外贸易实际上只是以未解

---

① 罗莎·卢森堡:《资本积累论》,彭尘舜、吴纪先译,生活·读书·新知三联书店 1959 年版,第 88 页。

② 同上书,第 89 页。

决的问题作为论据的诡辩：分析中所包含的困难只是从一国转移到另一国去，而没有解决。如果再生产过程的分析实际上不以任何一个资本主义国家为对象，而以资本主义世界市场为对象，就不可能有对外贸易了，一切国家都是'本国'。"①

第二节　将哪里来的需求变为哪里来的货币？

卢森堡错误地拒绝了资本主义扩大再生产本身会扩大需求之后，就到处找可能的需求而归于失败。这时，她为了与其最终（下面将看到）提出的资本积累要以非资本主义环境存在为条件的思想相配合，就违反理论的逻辑，将积累哪里来的需求问题转变为积累哪里来的货币问题。她说："工人阶级的自然增加是否会引起可变资本以外的不断增长的有支付能力的需求。答案是极不可能的。在我们的图式里，工人阶级的货币唯一来源是可变资本，因此，必须为工人的自然增加预先准备好可变资本。"②引文中的第一句话，从经济学理论看是违反理论逻辑的。工人阶级的自然增加，如果是资本积累的条件，它就使可变资本本身，而不是在可变资本以外，增加有支付能力的需求（有支付能力的需求是突然提出来的，为的是容易使人想到货币）。当然，它的本意是：不管工人阶级怎样自然增加，其有支付能力的需求只限于其得到的可变资本，即工资。引文中的最后一句话，从经济理论看同第一句话是不同的。因为问题是：工人阶级的自然增加，会不会引起可变资本以外的支付能力的增加，前面回答说："不能。"后面却回答说："要准备好可变资本"，即可变资本是要随着增加的（这要以承认资本主义扩大再生产会扩大需求为条件，即与前面的论述相反）。下面的说法就是这样："或者老一辈的工人必须赚足够的钱来养活他们的子孙——这些子孙因此不能算作追加的消费者；或者做不到这一点，下一代、青年工人必须参加工作，以获取工资和供自己需要的生活资料——在这种情况下，新的劳动一代已经包括

---

① 罗莎·卢森堡：《资本积累论》，彭尘舜、吴纪先译，生活·读书·新知三联书店1959年版，第91页。

② 同上书，第89页。

在被雇用的工人数目中了。"①它的原意是：马克思图式中的 V 是已经确定了的，不能以工人的自然增加来说明其有可能再增加。情况确实是这样。但是，这里的全部论述已经造成混乱。正是在理论和逻辑混乱中，卢森堡就糊里糊涂地将积累哪里来的需求的问题变为积累哪里来的货币的问题。前面说过，货币当然从其生产者即金银生产者那里来。但是卢森堡不这样看。

她终于转到货币的问题上。她说："如果我们从另一方面考察这件事情，同样的困难又出现了。在马克思的积累图式中，我们假定用来积累的那部分社会剩余价值从开始时就采取一种自然形态，这种自然形态要求把这部分剩余价值转化为资本。"②为了方便，我们再把以前的图式列在下面：

$$\text{I}\ 5\ 000C+1\ 000V+1\ 000M=7\ 000$$
$$\text{II}\ 1\ 430C+285V+285M=2\ 000$$

这样，"在第一部类的剩余价值中，500 是适合于转化为资本的，但在它们首先得到实现之前，这样的转化是不可能的。在它能够加到生产资本上去之前，剩余价值必须丢掉自己的自然形态，并采取纯粹价值的形态。这既适用于每一个人资本，也适用于'社会总资本'，因为资本主义生产的基本条件是：剩余价值必须实现为纯粹价值形态"。③ 这就是说，用于积累的剩余价值必须经历货币形态的阶段。所以，"第一部类和第二部类的剩余生产物必须有人购买——谁来购买呢？根据上面的揭露，仅仅为了实现这两大部类的剩余价值，必须有在第一部类和第二部类以外的有支付能力的需求，这样才能使剩余价值变成现款"。这里，卢森堡还是不了解新创造的价值全归生产者，如个体农民，同新创造的价值分解为工资与剩余价值，如资本主义的生产，两者的流通所需的货币量是相同的。不存在由于剩余价值的存在，就需要有特别的货币来源的问题。她继续说："就是这样，我们还只是达到剩余价值变为货币的阶段。如果这实现（了）的剩余价值要进一步在扩大再生

---

① 罗莎·卢森堡：《资本积累论》，彭尘舜、吴纪先译，生活·读书·新知三联书店 1959 年版，第 89 页。

② 同上书，第 92 页。

③ 同上。

产过程中、在积累中被使用的话,(就)必须预期对将来会有更大的有支付能力的需求,而这个需求也必须在两大部类以外才能得到。"①就是说,总产值增大了,不管其中是否有剩余价值的分割,如果货币的流通速度不变,并且撇开信用买卖,所需的货币数量是要相应地增加的。但是,这可以从货币生产者增加生产来解决。不一定非由要她所说的两大部类以外的某种人即"第三者"来解决不可。

以后,我们会看到,两大部类以外的"第三者"及与其在一起的货币,将成为卢森堡解决资本积累问题的法宝。

第三节 所谓的马克思解决困难的尝试和终于失败

我们认为,不仅在简单再生产中,而且在扩大再生产中并不重要的货币问题,卢森堡却特别重视,翻来覆去地加以论证。她说:"在积累过程中,货币形态起着一个重要作用:它不单纯是商品流通的媒介者,而且也起着作为货币的现象形态和资本的流通要素的作用。即令剩余价值的转化不是实际再生产的要素,它却是资本主义积累在经济上的必要前提。所以,在生产变为再生产时,剩余价值经历着两次变化:第一,它抛弃了它的使用形态;第二,它采取了一种适合于积累的目的的自然形态。这里的问题不在于不同生产周期是以年为单位计算的,以月为单位来计算也是同样可以的。……真正重要的是:如果积累保持它的资本主义性质,不管它延续的时间长短如何,这个顺序必须得到遵守。这把我们引回到老问题上来了:积累起来的剩余价值是如何实现的? 被谁实现的?"②她认为:"马克思充分意识到他的看起来好像是天衣无缝的积累图式没有恰当地处理这一点。因此,他再三地从不同的角度来考察这个问题。"③

那么,在马克思看来困难的问题何在? 她指出,马克思把问题集中在剩

① 罗莎·卢森堡:《资本积累论》,彭尘舜、吴纪先译,生活·读书·新知三联书店 1959 年版,第 93 页。
② 同上书,第 93—94 页。
③ 同上书,第 94 页。

余价值被积累起来之前，必须经历货币阶段，这样，就必然有一个货币贮藏问题。马克思说："货币所以会从流通中取出，并且作为贮藏货币贮存起来，是因为商品在出售以后，没有接着进行购买。因此，如果把这种做法看成普遍进行的，那就似乎难以看出，买者应该从哪儿来，因为在这个过程中……每一个人都想为贮藏货币而卖，但是没有人要买。"①既然这是行不通的，那么，马克思就提出另一个办法："假定年生产的各个不同部分之间的流通是直线进行的……那么，就必须从只买不卖的金（或银）生产者开始，并且假定所有其他人都卖给他。这样，全年的社会总剩余产品（全部剩余价值）就会转到他手中，而所有其他资本家则在自己中间按比例地分配他那种天然地以货币形式存在的剩余产品，即他的剩余价值的天然的金的化身；因为金生产者的产品中要用来补偿他执行职能资本的那部分已经被束缚了，已经被使用了。在这种场合，金生产者以金的形式生产的剩余价值，就是唯一的基金，所有其余资本家都要从中取出他们的年剩余产品，借以转化为货币的材料。因此，就价值量而言，这些剩余价值必须和先要蛹化为货币贮藏形式的全部社会年剩余价值相等。"但是，"这个假定（是）如此荒谬，最多有助于说明普遍同时形成货币贮藏的可能性，但是对于说明再生产本身——金的再生产除外——并不能前进一步"。② 问题又不能解决。

上面两段话是卢森堡特别摘录的，用以证明马克思面对难题曾试图解决，但终于失败。但是，我认为，马克思是解决了这一问题的。下面是马克思如何解决问题的论述，卢森堡未予留意。

马克思说："如果积累以规模扩大的再生产形式出现，那么很明显，它对于货币流通不会提出什么新的问题。

"首先，就追加生产资本执行职能所需要的追加货币资本来说，它是由一部分已经实现的剩余价值提供的，这部分剩余价值是作为货币资本，而不是作为收入的货币形式，由资本家投入流通的。货币已在资本家手中。只是用法不同而已。

"但是，现在由于有了追加的生产资本，就会有追加的商品量作为这个

---

① 马克思：《资本论》（第二卷），郭大力、王亚南译，人民出版社1964年版，第553页。
② 同上书，第553—554页。

资本的投入流通。与此同时,为实现这个追加商品量所需要的一部分追加货币也会投入流通,不过以这个商品量的价值和生产它们所耗费的生产资本的价值相等为限。这个追加的货币量是作为追加的货币资本预付的,所以会通过资本的周转流回到资本家手里。因此,这里又出现了和上面一样的问题。用以实现现在以商品形式存在的追加剩余价值的追加货币从何而来?

"总的答复还是一样。流通商品量的价格总额之所以增加,并不是因为一定量商品的价格已经提高,而是因为现在流通的商品量大于以前流通的商品量,而这个差额又没有为价格的降低所抵消。要取得这个具有较大价值的商品量所需要的追加的货币,就必须或者更多地节约流通货币量,——要么使支付等等互相抵消,要么加速同一个货币的流通,——或者把货币由贮藏形式转化为流通形式。"①还有就是马克思早就提到的:金的生产者扩大生产。

根据马克思的全部意思,就是:第一,原来进行简单再生产时,实现流通所需的货币量,就是社会原有的,从简单再生产转为扩大再生产时,只须生产结构改变即可,即在 I(V+M)＞ⅡC 的条件下,生产 I M 的劳动的具体形态,要减少生产ⅡC,增加生产 I C;但是这并不需要增加货币流通量;第二,上述生产结构改变已经完成,即卢森堡所说的"过渡"已经完成,总生产量增加了,假设货币流通速度不变,实现商品流通所需的货币量理应要相应增加,解决办法,除加速货币流通速度、发展信用以节省现金外,就只能是增加金的生产了。在我看来,这是完全合理的。

但是,卢森堡不同意此说。她加以反驳。第一,"为了积累的缘故,剩余价值的一部分没有被资本家消费,而被加到资本上去,借以扩大生产,从而引起了谁购买这个追加的生产物的问题。资本家们不要消费它,工人们没有能力消费它,因为在任何情况下,他们的消费总是由所有的可变资本开支的。被积累起来的剩余价值的需求是从哪里来的"?②她又说:"成为积累问题的,不是货币的来源,而是资本化的剩余价值所生产的增多物品的需求来

---

① 马克思:《资本论》(第二卷),郭大力、王亚南译,人民出版社 1964 年版,第 382—383 页。

② 罗莎·卢森堡:《资本积累论》,彭尘舜、吴纪先译,生活·读书·新知三联书店 1959 年版,第 97 页。

源;不是在货币流通中的一个技术障碍,而是牵涉社会总资本再生产的一个经济问题。"①我的回答就是开头说的:资本主义扩大再生产本身,就是构成这些需要。第二,"问题简化为更一般性的问题时,即货币资本如何最初到达资本家手里,而在这些货币资本中,资本家们除用来进行生产投资外,还保留一部分供个人消费。但如果这样提出问题,这个问题就属于所谓'原始积累'的一章,即资本的历史起源"。② 这个所谓的"资本的历史起源",其实是金银货币从诞生时起,除了磨损的部分,就怎样一直积累下来的问题。我还认为,即使回到"原始积累"探讨资本的起源问题,也是必要的。第三,"我们所要说的是:为了流通这一价值总量的增大,相应的货币数量是必要的,并随着这个价值总量的加大,货币数量也必然增加,除非这个价值的增大被交易的加速和节约所抵消了。而最后的问题:所有这货币原来是从哪里来的,于是可以用马克思的处方来回答:从金矿中来。当然,这是对事情的一种看法,即简单商品流通的看法。但在这种情况下,就没有必要引用不变资本、可变资本和剩余价值等概念,因为这些概念在简单商品流通中是没有地位的。……也没有必要探讨起初在简单生产、后来在扩大再生产的条件下,实现社会剩余价值所需要的货币来源"。③ 卢森堡这种看法是不对的。从货币流通量的决定来说,简单商品生产和资本主义生产是没有什么不同的。不变资本、可变资本、剩余价值等,只是反映资本主义生产的社会特征,并不影响货币流通规律。以不变资本等的存在,来说明资本主义生产有不同于简单商品生产的货币流通规律,是令人难以信服的。

因此,说到底就只是新产生的金银货币,除了补偿磨损部分外,连同原有的金银货币,其数量是否足够流通由扩大再生产生产出来的商品总价值。如果不够,就要用发展信用和加速货币流通来解决问题;如果再不行,那就只有废除金本位,使用纸币了。这一问题的解决,涉及如何理解20世纪30年代发达资本主义国家先后废除金本位的原因。

自以为反驳了马克思之后,卢森堡又分析马克思之所以未能解决困难

---

① 罗莎·卢森堡:《资本积累论》,彭尘舜、吴纪先译,生活·读书·新知三联书店 1959 年版,第 101—102 页。
② 同上书,第 115 页。
③ 同上书,第 117—118 页。

的原因。"马克思对社会再生产过程的考察,像我们上面所看到的,是以亚当·斯密的分析为起点,而除了其他原因外,由于所有商品的价值由 V＋M 组成这个错误的学说,亚当·斯密的分析陷入困境,对这个学说的论战笼罩着马克思对再生产过程的全部分析。"①这就奇怪了:批判斯密教条的错误是理解再生产的必要前提,怎么会反过来成为理解再生产过程的障碍呢?

不过,卢森堡还是原谅马克思的。她说:"我们必须首先记住这(《资本论》)第二卷不是一个写好的全稿,而是一个半完成的稿子。"②

卢森堡认为,马克思始终认为不变资本即 C 的存在和分解问题,是再生产理论中最重要的问题;由于这样,再生产理论中的积累问题,就被马克思忽略了。但是,这个问题对资本主义经济是十分重要的。因此,资产阶级经济学家再三讨论它就不足为奇了。在经济学说史上,一再有人提出资本主义经济中这个关键的问题,即资本积累在实践上是否可能的问题,并企图解决它。我们在前面就谈论了马克思以前的和马克思以后的关于这个问题的论战。

---

① 罗莎·卢森堡:《资本积累论》,彭尘舜、吴纪先译,生活·读书·新知三联书店 1959 年版,第 122 页。

② 同上书,第 119 页。

第九章 批评马克思的扩大再生产图式和提出积累实现的条件

卢森堡在提出自己的资本积累实现条件之前,集中地批评了马克思的扩大再生产图式。这就是:我们"看到马克思的积累图式没有解答扩大再生产是为着谁进行的这一问题。如果从字面上看《资本论》(第二卷)末尾的图式,总是自己实现全部剩余价值,并应自己的要求来使用资本化的剩余价值的。这是马克思在分析他的图式时所给人的印象。他好像反复试图以货币为手段,即资本家与劳动者的有支付能力的需求,来表现图式中的流通问题。这种尝试,结局会使他认为金的生产者为救命神借以引导到再生产问题"。① 这个开门见山的开场白的内容,同她在评论历史上的再生产理论时,为自己的资本积累理论所做的准备——为谁进行积累、将哪里来需要的问题变为哪里来货币的问题、剩余价值无法在资本主义社会两个阶级内实现等的内容完全相同。如果这个开场白是正确无误的,那她就完全不必再去批评马克思的扩大再生产图式,就是说完全撇开图式,直接根据开场白提出其看法,回答上述问题,这个回答本身就已经是自己的正确理论了。就是说"破"和"立"都在一起。但是,她还是先"破"而后"立":先破马克思的,再立自己的。

第一节 为了扩大再生产而扩大再生产和再生产图式的矛盾

她认为按照马克思的扩大再生产图式,"积累是自动地进行着,到底生

---

① 罗莎·卢森堡:《资本积累论》,彭尘舜、吴纪先译,生活·读书·新知三联书店1959年版,第257页。

产是为何人而愈加扩大？一点也不清楚。那个图式,设想如下的过程:煤炭工业之扩大是为了扩大制铁工业,制铁工业之扩大是为了扩大机器工业,机器工业之扩大是为了扩大消费资料的生产,消费资料的生产扩大,又是为着维持矿工、铁工、机器及本部门日益增多的劳动大军。这样一来,事情就绕着圈子'无限地'反复旋转"。① 换言之,这到底是为了什么？"剩余价值的资本化部分,按照马克思在《资本论》(第一卷)中的假定,一开始就是以追加的生产资料与工人的生活资料的形态出现的。这两者都是用来使第一部类及第二部类的生产愈加增大。引起这种生产增大的不断进行是为着谁呢？从马克思的图式的诸前提中看不出来。"②问题在于:为了积累,"如果资本家自己不消费而'节欲'……那么,那些不断扩大的剩余价值靠谁去实现呢？图式告诉我们:是资本主义本身,只有他们才能实现。那么,他们怎样处置这些日益增大的剩余价值呢？图式答复我们:他们为了日益扩大自己的生产而使用它。从而,这些资本家们就成为一种为了扩大生产而扩大生产的糊涂虫了"。③ 其实,在竞争的压力下,资本家是不得不进行积累,以扩大再生产的。从这一点看,不管资本家的主观意愿如何,客观上他们只能是一种积累机器,为发展社会物质生产基础,即为进入高一级社会形态、消灭资本主义准备物质条件——社会历史发展的辩证法就是这样。当马尔萨斯向李嘉图挑战,说他自己主张为地主阶级的消费而生产时,李嘉图则坦然地承认资本家是为生产而生产的。真理显然在李嘉图一边。

卢森堡还指出图式的缺陷:"完全没有考虑到增大的劳动生产力。……在资本积累增大的条件下,资本的构成及剩余价值率并不是像马克思图式所假定的那样停止不变。事实恰恰相反,随着积累的进行,两部类的 C(不变资本)不仅绝对地增大,而且比之 V+M,或新创造的价值全体……也相对地增大。同时,不变资本比之可变资本,剩余价值比之可变资本,也相对地增大。换言之,剩余价值率……也同样地增大。"因此,如果"相应地修正那个图式,那么,这种积累方法会产生每年的生产资料愈加不足,消费资料愈加

---

① 罗莎·卢森堡:《资本积累论》,彭尘舜、吴纪先译,生活·读书·新知三联书店 1959 年版,第 258 页。

② 同上书,第 261 页。

③ 同上书,第 262 页。

过剩的结果"。[①]

接着,她就按照其意图修改马克思图式的数据:"假如,马克思的(第二)图式中,不变资本与可变资本的比例不是 5∶1 的固定比例,而是通过每一次资本的增大,就使构成提高,即第二年为 6∶1,第三年为 7∶1,第四年为8∶1;又再假定劳动生产力提高了,相应的剩余价值率也不断增大。……例如,我们不假定 100% 的固定剩余价值率(虽然可变资本相对地减少了),而假定按照马克思图式中所采用的剩余价值。最后,我们假定从所获得的剩余价值中,照例以半数资本化(第二部类除外,因为根据马克思的假定,它在第一年有一半以上的资本化,即剩余价值 285 中有 184 被资本化)。如果如此,我们就可得到如下的结果:

第一年

Ⅰ 5 000C＋1 000V＋1 000M＝7 000

Ⅱ 1 430C＋285V＋285M＝2 000

第二年

Ⅰ 5 428 又 4/7C＋1 071 又 3/7V＋1 083M＝7 583

Ⅱ 1 587 又 5/7C＋311 又 2/7V＋316M＝2 215

第三年

Ⅰ 5 903C＋1 139V＋1 173M＝8 215

Ⅱ 1 726C＋331V＋342M＝2 399

第四年

Ⅰ 6 424C＋1 205V＋1 271M＝8 900

Ⅱ 1 879C＋350V＋371M＝2 600

"积累如果照此进行,即生产资料第二年会短缺 16,第三年不足 45,第四年短缺 88;同时,消费资料第二年会过剩 16,第三年过剩 45,第四年过剩

---

① 罗莎·卢森堡:《资本积累论》,彭尘舜、吴纪先译,生活·读书·新知三联书店 1959 年版,第 264—265 页。

88。"①这个结论完全符合她的意图。

据此,她提出一条规律:"第一部类资本家为要使积累可能,愈加相对地限制他的消费,则第二部类的消费资料就愈加卖不出去。"②因此,积累率越高,一方面就发生生产资料的供应不足,另一方面就意味着第一部类的资本家用于个人消费的越少,第二部类供应给第一部类的消费资料就越少,就发生消费资料的生产过剩。这样,资本主义扩大再生产就无法进行下去。出路只能是由"第三者"来解决困难。她根据上述四年的再生产图式似乎证实了这个规律和结论。但是,我同样根据其数据进行计算,结果却是完全平衡的;不存在"不足"和"剩余"问题。

计算上的问题如下:我们以第二年为例。第一年增加的生产资料,即 $I(1\ 000V+1\ 000M)$ 是大于 $II\ 1\ 430C$ 的,符合扩大再生产条件。按假定,IM 的半数即 500 资本化,其中的 6/7 即 428.57 加入 IC;1/7 即 71.42 加入 IV,这样,$I(1\ 000V+500M+71.42V)=1\ 571.42$,要同 $II\ 1\ 430C$ 交换,不足之数 141.42 要从 IIM 中取得,这 141.42 就成为增加的 IIC,即 IIC 从 1\ 430 增加为 1\ 571.42,与增加的 141.42 相应,IIV 要增加 20.20,这也要从 IIM 中取得,这样,IIV 就 285 增加为 305.20,IIM 经过两次扣除,就变为123.38。这样,第二年,IC 就变为 5\ 428.57,IV 就变为 1\ 071.42,与卢森堡的数据相同;IIC就变为 1\ 571.42,IIV 就变为 305.20,与卢森堡的数据不同。

再看所谓"不足"与"剩余"问题。第二年,全部使用的生产资料为 $I5\ 428.57C+II1\ 571.42C=7\ 000$,即等于第一年生产的生产资料 7\ 000,不存在"不足"问题;全部消费的消费资料为 $I\ 1\ 571.42+II(305.20+123.38)=2\ 000$,即等于第一年生产的消费资料 2\ 000,也不存在"过剩"问题。

第二年 II 的数据为何与卢森堡的不同,我不明白。很可能是我没有看懂卢森堡的计算。不过,我们不必追究这个问题。因为开始的数据就是随意假定的,不能说明什么。这一点,看了下面的论证就会更清楚的。

我国经济学家魏埙主编的《政治经济学——资本主义部分》对列宁的生

---

① 罗莎·卢森堡:《资本积累论》,彭尘舜、吴纪先译,生活·读书·新知三联书店 1959 年版,第 264—265 页。

② 同上书,第 266 页。

产资料生产优先增长的原理,进一步以数据加以论证。他们考察了四年的情况,结论同卢森堡相反。情况如下:

"假定社会总产品仍由下列部分构成:

Ⅰ 4 000C＋1 000V＋1 000M＝6 000

Ⅱ 1 500C＋750V＋750M＝3 000

"倘若第一部类的资本家仍以剩余价值的一半用于积累,另一半用于个人消费,并且假定追加资本的有机构成提高到9∶1,则500积累基金中转化为追加不变资本的部分为450,转化为追加可变资本的部分为50。这样,第一部类需要和第二部类交换的产品是Ⅰ(1 000V＋50V＋500M/X)[M/X代表M中用于资本家个人消费的部分]＝1 550,比第二部类的不变资本价值1 500大50。因此,第二部类也必须将剩余价值50转化为追加的不变资本。再假定第二部类追加资本的有机构成提高到5∶1,即第二部类还得将剩余价值10转化为追加可变资本。这样,两大类产品价值的各部分重新组合为:

Ⅰ 4 450C＋1 050V＋500M/X

Ⅱ 1 550C＋760V＋690M/X

"第二年,如果剩余价值率还是100％,到年终时,生产的结果就是:

Ⅰ 4 450C＋1 050V＋1 050M＝6 550

Ⅱ 1 550C＋760C＋760M＝3 070"

引用到此暂停。

这里,使用的全部生产资料是:4 450＋1 550＝6 000,和上一年生产的生产资料为6 000相等,没有"不足";消费的全部消费资料是:1 050＋500＋760＋690＝3 000,也和上一年生产的消费资料为3 000相等,没有"剩余"。这里的规律同卢森堡前述的完全不同。在我看来,它是这样的:第一部类的积累率同其资本家的消费率(M/X,指消费占剩余价值的比重)成反比,它越大,M/X 就越小,这就意味着第一部类的资本家向第二部类购买的消费资料相对减少,这就制约了第二部类交换到的生产资料的增加的幅度,使第二部类的积累率必然低于第一部类的积累率,这又意味着第二部类的 M/X 要相对增大,使 Ⅰ M/X>Ⅱ M/X。只要各种数据是符合比例的,就不会发生所谓的'不足'和'剩余'问题。这里的图式充分说明这一点。

我们继续引用:

"假定第一部类追加资本的有机构成提高到 20∶1,第二部类追加资本的有机构成提高到 8∶1,积累后,两大部类的产品价值就重新组合为:

Ⅰ 4 950C＋1 075V＋525M/X
Ⅱ 1 600C＋766V＋704M/X

"第三年,如果剩余价值率仍是 100％,到年终时,生产的结果就是:

Ⅰ 4 950C＋1 070V＋1 070M＝7 100
Ⅱ 1 600C＋766V＋766M＝3 132

"假定第一部类追加资本的有机构成提高到 25∶1,第二部类追加资本的有机构成提高到 10∶1,积累后,两大部类的产品价值的各部分就重新组合为:

Ⅰ 5 467.5C＋1 095V＋537.5M
Ⅱ 1 632.5C＋769V＋780.5M

"第四年,如果剩余价值率仍是 100％,到年终时,生产的结果就是:

Ⅰ 5 467.5C＋1 095V＋1 095M＝7 657.5
Ⅱ 1 632.5C＋769V＋769M＝3 170.5

"现将社会总产品各部分增长的情况列表如下:

表2-2　社会总产品各部分增长情况

年度	第一部类				第二部类		社会总产品	
	制造生产资料的生产资料		制造消费资料的生产资料		消费资料			
	产量	增长（%）	产量	增长（%）	产量	增长（%）	产量	增长（%）
第一年	4 000.00	100	1 500.00	100	3 000.00	100	9 000	100
第二年	4 450.00	111	1 550.00	103	3 070.00	102	9 624	107
第三年	4 950.00	124	1 600.00	107	3 132.00	104	10 232	113
第四年	5 467.50	137	1 632.50	109	3 170.50	106	10 828	120

"以后各年，依此类推。"①

我在这里的引用，其目的只是说明：在劳动生产力提高的条件下，制造生产资料的生产资料部门发展最快，制造消费资料的生产资料部门次之，制造消费资料的部门最慢的趋势；也说明制造生产资料的生产资料直接受制造消费资料的生产资料的制约，制造消费资料的生产资料直接受消费资料的制约，也就是制造生产资料的生产资料最终是受消费资料的制约；不是说明资本主义扩大再生产中各种产品的具体比例，因为这里的数据是随意的，正如卢森堡设想的比例关系也是随意的一样。但是，正是从这里可以看出，卢森堡认为，随着劳动生产率的提高，或资本的有机构成提高和剩余价值率提高，就必然发生生产资料不足和消费资料过剩的趋势，是没有根据的，因为这里的例子不是这样。就是说，卢森堡要找马克思的扩大再生产图式的矛盾落空了。

因此，我认为，矛盾不应在随意假设的图式数据中寻找，而应该从资本主义现实中寻找：首先，资本主义生产的无政府状态，使各种比例常常破坏，再生产的实现是在破坏中实现的；其次，也是最重要的，资本主义必然存在的生产扩大和消费相对落后之间的矛盾，使经济危机成为不可避免的，而危机又能调节资本主义的生产和消费的矛盾。因此，卢森堡说："图式是承认危机的存在的，可是，那完全是因为生产部门内部比例失调之故，即缺乏对

---

① 魏埙主编《政治经济学——资本主义部分》，陕西人民出版社1986年版，第211—213页。

社会生产过程的统制之故。"这是一种片面看法。而她认为:"它排除了资本主义社会的生产能力与消费能力之间的深刻而根本的冲突。而这个冲突正是由资本积累引起,它爆发为周期性危机,并驱使资本向不断扩大市场迈进。"①这里只要去掉"它排除了"四个字,其余的都是正确的。

第二节　资本积累要靠工人和资本家以外的 "第三者"来实现

卢森堡自以为"破"了,接着就"立"了。她再引用前面已经提到的马克思的话:"这个内部矛盾,企图由生产的外部范围的扩大得到均衡。"②她认为,杜冈-巴拉诺夫斯基将其解释为是生产本身能解决这个内部矛盾,这"就不仅曲解了词句的意义,而且对马克思的明确的思维过程,也是牵强附会"。她认为:"所谓'生产的外部范围',在此处,很明显而且很明确地不是指生产本身,而是指'必须不断扩大'的消费。"③这当然是对的。我们在前面已经说明,资本主义的生产最后是受消费制约的。因此,要扩大资本主义生产,就必须扩大消费。但是,这同卢森堡的一贯看法却是相矛盾的。她一再发问:谁是体现剩余价值那些物质资料的消费者?现在有答案了。

卢森堡是在集中说明马克思的错误的同时,提出自己的理论的。她尖锐地指出:"马克思的扩大再生产图式不能说明资本积累过程实际上如何进行以及(在)历史上如何完成,其原因何在呢?我们说,在于图式的前提本身。这个图式试图在资本家和工人是社会消费的唯一代表者的前提下来说明资本积累。"在这样的条件下,"图式当然看不到资本家及工人以外的阶级的存在。资本主义社会上的'第三者'是指官吏、自由职业者、僧侣等,作为消费者,他们应当算在两个阶级特别是资本家阶级之内的。这个前提乃是理论上的权宜之计。事实上,从来没有那样在资本主义生产方式唯一支配

---

①　罗莎·卢森堡:《资本积累论》,彭尘舜、吴纪先译,生活·读书·新知三联书店1959年版,第273页。

②　同上书,第272页。

③　同上。

之下的自给自足的资本主义社会"。在这里，"问题是建立在这样的一个假定上：在以资本主义方法生产的社会，也就是在生产剩余价值的社会，全部剩余价值，是由其占有者即资本家来消费的。……这里所提的问题，本身就意味着生产除开资本家和工人以外，不知有其他消费者"。同样地，"正如，《资本论》(第一卷)上所给的假定一样，在分析个人资本的积累时，把资本占绝对统治地位作为前提也是可以的。个人资本的再生产，是社会总再生产的要素，但这个要素有着独立的进程，它和其他要素的运动相矛盾。所以，社会资本的总运动，不是资本的各个运动的机械的总和，它在本质上是不同的"。[①]

她认为："社会资本积累的实现条件是与个人资本及简单再生产的情况，完全有别。问题在于：如果在剩余价值中愈来愈大的部分，不是由资本家消费掉，而是充作扩大生产之用，那么，生产成什么样子呢？社会生产物，除了补偿不变资本外，所剩下的，根据前提，不能消耗在工人与资本家的消费中(这就是问题的主要因素)，同时，工人和资本家自己也不能实现总生产物。他们只能实现可变资本和不变资本中被消耗掉的部分，以及剩余价值的可消费部分，但在这样做时，他们只不过保证生产以过去的规模进行而已。至于剩余价值的资本化部分，就不可能由工人和资本主义来实现。从而，在那种只由工人和资本家所构成的社会里，为积累而实现的剩余价值，就成为不可能的事情了。"[②]她认为，令人奇怪的是，所有分析积累问题的理论家，从李嘉图、西斯蒙第起，到马克思为止，都是从不能解决问题的前提出发。她认为，为了实现剩余价值，"第三者"的存在是必要的。事实上，正如我们已经看到的，有些学者是有其"第三者"的。例如马尔萨斯的封建地主、沃龙佐夫的军国主义、司徒卢威的"自由职业者"等；其实，从西斯蒙第到尼·弗·丹尼尔逊等资本积累的怀疑派所寄予希望的国外贸易，也是"第三者"。当然，也有撇开资本积累或防止资本积累的，如基尔希曼、洛贝尔图斯和俄国民粹派等。总之，投向或拒绝"第三者"成为资本积累和反资本积累的分水岭。

---

① 罗莎·卢森堡：《资本积累论》，彭尘舜、吴纪先译，生活·读书·新知三联书店 1959 年版，第 273—274 页。

② 同上书，第 275 页。

　　卢森堡是投向资本主义国家以外的"第三者",即个体生产者的。她说："为了简单起见,假定把资本家的消费基金存而不论,那么,剩余价值实现的第一条件,是要求一个资本主义社会以外的购买者阶层。我们是说购买者,而不说消费者,因为剩余价值的实现,最初不是指剩余价值的物质形态而言。起决定性作用的一点是在于,剩余价值既不能由工人,也不能由资本家来实现,而是由那种属于非资本主义生产方式的社会阶层或社会结构来实现的。这里,有两种不同的情况:第一,资本主义生产供给超过自身需要(工人和资本家)以上的消费资料,其购买者是非资本主义的阶层和非资本主义的国家。例如,19世纪70年代前,英国以棉织品供给欧洲大陆的农民、城市小资产阶级以及印度、美洲和非洲等的农民。第二,资本主义生产提供超过自己需要的生产资料,并从非资本主义国家中找到购买者。例如,英国工业在19世纪后半期,供给美洲、澳洲等国建设铁路的材料。

　　在这里,她认为存在着这样的问题:怎能知道上述的消费资料和生产资料在非资本主义条件下实现的是剩余价值呢? 她的回答是："资本主义的剩余价值,按不同的情况,可以表现为消费资料的形态,如棉织品;或生产资料的形态,如铁路器材。如果某一部类通过输出它的生产物来实现它的剩余价值,此后在扩大生产时帮助了其他部类实现剩余价值,那么,这一情况不会改变作为全体的社会剩余价值是直接地或间接地在这两大部类以外得到实现的事实。同样的道理,使个别资本家也能实现他的剩余价值,即令他的全部商品,只能补偿其他资本家的可变资本或不变资本。"[①]

　　剩余价值的实现还只是再生产的第一个问题。第二个问题是:要有机会获得扩大再生产所必需的生产资料。他们说："我们既然已经把第一部类的剩余生产物作为生产资料卖给非资本主义阶层,而使之变为货币,那么,我们从什么地方拿回这些物质形态的东西呢?"[②]她以事实证明资本主义积累是依靠非资本主义生产的生产资料的。这由美国南北战争时植棉中断的结果引起英国的棉花危机,以及俄土战争时农奴制俄国亚麻输出中断的结果引起欧洲的麻织业危机,就可以证明。她反问道："为什么必要的生产资

---

　　① 罗莎·卢森堡:《资本积累论》,彭尘舜、吴纪先译,生活·读书·新知三联书店1959年版,第279页。
　　② 同上。

料和消费资料，必须是资本主义生产的呢?"更重要的是:"资本主义生产，以其本身性质而言，决不允许只限于用资本主义方法所生产的生产资料。个别资本家想达到提高利润率的欲望，有一个重要的手段，那就是竭力把不变资本要素的价值压低。"而由非资本主义供应不变资本，就能达到这一目的。"从这些理由看，资本主义的生产方法，如果只依赖于这样狭隘的界限所能获得的生产要素，那么，它想达到现在的高度是不可能的。……资本主义生产的形态和规律从最初就致力于囊括全世界，把全世界作为生产力的蓄积之处。……那就是:为了使已经实现的剩余价值在生产上得到使用起见，资本有必要愈来愈向世界发展，以求得无论在量上或质上，都能够进行无限制选择的生产资料。"①这里分析的是生产资料，但显然也适合于消费资料。关于这个问题，我们"只须回想一下，为养活欧洲工业劳动者大众(可变资本的要素)，输入农民用非资本主义方法所生产的谷物在当时所起的作用就够了"。②

　　资本主义进行扩大再生产还有一个追加劳动力的来源问题。她认为马克思的扩大再生产图式没有回答这个问题。"工人的自然繁殖，无论在时间上还是在数量上，都不和积累资本的要求相适应。"③马克思在另外地方说的资本有机构成的提高，虽可说明一个产业后备军的形成;但是，这并没有反映在图式中。因此，她认为，这追加的劳动力也要从"第三者"那里补充。其实，如后来列宁在再生产理论中所说的资本有机构成提高，是会形成一支产业后备军的。但是，卢森堡仍然认为:"既然资本主义的生产需要侵入一切地带与气候才能充分发展，它就不能把自己局限于温带的自然资源和劳动力上，它不能只使用白种人的劳动力。资本需要其他人种来开发白种人所不堪劳动的土地。④ 资本必须能够无限制地动员全世界的劳动力以便在生产剩余价值所允许的范围内，利用地球上所有的生产力。"⑤因此，"为了从非

---

　　① 罗莎·卢森堡:《资本积累论》，彭尘舜、吴纪先译，生活·读书·新知三联书店1959年版，第281—282页。

　　② 同上书，第281页。

　　③ 同上书，第285页。

　　④ 恩格斯在《反杜林论》中说过，气候使欧洲人无法在热带和亚热带的殖民地从事劳动。卢森堡像恩格斯一样，认为非白人是天生的可以在热带从事体力劳动的。但是，日本在1941年12月发动太平洋战争，将那里的白人殖民主义者赶到田野劳动，长达3年多，他们却完全能胜任。

　　⑤ 罗莎·卢森堡:《资本积累论》，彭尘舜、吴纪先译，生活·读书·新知三联书店1959年版，第286页。

资本主义社会中得到必要的劳动力,所谓的劳动问题对于在殖民地的资本越来越显得重要"。①

卢森堡有白人优越论,认为白人不能在热带和亚热带的土地上劳动。可是 1941 年太平洋战争爆发,日本军人驱使太平洋群岛上的白人在烈日下劳动 3 年多。

第三节　两次交换:内部市场和外部市场

卢森堡就认为,资本积累的进行,必然伴随着两次交换。第一次:资本主义将用于积累的物质资料卖给"第三者",并从他那里取得货币,这样,这些物质资料的价值是实现了,但是,还不能在物质上进行扩大再生产,因为还缺少生产要素:生产资料和劳动力。于是,就有第二次:用从他们那里取得的货币再向他们购买生产要素。这两次交换都是资本主义和非资本主义之间的交换。对资本主义来说,这是国际贸易,或国外市场,即外部市场。所以她说,资本主义离开国际贸易是不行的,"因为国际贸易在实际的情况下,基本上是资本主义生产形态和非资本主义国家生产形态之间的交换"②;"它也是一个自己不能单独存在的经济形态,它需要其他经济形态作为传导体和滋生的场所"。③ 这里论述的事实上是卢森堡积累理论的精髓。卢森堡自以为提出同"第三者"的两次交换,即资本家以用于积累的剩余价值,交换"第三者"的生产要素和消费资料,就解决了资本积累问题。其实,她这样兜了一个圈子,还是回到"资本主义是为了生产而生产的糊涂虫"这上面来。问题仍然同以前一样,丝毫没有进展。

分析到这里,卢森堡就总结地说:"总之,作为一个历史过程,资本积累,不管它的理论如何,在一切方面是依存于非资本主义社会的阶层及社会结构形态。……因此,在将近一世纪以来这个成为经济理论争论中心的问题,其解答是处于两极之间:一面是小资产阶级的怀疑论者,如西斯蒙第、基尔

---

① 罗莎·卢森堡:《资本积累论》,彭尘舜、吴纪先译,生活·读书·新知三联书店 1959 年版,第 286 页。

② 同上书,第 283—284 页。

③ 同上书,第 376 页。

希曼、尼·弗·丹尼尔逊等，他们认为资本积累是不可能的；另一方面是粗糙的乐观主义者，如李嘉图、萨伊、杜冈-巴拉夫斯基，他们认为资本主义有无限的自我繁殖能力，而由此所得的逻辑结论是资本主义的永恒性。问题的解答，根据马克思学说来看是在辩证关系的矛盾中，一方面，资本主义需要非资本主义的社会结构，才能使资本主义的积累能够继续不断进行；另一方面，资本主义又在前进中不断地同化那些条件，而正是这些条件才保证资本主义本身的存在。"①这里对马克思的积累理论作了不正确的解释。

她接着对内部和外部市场作了解释。她说："我们这里应该修正内部市场和外部市场这两个概念，这两个概念在关于积累问题的争论中是很重要的。内外市场在资本主义的发展过程中确实起着很大的但完全不同的作用。可是，它们并不是政治地理上的概念，而是社会经济学的概念。资本主义生产是它自己的生产物的购买者及其自身的生产要素的供应者。国外市场是吸收资本主义的生产物并供给资本以生产要素及劳动力的非资本主义的社会环境。从这个观点来看，德国与英国在相互交换商品上，主要构成了国内市场，即资本主义市场；但德国工业与德国农民间的交换，从德国的资本上看，表现为国外市场的关系。"②

以上分析表明，卢森堡以事实证明对非资本主义的交换或国外市场是资本主义不可缺少的。我们应当怎样看待这一事情呢？这是由资本积累必然引起的还是由别的原因引起的呢？对此，列宁作了解答。他说："资本主义必须有国外市场，决不取决于社会产品（特别是额外剩余价值——剩余价值——作者）的实现规律，而取决于下面几点：第一，资本主义只是超出国家界限的广阔发展的商品流通的结果。……第二，在资本主义社会中，由于为不知道的市场而生产的各个生产者的孤立性，这种相适应经常遭到破坏。彼此互为'市场'的各个生产部门，不是平衡发展，而是互相超越，因此，较为发达的生产部门就寻求国外市场。……第三，资本主义企业必然超出村社、地方市场、地区以至国家的界限。"③

---

①　罗莎·卢森堡：《资本积累论》，彭尘舜、吴纪先译，生活·读书·新知三联书店 1959 年版，第 289 页。

②　同上书，第 289—290 页。

③　《列宁全集》（第三卷），人民出版社 1984 年版，第 49—50 页。

以上分析说明,内部市场和外部市场概念对卢森堡非常重要,并且表面看来,好像是卢森堡的创建。其实,这是一个长期发展,最后由卢森堡赋予明确内容的概念。它们最初是由马克思提出来的。地理大发现后,欧洲人的经济活动便冲出地中海沿岸,走向美洲和东方。针对这种情况,马克思说:"如果在 16 世纪,部分地说直到 17 世纪,商业的突然扩大和新世界市场的形成,对旧生产方式的衰落和资本主义生产方式的勃兴,产生过非常重大的影响,那么,相反地,这种情况是在已经形成的资本主义方式的基础上发生的。世界市场本身就是形成这个生产方式的基础。"①这里说的新世界市场,指的是由于地理大发现而产生的资本主义和前资本主义经济的交换,也就是资本主义的外部市场的扩大。这里说的世界市场,指的就是跨越国界的资本主义经济本身或内部的交换。其后,恩格斯在《反杜林论》中也说:"当 15 世纪末,海上航路大发现,为它(市民等级——引者)开辟了一个新的更加广大的活动场所时,它使封建社会内部的主要靠手工进行的工业和产品交换发展到比较高的水平。欧洲以外的、以前在意大利和列万特之间进行的贸易,这时已扩展到了美洲和印度。"这就引起"大规模的贸易,特别是国际贸易,尤其是世界贸易……"②这里的国际贸易,就是地中海沿岸资本主义国家之间的贸易,即资本主义的内部市场,世界贸易则除了上述的以外,还包含资本主义同非资本主义即美洲以及印度的贸易,即资本主义的外部市场。他们都没有提出国内市场和国外市场这样的概念。列宁则进了一步,已经有内外市场的提法了。他说:"国内市场与国外市场的界限在什么地方呢?采用国家的政治界限,那是太机械的解决办法,而且这是否是解决的办法呢? 如果中亚细亚是国内市场,波斯是国外市场,那么,把希瓦与布哈拉归到哪一类呢? 如果西伯利亚是国内市场,中国是国外市场,那么,把满洲归在哪一类呢?"③概念初步提出来了,但还是不清楚。以上都没有从经济成分的异同来区分外部市场和内部市场。能够解决这个问题,是卢森堡的功绩。

---

① 马克思:《资本论》(第三卷),郭大力、王亚南译,人民出版社 1964 年版,第 372 页。
② 恩格斯:《反杜林论》,吴理屏译,生活书店 1938 年版,第 102 页。
③ 《列宁全集》(第三卷),人民出版社 1984 年版,第 547 页。

第十章 资本积累囊括全世界之时，就是资本主义崩溃之日

卢森堡的资本积累理论认为，资本积累意味着资本主义同非资本主义的两次交换，这样，在交换中，非资本主义的经济，主要是自然经济和农民经济，逐渐地就会从瓦解到资本主义化。一旦它们全部都资本主义化了，它们自己也要寻找积累环境，而这样的环境已经不存在了，因此，世界资本主义将因无法积累而灭亡。

卢森堡指出："资本主义历史地生育并发达于资本主义的社会环境之中。西欧诸国的资本主义，最初是处于生产它的封建环境中——在农村是庄园经济，在都市是基尔特（行会）手工业——以后，脱离了封建制度之后，它又主要处于农民和手工业的环境之中，也就是说，处于农业及商业的简单商品生产之中。此外，围绕着欧洲资本主义的，还有非欧洲文化的广大区域，它们代表各个发展水平，从逐水草而居以狩猎或畜牧为业的原始共产主义的部落，一直到农业与手工业的商品生产。这就是资本积累所处的环境。这里可以分为三个阶段：资本对自然经济的斗争、资本对商品经济的斗争、资本在世界舞台上为争夺现存的积累条件而斗争。"[1]最后一点主要是对个体农民的斗争。

第一节 对自然经济的斗争

资本主义为着它自己的生存和发展，必然需要征服那些围绕它们的非

---

[1] 罗莎·卢森堡：《资本积累论》，彭尘舜、吴纪先译，生活·读书·新知三联书店1959年版，第291页。

资本主义的生产形态。但并不是所有的非资本主义形态对它都有用。卢森堡认为,资本主义之所以需要非资本主义的社会阶层,是因为要把它们作为其剩余价值的销售市场,作为生产资料的来源地,并作为工资制度下的劳动力蓄积场所。很明显,资本主义不能依靠自然经济的生产形态来达到这一目的。因为,一切自然经济形态都是自给自足的。自然经济在每一方面都以它的坚强的壁垒来阻扰资本主义的要求。资本主义总是到处要对它所遇到的各个历史形态的自然经济,不管奴隶经济、封建社会、原始公社还是家长制农民经济,都进行一场歼灭战。这场战争的主要方法是政治上的强制力、国家租税的重压和廉价商品。这些方法或者同时进行,或者连续进行,或者配合使用。对欧洲封建主义的斗争,其强有力的表现为革命的形态;在欧洲以外各国,则采取了殖民政策的形态。对于资本主义而言,从殖民诸国剥夺重要的生产资料,是它自己的死活问题。可是,土著居民间的原始联合是他们社会结构的最坚固的保障,也是他们生存的物质基础的最坚固的保障。因此,资本主义一开始就对阻挠它发展的非资本主义社会组织安排有系统的破坏与歼灭。在这里,强力是资本所采用的唯一解决办法。这样,暴力方法就完全是资本主义与阻挠它积累的自然经济组织之间冲突的结果。自然经济组织的生产资料和劳动力,以及自然经济组织对资本主义生产物的需求,对资本主义是同样必要的。可是,资本主义却有意识地、有目的地破坏自然经济形态的独立性,借以掠夺它们的生产资料和劳动力,并使它们变成商品购买者。这种方法伴随着军国主义。这一点,留在下面谈。卢森堡认为,关于资本主义在殖民地所采用的办法,典型的例子是英国对印度的政策以及法国对阿尔及利亚的政策。

关于英国和法国如何破坏印度和阿尔及利亚的自然经济,卢森堡确实是用血和火来写的,犹如马克思写《资本原始积累》那样。当然,暴力是起一些作用的,尤其是对付土著、对其压迫者的反抗。但是,过分地强调使用暴力,尤其是对印度大量存在的农村公社使用暴力——她也知道这种几千年来的社会组织是不为"政治风云"所动摇的——反而说明不了问题。马克思说过,暴力对于这种公社的作用是不大的——当然,暴力可以将它们的组织连同人全部灭绝,但是这样一来,也就没有生产要素供应英国了。最后使它们消灭的是英国的蒸汽机和纺织品。还是那句话:真理说过了头,就是谬误。

第二节　商品经济的侵入

以自然经济为基础的独立社会遭到破坏之后以及在破坏的过程中，生产资料的取得和剩余价值的实现的一个重要条件，就是如何将商品经济引进去。一切资本主义阶层和社会，为了资本的利益，不能不一方面成为商品的购买者，另一方面成为生产物的出卖者。问题在于：即使资本可以靠强力夺取其他社会组织的生产资料，强迫劳动者服从资本的剥削，但是，它不能强制这些社会组织购买它的商品或实现其剩余价值。在自然经济曾经统治的地方，现代交通工具——铁路、航路、运河——的采用对商品经济的入侵是不可缺少的。因此，商品经济的入侵，多半是以大规模的现代交通建设开始。但是，如果把这种变革认为是和平地进行的，那就错了。东印度公司打着商业旗帜与各香料国家所保持的关系，是海盗式的，正如今日美国资本家与加拿大印第安人之间的关系（美国资本家向他们购买皮毛），或德国商人与非洲黑人之间的关系一样。中国的近代史，就是各发达国家与一个不发达国家进行所谓的"温和的""爱好和平的"商品交换的历史。从 19 世纪 40 年代开始，在整个 19 世纪内，中国近代史是以战争来分阶段的。这些战争的目的，就是用野蛮的武力来开辟通商关系。通过一系列的战争，列强逐步剥夺中国的主权，其商品交换从 19 世纪 40 年代初起到中国爆发革命[①]为止，在中国得到了发展。

卢森堡指出，欧洲文明，也就是在欧洲资本下的商品交换，对中国所发生最初剧烈的影响是由于鸦片战争。当时，为了使英国资本家赚钱，中国被迫购买印度农场出产的毒物。在 17 世纪，东印度公司在孟加拉开始种植罂粟。公司的广州支店把这种毒物散播到中国来。由此爆发了 1840 年的鸦片战争。战争以中国的失败告终。1842 年缔结和约：割香港，开放广州、厦门、福州、宁波和上海，作为列强对中国的五个口岸。15 年后，第二次鸦片战争爆发，又是中国失败。……从此，外国商品如潮水般涌入中国……

---

① 指辛亥革命。

第三节　对农民经济的斗争

对自然经济斗争的最后一步,是使农业与工业分离,农村工业从农民经济中排除出去。手工业在其历史初期是次要的职业,是文明和定居的社会里农业的附属物。中世纪欧洲手工业的历史,是手工业从农业中解放出来,从庄园分离开来,向专业化也就是向城市行会的商品生产发展的历史。在工业地区,生产是从家庭手工业经过工场手工业,再向资本主义大工业推移,但在农业地区,家庭手工业仍执拗地固着于农业。作为农闲期家庭副业的手工业,对供应农民经济的自己需要起着很大的作用。在资本主义生产的发展过程中,常常从农民经济中逐渐夺去某一工业部门,以便于在工场集中起来,进行大量生产。纺织工业的历史就是一个典型的例子。农业中的其他手工业部门也发生同样的情况,只是没有那么显著。为了使农民大众成为商品的购买者,资本应首先把农民经济限制在单一的范围内——农业——这个范围不容易立刻屈从于资本的统治。农业屈从于资本的统治,这个过程好像是和平发展着的,单纯由经济因素即价值规律起作用,事实上,政治的力量并不亚于经济的力量。这一过程没有比在美国进行得更彻底的了。

美国是移民国家,最初地广人稀,由欧洲输入的工人在经济上只要象征性地交一点费用,在法律上便占有土地,很容易变为个体农民。这同资本主义母国从农民中分化出工人来恰恰相反。由欧洲资本尤其是英国资本投资修建的铁路,把美国的农民一步一步地从美国东部推进到西部。在他们经过的地区,他们以枪炮、猎犬、酒精、梅毒来消灭印第安人,并强制地把他们由东部赶到西部,以便攫取印第安人的土地并加以开垦和耕种。这时的美国农民过着田园诗般的生活。南北战争使这种生活终止。

战争以来,在提高了的关税保护下,近代交通业、工业,尤其是机器工业开始狂热地发展起来。许多公地被赠给铁道公司,以奖励铁道建设及农业移民。铁道与土地投机,引起了从欧洲到美洲的大量移民,大面积、新技术的大农场出现了。南北战争后,南部诸州的种植园主,由于黑奴解放,就已经用了蒸汽犁。铁道建设后，西部新创立的农场一开始就使用最新的机器和技术。美国个体农民，很难同这些资本主义企业相竞争。卢森堡说："1825年门罗领导的美国议会，决定把印第安人从密西西比河之东移向密西西比河之西。印第安人拼命反抗，可是——至少在40次对印第安人的讨伐战争中，那些幸免被屠杀的印第安人像粪土般地被扫除出去，像赶牛群般地被驱入西部，在那里又像羔羊般地被监禁在'保留区'中。印第安人曾经让位给农民，现在，则轮到农民让位给资本而自己则被驱往密西西比河的西岸。"[①]

她总结说："这就是在世界规模下的资本统治的特征。具体说来，就是它把脱离土地的农民从英国驱往美国东部，再从东部驱往西部。并在印第安人的废墟上，把这些农民再变为小商品生产者。当这些农民又破产了，他们再度从西部被驱往北部——由铁路领先，以破产为结尾，资本为自己开辟了道路，而在其前进的途中点缀着普遍的破坏。"[②]

卢森堡将她的论述加以总结：资本主义与简单商品生产斗争的一般结果是：资本以商品经济代替了自然经济之后，它再代替了商品经济。因此，非资本主义形态提供了肥沃的土壤，更严格地说，资本的存在依赖于这些形态的消灭。虽然资本主义的积累是无条件地需要非资本主义的环境，但它的所谓需要，乃是牺牲非资本主义环境，从它那里吸取养分，以养肥自己。从历史上来考察，资本积累乃是资本主义的生产方法与前资本主义生产方法之间所进行的新陈代谢过程。没有前资本主义的生产方法，资本积累就无法进行。从这一点上看，积累是由啮破并同化前资本主义的生产方法而成长起来的。从而，资本没有非资本形态的帮助就不可能进行积累，但同时它也不能容忍非资本主义形态与自己并存下去。只有使非资本主义形态不断地和加速地解体，才能使资本积累成为可能。

因此，她认为："马克思的积累图式所假设的前提，仅仅代表积累运动的客观历史倾向及其在逻辑上的结论。积累过程普遍地企图以简单商品经济替代自然经济，以资本主义经济代替简单商品经济，它的最终目的，是努力

---

① 罗莎·卢森堡：《资本积累论》，彭尘舜、吴纪先译，生活·读书·新知三联书店1959年版，第320页。

② 同上书，第327页。

想使资本主义生产方式在一切国家和部门获得唯一的、普遍的统治。

然而,这里开始到了进退维谷的境况。一旦这个最后结果达到了——当然,这只是在理论上如此,实际上不会发生——积累即将停止。(因为)剩余价值的实现与资本化,已变成不可解决的问题。一旦符合马克思的扩大再生产图式的时候,那就是表示它的终结,即积累运动的历史到达了它的顶点,资本主义的生产已经到了终局。对于资本而言,积累的停顿意味着资本主义生产力的扩大发展的停止,同时,也意味着资本主义崩溃的客观必然性。这就是资本主义在其历史生命中的最后阶段——帝国主义——所表现的矛盾行动的道理。"

她继续说:"马克思扩大再生产图式,因此不符合积累在实际进展的诸条件。积累的进展不能像图式所规定的那样,简单地分解为社会生产两大部类……之间的静止的相互关系和相互依存性。积累不只是资本主义经济各部类间的内部关系,它首先是资本与非资本主义的环境之间的关系,——在这里,生产的两大部类有时可以单独进行积累,两部类间互相不依赖,但即使是这样,运动的每一步都是互相交错,互相穿插的。由此所生的复杂关系,即两大部类的积累的速度与方向的差异,资本积累与非资本主义生产形态在物质要素和价值要素上的不同关系,所有这些使我们不可能以硬性的公式规定出来。马克思的积累图式,不过是一种对资本的统治已达到顶点的那一瞬间的理论表现而已。因此,正如对资本主义积累提供理论表述的出发点的简单再生产表式一样,这个图式只是一个虚构的东西而已。"[①]

对此,从某一点看,埃及经济学家萨米尔·阿明有相同的看法。他考察资本积累的角度和马克思不同。马克思的资本积累理论是对纯粹资本主义条件下积累过程的分析。与此同时,他也指出资本主义向非资本主义环境扩张的必然性。但是,按照马克思的理论,资本主义向非资本主义环境的扩张,是资本主义生产发展的结果,而不是其生产存在的原因。但是,卢森堡明显地认为是其原因。马克思认为,在资本主义生产扩张的过程中,非资本主义环境也会资本主义化,全世界的资本主义将是同质的。卢森堡也是这

---

① 罗莎·卢森堡:《资本积累论》,彭尘舜、吴纪先译,生活·读书·新知三联书店 1959 年版,第 333—334 页。

样。对于马克思的资本积累方法论,阿明完全了解,不表疑义。但他认为,如果考察工业革命,甚至原始积累以来的资本主义对世界历史发展的影响,就应该有另一种方法论。阿明认为他所分析的世界规模积累,是马克思考察过的那种积累的必然产物,而不是那种积累在世界范围内的简单放大,这个产物有自身的特点。他认为,马克思的积累理论虽然提供了研究世界规模积累的方法,却没有提供这个理论本身。

第十一章　国际借款、保护关税、军国主义、帝国主义与殖民地

在卢森堡的资本积累理论中，国际借款、保护关税和军国主义有其共同性：都是积累的领域或手段。国际借款就是将资本主义国家体现剩余价值的物质，折算成货币贷给落后国家，除归还本金外，还收取利息。保护关税就是以关税保护本国能实现剩余价值的"第三者"，不让其他的资本主义国家染指。军国主义是本国资本主义将其生产的剩余价值的载体——军火，折算为货币贷给落后国家，也是除归还本金外，还收取利息。以上三者都是出现在国际舞台上的，因而与下面论述的帝国主义和殖民地有密切的关系。

第一节　国际借款

卢森堡说："资本主义积累的帝国主义阶段，换言之，资本的世界竞争阶段，包含对迄今为止的资本落后国家——在那里资本原来实现它的剩余价值的——进行工业化及资本主义的解放。这一阶段的特点是外债、铁道建设、革命与战争。最近 10 年——1900 到 1910 年，资本在世界范围内运动，特别在亚洲及邻近亚洲的欧洲部分，如俄国、土耳其、波斯、印度、日本、中国及北非等，表现非常显著……"

她认为对于资本积累，国际借款发生以下的作用：甲：把非资本主义阶层的货币变为资本，也就是，把作为商品等价物的货币（既非资本家又非工人的中间阶层的积蓄），以及作为资本家随从阶层的消费基金的货币变为资本；乙：利用国营企业——铁道建设及军需品的供应者——把货币资本变为生产资本；丙：把被积累起来的资本从旧的资本主义国家移入新的资本主义

国家。例如,现在(1910 年)的借款,是从德国转移到土耳其,从英国、德国、法国转移到中国,并以俄国为中介转移到波斯。

由此可见,"在帝国主义时代,外债作为年轻的资本主义国家获得独立的一个手段,起了很显著的作用。作为帝国主义阶段特征的那些矛盾,具体地表现在近代外债制度的内在矛盾上"。这就是:"外债虽然是上升的资本主义国家获得解放的不可缺少之物,但对于旧的资本主义国家,它也是一种最确实的手段,用来维持在青年资本主义国家的势力,管理它们的财政,对它们的外交政策、关税政策及商业政策施加压力。公债给旧国家所积累的资本开辟新的投资场所,但同时,由于对投资国家创造了新的竞争者,而限制了投资场所。"①

卢森堡特别强调:"国际借款制度中的这些内在矛盾,是一个确切的例证,它证明剩余价值的实现条件及其资本化条件之间在空间上和时间上的差异。剩余价值的实现,仅仅要求商品生产的一般扩大;反之,剩余价值的资本化,则要求简单商品生产逐渐被资本主义生产所排除;由此可知,剩余价值的实现及其资本化的限度是在不断地紧缩中。在世界铁道网建设上使用的国际资本,即反映了这个差别。从 19 世纪 30 年代到 60 年代,铁道的敷设及其所需的借款,主要是用来驱逐自然经济及扩大商品经济。用欧洲资本所敷设的北美铁道,以及 60 年代的俄国铁道公债,都是这样的。另一方面,20 年来,在亚洲和非洲的铁道敷设,则差不多只是服务于帝国主义政策、使经济垄断化,并使落后社会的经济屈从于自己而已。"②

这里存在着这样的理论问题:"英国或德国所实现的剩余价值,由于不能在本国资本化,就投放到阿根廷、澳洲、好望角或美索不达米亚的铁道建设、水利事业及矿业等中去了。机器、材料及其他物品,由输出资本的国家供应,并用这笔资本来偿付这些物品。实际上,这个过程表明了资本主义的特征,在任何地方(包括资本主义国家在内)都是如此。资本自身必须购买生产要素,从而在自己活动之前把自己变为生产资本。当然,生产物在前一种场合是被外国人享用;反之,则留在本国享用。但是,资本主义生产的目

---

① 罗莎·卢森堡:《资本积累论》,彭尘舜、吴纪先译,生活·读书·新知三联书店 1959 年版,第 336 页。
② 同上。

的，并不在乎生产物的享用，而在乎剩余价值的积累。剩余价值在国内既然没有需要，资本就闲着而没有积累的可能。然而，在那些资本主义生产尚不发达的外国，非资本主义阶层，或则自愿地，或则被强迫地，产生了新的需要"。而且，"在新建国家里，有广大地区的自然经济等待着人们把它转变为商品经济，或是已有的商品经济可以被资本取而代之。旧资本主义国家对新资本主义国家投资的典型对象是铁道敷设和采矿业，特别是金矿业。这些投资，是最适合于一直为自然经济所支配的社会中引起活跃的商品交易"。①

卢森堡说，对外贷款以及对外国铁路和矿山股票的投资所起的作用，可以作为用来说明马克思积累图式中的缺陷的一个很好的例子。在这些场合，是一种以前所实现的剩余价值的资本化，它不是由"第三者"的收入来支付的。至于老的国家的资本何时、何地、用何法得到实现后才流入新的国家，这个问题对于现在的积累场所是毫不相干的。例如，流入阿根廷以兴建铁路的英国资本可能是以印度鸦片形态在中国实现的。还有，投到阿根廷铁路上的英国资本，不仅作为货币资本，成为纯粹价值形态时来自英国，而且它的物质形态作为铁、煤、机器等物，也来自英国。换言之，剩余价值的使用形态一开始就以适合于积累目的使用形态出现的。但是，可变资本的使用形态（劳动力）主要是外国的，就是说，作为老国家的资本剥削的新对象，正是新国家的土著劳动力。如果从另一方面看，我们甚至可以假定劳动力和资本来自同一的国家。例如，新发现的金矿就会引起老资本主义国家的大量移民，由他们来开采。因此，就出现这样的情况：某一新国的货币资本、生产资料和劳动力，都来自同一的老的资本主义国家。例如，英国对美国的某些工业就是这样。卢森堡特别指出："因此，实际上就在英国已经具备了积累所需的一切物质条件——已经实现为货币的剩余价值，在生产形态上的剩余生产物，以及劳动后备军。"②这里，卢森堡违反了自己的理论逻辑，前后矛盾地说什么"实现为货币的剩余价值"——由谁实现的？她不是说过在资本主义社会里不可能实现剩余价值吗？既然实现了，就能够在资本主义条件下实现扩大再生产了。但是，她认为不可能。"在英国积累没法进行，

---

① 罗莎·卢森堡：《资本积累论》，彭尘舜、吴纪先译，生活·读书·新知三联书店 1959 年版，第 341—342 页。
② 同上书，第 343 页。

因为英国及其他老的买主一点也不需要铁道，也不需要扩大的工业。只有当一个具有非资本主义文化的新的分布很广的地区登上了舞台，扩大了消费者的队伍时，资本的扩大再生产，也就是积累，才成为可能。"①但是，这明显不是解决问题的方法。因为这还没有说明剩余价值的物质结构如何发生变化，以适应新国家的需要。

我们看卢森堡如何回答。她问道："什么人是这个新社会的新消费者呢？什么人最后偿付这些借款呢？什么人实现那些以外债设立的资本主义企业的剩余价值呢？对这个问题的典型答案，是埃及的国际借款的历史。"②

按照卢森堡的积累理论，这些新消费者应该是"第三者"，偿还借款者也是他们，实现用外债建立的资本主义企业生产的剩余价值的同样是他们。这是合乎她的理论逻辑的。但是，埃及的国际借款史却有一点不同：主要的使用者（消费者）是国家。其余的则相同。她概括了埃及的有关历史："19 世纪后半期埃及国内历史的特点，是下列错综复杂的三种事实：大规模的近代资本主义企业、似滚雪球般的急增的国债以及农民经济的崩溃。"③我们就以此为线索，略加分析。

大规模的近代资本主义企业，最著名的就是苏伊士运河。建造时，用的是外国的机器和工程技术人员。起初，英国买它的股票。1882 年，英国占领埃及后运河就归英国所有。埃及借到的外债，要扣除利息或手续费后才到手。至于偿还，则是"一笔借款紧接着另一种借款，旧债的利息以新债支付，而从英、法借来的资本又用来支付对英、法资本的巨额订货单"。④ 每一笔"借款都包括高利贷因素，名义上出借的款子中有五分之一至三分之一是留在欧洲银行家的手中。结局是，高利贷利息必须用这种或那种方法来支付，但如何支付呢？支付的钱又从何处得来呢？出这些钱的必然是埃及自身。它的来源就是埃及的农民经济"。⑤ 农民经济的崩溃则是由于服徭役、献土地、纳赋税。后者是："地税是逐步提高的——在（19 世纪）60 年代末 1 公顷

---

① 罗莎·卢森堡：《资本积累论》，彭尘舜、吴纪先译，生活·读书·新知三联书店 1959 年版，第 343 页。
② 同上书，第 362 页。
③ 同上书，第 343 页。
④ 同上书，第 348 页。
⑤ 同上书，第 349 页。

土地要 55 马克的地税;反之,对大地产则 1 公顷只收 18 马克;王室的巨大地产,连一文也不必支付。此外,还征收不断增多的附加税。为了维持灌溉设备,每 1 公顷另抽特别税 2.5 马克,而这种灌溉设备几乎只是被皇家地产所利用。农民的枣树,每棵抽 1.35 马克,他的泥土住宅,每户抽 75 芬尼,此外,10 岁以上男子每人必须付 6.5 马克的人头税。"①这样一来,"现在农民的最后一滴血已经被吸尽了。埃及国家,作为欧洲资本的吸血工具,已经完成了它的任务,而归于无用了"。② 我想补充说明的是,埃及农民历史上之所以能建筑那么大和那么多的公共工程,只是由于其生活费用极低,因而剩余劳动就特别多。马克思在论述剩余价值时提到,狄奥多罗斯谈到古代埃及人时这样说过:"他们给孩子随便煮一点最简单的食物,甚至纸草的下端,只要能用火烤一烤,也拿来给孩子们吃。因为气候非常温暖,大多数孩子不穿鞋和衣服。因此,他们抚养孩子的费用少得简直令人难以相信。"埃及有那么多的人口并有可能建造那么多的宏伟建筑,主要由此可以得到说明。

卢森堡总结说:"作为 20 年来英国的资本家在埃及大规模活动的结果,1882 年,英军占领了埃及,从此不再撤去。这就是欧洲资本排挤埃及农民经济过程的最后一个步骤。现在可以明白了:尽管表面上看来,欧洲借贷资本与欧洲工业资本之间的交易似乎是荒唐的,因为这种借贷资本用来偿付埃及对工业的订货,而后一笔借款的利息又用另一笔新借款来支付,但这种交易建立在对于资本积累极其合理和健全的关系上面。如果剥去所有障人眼目的中间环节,这些关系包含一件简单的事实——埃及的农民经济大部分被欧洲资本吞没了:作为租税支付给国家的大块土地,无数劳动力及巨额劳动生产物,结果都变成了欧洲资本而被积累起来了。很显然,只有利用鞭子的力量,才能把通常需要 1 个世纪的历史过程压缩为 20 年乃至 30 年,而且,正是埃及社会的原始性,才提供了资本积累的优良条件。……不待说,埃及由于欧洲资本的助力,商品经济得到了飞跃的发展,但事实上也就成为欧洲资本的所有物了。"而"东方诸国,由自然经济向商品经济,再向商品经济向资本主义经济的发展是不够迅速的,从而它们被国际资本吞没下去,因为它

---

① 罗莎·卢森堡:《资本积累论》,彭尘舜、吴纪先译,生活·读书·新知三联书店 1959 年版,第 349 页。
② 同上书,第 350 页。

们不可能把自己出卖给国际资本而完成这些变革"。[①]

卢森堡认为德国对中东也是一样。如果我们撇开其中的过程,那么,经济规律就是这样:农民的谷物作为国家的课税交给欧洲资本的代理人之手,成为德国和其他外国资本的实物形态的收入。它在摆脱亚洲农民的使用形态之前,甚至变成商品和它自己的价值实现之前,它已经实现了资本主义的剩余价值。这是欧洲资本和亚洲农民经济之间血腥的赤裸裸的新陈代谢作用,而土耳其国家在其中的实际作用,仅仅是一个为了资本主义目的而剥削农民的政治机构而已。这是帝国主义时代所有东方国家的真正任务。这种实质上是德国资本支付德国商品的交易,表面看来是一个荒唐的循环,好像是德国人让土耳其人利用他们文明的巨大工程,但在根本上是德国资本与亚洲农民经济的交换,这种交换是在国家强制下完成的。一方面,它助长了不断增长的积累和"利益范围"的扩大,作为德国资本在土耳其进一步政治扩张的借口;另一方面,是国家在亚洲农民经济的急速分解、破产和被剥削的基础上培植了铁道建设和商品交换,而在这个分解、破产和被剥削的过程中,土耳其国家在政治上和经济上越来越顺从德国资本了。

上述英国和埃及以及德国和中东的经济关系,其实质是英、德资本主义生产的剩余价值。卢森堡认为,不能在国内只有资本家和工人的条件下实现,而要由落后国的农民来实现。这一点,同她以前的论述是一样的。不同的是:以前,农民吸收了国外资本价值后,就从事或逐渐变成资本主义生产;现在,则是落后的国家本身从事资本主义生产,其中的剩余价值也是由农民来实现。既然落后国家能够从事资本主义生产,那么,为什么在英国和德国就不能从事这样的生产呢?因为两者同样存在"资本家是为了扩大生产而扩大生产的糊涂虫"问题。况且英国和德国不存在实现剩余价值的货币从哪里来的问题,因为英国和德国的资本家是由于手里有的是货币,才贷款给落后国家。总之,在分析过程中暴露出卢森堡的积累理论存在许多矛盾。

---

①　罗莎·卢森堡:《资本积累论》,彭尘舜、吴纪先译,生活·读书·新知三联书店 1959 年版,第 351—353 页。

第二节　保护关税

保护关税是同自由贸易相对而言的。自由贸易无论作为经济理论还是作为经济政策,首先是英国的产物。英国利用荷兰的贷款,在 18 世纪终于赶上并战败荷兰后,就进行产业革命,垄断世界贸易,并拥有很多殖民地,几乎没有竞争对手。在这样的条件下,它宣传并实行自由贸易的思想和政策,其实质就是在经济上统治他国。卢森堡说:"希望资本积累和平发展,希望'贸易与工业只能在和平中繁荣',这种主张一方面(是)世界各商业国家间的利益和谐,另一方面(是)资本与劳动间的利益调和的正统的自由放任派理论,是产生于古典经济学的狂飙时代。在(19 世纪)60、70 年代欧洲短短的自由贸易时期,看起来这些希望好像得到了实践的证明,其实,那时的自由贸易是建立在英国自由贸易者的错误学说上面,根据这个学说,商品交换是资本积累的唯一的在理论上和实践上的前提条件,而资本积累和商品交换又是相同的东西。我们已经看到,李嘉图及其学派都是把资本积累及其再生产条件,与简单商品生产及简单商品流通的条件等同起来了。这种看法不久在一些普通自由贸易论者的实践中表现得更明显了。"很清楚,"科布登与布莱特为了消费者的利益,要求自由贸易,特别是要求得到较低廉的食物,但这些消费者并不是吃面包的劳动者,而是吃劳动力的资本家"。[①] 后一段引文指的是:由于英国资产阶级革命不彻底,直到 1832 年议会选举法改革之前,封建地主仍掌握着上议院,因此,英国反法国拿破仑战争获胜后,于1815 年修订的《谷物条例》规定,当国内谷物价格不超过一定的高度时,国外廉价谷物不得进口,借以抬高谷物价格,从而提高地租,货币工资随之提高,而利润降低,其不利于资产阶级是很明显的。于是,科布登和布莱特就结成组织,打着自由贸易的旗帜,代表消费者的利益,要求取消《谷物条例》,让廉价谷物进口,几经斗争,到 1846 年才获胜利。因此,这里的消费者是吃劳动

---

① 　罗莎·卢森堡:《资本积累论》,彭尘舜、吴纪先译,生活·读书·新知三联书店 1959 年版,第 359—360 页。

力的资本家。这里说的是英国有一段时间对谷物实行保护关税政策的原因。

卢森堡认为，总的说来，"(19世纪)60年代欧洲大陆的自由贸易国家基本上还是农业国家；大工业相对地还很不发达。自由贸易制度无疑是作为中欧诸国政治建设的一种手段来实行的"。在德国，"这个制度是在孟德维尔及俾斯麦的领导下的一种特别的普鲁士手段。它的目的是从联邦及关税同盟中把奥地利排挤出去，并在普鲁士的领导下建立德意志帝国。从经济上说，自由贸易的主要支柱在这里是商人资本的利益，特别是在对世界贸易有利害关系的汉萨诸城市的商人资本的利益以及农业消费者的利益。在工业中的情况则相反"。在法国，"奠基于全欧自由贸易制度的最惠国条款协定，是由拿破仑三世缔结的。但是这些协定并未获得国会以及构成多数的工业家和农业家的同意，甚至违反了他们的意志，因为这些人是赞成保护关税的"。①

卢森堡特别强调："如果把从(19世纪)70年代以来一般恢复保护关税的事情，解释为完全是对英国自由贸易的自卫性反应，那是颠倒事实的说法。"她还认为恩格斯就有这种看法。因为恩格斯说过："我认为这种普遍向保护关税转变的运动，并不只是一种偶然现象，而是不能忍受英国工业的反抗。"②她接着说："我们必须从更为深远处找寻造成保护关税转变战线的原因。自由贸易学说及其对世界市场上利益和谐所抱的幻想是符合于用(从)商品交换角度来看一切事物观点的。一旦欧洲大陆主要国家的大工业资本充分地建立起来而需要考虑到资本积累的条件时，这个学说就被抛弃了。与资本主义国家的相互利益相反，这些资本积累条件把争夺非资本主义环境所引起的对抗性提到显著地位来了。"③我们看到，她一点也不离开资本积累的条件是非资本主义环境这一论点，因而认为由于要争夺环境，就要实行保护关税政策了。

由此，她就突出垄断问题。但是，她所说的垄断，不是从19世纪70年代

---

① 罗莎·卢森堡：《资本积累论》，彭尘舜、吴纪先译，生活·读书·新知三联书店1959年版，第360—361页。

② 同上书，第362页。

③ 同上书，第363页。

一次严重危机后逐渐过渡到垄断资本主义的那种垄断,而是作为争夺积累环境结果的那种垄断。她说:"垄断国内和国外的非资本主义领域成为资本的呐喊口号,而自由贸易的开放政策,正式代表着非资本主义诸国在国际资本面前束手无策的状态,以及国际资本全部或部分占领这些地区作为殖民地或势力范围的初期竞争中所企图达到的均衡形势。唯有最老的资本主义帝国——英国迄今还能忠实地保持自由贸易,那首先是由于它老早就占领了广大的非资本主义的领域作为活动基地,从而使它拥有几乎无限的资本积累机会。直到最近,英国因此是处于别的资本主义国家无法与之竞争的地位,所以,别的资本主义国家都力求在保护关税的壁垒下达到自给自足……"①这里提出的殖民地,由于没有定义,不可能是马克思在《资本论》中提到的不涉及国家主权的那种经济殖民地,而只能是这时已经形成的那种凭感官都能认识的政治殖民地,即丧失国家主权的殖民地。其实,经济殖民地和政治殖民地,作为国外殖民地,都是垄断资本主义据以攫取垄断利润的对象。从她提到的政治殖民地来看,她在这里论述的其实是殖民帝国的形成。因为从 19 世纪 80 年代开始,其他工业化的国家已经赶上英国,同英国争夺势力范围,占领殖民地,并极力地将殖民地纳入自己的版图,使其成为殖民帝国的组成部分;历史上占有殖民地最多的英国,则一方面扩大其势力范围,另一方面又将其纳入自己的版图:这些国家都想组成如像古罗马帝国那样的帝国,这就是近代帝国主义的起源。与此同时,各国又要保护自己国内的据以攫取垄断利润的国内殖民地。各自为了这个目的,都实行保护关税政策。只有英国例外,因为它仍然是最强大的,自由贸易对它有利。卢森堡由于强调要有非资本主义环境,资本才能积累,就离开垄断利润问题,对实行保护关税政策的必要性作了另一种解释。这些问题下面还要论述。

卢森堡认为,在资本积累中,资本主义对非资本主义的交换,"只限于等价物大交换,并停留在商品交换的限度内。至于在资本积累的进程中,所有权如何变为对他人财产的掠夺,商品交换如何变为剥削,

---

① 罗莎·卢森堡:《资本积累论》,彭尘舜、吴纪先译,生活·读书·新知三联书店 1959 年版,第 363 页。

平等如何变为阶级支配,这些问题则有待于科学分析上锐利的辩证法才能加以阐明"。① 在这里,她是试图如像马克思那样,说明商品生产所有权规律转变为资本主义占有规律,为的是说明对殖民地的剥削。但是,由于她强调的是积累中的那两次交换,而交换是等价的,这就必然无法说明会产生剥削。

她又说:"资本积累的另一方面,涉及资本主义与非资本主义的生产方式之间的关系,而这些关系是开始在国际舞台上出现的。它的主要方法是殖民政策、国际借款制度、势力范围政策和战争。在这里是完全赤裸裸地暴露出公开大暴力、欺诈、压迫和掠夺。要想在这些乱纷纷的政治暴力和权力的掠夺中,探求出经济过程的严密规律,那是要费一点气力的。"②在这里,她同样是想说明对殖民地的剥削,但是,她强调事实上存在的暴力,而从暴力入手是不可能"探求出经济过程的严密规律"的,即使再费力气,也无济于事。

第三节　军国主义

卢森堡认为:"军国主义,在资本的历史上,完成一种十分确定的任务,它与积累的每一个历史阶段相伴随。在欧洲资本的发轫时代即所谓'原始积累'时代,军国主义作为征服新世界及印度出产香料诸国的手段,曾起决定性的作用。其后,军国主义被用来奴役近代的殖民地,破坏原始社会组织借以占有他们的生产资料,在社会结构不利于商品贸易的国家里强制进行商品贸易,以及在殖民地用强迫土著居民为工资而劳动的方法把他们变为无产者。欧洲资本在非资本地区的势力范围的建立和扩大,对后进国铁道敷设权的勒索,作为国际放款人所提出的要求的履行,这些都是通过军国主义来实现的。最后,军国主义是资本主义各国在争夺非资本主义文化领域的工具。"

---

① 罗莎·卢森堡:《资本积累论》,彭尘舜、吴纪先译,生活·读书·新知三联书店 1959 年版,第 364 页。
② 同上。

"此外,军国主义还有一个重要任务。从纯经济的观点看,军国主义是实现剩余价值的一个卓越的手段——它本身即是资本积累的一个领域,在我们考察什么人应该算作包含资本化剩余价值的大量生产物的主顾时,我们常常会拒绝把国家及其机关当作消费者来计算。既然他们的收入是派生的,他们就与那些依靠剩余价值(或部分地依靠劳动的工资)为生的,以及自由职业者,或今天社会中的各种寄生者(国王、教授、妓女、雇佣兵)被列入同一的类别。但是,这样解释只有在下述两个假设下才能站得住:第一,我们必须假定,按照马克思的再生产图式,国家除了资本主义的剩余价值及资本主义的工资以外,没有其他什么租税源泉;第二,我们把国家及其机关单纯地作为消费者来进行考察。这即是说,问题如果涉及国家机关(或雇佣兵也可以)的个人消费时,重要的是消费中有一部分从工人阶级被转移到资本家阶级的随从者的手中,而由工人支付这笔账。"她接着说:"让我们暂时假定从工人那里强夺来的间接税——这意味着工人们消费的缩减——是全部用来支付国家官吏的薪俸及供给常备军的给养。"①这里,她显然忘记了:只要遵守等价交换原则,工人的工资就应等于其劳动力的价值,就不会发生这个问题;如果不遵守,那就是劫夺劳动力的部分价值,使工人成为资本积累的领域,而这又是违反卢森堡的资本积累原理的,因为工人不是她一直在强调的"第三者"。所以,她对此的分析虽然详尽,但是,却是白费力气的。

为了挽救自己的理论,她又说:"以间接税与高额关税为基础的军国主义,它的费用主要是由工人阶级与农民积极支付的。"②我们已经知道,农民是"第三者"。因此,将他们视为资本实现积累的对象,虽然不符合马克思的再生产理论,但是,却符合卢森堡的积累的方法论。她分析了这个问题的实质和进行的过程。她说:"由农民大众——此处把农民当作非无产阶级消费者的总称——以租税形式支付给国家的货币额,最初并不是由资本垫支的,也不是从资本流通中脱离出来的。在农民的手中时,它是已经实现的商品的等价物,即简单商品生产的交换价值。此处转移给国家的,是非资本家的消费者的购买力的一部分,也就是这部分购买力已经可以供实现剩余价值

---

① 罗莎·卢森堡:《资本积累论》,彭尘舜、吴纪先译,生活·读书·新知三联书店 1959 年版,第 366 页。

② 同上书,第 367 页。

之用,借以进行资本积累。"①她指出:"最初把商品经济强加在农民身上的,大家都知道正是近代的租税制度。在租税的压迫下,农民必须把更多部分的生产物变为商品;同时,又须买入更多的东西,租税把农民经济的生产物投入流通,并强迫农民成为资本主义生产物的买主。最后,在农民式的商品生产的基础上,租税制度从农民经济中诱出的购买力比原来所能活动的要更多一些。"因为"农民和下层中产阶级在正常情况下所贮藏起来的以待数目增大后再存入储蓄银行或其他银行的款子,现在被释放出来形成一个有支付能力的需求和投资的机会。再者,为数众多的个人的细小的对繁多的商品的需求——这些需求通常在不同的时间出现,并且是可以通过简单商品生产来满足和解决的——现时为广泛的、性质相同的国家需求所代替了,但是,这个国家需求的满足,是以高度水平的大工业为前提。……在国家军事订货的形式下,消费者的分散的购买力大量集中起来,它不受个人消费的任意选择和主观变动的影响。……这就是为什么资本主义积累的这个特殊领域最初似乎拥有无限广大的能力。其他一切为资本扩大市场和建立活动基地的企图是依存于资本控制之外的历史、社会和政治因素,而军需生产代表这样一个领域:它的有规则的累进的扩大,似乎主要是决定于资本本身"。②

最后,卢森堡以无产阶级革命家的热情高呼:"资本通过军国主义,越加残酷地想消灭国内外非资本主义阶层、越加压低整个工人阶级的生活水平,那么,在世界资本积累的历史上,变动也就越大。它将成为一连串的政治和社会灾难和痉挛,在这样的条件下,加上周期性的经济灾祸或危机,积累已经不可能再进行了。"这是不言而喻的:"经过一定的时间,国内外资本积累的条件将变为自己的对立物,那就是它们变为资本主义没落的条件了。"但是,"在正式到达这个资本自己创造的经济绝境之前,国际工人阶级起来反抗资本的统治已成为一件必要的事情了"。③

---

①　罗莎·卢森堡:《资本积累论》,彭尘舜、吴纪先译,生活·读书·新知三联书店 1959 年版,第 374—375 页。

②　同上书,第 375—376 页。

③　同上书,第 376 页。

第四节　帝国主义和殖民地

《资本积累论》并没有专章或专节论述帝国主义和殖民地,我现在这样做,完全是由于这一问题的重要性和行文的需要。

一般来说,社会科学中一种新理论的产生离不开两个条件:实际情况和思想渊源。从历史事实看,殖民地的产生早于帝国主义。早在奴隶社会,殖民地就产生了。古希腊的殖民地只是移民垦殖殖民地,它其实是母国的分支,不存在奴役和被奴役的关系。古罗马的殖民地,则是征服土著殖民地,已经存在奴役和被奴役的关系了。中世纪也有殖民地,如日耳曼帝国和蒙古帝国的殖民地。英国对爱尔兰的统治,始自12世纪。海道大通后,殖民地就更多了。值得注意的是,在资本原始积累时期,英国占有的殖民地最多,但是,其经济学家却主张"解放"殖民地,即不必对殖民地加以政治统治,因为这时的英国工业和贸易都处于无竞争者的地位,与其花费大量的费用去统治殖民地,倒不如省下这笔费用,任其存在,从贸易中得到的利益反而更多一些。斯密就是如此主张的。但是,行不通,原因是遭到殖民地官员、当时被称为"第三院"(上议院和下议院之外的势力集团)议员的强烈反对。到19世纪70年代,许多国家已经赶上英国,并和英国展开激烈的竞争。为了反击,1887年英国政府召开殖民地会议,1911年改称帝国会议。英国将其国外殖民地和本土在政治上连在一起,即将明白存在的国外殖民地纳入版图(成为国内殖民地),这样就犹如将爱尔兰和不列颠组成联合王国,在联合王国内,爱尔兰就似乎不是殖民地一样,这些国外殖民地和联合王国组成大英帝国,在帝国内,原来的国外殖民地也就似乎不是殖民地了。这样,其他国家就不能染指其殖民地了。与此相应,在经济生活和政治生活中,就出现"帝国主义"这样一个名词。英国人把它一方面理解为一种将广大的殖民地合并成一个统一大国家的意图,另一方面理解为一种越来越扩大这个国家的意图。在大不列颠以外的其他国家,所谓的帝国主义实际上只是指后一种意图,因为没有别的国家像英国有那么多形式上是独立的殖民地。这里的"帝国主义"一词,是"罗马帝国主义"一词在现代条件下的借用。这是当时的实际情况。

思想渊源则是:第二国际的重要领袖和理论权威考茨基是最早研究帝国主义和殖民地的。早在1898年,他在《民族国家、帝国主义国家和国家联盟》中就说,随着商品生产的发展,就出现一种旨在取得黄金的殖民政策。因为"那种在任何情况下都意味着权力和财富的商品,当然引起最强烈的扩张要求,因为人人都可以用得着它,人人都可以取得它,谁也不会嫌它太多,这种货币就是钱币、黄金和白银"。[①] 这是商业资本时期或不如说是资本原始积累时期的殖民政策。工业资本"从一开始就显示出与商业资本和财政资本完全不同的趋向。它倾向于国际和平,倾向于用议会和民主制度来限制绝对的国家权力。它一直是反对食品和原料关税的。它往往甚至把工业税看成一种教育性质的税收,看成工业落后的结果,这种落后应该随着经济的发展而消失"。[②] 这不外乎是说,工业资本倾向于自由贸易,它用这种政策可以向落后国家取得粮食和其他农产品,而不必实行殖民政策和占有殖民地。财政资本就不是这样。它的第一个特征是:财政资本国家化,即拥有托拉斯和大银行的资本家掌握政权,工业资本时期的议会和民主制度的地位下降;它的第二个特征是:出口的不是仅仅供外国用于消费的商品,而是用来充作资本的商品即生产资料,也就是输出资本。这样,就可以限制落后国家发展工业,而保留其农业国的地位,以便供应工业国所需的粮食和其他农产品。他还以英国为例,考察殖民帝国构成中的殖民地。不列颠殖民帝国有两根支柱:一是三大农业殖民地,即加拿大、南非、澳大利亚;二是印度。

第二位重要理论家就是英国经济学家、改良主义者霍布森。他在1902年出版的《帝国主义》中首先区分殖民主义和帝国主义。他认为,移民垦殖殖民地,如果没有政治束缚就是殖民主义,有政治束缚则是帝国主义;奴役土著殖民地也是帝国主义。他认为,帝国主义的产生是由于在残酷的竞争中,托拉斯一类的垄断企业产生,它一方面使工业巨头获取巨额的利润,即使是奢侈的消费也花不完;另一方面使投资受到限制,多余的资本便向外输出。由于遇到激烈的竞争,便要占领殖民地,并组成殖民帝国。他认

---

① 考茨基:《民族国家、帝国主义国家和国家联盟》,何疆、王禺译,生活・读书・新知三联书店1963年版,第24页。

② 同上书,第19—20页。

为,问题的解决就是要调整分配。保留垄断资本主义而妄想改良分配,这当然是幻想。这在方法论上就是不改变生产,而改变分配,这是行不通的。

第三位理论家是希法亭。他在 1910 年出版的《金融资本》中认为,帝国主义是金融资本所采取的政策。金融资本是归垄断的银行家所有而由垄断的工业家使用的资本,是所有权和使用权相分离的结果。垄断意味着垄断利润的攫取,从而使投资放慢,这就要资本输出。"因此,金融资本的政策就有三个目的:第一,建立尽可能大的经济区;第二,通过关税壁垒排除外国竞争;因而,第三,把这一经济区变成为民族垄断联盟的开发地区。"这个政策对英国而言,就要"通过保护关税把英国同它的殖民地联合起来"。[①]

殖民地的思想渊源比帝国主义更早些,更丰富些。因为如前所述:先有殖民地,后有帝国主义。撇开马克思以前的不谈,马克思论述的殖民地,除了北美和印度外,还有其他国家的。特别值得指出的是:美国是 1776 年开始独立的,90 年后,马克思在 1867 年出版的《资本论》(第一卷)中认为,从经济上来说,当时的美国仍然是欧洲的殖民地。过了 24 年,恩格斯在《资本论》(第一卷)中加注说:"美国还是殖民地。"[②]这说明在马克思和恩格斯看来,主权是否存在与是否殖民地没有必然的联系。具有主权的殖民地,就是经济殖民地;丧失主权的殖民地,就是政治殖民地,即殖民地国家。除此之外,还有国内殖民地。国内殖民地这一概念的确立,要以认识经济殖民地为前提。因为国内殖民地也与是否具有主权无关。国内殖民地最初是由列宁提出来的,其历史背景就是俄国是多民族国家,而且幅员广阔,这样,在旧俄时期,俄罗斯民族就在经济上压迫非俄罗斯民族,因此,非俄罗斯民族的聚居地就成为国内殖民地。列宁说:"殖民地这个概念更可以应用于其他边区,例如高加索。俄罗斯在经济上'征服'这个地方,比政治上要迟得多。"[③]如果说,尽管卢森堡批判俄国民粹派的错误,而她的资本积累理论的最基本之点,即

① 鲁道夫·希法亭:《金融资本——资本主义最新发展的研究》,福民等译,商务印书馆 1994 年版,第 22 页。
② 马克思:《资本论》(第一卷),郭大力、王亚南译,人民出版社 1963 年版,第 495 页。
③ 《列宁全集》(第三卷),人民出版社 1984 年版,第 545 页。这里的"移民区"应译为"殖民地"。解放社曹葆华的旧译本是译为殖民地的。以下均译为"殖民地"。

认为在资本主义社会两大阶级中，积累是无法实现的这一思想，则显然是受到了民粹派的影响，那么，她的帝国主义和殖民地理论则不受前人理论的影响，它全部是独创的；"在思想巨人的肩膀上攀登"这一科学史的发展规律，对她来说似乎是不适用的。如果说，前人都有由于争夺势力范围激烈，就以国家名义争夺殖民地，并建立殖民帝国这一思想，那么，卢森堡的有关理论似乎是受其影响的。其实不然，因为竞争激烈云云，是血淋淋的事实：美西战争、南非战争、八国联军之役，这是用感官就能解决的问题，她何需思想家的影响才有此认识？只要我们看一看她的帝国主义定义就会清楚这些疑问的。定义如下："帝国主义是一个政治名词，是用来表达在争夺尚未被侵占的非资本主义环境的竞争中所进行的资本积累的。"[①]这个定义，哪里有一点前人理论的痕迹？这个定义的含义很深，连苏共最著名的马克思主义理论家、《世界经济和帝国主义》的作者布哈林第一次就没有读懂它。他认为定义之所以强调争夺非资本主义环境，是由于它的阻力小。不是的。这个定义同她的资本积累理论有着密切的逻辑联系。第一，资本积累要依靠非资本主义环境；第二，这个环境必须是尚未被侵占的，因为一旦被侵占了，按照前面的说明，这个环境本身逐渐地也会资本主义化，它自己也要求非资本主义环境以作积累之用。因此，上面所说的美西战争和南非战争，在卢森堡看来不属于帝国主义的行为，还要分析了菲律宾和夏威夷的经济是否属于资本主义性质的，然后才能作出决定。八国联军争夺中国之役，则肯定是属于帝国主义性质的了，因为此时中国还处于非资本主义阶段。按照这一定义，德国和法国争夺鲁尔工业区，由于该地区已经资本主义化了，它自己也要寻找非资本主义环境来实现其剩余价值，所以，如果为此目的两国交战，就被卢森堡看成不是帝国主义战争。这当然是不符合实际的。很显然，按照卢森堡的说法，这些非资本主义环境因接纳积累而资本主义化。这样，随着积累的进行，全部非资本主义环境都会资本主义化，到那时，由于都是资本主义了，就再也没有非资本主义环境了，资本从此就不能积累，就要灭亡。所以她说："帝国主义虽然是延长资本主义寿命的历史方法，它也是带领资本

---

① 罗莎·卢森堡：《资本积累论》，彭尘舜、吴纪先译，生活·读书·新知三联书店 1959 年版，第 359 页。

主义走向迅速结束的一个可靠手段。"[1]

根据卢森堡的积累理论,国内的和国外的非资本主义环境对实现剩余价值都能起同样的作用。因此,如果说国外的这种环境是殖民地的话,那么,国内的这种环境也应是殖民地。这样,殖民地理论的方法论才是统一的。但是,由于卢森堡囿于实际或缺乏抽象力,认为殖民地只能是在国际舞台上出现的,只能是政治殖民地,反过来说,也就是由于经济殖民地概念的阙如,她就认为只存在丧失主权的国外殖民地或殖民地国家,而不存在经济殖民地,因而也不存在国内殖民地,因为这两者都不涉及国家主权问题。这一点,她比列宁后退了。

从上述分析我们可以清楚地看到,卢森堡的帝国主义和殖民地理论的方法论是二元的:前者用的是抽象法,层层理论分析,然后得出结论;后者用的则是记录法,只能根据经验,只能将看到的事实记录下来,而所能看到的就是政治上的暴力,因而,就只有政治殖民地的概念;经济殖民地是要通过分析经济关系才能认识的,她试图从暴力中进行分析,但是白花力气,终于失败。其实,这个问题是可以由理论来解决的。她不是说过英国资本如何逐渐控制埃及而于1882年才占领埃及吗?从占领日起,埃及丧失主权了,成为政治殖民地了。但是,占领的目的应该是确保英国的经济利益,而这种利益是占领前就已经存在的,这就是经济殖民地。占领之前和之后,这种关系都是存在的。只要这种关系没有改变,经济殖民地的性质就依然不变。政治殖民地是经济殖民地在政治上的表现。

第五节　从暴力即超经济力量中不能抽象出经济规律

卢森堡在《国民经济学入门》中有一段很深刻的描述:16世纪西班牙和葡萄牙因有利可图就肆意狂暴地抢劫贵金属、香料、贵重装饰品及奴隶,掠夺新发现的热带国家的财宝、天然富源和人口。17世纪由荷兰开端而提供

---

[1]　罗莎·卢森堡:《资本积累论》,彭尘舜、吴纪先译,生活·读书·新知三联书店1959年版,第359页。

给英国示范的，就是单纯利用商业冒险，把大西洋彼岸国家的各种原料输入欧洲市场，同时，对于那些国家的土人则强迫他们交换形形色色的毫无价值的废物。在这里暴力发生重大的作用，无规律性统治一切，或者说无规律性就是规律。

根据卢森堡的资本积累理论，在资本主义只有两大阶级（资产阶级和无产阶级）的条件下，资本积累是不可能的，只有将用于积累的剩余价值的体现物，即生产资料和消费资料卖给资产阶级和无产阶级以外的"第三者"（主要是小生产者），资本积累才能实现。这就是说，实现资本积累要有非资本主义的环境。

卢森堡的资本积累理论是错误的。这是因为，虽然现实中，资本积累有一部分是在非资本主义环境中进行的，但是正如马克思指出的，在这个问题上，将对外贸易加进来只能起扰乱的作用，因为凡贸易总是有出必有进，而且在一般情况下数额相等，所以必须将这个因素予以舍弃，将积累问题予以抽象，放在纯粹的状态下进行研究。马克思的再生产理论表明，在只有工人和资本家的条件下，资本积累是完全可以实现的。

卢森堡由此提出，帝国主义定义就是争夺尚未被占领的非资本主义环境，以进行资本积累的竞争。这个定义布哈林开始时看不懂，以为要争夺这样的环境，是由于遇到的阻力小些。不是的。因为已被占领的慢慢地也资本主义化了，它同样需要进行积累，它同样需要非资本主义环境。所以，只能争夺未被占领的非资本主义环境，才能实现资本积累。这种争夺就是帝国主义。

我想进一步指出的是，卢森堡由于缺少经济殖民地的概念，所以就看不到：从她的资本积累只是实现剩余价值的角度看（不应这样看，现在应从攫取垄断利润看；详见下述），国内和国外的"第三者"有同样的作用，它们应有同样的经济地位，即都是经济殖民地。她所论述的政治殖民地，只是将流行的概念加以解释，或者不如说是将肉眼看到的暴力现象记录下来，而没有进一步作科学的分析。如像分析资本积累时那样的运用抽象法（尽管结论是错误的），这里看不到了。换句话说，她研究资本积累、分析经济关系时用的是抽象法，研究殖民地时因缺少经济殖民地的概念，就只能将已有的政治殖民地的概念现成地接受下来，因而分析政治关系时用的是记录法。由于缺少经济殖民地的概念，就谈不上研究其规律，于是只能直接从政治殖民地出发进行研究,这就必然无法说明问题。她虽然说:"政治上的暴力只是经济过程的一种工具;要想从乱纷纷的暴力和权利的掠夺中,探求出经济过程的严密规律,那是要费一点气力的。"但是我认为即使费气力,从暴力行为中是揭示不出经济规律的。经济殖民地是要通过分析经济关系才能认识的,她试图从暴力中进行分析,但是白花力气,终于失败。离开经济殖民地,必然无法说明政治殖民地。

第四篇
对《资本积累论》的争论和理解

第十二章　资本积累理论批判、
反批判和评价

卢森堡的《资本积累论》出版后,招来很多批评,其"语气和内容都是惊人的",这使她惊讶和愤怒。她说:"这本被批判的书都是客观的论述,而且纯属理论上的探讨,不是针对任何一个活着的马克思主义者的,所以就更令人惊讶。这还不够,这个中央机关报(《前进报》——作者)甚至采取了高压的手段,反对那些发表评论肯定我那本书的人。"①因此,对于这些批评,1915 年她在德国的监狱中写下《资本积累——一个反批判》,这本著作于她被杀害后的 1921 年才以英文出第一版。她在书中对当时的批判者,主要是奥托·鲍威尔等进行反批判,坚持自己的观点。苏联当时最著名的马克思主义理论家布哈林于 1924 年写的《帝国主义与资本积累》又批判了她的《资本积累论》。作为大理论家而又能言善辩的卢森堡如果活着,必定会回敬布哈林的。如果确是这样,一场马克思主义著名理论家的大论战将永远留在史册上。不论谁对谁错,或哪部分对,哪部分错,经过分析,我们总能受益。令人痛惜的是,卢森堡于 1919 年 1 月 15 日被杀害,其遗体被抛进运河,并浸泡了几个星期……对此,布哈林一定是很悲痛的。而他在 19 年之后,也竟在苏联肃反运动中被处决。

可以看出,批判和反批判的问题,还是原来的问题。只是由于批判的展开,更为深刻和明确。

---

① 卢森堡、布哈林:《帝国主义与资本积累》,柴金如、梁丙添、戴永保译,黑龙江人民出版社 1982 年版,第 55 页。

第一节　资本主义是否为了扩大生产而扩大生产?

第一个问题是:资本主义是不是为了扩大生产而扩大生产。卢森堡在《资本积累论》中对此作了否定的答复。用她的话来说就是:资本家不是为了扩大生产而扩大生产的糊涂虫。现在,她仍然坚持这一看法,只是论证更深。她认为,进行积累,单靠资本家的好意是不够的,要靠社会的客观条件。首先是"必须有充足的劳动力"(不知何故,她没有提出还要有追加的生产资料;它和追加的劳动力,根据她的看法,是从"第三者"那里交换而来的);第二个问题是:"有可能出售工人生产的商品,以货币的形式来补偿资本家原先的开支和从劳动力那里窃得的剩余价值。"虽然马克思的《资本论》(第一卷)分析过这一过程,但是,"实现这个剥削的成果的可能性是怎样的呢? 市场的情况如何呢? 它们要依赖什么呢? 资本本身或者它的生产途径能不能根据自己的需求来扩大自己的市场,就像资本根据自己的需求要调整工人的数量一样呢? 一点也不行"。为什么? 因为"资本主义生产的不断扩大,即资本的不断积累,是与同样不断增长的社会需要相联系的"。"然而,社会需要是什么呢?"以下就是资本家所依赖的"社会需要":"其他资本家的需求是扩大他们生产的先决条件。另一个资本家生产生活资料,并出售给工人。其他资本家(以及他自己)雇佣的工人越多,他能够出售的货物就越多,他能够积累的资本就越多。但是,这些'其他的'资本家是如何扩大他们的工厂的呢? 很明显,是通过其他的资本家(比如机器制造商或生活资料的制造者等)越来越多地购买他们的货物来实现的。"这样,"资本积累所依赖的社会需要,细看起来似乎就是资本积累本身"。①

在我看来,这本来是唯一的正确解释。因为资本主义就是为了扩大生产而扩大生产,所以,必然是第一部类的扩大生产,是为了本部类和第二部类的扩大生产;第二部类的扩大生产,又是为了本部类和第一部类的扩大生

---

① 卢森堡、布哈林:《帝国主义与资本积累》,柴金如、梁丙添、戴永保译,黑龙江人民出版社1982年版,第57—59页。

产。在这个过程中,社会财富增加了,剩余价值也增加了,资本家的个人消费同样增加了,工人阶级这一个阶级的消费也增加了;换言之,资本主义较之其他阶级对抗社会,其进步性就在于:它是一部积累机器,为更高一级的社会形态准备了完备的物质基础。但是她却认为这是一种循环论证,她说:"资本积累越多,它就积累得越多;一切都变成这个耀眼的反复——一个令人目眩的圈圈。人们看不清它从哪里开始,或者推动力在什么地方。我们在圈圈里打转转,抓不着问题。"①

在她看来,积累的困难在于剩余价值不能在只有两大阶级:工人和资本家的社会中实现。她说:"在我们假设的资本主义社会商品总存货中,我们必须相应地找出第三部分,它既不是用于更新消耗掉的生产资料,也不是用于维持工人和资本家的生活。它将是这样一份商品,它包含着剩余价值中那些无法估价的部分,它构成资本存在的实际意图:用于资本化和积累的利润。它们是什么样的商品呢?社会中又是谁需要它们呢?"她认为只有这样分析,才"接触到了积累问题的核心"。② 由于她坚持资本家不是为了扩大生产而扩大生产的糊涂虫的观点,她就自然地认为工人和资本家都不可能需要它,从属于资本家的那些阶层,也不可能需要它,因为他们已经算到资本家里去了。这样,就只能是非资本主义的"第三者",主要是个体的农民了。

她说:"因此,一开始就必须发展资本主义生产和那些非资本主义环境之间的交换关系,在那些非资本主义环境里,资本不仅找到实现(为)硬货币(的)剩余价值,进行进一步资本化的可能性,而且获得各种各样商品来扩大生产,最后通过瓦解那些非资本主义生产形式来获得新的无产阶级化的劳动力。

"资本主义就这样由于它同非资本主义社会阶层和国家之间的相互关系而得到扩张,用损害他们的办法而得到积累,同时把他们推到一边去,取而代之。参加寻求积累地区的资本主义国家越多,仍然对资本主义扩张开放的非资本主义地方就变得越少,竞争就越厉害;它的掠夺转变为一连串的经济和政治灾难:世界危机、战争、革命。

---

① 卢森堡、布哈林:《帝国主义与资本积累》,柴金如、梁丙添、戴永保译,黑龙江人民出版社1982年版,第59页。
② 同上书,第63页。

"然而,通过这个过程,资本在两个方面准备自己的毁灭。当它接近到人类只是由资本家和无产阶级所组成这一点时,进一步的积累将变得不可能了。与此同时,这个绝对的不可分割的资本规律激化了全世界的阶级斗争并使国际经济和政治方面的无政府主义严重到这样的程度,以致它远在经济发展的最后结果到来之前,就必然导致国际无产阶级反对资本统治存在的暴动(这是卢森堡反对资本主义自动崩溃论的明证)。

"毫无疑问,关于帝国主义经济根源的解释,必须从资本积累的规律中推断出来,因为根据经验常识,作为一个整体的帝国主义只不过是一个特定的积累方法。然而,如果一个人对马克思在《资本论》(第二卷)中为一个社会——在这个社会里,资本主义生产是唯一的形式,全体人民只是由资本家和雇佣劳动者所组成——作出的假设不提出疑问,那怎么可能呢? ……马克思假定整个世界是一个资本主义国家,所有其他的经济形式和社会形式都已消失了。如果帝国主义在一个社会里不再有立足之地,我们又怎能解释这个社会里的帝国主义呢?

"在这里,根据马克思理论的精神,似乎特别要放弃《资本论》(第一卷)中的前提,把积累作为一个总过程包括资本的新陈代谢和它的历史环境来进行研究。如果我们这样做了,那么,对这个进程的解释就同马克思的基本理论自然地衔接起来,并与他论述经济学的重要著作的其他部分一致起来。"她认为:"马克思只是对总资本的积累提出了问题,但他没有作进一步的回答。……这个问题(以及其他许多问题)就留给他的学生去解决了,而我的《资本积累论》就是在这个方面的一次尝试。"①

我之所以如此冗长地摘引卢森堡的原话,是由于她认为如果按照马克思《资本论》(第一卷)关于积累的分析,甚至按照第二卷的再生产图式,是无法解释帝国主义的形成的。应该说:她确实是按照其帝国主义的定义,提出一个至今尚未得到完满答复的问题。我认为原因在于她的帝国主义定义是错误的。以下布哈林的答复,虽然涉及这一点,但是,布哈林自己的帝国主义理论也有不足之处,因此就不能彻底解决问题。

———————————

① 卢森堡、布哈林:《帝国主义与资本积累》,柴金如、梁丙添、戴永保译,黑龙江人民出版社1982年版,第70—71页。

现在我们先介绍布哈林对她的资本积累理论本身的批判；对帝国主义理论的批判在下面再谈。

布哈林对卢森堡的积累理论本身是不同意的。他的批判如下：(1)从目的论出发。而目的论在社会科学中明显是错误的。例如，利润下降是规律，它为"谁"的利益服务？这样提问题是可笑的。扩大再生产的规律也是这样；(2)事实上，扩大再生产规律是客观上回答了为"谁"的利益服务的。因为生产增长必然伴随着消费的增长，这就包含着资本家的消费增长；(3)但是，卢森堡将生产和消费完全分离开，以为马克思的图式好像杜冈-巴拉诺夫斯基所主张的一样，即生产资料生产的增长，可以完全脱离消费资料生产的增长，是错误的；(4)认为即使消费增长了，积累也可以没有发生，是不可能的，因为没有不断增长的积累，消费的增长就不可能是持续的；(5)认为"维持一支日益扩大的工人大军，更不可能是资本不断积累的目的"，是不正确的。因为资本要进行积累，就必须把一次周转中积累起来的可变资本，转化成下一次周转中的可变资本，用于购买追加的劳动力，这"追加"就扩大了工人大军；(6)资本家就是为了扩大生产而扩大生产，这一点，马克思说得很清楚："作为人格化的资本，产业资本家是为生产而生产，为发财而发财的。"①

上述分析表明，布哈林已经解决了扩大再生产需要从哪里来的问题。但是，卢森堡常常将它曲解为货币从哪里来的问题。结论是从非资本主义环境中来。布哈林完全满足她的要求，假定用于积累的剩余价值已全部转化为黄金，这样，"除非我们坚持要把我们的资本家变成囤积者和守财奴等等，否则我们就必须让他们把黄金(再)转换成生产资本"。但是，"从哪儿弄到呢(既然他们自己已经把它们卖掉了)？所以，他们从国外买回它们。另外，他们要雇佣工人。他们成功了。但是，没有生活资料给工人。那么，他们从国外为自己购买生活资料。所以整个过程又重复一遍：资本家先把他们的商品卖到国外，然后他们又买回同样的商品。因而'积累'的问题，每次都是以同样的方法解决"。② 就是说，卢森堡在兜圈子，在原地踏步。

① 马克思：《剩余价值学说史》(第一卷)，郭大力译，人民出版社1951年版，第303页。
② 卢森堡、布哈林：《帝国主义与资本积累》，柴金如、梁丙添、戴永保译，黑龙江人民出版社1982年版，第196页。

第二节　卢森堡的反问

精通经济学说史而不同意马克思的再生产理论的卢森堡并不同意上面的解释。她提出如下的反问:(1)"如果资本主义能够无限地充当它自己的消费者,即生产和市场是一体的话,那就不可能解释周期性危机的出现。""生产增长速度怎能超过市场,因为它是自己的市场,从而市场以生产的同等速度自动增长呢? 换句话说,资本主义生产的增长怎能周期性地超过它自己呢?"这样,"资本主义危机变成一种莫名其妙的现象。或者,剩下的就只有一种解释了:危机不是因为资本主义生产的能力与市场扩大的能力之间的不协调所造成的,而是由于资本主义生产不同部门之间的不平衡所致"。这就是:"一种东西生产得太多,另一种东西生产得太少,这会意味着否定马克思,最后成为被马克思讥讽得体无完肤的那个人(萨伊——引者)。"①我认为,她这个反问是由于误解才提出的。马克思提出实现扩大再生产的条件,但是,并不是说资本主义时刻都具备这条件。就是说,实现是在经常遇到破坏的条件下实现的;即使符合比例,危机也会发生。因为资本主义的生产,必然使消费大大落后于消费资料的生产增长,于是,消费资料的生产过剩;与此相关,生产资料的生产过剩:全部产品都供过于求,普遍的生产过剩危机由此发生。(2)"资本主义一旦为自己建立起一个充足的市场,资本主义积累就(在客观上)变成无限的了。因为生产将仍然增长,就是说,生产力将无限地发展,甚至当人类被划分为(只有——引者)资本家和无产者的时候也是这样,资本主义的经济发展是没有尽头的,所以马克思主义这个特定基础就崩溃了"。既然"资本主义积累在经济上是无穷无尽的,那么,社会主义所依据的极端重要的基础将要消失"。② 资本主义崩溃的必然性在于:生产关系妨碍生产力的发展,其具体表现是经济危机的周期暴发;由于积累引起的生产力的社会性,要求生产资料的公有制与其相适应;而这

---

① 卢森堡、布哈林:《帝国主义与资本积累》,柴金如、梁丙添、戴永保译,黑龙江人民出版社1982年版,第84—85页。

② 同上书,第85—86页。

是要无产阶级起来夺取政权,再运用政权来改造它的经济制度,才有可能产生社会主义社会。(3)资本主义既然在自己内部就能进行积累,那么,帝国主义与殖民地就是不能解释的。这是由卢森堡坚持资本积累要靠"第三者"才能实现的理论所导致的。帝国主义的产生并非像卢森堡所说的那样。这个问题,下面再谈。

善辩的卢森堡运用其批判者根据的是一种著名的谬论,来证实她的批判者提出的全部是谬论。被她运用的是被称为俄国马克思主义者的杜冈-巴拉诺夫斯基的再生产理论。卢森堡介绍的杜冈的理论如下:"'只有生产力得到充分的发展,扩大社会生产才是完全可能的。因此,需求也必须在社会生产的按比例的划分当中经历一个类似的扩大,因为在这个条件下,每一件新生产的商品都代表着为获得其他商品的新的购买力'。这一点的'论据'是从马克思的模式那里来的,杜冈只是用不同数字把它再现出来,由此他得出结论:上述模式的目的是要证明某些本身非常简单的东西,但由于对社会资本再生产的进程缺乏足够的理解,这个目的经常遭到反对;事实上,它还要证明这个基本论点,即社会生产创造自己的市场"①,她继续说:"杜冈-巴拉诺夫斯基因偏爱谬论而越走越远,以致他得出结论,说资本主义生产'在某种意义上'完全独立于人类消费。"而"那些批评我的'专家们'现在用以反对我的东西,被杜冈-巴拉诺夫斯基1902年(杜冈的书的俄文本出版于1894年——作者)一字不漏地说了出来,尤其是两种典型的说法:(1)资本主义生产通过自己的扩大生产为自己建立了市场,这样,销售出路不应该对积累造成困难(比例失调除外);(2)证明这一点的论证是通过像马克思所使用的那些数学模式而获得的"。②

她再引用当时著名马克思主义者考茨基对杜冈的批判,即以理论权威证明杜冈的错误,进一步说明借用杜冈理论批判她的那些批评者是错误的。她介绍考茨基的观点:"虽然资本家的财富增加了,被剥削的工人数量增加了,但是他们自己不能为资本家生产的商品形成一个充足的市场,因为资本积累和生产力增长得更快。他们必须在那些仍然不是资本主义生产的阶层

---

① 卢森堡、布哈林:《帝国主义与资本积累》,柴金如、梁丙添、戴永保译,黑龙江人民出版社1982年版,第87页。

② 同上书,第87—88页。

和民族中寻求市场。他们找到了这个市场，并且发展它，但是仍然不够快，因为这个市场几乎没有那种资本主义生产进程的灵活性和扩大能力。资本主义一旦发展到大规模工业生产，像19世纪英格兰已经出现的情况那样，它就有可能以突飞猛进的速度发展，很快超过市场的扩大。因此，市场极大的扩展所带来的任何繁荣一开始就注定是短命的，而且最后必定出现危机。"①

由此，我们看到，杜冈也罢，"批判"杜冈的考茨基也罢，这两位马克思主义者，一个比一个更接近卢森堡的理论，那些运用杜冈来批判卢森堡的人还有什么话好说呢？

第三节　布哈林对货币问题的看法

上面多次提到，卢森堡将积累中需要从哪里来的问题变换成货币从哪里来的问题。她说："以增加的新货币资本形式出现的那部分增加的剩余价值的交换和实现必须发生，以便把可能性变为现实。请注意：我们在这里不问，如马克思在《资本论》（第二卷）里经常问的那样：'为流通剩余价值所需要的货币从何而来？'最后答道：'从金矿主那里来。'我们却问：'既然（除工人外）资本家是唯一能够消费彼此的商品的人，那么，货币资本是怎样进入资本家的钱袋的呢？'在这里，货币资本不停顿游荡，从一个钱袋出来，从另一个钱袋进去。"因为"在资本主义生产中，这里最重要的前提是转换成货币，是利润的普遍实现。从A到B，从B到C，再从C到A和B，出售不断增加的商品和实现利润，只有在他们当中至少有一人能够最后在这个封闭的圈子之外找到一个市场的时候才能发生。如果不出现这种情况，这个旋转木马转上几圈后就要停止"。② 这个圈子之外的市场不用说就是非资本主义的市场。布哈林对此提出批评。

布哈林认为扩大再生产中的货币问题，可以分为三点来谈：货币来源问题；在社会再生产过程中的货币流通量问题；货币资本的积累问题。这些问

---

① 卢森堡、布哈林：《帝国主义与资本积累》，柴金如、梁丙添、戴永保译，黑龙江人民出版社1982年版，第88—89页。

② 同上书，第81—83页。

题事实上前面已经谈过,这里再简略谈一下。(1)"货币不会从天上掉下来,而必须在人世生产出来;货币本身如同矿山工业生产铁矿石、农业生产裸麦以及机械工业生产机器一样,毫无神秘之处。"①所以,"货币物质的生产构成了整个社会的再生产的组成部分,而且黄金生产者的形象并不比铸造工厂主的形象或粮油制造商或'鸡肉大王'的形象更神秘些。对于'货币从哪里到这个国家?'这一问题⋯⋯最基本和简单的答复是:来自黄金开采业"。②(2)"认为商品价值的每一次新的增值都必须伴之与相似的隐藏在神秘的金子幕罩下的价值增值,这是十分荒谬的。正像在巫术组织内,同一媒介可以连续为几百个愚人'服务'一样,黄金单元的媒介也可以为许多次商品交易服务。"③就是说,这里有一个货币流通速度的问题。如果货币流通速度为5次,那么,1万元的商品只需2 000元货币就可以实现其价值。(3)"人们必须把流通货币量的增值(然而这种增值决不等于再生产的增长)和作为资本的特殊形式的货币资本的积累(它有自己的独特作用和自己的运动)加以区别开来。反复生产出来的全部剩余价值量绝对不应该和新增值的货币总数等同起来,因为实现的过程不需要有这一笔货币;同样,资本的积累绝不应该和货币资本的积累等同起来。"④

前面已经指出,不是有了剩余价值生产就要增加货币流通量;因为简单的商品生产和包含有剩余价值生产的资本主义商品生产,如果价值量相等,所需要的货币流通量就是相等的。当然,"积累起来的剩余价值不得不在其运动中经过货币阶段,但这不是一下子可以实现的,而是一点一点地实现的;不是作为和一整堆货币相对立的一整堆的商品来实现的,而是通过无数的商业交易来实现的"。⑤就是说,这里有一个货币流通速度的问题。此外,信用的发达又可以节省许多现金。更重要的是:历史上积累下来的贵金属货币,可以长期使用,不必与商品的价值相等地去生产货币。因此,不会出现一面是商品上,另一面是货币上,并且越堆越高的问题。

---

① 卢森堡、布哈林:《帝国主义与资本积累》,柴金如、梁丙添、戴永保译,黑龙江人民出版社1982年版,第199页。

② 同上书,第200页。

③ 同上。

④ 同上书,第201页。

⑤ 同上书,第204页。

第四节　资本积累是否要与工人人口增长相适应？

在卢森堡看来,资本积累要依靠非资本主义环境,积累额只取决于剩余价值分解后积累基金(另一部分为资本家的消费基金)所占的数量。这种分解有何规律,她没有说明。鲍威尔不同意这种观点,他认为资本积累要适应人口的增长,而据卢森堡的分析,人口增长指的是资本主义社会的工人的自然繁殖,这就暗含着资本积累的进行不须从非资本环境输进追加的劳动力的思想,从而和卢森堡的看法不同。因此,她当然不同意鲍威尔的观点,提出反批判。

卢森堡认为:"为了积累,资本需要一条稳步增加的出路,来使剩余价值的实现成为可能。这条出路从何而来呢? 鲍威尔答道:'资本主义社会的人口像任何其他社会的人口一样不断增长,这样就增加了对商品的需求并为积累提供了基础。'在资本主义社会里,需要调整资本积累,以适应人口增长。从这个核心论点出发,鲍威尔推断出资本及其形式的运动特点。"①为了说明方便,鲍威尔假定人口每年增长 5%。如果要保持平衡,那么,可变资本必须增长 5%。当然,随着生产力的提高,消费资料的价值下降,要取得同质量的消费资料,每一个工人的货币工资可以减少;就是说,可变资本的增长可以低于 5%,比如:4.75%、4.5%、4.25% 等。要注意的是,由于谈论的是可变资本,所以,积累问题中的人口增长指的只能是工人后代的增长,而不是资本主义社会全部人口的增加。

卢森堡尖锐指出:"鲍威尔的理论颠倒了实际关系。他把资本积累从属于人口增长,否定了众所周知的事实,即资本确定人口形式:它有时候大规模地灭绝人口,有时候加速它的增长,有时候又减缓它的增长——积累越快,人口增长越慢。"②因为积累越快,技术水平提高就越快,被排挤的工人就越多,工人的剩余人口就越多,人口的自然增长就越慢。她反问道:既然"资

① 卢森堡、布哈林:《帝国主义与资本积累》,柴金如、梁丙添、戴永保译,黑龙江人民出版社 1982 年版,第 118 页。
② 同上书,第 124 页。

本积累依赖于人口增长,(那么)人口增长本身又依赖于什么呢"?①

卢森堡揭露鲍威尔的手法:起先谈的是资本家和工人即纯粹资本主义社会的人口增加,"然后偷偷地把它归结(用他的运算)为工人(的人口增加)。这些就是资本适应他们的需要的人口"。②但是,这样一来,他就无法利用不分阶级的人口统计资料了。他只能反复讲:"它(积累率)必须继续这样增长,直到可变资本的增长和人口的增长之间平衡得到恢复为止。""在资本主义社会里,资本积累总是要根据人口的增长来调整。一旦可变资本(工资总额)以工人人口增长的同样速度增长,这个调整就完成了,但是不变资本增长最快,它的速度是生产力发展所需要的。"③这并没有说明工人阶级的人口规律。于是,他就只能以工人的自然繁殖来说明其人口规律。但是,马克思早就说过:不受社会影响的增殖规律只存在于人以外的动物界;人的增殖规律是受社会制约的。

鲍威尔还认为,帝国主义增加工人数量采取的办法是:"通过摧毁殖民地里旧的生产方式,并从而迫使千百万人或者移居到资本主义地区或者在本国——资本已在那里投资——为欧洲或者美国的资本服务。"④这种说法本来是符合卢森堡的积累理论的,因为她说过积累要从"第三者"那里取得生产要素,而劳动力就是其中之一。但是,由于鲍威尔又认为积累是可以在资本主义条件下实现的,这不仅自相矛盾,而且与卢森堡的积累理论相反,因此,卢森堡就反对鲍威尔的其实与她相同的追加劳动力来源说,指出:"恰恰相反,在帝国主义资本的本国里,在老牌资本主义国家,不断存在一支完整的无产阶级后备军,而在殖民地资本却老是埋怨劳力短缺。"⑤

这样,鲍威尔就只好"把适应无产阶级人口的调整塞进资本主义商业循环的中枢。我们必须从这一点来检验他的理论"。我们看到,"当可变资本即那部分拨出来支付工资的资本以人口同速度增长的时候,生产和消费之间的平衡就达到了。但是,资本主义生产的动力不断地企图破坏这个平衡,

---

① 卢森堡、布哈林:《帝国主义与资本积累》,柴金如、梁丙添、戴永保译,黑龙江人民出版社1982年版,第125页。
② 同上书,第126页。
③ 同上书,第127页。
④ 同上书,第154页。
⑤ 同上书,第128页。

先是向下——成为'积累不足'——然后向上——成为'积累过剩'"。①

什么是"积累不足"呢？如果积累率太低，就是说，如果资本家不留出足够的新资本用于生产，不变资本的增长就要落后于寻找工作的人数的增长。这个状态就是积累不足。它使产业后备军形成，失业者受到在业者的压力，工资下降，剩余价值率上升。这样，又导致积累率上升，经过平衡，再达到"积累过剩"，即可变资本增长比（工人）人口增加更快，这个状态就是"积累过剩"。它就是"积累不足"的反面：产业"后备军很快就被吸收，工资上升，剩余价值率下降"。② 值得注意的是："导致利润率甚至更加迅速下降的是这个，而不是有机组成的资本增加（资本有机构成的提高——作者）的结果。这引起'一切灾难性的危机，资本的大规模失业，价值的大量破坏和利润率的突然暴跌'，而我们再回到'积累不足'，因为积累下降和'可变资本的增长落后于人口增长"。③ 鲍威尔自己总结说："繁荣就是积累过剩，它在危机中摧毁了自己。接着而来的萧条是积累不足时期；它自我恢复起来，因为萧条本身为回到繁荣创造了条件。周期性地回到繁荣、危机和萧条，这经验般地体现了一个事实，即资本主义生产方式自动地克服积累过剩和不足，积累反复地根据人口的增长得到调整。"④这样，鲍威尔就提出与马克思相反的理论，即不是经济周期变化决定工人人口的变化：繁荣时期，由于劳动力供求关系有利于工人，因而工资水平上升，工人生殖增加；反之，危机时期，劳动力供求关系不利于工人，因而工资水平下降，工人生殖下降；工人自身的增加，决定经济周期的变化：积累落后于工人人口的增加，产业后备军产生，工资下降，萧条来临；但是，工资下降，使剩余价值增加，使积累超过工人人口增加，繁荣产生，工资上升，剩余价值减少；又陷入新的危机……

卢森堡讽刺说："有些国家'经常出现积累过剩'，有些国家则'经常出现积累不足'。但是，什么是积累过剩呢？什么是积累不足呢？答案在前一页：'繁荣是积累过剩，积累不足是萧条。'因此，有些国家经常出现繁荣：英

---

① 卢森堡、布哈林：《帝国主义与资本积累》，柴金如、梁丙添、戴永保译，黑龙江人民出版社1982年版，第128页。

② 同上书，第132页。

③ 同上。

④ 同上书，第134页。

国、法国、德国;而有些国家经常出现萧条,如东欧的农业国家。再问一下:积累不足的原因是什么? 答案在前一页:'通往更高级的有机组成的进步(简单:技术进步)导致积累不足。'因此,经常出现积累不足的国家必然是技术上最先进的——东欧的农业国家。经常出现积累过剩的国家必然是那些进步最慢最弱的国家:英国、法国和德国。太妙了,不是吗?"①

其实,马克思这一段话是对鲍威尔上述理论的最好答复:"当经济学家的智者们向工人说教,要工人使自己的人数去适应资本增殖的需要时,他们是多么愚蠢。资本主义生产和积累的机构在不断地使这个人数适应资本增殖的需要。这种适应的开头是创造出相对人口过剩或产业后备军,结尾是现役劳动军中不断增大的各阶层的贫困和需要救济的赤贫的死荷重。"②

上述争论已经涉及生产过剩的经济危机原因了。

第五节　发生生产过剩的经济危机的原因

资本主义社会有两种经济危机:局部的经济危机和全面生产过剩的经济危机。后者是从 1825 年开始的,约 10 年发生一次;到 20 世纪 30 年代以后,形状发生变化:一是周期缩短,二是生产下降幅度减少。这里结合积累理论的争论谈后者发生的原因。

在《资本积累论》中,卢森堡没有论述生产过剩危机的原因。在《资本积累——一个反批判》中,在批判鲍威尔时,她正确地引用了马克思关于普遍危机,即资本过剩和工人过剩同时并存,是由同一的原因所造成的之后,再引用马克思这样的一段话:"如果说,发生的不是一般的生产过剩,而是不同生产部门之间的不平衡,那么……,这又要求资本主义生产方式不发达的国家,按照和资本主义生产方式的国家相适应的程度来进行消费和生产。"③不同生产部门之间的不平衡,说的就是局部危机,即此多就必然是彼少,反之

① 卢森堡、布哈林:《帝国主义与资本积累》,柴金如、梁丙添、戴永保译,黑龙江人民出版社 1982 年版,第 135 页。
② 马克思:《资本论》(第一卷),郭大力、王亚南译,人民出版社 1963 年版,第 707 页。
③ 马克思:《资本论》(第三卷),郭大力、王亚南译,人民出版社 1964 年版,第 286 页。

亦然。但是，卢森堡据此却得出如下的结论："在这里，马克思清楚地说的，危机不是由可以处理的资本和可以处理的劳动力之间的比例失调所造成的，而是由资本主义国家和非资本主义国家之间的交换不平衡所造成的。"①我认为在这里，卢森堡是将局部危机的原因错误地当作普遍的生产过剩危机的原因了。之所以发生如此错误，是由于她要把马克思所说的，纳入她的资本积累理论之中，即要和非资本主义按比例进行交换才能实现积累，才能避免危机（局部危机）。

应当说，相当多的经济学家，甚至是著名的马克思主义经济学家，是把生产部门的不平衡，即比例失调看成普遍生产过剩危机的原因的。例如，被布哈林批判的杜冈-巴拉诺夫斯基和布哈林本人都是这样。只是杜冈认为，资本主义只要按比例发展，不失调，哪怕资本有机构成提高到全世界只有一个工人的程度，甚至没有工人，生产资料独自发展，完全脱离工人的消费，也不会发生危机。平衡论者布哈林则相反地认为，只要生产部门之间发生不平衡，危机就不可避免。总之，两人尽管相反，有一点却是相同的：普遍危机的发生与消费，尤其是与工人的消费的相对落后无关。这当然是错误的。

杜冈说："在资本主义经济的条件下，资本家阶级把社会产品变为生产资料的比重比在协和经济的条件下所能做到的要大得多。在生产者联合体内，生产的目的是充分满足社会需要，因而绝对不会有那种生产扩大而社会消费不随着增加的情形。可是在资本主义经济中，技术进步却有不顾社会消费而用生产资料生产性消费替代人的消费的趋势。"②布哈林说，恰恰相反。因为资本主义使用机器是有界限的，而生产者联合体使用机器则是没有界限的。正确的无疑是布哈林。

杜冈继续说："但是，这样用生产资料的生产性消费相对地替代人的消费的结果，会不会在市场上找不到销路的剩余产品呢？当然不会。"即使"机器最广泛地替代工人，也不能自然而然地使任何一部机器变成多余的废物。假定说，所有工人都为机器所替代，最后只剩下一个工人；在这种情况下，这个唯一的工人开动所有多得惊人的机器，来制造新机器和资本家阶级的消

---

① 卢森堡、布哈林：《帝国主义与资本积累》，柴金如、梁丙添、戴永保译，黑龙江人民出版社1982年版，第139页。

② 杜冈-巴拉诺夫斯基：《周期性工业危机》，张凡译，商务印书馆1982年版，第232页。

费品。工人阶级消灭了,但这丝毫也不会使资本主义工业产品的销售发生困难。资本家们将支配大批消费品,于是,一年的社会总产品就会为下一年的生产和资本家消费所吞没。即使资本家贪求积累,连他们自己的消费也想要缩减,这也完全行得通;这时,资本家的消费品生产将缩减,用于继续扩大再生产的生产资料将占社会产品的更大部分。例如,将生产煤和铁用之于继续扩大煤和铁的生产。每年煤和铁的扩大生产都将耗去其前一年生产的煤和铁,如此反复无穷,直到这些天然矿藏耗尽"。

"资本主义国家发展的基本趋势,我认为是社会产品中国民消费份额不断缩小;与马克思的见解相反,这种情况并不会给资本主义生产品的销售过程造成任何困难。消费品需求相对减少,不会阻碍这种销售,因而不会自然而然地引起资本主义经济制度的崩溃。"①

这种认为只要符合比例就不会发生经济危机的理论,其根本错误就是完全割离消费与生产的关系,无视生产资料的生产,归根到底是为了生产消费资料。社会消费、主要是工人的消费落后于消费资料生产的增长,就直接使消费资料成为过多的,然后间接地再使生产消费资料的生产资料成为过多的,再间接地最终使生产生产资料的生产资料也成为过多的。这就是全面的生产过剩经济危机。

当然,杜冈并不认为,资本主义各部门都能保持比例,一旦这样,危机就发生。他说:"资本主义具有巨大的生产力,总是极力增加产品量。但是这些产品只有在社会生产比例适当的条件下才能够销售出去。而资本主义却没有任何办法来这样安排生产。结果,资本主义工业就会发生危机。"②前面已经说过,这样的危机只是局部危机,不是普遍生产过剩的全面危机。

布哈林虽然批判杜冈的只要符合比例,就是全世界只有一个工人,甚至没有工人,也不会发生危机的理论。但是他却同杜冈一样,认为危机只是比例失调的结果,不是生产发展和消费相对落后之间的矛盾所致。他说:在国家资本主义条件下,合理的计划取代了生产的无政府状态,"尽管存在某种限制,工人的消费在增长。尽管存在群众的'消费不足',危机不可能产生,

---

① 杜冈-巴拉诺夫斯基:《周期性工业危机》,张凡译,商务印书馆1982年版,第232—233页。
② 同上书,第235页。

因为从一开始就提出了所有生产部门的相互需求,同样也提出了消费者的需求,资本家和工人的需求。……如果生产资料的'计算错误',就会有剩余,而在下一期中将作出相应的更改。另一方面,如果工人的消费资料'计算错误',多余部分将作为'饲料'在工人中分发,或者产品的相应部分将被销毁。即使在奢侈品生产'计算错误'时,'出路'也是清楚的。因而,在这种情况下,不可能发生生产过剩的危机"。① 这就是说,有计划就无危机。

其实,在这里已经存在着经济危机了,只是布哈林不称其为经济危机罢了。生产资料有剩余,可以在下一期中作出相应的大更改,这是什么意思呢? 这岂不是下一期的生产资料要减少生产吗? 那么,多余的设备和劳动力,岂不是要闲置和失业? 这难道不是经济危机的因素吗? 工人的消费资料有剩余,可以在工人中分发,或者被销毁,这是什么意思呢? 这次多发了,下一次不是要扣回吗? 那么,下一次生产的工人的消费资料不是要减少吗? 多余的设备和劳动力不是要闲置和失业吗? 这难道不是危机? 至于销毁多余的工人消费品,那就直接是危机了。所谓经济危机,不过是破坏多余的生产力,使生产后退到和低下的消费恢复平衡而已! 不过是生产和消费之间矛盾的爆发和矛盾的暂时强力地解决而已! 之所以是暂时的,是因为解决之后,又重新积累同样的矛盾,又使经济危机再次爆发! 资本主义就是这样经历着危机发展的。布哈林一贯主张平衡论,所以,以为只要平衡达到,就不会发生危机。关于这个问题,列宁说得多好呀:"根据马克思的理论,可以得出以下的结论:甚至在社会总资本的再生产和流通是理想般的协调和按比例的情况,生产的增长和消费的有限范围之间的矛盾也是不可避免的。何况实现过程并不是在理想般的协调和比例中进行的,而只能是在'困难''波动''危机'等等中进行。"② 这就是说,有计划,也可能有危机。总之,经济危机的原因与有无计划无关。

那么,马克思所说的生产过剩的普遍危机的原因是什么呢? 他说:"直接的剥削条件和实现这种剥削的条件不是一回事。二者不仅在时间和空间上是分开的,而且在概念上也是分开的。前者受社会生产力的限制,后者受

① 卢森堡、布哈林:《帝国主义与资本积累》,柴金如、梁丙添、戴永保译,黑龙江人民出版社1982年版,第243页。

② 《列宁全集》(第四卷),人民出版社1984年版,第73页。

不同生产部门的比例和社会消费力的限制。"①这里既提生产部门的比例，又提社会消费力。我认为，第一部类的实现，比例起的作用是直接的，消费力起的作用是间接的；而第二部类的实现，消费力起的作用是直接的，比例起的作用是间接的。因此，不仅生产消费资料的第二部类的发展，而且生产生产资料的第一部类的发展，归根结底是受社会消费力限制的。前面实质上已经说明了这种关系。列宁将这一原理作了新的表述："'社会消费力'和'不同生产部门的比例'，——这绝不是什么个别的、独立的、彼此没有联系的条件。相反，一定的消费状况是比例的要素之一。"②

第六节　关于帝国主义的本质问题

定义是反映本质的。卢森堡的帝国主义定义前面已经谈过了，那就是争夺尚未被占领的非资本主义环境以进行资本积累的竞争。布哈林全部接受希法亭的看法，认为帝国主义是金融资本所采取的三大政策③："现代资本扩张与从前资本扩张的区别就在于，它以扩大的规模再生产着新的历史类型的生产关系，即金融资本关系。帝国主义的基本的、本质的特征就在于此。"④就是说同卢森堡的定义相左。因此，很自然，布哈林必定批判卢森堡的帝国主义定义。

布哈林从卢森堡的烦琐的论述中，很容易就找到他们两人的帝国主义定义不同之处：她强调的是实现剩余价值，而他强调的却是攫取更多的利润。布哈林说："读者也许已经注意到卢森堡同志对资本扩张经济根源的论述有多么奇特。既然她把追求更多的利润这个问题忽略了，她就只能把问题归结到实现的可能性这样一个简单的公式上。资本为什么'需要''非资本主义环境'呢？为了实现在资本主义经济领域内无法实现的剩余价值，实现的问题就这样与更多的利润问题，也就是说与剥削非资本主义经济形式

---

① 马克思：《资本论》（第三卷），郭大力、王亚南译，人民出版社 1964 年版，第 272—273 页。
② 《列宁全集》（第四卷），人民出版社 1984 年版，第 44 页。
③ 布哈林：《世界经济和帝国主义》，蒯兆德译，中国社会科学出版社 1983 年版，第 80 页。
④ 《布哈林文选》（下），人民出版社 1981 年版，第 353 页。

的问题割裂开了。"①

布哈林对资本攫取更多利润的必然性的论述如下："我们知道,利润总量取决于商品量和从每一单位商品所获得的利润量(后者等于售价减去成本),如果我们以字母 V 代表商品的数量,字母 P 代表商品的价格,C 代表单位商品的生产成本,那么,总利润量就可以用 V(P－C)来表示。生产成本越低,单位商品的利润就越大,假定销售市场的情况不变或者在扩大,那么,利润总量也就越多。生产方法的改进、生产力的扩大以及因而所生产的商品数量的增加,都是促使生产成本降低的因素。既然生产成本降低了,那么,即使在国外的销售无利可获,即使按生产成本出售,利润量也仍然是增加的(在这里,我们不谈为了'战略上的目的',即为了迅速占领市场、打垮对手而进行的亏本销售)。在 V(P－C)中,生产成本的量将不是与商品量 V 相适应的量,而是与 V＋E(E 表示输出的商品量)相应的一个比较小得多的量。正因为这样,所以,利润的运动,驱使商品越出国家疆界。上述的资本主义的调节原则——利润的运动,还以另一种方式发生作用。我们说的是,在经济结构不同的国家之间进行商品交换的条件下超额利润的形成问题。"②

接着,布哈林引用马克思的两段话以说明这种超额利润的形成。第一,其大意是:投在对外贸易中的资本能提供较高的利润率,是发达国家的劳动在这里是作为比重较高的劳动来实现。对有商品输入和输出的国家来说,同样的情况都可以发生;就是说,这种国家所付出的实物形式的物化劳动多于它所得到的,但是它由此得到的商品比它自己所能生产的更便宜。……至于投在殖民地等处的资本,它们能提供较高的利润率,是因为在那里,由于发展程度较低,利润率一般较高,由于使用奴隶和苦力,等等。

其二,马克思在谈到李嘉图的有关论述时说:"萨伊在康斯坦西奥所译的李嘉图著作中,不过关于对外贸易,提出了一个正确的注解。利润也能由欺诈生出。损失和利得在一国之内会互相抵销,但在国家之间不是如此。

① 《布哈林文选》(下),人民出版社 1981 年版,第 341 页。
② 布哈林:《世界经济和帝国主义》,蒯兆德译,中国社会科学出版社 1983 年版,第 59 页。

甚至李嘉图的理论也认为……一国的 3 个劳动日可以和别一国的 1 个劳动日相交换。价值规律在这里有重要的修正。不同国家劳动日的关系，能够像一国之内熟练的复杂的劳动和简单的劳动的关系一样。在这种场合，富国会剥削贫国，纵然……贫国也会由交换得到利益。"①这里的超额利润是怎样产生的呢？

应该指出，很多论者解释过马克思的这一段论述，但是在我看来大多是离开了马克思的原意的。例如，有人认为工业国与农业国交换中的价格问题，就是复杂劳动和简单劳动交换的关系。诚然，是存在这样的内容。但这并不能说明富国剥削贫国，因为一国之内也有这样的交换，可是马克思并不认为是剥削，因为他认为在形成价值的时候，复杂劳动要成为倍加的简单劳动，这既然是形成价值的内容，当然就谈不上什么剥削了。何况这种解释与马克思谈到的李嘉图的理论即价值规律在这里有重要的修正，以及贫国也会在交换中得到利益等无关。我们必须按照马克思的原意来解释这段论述。

让我们进一步论述这一极其重要的理论问题。

李嘉图的混淆包含着极其宝贵的思想：在自然价格相等时，劳动即价值可能是不等的。这对马克思有很大的启发。马克思首先指出包括李嘉图在内的英国古典派都混淆了价值和自然价格；然后将后者称为生产价格，它由生产成本或生产费用（C＋V）加平均利润（P）构成，价值则分解为 C、V、M（剩余价值）；认为虽然总生产价格和总价值是相等的（因为总平均利润和总剩余价值相等），但个别生产价格和价值在大多数情况下是不等的，资本有机构成高的和资本周转时间长的部门，其商品的生产价格高于价值，与此相反的部门则相反；只有那些这两者合起来居于社会的中等水平的部门，其商品的生产价格才与价值永远相等（这样的商品就是李嘉图孜孜以求而不可得的不变的价值尺度），即不因工资率的变化（由此引起生产成本变化）和利润率的反变化而变化，因为它的居中条件使它分配到的利润必然等于它所生产的剩余价值。上述原理可表解如下（为了简明，资本周转时间没有在表中反映，但道理和资本的有机构成相同：周转快，一年中的周转次数多，等于

---

① 马克思：《剩余价值学说史》（第三卷），郭大力译，人民出版社 1951 年版，第 111—112 页。

一年中使用的 V 总量大,即等于资本的有机构成低,反之,就相反):

表 2-3　工业国家:不同资本有机构成下生产价格与价值关系

资　　本	剩余价值率	剩余价值	价　　值	平均利润	生产价格
A 90C＋10V	100％	10	110	20	120
B 80C＋20V	100％	20	120	20	120
C 70C＋30V	100％	30	130	20	120

表 2-4　农业国家:不同资本有机构成下生产价格与价值关系

资　　本	剩余价值率	剩余价值	价　　值	平均利润	生产价格
Ⅰ 70c＋30v	60％	18	118	24	124
Ⅱ 60c＋40v	60％	24	124	24	124
Ⅲ 50c＋50v	60％	30	130	24	124

　　马克思的政治经济学告诉我们:工业国的资本有机构成高,剩余价值率高,利润率低,农业国则相反。在这两大类国家中,资本有机构成高的 A 和 Ⅰ,其生产价格高于价值;资本有机构成低的 C 和Ⅲ,其生产价格低于价值;资本有机构成中等的 B 和Ⅱ,其生产价格等于价值。从表 2-3、2-4 可以看出:同样是 100 的投入,其生产价格在工业国都是 120,在农业国都是124。两国交换,前者 1 单位产品就换后者 0.967 741 9 单位。A 是重工业产品,它同Ⅲ相交换;Ⅲ是农产品,1 单位 A 的价值是 100,它换取 0.967 741 9单位Ⅲ,这样,后者的价值则是:130×0.967 741 9＝125.806 44。因而,在按相等生产价格交换的背后,工业国是以较小的价值即劳动换取农产国的较大的劳动。就是说,前者投入的国民劳动小,实现的国民价值大;后者则相反。这就是我根据马克思的有关理论,对由他提出的富国剥削贫国的解释。这也是富国和贫国即使在等价交换之下,其发展差距也要扩大的最根本的原因。

　　那么,又应怎样理解在交换中贫国也得到利益呢? 这就是:如果农业国不以农产品去交换工业国的重工业品,而在不具备技术条件时自己去生产,开始时花的劳动必然比用生产农产品去交换重工业品的办法所花的劳动还要多些。

我个人认为，布哈林的获取超额利润论是不对的，卢森堡的实现剩余价值论也是不对的，因为帝国主义要攫取的不是带有固定性的超额利润，而是尽可能大的垄断利润。应当怎样以垄断利润的必要和攫取来说明帝国主义的形成问题，我留在下面谈谈个人看法。现在，我们看看卢森堡的另一个理由以及布哈林对其的批判。

卢森堡定义的最重要方法论依据是："如果我们不加任何批判地依据马克思在《资本论》（第二卷）中所提出的前提条件，即假设了这样一个社会，在那里资本主义生产是唯一的生产，那里的全体居民只包括资本家和雇佣工人，那又怎么可能对帝国主义的经济根源作出解释呢？"帝国主义的"实质就在于资本的统治从老牌资本主义国家扩展到新的地区，就在于这些国家为争夺这种新的地区展开了经济上和政治上的竞争"。①

布哈林对此的批判共有 5 条。我只择其中的第 5 条来分析一下。这一条是："在一个不包含殖民地的社会里又如何解释殖民掠夺，即如何解释事先已排除于分析之外的事务？"②布哈林说："资本主义扩张的真正原因何在呢？首先，真正原因寓于困难之中，这些困难不是产生于绝对的经常的生产过剩，而是产生于危机及其全部后果。"引文中最后两句话是自相矛盾的，其源盖出于布哈林的经济平衡论，即错误地认为经济危机是平衡失调的产物；而绝对的经常的生产过剩竟然被认为不是经济危机，就是由于从平衡论看，它必然同时有经常的生产不足。既然生产过剩和生产不足同时存在，那么，以此来说明资本主义扩张就是不能自圆其说的。即使认为生产过剩促使资本主义向外扩张，这虽然是事实，但是，却等于承认卢森堡的看法了。"其次，……真正的原因在于从外部取得更大利润的可能"。③攫取更大利润论及其缺陷，已见上述。总之，布哈林未能解决卢森堡的问题。

---

① 《布哈林文选》（下），人民出版社 1981 年版，第 332—333 页。
② 同上书，第 335—336 页。
③ 同上书，第 338 页。

第七节　关于资本主义崩溃论

"资本主义崩溃论"是布哈林根据卢森堡的思想和自己对这个问题的看法而概括出来的。在 20 世纪 30—50 年代,苏联和东欧的理论家提的却是"资本主义自动崩溃论"。原因可能是:"1931 年《无产阶级革命》发表了斯大林《论布尔什维主义中的几个问题》一文,对卢森堡进行了严厉的批判。但斯大林并没有说卢森堡犯有这个错误。可是,此后不久,在苏联出版的著作中谈到卢森堡的错误时,就出现了这种说法"。例如,"1933 年苏联出版了《列宁文集》(第 22 卷),其中收入了列宁关于罗莎·卢森堡《资本积累论》的评注。列昂节夫为这一评注的发表写了一篇前言,明确地指出卢森堡在本书中直接得出了资本主义自动崩溃的结论。作者说:'《资本积累论》中所阐述的错误的实现理论是同作为布尔什维克经常与之斗争的中派变种之一的卢森堡主义的一整套观点紧密相关的。罗莎·卢森堡的积累论是同她在农民问题、殖民地问题上的错误紧密相联系的。从罗莎·卢森堡的实现理论中得出的直接结论是臭名昭著的资本主义自动崩溃的理论。'左派社会法西斯主义者企图借助这一理论叛卖性地使工人阶级离开争取革命的摆脱危机的斗争"。① 按照这种说法,卢森堡的资本积累论简直是敌人的理论了。直到 20 世纪 50 年代,才逐渐改变这种提法。70 年代,就没有这种提法了。

布哈林说:"在罗莎·卢森堡那里,错误的积累论同她的错误的帝国主义论联系在一起。后者又同她错误的资本主义崩溃论联系在一起。"② 布哈林这里的论述不完全符合卢森堡的理论逻辑。我们已经知道,她认为资本积累要有"第三者"的存在才能进行,而在积累过程中,"第三者"就逐渐消灭,到了全部都消灭了,资本主义就因不能积累而灭亡:这是资本主义崩溃论;她的以积累论为基础的帝国主义论认为,帝国主义是争夺未被占领的非资本主义环境以进行积累的竞争,这种竞争必然使非资本主义环境资本主

---

① 周亮勋、张启荣:《关于罗莎·卢森堡〈资本积累论〉的争论资料》,载《国际共运史资料》(第四辑),人民出版社 1982 年版,第 61—62 页。

② 《布哈林文选》(下),人民出版社 1981 年版,第 353 页。

义化,到了都是资本主义时,帝国主义就无法积累而崩溃:这是帝国主义崩溃论。两种崩溃都是由积累引起的,并非只由帝国主义论引起崩溃论。当然,卢森堡并没有使用"崩溃"一词,但是相应的思想是这样。她当然知道这个崩溃过程是很慢的,因此号召工人阶级起来推翻它。她本人也为此目的而献出生命。

布哈林认为:"卢森堡的资本主义崩溃论是绝对错误的。错就错在它是作为一种理论,就是说,是作为一种观点体系提出来的,它试图对一系列重大的社会现象不仅加以确认,而且加以解释。"[①]然而,根据她的解释,资本积累对于"第三者"是要它实现剩余价值,而不是剥削剩余价值,实现只能是等价交换的,是和平的,因此,就同"革命"和"造反"等相矛盾,"这同她们全部革命理论的'结论'可以说是南辕北辙。所以说,她的整个理论结构中存在着内在的矛盾"。[②] 按照她的理论,不但得不出革命的结论,相反,只能得出很长时间内都不可能发生革命的结论。

布哈林说,让我们从事实出发。帝国主义意味着灾难,这是事实。我们进入了资本主义崩溃(苏联的诞生)时期,也是事实。但世界人口中最多的是"第三者",同样是事实。这样,按照崩溃论,目前就没有什么崩溃可言才是。那么,资本主义为什么开始崩溃?苏联为什么能够诞生?这是用事实而不是用理论来反驳卢森堡的资本主义崩溃论。何况这并不能说明卢森堡的理论是错误的,相反却证明卢森堡是正确的。因为旧俄是被无产阶级起来推翻掉的:这倒恰恰证明卢森堡提出在资本尚未囊括全球时,无产阶级就应起来推翻的号召,其正确性已被历史所证明。

布哈林说:"很简单。这并不是因为没有足够的'第三者'了,而是因为给资本带来额外利润……的'第三者'被最强大的金融资本国家根据垄断的原则'统统'分光了。""卢森堡同志在自己的研究中几乎完全抛开利润运动的问题,抛开了超额利润的特殊性质、垄断资本主义的特殊形式问题。正是这种情况使她看不到帝国主义本性,她的矛盾也就是由此产生的。"[③]很明显,布哈林极力将卢森堡的积累理论装到他的超额利润论的理论

---

① 《布哈林文选》(下),人民出版社 1981 年版,第 355 页。
② 同上书,第 356 页。
③ 同上书,第 357 页。

口袋中。他试图用理论来反驳,但是超额利润理论本身的正确性还有待证明。

布哈林继续说:"没有'第三者'资本主义也是能够存在的。但既然有'第三者'存在,资本就必然设法把它们吞掉,因为这会给它带来额外利润。'第三者'还大量存在,而争夺它们……的斗争极端尖锐,因为它们已被垄断地分割为殖民地、势力范围,等等。

"实际情况就是这样。"①

第八节　评价

布哈林虽然在理论上反对卢森堡的资本积累论和由此引起的帝国主义论,但是,整个说来,他对卢森堡的评价是很高的。他认为卢森堡的伟大表现在三个方面:第一,提出了资本主义和非资本主义环境之间的问题。虽然她只限于提出问题而已。但是,单是提出这个问题,就值得给予很大的注意。第二,把再生产问题提高到了首位。再生产的观点,正如布哈林在其他地方谈到的那样,在今天看来,比以往任何时候都更有必要。如果卢森堡不忽略资本主义生产关系的扩大再生产同时就是所有资本主义矛盾的扩大再生产,那就更好。第三,提出了帝国主义的历史必然性问题。诚然,正如布哈林在其他地方说的那样,她没有在理论上把这个问题作为最新时期的特殊问题来理解,没有从必然追逐更多垄断利润(突然提出的,布哈林以前提的是超额利润),从金融资本必然沿着这条路线运动来找寻帝国主义的根据,而从没有"第三者"帝国主义就不能存在这一点去找寻。与公开的修正主义者和考茨基分子的可悲的谬论相比,她的著作远远高出他们之上,因为这本著作是一个大胆的尝试,是光辉的革命智慧的产物。至于本书历史部分对资本的殖民地征服史的描述迄今还无人与之媲美,那就更不必说了。

当然,布哈林也说明她的理论有错误的和消极的一面,它会引起如下的问题:第一,对民族问题的错误提法;第二,对殖民地问题的轻视和错误理

---

① 《布哈林文选》(下),人民出版社1981年版,第357—358页。

解;第三,对农民问题的轻视和错误理解。

列宁公正地说:卢森堡是革命之鹰;鹰有时比鸡飞得低,但鸡永远不能像鹰飞得那样高。

第十三章　绪言和附文中的有关评论

卢森堡的《资本积累——一个反批判》和布哈林的《帝国主义与资本积累》合起来,以《帝国主义与资本积累》为书名出英文版,其编者肯尼思·塔巴克为该书写的绪言,扼要地介绍了几位理论家对卢森堡资本积累理论的评论。该书的附文也有对卢森堡的评论。我对它们进行的评论仅以绪言和附文所介绍的为限,不涉及这些理论家在独立著作中对卢森堡的全面评论。由于这个中译本有些地方实在看不懂,凡是看不懂的,就只好不予评论了。现根据这两个原则,论述如下。

第一节　保罗·斯威齐

斯威齐认为:卢森堡在资本主义经济危机问题上属于消费不足派,并认为她在关于扩大再生产的讨论中盲目坚持简单再生产的一些假定,因此,就看不到由于增加不变资本而雇佣的追加工人成为第二部类的额外市场。这两个问题是相联系的。我谈谈我的看法。我认为不是这样的。她不是看不到追加的工人会增加第二部类的市场,不是看不到工人的消费会随着扩大再生产而增加,因为她明明说过:"扩大第一部类的生产是为了它自己和扩大第二部类的需要,而扩大第二部类的生产又是为了它自己和扩大第一部类的需要:如果这样,资本家就成为为了扩大生产而扩大生产的糊涂虫了。"这就是说,她了解资本积累会增加工人的消费,会使第二部类的市场扩大,但是又认为资本家这样做是没有意思的,是为了扩大再生产而扩大再生产的糊涂虫。因此,她认为资本积累要靠"第三者"来实现。如果没有"第三者"就不能实现剩余价值,就要发生经济危机,因而在危机问题上,与其说她是消费不足派,不如说是非资本主义环境不足派。这就是说,一个资本主义社会的非资本主义环境不足,就发生经济危机;全部资本主义社会的非资本主义环境不足,就必然崩溃。但是,这个过程很长,工人阶级在这之前就应起来推翻它。

斯威齐说,如像卢森堡所主张的那样,"只向非资本主义消费者销售而不向他们购买,这是不可能的。就资本主义流通过程来说,剩余价值不能这样处理;它顶多只能改变其形式"。[①] 这句话就其主要精神来说是对的。但是,认为卢森堡的资本积累理论是仅仅向非资本主义的"消费者"销售体现剩余价值的商品,则是错误的。这个错误是同上述斯威齐认为没有追加的工人购买消费资料相联系的。但是,这并不是卢森堡的思想。卢森堡只认为向"第三者"销售用于积累的剩余价值,这些"第三者"既是生产者,也是消费者;他们既购买资本主义提供的生产资料,又购买其提供的消费资料。只有这样,才能实现资本家用于积累的剩余价值。这些剩余价值的物质内容是既包含生产资料,又包含消费资料的。

第二节　曼德尔

曼德尔认为,卢森堡的错误在于"把世界资本家作一个整体,即没有考虑到竞争"。[②] 他进一步认为,在国内、国际以至工业内部所有的层次中的资本主义内部的发展不平衡,"说明了如何在甚至没有任何非资本主义条件下也可以继续进行扩大再生产,如何在这种条件下通过一种具有资本集中的特点的市场使剩余价值得以实现。实际上,同非资本主义环境进行交换只是资本主义发展不平衡的一个方面"。[③] 这一点,列宁在论证资本主义需要国外市场时已经谈过了。绪言的作者认为,"曼德尔指出的问题实质是,竞争意味着资本家之间进行交换并由此而实现剩余价值。这种解释似乎有些含糊不清,因为它好像来自马克思主义对平均利润率所下的定义,价值由此

---

① 卢森堡、布哈林:《帝国主义与资本积累》,柴金如、梁丙添、戴永保译,黑龙江人民出版社1982年版,第31页。

② 同上书,第32页。

③ 同上书,第33页。

转变为价格和利润"。① 认为剩余价值只由资本家之间的竞争而实现,这是片面的,因为还有追加的工人也起了这样的作用。至于说"价值由此转变为价格和利润",则是明显错误的,因为竞争说明的是生产价格和平均利润的形成。

第三节　多布

多布提出的问题是:在封闭的资本主义经济内部怎么能够进行积累?他的回答是:"直到《资本论》(第二卷)的最末尾,马克思才对这个谜作出了回答。他的回答是,第二部类的资本家向黄金生产者出售商品来换取黄金。这个回答的关键不是我们所想象的货币……,而是这样一个事实:同黄金生产者进行的交换代表一种换取货币的单方面商品交换,而不是商品换商品的交换。"②绪言的作者认为,这种说法混淆了黄金生产的两个方面:作为商品的黄金和作为货币的黄金,在"资本循环中,黄金作为货币来使用只是一瞬间的事,而由于所有的商品不是在同一时间进行交换的,黄金在实际中实现的剩余价值只占一小部分"。③ 多布在这里并没有提出新的问题。他谈的问题是我们早就谈过的。他也没有指出,实现包含着剩余价值的商品所需的货币量,同实现不包含剩余价值而有同量价值的商品,所需的货币量是一样的。多布甚至不了解卢森堡所用的"对外贸易"一词的真正含义,这里的对外贸易指的是资本主义同非资本主义的贸易。这再次说明,由卢森堡首创的这一概念是不容易理解的。

第四节　汤姆·堪普

汤姆·堪普说:"对卢森堡的立场进行批评必须依据诚实的态度,承认

① 卢森堡、布哈林:《帝国主义与资本积累》,柴金如、梁丙添、戴永保译,黑龙江人民出版社1982年版,第33页。
② 同上书,第33—34页。
③ 同上。

她是在力图抓住真正的问题,而不是想象的问题。"①但是,绪言的作者认为:"不幸的是他自己就没有抓住问题,而不过是承认了问题的存在。他否认扩大到非资本主义市场是实现剩余价值的唯一手段,但他承认这是一个必要的手段,……如果同非资本主义市场进行贸易不是实现剩余价值的唯一手段,这说明资本主义还可以选择其他手段;但是,我们被告知,在'第三'市场进行积累的做法是一种必要的做法。这样,不是可以选择就是面对必要性,而后者包括前者。也许有人会提出反对意见,说必要性来自需要实现剩余价值本身,而同非资本主义生产形式进行交换一直是资本主义发展的一个历史部分。但是,这样一来,我们在马克思的再生产图式提出的严格理论性问题和一种历史分析之间就面对着一种混乱。堪普想维护卢森堡提出的公平听取意见的要求,结果不知不觉地两头落了空。"②

第五节　托尼·克里夫

托尼·克里夫著有《罗莎·卢森堡》。他在书中把卢森堡对问题的提法完全搞混了。克里夫按照罗莎的评论重述了马克思关于扩大再生产的第一个图式。这些评论十分正确地指出,"马克思在第一次尝试中得出了一些奇特的结果,第一部类的资本家在每一时期积累其剩余价值的50%,第二部类的资本家则以非常不稳定的情况积累其剩余价值"。我们知道,"卢森堡对马克思的批评集中在他的第一个扩大再生产图式上,但是卢森堡完全知道马克思抛弃了那个图式而提出第二个图式。事实上,她对第一个图式的评论是想表明为什么她认为马克思抛弃了它。在他的第二个图式中,剩余价值的积累率在两个部类里都是以同样的比率进行的(在第一轮以后),卢森堡作为正确的论点接受了它"。但是,"克里夫歪曲了卢森堡的立场。他说:她争辩说,扩大再生产的第一图式使两个部类之间产生了不平衡。其实,她对第二个图式也没有这

---

① 卢森堡、布哈林:《帝国主义与资本积累》,柴金如、梁丙添、戴永保译,黑龙江人民出版社1982年版,第35页。
② 同上。

样说"。克里夫提到对图式的一些修改——剥削（剩余价值）率的不断增长、积累率的增长和资本有机构成的增长——然后说："如果考虑到这些，卢森堡说的在纯粹的资本主义下经济不平衡将是一种绝对的、不可避免的、长期的现象这一论点，将会大大加强"。① 卢森堡确实考虑到这些因素。只是在考虑了这些因素以后，卢森堡才得出结论：剩余将在第二部类中出现。

第六节　斯特恩堡

塔巴克认为："卢森堡是第一个人看到军火生产中固有的实现剩余价值和吸收剩余资本的可能性。然而，她只活到能够看到这个过程的最初的、用今天的标准来看是微小的结果。斯特恩堡则活到能够抓住这些方法提供被资本家阶级的强有力的可能性以及这些方法可以给资本主义本身的结构带来的变化。"②

那么，斯特恩堡看到了什么呢？ 塔巴克介绍说，他在"1946 年写了一本小册子，书名是《日益逼近的危机——比 1929 年严重得多的崩溃是可避免的吗?》。从这里可以看出，他只不过是又一个已为事实证明大错特错的毁灭预言家，但轻易地否定他也是错误的，因为他在作出错误预言的同时，也提出了非常尖锐的意见，而这些意见在相当大的程度上已为历史事实证明是正确的。 他的缺点和长处表明了卢森堡理论所具有的同样的特点"。③

他具有卢森堡特点的长处是：他是一个消费不足危机论者，因为资本主义存在着一方面的生产过剩和另一方面的消费下降。但是，他认为从 20 世纪初到 1914 年（第一次世界大战爆发），资本主义的广泛扩张，通过海外市场的扩张，已经克服了这个矛盾。这带来的结果是：A.为本国创造了辅助市场；B.这导致宗主国千百万工人就业的机会；C.这又导致工人在劳动市场上处于有利的地位，从而增加实际工资。这里就有与卢森堡相同的地方："第

---

① 卢森堡、布哈林:《帝国主义与资本积累》,柴金如、梁丙添、戴永保译,黑龙江人民出版社 1982 年版,第 37 页。

② 同上书,第 301 页。

③ 同上书,第 298 页。

三市场"是现实剩余价值的手段。

塔巴克认为：斯特恩堡正确地认为，1929 年的崩溃是到那时为止的资本主义所经受的最大的、其影响也最深远的经济危机。但它不仅是最大的危机，而且与它以前的任何危机都不同。不同的原因在于：从拿破仑战败到第一次世界大战爆发这 100 年中，一直"都不得不增加生产能力和扩大生产的资本主义，在战后时期国外市场没有任何重大扩张的情况下还得这么做。所以当经济危机到来的时候，它不可避免地比资本主义历史上任何其他经济危机都更加严重和更加普遍"。斯特恩堡进一步指出："在大多数资本主义国家中，1939 年（第二次世界大战）爆发时 1929 年的危机还没有消除；1939—1945 年的大战只提供了一个短暂的松一口气的时期；而在 1946 年，指向一次更新危机的所有因素却在迅速成熟。"他继续说："这个时期的主要非稳定因素是 1917 年苏联的创建。这个因素使海外市场的扩大停顿下来，而 1945 年以后的形势（一批社会主义国家诞生——引者）又加强了这一点。毫无疑问，斯特恩堡在好些地方是正确的——1929 年是最严重的危机，它到1939 年还没有消除；苏联使世界面积的六分之一脱离了资本主义轨道；日本和美国在战争年代中作为老帝国主义国家的强大新对手而出现，因此有了更多的'掠夺者'争夺殖民地世界。然而，现在不言而喻的是，他在比 1929 年还要严重的崩溃将要发生这一点上错了。但是，当时他在这一点上并不是独一无二的人；在 1945 年，没有什么人愿意预言资本主义社会会有这么一个空前增长和繁荣时期。……显然，斯特恩堡在提出他的坚定的预言时，'第三'市场把他引入了歧途。"①其所以是"第三"市场将他引入歧途，是由于1945 年后，一批社会主义国家诞生，似乎使"第三者"减少了，因此，资本积累将遇到困难，发展就不可能如此迅速。但是事实上不是这样。可见"第三者"的作用使他走入歧途。

塔巴克认为，斯特恩堡还是有值得注意的正确之处的，他指出在所有资本主义国家中，纳粹德国是唯一真正"消除"了 1929 年危机的国家。这是用"备战经济"来做到的。这对资本主义国家来说是一种新的"恢复"做法，军

---

① 卢森堡、布哈林：《帝国主义与资本积累》，柴金如、梁丙添、戴永保译，黑龙江人民出版社1982 年版，第 298—299 页。

火生产以空前的规模组织起来,经济不仅达到 1929 年以前时期的生产水平,而且超过三分之一。大战爆发前夕,纳粹德国为军备而控制了近 50％的国民收入。他还论断这种国家干预可以划为进步和反动两种。前者就是德国的军火经济或国民经济军事化,因为德国在第一次世界大战中是战败国,就可以以复仇为借口,扩充军备;后者就是美国罗斯福总统的"新政",尤其是其中的公共工程,因为美国没有战败史,不能像德国那样扩充军备,因而就搞公共工程。由于德国的军火生产对经济发展起了很大的作用,塔巴克就认为卢森堡的积累理论是正确的。

我认为这不能证明军火生产和公共工程是现实剩余价值的环境,因此不是卢森堡预言的证实。与其说这是为实现剩余价值,倒不如说都是为垄断资本家提供一个远离人民消费的、由国家预算保证的市场,用以缓解资本主义固有的生产扩大和消费相对落后之间的矛盾,以减轻经济危机的程度。这两者后来由凯恩斯总结为:或进行无效劳动,即挖窟窿,今天挖、明天填,均由资本家承包;或生产的产品与人民的消费无关,如建筑金字塔、庙宇、教堂;或生产的产品不存在市场问题,如将纸币埋藏于废煤矿中,出租给资本家去开采,其产品就是货币,不存在市场问题,而制造纸币矿和开采纸币矿,工人就能增加就业,而一些用于埋藏和开采的工具和机器,就有一个市场;或者生产军火,其市场是由国家保证了的。[①] 总之,能这样做,经济危机就得以减轻……当然,这就要废除金本位制,以便实行膨胀的货币政策和赤字的财政政策,来支持这样的市场。这些政策并不是单纯是对准"第三者"的。只要是这样,就不能说是卢森堡资本积累理论的证实。

---

①　陈其人:《帝国主义经济与政治概论》,复旦大学出版社 1964 年版,第 57—58 页。

第十四章　评《资本积累——一个反批判》英、中文版绪言和中译本

卢森堡1915年在狱中写成的《资本积累——一个反批判》的原文是德文，1921年出英文版。其后，肯尼思·塔巴克将这本书和布哈林的《帝国主义与资本积累》（这本书另有中译本，收在《布哈林文选》中）编在一起，鲁道夫·威奇曼将两者译成英文并结集出版，肯尼思·塔巴克写了英文版编者绪言。但从内容看，绪言只是为《资本积累——一个反批判》写的。绪言共八部分。读了第四部分和第六部分后，我对其内容有不同的看法。此外，中译本的绪言和文字，也有问题。

第一节　英译本绪言

绪言说："卢森堡在讨论马克思的再生产图式时提出了批评，这些批评可以归纳如下：一旦人们开始去掉一些限制性假定并观察实际运行的资本主义，那个图式的缺点就开始出现，其中最严重的是马克思假定的图式中不发生技术上的变化。一旦采纳了这种假定（资本的有机构成增加，而这意味着同可变资本相比，不变资本的价值增加），第二部类就会出现一种生产剩余，而这种剩余在假设的关闭体系内是不能吸收的。这意味着对资本家阶级来说，要实现他们的全部剩余价值，就必须在两个阶级的体系之外寻求市场。实际上，这意味着，只有在资本主义扩展到第三市场即小商品生产、封建制度生产等生产基础上，才能积累。"但是，"这个第三市场并不一定是在外国或海外市场，因为资本主义经济发展到很近期以前，本国往往可以找

到这种市场"。① 我们知道,卢森堡认为要有非资本家和非工人的"第三者",资本积累才有可能,这是事实。但她认为其原因是:用于积累的那部分剩余价值,不能由资本主义社会两大阶级来实现,而要由"第三者"来实现;而不是由于第二部类出现剩余的消费资料,不能实现;更不是由于提高资本的有机构成,就必然使第二部类出现剩余的消费资料。我们在前面所引用的由魏埙教授主编的教科书论述了资本有机构成提高条件下扩大再生产的情况,并用图表表明两大部类平衡发展,不存在消费资料过剩的问题。塔巴克所说的过剩云云,是根据卢森堡的再生产数据得出的,而这些数据是随意给定的。这当然不是一种规律。

最使我吃惊的是这种说法:"卢森堡把'第三'市场当作这个(用于积累的剩余价值实现)过程中这样一个极为重要的因素,就把资本主义积累的基础来自剩余劳动产生的东西,改变为一种从外部来源吸收其主要营养的过程。换句话说,她是把对'第三'市场的剥削,而不是把对工资劳动的剥削作为资本主义的推动力。"②

我的天啊! 卢森堡何时、何地说过这样的昏话? 她一直认为资本主义社会的工人生产了剩余价值,但是用于积累的剩余价值要"第三者"来实现,仅此而已! 我们在前面已经谈到:布哈林认为她把实现和剥削分开了。这是击中要害的! 她虽然想说明资本主义同"第三者"的交换是不等价的,是一种剥削,但是归于失败。比上述更荒唐的是这种说法:"根据这个前提,那就意味着先进资本主义国家的工资劳动者不再处于被剥削的地位,而同资本家阶级一起成了联合的剥削者! 由此而得出的结论是,在先进的资本主义国家中,无产阶级革命的必要性不再是一个正确的主张了。资本主义要么通过'第三'世界的袭击而崩溃,要么在这个市场因没有能力实现剩余价值而取消时陷于崩溃。"③读到这里,我简直要发疯了:怎么在上述错误的基础上,又将第三市场说成是第三世界? 要知道第三世界中有些国家是二元经济结构,既有封建主义,也有资本主义,按照卢森堡的理论逻辑,后者本身

① 卢森堡、布哈林:《帝国主义与资本积累》,柴金如、梁丙添、戴永保译,黑龙江人民出版社1982年版,第29—30页。

② 同上书,第40页。

③ 同上。

就有一个寻求非资本主义环境以进行积累的问题,它怎能成为发达的资本主义进行积累的环境呢?

第二节　中译本绪言

中文版"编者的话"将英文版"编者绪言"的错误向前推进一步!它说:"在资本主义扩大再生产的条件下,第二部类就会出现一种剩余,而工人却无力吸收。资本家为了实现它的全部剩余价值,以保证扩大再生产的继续,就必须在工人和资本家两个阶级以外寻找市场。……"①英文版"编者绪言"还有一个资本有机构成提高这一个前提,才认为第二部类会过剩,中文版照抄英文版时,显然漏掉资本有机构成提高这一条件了。下面的错误也是照抄的结果:"那就意味着资本主义积累的基础不是来自对工人剩余劳动的剥削,而是来自对它外部市场的剥削;意味着资本主义国家的工人不再处于被剥削的地位而同资本家阶级一起成了剥削者,至少是分享对第三世界的剥削;意味着先进资本主义国家的工人阶级已经腐化,不再是革命的动力,资本主义的灭亡只有通过第三世界的袭击才能实现。"②这里包含的混乱和错误,实在使人吃惊!

他们都是歪曲了卢森堡的理论,然后按照自己的企图批判卢森堡!

第三节　中译本译文

我还要对《帝国主义与资本积累》的中译本提出意见,主要是有些地方译错和解释错了。情况如下。

(1) National ö konomie 这个德语,中文本译为"经济学"③,这是不对

①　卢森堡、布哈林:《帝国主义与资本积累》,柴金如、梁丙添、戴永保译,黑龙江人民出版社1982年版,第3页。
②　同上。
③　同上书,第134页。

的。编者在同页加注说:"通常译作'经济学',但这个德文词具有某种无法直译的含义。"稍微读过经济学史的人都知道,这个德语就是国民经济学,并且即使从英语看,也可猜测出是国民经济学。因为 National 这个词,无论是德语还是英语,都是国家的、民族的、国民的之意。因此,这个词就是国民经济学。国民经济学或国家经济学,这个概念是经济学中的德国历史学派特有的,历史学派诸子的著作大多有此概念。卢森堡就有一本著作叫作《国民经济学入门》。怎能说无法直译呢?

(2)"罗莎·卢森堡把事情说得过于简单了:如果在纯资本主义社会里实现是不可能的话,生产力将持续地'不受干扰地'增长……。"①这两句话,从卢森堡的理论逻辑看是自相矛盾的。因此,不需看原文就知道是译错了。因为实现不可能,生产力就不可能持续增长。与《布哈林文选》(下册)第 360 页一对,就证实我的怀疑是正确的。《布哈林文选》的中译是对的:"如果在纯资本主义社会里实现也是可能的……"

(3)杜冈认为:"一般来说,按比例分配生产不可能引起消费者需求的任何倒退,以致产品在市场上的总的供应超过对他们的需求。"②文字已经不好懂,从经济理论上看更是不通。与杜冈著《周期性工业危机》(商务印书馆1982 年版)226 页的译文一对,就知道上述的确是译错了。226 页上的译文是:"总而言之,只要社会生产比例适当,无论消费需求怎样减少,也不会使市场上产品供给总量超过需求。"这就对了:文字既通顺,经济理论也通。

(4)"布哈林著《改造时期的经济》。"③错了。懂一点经济思想史的人都知道:应为《过渡时期的经济》。列宁著有《布哈林〈过渡时期的经济〉一书的评论》,也可帮助我们理解这本书是《过渡时期的经济》。

其他的,如资本有机构成一词普遍译不出来,但是译文还能读懂。经济学家的姓名有的译得不规范,既然大体上能读懂,这里就不一一列出了。

最后,恕我直言,中译者似乎不懂经济学说史,不具备翻译这本重要著作的专业知识。

---

① 卢森堡、布哈林:《帝国主义与资本积累》,柴金如、梁丙添、戴永保译,黑龙江人民出版社1982 年版,第 282 页。

② 同上书,第 222—223 页。

③ 同上书,第 281 页。

第五篇
方法论创新及其对笔者的影响

布哈林完全理解卢森堡资本积累理论中的方法论。这就是："没有'一个非资本主义环境'，资本主义是行不通的。"①布哈林很赞赏她的资本积累理论中的方法论：认为她在理论上的最大功绩，"是她提出了资本主义和非资本主义环境之间的关系问题。但是，她仅仅提出了这个问题。……毫无疑问，仅仅提出这个问题也应大受尊敬"。② 可是，"她使用了对外贸易那么不合适的观察形式来证明这点（我们说不合适，是因为'外贸'一词不一定表明生产方式的区别）"。③ 但是，"'国外贸易'（最好说：'同非资本主义环境相交换'）仍然是费解的"。④ 这是布哈林在 1924 年的《帝国主义与资本积累》中针对卢森堡在 1913 年出版的《资本积累论》说的。

根据卢森堡的方法论，一种经济成分要以另一种不同的经济成分为其进行再生产的条件，就是一种世界体系。我的帝国主义与殖民地理论全部建立在这个方法论基础上，即垄断资本要从非垄断资本攫取垄断利润这一点上。提供这种利润的，即垄断资本主义的外部市场，也就是殖民地，它可以分为国内的和国外的。帝国主义就是垄断资本主义的世界体系。

---

① 罗莎·卢森堡：《资本积累论》，彭尘舜、吴纪先译，生活·读书·新知三联书店 1959 年版，第 288 页。

② 卢森堡、布哈林：《帝国主义与资本积累》，柴金如、梁丙添、戴永保译，黑龙江人民出版社 1982 年版，第 284—285 页。

③ 同上书，第 258 页。

④ 同上书，第 259 页。

第十五章　方法论创新

第一节　前人的论述

最早实质上提出资本主义生产不能独自存在的,是法国古典经济学的完成者、小资产阶级政治经济学的创始人西斯蒙第。他接受了斯密教条,不理解生产商品的劳动具有二重性,无法说明劳动者的一次劳动怎能既转移旧价值,又创造新价值,因而把社会生产总产物全部分解为工资、利润和地租三种收入,没有留下补偿社会不变资本的价值部分。他在 1819 年出版的《政治经济学新原理或论财富同人口的关系》一书中认为,今年的产品是由去年的收入购买的,当今年的生产超过了去年的收入时(这种情况所以能出现,就表明他不自觉地已经假定了资本积累),一部分产品就得不到实现。因此,资本积累的实现就要取决于小生产这个"第三者"。西斯蒙第把同小生产的交换看作资本主义产品实现的条件,因此,他实质上已提出了资本主义经济的存在要以小生产者的存在为条件的思想。

但是,西斯蒙第的理论是错误的。他由于受斯密教条的影响,就把实现问题仅仅看作由个人消费决定的,而不知除此之外生产资料的补偿也发生作用。因此,他虽然正确地区分了由两种不同经济性质的交换而构成的市场,但他却错误地把外部市场的存在看作资本主义再生产实现的条件。其实,就再生产的实现条件来说,资本主义不需要外部市场。

西斯蒙第的理论被马尔萨斯剽窃。马尔萨斯认为,资本家的产品之所以能实现,并使资本家从中获利,是由于在资本家和工人之外存在一个"第三者",他们只消费,不生产;只购买,不出卖;他们的购买力是从政治权力中得到的,这个"第三者"就是僧侣、贵族和官吏——他们的片面购买,对资本主义来说也是必要的外部市场。

马尔萨斯的思想是西斯蒙第理论的倒退。因为西斯蒙第的"第三者",即小生产者是生产的,确实有其收入。马尔萨斯的"第三者"则是不生产的,没有自己创造的收入,其收入是他们以特权从社会中的剩余价值分割而来,严格说来,他们应属于资本家一方,不是"第三者"。

马克思批判了前人错误的实现论,明确指出在分析社会资本的再生产时,必须将对外贸易予以舍象。从这一点看,他并不认为资本主义的存在要以其他经济成分的存在为条件。但是,这并不是说,马克思认为一切经济形态的存在,都不需要其他经济形态的存在为条件。不是的。我认为,在马克思看来,奴隶制社会就要从其他社会形态捕捉成年劳动力充当奴隶,才能进行再生产。这是因为,奴隶制社会的生产力十分低下,一般不采用让奴隶成立家庭的办法来再生产劳动力,而是采用捕捉成年劳动力的办法来达到目的。在奴隶劳动以社会劳动形态出现的罗马奴隶制,就是明显的事实。美国南部曾在现代条件下实行奴隶制,尽管有些州是专门豢养奴隶的地带,还是不能完全解决奴隶的来源问题,而要从非洲捕捉黑人来充实奴隶市场。马克思说:"奴隶市场本身是靠战争、海上掠夺等才不断得到劳动力这一商品的,这种掠夺又不是以流通过程作媒介,而是要通过直接的肉体强制,对别人的劳动力实行实物占有。"①就是这个意思。至于东方社会的奴隶制社会,由于存在一个马克思称之为亚细亚生产方式的问题,即农村公社大量存在,有的整个农村公社成为集体奴隶,这里的奴隶劳动就不以社会劳动形态出现,奴隶的再生产问题与上述不同,也较为复杂,这里不予论述。

美国南部的现代奴隶制,经营的是供应英国工业需要的烟叶和棉花,这两者是需要精心耕种的经济作物,但奴隶劳动又使精心耕种成为不可能,因此,这种耕种就成为掠夺性的,很快就把地力耗尽。所以,这种现代奴隶制经济必须从其他经济成分那里夺取土地,才能进行再生产。

基于上述分析,我认为奴隶制经济和封建制经济不同,它的存在要以其他经济成分的存在为前提,它是历史上第一个要以其他社会经济存在为其存在的条件的社会形态。

---

① 马克思:《资本论》(第二卷),郭大力、王亚南译,人民出版社 1964 年版,第 539 页。

必须明确指出：卢森堡是第一位提出资本主义如果没有"第三者"的存在，它就不能存在的理论家。她斩钉截铁地说："资本主义是第一个具有传播力的经济形态，它具有囊括全球、驱逐其他一切经济形态，以及不容许敌对形态与自己并存的倾向。但是，它也是第一个自己不能单独存在的经济形态，它需要其他经济形态作为传导体和滋生场所。"①

卢森堡资本积累理论的另一创新，就是内部市场和外部市场范畴的提出。不言而喻，撇开国家政治疆界，哪怕是跨越国家的交换，只要是资本主义经济内部交换的，就是内部市场；反之，哪怕是一国之内的交换，只要是不同性质的经济成分间的交换，都是外部市场。

第二节　对笔者的影响

应该说，在阅读卢森堡的著作前，我已经认识到，垄断资本主义经济成分是不能独自存在的。因为它必须攫取垄断利润，才能进行扩大再生产，而垄断利润只能从其他经济成分攫取。我是从研究《苏联社会主义经济问题》中逐渐得到这种认识的。

1952年此书出版时，我正在为经济系的学生讲授政治经济学，曾多次讲授此书。老实说，除了论述经济规律的部分引起我的注意外，我对此书没有什么深刻印象。直到1955年夏，苏联专家来华讲学，其中一位专家的讲课引起我的注意。我在一本书的"前记"中说："苏联专家依·斯·佐托夫同志在演讲中谈到剩余价值规律在资本主义各个阶段的具体形式问题，引起我很大的兴趣。后来由于教学的需要，我便着手研究这个问题。"②研究的结果，我得出剩余价值规律在垄断资本主义阶段具体化为垄断利润规律，而垄断利润是从非垄断经济那里攫取而来的。因此，这种经济成分是不能独自存在的。我的理由如下："垄断是从自由竞争中生长出来的。但垄断不仅不消

---

① 罗莎·卢森堡：《资本积累论》，彭尘舜、吴纪先译，生活·读书·新知三联书店1959年版，第376页。

② 陈其人：《资本主义基本经济规律及其在资本主义各个阶段上的具体形式》，上海人民出版社1957年版，第1页。

灭竞争，反而使竞争更加尖锐。竞争不仅用经济的手段来进行，而且用经济以外的手段来进行。从经济上进行竞争，归根结底就要提高劳动生产率和扩大生产，这就要把巨大的利润转化为资本。占统治地位的巨大企业的资本有机构成很高，使平均利润率有显著的下降趋势。在剧烈的竞争下，巨大企业的庞大的固定资本的精神磨损更加迅速，这就要有巨额的投资来进行更新。有下降趋势的平均利润率显然不能满足这种要求。在经济以外进行竞争，包括收买、恐吓和暴力破坏等，同样要有巨额的利润。这样，垄断企业就不能满足于平均利润和带有不固定性质的、比平均利润稍微高一点的超额利润，而要求最大限度利润。获取最大限度利润，即垄断利润的可能性是由垄断资本主义本身所产生的。既然垄断资本主义把最重要的生产部门、信用机构和原料都垄断了，不仅垄断了经济，而且还掌握了国家机关；不仅控制了本国的经济和政治，而且还控制了卷入资本主义世界经济体系的国家的经济和政治，垄断了殖民地和附属国，这样，它就不仅能够从经济上，而且还能借助于政治的力量来获取垄断利润。"[1]以后几十年，我一直坚持这种看法，只是逐步完善。

我想指出的是，保罗·巴兰和保罗·斯威齐在《垄断资本》中，也提出垄断资本攫取垄断利润的必然性问题。米克在《劳动价值学说研究》中，也认为垄断利润是从流通中攫取的，情况与重商主义论证的利润来自流通过程相似。

垄断利润的必要性和它来自非垄断经济成分这个问题解决后，内外市场问题、经济殖民地问题、国内殖民地问题、世界体系问题等就会迎刃而解。我得益于卢森堡的是：她好像给了我一根带子，它可以将许多新的经济范畴串起来。

下面就是我由于受到影响而进行研究的结果。

---

[1] 陈其人：《剩余价值规律在资本主义发展各个阶段上的具体形式》，《复旦学报》1956 年第1 期。

第十六章　论外部市场范畴形成的过程及其含义的质的变化

第一节　外部市场范畴形成的过程

最早分析社会资本如何实现再生产的坎蒂隆和魁奈,以土地所有者获取农业中的纯产品(地租)为其实现的条件。这样,表面看来,土地所有者阶级是否是资本主义社会的必要阶级,就成为这一阶级是否在资本主义再生产中构成外部市场的关键。应该说,土地所有者阶级是资本主义社会的多余阶级。因此,如果认为其存在是社会资本实现再生产的必要条件,那么,表面看来,它就构成资本主义的外部市场。反之,就不是。

在理想的或纯粹资本主义社会,土地所有者阶级确实是多余的阶级。因为土地私有权的存在是资本主义生产的赘瘤。资本主义农业发展的理想道路是美国式的:美国是移民国家,最初地广人稀,获得土地极易:只须登记一下,象征性地交一点费用,在法律上就占有土地。因此,初期的美国自耕农很多(自耕农是不交纳任何地租的)。直到南北战争后,大规模修筑铁路,铁路沿线的土地就成为在战争中暴发的金融资本家的财产,土地所有者阶级也就产生,从而出现租地经营的农业资本家。土地所有者阶级的存在,土地私有权和土地使用权的分离,使绝对地租产生,就是说,农业因资本有机构成较低,农产品的价值高于生产价格,即农业由于使用活劳动较多而产生的那部分较多的剩余价值,就不参加社会平均利润和生产价格的形成,而转化为由土地所有者凭借土地私有权所勒索的绝对地租,这使农产品以高于生产价格的价格出售。这高出的部分就构成绝对地租。由于这样,农产品的出售价格就和一般的资本主义商品的出售价格不同:不是按生产价格出售,而是按供求情况,以在生产价格和价值之间的价格出售。由于土地私有权使农产品的价格提高,使工人的货币工资提高,从而损害利润,代表资产阶级利益的美国社会学家亨利·乔治,就在其《进步与贫困》(1879 年)中提出土地社会化的主张:将土地收归国有(孙中山也有此思想),这样,绝对地租就消灭了,农产品价格下降了,货币工资下降了,利润提高了;只存在各份农业资本产生的不同利润而转化成的级差地租。这就证明没有土地私有权,没有土地所有者阶级,绝对地租消灭,资本主义的经营不仅是可能的,而且由于属于资本家的利润增加,资本积累就有条件增加,促使资本主义更快地发展;土地私有权的存在是资本主义经营的赘瘤。虽然土地所有者阶级是多余的,但是坎蒂隆和魁奈的再生产理论,将农业中的纯产品(剩余价值即地租)交纳给土地所有者阶级,作为实现再生产的条件,这个土地所有者阶段似乎就构成资本主义的外部市场了。其实不是。因为这里的纯产品(剩余价值)是由生产阶级生产的,不是由土地所有者阶级生产的,这与卢森堡的外部市场范畴是由其生产了价值,然后用来实现资本主义生产的剩余价值,有质的不同。就是说,没有土地所有者阶级的存在,不必经过交纳地租这一环节,剩余价值直接就是可以实现的。

这一点在马尔萨斯的再生产理论中表现得很清楚:资本家互相用高价出卖的方法,结果当然是谁也得不到利润;用高价出卖给工人的方法,比如提高 1/10,即 10 元的卖 11 元,虽然能够得到一笔利润基金,但是它不能实现,因为工人再也没有能力实现它,就是说工人的工资只能购买这提高了价格的商品的 10/11,余下的 1/11 不能实现为货币;只有将提高了价格的商品出卖给僧侣、地主、贵族等,才有实现利润的可能,因为他们只买不卖,无法对资本家报复,但是他们所有的源源不断的购买力不是自己生产的,而是靠特权取得的,说到底,它是来自资本家分润给他们的剩余价值。因此,这同样不是实现剩余价值的方法。所以,马尔萨斯的再生产理论中的地主等人,同样不能构成外部市场。

经过这样的分析就可以看出,在经济理论中,实质上最早提出外部市场的是法国古典经济学的完成者西斯蒙第。他认为,今年的产品是用去年的收入购买的,当今年的生产超过去年的收入时,就必然有一部分产品不能销售,就只好由外部市场——小生产者来实现。这里的小生产者,就是外部市场。因为是由它生产了价值——收入,然后用来实现资本主义生产的剩余价值的。但是,资本主义的发展必然使其逐渐消灭,因而资本主义就必然发生危机。

西斯蒙第的理论被俄国民粹派所继承。他们认为,俄国国内小生产者即农民破产,而国外市场已经被先到者所占领,由于缺少外部市场,资本主义在俄国就是没有前途的,工人阶级也不能壮大。前途只能是将农村公社发展为共产主义的社会组织。因此,只能寄希望于农村公社中的农民。因而,他们就有了民粹派的称号。

马克思批判了前人的错误的实现论,并在这个基础实质上提出资本主义内部和外部市场的理论。有时他称后者为新的世界市场,以区别于由超越国家疆界的资本主义经济内部交换而构成的世界市场,即内部市场。马克思首先指出:在16世纪和17世纪,由于地理大发现而导致的"商业的突然扩大和新世界市场的形成,对旧生产方式的衰落和资本主义生产方式的勃兴,产生过非常重大的影响……这种情况是在已经形成的资本主义生产方式的基础上发生的"。接着,马克思又说:"世界市场本身形成这个生产方式的基础。"[1]显然,这两个世界市场有着不同的内容:"新世界市场"指的是不仅超国家疆界的,而且是跨越国界的资本主义和非资本主义的交换。它是在资本主义生产方式的基础上产生的。它的历史背景是:地理大发现而导致的欧洲资本主义经济和美洲、亚洲和非洲的前资本主义经济的交换。其后,产业革命使一种和机器生产中心相适应的新的国际分工产生了,它使地球的一部分成为主要从事农业生产的地区,以服务于另一部分从事工业生产的地区,则使这个新的世界市场进一步扩大。"世界市场"则是指跨越国界的资本主义经济的交换,主要是地中海沿岸资本主义经济的交换。

19世纪末,列宁不仅针对民粹派关于资本主义需要国外市场之原因的错误看法,提出其真正原因不是实现再生产的需要,而是历史上与小生产有联系、资本主义生产不平衡和经济危机时的转嫁,而且提出以经济成分划分市场的思想。他认为,采用国家政治疆界来划分市场是太机械的方法;然后指出:"如果中亚细亚是国内市场,而波斯是国外市场,那么,把满洲放在哪

---

[1]　马克思:《资本论》(第三卷),郭大力、王亚南译,人民出版社1964年版,第371—372页。

一类呢?"①后一问题显然不能从政治疆界的角度来解决。其后,列宁还将这一思想用于研究帝国主义经济。他将垄断资本主义经济列为一方,将非垄断经济列为另一方,揭示了帝国主义不仅是资本主义的垄断阶段,而且是垄断资本主义经济剥削被其统治的非垄断经济的世界体系。这种非垄断经济不仅存在于国外,而且存在于国内。

但是,列宁没有明确指出,从垄断资本主义经济这一方看,它同非垄断经济另一方的交换构成外部市场,而一般地称之为"国外市场"。例如,他在指出国内交换,尤其是国际交换,是资本主义具有的代表性特征之后,接着说:"到 19 世纪中叶,英国实行自由贸易,企图成为'世界工厂',由它供给各国成品,这些国家则供给它原料作为交换。"②这里谈的实质上是外部市场,但是他仍然称为国外市场。由于这样,有些经济学家对列宁的思想就发生误解。他们不是从列宁的理论的内容出发,而是从其用语形式出发,即从国家政治疆界来理解国外市场,这就对列宁的资本输出理论发生误解,认为它已经不适用于战后的情况,因为战后发达国家之间的"资本输出"额,大于发达国家向落后国家的资本输出额。其实,前者应是同种资本主义经济成分之间的资本流动,后者才是不同经济成分之间的"资本输出"。

明确提出资本主义的内部市场和外部市场范畴的是卢森堡。她是在 1913 年出版的《资本积累论》中提出这对范畴的。她认为资本积累只有在外部市场中才有可能。这个外部市场她称为"第三者",即纯粹的资本主义社会只有两大阶级:资产阶级和无产阶级。积累不能由此二者来实现,而必须由他们之外的小生产者来实现。这小生产者即"第三者",也就是资本主义的外部市场。至于她认为军国主义等是实现资本积累的领域,我认为是要加以分析的:如果它是由资本家生产了体现剩余价值的军火,在非资本主义的落后国家出售,那就是由"第三者"即外部市场来实现资本积累的;如果由资本主义国家自己来实现,那么,就要分析购买军火的资金是从哪些阶级来的,才能决定是否由"第三者"或外部市场来实现。

在卢森堡之后,没有使用外部市场的术语,但实质上论述垄断利润只能

---

① 《列宁全集》(第三卷),人民出版社 1984 年版,第 545 页。
② 列宁:《帝国主义是资本主义的最高阶段》,人民出版社 1964 年版,第 55 页。

来自垄断资本以外的经济成分和社会成分的,是本书作者。我是在 1956 年发表的《剩余价值规律在资本主义发展各个阶段上的具体形式》①中提出这个问题的。因为我认为垄断资本必须攫取垄断利润,而垄断利润只能来自非垄断资本经济和非垄断经济的社会成分,这就构成垄断经济的外部市场。

英国的米克在 1955 年出版的《劳动价值学说的研究》中说:"现在有这样一些情形,即某些垄断资本家得到的超额利润的一部分,应正确地认为是类似重商主义时代特有的旧式'让渡利润'。"②这里强调的是,垄断利润是从流通中贱买贵卖得到的。这是对的。但是没有说明提供垄断利润的是谁。所以,很难据此判断这是不是从外部市场得到的。

20 世纪以来,一些激进经济学家提出的"外围"概念,实质上是一种外部市场理论。因为他们把发达的资本主义国家列为一方,称为"中心"(center),而把一些发展中国家列为另一方,称为"外围"(periphery)。这些概念在揭示发达国家与发展中国家的剥削与被剥削关系的同时,也否认这两者在经济性质上的一致性,这就等于说"中心"与"外围"的交换构成外部市场。

第二节　外部市场含义的质的变化

论述外部市场理论,我认为最重要的是说明:其含义从实现再生产的必要条件或从实现用于积累的剩余价值,到质变为资本主义据以攫取超额利润或垄断利润,由此就必然产生剥削和被剥削的关系,即布哈林批评卢森堡时所说的,不能将实现问题和剥削问题分离开来。卢森堡虽然力图说明在外部市场中的剥削和被剥削关系,并且说,政治上的暴力只是经济过程的一种工具,要想从乱纷纷的暴力和权利的掠夺中探求出经济过程的严密规律,那是要费一点气力的。虽然这样,我还是认为即使费气力,从暴力行为中是揭示不出经济规律的。因为她在此比较重视暴力的作用,而在暴力中必然是无

---

① 陈其人:《剩余价值规律在资本主义发展各个阶段上的具体形式》,《复旦学报》1956 年第 1 期。

② 米克:《劳动价值学说的研究》,陈彪如译,商务印书馆 1962 年版,第 324 页。

法揭示经济规律的。

我认为首先说明资本主义在外部市场(不是资本主义经济发展水平不同国家跨越国界的交换所构成的市场)进行剥削的是马克思,其后是列宁。两人的区别是:前者说明资本主义攫取的是超额利润;后者说明垄断资本主义攫取的是垄断利润。

我们知道,18世纪末至19世纪上半期,产业革命在主要资本主义国家完成后,世界就划分为资本主义的工业国和封建主义经济占优势的农业国。前者以工业品交换后者的农产品,即使价格相等,其背后的价值或劳动却是不等的。这样,在这个资本主义的外部市场,就形成剥削和被剥削的关系。

请看下面的两个表:

表 2-5　工业国家:不同资本有机构成下生产价格与价值关系

资　本	剩余价值率	剩余价值	价　值	平均利润	生产价格
A 90C+10V	100%	10	110	20	120
B 80C+20V	100%	20	120	20	120
C 70C+30V	100%	30	130	20	120

表 2-6　农业国家:不同资本有机构成下生产价格与价值关系

资　本	剩余价值率	剩余价值	价　值	平均利润	生产价格
Ⅰ 70c+30v	60%	18	118	24	124
Ⅱ 60c+40v	60%	24	124	24	124
Ⅲ 50c+50v	60%	30	130	24	124

一般来说,农业国家经营的农业并不是资本主义性质的,但为了同资本主义国家相比,我们可以用资本主义的经济范畴来分析其农业生产。马克思的政治经济学告诉我们,工业国的资本有机构成高,剩余价值率高,利润率低,农业国则相反。这两大类国家,资本有机构成高的 A 和 Ⅰ,其生产价格高于价值;资本有机构成低的 C 和Ⅲ,其生产价格低于价值;资本有机构成中等的 B 和Ⅱ,其生产价格等于价值。从表中可以看出,同样是 100 的投

入,其生产价格在工业国都是 120,在农业国都是 124。两国交换,前者 1 单位产品就换后者 0.967 741 9 单位。A 是重工业产品,它同Ⅲ相交换,Ⅲ是农产品,1 单位 A 的价值是 100,它换取 0.967 741 9 单位Ⅲ,这样,后者的价值则是:130×0.967 741 9＝125.806 44。因而,在按相等生产价格交换的背后,工业国是以较小的价值即劳动换取农业国的较大的劳动。就是说:前者投入的国民劳动小,实现的国民价值大,后者则相反。这就是我根据马克思的有关理论,对由他提出的富国剥削贫国的解释。这也是富国和贫国即使在等价交换之下,其发展差距也要扩大的最根本的原因。

那么,又应怎样理解马克思所说的,在这种交换中,贫国也得到利益呢?这就是:如果农业国不以农产品去交换工业国的重工业品,而在不具备技术条件时自己去生产,开始时花的劳动必然比用生产农产品去交换重工业品的办法所花的劳动还要多些。这就有一个长远利益和目前利益应如何结合的问题。应该说,这是每个落后国实现工业化和现代化时都会遇到的发展战略问题。

以上的分析是资本主义国家没有对封建的农业国家施加压力的理想状态。如果施加了压力,那么,落后国的小农必要时就被迫放弃利润,即只要收回 C＋V,能够温饱即可,M 只好奉送。马克思深刻地指出,这是以小农为主的落后国的农产品价格之所以特别便宜的原因,而非其土地特别肥沃所致。

列宁在垄断资本主义的条件下,科学地说明垄断资本家如何在外部市场攫取垄断利润。这里我们应该撇开不等价的交换问题。在这一方法论的指导下,列宁认为垄断资本主义主要是通过资本输出以攫取垄断利润的。关于垄断资本主义向落后国家输出资本之所以能够取得垄断利润的原因,列宁的说明是:"在这些落后的国家里,利润通常都是很高的,因为那里资本少,地价比较贱,工资低,原料也便宜。"[1]这就是说,落后国家的利润率比发达国家的高。为什么? 列宁写作《帝国主义是资本主义发展的最高阶段》的目的,是说明当时就要爆发的战争是帝国主义性质的,因而只限于"通俗的论述",对此不能详细解释。前人的解释各不相同。斯密认为,经济越发达,

---

[1]　列宁:《帝国主义是资本主义的最高阶段》,人民出版社 1964 年版,第 56 页。

资本就越多,竞争就越厉害,卖价就越要降低,因此,利润率就降低,落后国则相反。这是不对的,因为甲的卖价就是乙的买价,反之亦然。因此,要降价就必然卖价和买价一起降,这不会使利润率降低。李嘉图认为,经济越发达,耕种的土地就越差,对土地递增的投资的生产率就越降低,因此,粮食的价格就越来越贵,货币工资就越来越高,在工人的劳动创造的价值中,分解为工资的部分就越来越大,余下的利润部分就越来越小。这同样是不对的,因为耕种土地不一定是从优到劣,对土地的递增投资要以技术提高为条件,在此条件下,其生产率不会递减。马克思认为,利润率之所以有下降的趋势,是由于生产力的发展,技术水平的提高,导致资本有机构成的提高。他在《资本论》(第三卷)中举了这样的例子:假定在一个欧洲国家,剩余价值率为 100%;在一个亚洲国家,剩余价值率为 25%。再假定在这个欧洲国家,资本的平均构成是 84C+16V;在这个亚洲国家,资本的平均构成是 16C+84V。这个假定是合理的,因为前者的技术水平即生产力水平较高,因而资本有机构成和剩余价值率也较高,后者则相反,因为是封建主义的农业国,我们是用资本主义的经济范畴来表示其生产。在这样的技术条件下,欧洲国家的产品价值=84C+16V+16M=116,利润率为 16÷(84+16)=16%;亚洲国家的产品价值=16C+84V+21M=121,利润率为 21÷(16+84)=21%。因此,亚洲国家的利润率比欧洲国家高 25% 以上,尽管前者的剩余价值率只有后者的 1/4。

　　落后国的地价为什么较低? 土地价格其实是地租的资本化。所谓资本化,就是将一笔收入设想为一定资本额的利息。这里的一定资本额就是资本化的结果;这就是说,地价由地租额除以利息率决定。例如,年地租额为 1 000 元,年利息率为 4%,则地价为 1 000/0.04=25 000 元。就是说,放弃了土地,得到 25 000 元,它每年的利息就是 1 000 元,和地租额相等。从利润率有下降趋势的规律就可以看出,越是落后的国家,其利润率和利率就越高,地租额则低于资本主义国家,因为其农业不是集约经营,不会对土地递增投资,资本主义农业的集约经营则使级差地租的第二形态增加。[①] 这样,落后国家因地租额低和利率高两个因素,使其地价低于发达国家的地价。

---

① 陈其人:《地租和资本主义制度下的土地关系》,新知识出版社 1956 年版,第 8—10 页。

除了移民殖民地如原来的北美,落后国家的工资是较低的。原因很简单:因为资本主义经济尚未产生,失地的农民就业很难,劳动力供过于求;即使有工人,其培养费用也较低。

落后国家的原料为什么也便宜? 前面已经说明:因为落后国家的个体生产者较多,他们的产品的价值,虽然可以像资本主义的产品价值那样分解为 C+V+M,但是在外国资本的压力下,他们只要收回 C+V 即可,M 只好奉送,就是说,他们只求温饱,不求积累。

由于这几个原因,垄断资本输出到落后国,就可以得到比本国高很多的利润。

20 世纪 70 年代兴起的激进派经济学家,在说明"中心"向"外围"攫取额外利润时,运用的就是马克思的农业国的产品,其生产价格低于价值,反之,工业国的商品,其生产价格高于价值的理论。这里不赘述。但是,我要指出,有些激进派经济学家特别强调:在一些原来没有资本主义经济的地方,一些资本主义跨国公司也在那里投资,创办子公司,如经营矿产品的公司,其技术水平和资本主义本国一样,但是其工资水平却远远低于资本主义国家的工资,却按照世界市场上的价格出售,资本家便得到极大的额外利润,这就是剥削。这里的本质问题是:这些国家的工人使用高技术,却得不到具有高技术的工人的收入。

诺贝尔经济学奖获得者阿瑟·刘易斯,努力揭示工业国与农业国的交换是不等价交换,原因是农业国的工资太低。他认为,为了改善贸易条件,农业国必须做的,不是提高技术水平,不是实现工业化,而是提高工资。因为提高技术水平,结果就是商品价值中属于 C 的部分减少,这样,由它分到的平均利润就减少,因此,商品价格降低,反而有利于贸易伙伴,不利于自己;而提高工资,即商品价格中属于 V 的部分增加,则可以摊分到更多的平均利润,有利于自己。他认为,工资取决于农业的劳动生产率,即取决于农民所生产的多寡。工人的工资就由它决定,因为他认为农民如去当工人,所挣的工资如果不比当农民的多些,他们就不会去当工人。只是由于不工业化,就不能提高农业的劳动生产率,只是在这个限度内,要实现工业化。这样,他就将我们所论的外部市场,之所以对工业国提供额外利润,归结为工资太低,归结为农业劳动生产率太低。这里的问题是:工资到底由什么决定？他显然只是将美国工人工资的决定放在眼里，而没有将英国在圈地运动中，失去土地的农民在严刑峻法下变成工人时，其工资的决定规律放在眼里。因为美国是移民殖民地，历史上是从移民中的工人变成农民，然后再从农民中产生更多的工人。因此，就有工人所挣的工资应该起码同农民的收入相等的问题。但是，他仍然无法说明：美国土地所有阶级产生后，由土地私有权产生的绝对地租是如何决定的，因为要从农业总产品中扣除了绝对地租后，余下的部分才是农民的真正收入。绝对地租是怎样产生的，非马克思主义的经济学家是很难说明其规律的。

第十七章　论资本主义外部市场

第一节　国内市场的形成

在资本主义产生前，个体生产者之间，主要的就是农民之间的交换，无论是直接的交换，还是通过商人（他们也是从个体生产者中产生的）的交换，所构成的是个体生产者的内部市场。从个体生产者中产生资本主义经济后，他们之间的交换对各方来说都构成外部市场。资本主义产生后，它们各部门之间的交换就构成资本主义的内部市场。以后我们要说明，资本主义的内部和外部市场，在资本主义发展的不同阶段上有不同的作用。这里论述的内部市场和外部市场，不是以国家政治疆界为划分标准的。现在我们论述的国内市场，同这里说的内部市场并不是同一回事，它指的大体上是个体生产者的内部市场如何发展并扩大为资本主义的外部市场，以及资本主义的内部市场这两部分，这是以国家政治疆界为划分标准的。

马克思说，对农村居民的剥夺和驱逐，不断地为城市工业提供大批完全处于行会关系以外的无产者。但是，与独立的、自耕的农村居民稀薄化相适应的，不仅仅是工业无产阶级的稠密化。虽然种地的人数减少了，但土地提供的产品和过去一样多，或者比过去更多，因为伴随着土地所有权关系革命而来的，是耕种方法的改进、协作的扩大、生产资料的积聚等，因为农业雇佣工人不仅被迫加强了劳动强度，而且他们为自己进行劳动的生产范围也日益缩小了。因此，随着一部分农村居民的游离，他们以前的生活资料也游离出来。这些生活资料现在变成可变资本的物质要素。被驱逐出来的农民必须从新的主人即工业资本家那里，以工资的形式挣得这些生活资料的价值。国内农业提供的工业原料也同生活资料的情况一样。它变成了不变资本的一个要素。

马克思进一步指出，事实上，使小农转变为工人，使他们的生活资料和劳动资料转化为资本的物质要素的那些事件，同时也为资本建立了自己的国内市场。以前，农民家庭生产并加工绝大部分供自己以后消费的生活资料和原料；现在，这些原料和生活资料都变了商品。大租地农场主出售它们，手工业工场则成了他的市场。纱、麻布和粗毛织品，过去每个农民家庭都有制造这些东西的原料，并把这些东西纺出来供自己消费，现在变成了工场手工业的产品，农业地区正是这些东西的销售市场，以前由大量小生产者独自经营而造成的分散在各地的许多买主，现在集中为一个由工业资本供应的巨大市场。于是，随着以前的自耕农的被剥夺以及他们与自己的生产资料的分离，农村副业被消灭了，工场手工业与农业分离的过程发生了，只有消灭农村家庭手工业，才能使一个国家的国内市场获得资本主义生产方式所需要的范围和稳固性。

第二节　外部市场在资本主义产生中的作用

资本主义经济从个体经济中产生后，它就有两种交换关系和两种市场：同小生产者的交换构成的外部市场和资本主义各部门交换构成的内部市场。很明显，随着资本主义经济的发展，由于其劳动生产率比小生产者高些，价值规律的自发作用就使小生产者消灭，即外部市场就逐步消灭。这就产生一个问题：外部市场缩小乃至消灭，资本主义生产还能存在和扩大吗？

我们认为，外部市场尤其是下面将予论述的海外的外部市场，对资本主义的产生和发展起了很大的促进作用。但是，这在任何意义上都不是说，没有外部市场资本主义就不能产生和发展。在这里我们有必要简述马克思关于世界市场的理论。从中我们可以看到跨越国界的资本主义的内部和外部市场及其作用。他说："如果在 16 世纪，部分地说直到 17 世纪，商业的突然扩大和新世界市场的形成，对旧生产方式的衰落和资本主义生产方式的勃兴，产生过非常重大的影响，那么，相反地，这种情况是在已经形成的资本主义方式的基础上发生的。世界市场本身形成这个生产方式的基础。"①这里说的新世界市场,指的是由于地理大发现而产生的资本主义和前资本主义经济的交换,也就是资本主义的外部市场的扩大。至于它为什么能起上述的作用,以下将说明。这里说的世界市场,指的就是跨越国界的资本主义经济本身或内部的交换。它为什么是资本主义生产方式的基础呢? 马克思的再生产理论科学地说明,资本主义的再生产完全可以以自身为条件。当它消灭小生产者时,即它的外部市场在地理上缩小时,它就在广度上扩大资本主义的生产;当它提高资本的有机构成时,它就在深度上扩大资本主义的生产。这都是资本主义内部市场的扩大。当小生产者完全消灭时,资本主义就自己进行扩大再生产,其市场就随着资本有机构成的提高而扩大。就是说资本主义可以以内部市场为存在条件。这是和下面将要论述的垄断资本主义不同的。

有一种观点认为,小生产者的破产会使市场缩小甚至消灭。从上述马克思关于农民的离地和资本主义市场的扩大的关系的分析就可以看出,这是不对的。列宁和俄国民粹派争论的就是这一问题。民粹派认为,俄国的农民即小生产者在破产,国内市场因而缩小,俄国又是一个后起的国家,国外市场已被先进的国家占去,由于缺少市场,俄国的资本主义将不能发展。因此,俄国的无产阶级不能发展和壮大,不能成为革命的领导阶级。据此,民粹派将革命的希望寄托在俄国农村公社中的农民身上。列宁反对这种看法,并根据马克思的再生产理论和市场理论,认为随着小生产者的破产,资本主义就产生,市场也就形成。列宁从事革命,一开始就同民粹派论战,他写了一系列论文和专著,其中最重要的著作是《俄国资本主义的发展》,它的副标题就是"大工业的国内市场的形成"。从上述马克思的分析可以看出,列宁的看法是正确的。

第三节　垄断资本主义的产生和垄断利润

资本主义的基本矛盾使资本主义本身经历着部分质变,垄断资本主义

---

① 马克思:《资本论》(第三卷),郭大力、王亚南译,人民出版社 1964 年版,第 371—372 页。

是其中的一个环节。这个基本矛盾是生产的社会化和资本主义私人占有之间的矛盾。这首先表现为单独的即个人的资本积累和生产力的迅速发展之间的矛盾。如马克思所说,如果靠单独的资本进行积累,铁路就很难产生了。于是,在信用的基础上股份资本即集团资本就产生,以解决这个矛盾。它推进了生产力以社会为范围迅速发展。这又使另一个矛盾尖锐起来,这就是个别企业生产的有组织性和社会生产的无政府状态之间的矛盾。恩格斯深刻地分析了这个矛盾及其解决形式,那就是卡特尔、托拉斯一类的组织在股份公司的基础上产生。这些垄断组织如下面将详尽分析的,必然要向其他经济成分和社会成分攫取垄断利润,因而又使有可能迅速发展的生产和相对落后的消费发生尖锐的矛盾。于是,以国家的身份在资本主义范围内调节这个矛盾的国家垄断资本主义就产生了。它说到底还是维护资产阶级的利益的,所以矛盾不能解决。因此,只有将资本主义国家的政权夺到人民手中,将生产资料收归社会所有,按人民的利益和需要进行生产和分配,即资本主义发生根本性质变,矛盾才能解决。这就是社会主义取代资本主义的必然性。

现在,与我们的研究有密切关系的,是要说明垄断资本主义为何要攫取垄断利润以及它的来源。作为商品价格构成部分或原因(不是结果)的垄断利润,我认为要从生产条件上去说明其必要性。这里举一个例子:经营养牛业和牛奶业,需要较广阔的土地,要比经营工业交纳更多的地租,这和种植业一样,而且其数额起码和同等的种植业的地租相同。但是,后者的资本有机构成是低的,生产价格低于价值,这样,农产品的市场价格只要在生产价格和价值之间,它就有一个超过平均利润的超额利润,这就可以转化为绝对地租(区别于农业资本之间的级差利润,它转为级差地租)。养牛业不是这样。它的资本有机构成高,像重工业一样,生产价格已高于价值,只有高于生产价格出售,才能获得一个转化为牧地地租的超额利润。由于它是高于价值和生产价格出售而获得的,这就是垄断利润。很明显,这是养牛业的生产条件,使垄断利润成为必要的,并作为原因构成价格或提高了价格。这同下述情况不同:在特殊土地上栽培葡萄,再用它酿造名贵的葡萄酒,因而以垄断价格(其高度取决于饮者的嗜酒程度和购买能力)出售,其中包含的垄断利润不是构成垄断价格的原因,而是形成垄断价格的结果。

现在说明垄断资本主义为何要攫取垄断利润。我们已经知道,参加卡特尔的企业是在股份企业的基础上产生的,它规模庞大,生产力很高,其产品在本部门中占绝大多数,其生产条件成为平均的生产条件,其商品的个别价值决定该商品的社会价值,其商品如像自由竞争那样,即按生产价格出售,它就只得到平均利润,而这个平均利润相对于垫支总资本来说,还会迅速降低,因为这类企业的资本有机构成很高,导致社会平均利润率迅速下降。另一方面,竞争迫使这类企业提高生产力,扩大生产,但却要按照市场的需要调节生产,就是说有一部分机器设备要闲置起来,或者虽不闲置,而生产过剩的产品在国外市场低价倾销,不管哪一种,由此带来的损失是不能用按照生产价格出售商品得到的平均利润来弥补的。此外,由于企业规模庞大而又要进行竞争,固定资本精神磨损厉害,企业耗费巨大。收买新发明和专利而加以垄断,以及在经济外进行竞争,也是如此。利润率下降而必需的弥补和支出却十分巨大,这就是生产条件形成的矛盾。这个矛盾的解决,就是卡特尔一类的企业必须攫取超过平均利润的带有固定性的垄断利润。这就是垄断利润的必要性。严格地说,只有做了这样的说明,才能说这样的企业就是经济意义上的垄断企业。

垄断利润不能由垄断企业自己创造。有一种看法事实上是将垄断企业之间的差额利润,即其中较优的对中等的所具有的超额利润,错误地当作垄断利润,这是不对的。因为这样一来,最差的就不可能有垄断利润了。就是说,垄断利润只能来自其他非垄断资本主义的经济成分,以及垄断资产阶级以外的社会成分,只能在垄断资本主义生产以外,即在流通和分配中攫取。总之,这有点类似重商资本主义时商业利润的来源。

第四节 垄断资本主义经济是一种世界体系

我将一种不能为自己提供存在条件的经济成分称为一种世界体系。世界体系这个概念从方法论看,实质上是卢森堡提出来的。她的资本积累理论是反对马克思的再生产理论的。她认为,资本积累问题只是剩余价值的实现问题,在只有资本家和工人两个阶级的条件下,资本积累是不可能的。

资本家只有将用于积累的剩余价值（它体现在物质资料上）出售给资本家和工人以外的"第三者"、主要是个体生产者，从他们手中获得货币（这是第一次交换），然后再用这货币向"第三者"购买原料和材料，以及向他们雇佣工人（这是第二次交换），这样，不仅在价值上，而且在物质上实现了资本主义积累。换句话说，资本积累要经过两次资本主义经济和个体生产者的交换，即资本主义如果没有同非资本主义的交换，它就不能生存。卢森堡说："这两者都是资本主义生产与周围非资本主义世界之间的交易。所以，从剩余价值的实现及不变资本物质要素的取得两方面来看，国际贸易一开始就是资本主义历史存在的首要条件。"①她认为这是一种本质的联系，因而就构成世界体系。这就是：资本主义是一个"自己不能单独存在的经济形态，它需要其他经济形态作为传导体和滋生的场所"。② 卢森堡的资本积累理论是错误的，因为马克思的再生产理论表明，资本积累不单是剩余价值的实现，而且是包括剩余价值在内的全部价值以及使用价值这两者统一的实现或补偿，资本主义自己能为自己提供实现的条件，其存在无须以其他经济的存在为条件。但是，卢森堡的错误理论包含的方法论——有的经济成分不能自己单独存在就构成世界体系，却使我得到启发：它使我认识到不仅奴隶制经济是这样，根据上述分析，垄断资本主义经济也是这样。

从另一方面看，在卢森堡看来，如果资本主义经济没有外部市场，它就不能存在。卢森堡是从经济成分来区分内部和外部市场的。她说，德国资本主义的工业和英国资本主义的工业交换，这是内部市场，因为这是资本主义自己的交换；德国资本主义工业和德国的个体农民的交换，对资本主义的工业来说则是外部市场。国家政治疆界在这里的意义是不大的。

根据这个方法论，以及对垄断资本主义经济必须从其他经济成分攫取垄断利润的分析，就可以说没有外部市场垄断资本主义经济就不可能存在。

必须强调的是，并不是将某一种经济在事实上同另一种经济是有联系的这一事实记录下来，就认为它是一种世界体系。其实不是这样的。我们

---

① 罗莎·卢森堡：《资本积累论》，彭尘舜、吴纪先译，生活·读书·新知三联书店1959年版，第283—284页。

② 同上书，第376页。

是根据是否有本质的联系，即是否缺少了这种联系，资本主义或垄断资本主义经济就不能存在来判断其是否是世界体系的。

有些经济学家将资本主义经济看成一种世界体系。他们的方法论特点是：将资本主义经济从产生时开始，就同其他经济成分在事实上有联系，并且一直都是如此的具体情况记录下来。这样做，就必然无法区别一般的资本主义经济和垄断资本主义经济有何不同。

第五节　垄断利润的国内和国外来源

垄断利润只能来自非垄断资本主义的经济成分和非垄断资本家的社会成分，这是不分国家界限的。攫取垄断利润的最根本办法是：垄断企业以垄断价格，即高于价值或"生产价格"（这时由于垄断利润的存在，经济条件发生变化，平均利润已不是原本意义上的，所以生产价格也不是原来意义上的）出售商品，而以低于价值或生产价格向小生产者和一般的资本主义企业购买生产资料，它们的垄断地位使它们有条件这样做。这种情况是适用于国内和国外的。关于垄断价格的制定原则等问题，一般论述垄断资本主义的书籍已有说明，这里不赘述了。

但是，国内来源和国外来源还是有区别的。首先，由于国内外利率不同，用输出资本的办法攫取垄断利润就只适用于对落后国，除非垄断资本主义国家的落后地区，也存在着高利贷资本利率。其次，也是最重要的，在垄断资本主义国家，政权是由垄断资本家本人或其代表掌握的，因此，他们可以借助政权，制定有利于垄断资本主义经济的财政与货币政策，例如，以财政支出来购买他们以垄断价格出售的商品，或者为他们提供一个有保证的市场。最后，为了支持由此而常常发生赤字的财政预算，就废金本位实行纸币本位制，在这个基础上滥发纸币，从而降低货币的价值，导致物价上涨，而不相应地提高货币工资，从而增加所有资本家的利润包括垄断利润，但是非垄断资本的利润有一部分，如前所述还是落到垄断资本家的腰包里。像这种直接利用政治的力量攫取垄断利润的办法，垄断资本在国外一般说来是不适用的。

　　这里要指出的是：垄断资本主义经济用财政的办法，或者说通过由国家包买商品的办法，取得了垄断利润以后，这些不管是一般商品还是军火，不管积压着还是丢到大海中，都与垄断企业无关了。如果以发达国家的名义将这些商品送给落后国家，或者贷款给落后国家，后者的用途指定是用来购买这些商品的，那么，在垄断资本家已经得利的条件下，又能将落后国家进一步拴住，以便以后从中得到更多的利益。应该指出，这就是所谓的"经援"和"军援"的经济内容。卢森堡《资本积累论》中的军国主义理论就是建筑在这个基础上的。这一点下面谈。

　　对于据以攫取垄断利润的外部市场，垄断资本主义更为看重的是国外的外部市场。这有两个原因。其一，落后国家或农业国家有众多的小生产者，生活费用极其低廉，资本主义经济又不发达或阙如，工资因众多的小生产者破产又当不成工人而特别低下，换句话说，土著资本主义的利润因工资低而较高。这样，无论是小生产者以 C＋V（放弃 M）的价格出售，或是资本家以低于价值或生产价格的价格出售产品，他们的再生产还可以勉强维持，只是其工人苦不堪言。其二，垄断资本主义国家为了巩固其世界体系的基地，就有必要采用加深对外榨取而减轻对内榨取的办法，以缓和国内矛盾。这样做，有时还会给国内的工人、小生产者甚至一般资本家带来某些物质利益。这就是布哈林所说的垄断资本主义经济占统治地位的国家，受垄断资本主义剥削的各种人甚至连工人也会产生国家主义或爱国主义的经济条件。

第六节　资本输出及其实质

　　资本主义处于自由竞争阶段时，它和农业国的经济联系的基本方式是商品输出，垄断资本主义和落后国经济联系的新方式则是资本输出。因为它是前者对后者攫取垄断利润的重要方法。这是我们已经说明了的。

　　现在，我们首先要说明，为什么产生了垄断就必然发生资本输出？这是因为，国内已垄断的部门是能够得到垄断利润的，但要以限制投资为前提，而非垄断领域则由于被攫取了垄断利润因而利润率大为下降，于是得不到垄断利润的垄断资本,就成为过剩的资本,就要输出到落后国家,以攫取比国内更高的利润。进一步的分析将说明,这是一种垄断资本主义经济为维持自己的生产所必需的经济条件,并且使我们对资本输出的本质有正确的认识。这就要说明希法亭关于资本输出的极其重要,但又未引起重视的理论。

希法亭说:"我们所说的'资本输出',是指用来在国外生产剩余价值的价值输出。这里的根本问题是,剩余价值仍然留归国内支配。例如,如果一个德国资本家携带他的资本移居加拿大,在那里进行生产,不再回归故里,这就意味着德国资本的损失,意味着资本脱离原国籍。这不是资本输出,而是资本转移。它形成本国资本的扣除和外国资本的增加。只有用于外国的资本仍由国内支配,才能谈得上资本输出。……资本输出减少了国内资本量,按所生的剩余价值增加了国民收入。"①这段论述之所以重要,不只是它暗含着我在论述垄断利润的必要时,强调是由垄断资本主义经济的生产条件决定的,因而它攫取到的垄断利润必须回归出发点,即由原来的垄断资本支配这样的思想,如果垄断利润留在外部市场,这一目的就达不到了。而且在我们的研究中更为重要的是:如果是后一种情况,那么,输入资本的落后国就增加了资本,它不管投在哪一个领域,总是起发展经济或增加国民收入的作用,就像希法亭说的增加了加拿大的资本一样。说到底就是,它能使落后国逐步变成不再是落后国。许多落后国的经历说明了这一点。

应该指出:列宁的重要著作《帝国主义是资本主义的最高阶段》的研究对象不是具体的国家,而是将垄断资本主义国家列为一方,落后国家列为另一方,再研究它们之间的经济关系的。在其中,由资本输出而结成的关系是最重要的。正是这样,我们就不能一看到一个国家的资本离开了国界,就不问经济内容,认为就是资本输出。严格说来,它只有向落后国输出,并且将所得到的垄断利润输回本国,以进一步发展本国的垄断资本主义经济,从而拉大了它和落后国的差距,才是真正的资本输出。否则,只是资本转移。在

---

① 鲁道夫·希法亭:《金融资本——资本主义最新发展的研究》,福民等译,商务印书馆1994年版,第360页。

研究战后世界经济的专著中,有的人认为,战后资本输出在发达资本主义国家之间进行的,远远多于发达资本主义国家输出到落后国家的,由此认为列宁的资本输出理论已不符合战后的情况。我认为,这是不理解资本输出的方法论而产生的错误。

第十八章 论外部市场在资本主义发展不同阶段中的作用

——兼论世界经济学的研究对象

第一节 不同的生产关系之间的关系和外部市场

政治经济学的研究对象是历史上继起的几种生产关系中的生产、交换、分配的规律,以及这些规律的运动如何导致一种新的生产关系代替旧的生产关系,即研究历史上继起的生产关系变化的规律。但从世界范围看,当某一地区新的生产关系产生并代替旧的生产关系时,另一地区旧的生产关系仍然存在,新的生产关系尚未产生。例如,当西欧的资本主义代替封建主义时,亚洲和其他地区还存在着封建主义、奴隶制度甚至原始公社制度。这就是说历史上继起的几种生产关系,在现实生活中成为空间上并存的几种生产关系。这种并存的生产关系只要它们发生经济联系,就必然有其规律。因此,应该有一门以政治经济学为基础的、研究这些并存的生产关系之间的规律的科学。马克思在研究资本主义生产关系的产生和发展时,研究过封建主义中的个体经济如何产生出资本主义,以及资本主义产生后和个体经济的关系,为我们创建这门科学奠定了方法论和理论基础。我想这门待创建的科学可以称为世界经济学。它和目前称为世界经济的学科不同,后者基本上是以国家的经济活动为研究对象的,有的也以世界性的经济问题为研究对象,从方法论上看,都不是从生产关系的角度去揭示研究对象的规律的。例如,19 世纪上半期,俄国农奴向领主交纳的地租——小麦、法国小农耕种的小麦、英国资本主义农场生产的小麦,都在欧洲同一市场出售,俄国小麦对领主而言,无所花费;法国小麦对个体农民而言,只求收回成本:C+

V+R(C 是生产资料耗费,V 是工资支出,R 是交纳的绝对地租);英国小麦对农业资本家而言,则包含 C+V+P+R(P 是平均利润),三者在同一市场上出售,其价格如何决定,这就有规律待寻了。运用这个方法论,也可以研究资本主义和社会主义之间的经济关系具有何种规律性。

并存的生产关系要发生联系才有规律可循。这种联系应该是经济联系,而不是暴力联系,即使是暴力联系,说到底也是受经济制约的。最基本的经济联系,是商品交换,也就是市场。从这点看,并存的生产关系之间的商品交换构成外部市场,以区别于生产关系内部商品交换(如果它存在商品交换的话)构成的内部市场。这样,外部市场就是世界经济学的基本范畴。

从理论上看,外部市场是在资本主义生产关系和封建主义生产关系并存时才开始产生的。这是因为,奴隶制度和原始公社制度并存时,封建主义、奴隶制度和原始公社制度并存时,它们之间虽有商品交换,但这种商品经济在全部社会生产中占的比例较小,交换也具偶然性,如要寻觅其中的规律,偶然性或不规则性就是规律。资本主义和封建主义并存时就不同了,这是因为前者不仅是商品生产制度,而且是从封建主义条件下的简单商品生产中分化出来的。它们之间的外部市场,作为外部市场产生的开始,是世界经济学应该研究的。

外部市场这个范畴,如果不从名词而从实质看,最初是由马克思提出来的。马克思说:"如果在 16 世纪,部分地说直到 17 世纪,商业的突然扩大和新世界市场的形成,对旧生产方式的衰落和资本主义生产方式的勃兴,产生过非常重大的影响,那么,相反地,这种情况是在已经形成的资本主义生产方式的基础上产生的。世界市场本身形成这个生产方式的基础。"[①]这里,后一个世界市场指的应该是超越国家界限的资本主义经济自己的交换,从历史上看,就是地中海沿岸最初产生的资本主义经济内部的交换,所以,这种世界市场是资本主义的内部市场。前一个新的世界市场指的应该是超越国家界限的欧洲资本主义经济,同地理大发现后的美洲、非洲、亚洲的前资本主义经济之间的交换,所以,这种新世界市场是资本主义的外部市场。

列宁实质上也是将这两种市场加以区分的。他说:"国内市场与国外市

---

① 马克思:《资本论》(第三卷),郭大力、王亚南译,人民出版社 1964 年版,第 372 页。

场的界限在什么地方呢？采用国家的政治界限，那是太机械的解决办法，如果中亚细亚是国内市场，而波斯是国外市场，那么，把希瓦和布哈拉列在哪一类呢？如果西伯利亚是国内市场，中国是国外市场，那么，把满洲列在哪一类呢？"①这里，国内市场指的应该是资本主义经济之间或内部的交换，国外市场指的应该是资本主义经济和前资本主义经济之间的交换。

我想，我们如果不这样去理解马克思和列宁的论述，就会将他们置于我们为其创造的自相矛盾之中，或者会得出十分错误的结论。

卢森堡在前人的基础上将问题说得更为清楚。她说："德国与英国在相互交换商品上，主要构成了国内市场。但德国工业与德国农民间的交换，就德国的资本上看，表现为国外市场的关系。"②这里，国内市场就是德国资本主义和英国资本主义之间的交换，指的是内部市场；国外市场就是德国工业资本主义和德国个体农民之间的交换，指的是外部市场。正是这样，卢森堡又将资本主义经济和非资本主义经济的贸易称为国外贸易，而不问这种贸易是否超越国家界限的。布哈林在同卢森堡争论时，是很了解卢森堡的用语的，他认为卢森堡的"国外贸易"一词，"不一定表明生产方式的区别"，最好改为资本主义"同非资本主义环境相交换"③，这里说的就是外部市场。

下面我们分别研究资本主义发展不同阶段上的外部市场，其中涉及商品、货币和资本等问题。

第二节　外部市场在资本主义再生产中的作用

资本主义的生产关系是从封建主义制度下简单商品生产中产生出来的。一定高度的简单商品流通是资本主义产生的前提，因为只有这样，简单商品生产者才大量两极分化，才能在一定的历史条件下产生资本主义。暴力能够加

---

①　《列宁全集》（第三卷），人民出版社 1984 年版，第 544—545 页。

②　罗莎·卢森堡：《资本积累论》，彭尘舜、吴纪先译，生活·读书·新知三联书店 1959 年版，第 290 页。

③　卢森堡、布哈林：《帝国主义与资本积累》，柴金如、梁丙添、戴永保译，黑龙江人民出版社 1982 年版，第 258—259 页。

速这个过程,但不能创造这个过程。资本主义在这个条件下产生后,就有三种经济性质不同的市场:(1)由简单商品流通构成的市场;(2)由资本主义商品流通即资本主义生产两大部类之间和内部的交换构成的市场;(3)由资本主义商品和简单商品之间的交换构成的市场,后者从资本主义看是外部市场。

资本主义产生前,由简单商品生产流通构成的市场并不是资本主义的外部市场,因为这时还没有资本主义。资本主义产生后,它和简单商品交换,或推而广之和前资本主义经济的交换构成的外部市场,对资本主义生产有什么作用,这是一个重大的理论问题。

从理论上和历史上看,资本主义既然是从简单商品生产中产生出来的,它产生后当然仍然和简单商品生产发生联系,资本主义生产的实质是扩大再生产,这种扩大再生产又是在矛盾中实现的,从这一点来看,它也要和简单商品生产甚至和其他前资本主义经济发生联系。这样看来,外部市场似乎是资本主义进行扩大再生产不可缺少的条件,它和资本主义再生产有本质的联系。卢森堡的看法就是这样。

卢森堡完全理解马克思的社会资本再生产理论,根据这一理论,不仅资本主义简单再生产,而且资本主义扩大再生产,都可以在资本主义生产内部,在资产阶级和无产阶级两个阶级内便能实现,而无须存在非资本主义环境,无须存在某一种"第三者"。对此,卢森堡不同意。她认为,第一,按照马克思的扩大再生产图式,用于积累的剩余价值首先用来扩大生产资料的生产,它的扩大是为了扩大消费资料的生产,而后者的扩大又是为了供应两大部类扩大生产时工人就业增加所需要的消费资料。因而这"简直是在兜圈子","从资本主义的观点看来,这样做是荒唐的"。第二,按照这个图式,用于积累的剩余价值,一部分用来购买生产资料,一部分用来雇佣追加的工人,工人再用它来购买消费资料,资本家没有得到任何好处,"这样一来,资本家们就成为一种为扩大生产而扩大生产的糊涂虫了"。[①] 她一点也不理解,是资本主义的竞争压力使资本家必然这样做。

她认为,资本积累即资本主义扩大再生产,必须有一个非资本主义环境

---

① 罗莎·卢森堡:《资本积累论》,彭尘舜、吴纪先译,生活·读书·新知三联书店 1959 年版,第 88 页。

或"第三者"才能实现。在这过程中,资本主义和非资本主义之间有两次交换:(1)资本家将用于积累的剩余价值的物质担当者卖给非资本主义环境,从中取得货币。这样,这部分剩余价值是实现了,但扩大再生产尚未实现,因为尚未取得追加的生产要素。(2)她认为资本主义缺乏原料、粮食和劳动力,这要由非资本主义环境供给,于是,资本家又将用实现那部分剩余价值得来的货币,向非资本主义环境购买上述的生产要素。由此她便认为,"资本主义如果没有全地球的生产资料与劳动力,那是不成的";"国际贸易(资本主义和非资本主义之间的交换——引者)一开始就是资本主义历史存在的首要条件"。[①] 总之,外部市场是资本主义扩大再生产的前提。

卢森堡的理论是错误的。首先,她不过兜了个圈子,最后仍然回到"资本家是一种为了扩大再生产而扩大再生产的糊涂虫",以及"简直在兜圈子"这上面来。其次,她也知道,随着资本积累的进行,非资本主义环境最后也会变成资本主义的,到那时,由于积累无法实现,资本主义因而便崩溃。

俄国民粹派重复了卢森堡的错误,认为俄国是后起的资本主义国家,非资本主义环境早已被先进资本主义国家夺去,因而资本主义、无产阶级在俄国不能发展壮大,革命的希望只能寄托在俄国农村公社中的农民身上。

我们知道,按照马克思的再生产理论,没有外部市场社会资本的扩大再生产是可以实现的,而且这个理论是要以此为前提的。既然这样,马克思为什么一方面说"在分析年再生产的产品价值时,把对外贸易引进来,只能把问题搅乱,而对问题本身和问题的解决不会提供任何新的因素",另一方面又说"资本主义生产离开对外贸易是根本不行的"[②]呢? 首先要解决的是,这里的对外贸易指的是超越国家界限的资本主义之间的贸易即由此构成的内部市场呢,还是超越国家界限的资本主义和前资本主义之间的贸易即由此构成的外部市场呢? 我认为指的应该是后者。这还可以从他关于对外贸易对利润率趋向下降的规律能起抑制作用的论述中看出来,因为他的侧重点在于资本主义和殖民地进行的贸易。其次要解决的是,既然扩大再生产的实现从理论上说要以没有外部市场为前提,那为什么又认为资本主义生产

---

① 罗莎·卢森堡:《资本积累论》,彭尘舜、吴纪先译,生活·读书·新知三联书店 1959 年版,第 283、288 页。

② 马克思:《资本论》(第二卷),郭大力、王亚南译,人民出版社 1964 年版,第 528—529 页。

离开外部市场是不行的呢？在我看来，这是因为资本主义存在着矛盾，其扩大再生产是在矛盾中实现的，而外部市场是历史地、现实地存在着，因此，资本主义便需要它，以期减少实现中的矛盾。但这并不是说，没有外部市场，资本主义就不能实现扩大再生产。否则，就无法和卢森堡的错误理论划清界限。

列宁对俄国民粹派理论（实质上也是卢森堡的理论）的批判，进一步说明了这一点。列宁写了一系列关于实现论和市场问题的论著，其中最重要的是《俄国资本主义的发展》，这本书的副题是"大工业国内市场形成的过程"。我们在前面已说过，列宁说的国内市场和国外市场，与我们所说的内部市场和外部市场是相同的。关于资本主义之所以需要国外市场，列宁认为，这不取决于社会产品，特别是剩余价值的实现，如同民粹派所说的那样，而取决于：（1）资本主义只是广阔发展的、超越国家界限的商品流通的结果；（2）社会生产各部门之间要有一定的比例性，它们彼此互为市场，但各部门不是均衡发展，发展较快的就寻求国外市场；（3）资本主义企业是扩大再生产，所以各部门都趋向于寻求国外市场，而现实中是存在着这种市场的。因此，资本主义寻求国外市场完全是出于历史的原因。根据这个分析，列宁认为虽然国外市场的开拓，对资本主义生产发展是有作用的，但是即使没有国外市场，资本主义农业和资本主义工业的进一步发展和相互影响，就可以形成一个大的国内市场即内部市场，因此，俄国资本主义是能发展的，俄国无产阶级是能壮大的。至于国外市场即外部市场的开拓，由于最后也变成内部市场，这同样是资本主义生产的扩大。

说明了资本主义之所以需要外部市场的真正原因后，我们将进一步探讨它如何从外部市场取得更高的利润。马克思多次谈到资本主义国家能从对殖民地的贸易中取得超额利润。布哈林批评卢森堡的资本积累理论时指出："资本为什么需要一个非资本主义的环境呢？是为了实现在资本主义经济范围内实现不了的剩余价值。这样，实现问题就同更大的利润问题分开了，从而同剥削非资本主义经济形式的问题也分开了。"[①]这一批评是正

---

① 卢森堡、布哈林：《帝国主义与资本积累》，柴金如、梁丙添、戴永保译，黑龙江人民出版社1982年版，第263页。

确的。

我们知道,资本主义的劳动生产率比前资本主义的个体经济的劳动生产率高得多,这样,两种经济发生交换时,资本主义经济便能获得一个超额利润,个体经济则相反。这是价值形成的条件决定的,还不能说是剥削和被剥削的关系。但是,个体经济的再生产条件,如用资本主义范畴来表示便是要取得 C+V,至于价值中的 M,在竞争的压力下,个体生产者可以白白地送给资本家。这种个体生产者大多经营农业,如果他们是土地的所有者,如像北美、澳大利亚初期的移民那样,那么,他们的农产品价格又可以不包含绝对地租,而低于价值。马克思认为:"这就是小块土地所有制占统治地位的国家的谷物价格所以低于资本主义生产方式的国家的原因之一。"[①]这两者都存在着剥削和被剥削的关系。

产业革命的发生,如马克思所指出的,使"一种和机器生产中心相适应的新的国际分工产生了,它使地球的一部分成为主要从事农业生产的地区,以服务于另一部分主要从事工业的生产地区"。[②] 这样一来,上述的关系就更加巩固。

资产阶级经济学家认为,只要工业劳动生产率的提高快于农业,按照马克思主义政治经济学坚持的劳动价值理论,工业品和农产品交换的比价就必然越来越有利于农产品。如果不存在垄断的因素,似乎应该是这样。

其实不然。上述理论谈的是产品价格的比价,但它没有谈到这种比价依以产生的货币价值的变动问题。将货币价值问题加以考虑,这就不同了。第一,马克思说:"货币的相对价值在资本主义生产方式较发达的国家里,比在资本主义生产方式不太发达的国家里要小。"[③]这就是说,因货币价值不同,价格在资本主义国家要高些,在前资本主义国家要低些。为什么这样呢? 马克思这段话许多人解释过,这里谈谈个人看法。资本主义的商品在外部市场比在内部市场能实现更多的货币额,因为在外部市场它的个别价值低于社会价值,而按社会价值出售。这就是说,资本主义生产者要取得同

---

①　马克思:《资本论》(第三卷),载《马克思恩格斯全集》(第二十五卷),人民出版社 1974 年版,第 909 页。

②　马克思:《资本论》(第一卷),人民出版社 1975 年版,第 494—495 页。

③　同上书,第 614 页。

量的货币,在外部市场花的劳动比在内部市场少些,即货币在外价值小,在内价值大,但由于内外之间存在竞争,货币价值在外在内趋于一致,即比进入外部市场前小些。货币价值降低就使价格上涨。前资本主义国家的情况恰恰相反。随着资本主义工业劳动生产率和前资本主义农业劳动生产率差距的扩大,由其导致的两种货币价值作相反变化的差距也扩大,即因货币价值在资本主义国家越来越相对降低,价格便越来越相对上涨,在前资本主义国家,情况则相反。货币价值变动不同的这个因素,刚好抵消了工农业产品劳动生产率变动不同这个因素对两种产品比价变动发生的影响。

第二,某些主要资本主义国家和前资本主义国家,例如,16—19世纪的西欧诸国以及东方的印度和中国,都不生产金银货币,它们主要来自美洲和澳大利亚(其后还有南非)。货币价值如像一般商品价值一样,取决于生产和运输它所耗费的必要劳动。由于这个原因,货币价值在东方的印度和中国比在西欧贵,因此,商品价格在前者比在后者便宜。关于这一点,亚当·斯密有一段很好的说明:"欧亚初通贸易时,亚洲各国尤其是中国与印度的金银的价值都比欧洲高得多";"供给印度市场的银矿和供给欧洲市场的银矿相比,即使同样丰饶,其产物在印度所能换得的粮食也必较多"。①

第三节　外部市场对垄断资本主义存在和发展的作用

垄断资本主义是从一般的资本主义中产生出来的。资本主义生产的实质是剩余价值的生产,垄断资本主义生产的实质是垄断利润的攫取。只要我们坚持马克思的劳动价值理论,就可以得出这样的结论:垄断利润不可能是垄断企业内部生产出来的,它只能来自前资本主义经济和一般的资本主义经济。因此,它只能来自垄断资本主义的外部市场。

垄断资本主义产生后,它的外部市场有两种:它和前资本主义经济之间的交换,以及它和一般资本主义经济之间的交换。马克思高度概括地说明,

---

① 亚当·斯密:《国民财富的性质和原因的研究》(上卷),郭大力、王亚南译,商务印书馆1972年版,第197—198页。

资本家通过垄断价格攫取垄断利润，"不过是把其他商品生产者的一部分利润，转移到具有垄断价格的商品上"；"如果这种具有垄断价格的商品进入工人的必要消费，那么，在工人照旧得到他的劳动力的价值的情况下，这种商品就会提高工资，并从而减少剩余价值"。①

我们知道，垄断价格是垄断资本主义攫取垄断利润的重要工具。垄断企业以高于价值的价格（有人称为垄断高价）出售产品，以低于价值的价格（有人称为垄断低价）购买原材料，便可取得垄断利润。垄断企业采取的这种办法，既适用于对前资本主义经济，也适用于对一般资本主义经济。因此，没有外部市场，垄断资本主义就无法取得垄断利润，垄断资本主义就不成其为垄断资本主义。

应当认为，正是由于这一点，使马克思研究资本主义经济和列宁研究垄断资本主义经济具有了不同的方法论。马克思研究资本主义扩大再生产时，将外部市场完全加以舍象，已如上述。列宁研究垄断资本的总运动时，却将外部市场视为这种运动得以进行的必要条件，这是我们现在要论述的。列宁曾说："国内交换尤其是国际交换的发展，是资本主义的具有代表性的特征"；"在资本主义制度下，国内市场必然是同国外市场相联系的"。② 从前面的分析可以了解，列宁这里所说的"国际交换"和"国外市场"，指的并不是超越国家界限的资本主义或垄断资本主义经济内部的交换，而是指这两者同其他经济成分之间的交换，即外部市场。至于垄断资本如何从外部市场中取得垄断利润，除了前面提到的垄断资本运用两种形式的垄断价格作为工具外，列宁特别强调垄断的过剩资本对落后国的输出。这里的落后国，对垄断资本主义国家而言，指的就是前资本主义国家和落后的资本主义国家，它们都是外部市场。

从上述分析可以看出，资本主义的再生产不必以外部市场为条件，垄断资本主义的再生产则必须以外部市场为条件。因此，卢森堡根据资本积累的实现条件认为资本主义是一种世界体系，这种看法是错误的。列宁一方面批判卢森堡的错误理论，另一方面认为垄断资本主义是一种世界体系，却

① 马克思：《资本论》（第三卷），载《马克思恩格斯全集》（第二十五卷），人民出版社 1974 年版，第 973—974 页。

② 列宁：《帝国主义是资本主义的最高阶段》，人民出版社 1964 年版，第 55、60 页。

是非常正确的。列宁说的观点是：现代"资本主义已成为极少数'先进'国对世界上大多数居民施行殖民压迫和金融扼制的世界体系"①，这个世界体系是由垄断资本主义及受其统治的前资本主义和一般的资本主义构成的。

但是，认为垄断利润必须来自外部市场，从而垄断资本主义经济的存在要以非垄断资本主义经济的存在为条件，这是同历史唯物主义的原理相矛盾的。根据这个原理，一种经济成分、一种生产方式一旦产生后，便能独立存在和发展，而不须依赖其他经济成分或生产方式。但深入分析下去，便可以看到，除垄断资本主义经济外，奴隶制经济也是要以其他经济成分的存在为其存在和发展的条件的。因为在奴隶制度下，劳动生产率很低，剩余劳动太少，一般不能用让奴隶成立家庭、繁殖后代的办法，而多半用劫夺、捕捉其他经济成分的劳动力的办法取得奴隶，以便进行再生产。马克思指出："奴隶市场本身是靠战争、海上掠夺等等才不断得到劳动力这一商品的，而这种掠夺又不是以流通过程作为媒介，而是要通过直接的肉体强制，对别人的劳动力实行实物占有。"②即使像美国南部曾经存在过的现代奴隶制，其劳动生产率比古代奴隶制要高，因而可以存在一些专门豢养奴隶的地带，但时间一长还是感到奴隶的来源不足，还要从非洲捕捉黑人并强制他们为奴隶。对于这个问题，历史唯物主义应加以研究。

现在让我们进一步研究垄断资本主义和资本主义以及前资本主义之间的外部市场。从世界范围看，就是垄断资本主义和殖民地、半殖民地、附属国等之间的经济关系。我在其他场合曾经说明，这两者之间的关系是建立在产业革命后，前者成为工业国，后者成为农业国这种国际分工的基础上的；根据马克思的价值转化为生产价格，生产价格一般与价值有偏差的理论，便可以了解，工业品的生产价格高于价值，农产品的生产价格低于价值，两者交换的生产价格虽相等，价值却不等，工业国以小量劳动交换农业国的大量劳动。这里需要进一步指出，这两种产品依以交换的物质工具——轮船和物质条件——海运，这两者都是高度资本有机构成和较长的资本周转时间的产物，这使其生产价格和收费标准都高于价值。这样，制造轮船和经

① 列宁：《帝国主义是资本主义的最高阶段》，人民出版社 1964 年版，第 7 页。
② 马克思：《资本论》（第二卷），人民出版社 1975 年版，第 539 页。

营海运的工业国,便又以小量劳动交换农业国或落后国的大量劳动。我这种说明同当前激进派经济学家如伊曼纽尔·沃勒斯坦和阿明的理论有所不同,他们也从生产价格和价值的偏差去说明问题,但离开国际分工这个根本实际,而认为资本在国际能自由流动,因而形成国际平均利润和生产价格,由于发达国家的工资较高,落后国家的工资较低,前者的生产价格便高于价值,后者则相反。

以上论述是垄断资本主义国家和落后国或殖民地之间的商品交换的纯经济分析,即撇开垄断和政治因素的分析。至于加上这些因素,即工业品以垄断高价出售,农产品和初级产品以垄断低价出售,并且两种价格的差距日益扩大,因而垄断资本主义国家从外部市场日益以小量劳动交换大量劳动,攫取日益增加的垄断利润,这个问题当然非常重要,但由于许多论著都有所论及,这里就不赘述了。

这里想分析一下在这两者之间的商品交换的基础上产生的货币关系。我们知道,从19世纪70年代开始,资本主义便向垄断资本主义发展;在这以前,资本主义国家实行的货币制度是金银复本位制,凡实行复本位制都无法解决"价值尺度的二重化是同价值尺度的职能相矛盾的"[①]问题,因为金银的法定比价只能经过立法手续而定期变化,而金银的市场比价或自然比价却随这两者劳动生产率的变化而经常变化,只要法定比价和市场比价不一致,就必然发生恶币驱逐良币的现象;在此条件下,事实上只有一种货币起着货币的作用,另一种货币便成为商品;从19世纪70年代开始,银矿的生产率迅速提高,银价相对于金价大大降低,而经济发展本身要求以一种价值较高的货材作为货币。由于这个原因,从这时起大多数资本主义国家便过渡到实行单一金本位制。但落后国家,如东方的中国和印度,则实行单一银本位制。由于在商品交换中存在着小量劳动交换大量劳动的关系,落后国家同发达国家之间的贸易便常常发生逆差,前者要用银实行最后支付。

从这时起到20世纪30年代经济危机后不久中国最后废除银本位制这段时间里,在国际市场上,"占统治地位的是双重价值尺度,即金和银"。[②] 在

---

① 马克思:《资本论》(第一卷),人民出版社1975年版,第114页。
② 同上,第163页。

这个市场上，不存在金和银的法定比价，只存在金和银的市场比价，这样，银价下跌，便意味着落后的用银国为了支付同量的贸易差额，将要拿出越来越多的白银。换句话说，通过这种货币关系，发达的用金国剥削了落后的用银国。

价值是由生产和再生产商品的必要劳动时间决定的，必要劳动时间减少了，不仅现在生产出来的商品，而且从前存留的商品，其价值都下降，货币的价值也是这样。这样，由于银价下降而支付更多的白银，似乎说不上有什么剥削和被剥削的关系。但是，我认为货币虽然是商品，但货币商品与一般商品有不同之处：生产货币的劳动直接是社会劳动，货币积累着过去的社会劳动。马克思说："年产品借以流通的货币量，是社会原有的，是逐渐积累起来的。"[1]这样，银价下降，用银国以白银向用金国支付贸易差额，就是用大量的过去劳动同小量的现在劳动相交换。这也是一种剥削和被剥削的关系。

至于金本位制在20世纪30年代危机中废止后，垄断资本主义国家如何实行金块本位制和组成货币集团，以剥削和控制实行金汇兑本位制和参加货币集团的殖民地、附属国，以及第二次世界大战后，美国如何通过布雷顿森林体系使美元纸币不仅控制发达国家，也控制落后国家，这些问题在许多著作中已有论及，这里不再重复。这里只谈一谈布雷顿森林体系崩溃和"黄金非货币化"后的特别提款权问题。

目前，特别提款权发行量非常少，发生的作用也很小。但从其性质来看是一种国际储备，从其分配、使用、定值、计息的办法来看，它存在一种潜在的可能性，即几个成为世界债权国的富国，可以利用它来加深剥削世界债务国中的贫国。按规定，它按照国际货币基金组织会员国缴纳份额进行分配，这实质上是入股分红。它在会员国之间限于官方使用，用以购买某国的货币，支付国际收支逆差，或以本国货币购买某国持有的本国的特别提款权；会员国对它的持有数，超过分配数的，收取利息；反之，则支付利息。目前，它的单位值由五大富国即美、联邦德国、法、英、日的单位货币值加权平均决定，权数分别为42、19、13、13、13，与此相应，它的利率也由这五大国的利率加权平均决定。这样，历史上就首次出现一种可以人为地决定其价值的世

---

① 马克思：《资本论》（第二卷），人民出版社 1975 年版，第 537 页。

界货币。例如美国，它可以人为地提高利率，从而提高美元汇率，影响特别提款权的单位值。这种可以由几大富国决定价值的"人造货币"（特别提款权）对贫国存在的潜在危害，值得注意。

关于垄断资本主义国家向落后国家输出资本以攫取垄断利润，这是大家都了解的，不用多加阐述。这里只想指出，目前对资本输出理论的方法论的理解是不正确的，以为它指的是以国家为界限的资本流动。其实，列宁这一理论指的是垄断资本主义经济向前资本主义或落后的资本主义输出资本，虽然有时涉及国家问题，但不以国家为界限。能这样理解，便可以消除一种误解，即由于战后以来，垄断资本主义国家之间的资本流动总额，大于它们为一方向落后国为另一方的资本输出总额，便以为列宁的资本输出理论再也不适用于战后的条件了。只要想一想，列宁研究的垄断资本主义即帝国主义不是以国家为对象，而是以垄断资本主义经济为对象，这种误解便能消除。

以上以资本主义对封建主义、垄断资本主义对资本主义和封建主义的经济联系为例，说明由此构成的外部市场有其特有的经济规律，其目的在于说明有必要创建一门研究并存的生产关系之间的关系的科学。尽管这里没有研究社会主义产生后，垄断资本主义和社会主义之间的外部市场，也没有研究从社会主义方面看的外部市场，即它和垄断资本主义、资本主义、前资本主义之间的外部市场，但是马克思主义的再生产理论告诉我们，虽然社会主义事实上存在着外部市场，但它的再生产的现实条件是不需要外部市场的。这样，随着社会主义国家和民族独立国家经济的发展，垄断资本主义国家从中能够取得垄断利润的外部市场便日益缩小，垄断资本主义遇到的困难便日益增大。因此，建立一门研究生产关系之间的关系的科学，从中阐述垄断资本主义灭亡的规律，应该说是有重大的意义的。

第十九章 论垄断资本主义的国外殖民地和国内殖民地

第一节 殖民地的含义随着社会经济条件的发展而变化

殖民地是一个历史范畴,它的含义随着社会经济的发展而变化。

殖民地最初的含义是在无主的土地上移民垦殖。这是古代希腊社会的殖民地。斯密指出,希腊各邦的人民增加到本邦领土不能维持的时候,便分一部分出去,到意大利、西西里、小亚细亚及爱琴海各岛去殖民。[①] 其后,无主土地逐渐减少,因而在生产力水平不高、经济活动区域较小的古代社会和中世纪中,这种移民垦殖殖民地没有很大的发展。

在资本原始积累时期,由于积累资本的需要,以及航海技术已有很大发展,便产生了大量新的移民垦殖殖民地,如北美和澳大利亚。马克思称为真正的殖民地。当移民踏上这些土地时,土著居民的生产还处于狩猎阶段,生产力非常低下,土地没有被耕种,地极广、人极稀,土著很快便被移民剿灭或赶走。这些被腾空出来的土地便成为无主的、自由的土地,由移民耕种。马克思有时也称其为自由的殖民地。《资本论》(第一卷)第二十五章分析的就是这种殖民地,这种殖民地是移民垦殖殖民地。

其后,殖民地的含义就多了一层征服和奴役的意思。古代罗马社会的殖民地就是这种殖民地。斯密指出,罗马的富豪为了给贫困的自由民安排生活,便在被征服的意大利各地建立殖民地。为了奴役被夺走了土地的土

---

① 亚当·斯密:《国民财富的性质和原因的研究》(下卷),郭大力、王亚南译,商务印书馆1974年版,第128页。

著居民,便要在殖民地上设置守备队。① 随着罗马帝国发动战争,征服的土
地就越来越多,因此,它已不建立移民垦殖殖民地,而保持被征服地的生产
关系,对土著居民进行剥削,即取得贡物。中世纪的封建帝国对殖民地的剥
削,主要也是取得贡物。例如,蒙古人建立的地跨欧亚的大帝国,就是保持
被征服地的生产关系,对其统治的人民征收牲畜和粮食。

　　资本主义占有大量的这种殖民地,它与古代殖民地的重大不同在于:它
一开始就是为世界市场进行生产,其农业生产具有种植园的特点,马克思称
为"种植殖民地"。② 如非洲和亚洲的殖民地。当殖民者踏上这些土地时,土
著居民的生产处于游牧或农耕阶段,生产力较为发展,人口较为稠密,殖民
者要剿灭或赶走他们是不可能的。于是,便形成另一种殖民地。这种殖民
地之所以具有种植园的特征,是因为资本主义这时需要大量的农产品,因而
需要建立大农场生产,需要大量的劳动力,而土著居民进行的却是自然经济
或小商品生产,阶级分化缓慢,这样,就必须夺取部分土著的土地建立大农
场,并且把他们变成农奴或奴隶,使他们附着于土地,不再成为小生产
者——这就是种植园。北美这块原来基本上是移民垦殖的殖民地,有一部
分之所以也具有种植殖民地的特征,是因为自由移民在无主的自由土地上
很容易成为小生产而不出卖劳动力。这样,就有必要在需要劳动力较多的
南部(如棉花产地)建立奴隶制,捕捉非洲黑人,将其变成奴隶。马克思在
《资本论》(第一卷)第二十四章中,主要分析这种殖民地。从其本意上说,它
可以称为奴役土著的殖民地。

　　再以后,殖民地又多了一层垄断的意思。这最初是指英国在经营上加
以垄断的殖民地。其中,有的是从前两种殖民地转化而来的,有的是发动商
业战争加以霸占的。其主要特征不在于在土地上占领殖民地,而在于在经
济上垄断殖民地,尽管这时尚未产生垄断资本主义。斯密对英国这时的殖
民动机进行分析时说:"英国统治殖民地的主要目的,或更确切地说唯一的
目的,一向就是维持独占。殖民地不曾提供任何收入来维持母国的内政,也

---

① 亚当·斯密:《国民财富的性质和原因的研究》(下卷),郭大力、王亚南译,商务印书馆
1974 年版,第 129 页。
② 马克思:《资本论》(第一卷),人民出版社 1975 年版,第 821 页。

不能提供任何兵力来维持母国的国防；其主要利益，据说就是……专营的贸易。此种独占，即是此等殖民地隶属我国的主要标志，也是我国从这种隶属所得的唯一果实。"①当北美和澳大利亚只是作为欧洲移民垦殖的土地时，它们的殖民地含义仅以移民垦殖为限，不包括奴役之意。但当它们的商品经济发展起来，从而与母国发生利益冲突时，如斯密所说的，母国便对它们颁布一些条例，"其目的总在于保证它独占此等殖民地的贸易，限制它们的市场，牺牲它们以扩大自己的市场"。② 这样，这种殖民地便多了一层受奴役之意，再也不是自由的了。但其被奴役的基础显然不在于垦殖土地、种植土地，甚至占领土地这件事本身，而在于垄断殖民地的经济。

马克思对东印度公司的分析，说明经济垄断在形成殖民地中的作用。东印度公司成立于 1600 年，英国从领土上占领印度始于 1757 年，毕于 1849 年。但是，印度成为英国的殖民地，是从印度被英国从经济上实行垄断时开始的，东印度公司的成立是一个重大的标志。马克思说："东印度公司除了在东印度有政治统治权外，还拥有茶叶贸易、同中国的贸易和对欧洲往来的货运垄断权。而印度的沿海航运和各岛屿之间的航运以及印度内地的贸易却为公司的高级职员所垄断。"③应该说，东印度公司对印度的经济垄断和对北美的经济垄断，实质相同，因此，从这一点上看，两者都是英国的殖民地。

资本主义进入垄断阶段后，垄断组织怎样从输出资本划分势力范围、霸占领土等方面垄断殖民地，这是列宁详细分析过的，大家已经很熟悉了，这里就不再谈了。应该指出的是，在形成这种殖民地中起决定作用的是经济上的垄断，占领土地只是为了巩固经济方面的垄断。这种殖民地可以称为经济垄断的殖民地。

当代，殖民地的含义还有一层控制的意思。它的特征是：宗主国不一定占领其土地，也不一定在其地域内创办垄断企业，但通过商业、金融和财政，在经济上完全控制它，使其成为殖民地。前面提到的以交纳贡物为主要特征的奴役土著殖民地，便具有这种性质。以前，它是以自然经济为基础的。

① 亚当·斯密：《国民财富的性质和原因的研究》（下卷），郭大力、王亚南译，商务印书馆 1974 年版，第 185 页。
② 同上书，第 160 页。
③ 马克思：《资本论》（第一卷），人民出版社 1975 年版，第 821 页。

现在不同了,它是以商品经济为基础的。因而,控制是渗透到经济内部的。舒尔采—格弗尼茨说:"南美特别是阿根廷,在财政上这样依赖于伦敦,几乎可以说是成了英国的商业殖民地。"①列宁分析了当时的葡萄牙,指出:"英国为了巩固它在反对自己的敌人西班牙和法国的斗争中的阵地,保护了葡萄牙及其殖民地领土。英国以此换得了商业上的利益,换得了向葡萄牙及其殖民地输出商品尤其是输出资本的条件,换得了利用葡萄牙的港湾、岛屿、海底电缆等的便利。"②因此,葡萄牙当时虽然是独立的主权国家,但是实质上是英国的附属国。所谓附属国,也就是经济殖民地。

这种殖民地在第二次世界大战后成为重要的殖民形式。它的领土并没有被宗主国占领。它仍然是独立的主权国家,但是,它的经济和财政完全被宗主国控制。这种控制不一定是通过垄断组织进行的。新殖民主义的特点就在于此。第二次世界大战后,美国主要是用经济援助和军事援助的方式,从原来占有殖民地最多的英国和法国手中夺走一部分,但并不像英国和法国原来那样在土地上占领它们。这种殖民地可称为经济控制殖民地。

上述分析表明,随着社会经济条件的变化,殖民地的含义也发生变化,这主要有两方面:第一,如果说殖民地最初的含义只是移民垦殖,不包含征服、奴役、垄断、控制之意,即不包含压迫意思的话,那么,随着商品生产的发展,则所有殖民地(包括移民垦殖殖民地)都包含有压迫之意了;第二,如果说移民垦殖殖民地、奴役土著殖民地基本上是和土地被占领联结在一起,经济垄断殖民地从其本质看却可以和土地占领分开,只不过为了巩固这种垄断,最终还是要占领土地的话,那么,经济控制殖民地则明显地不需要这样做。因此,我认为奥得尔这段话是说得很好的:"要说明什么是殖民问题,具有决定意义的是殖民统治的组织机构所起的作用。而领土仅仅是人们把历史上发展起来的超级剥削的机构组成一种压迫体系的场所而已。"③

---

① 列宁:《帝国主义是资本主义的最高阶段》,人民出版社 1964 年版,第 77 页。
② 同上书,第 78 页。
③ 罗伯特·L.艾伦:《美国黑人在觉醒中》,上海市五·七干校六连翻译组译,上海人民出版社 1976 年版,第 9 页。

第二节　国内殖民地和国外殖民地及其相互转化

殖民地可以分为国内的和国外的,它们可以相互转化。我提出这个论点,人们可能觉得奇怪。问题在于殖民地怎能是国内的? 其实,这是一种客观事实。

以移民垦殖殖民地来说,它最初是无主的土地,因而它便是母国的一部分,或是母国的一块飞地。从这个意义上说,它自然就是国内殖民地。斯密在描写古希腊的殖民地和母国的关系时说:"古希腊殖民地与所从出的母市,一方面有一种父母之爱,一方面有一种孝敬之心。"①它们之所以不以国与国的关系互相对立,是由于自然经济占统治地位,竞争不存在。这种情况最初也存在于英国与其他殖民地(例如美国)之间。但是,随着殖民地商品经济的发展,如前所述,英国政府便对其加以限制,甚至对其输往英国的商品征收关税。这样,不管这时的殖民地的政治制度如何,从经济上说,它已经从英国国内殖民地转化为国外殖民地了。

根据上述理论,如果一个国家有边疆可以移民垦殖,这也成为国内殖民地。不言而喻,随着商品经济的发展,它也会受到压迫。随着国家疆土的变化,它会转化为国外殖民地。

以奴役土著殖民地来说,由于它是殖民者抢夺土著居民的土地,并以武力建立起来的,母国的疆土和土著的疆土明显地不同,从这个意义上说,它是国外殖民地;当这些土著居民已处于发展的较高阶段,建立了国家机器,殖民者能够和土著居民的统治阶级勾结起来,强化已有的国家机器进行统治时,情况就更是这样。例如,爱尔兰就是英国的殖民地。但是,自从1801 年英国和爱尔兰组成大不列颠和爱尔兰联合王国后,它又从国外殖民转化为国内殖民地。

根据上述理论,如果一个国家之内有的共同体,如一个民族或种族,在其生息的土地上被奴役,这就是国内殖民地。随着国家疆土的变化,它会转

---

① 亚当·斯密:《国民财富的性质和原因的研究》(下卷),郭大力、王亚南译,商务印书馆1974 年版,第 187 页。

化为国外殖民地。

关于经济垄断和经济渗透这两种殖民地,随着国家疆土的变化,也会转化为国内殖民地。这是不难理解的。但是,经济垄断和经济渗透怎能造成国内殖民地,这要在下面才能说明。

对国内殖民地这个提法,人们之所以觉得奇怪,是因为人们长期以来只看到西欧资本主义国家的海外殖民地,而马克思研究资本主义经济时,是以西欧资本主义国家为主,尤其是以英国为主的,这样,除了他多次提到的爱尔兰以外,他提到的殖民地也是这些国家的海外殖民地。由于这个原因,一提到殖民地,人们便自然而然想到国外殖民地。

国内殖民地这一事实,首先是由列宁提出来的。同马克思研究的是先进的资本主义国家的经济关系不同,列宁最初研究的是落后的资本主义国家——俄国——的经济关系。落后的资本主义国家的一个特点是:当某一个民族的资本主义生产发展到一定的阶段,从而要求建立民族国家时,其他民族尚未发展到资本主义阶段,也就是尚未形成民族和建立民族国家,这样,这个先进的民族便统治落后的民族,并在此基础上建立多民族国家。就是说,单一民族国家是资本主义发达的标志,多民族国家则是资本主义不发达的标志。西欧多半属于前者,俄国和东欧多半属于后者。俄国还有一个特点,就是幅员广阔,边疆未开发的自由土地很多。这就是列宁提出国内殖民地概念的历史条件。

列宁叙述了马克思的殖民地理论后,针对俄国的情况指出:"因为俄国边区有充足的闲地可供移民开垦,所以同其他资本主义国家比较起来,俄国是处于特别有利的情况。不必说亚俄,就是欧俄也有这样的边区。……"[1]列宁还根据《野蛮的巴什基利亚生活写照》的记载,说明移民者如何把"把'肃清了''野蛮的'巴什基利亚人的土地变成'小麦工厂'。这是殖民政策的一个小小的片段,它足以与德国人在非洲任何地方的任何丰功伟绩媲美"。[2]

后来,列宁在专门研究帝国主义的著作中又谈到这问题。在《帝国主义

---

[1]　《列宁全集》(第三卷),人民出版社1984年版,第545—546页。

[2]　同上书,第227页注。

是资本主义的最高阶段》中,列宁写道:"为了对付沙皇政府的书报检查,他不得不用伊索寓言式的语言来写作;为了说明俄国的问题,不得不用日本作为例子。"但他认为:"细心的读者不难用俄国来代替日本,用芬兰、波兰、库尔兰、乌克兰、希瓦、布哈拉、爱斯兰和其他非俄罗斯人居住的地区来代替朝鲜。"①在这里,既然朝鲜无疑是日本的国外殖民地,而芬兰、波兰、乌克兰等却可以代替它,这不就等于说芬兰等是俄国的殖民地——国内殖民地吗?

如果说,列宁在《俄国资本主义的发展》中提到的俄国国内殖民地是移民垦殖殖民地,其中有的是在剿灭或赶走了土著居民,也就是在腾空或肃清了的土地上建立的,因而这种殖民地不一定涉及民族问题的话,那么,他在《帝国主义是资本主义的最高阶段》中提到的俄国国内殖民地,则是建立在奴役非俄罗斯民族的基础上建立起来的,因而已经涉及民族问题。

在列宁以后,国内殖民地理论有了很大的发展。它集中地表现为,论证了美国的黑人和其他少数民族是美国的国内殖民地。例如,阿瓦林在其《殖民体系的瓦解》中写道:"借助民族的压迫,资产阶级保持了对少数民族的极高的剥削率,并减低了所有劳动者的工资,黑人、墨西哥人、印第安人,以及其他美国的少数民族,包括侨民,是美国财政大王的国内殖民地。"②克鲁斯在《造反还是革命?》中写道:"美国黑人一开始就是作为殖民地的人民而存在的。……美国黑人的地位不同于纯粹殖民地的地位的唯一因素是,他们是在统治种族的'本'国内保持这种地位的,并和统治种族有着密切的接触。"③

这两位理论家都认为,美国黑人民族是美国的国内殖民地。值得注意的是,列宁论述国内殖民地时,都是同地区联系在一起的,在涉及民族问题时,则认为被压迫的民族居住地区是国内殖民地,而这两位理论家都把被压迫民族是国内殖民地这个问题同地区相脱离,认为构成殖民地的是民族,而不是地区。这是非常可贵的。因为随着资本主义经济的发展,统一的国内

---

① 列宁:《帝国主义是资本主义的最高阶段》,人民出版社 1964 年版,第 4 页。

② 弗·雅·阿瓦林:《殖民体系的瓦解》,水茵、正楷、金青译,世界知识出版社 1959 年版,第 32 页。

③ 罗伯特·L.艾伦:《美国黑人在觉醒中》,上海市五·七干校六连翻译组译,上海人民出版社 1976 年版,第 6—7 页。

市场在形成和扩大,经济交流地区日广,多民族国家中各民族必然随着经济的发展而相互混居,由单一民族居住的地区日益消失。美国南部从前是黑人地带,现在不是这样了。黑白混居(不是邻居)日益增多。这样,就有必要将国内殖民地同地区分离开来。他们这样做是正确的。

但是,我认为把国内殖民地问题看成仅仅是被压迫的民族问题,这是十分不够的,也是不符合实际情况的。这是因为,按照这种说法,就必然承认,只有某些垄断资本主义国家有国内殖民地,例如,英国的爱尔兰民族和美国的黑人等少数民族。其他的垄断资本主义国家,如果是单一民族国家,就没有国内殖民地,如德国和法国。如果真是这样,这些没有国内殖民地的国家,有的又是没有国外殖民地(政治殖民地)的,或者已变成没有国外殖民地,如德国,它又怎么能够成为垄断资本主义国家即帝国主义国家呢? 苏联提出了"没有殖民地的帝国主义"的命题,以为这样就可以解决问题,我在下面将指出,这是错误的。

如果说,凡是垄断资本主义都是有国外殖民地的,因为它虽然不一定在土地上占有国外殖民地,但是,总要从经济垄断和经济控制的意义上拥有殖民地,那么,这种关系也存在于国内,也应有国内殖民地,只有这样,才能保持方法论和理论的彻底性。也只有这样,才符合垄断资本主义攫取垄断利润的实际情况,因为垄断资本主义既要从国外,也要从国内攫取垄断利润。

第三节　垄断资本主义的国内殖民地和国外殖民地

我认为,垄断资本主义据以剥削垄断利润的对象,即移民垦殖的移民、被奴役的土著、经济被垄断的居民、经济被控制的居民,是垄断资本主义的殖民地。根据国家疆界,它可以分为国外殖民地和国内殖民地。

垄断资本为什么要攫取垄断利润呢? 有的经济学家引用马克思这句话来解释:"资本主义生产的永恒目的,是用最小限度的垫付资本,生产最大限度的剩余价值或剩余产品。"①这是很不够的。因为马克思这里说的是最大

---

① 马克思:《剩余价值学说史》(第二卷),郭大力译,人民出版社 1978 年版,第 634 页。

限度的剩余价值,而不是垄断利润。垄断利润的产生有其原因。马克思分析了两种垄断利润:一种是垄断价格形成后,作为其结果的垄断利润。例如,一种特别名贵的葡萄酒,产量有限,需求大大高于供给,其价格便取决于酒客的购买力和嗜酒程度。因此就形成垄断价格。作为结果,垄断利润产生了;另一种是由经济条件决定,生产者要取得垄断利润生产才能进行。垄断利润作为原因,其结果是垄断价格的形成。例如,畜牧业交纳的地租额,取决于有同等质量的谷物业的地租额。但是畜牧业的资本有机构成高于社会资本的平均构成,畜牧业产品的生产价格高于其价值,它如果按照生产价格出售,就只能得到平均利润,没有超额利润的存在,不能由此转化为畜牧业的地租。因此,畜牧业产品就不能如同谷物那样,根据供求关系,在生产价格之上和价值之下的某一点出售,这就有一个超额利润可以转化为谷物业的地租;畜牧业产品不是这样,它要在生产价格之上,再加上一个等于同质量谷物业耕地的地租额出售,这个出售价格由于是高于生产价格的,就是垄断价格。高于平均利润的那部分垄断利润,就转化为畜牧业用地的地租。这里,经济条件是原因,垄断利润是结果。马克思分析的这两种垄断利润,并不是垄断资本所攫取的垄断利润。

列宁认为,垄断资本主义产生后,垄断利润就自然而然地产生了。他说,由竞争引起的生产集中发展到一定程度,便自然地形成垄断,而为数不多的垄断企业容易达成协议,就能取得垄断利润。协议是为了解决两个相关的问题:其一,根据市场容量决定产量,或如恩格斯所说:"大工业家会联合成一个卡特尔,以便调节生产。"①这一点,不能形成垄断价格,产生垄断利润;其二,为了攫取垄断利润,便制定垄断价格,便限制产量,从这一点看,垄断利润是原因,垄断价格是结果。至于是哪一种客观经济条件,如像畜牧业生产者要交纳地租那样,驱使垄断资本家去攫取垄断利润,列宁并没有加以分析。斯大林要解决垄断利润的必要性或者产生的原因是什么的问题。他是从垄断企业进行扩大再生产所需要的经济条件来谈的。他说:"现代资本主义即垄断资本主义不能满足于平均利润,何况这种平均利润由于资本有

①　马克思:《资本论》(第三卷),载《马克思恩格斯全集》(第二十五卷),人民出版社 1974 年版,第 495 页,恩格斯的插话。

机构成的增高而有下降趋势。现代垄断资本主义所要求的不是平均利润，而是比较正常地实现扩大再生产所必需的最大限度的利润。"①在这里，斯大林已经指出了攫取垄断利润是垄断资本主义实现扩大再生产的必不可少的条件。斯大林还指出，作为资本主义基本经济规律的剩余价值规律，是过于一般的规律，它没有涉及垄断利润问题，这就必须把剩余价值规律发展起来，使之适应垄断资本主义的条件。但他没有具体论证。

保罗·斯威齐等试图解决这个问题。他们写道："经理部门相信，在今天迅速改变的技术情况和市场情况下，竞争能力即便是为了存在下去，也要求作出技术革新和重大发展方面的大量开支……这种支出的大部分资金必须由内部形成。这就要求在支付股息之外，还有大量的日益增长的利润。"②这里事实上已谈到扩大再生产的条件问题，但还没有谈到企业内生产的剩余价值为什么不能满足此要求，而要在剩余价值之外攫取垄断利润。

我的想法如下：垄断企业是在股份公司的基础上成立的。股份公司的产生是为了解决资本主义生产力的社会化，资本的占有却是私人性质的之间的矛盾，因此，就产生集团资本以代替私人资本，这就是股份公司。垄断企业的产生是为了解决资本主义生产的无政府状态，而个别企业生产却是有组织的之间的矛盾；它是在股份公司的基础产生的。垄断企业通常就是股份公司，一般都是规模庞大的。因此，它的资本有机构成比一般的企业高，但是它要成为垄断企业，其产品必定要在本生产部门中占大多数，就是说，它的生产条件就成为社会的平均生产条件，从而它的产品价值就决定这种产品的社会价值，产品按社会价值出售，它就只能得到平均利润，得不到超额利润。然而，由于垄断企业的存在，社会的一般资本有机构成提高了，平均利润率呈下降趋势，它的产品如按生产价格出售，它得到的一般利润还有减少的趋势。可是，垄断企业之间的竞争很激烈，这样，不管垄断技术还是革新技术，都要耗费大量资金。这是生产条件形成的矛盾。要解决这个矛盾，垄断企业就必须攫取垄断利润，就要在价值或生产价格以上，即按垄断价格出售其产品，这就是垄断利润的必要性及其产生原因。

---

① 《斯大林选集》（下集），人民出版社1979年版，第567页。

② 保罗·巴兰、保罗·斯威齐：《垄断资本：论美国的经济和社会秩序》，南开大学政治经济学系译，商务印书馆1977年版，第30页。

那么，垄断利润的来源是什么呢？它当然不能是垄断企业本身的剩余价值，理由已见上述。它必须将中小资本主义企业的剩余价值的一部分也转化为垄断利润。办法是向它们高价出售生产资料和低价购买产品。但这还不够，因为随着垄断资本主义的发展，垄断企业的比重增大，而中小资本主义企业的比重降低，靠攫取后者的部分剩余价值来满足前者的需要是不够的，何况向羊取毛，还得让羊活下去，这就是垄断资本主义国家要扶植国内和国外的中小资本主义企业，不让其活不下去的经济原因。这样，垄断企业就必须将工人的部分劳动力也转化为垄断利润；办法是以垄断价格出售消费品，而不相应地增加货币工资，就是说，工人的实际工资降低的部分变为垄断利润。但是，这同样是不够的；因为工人实际工资的降低也要有限度，就是说，不能杀鸡取蛋。这样，垄断企业就必须将小生产者和一般居民的部分收入也转化为垄断利润；办法是向小生产者高价出售生产资料和低价收购产品，向一般居民高价出售消费品。这样，垄断利润的来源就包括非垄断企业的部分剩余价值、部分劳动力价值、小生产者和居民的部分收入。

这样，垄断资本主义就是对其统治下的一切人进行剥削的世界体系。这些被它剥削的对象都是它的殖民地。根据垄断资本主义国家的政治疆界，它们可以分为国内的和国外的两种。随着疆界的变动，这两者可以互相转化。由此可见，苏联理论界关于"没有殖民地国的帝国主义"的提法，是不能成立的。因为它只从形式看问题，没有深入其中的经济关系，或者只看到政治殖民地是否存在，而看不到经济殖民地，尤其是看不到国内殖民地。

对我的论点，人们可能提出这样的问题：

第一，垄断资本主义就是帝国主义，而垄断资本主义的生产关系包括两大阶级：垄断资产阶级和无产阶级。按照我的说法，其中的无产阶级成为殖民地，那岂不是说，帝国主义本身的一部分（无产阶级）也成为殖民地吗？我认为不应这样理解。我们知道，垄断资本主义经济的生产过程本身不能产生垄断利润，因而在垄断企业中做工的工人，并没有以其劳动向垄断资本家提供垄断利润。他们提供垄断利润的身份是一般的消费者和一般的居民。这一点，他们和其他居民一样，同受垄断资本主义的剥削。他们都是殖民地。

第二,既然垄断利润是垄断资本主义进行再生产的条件,而其来源是殖民地,那么,随着殖民地的消失,垄断资本主义岂不是自行消灭吗?我的回答是:随着经济和政治的发展,国外殖民地会消灭,即再不提供垄断利润,但只要垄断资产阶级存在,国内殖民地就不会消失,因为其政权会扶助那些被其剥削的对象。从理论上说,如果不仅国外殖民地,而且国内殖民地都消灭了,存在的仅仅是垄断资本主义,那么,它就再也不是垄断资本主义经济,而是一般的资本主义经济了。纯粹的垄断资本主义是没有的。

第四节　殖民地可以分为国内的和国外的两种的现实意义

将垄断资本主义的殖民地分为国内殖民地和国外殖民地,具有重大的现实意义:有利于国内外殖民地人民起来反对垄断资本主义的斗争,有利于揭露垄断资本主义调整帝国的构成内容,从而制造"非殖民地化"假象的阴谋。

同受垄断资本主义剥削的国内外殖民地人民,应该团结起来反对垄断资本主义统治的斗争。但是,垄断资产阶级采取加强对外剥削以减轻对内剥削、麻痹国内人民斗志的政策,来破坏国内外殖民地人民的团结。具体做法是:从对外攫取的巨大利润中分一点给工人,中小资本家也从中得到某些好处。这样,他们的处境就比国外殖民地人民好得多,认不清自己其实是国内殖民地人民的本质。在自由竞争时期,英国垄断世界工业和贸易,得到的垄断利润中就有一部分利润给英国的工人阶级,使整个英国工人阶级资产阶级化,使工人政党资产阶级政党化,这使马克思和恩格斯忧心忡忡。现在,英国一国垄断已不存在,列强竞争尖锐,列强国内整个工人阶级资产阶级化是不可能了,但是上层工人资产阶级化,工人政党领袖资产阶级化,从而实行有利于垄断资产阶级的政策,却是严酷的现实。这值得我们从上述角度加以分析。

由于形势发生变化,垄断资产阶级采用调整帝国构成内容的政策,使内外殖民地发生互变,模糊殖民地人民的意识,麻痹其斗志。这以占有殖民地最多的英、法垄断资产阶级最为突出。早在垄断资本主义阶段以前,英国资产阶级便将其国外殖民地爱尔兰同不列颠组成联合王国,即 1801 年成立的不列颠和爱尔兰联合王国,妄图以此法使爱尔兰人民认为自己再也不是处于殖民地的地位了。其实,从此爱尔兰就成为国内殖民地罢了。其后,1948 年,爱尔兰南部独立,联合王国改为不列颠和北爱尔兰联合王国,但是整个爱尔兰的地位实质上并没有变化——北爱尔兰仍为殖民地,而南爱尔兰仍未完全独立。这是内外殖民地互变的例子。英国进入垄断资本主义阶段后,于 1887 年举行殖民地会议,从此,一个包括殖民地在内的大英帝国便产生了。由于有了这个帝国,国外殖民地就变成国内殖民地。1944 年,殖民地会议改称英联邦总理会议,英帝国也就改称为英联邦。但是实质还是一样。

法国也是这样。1946 年第四共和国宪法把原先对殖民地的直接统治,改为法兰西联邦的形式,并规定"法兰西联邦由包括法国本部及海外省与属地之法兰西共和国与各成员国家及地区组成之"。这样,国外殖民地便变成共和国的省份,便变成国内殖民地了。

英、法垄断资产阶级组成联邦国家,其目的在于破坏国外殖民地人民的解放斗争,妄图使他们相信,他们再也不是殖民地的人民了,所谓已经"非殖民地化"了。

总之,对于某些实际上是国内殖民地的人民来说,不要由于处于宗主国的内部,就以为和国外殖民地的人民有所不同,放弃了反对垄断资本主义统治的斗争。对于某些从国外殖民地实质上不过变为国内殖民地人民来说,尤其不要由于这一变化,便认为其为殖民地人民的本质已经不再存在,放弃了反对垄断资本主义统治的斗争!

第二十章　论帝国主义是垄断资本主义的世界体系

关于帝国主义的本质问题,90多年前就发生过争论。列宁关于帝国主义是资本主义的最高阶段的论断使争论暂告一段落。第二次世界大战后,争论再度发生。由于各种原因,这一争论迄今尚未结束。本文试图从一种经济成分进行再生产的必要条件这一角度,结合理论家对帝国主义的认识历史及当前的实际情况,提出帝国主义是垄断资本主义的世界体系的看法。

第一节　一种经济成分要成为世界体系所需的条件

我这里说的一种经济成分成为世界体系,指的是这种经济成分进行再生产的必要条件,有一部分不是它本身提供的,而要由其他经济成分和社会成分来提供,即它的存在要以其他经济成分和社会成分的存在为前提。

我们知道,在人类社会的发展过程中,多种经济成分并存的情况是经常的。例如奴隶制经济与非奴隶制经济并存,封建制经济与非封建制经济并存等。这些并存着的经济成分之间是存在联系的,但是并不是所有联系都是作为联系一方的经济成分进行再生产的必要条件。

考茨基在其研究帝国主义的著作之一,即《民族国家、帝国主义国家和国家联盟》中,详细地记叙了一种社会制度或一种经济成分,同另一种社会制度或经济成分发生联系——他称为扩张倾向——的情况。他认为任何社会生产都要求各生产部门之间存在一定的比例性,这种比例性也存在于工业和农业之间,资本主义越发展,农业就越落后于工业,先进资本主义工业国就要向落后农业国家和地区取得工业原料和粮食,当英国一国独霸世界时,它用自由贸易政策达到这一目的;当多国起来和英国竞争时,它们都用帝国主义政策达到这一目的。

考茨基的叙述虽然详细,但是并不全面,他没有提到奴隶制社会要从其他经济成分用暴力取得奴隶。在考察近代奴隶制时,他是从贸易的角度说明奴隶的来源的,这样一来,古代奴隶制社会奴隶来源问题,就在其视野之外了。考茨基也没有提到金融资本或垄断资本主义经济,要从其他经济成分和社会成分取得垄断利润,因为他的思想里不存在这类问题。最重要的是,他没有将这些对外扩张,同各种社会制度或经济成分的再生产联系起来加以考察,说明那些对外扩张是实现再生产的必要条件。

列宁说:"'一般地'谈论帝国主义而忘记或忽视社会经济形态的根本区别,这样的议论必然会变成最空洞的废话或吹嘘。就像把"大罗马和大不列颠"拿来相提并论那样。"①我认为,将不同社会经济形态的帝国主义,即通常所说的对外扩张政策加以区别,最重要的就是将它们在各社会经济形态的再生产中发生的作用加以研究。

第二节　资本主义经济不是一种世界体系

资本主义经济的存在,要以其他经济成分的存在为前提,即资本主义是一种世界体系,这一理论首先是卢森堡提出来的。这一理论从内容看是错误的,但其方法论即认为有的经济成分要以其他经济成分的存在为前提,却启发我去思考问题。

社会资本扩大再生产理论的基础,是社会产品如何实现的理论。马克思认为物质资料生产分为生产资料和消费资料两大部类,资本主义扩大再生产能在两大部类间的交换以及每一部类内的交换中实现,而不必以同其他经济成分的交换作为实现的条件。对此,卢森堡提出批评:第一,第一部类扩大再生产,是为了满足自己扩大生产和第二部类扩大生产的需要,第二

---

① 列宁:《帝国主义是资本主义的最高阶段》,人民出版社 1964 年版,第 74 页。

部类扩大再生产，又是为了满足自己扩大再生产和第一部类扩大生产的需要，这是循环论证。这样一来，资本家就成为为了扩大生产而扩大生产的糊涂虫了。第二，马克思的图式没有反映资本有机构成的提高，而资本有机构成事实上是提高的，这样一来，生产资料就不足。第三，马克思的图式没有表明追加劳动力的来源。

由此卢森堡就认为，资本主义的本质是扩大再生产，即要将一部分剩余价值转化为资本，这部分剩余价值不能由资本家和工人来实现，而要由他们之外的"第三者"（如个体生产者）来实现。资本家将用于扩大再生产的剩余价值卖给"第三者"，从他那里取得货币，这是第一次交换，它的结果是剩余价值的实现，但还不是扩大再生产的实现，因为资本家还要购买追加的生产资料和劳动力。所以，他又要将那些货币向"第三者"购买生产资料和劳动力，这是第二次交换，它的结果才是扩大再生产的实现。因此，卢森堡认为，资本主义的存在要以非资本主义的存在为前提，资本主义是一种世界体系。帝国主义指的是争夺未被占领的"第三者"。

我认为上述观点是错误的。我们看得很清楚，经过上述两次交换，卢森堡还是回到资本家是为了扩大生产而扩大生产的糊涂虫这点上来：个体生产者会分化长出资本主义来，到全部都资本主义化时，资本主义就以它自身为存在条件了。卢森堡的错误理论导致了资本主义崩溃的错误结论。

资本主义为什么要同非资本主义的"第三者"交换并争夺这个外部市场呢？列宁指出，这是由于：第一，资本主义是从个体经济中长出来的，它和后者存在着历史的联系，当后者慢慢地都变成资本主义时，资本主义就以自己为市场了；第二，资本主义存在着生产无政府状态，生产过多的某些部门就从外部市场找出路，如果没有外部市场，这些部门就用降价销售的办法来解决矛盾；第三，资本主义存在着生产无限扩大的趋势和消费相对落后的矛盾，它使所有部门都生产过剩，即发生普遍危机，这就要从外部市场找出路，即转嫁危机，如找到出路，危机就轻些，否则就重些，但资本主义再生产仍能进行，因为普遍危机既是资本主义矛盾的爆发，又是矛盾的暂时解决，危机意味着破坏生产，使生产下降，这就能暂时解决生产和消费的矛盾，使生产得以继续进行。可见，资本主义再生产并不需要非资本主义的存在为必要条件。

　　卢森堡的理论虽然错误,但其中包含的方法论确实能够发人深思:第一,她首先提出有的经济成分是不能单独存在的这一论点是对传统观念的挑战;第二,她从交换双方经济成分是否相同来区分市场,抛掉国家政治界限,认为德国资本主义工业和英国资本主义工业之间的交换是内部市场,德国资本主义工业和德国个体农民之间的交换是外部市场。资本主义没有外部市场是不行的。

第三节　垄断资本主义是世界体系并表现为帝国主义

　　运用卢森堡这种方法来研究垄断资本主义,我认为它要攫取垄断利润,而垄断利润只能来自前资本主义经济、资本主义经济,以及与其相应的社会成分,攫取垄断利润的重要方法是低价购买、高价出卖,这就是说,垄断利润来自外部市场,垄断资本主义经济的存在要以其他经济成分的存在为前提。我的理由是:垄断企业是庞大的企业,由其组成的垄断组织生产的产品,在本生产部门中占绝大多数,它们的生产条件作为一个总体看,构成平均条件,其商品如按价值或生产价格出售,就只能得到平均利润,得不到超额利润。当然,垄断组织内不同的垄断企业的条件不完全相同,在它们之间会有不同的超额利润,但这样一来,中等和较差的垄断企业是得不到超额利润的,而庞大的垄断企业,由于资本的有机构成高,导致社会平均利润率迅速下降,这是一方面;另一方面,竞争迫使垄断企业提高生产率,但垄断又要按市场需要调节生产,这就有一部分设备闲置起来,或生产过剩的产品在国外低价倾销,其中的损失,不能由根据市场需要生产的那部分商品按价值或生产价格出售获得的利润来弥补。此外,企业规模巨大而又进行竞争,固定资本精神磨损厉害,企业耗费巨大,收买新发明而加以垄断,以及在经济领域外进行竞争,也是如此。平均利润率下降迅速而必需的弥补和开支却十分巨大,这是生产条件形成的矛盾。矛盾的解决,就是垄断企业向其他经济成分和社会成分夺取其部分收入,归己所有。这就是垄断利润的必要和来源。

　　认为垄断资本主义经济是一种世界体系的重要理论家,首先是布哈林。他在 1915 年写成、1918 年出版的《世界经济和帝国主义》中,说明了垄断的金融资本向非垄断资本扩张的必然性,事实上阐述了帝国主义的经济实质。但他并没有意识到这一点,因为他仍受当时流行观念的束缚,认为帝国主义既是一种政策,同时也可以是一种意识形态,如同自由主义既是一种政策,同时也可以是一种意识形态一样。帝国主义适用于金融资本时期,自由主义适用于产业资本时期。

列宁认为帝国主义是一种世界体系。他说:"资本主义已成为极少数'先进'国对世界上大多数居民施行殖民压迫和金融扼制的世界体系。"①这里列宁事实上是在将帝国主义置于资本主义垄断阶段的基础上,将其当作一种世界体系来研究的,这表现为他研究资本输出、垄断同盟在经济上分割世界、列强在领土上分割世界等问题上。

我认为帝国主义是垄断资本主义的世界体系,同考茨基和卢森堡对帝国主义的看法是不同的。在我看来,他们的看法是错误的。考茨基认为帝国主义是代替自由贸易取得农产品和粮食的另一种政策,这就必然认为帝国主义只限于征服农业国家和地区,而事实上帝国主义是要征服任何国家和地区的,包括工业国家,这只有用攫取垄断利润及以此为目的的全球战略才能解释,更何况资本主义并不是必然不能生产足够的农产品和粮食的。卢森堡将帝国主义看成为了实现扩大再生产而对未被占领的"第三者"的争夺,这就必然认为,帝国主义扩张只是为了实现剩余价值和取得生产要素,而和剥削无关,并且将争夺资本主义和再争夺被占领的"第三者"排除在帝国主义之外。

现在的问题是,垄断资本主义经济这个世界体系为什么表现为帝国主义?我们知道,古代罗马帝国是帝国主义;拿破仑发动战争,扩大法国版图,人们称之为帝国主义;英国在自由贸易极盛期,拥有许多海外殖民地,人们当时并不称之为帝国主义。马克思研究了宗主国英国和它的殖民地印度,但并没有称英国为帝国主义国家,没有把英国发动的鸦片战争称为帝国主义侵略战争,而称为商业战争。我们现在使用的"帝国主义"一词,大概是19世纪80年代末重新出现的。考茨基在其1915年出版的《帝国主义》中指出,大约一个世纪以来,英国人把帝国主义一方面理解为把巨大的殖民地国家

---

① 列宁:《帝国主义是资本主义的最高阶段》,人民出版社1964年版,第6—7页。

的所有部分同宗主国合并成一个统一国家的意图,另一方面理解为越来越扩大这个国家的意图。在其他国家,所谓帝国主义实际上只是指后一种意图,因为没有别的国家像英国那样拥有独立的殖民地。

第一个研究帝国主义的英国经济学家霍布森在其 1902 年出版的《帝国主义》中,叙述了现代帝国主义概念产生的条件。他指出,为了进行贸易和投资,并没有必要去占领一个国家,并将其划入本国的版图。当英国一国在工业生产、航海外贸都没有竞争对手时,它虽然有许多殖民地,但它们是各自存在着,并没有在政治上和宗主国联结在一起,组成如像罗马帝国和拿破仑帝国那样的帝国,只要情况是这样,就只有殖民主义,而没有帝国主义。不仅如此,在此条件下,英国经济学家亚当·斯密和财政大臣迪斯雷利还主张英国在经济上"解放"殖民地,以节省管理费用。但是,其后许多国家慢慢赶上英国,和英国展开激烈的竞争,这样,英国首先就将其殖民地在政治上和本国连在一起,组成大英帝国。因此,霍布森进一步指出,为了经济上的效果,增加的土地必须归入本国的版图:这个运动直到 19 世纪 80 年代中期才突飞猛进地发展起来。这就是说,只有殖民帝国形成了,垄断资本主义世界经济体系才表现为帝国主义。

霍布森是从历史事实说明现代帝国主义政策的产生的,这就是从 19 世纪 70 年代开始,主要列强占有的殖民地显著增加,并逐渐开始将殖民地和宗主国在政治上连在一起。但他没有指出其中的经济原因。这个原因是垄断资本主义从 20 世纪 70 年代初期产生,资本输出成为重要问题,列强之间的竞争激烈。

第二次世界大战后,绝大多数丧失主权的殖民地国家获得独立,其中的极少数成为无产阶级领导的社会主义国家,大多数成为资产阶级、封建地主等领导的民族独立国家,原来的殖民帝国已经崩溃。在这个条件下,帝国主义是否存在?我认为仍然存在,因为垄断资本主义是一种世界体系的本质没有变,只是殖民帝国的形式发生了变化。由于民族独立国家的领导阶级是剥削阶级,总的说来对外不能断绝对国际垄断资产阶级的依赖,对内也就不能制定一条正确的国家工业化的路线,经济仍然十分落后,又不能利用国家主权,在价格、关税、金融、税制等方面同国际垄断资本主义作斗争,无法逐步减少被它们攫取的垄断利润,由于这样,战后以来,富国和贫国的差距不是缩小了,而是扩大了。原来的殖民帝国虽然崩溃了,但我认为新的殖民帝国又在产生,例如,原来的英帝国发展为现在的英联邦,法兰西及其殖民地在战后成为法兰西联邦,现在则变成法兰西共同体,美国以条约为工具,将一些国家拴住,日本发起成立环太平洋共同体,等等。此外,我要特别地指出,垄断资本主义世界体系攫取垄断利润的对象,也包括垄断资本主义国家内部的非垄断资本主义经济成分和社会成分,它们受剥削的质相同,只是从目前看,受剥削的量低于国外的。

第二十一章　再论帝国主义是垄断 资本主义的世界体系

——《帝国主义是资本主义的最高阶段》还应吸收哪些理论？

第一节　问题的提出

从 19 世纪 80 年代起,在人们的政治生活中,出现一个新词:帝国主义。当时,其含义是:极力扩大一个国家的版图。对英国来说,还有把已有的殖民地纳入自己的版图的意思。随着这种"帝国主义"的发展,列强之间的战争越来越成为不可避免的。于是,不同世界观和政治背景的理论家就开始研究帝国主义的问题。20 世纪开始的 20 年间,出版了一批这类著作,如霍布森的《帝国主义》、希法亭的《金融资本》、卢森堡的《资本积累论》、考茨基的《帝国主义》和《民族国家、帝国主义国家和国家联盟》、列宁的《帝国主义是资本主义的最高阶段》(以下简称《帝国主义论》)和布哈林的《世界经济和帝国主义》等。有些论著,相互交锋,激烈争论,使人想起恰好 100 年前,即 19 世纪开始的 20 多年,萨伊、李嘉图、穆勒为一方,马尔萨斯、西斯蒙第为另一方,就经济危机的可能性发生的激烈争论。这对于促进理论的发展是大有好处的。

必须指出的是,参与讨论帝国主义问题的理论家,对决定人类发展前途的帝国主义实质的看法,以及对它们之间必然发生的战争的性质的看法,是各不相同的。霍布森认为,帝国主义的向外扩张是分配不公,即工业巨头的收入远远超过其奢侈的消费,而投资又受到垄断的限制的产物,解决办法是在不改变生产关系的条件下改变分配。希法亭认为,帝国主义是金融资本采取的政策,金融资本则是由银行家所有而借给工业家使用的资本,因此,只要将最大的银行收归社会所有,一切问题就能解决。卢森堡认为,资本积累需要靠非资本主义环境来实现,随着资本积累的进行,非资本主义环境也资本主义化,它也需要非资本主义环境来实现积累,这样发展到最后,资本主义由于不能实现积累就自动灭亡。帝国主义就是争夺尚未被占领的非资本主义环境:这一方面使资本能够积累,因而延长资本主义的寿命;另一方面则由于它使被占领的环境因进行资本积累而资本主义化,到全世界都资本主义化了,就再也没有资本积累的环境了,又促使资本主义灭亡;但是,她毕竟是一只革命之鹰,并不认为无产阶级就应该坐等资本主义的自动灭亡,而是相反地号召无产阶级要起来推翻它,她并为此献出自己的生命。考茨基认为,资本主义的农业落后于工业,为了取得农产品,有两种政策:自由贸易和帝国主义,各适用于不同的条件,帝国主义是取代自由贸易的另一种取得农产品的政策;随着这种政策的实行,全世界就会由一个帝国统治,即组成国家联盟或超级帝国主义,这时,就如像由一个罗马帝国统治世界就出现世界和平那样,也出现世界和平。列宁写作《帝国主义论》的主要任务就是批判这些错误的理论,这一紧迫的任务,不容许他做详细的理论研究,而只能做"通俗的论述"。列宁认为,帝国主义是资本主义发展的最高阶段,它们之间的矛盾必然爆发战争,它是无产阶级社会主义革命的前夜。布哈林认为,帝国主义是金融资本采取的扩张政策,它一方面使一国的民族经济冲破国家的界限而国际化,另一方面又使这样形成的世界经济民族化或国家化,即在经济扩张时,又把势力范围纳入自己的版图。帝国主义既是一种世界经济,又是一个历史阶段,同时也是一种意识形态。总之,认识不是很明确。1914 年至 1918 年的帝国主义战争,以及在帝国主义战争中社会主义俄国的诞生,这段历史已经证明列宁的帝国主义理论是正确的。

列宁写作《帝国主义论》的目的,不是写教科书,而是说明当时已经发生的帝国主义国家之间的战争的性质,并且仅作"通俗的论述",因此,它和马克思的《资本论》不同,不能认为它是《资本论》的续篇(《金融资本》深受德国历史学派以流通方式划分社会发展阶段的影响,认为德国的发展阶段不同于英国,以此来对抗英国古典学派主张实行的自由贸易政策,而主张实行保护政策,使德国不受外力的影响,独立地实现工业化。《金融资本》深受这种方法论的影响,全书贯串流通决定论,从流通分析入手,将流通放在生产之上,并以为流通社会化就必定是生产也社会化,这使它不可能是《资本论》的续篇),不能像对待《资本论》那样,依照其框架就可以编写政治经济学教科书。但苏联长期以来是这样做的,其教科书框架对我们的影响很大。对此,我分别在20年和13年前就提出异议和建议。[1] 我认为,要建立帝国主义理论,有许多工作要做。主要的就是要以《资本论》和《帝国主义论》为基础,再吸收一些正确的理论,依照《资本论》的体系,建立帝国主义理论。以下是一些初步设想。

第二节　关于垄断产生和资本输出原因以及外部市场问题

　　帝国主义最一般的基础是垄断。垄断产生的原因是什么? 马克思用辩证法分析资本主义生产方式的自我扬弃时,就指出垄断必然产生,但是没有详细的论述。恩格斯在《资本论》(第三卷)中的插话有所说明,但是和列宁的说明不同。恩格斯说:"历来受人称赞的自由竞争已经日暮途穷,必然要自行宣告明显的可耻破产。这种破产表现在:在每个国家里,一定部门的大工业家会联合成立一个卡特尔,以便调节生产。……但是生产社会化的这个形式还嫌不足。各个公司的利益的对立,过于频繁地破坏了它,并恢复了竞争。因此,在有些部门,只要生产发展的程度允许的话,就把该工业部门的全部生产集中成为一个大股份公司,实行统一领导。在美国,这个办法已经多次实行;在欧洲,到现在为止,最大的一个实例是联合制约托拉斯。"[2]列宁的说法与此不同。他说:"自由竞争引起生产集中,而生产集中发展到一定程度,就会引起垄断。"[3]现在流行的政治经济学教科书只是提一下诸如托拉斯、卡特尔、康采恩一类的名称,以为就说明它们是垄断企业了,我认为这是不对的。因为,这些名称并不能表明它们是垄断企业。例如,托拉斯

---

　　① 见陈其人《政治经济学帝国主义部分理论体系探索》,《经济研究》1982年第5期;《帝国主义是垄断资本主义的世界体系》,《光明日报》1989年4月10日。

　　② 马克思:《资本论》(第三卷),载《马克思恩格斯全集》(第二十五卷),人民出版社1974年版,第495页。

　　③ 列宁:《帝国主义是资本主义的最高阶段》,人民出版社1964年版,第16页。

(Trust)就是信托,并不含有垄断之意。我认为,必须将参加卡特尔的企业和组成托拉斯的企业,为何要取得垄断利润的原因说清楚,才能说它们是垄断企业,否则,它们就只是庞大的企业。从 1956 年开始,我在不同场合,多次谈论这类庞大企业取得超过平均利润的利润,即垄断利润的必要性和来源问题。[①] 现在没有新的看法,就不再论述了。

恩格斯的说明是符合辩证法的,就是说社会生产的无政府状态和资本主义个别企业生产有组织性的矛盾,必然使一些企业参加卡特尔和组成托拉斯,它们的生产是具有计划性的。列宁则直接认为它们是垄断企业。20年前,我就说,我倾向于恩格斯的分析。[②] 我现在还是这样看。因为应该从资本主义生产本身的矛盾,说明资本主义生产发生阶段性的变化。当然,这还只是从计划化必然代替无政府主义的角度来说明卡特尔一类组织的产生,还没有说明这就是垄断组织。要说明它们是垄断组织,还必须说明这些组织必然还要攫取非本企业生产的利润,本企业才能进行再生产的原因,只有这样做了,才是真正说明了垄断的产生。

卡特尔化和托拉斯化既然意味着生产和流通计划化,就必然限制投资,多余的资本就是过剩的资本。我们知道,资本总是流向利润高的地方。因此,就发生资本输出。关于垄断资本主义向落后国家输出资本的原因,列宁的说明是:"在这些落后国家里,利润通常都是很高的,因为那里资本少,地价比较贱,工资低,原料也便宜。"[③]这就是说,落后国家利润率比发达国家的高。为什么? 前人的解释各不相同。斯密认为,经济越发达,资本就越多,竞争就越厉害,卖价就越要降低,因此,利润率就降低。这是不对的,因为甲的卖价的反面就是乙的买价,反之亦然。因此,要降价就必然卖价和买价一起降,这不会使利润率降低。李嘉图认为,经济越发达,耕种的土地就越差,对土地递增的投资的生产率就越降低,因此,粮食的价格就越来越贵,货币工资就越来越高,在工人的劳动创造的价值中,分解为工资的部分就越来越

---

① 见陈其人《论资本主义的基本经济规律及其在资本主义发展各个阶段上的具体形式》,《复旦学报》(人文科学版)1956 年第 1 期;《帝国主义理论研究》,上海人民出版社 1984 年版;《帝国主义经济与政治概论》,复旦大学出版社 1986 年版。

② 陈其人:《政治经济学帝国主义部分理论体系探索》,《经济研究》1982 年第 5 期,第 50 页。

③ 列宁:《帝国主义是资本主义的最高阶段》,人民出版社 1964 年版,第 56 页。

大,余下的利润部分就越来越小,这同样是不对的,因为耕种土地不一定是从优到劣,对土地的递增投资要以技术提高为条件,在此条件下,其生产率不会递减。马克思认为,利润率之所以有下降的趋势,是由于生产力的发展,技术水平的提高,导致资本有机构成的提高。他在《资本论》(第三卷)中,举了这样的例子:假定在一个欧洲国家,剩余价值率为100%;在一个亚洲国家,剩余价值率为25%。再假定在这个欧洲国家,资本的平均构成是84C+16V;在这个亚洲国家,资本的平均构成是16C+84V。这个假定是合理的,因为欧、亚虽然都有资本主义生产,但前者的技术水平(生产力水平)较高,因而资本有机构成和剩余价值率也较高,后者则相反。在这个条件下,在欧洲国家,产品价值=84C+16V+16M=116,利润率为16÷(84+16)=16%;在亚洲国家,产品价值=16C+84V+21M=121,利润率为21÷(16+84)=21%。因此,亚洲国家的利润率比欧洲国家高25%以上,尽管前者的剩余价值率只有后者的1/4。[①] 假如列宁能用这个例子,就能更好地说明发达国家要向落后国家输出资本的原因了。

落后国家的原料为什么也便宜,列宁没有解释,《资本论》(第三卷)是有很深刻的分析的。这就是:落后国家的个体生产者较多,他们的产品的价值,虽然可以像资本主义的产品价值那样,分解为C+V+M,但是在外国资本的压力下,他们只要收回C+V即可,M只好奉送,就是说,他们只求温饱,不求积累。由于这样,落后国家的农产品和其他原料的价格就显得很便宜,这是价格低于价值的结果,而不是劳动生产率特别高或土地特别肥沃的缘故。[②]

垄断资本主义输出资本的对象就构成其外部市场。外部市场和内部市场是罗莎·卢森堡在《资本积累论》中首创的理论:外部市场和内部市场的划分不是以国家疆界为准,而是以经济成分相同与否为准的;也就是说,即使是跨越国界的资本主义经济成分的交换,例如,德国的资本主义成分和英国的资本主义成分交换,这是内部市场;不同经济成分的交换,即使是在一国内部的,例如,德国资本主义成分和德国小农的交换却构成外部市场。从这一点看,资本从发达国家输出到落后国家,就构成外部市场。列宁在《帝

---

① 马克思:《资本论》(第三卷),载《马克思恩格斯全集》(第二十五卷),人民出版社1974年版,第169页。

② 同上书,第909页。

国主义论》中没有提出这个问题,而他在此前的《俄国资本主义的发展》中,尽管不很精确,却提出不以国家疆界为准划分国内市场和国外市场。① 可惜的是,他后来没有将这一极其重要的思想加以发展。

《资本论》(第三卷)中有一段话事实上是谈论这个问题的。这就是:"在16世纪和17世纪,由于地理上的发现而在商业上发生的并迅速促进了商人资本发展的大革命……如果在16世纪,部分地说直到17世纪,商业的突然扩大和新世界市场的形成,对旧生产方式的衰落和资本主义生产方式的勃兴,产生过非常重大的影响,那么,相反地,这种情况是在已经形成的资本主义生产方式的基础上发生的。世界市场本身形成这个生产方式的基础。"②这里的新世界市场指的就是欧洲资本主义因海路大通而导致的和新大陆以及亚、非等非资本主义的交换,而世界市场指的就是地中海沿岸地区的跨越国界的资本主义交换。世界市场之所以成为资本主义生产方式的基础,是由于资本主义是商品生产制度,商品有冲破国家疆界进行交换的天性。我认为,列宁如果注意到《资本论》(第三卷)中的这段论述,他是会大大地运用,以完成由他初步提出的但需要完善的国内市场和国外市场的理论的。

值得指出的是,有些经济学家并不理解列宁的资本输出理论,以为资本只要离开国界,就是资本输出,而不问它是否向落后国流去。研究战后资本流动的经济学家,就将战后发达国家之间的资本流动理解为资本输出,以致得出这样的结论:列宁的资本输出理论已经过时,因为战后资本主义国家之间的"资本输出"量,大于资本主义国家向落后国家的资本输出量。

第三节　"'资本输出'是指用来在国外生产剩余价值的价值输出"③

《帝国主义论》的写作,特别运用了两本著作:霍布森的《帝国主义》

---

① 《列宁全集》(第三卷),人民出版社1984年版,第544—545页。

② 马克思:《资本论》(第三卷),载《马克思恩格斯全集》(第二十五卷),人民出版社1974年版,第371—372页。

③ 鲁道夫·希法亭:《金融资本——资本主义最新发展的研究》,福民等译,商务印书馆1994年版,第360页。

（1902年）和希法亭的《金融资本》（1910年）。关于后者，列宁说："虽然作者在货币问题上犯了错误①，并且有某种把马克思主义同机会主义调和起来的倾向，但是这本书对'资本主义发展的最新阶段'②（希法亭这本书的副标题）做了一个极有价值的理论分析。"③《列宁全集》（第三十九卷）中收有列宁读此书时写下的笔记："资本输出＝'为了在国外生产剩余价值的价值的输出'。"④希法亭认为："这里的根本问题是，剩余价值仍然留归国内支配。例如，如果一个德国资本家带着他的资本移居加拿大，在那里进行生产，不再回归故里，这就意味着德国资本的损失，意味着资本脱离原国籍。这不是资本输出，而是资本转移。"⑤我认为，这一重要思想，列宁是应该吸收的。它暗含着这样的思想：输出资本以攫取垄断利润，是输出资本的垄断资本进行再生产的必要条件。这同我对垄断利润的必要性及其来源的认识是相同的。

第四节 关于帝国主义既是历史阶段又是世界体系的问题

布哈林的《世界经济和帝国主义》初稿于1915年，初版于1918年，两者相隔数年，原因不详，很可能是他不像列宁写《帝国主义论》那样，没有用"可恶的伊索寓言式的语言"来写作，以至无法通过俄国沙皇的出版检查。布哈林对世界经济的定义是，"世界经济是全世界范围的生产关系和与之相适应的交换关系的体系"。⑥ 这个定义和现在编写的世界经济教科书所暗含的世界经济的定义不同。现在流行的世界经济教材，其内容就是各国经济情况

---

① 我试图分析其错误。见拙作《希法亭不是发展而是从根本反对马克思的货币理论》，《当代经济研究》1996年第6期。

② "资本主义发展的最新阶段"是俄译的错误。因为从理论上看，希法亭并不认为"金融资本"是资本主义发展的一个阶段，而只是一种所有权形态；与此相应，帝国主义就是金融资本采取的政策。对这个译名，我在20年前的那篇文章里已经提出不同的看法。现在，《金融资本》的中译本已出版，它将此译为"资本主义最新发展的研究"，这就对了。

③ 列宁：《帝国主义是资本主义的最高阶段》，人民出版社1964年版，第11页。

④ 《列宁全集》（第三十九卷），人民出版社1963年版，第373页。

⑤ 鲁道夫·希法亭：《金融资本——资本主义最新发展的研究》，福民等译，商务印书馆1994年版，第360页。

⑥ 布哈林：《世界经济和帝国主义》，蒯兆德译，中国社会科学出版社1983年版，第8页。

简介和世界性经济问题论述。《世界经济和帝国主义》共四篇:"世界经济和资本的国际化过程""世界经济和资本的民族(或国家)化过程""帝国主义是资本主义竞争的扩大规模的再生产"和"帝国主义和世界经济的未来",这四篇着重研究由定义所界定的世界经济的形成和发展。《帝国主义论》初稿于1916年,初版于1917年。它强调"帝国主义是资本主义的特殊阶段"。[①]《帝国主义论》的写作,无疑是参考了《世界经济和帝国主义》手稿的内容的,这从《帝国主义论》的有关论述可以看出来,例如,它提到垄断条件下银行的新作用时说:"一方面是银行资本和工业资本日益融合起来,或者用尼·伊·布哈林很中肯的说法,日益混合生长了;……"[②]值得注意的是:《世界经济和帝国主义》出版时的序言是列宁写的。序言指出:"布哈林这本书的科学意义特别在于:他考察了世界经济中有关帝国主义的基本事实,他把帝国主义看成一个整体,看成极其发达的资本主义的一定的发展阶段。"[③]强调帝国主义是一个历史阶段,这是和《帝国主义论》明确指出"帝国主义是资本主义发展的最高阶段"这一思想相符合的;尽管布哈林深受希法亭的影响,强调帝国主义只是金融资本采取的政策。[④]同样值得注意的是:列宁在《帝国主义论》的法文版和德文版的序言中,则强调帝国主义是一种世界体系:"资本主义已成为极少数'先进'国对世界上大多数居民施行殖民压迫和金融扼制的世界体系"[⑤];尽管他在全书中强调帝国主义是资本主义的历史阶段。我的意思是说:这两本书互相影响,重要理论事实上相同;用图表表示的殖民地领土,从格式到内容也完全相同。[⑥]

让我们进一步研究资本主义成为对世界大多数居民施行殖民压迫和金融扼制的世界体系问题。列宁认为这个世界体系,在物质上是由铁路、轮船、电报、电话等为基础的;在经济上是以金融密网为经纬的。

目前,对帝国主义又是一种世界体系这一理论还阐述得很不够。我认为,一种经济成分其再生产的条件要其他经济成分提供就成为世界体系:这

---

① 列宁:《帝国主义是资本主义的最高阶段》,人民出版社1964年版,第79页。
② 同上书,第38页。
③ 尼·布哈林:《世界经济和帝国主义》,蒯兆德译,中国社会科学出版社1983年版,第2页。
④ 同上书,第84页脚注。
⑤ 列宁:《帝国主义是资本主义的最高阶段》,人民出版社1964年版,第7页。
⑥ 同上书,第72页;布哈林:《世界经济和帝国主义》,蒯兆德译,第63页。

种思想是罗莎·卢森堡首创的。她认为资本主义就是这样。在她看来,第一,资本主义用于积累,即用来进行扩大再生产的剩余价值,在只有资本家和工人这两个阶级的纯资本主义社会中是不可能实现的,它的实现只有靠资本家和工人以外的"第三者",即个体生产者;第二,用来进行扩大再生产的追加物质资料和劳动力,资本主义生产本身无法供应,要靠"第三者"提供。就是说,资本主义要进行扩大再生产,就要同"第三者"进行两次交换:第一,向它出卖体现剩余价值的商品;第二,向它购买追加的物质资料和劳动力。因此,她认为:"资本如果没有全地球的生产资料与劳动力,那是不成的";因此,"国际贸易一开始就是资本主义历史存在的首要条件"。① 在她看来,这里的国际贸易就构成国外市场,即不同经济成分的交换,也就是我们前面说的外部市场,以区别于国内市场,即相同经济成分的交换,也就是我们前面说的内部市场。在她看来,一种经济成分不能独立存在,不能以自己为条件进行扩大再生产,该经济成分就是一种世界体系。因此,世界体系指的不是一种经济成分事实上与国外有联系,而是其再生产条件要由其他经济成分提供;不是一种对于现象的记录,而是一种关于本质的分析。从这一点看,我认为奴隶制度就是一种世界体系,因为奴隶的劳动生产率太低,奴隶劳动力的再生产,就不是让奴隶组织家庭、繁殖后代来进行,而是捕捉其他经济成分的成年人来补充。美国南北战争前,奴隶也是靠从非洲捕捉黑人而得到补充的。

我认为,卢森堡的资本积累理论从理论看是错误的,因为马克思的社会资本再生产理论已经表明,资本主义自身是可以实现扩大再生产的,不必靠"第三者",这是完全正确的。但从方法论看,则能启发人,因为运用其方法就可以看到,垄断资本主义(不是一般的资本主义)确实是要其他经济成分提供垄断利润,它才能进行扩大再生产的。因此,垄断资本主义就是一种世界体系。

我再认为,如果这样认识世界体系,那么,哈里·马格多夫和伊曼纽尔·沃勒斯坦的资本主义(不只是垄断资本主义)世界体系论,就站不住脚

---

① 卢森堡:《资本积累论》,彭尘舜、吴纪先译,生活·读书·新知三联书店1959年版,第283、288页。

了,因为它们只是将现象记录下来。

在上述基础上,我进一步认为,帝国主义是垄断资本主义的世界体系。当殖民地是一个一个地存在着的时候,像罗马帝国,即将各个殖民地纳入罗马的版图那样的帝国主义,就不会产生,这就是为什么马克思研究了英国对西印度和东印度的统治,研究了英国的殖民主义,但是没有提出帝国主义理论的原因,因为那时英国是让其殖民地一个一个地存在着的,没有在政治上组成如像罗马帝国那样的英帝国。但是 19 世纪 70 年代,情况开始发生变化:许多发达国家赶上英国,和英国争夺殖民地,英国进行反击,为了确保其殖民地,就把它们和英国本土联结起来,组成大英帝国,使它们成为政治殖民地。这个转折点就是 19 世纪 80 年代召开的英国殖民地会议,它是英帝国的雏形。于是,如像古罗马帝国那样的帝国又在现代的条件下出现,这就是现代帝国主义的产生。所以,我认为现代帝国主义就是垄断资本主义的世界体系。

第五节　关于经济殖民地和国内殖民地的问题

《资本论》中关于经济殖民地和国内殖民地的思想,列宁在《俄国资本主义的发展》中加以挖掘并发展了。马克思认为,政治上取得独立后的美国,在他研究其经济关系的时候,"从经济上来说,……仍然是欧洲的殖民地"。① 原因是:"美国的经济发展本身就是欧洲特别是英国大工业的产物。目前(1866 年)的美国,仍然应当看作欧洲的殖民地。"②他以美国和印度为例,说明美国输到大不列颠的棉花多于印度。24 年后,即 1890 年,恩格斯在《资本论》第 4 版中,在这里加注说:"从那时以来,美国发展成为世界第二工业大国,但它的殖民地性质并没有因此完全消失掉。"③

列宁挖掘和整理了马克思的经济殖民地思想,提出政治经济学上的殖民地这概念,认为它有两大特征:"(1)土地还没有被人占有,还没有受土地

---

① 马克思:《资本论》(第一卷),人民出版社 1975 年版,第 833 页注(253)。
② 同上书,第 494 页注(234)。
③ 同上注。

私有权的支配；(2)几乎全部人口都从事农业，特别是从事大宗农产品的生产，他们只能用这种产品来交换工业品，这一点，从一开始就把以现代市场为基础的殖民地国家，同以前的特别是古代的殖民地国家区别开来。"①经济殖民地和政治殖民地即殖民国家的根本区别在于主权是否存在。

用大宗的农产品交换工业品，为什么就是经济殖民地呢？根据马克思散见于各处的论述，我认为其原因可能是：那时的农产品是资本有机构成低的产品，其生产价格低于价值，工业品则是有机构成高的产品，其生产价格高于价值，两者虽按生产价格交换，但在相等的生产价格的背后，则是农产品以大量劳动交换工业品的小量劳动，就是农业地区受到剥削，尽管它在交换中也得到利益，因为如果农业地区在条件尚未具备时，就自己生产工业品，花的劳动必然还要多些。这种经济殖民地在垄断资本主义条件下，当然被保留下来。

从经济殖民地就很容易引出国内殖民地这个概念。同经济殖民地一样，国内殖民地不涉及主权问题。马克思研究了美国各州谷物生产和谷物在各州之间的输入和输出，看到密歇根州在开始的时候，几乎全部人口都从事大宗农产品生产，以换取工业品，具备经济殖民地的特征。但这是在一国内部以农产品交换工业品，因而这种经济殖民地就是国内殖民地。这种国内殖民地在垄断资本主义条件下同样被保留下来。《帝国主义论》也论述国内殖民地。但是，用的语言是伊索寓言式的。《帝国主义论》的序言说："细心的读者不难用俄国代替日本，用芬兰、波兰、库尔兰、乌克兰、希瓦、布哈拉、爱斯兰和其他非大俄罗斯人居住的地区来代替朝鲜。"②朝鲜是日本的殖民地——国外殖民地，因而这些非大俄罗斯人居住区也是殖民地——国内殖民地。列宁说的国内殖民地，指的多半是被统治民族的聚居地。

这里应该指出：经济殖民地的概念并没有运用到《帝国主义论》中。《帝国主义论》中的殖民地概念指的只是殖民地国家，即政治殖民地。因而就有"半殖民地（波斯、中国、土耳其）"③之说。这指的是还部分地拥有主权的国家。如果运用经济殖民地的概念，这些就都是经济殖民地了。

---

① 《列宁全集》(第三卷)，人民出版社 1984 年版，第 543 页。
② 列宁：《帝国主义是资本主义的最高阶段》，人民出版社 1964 年版，第 4 页。
③ 同上书，第 72 页。

　　我想如果《帝国主义论》运用并确立了经济殖民地的概念,大多数马克思主义经济学家就不会囿于联合国大会关于给予殖民地国家和人民独立的宣言,以及由于原殖民地国家获得独立,以为政治殖民地的消灭,它们已经拥有主权,就是殖民地一般的消灭,就不会有那么多的马克思主义经济学家认为再也不存在帝国主义了,也不会有哈里·马格多夫的"没有殖民地的帝国主义"的悖论了。

第二十二章 评"没有殖民地的帝国主义"理论

第一节 问题的提出

1969—1970年,在英国牛津大学召开了有关帝国主义理论的讨论会,会后由罗杰·欧文和鲍勃·萨克里夫把会上讨论的内容编成《帝国主义理论研究》一书,于1972年出版。该书除欧文的概述和萨克里夫的结论外,共三大部分,收进13篇文章。目录如下:第一部分帝国主义理论,共5篇文章;第二部分当代帝国主义理论,共2篇文章,其中,哈里·马格多夫的《没有殖民地的帝国主义》是我们要评论的;第三部分帝国主义作用的实例研究,共6篇文章。

从目录可以看出,会议讨论的虽然是帝国主义问题,但内容很庞杂,有帝国主义理论史,有历史上的帝国主义,有当今的帝国主义及其理论,也有各个国家的帝国主义。各与会者对帝国主义概念的理解也不相同,有的认为一个国家向外扩张就是帝国主义,因此,有各种不同历史条件下的帝国主义;有的认为资本主义总是向外扩张的,因而它就是帝国主义,就是说帝国主义不一定同垄断资本主义相联系;有的还对马克思的"帝国主义"理论和列宁的帝国主义理论提出批评。与会者的专业也不相同,有经济学家,有经济史学家,也有历史学家。由此可以推断,讨论会不可能有一个共同认可的结论。评论这次讨论会,是一项独立的任务。

这里我们只述评哈里·马格多夫的《没有殖民地的帝国主义》。马格多夫是美国《每月评论》的两位主编之一(另一位主编是保罗·斯威齐),是《帝国主义时代——美国对外政策的经济学》和一系列关于帝国主义的论文的作者。

他的概括性论述如下:19世纪末,几乎所有大国疯狂夺取殖民地的突发高潮,无疑是"新帝国主义"主要和显著的特性。它确实是这段历史的惹人注目的标记,但绝不是新帝国主义的本质。实际上,像通常那样,将殖民主义和帝国主义看成同一物,恰恰是研究这个问题的障碍,因为殖民主义在帝国主义的现代形式以前就已经存在,帝国主义在殖民主义消灭以后仍然存在。

殖民主义本身的历史很古老,最近五个世纪的殖民主义与资本主义的社会——经济制度的产生和成熟相关联。寻求和取得殖民地,包括在政治和经济上控制而不占有殖民地,是商业革命的重大特征,这一革命有助于瓦解封建主义和创立资本主义。在资本主义以前,散布在地球各处的地区性的贸易格局,并没有被市场的无情力量所打破。这种力量为更加优越的军事力量所取代,后者为从传统的贸易格局过渡到一个世界市场奠定了基础,这个市场代表了西欧的需要和利益。首先出现的是海军,这是以先进的火炮和能够装运火炮的船只为基础的,它产生用以兼并殖民地的威慑力量,开辟贸易港口,强行建立新的贸易关系,开发矿山和经营种植园。由于海上力量占优势,这种殖民主义主要限于在沿海地区实行,只有美洲除外,因为美洲的稀少人口只具有原始的技术,并且极有可能患上欧洲的传染病。直到19世纪为止,从欧洲的立场看,同这些殖民地建立的经济关系是适应其进口需要的:其特点主要决定于宗主国要得到只有在这些殖民地才找到的稀有商品和财富的愿望。在这些年中,在大多数情况下,作为征服者的欧洲人,在交换他们所需要的香料和热带农产品以及从美洲出产的贵金属时,自己提供的东西是很少的。

宗主国——殖民地的关系,由于产业革命和蒸汽铁路发展的影响而发生变化。这使土著工业衰落,经济渗透到内陆,国际银行发展到新阶段,输出资本的机会增加,其结果就是导致主要的利益从进口变为出口。进一步变化的产生,是建立在新冶金大工业的发展,有机化学在工业上的应用,新能源的发现,新交通工具和海洋运输的采用的基础上的。

按照各殖民地的地理和历史上的差异,以及在不同时代它们之服务不同目的,就不可避免地得出这样的结论:如像历史学家和经济学家已经做过的那样,试图将所有的殖民主义塞进到单一的模式中,是注定不能令人满意的。当然,在不同的殖民经历中有共同的因素;这就是为了主要中心国的利益而剥削殖民地。还有就是殖民地和半殖民地世界的巨大变化的发生,都是对技术先进的资本主义的扩大需要的变化的反应这种一致性。虽然这样,如果我们从时代的观点去了解殖民地世界的经济和政治,我们就得去确认和区分伴随着商业资本主义、自由竞争产业资本主义和垄断资本主义而来的差别,正如我们得去区分主要中心国这些发展阶段一样,如果我们想了解资本主义发展的过程的话。

由此,马格多夫就得出这样的认识,"将帝国主义和殖民主义看成同一的东西,不仅妨碍人们对殖民地——宗主国之关系的历史变化的了解,而且增加了人们对资本主义世界体系最近的变形即垄断资本主义时代帝国主义认识的困难。产生这种障碍的根源,就是创立僵死、静止、超历史的概念模式,来应付复杂、变动的现象的那种做法。我建议研究以其为基础建立起来的这类模式的某些更常见的错误观念,是由于相信这将有助于阐明没有殖民地的帝国主义论点。两个这种错误概念是特别常见的,两者都与资本输出所起的作用有关:这是在有关过剩资本的输出和先进资本主义国家利润率下降的讨论中产生的"。①

应该说,马格多夫努力区分不同时期的殖民主义是非常正确的。特别是在某些历史学家和经济学家看不到这种差别,并由此认为凡有殖民主义就有帝国主义时,尤其是这样。但是,他对殖民地的认识是片面的,即只是政治殖民地或殖民地国家;马克思提到的那种经济殖民地,从而一国之内也可以有经济殖民地,这些他是不理解的。经济殖民地概念的阙如,使其"没有殖民地的帝国主义"理论不能没有漏洞。

马格多夫文章的编者非常理解和支持他的理论和方法论。编者的按语说:"将帝国主义和以政治统治形式表现的殖民主义形态视为同一物,是发生错误的一个根源,它困扰着大多数的帝国主义讨论,本书有一种观点就是这样。正如马格多夫在这里论辩地指出的,马克思主义者的一个共同特点

---

① Harry Magdoff, "Imperialism without Colonies," in Roger Owen, and Bob Sutcliffe eds., *Studies in the Theory of Imperialism*, London: Longman, 1972, pp.146-147.

是,认为虽然世界领土的瓜分是 19 世纪末'新帝国主义'的某一部分,但是帝国主义在非殖民地化后仍能完整地存在。"①编者将马格多夫的思想表现得更明确:这里的殖民主义指的是以政治统治形式表现出来的,因此,等同于帝国主义的殖民主义指的是统治政治殖民地,而不是经济殖民地。

下面我们按照马格多夫的理论逻辑,予以述评。

第二节 过剩资本的压力问题

马格多夫首先指出,随着垄断资本主义时期新帝国主义而来的显著特征是资本输出的急剧增加。资本输出和帝国主义扩张之间的纽带,从投资者方面看,就是明显地要有一个安全和友好的环境。他接着提出这样的问题:为什么在 19 世纪最后 25 年以及一直到现在会发生资本流动的高潮?通常看到的解释是先进资本主义国家于此时开始背上过剩资本的包袱,这些资本在国内寻找不到有利的投资机会,因而需要向国外宣泄。虽然这种看法是有实例可以证明的,这就是垄断的增长导致增加投资的困难,但是不能说明资本输出的刺激主要来自过剩资本的压力。

在他看来,解决问题的关键在于:理解和认识资本主义是一种世界体系。强大的民族国家和民族主义的重要性导致掩盖全球资本主义体系的概念。但是,资本主义社会的民族主义是这个体系的国际主义的自我变化,胜利的资产阶级之所以需要民族国家的力量,不仅是为了发展内部市场,建立适合的社会基础,而且同样重要的是,为了在民族国家竞争的世界中,取得和保护进行对外贸易和投资的机会。每个资本主义国家都要求保护自己、选择贸易渠道、在国际上自由活动。保护主义、强大的军备和外部市场的竞争是三位一体的东西。

马格多夫谈论的资本主义的国际主义表现为民族主义,以及后者掩盖了前者的原因,无疑是正确的。他说的国际主义就是马克思说的世界主义。

---

① Harry Magdoff, "Imperialism without Colonies," in Roger Owen, and Bob Sutcliffe eds., *Studies in the Theory of Imperialism*, London: Longman, 1972, p.144.

马克思说,正如货币发展为世界货币一样,商品所有者也发展为世界主义者。人类彼此间的世界主义的关系,最初不过是他们当作商品所有者的关系。商品就其本身来说,是超出一切宗教、政治、民族和语言的限制的。它们的共同语言是价格,共同形式是货币。随着与国家铸币相对立的世界货币的发展,商品所有者的世界主义则变为行动,即崇尚实践,而与阻碍人类物质代谢的祖传宗教成见、民族成见相对立。在商品所有者看来,整个世界融化于一个高贵的观念,那就是一个市场即世界市场的观念。民族性则不过是总是保持着同一价值的金块,在流经不同的国家、变成不同国家的铸币时,所印上的国家标记而已。

马格多夫对资本主义的国际主义(世界主义)性格分析的正确性,并不能证明他认为资本主义是一种世界体系的看法是正确的。这是因为,这只表明他对资本主义的商品总是力求冲出国家的政治疆界的现象记录下来,但这些记录本身并不能揭示现象背后的本质。这样一来,就无法区别不同发展阶段的资本主义与国外殖民地的关系的特点。其实,正如我们已做过的那样,要从再生产的实现条件来区别这些特点。① 只有这样,才能从理论上分析处在哪一个发展阶段的资本主义在本质上是一种世界体系。马格多夫的方法论无法进行这样的分析。我们看他是如何进一步分析问题的。

他说:"从这方面看问题,资本输出就和国外贸易一样,是资本主义企业的正常职能。此外,资本输出的扩大是和资本主义的地理扩大紧密联系的。上溯到商业资本主义早期,资本就开始突破其起源的地理界限,到美洲和亚洲为种植园和矿山提供资金。由此而发展起来的国外银行业为对欧洲的贸易提供资金,并支持国外投资计划。即使在某些时候和某些地方,国内投资的机会减少,资本输出的主要动力也不是过剩资本的压力,而是资本的有效使用,即要取决于该地要有由当时的技术制约的有利投资机会的存在,其他国家的经济和政治条件以及母国的资源。例如,要强行得到许多这样的获利机会,军事力量就是必要的,短缺的人力和经济资源很快就会用在这上面,这样投资的机会就受到限制。"②这就是说,在他看来,资本输出是随着资

---

① 见陈其人《论帝国主义是垄断资本主义的世界体系》,《光明日报》1989 年 4 月 10 日版。

② Harry Magdoff, "Imperialism without Colonies," in Roger Owen, and Bob Sutcliffe eds., *Studies in the Theory of Imperialism*, London: Longman, 1972, p.148.

本主义的产生而产生的,其原因不是资本过剩,而是获利机会的吸引力。这样一来,他就无法区别在资本主义发展的各个阶段上资本输出有何特点,或者反过来说,无法从这些特点去认识资本主义各个阶段有何不同。

他接着说,由于产业革命和大量产品的生产,"资本主义的企业特别需要寻求用于出口的市场,但是海外地区却缺少用以交换的商品。结果,由于进口大于出口,许多向工业化国家购买商品的国家负了债。在这种条件下,主要中心国贷出资本的必要和机会都增加了。资本输出变成商品输出的重要支撑物"。[①] 这样一来,正如资本主义一旦产生,资本就会越出国界流动,就如资本输出一样,产业革命一旦发生,落后国就有贸易逆差,它就变成工业化国家的资本输出。问题同前面说的一样,这就无法区别资本主义各个阶段的资本输出有何不同。

由此他得出结论:"重要之点在于:资本输出有悠久的历史,它是这两者的产物:A.先进资本主义国家世界范围的运转;B.在资本主义成熟为一种世界体系中演变而来的各种机构和经济机构。它不是过剩资本的产物。这并不是说从来没有'过剩资本'问题(从海外流回的利息和利润有时会产生这样的问题),也不是说有时在这种过剩的压力下资本仍不流动。富有经验的国际货币市场一旦产生,它们就会被用于各种用途。例如,在一些市场上暂时发生的银根松或银根紧。作为反应,短期资金就会越过国界流动。货币的贷放,通常更常见的是为了政治和经济的目的,为了一个国家影响和施恩惠于另一个国家。但是,为国际金融市场加强基础的是贸易和投资的国际网络,它的产生,是由于先进的工业化国家为了满足自己的需要而在世界市场上经营活动。这样,虽然国内过剩资本有时会成为资本流出国外的促进因素,但是在我看来,更为确切的解释,可以从先进资本主义国家的国内经济情况和它们的海外市场之间的关系中找寻。"[②]就是说,在他看来,资本主义既然是一种世界体系,这个体系又是由金融网络加以编织的,那么,随着体系内的金融情况的变动,即银根的紧和松,货币资本就必然跨越国界而流动。这就是资本输出的原因。

---

① Harry Magdoff, "Imperialism without Colonies," in Roger Owen, and Bob Sutcliffe eds., *Studies in the Theory of Imperialism*, London: Longman, 1972, p.148.

② Ibid., p.149.

　　这种说明,除了上述的不能说明资本主义各阶段中的资本输出有何不同外,还集中地表明马格多夫的看法中的方法论是存在问题的。这就是,他是以国家政治界限来观察资本输出的,认为凡是超越国界的资本流动就是资本输出,而不问这种流动是在资本主义范围内的,还是在资本主义和前资本主义之间的。我个人认为,正确的方法论应该将国界和两种不同经济成分结合起来观察问题。因为垄断资本主义是通过资本输出从落后的国家而取得垄断利润的,这是同其他阶段的资本输出相区别的。至于在资本主义范围内的资本流动,即使是发生在国和国之间,在方法论上应同上述的资本输出加以区分。这同卢森堡从经济成分的异同来区分国外市场和国内市场有点相似。

第三节　利润率下降的问题

　　马格多夫指出,为了说明资本输出增加而提出来的第二个主要理由是利润率的下降。这种理由是以资本积累为基础的,因为随着积累的进行,固定资本(Fixed capital)对于劳动的比例增加,导致平均利润率有明显的下降趋势。这种趋势驱使国内资本到劳动成本较低而利润较高的海外去投资。他认为,为了现在的目的,目前没有必要去研究这一理论内部理论逻辑的一致性是否能由事实所证实,也没有必要去研究如果这是正确的,在垄断条件下这种趋势如何发生作用。这种研究之所以不必要,在他看来是由于在任何情况下,利润率的下降都不能解释国际资本运动的模式。换句话说,不论这一理论是否正确,从研究国际资本运动这方面看,它不是必要的前提。这一点可以由国外投资的两种形式来证明,即购买国外债券和发展油田与矿山。但是,对这种看法加以说明之前,他认为有必要指出两个应予以区分的问题:我们这里考察的是帝国主义时代资本输出的原因;资本输出的结果对国内利润率的影响是另一个问题,虽然这无疑是重要的问题。

　　经过这样的说明,他再回到国际资本运动模式这一问题。首先,利润率下降的前提不适用于借贷资本。货币用于国外贷款的利率通常是有吸引力的,但是,由于它购买的是相对安全的债券,这种利率是明显地低于产业利润率的。这样,一个公司购买国外债券,对于利润下降,就不能成为一种通常的抵销力量。

我个人认为,马格多夫在这里以利率和产业利润率相比较是不正确的。而应该分别比较国内和国外的利率和产业利润率。这就很明显,国外利率比国内的高,国外利润率比国内的高,因为经济规律是:经济越落后,利率越高,使用劳动越多,产业利润率越高,撇开垄断因素不谈,情况就是如此。这样,如果发达国家的资本(如折旧基金)暂不投在产业上时,便可以用来购买债券,尽管债券的利率比产业利润率低些。

其次,必须抛弃利润率下降的前提,才能解释对油田和矿山的广泛的直接投资。对这些产业的投资,主要不是取决于比较的利润率或国内利润率下降,而是取决于地质情况。决定的因素是由上帝安排的矿藏,以及将它们运送到消费中心的交通条件。当然,利润率通常已包括在内,它们往往是很高的。投资者也由于低工资而幸运地得到利益。但是,这种采掘工业的获利性不是以低工资,而是以自然资源的丰富为基础的。

第三,第三种投资是对国外制造业的直接投资。它是验证利润率下降前提的唯一因素。在这里,人们期望看到资本对于普通的利润率差异,作为反应而发生的流动。那么,制造业直接投资的情况又是怎样呢?利润率支配所有的投资决定,这是不用说的;资本不断地要求得到最高的利润率,这是很清楚的。不论国内利润率的趋势是升还是降,只要在海外能得到较高的利润,人们就能预见资本外流。但是,刺激这种外流的,并不是海外可能得到的利润率必须高于国内的平均利润率。影响投资者的,是国内和海外产业投资中的边际利润率的比较。从理论上说,即使海外新投资的利润率低于国内平均利润率,也是有吸引力的。例如,假设某制造业资本家在国内投资制造冰箱,得到的利润率是 20%。他想继续增加投资,但发现在国内只得到 15% 的利润,但在海外却得到 18% 的利润。他必然投资到海外,尽管得到的利润比原在国内投资的低些。顺便指出,撇开统计资料的不精确不谈,这是那些将国内和海外制造业的平均利润率加以比较的资料之所以没有什么意义的原因。边际利润率对海外投资的作用,同国内投资平均获利性的降低并没有必然的联系。[①]

---

① Harry Magdoff, "Imperialism without Colonies," in Roger Owen, and Bob Sutcliffe eds., *Studies in the Theory of Imperialism*, London:Longman, 1972, pp.155-156.

在我看来，马格多夫在这里谈论的正是过剩资本的形成及其存在是资本输出的原因，尽管他以前强调资本主义这个世界体系本身自然就存在着资本输出。过剩资本当然是指对于获取利润来说，它是过多的，而且这种利润是边际利润。马克思对此有深刻的分析。他说："只要为了资本主义生产目的而需要的追加资本＝0，那就会有资本的绝对生产过剩。……只要增加以后的资本同增加以前的资本相比，只生产一样多甚至更少的剩余价值，那就会发生资本的绝对生产过剩，这就是说，增加以后的资本 C＋ΔC 同增加 ΔC 以前的资本 C 相比，生产的利润不是更多，甚至更少了。在这两个场合，一般利润率也都会急剧地和突然地下降。"[①]马克思这段话不仅表明，在一定的条件下增加资本（边际）会导致利润（边际）下降（甚至成为负数），而且表明，这种下降虽然只是一个企业的利润的下降，但会导致一般利润率下降。马格多夫将这两者割裂开来，应该说是不正确的。在这里我们也看到，他认为由边际利润率下降而导致的资本输出，同平均利润率下降没有必然的联系，也是不正确的，因为前者的发生会导致后者的加剧。

第四节　垄断和对外投资

以上马格多夫的分析没有涉及垄断。现在他要谈论垄断对对外投资即资本输出的作用了。他要努力说明这是新帝国主义的核心问题。

他说："一种比利润率下降更为有用的前提，我相信是这样一种重要动力的影响，即在垄断条件下，资本运行的任务是以地球为范围进行直接投资。这种分析的内容包含着对下列两点的解释：A.投资的主要对象是采掘业和制造业；B.在帝国主义时代中资本输出的逐步增加。其主要目的是要证明，资本输出增加的伴随物和垄断作为新帝国主义的核心这两者的内部关系。"[②]

---

① 马克思：《资本论》（第三卷），载《马克思恩格斯全集》（第二十五卷），人民出版社1974年版，第280页。

② Harry Magdoff, "Imperialism without Colonies," in Roger Owen, and Bob Sutcliffe eds., *Studies in the Theory of Imperialism*, London: Longman, 1972, p.157.

他认为,企业的本质就是试图去控制它自己的市场,并且只要有可能,它就把整个地球视为其禁地,而在其中活动。从资本主义时代开始以来,都是这样。但是,只要有许多竞争者在大部分工业中存在,控制市场的机会总是有限的。随着垄断条件(在每一种重要市场只由几个公司统治)的发展,控制力量的使用不仅是可能的,并且为了公司和资产的安全日益增加其重要性。

当然,力量的集中并不意味着竞争的结束。它只意味着竞争在新的水平上进行。最主要的就是,由于资本以世界为范围进行活动,企业就达成瓜分市场的协定,或为了争夺地球的绝大部分,几个巨头进行竞争性的斗争。

他认为,巨头企业之间的竞争性斗争产生了对外投资的动力。首先,对原料供应的占有,在促成价格控制、在对付那些也占有原料供应的竞争者以及在压制那些不占有原料供应的竞争者方面,都具有重大的战略意义。其次,控制和扩大市场的必要,是加紧输出资本的动力,对那些由于关税和其他贸易障碍而限制商品输出的地方来说,尤其是这样。这里的分析当然是正确的。

他强调说:"这种论辩绝不是否认利润动机的重要性。垄断控制的全部目的是对利润存在和增加的保证。利润动机和资本主义,说到底是一个同一物。需要解释的是,利润动机是经常存在的,为什么从帝国主义阶段开始,以直接投资形式出现的资本输出会急剧增加。在这里,我提出要追溯垄断或更精确地说寡头的本质及其急剧产生的原因,这与利润率下降理论或前面讨论过的过剩资本压力理论相比,是一种更为有意义的解释。"[1]遗憾的是,他并没有根据其理论逻辑分析这种原因,以及它和帝国主义之间的关系。

他在另一个地方说,"为什么资本输出的突然高涨是伴随着现代帝国主义而产生的呢?……首先,新帝国主义的开始,是以有可能对英国在国际贸易和金融方面的霸权提出挑战的几个工业化国家出现为标志的。这些国家为了同样的目的而扩大其资本输出,即增加对外贸易和得到更好的市场。这样,英国这个资本输出的统治者就被其他几个国家所取代,在它们之中有些国家处于显著的地位,其结果就是资本输出的总量大为增加。其次,随着

---

① Harry Magdoff, "Imperialism without Colonies," in Roger Owen, and Bob Sutcliffe eds., *Studies in the Theory of Imperialism*, London: Longman, 1972, pp.158-159.

几个先进工业化国家竞争激化而来的是保护关税壁垒的增长:跨越这些壁垒的办法就是对外投资(在国外生产——引者)。第三,资本主义新阶段,是建立在其工业要取得新的大量原料供应的基础上的……这种取得不仅要有大量资本去勘探和开发国外的资源,而且要贷放资本给外国,使其有可能去发展必需的、配套的交通运输和公共设施。第四,集资公司、金融市场以及其他金融机构的成熟,在为海外和在国内的使用而动员资金准备了条件。最后,巨型企业的发展促使垄断的增长。这些企业控制市场的能力和愿望,为资本外流的扩大提供了另一种重要的动力"。① 从上述分析可以看到,除了最后一点与垄断有关外,其他各项都与垄断无关,而对最后一点的分析是很不够的。更重要的是,与垄断有关的资本输出的增加,为什么使垄断资本主义表现为帝国主义? 这一重要问题,马格多夫没有涉及。

第五节 没有殖民地的帝国主义

经过这样的分析,马格多夫就提出他对第二次世界大战后帝国主义和殖民地问题的看法,认为这是没有殖民地的帝国主义。

他说:"如果说没有殖民主义,现代帝国主义是可能的,那是错误的。但是,殖民主义的结束,绝不意味着帝国主义的结束。这种表面上看来是自相矛盾的解释,因为被看成直接运用军事和政治力量的殖民主义,对于许多附属国重建适合主要中心国需要的社会和经济机构具有重要的意义。这种重建一旦建立,各种经济力量(国际价格、市场销售和金融体系)本身就足以使宗主国和殖民地之间的统治和剥削关系保持下去,并且加强。在这种情况下,殖民地就有可能享有正式的政治独立,而没有什么实质性的变化,甚至对原来导致征服殖民地的各种利益也没有严重的影响。"②在这里,我们再次看到,马格多夫论述的殖民地只是政治殖民地或殖民地国家。

他认为:"这并不是说殖民主义是不攻自灭的。各种革命、群众反叛、革命

---

① Harry Magdoff, "Imperialism without Colonies," in Roger Owen, and Bob Sutcliffe eds., *Studies in the Theory of Imperialism*, London: Longman, 1972, p.150.

② Ibid., p.164.

威吓、对社会主义世界进一步扩大的畏惧、美国跻身于其他帝国的殖民领地，所有这些都为第二次世界大战后殖民主义的衰落开辟了道路。但是，重要之点在于，殖民地所要求的解除关系，是按照尽可能地保持宗主国的利益，避免前殖民地发生导致真正独立的社会革命的方式进行的。只要宗主国和殖民地的关系赖以维持的社会经济网络得以继续，那么，经过奋斗，就可以得到这样的机会，即大多数从殖民地控制中得到的利益可能不受损害。"①

在他看来，"这些考察并不适用于构成现代帝国主义特征的所有统治和附属关系。一些早就建立了相适应的社会和经济机构的独立国家，直接置于某一强国的经济统治之下，由此变成附属国，而没有经历过殖民地阶段。一些这样的经济附属国甚至也有自己的殖民地。例如，葡萄牙在一个很长的时间内是英国的附属国，葡萄牙帝国实际上是一个帝国之内的帝国（是英帝国之内的帝国——引者）。因此，帝国主义的历史表明，有形式和程度都极其不同的政治附属关系，这是不必惊讶的。同样，这也不难理解，为什么总的说来，帝国主义式样的主要方面，在赤裸裸的殖民主义衰落时代，竟也像在全部维持殖民主义时代那样存在着，因为帝国主义存留的决定因素是：A.中心国大企业的垄断结构；B.经济中心国控制和扩大原料来源和市场的必要性；C.继续实行服务于主要中心国的需要的国际分工；D.工业强国在各自对方市场和世界各地，为争夺出口和投资机会而进行国家间的竞争。此外，还有一个新的因素，社会主义社会的成长和民族解放运动的扩展对帝国主义的打击，这些国家要求摆脱帝国主义的贸易网和投资网，这就对帝国主义造成威胁，使其比以前更迫切地维护帝国主义体系"。②

在这里我们清楚地看到，经济殖民地概念的阙如，使马格多夫不能像马克思将独立后的美国仍然视为英国的殖民地那样，将经济上受英国控制的葡萄牙视为英国的殖民地，并且为了自圆其说，认为它只受英国的政治控制。情况不是这样。列宁在《帝国主义是资本主义的最高阶段》中指出，葡萄牙是个独立的主权国家，但是实际上从争夺西班牙王位继承权的战争（1701—1714 年）起，这 200 多年来它始终处在英国的保护之下。英国为了

---

① Harry Magdoff, "Imperialism without Colonies," in Roger Owen, and Bob Sutcliffe eds., *Studies in the Theory of Imperialism*, London: Longman, 1972, p.164.

② Ibid., pp.164-165.

巩固它在反对自己的敌人西班牙和法国的斗争中的阵地,保护了葡萄牙及其殖民地领地。英国以此换得了商业上的利益,取得了向葡萄牙及其殖民地输出商品尤其是输出资本的优惠条件,换得了利用葡萄牙的港口、岛屿、海底电缆等的便利。从原理看,认为政治控制没有经济目的是不正确的。

至于他提到的帝国主义存留的几个因素,具有决定性作用的是垄断结构的存在,因为其他因素是资本主义工业化以来都存在的。但是,垄断结构的存在就意味着要取得垄断利润,而垄断利润的来源不在垄断结构本身,而在其他经济成分和社会成分,其中就有国外殖民地——经济殖民地和政治殖民地。第二次世界大战后,政治殖民地的绝大部分已不再存在,而马格多夫又缺乏经济殖民地的概念,就不能深入研究垄断结构的存在如何在经济上体现自己,即如何取得垄断利润。这样一来,他谈论的帝国主义存留因素,事实上是同义反复,因为他认为帝国主义是垄断资本主义,所以垄断结构的存在,就使帝国主义存留下来。至于垄断资本主义由于要取得垄断利润,便要控制国外殖民地,并将它们和自己组成像罗马帝国那样的帝国,这样它才表现为帝国主义。所有这些问题,都在他的视野之外。

他继续说:"当然,殖民主义的衰落,对帝国主义中心国提出了严峻的问题,有的是旧的,有的是新的:A.随着独立而产生多种期望,由于政治独立而有可能采用更多的灵活斗争手段,在这一条件下,如何才能更好地维持附属国的经济和金融的附属关系;B.前殖民地占有国如何才能维持其优先的经济地位,并且不受其他竞争对手的侵犯;C.美国如何扩大其影响,并且控制其他前殖民地占有国的优惠特权。"①在这里,我们看得很清楚,他论述的实质上是如何巩固对经济殖民地的统治,以及如何夺取他国的经济殖民地。遗憾的是,他并不认识这一点。

他特别指出:"第二次世界大战以来,在新的环境下,维持经济附属关系的问题,由于苏联的竞争和某些新独立国家的急欲摆脱束缚,而变得复杂起来。后者之所以这样做,一方面是由于群众的压力,另一方面是由于权贵们看准机会,要从行动中得到更多的份额。虽然帝国主义强国要用新的策略

①　Harry Magdoff, "Imperialism without Colonies," in Roger Owen, and Bob Sutcliffe eds., *Studies in the Theory of Imperialism*, London: Longman, 1972, p.165.

来解决这些复杂问题,经济附属关系的重要结构,在没有殖民地的帝国主义时代仍然继续下来。要消除开始于重商主义时代、存在的时间很久、已经成熟了的附属关系,实非易事。在殖民地和半殖民地经济的贸易和经济联系发展的几个阶段中,半殖民地的经济结构作为主要中心国的补充物,越来越增加其适应性。价格构成、收入分配、资源配置,借助于军事力量和市场自发力量,不断地再生产着这种附属关系。"①

他继续说,"要掌握自己的命运,这些国家就要研究现在的国际贸易模式,并改变其产业和金融结构。没有这种根本改变,不论殖民地存在与否,经济和金融构造就依然存在,某些半殖民地国家所实行的有力的保护主义政策,不可能切断这种附属性的联系。当然,在某些方面,它们可以鼓励国内产业的发展。但是,在许多更为有利的领域,外国企业家可以绕过关税壁垒在那里开办工厂,并由此扩大外国经济的影响"。②

在我看来,这是一种很好的对经济殖民地的分析。

他明确指出:"附属状况并不完全由已经发展的市场关系来维持和再生产。它也由附属国的政治和社会力量结构来支撑。用一般的概念来说,这些国家里的统治阶级由三部分构成:大土地所有者,其事务与外国商人利益相联系的商人集团,与外国商人集团很少或毫无联系的商人。尽管民族主义精神或多或少地会影响这三种人,但是他们之中没有人有足够的动力,去支持为经济独立所需要的这样一种经济改革。"

因此,他认为,"前殖民地的经济与政治结构,两者都非常适合于随着政治独立而使经济附属关系保留下来。在新的条件下,帝国主义的需要得到满足"。③

最后,他指出:"在后殖民地时期,主要中心国仍然保持其影响和控制,这是需要特别注意的。其手法有旧有新,可以分为这几种:A.在有可能的地方,在经济和政治上作出正式的安排,以维持从前的经济联系。这包括签订种种优惠的贸易协定和维持货币集团;B.控制支持当地的统治集团,以保持

---

① Harry Magdoff, "Imperialism without Colonies," in Roger Owen, and Bob Sutcliffe eds., *Studies in the Theory of Imperialism*, London: Longman, 1972, p.166.

② Ibid.

③ Ibid., p.167.

主要中心国的特别影响,并防止国内的社会革命的发生……C.影响和控制经济发展的方向,尽可能影响政府对资源分配的决策……这些活动,除了影响经济发展的方向之外,还能加深金融受援国对宗主国货币市场的依赖。"①这实质上是对发达资本主义国家如何控制经济殖民地的分析。

我们将马格多夫的"没有殖民地的帝国主义"理论的最主要部分评述完了。我们从中可以看到,尽管他认为澄清资本输出是由于过剩资本的压力和利润率下降的错误观念,将有助于他提出新的理论,并且用很大的篇幅去说明这一点,但是,他要建立的理论与此并没有联系。他的想法不外是,资本主义本身是一种世界体系,在这个体系内存在的资本流动就是资本输出,而不管是否存在过剩资本的压力和利润率下降。至于在帝国主义时期,为什么资本输出会达到高潮,他认为是由于19世纪末英国的世界霸权受到多国的挑战和垄断组织的对外投资。然后认为,垄断统治就是帝国主义,即使政治殖民地消灭了,只要垄断组织对附属国的经济和政治控制仍然保留下来,帝国主义就仍然存在。这就是第二次世界大战后的没有殖民地的帝国主义。

从上述分析我们还看到,马格多夫对发达资本主义国家如何控制经济殖民地做了详尽的分析,尽管他不认为受到这种控制的就是经济殖民地。我曾经这样设想,如果他深入地研究一下殖民地理论的历史,他就会认识到,他的前人尤其是马克思和列宁都提出过经济殖民地的概念。这样,他对战后帝国主义和殖民地问题的认识就会相应地发生变化,一个科学的战后帝国主义理论体系就由他提出来。这是多么遗憾的事呵。

科学史上常有这样的事。恩格斯指出,普利斯特列和舍勒两人分析出氧气,但不知道他们分析出的是什么。他们为既有的"燃素说"范畴所束缚。这种本来可以推翻全部燃素说观点并使化学革命的元素,在他们手中并没有能结出果实。马格多夫的研究与此有相同之处,也有不同之处。相同的是,他虽然分析了经济殖民地,但是不认识经济殖民地,因为他受政治殖民地范畴束缚。不同的是,他的前人已提出经济殖民地的概念,但是他不知道或不加以利用。

---

① Harry Magdoff, "Imperialism without Colonies," in Roger Owen, and Bob Sutcliffe eds., *Studies in the Theory of Imperialism*, London: Longman, 1972, p.168.

附录部分

一、卢森堡对伯恩斯坦经济
理论的批判

——读《社会改良还是社会革命?》

1897—1898 年的《新时代》发表了德国社会民主党和第二国际领袖伯恩斯坦一系列论"社会主义问题"的文章,这些论文在 1898 年印成单行本。论文的前身是伯恩斯坦对 1898 年 10 月德国社会民主党在斯图加特召开大会的意见书。他认为对于期待中的资本主义社会崩溃就要到来的见解,以及社会民主党应该依照对于这种即将到来的社会大灾难的期待使自己的战术适应或从属起来的见解,不能不表示反对,这一点他是要坚持到底的。他说,赞成这种大灾难说的人,原来是以《共产党宣言》的论断为依据的,而那个论断无论从哪一方面来看都错误了。他说:"我不仅不使社会主义的胜利依存于社会主义里'内在的经济的必然性',而且反而认为不可能也不必要给予社会主义以纯唯物的基础。"[①]为此,他就抓住股份公司和垄断组织这些"新现象",攻击马克思的理论。因此,他就被称为修正主义的鼻祖。为了反对伯恩斯坦的修正主义,卢森堡在 1898 年 10 月写了一系列文章,1899 年4 月又写了一系列文章。后者和 1898 年文章的前一部分,在 1899 年 4 月合为《社会改良还是社会革命?》一书出版。

在这里,我选择伯恩斯坦和卢森堡对立最为尖锐的经济理论——股份公司使资本分散以及信用、垄断组织使危机消灭这两大问题——做一述评。最后,结合当前资本主义有关的实际情况谈谈个人看法。

1. 100 多年前伯恩斯坦说了些什么?

伯恩斯坦反对马克思的资本积累理论。他认为,马克思在《资本论》(第一

---

① 伯恩斯坦:《社会主义的前提和社会民主党的任务》,舒贻上、杨凡等译,生活·读书·新知三联书店 1958 年版,第 127 页。

卷)第二十三章中说到资本的分散是通过分割及其他方法,即"多数个别资本家的相互排斥"而形成的。马克思认为,由于这种分散,资本家的数目同资本的积累一起,"或多或少地增加了"。然而,他在继续的说明中,却完全忽视了资本家人数的增加,而且对股份公司也完全着重于从资本的集中,而不是从资本分散这种片面的见地来处理。问题在于,他只是说到"或多或少"便完了。就在第一卷的最后,他也只是提到"资本家豪族的人数不断减少",而且在第三卷中他关于这个问题的观点也没有任何根本的改变。然而在论述利润率和商业资本时,虽然触到显示资本分散的事实,但对现在讨论的问题却不发生任何作用。因此,读者就会得到随着资本主义的发展,资本所有者的人数就不断地(即使不是绝对地)减少的印象。因而在社会民主党中,财产集中与工业企业发展相平衡这一观念也占了优势,或者说,这一观念始终压迫着党的精神。

但是,他认为这绝不是事实。因为"股份公司的形态,对于因经营集中而发生的财产集中这一倾向,在非常显著的范围内起了反作用。这就是说,股份公司有可能使集中起来的资本广泛地分散,而且使各个资本家豪族对以工业企业集中为目的的资本操纵落空。因此,非社会主义的经济学者,为了替现在的社会状态辩护,即使利用了这一事实,但对社会主义者说来,则不能掩盖这一事实,或对这一事实默不作声。问题毋宁在于进一步认识这一事实在实际上的影响的效果"。① 使资本由集中变为分散:这是股份公司的一个作用。他认为,社会主义运动已经摆脱了许多迷信,也摆脱了依赖财产集中这一迷信。

股份公司的另一个作用,就是使中产阶级崛起。他认为,以现在的发展情况来说,认为有产者的人数相对地或绝对地减少也是错误的。与此相反,不论绝对的或是相对的都在增加。如果社会民主党的活动和对前途的估计,以有产者人数减少的理论为依据,那么,社会民主党实际上就等于"睡着"了。本来,社会民主党是希望有产者的人数越来越少的。因为社会上的剩余生产物,是被1万人独占还是在50万人之间有区别地分配,这对于在交换(出卖劳动力)中总是蒙受损失的900万或1000万的家庭看来,都是一样

---

① 伯恩斯坦:《社会主义的前提和社会民主党的任务》,舒贻上、杨凡等译,生活·读书·新知三联书店1958年版,第49页。

的。但是,如果只有 2 000—3 000 属于特权阶级的人过豪华的生活,比之 50 万或更多的人过不合理的富裕生活,岂不是只耗费更少的剩余生产物吗?这样,在此条件下,就有更多的剩余生产物留下来,它就必定落在其他阶级的手中。因此,"无产阶级幸福的不断增长或中产阶级的人数增加,就成为不断发展生产的唯一而不可避免的结果"。①

因此,"这个社会,假如按照社会主义学说一向设想的那样组织起来,或者按照那样地进化的话,那么,经济崩溃的确不过是短时间的问题。但是,现在我们看见的事实并不是那样。社会的构成并没有变化得比过去更单纯,而就所得(收入)额来看,或就职业来看,毋宁正在划分为非常多的阶级或分化为很多的种类"。② 这就是上述的中产阶级的崛起和壮大。

他认为,这是同股份公司的产生有关的。由于股份公司的产生和发展,伯恩斯坦认为,不仅企业家,而且一般人,都能买股票,这样,"大小各阶级的资本家(就)增加"。③ 他们就是随着股份公司的发展而发展的中产阶级。"因此,工人阶级如果要等待'资本'把中产阶级从这个世界消灭的一天,那他们的确是在做白日梦了。"④

他还进一步论证企业股份是资本财产。他说:"以上的论述,问题还在于增加的资本,是只有在单纯地把它当作企业自有资金时才是资本财产呢,还是把它当作企业股份才是资本财产呢?"回答是肯定的:"如果作为股份不是资本财产的话,那么,雇用 6 个职工和若干徒弟进行买卖的头等锁铺老板巴塞尔克是资本家,而藏金数十万马克的金利生活者米列尔和拥有大量股票及结婚礼品的他的养子工程师修尔捷……(倒只是)非无产者了。这种分析方法的不合理是极其明白的。……股票不但是资本,而且是最完全形式的资本。这就是说,股票是和各种营业中的卑鄙行为完全无关的,它不过是表示(占有)国民经济或世界经济的剩余生产物的份额的证件(股票是获取剩余生产物的凭证——引者)。……即使全部股东都作为饱食终日、一无作

---

① 伯恩斯坦:《社会主义的前提和社会民主党的任务》,舒贻上、杨凡等译,生活·读书·新知三联书店 1958 年版,第 51 页。
② 同上书,第 50 页。
③ 同上书,第 53 页。
④ 同上书,第 51 页。

为的金利生活者而生活着，增加的一大群股东仅以他们的存在、仅以他们的消费种类（饱食终日者——引者）及他们的社会从属者的人数，也不失为强烈影响社会经济生活的一大势力。真的，股票是使因经营集结而被产业界排除出去作为生产领导人的中间阶级在阶级社会中可以东山再起的东西。"①

以上是股份公司的产生在社会中起的作用。

伯恩斯坦还认为，在股份公司基础上形成的垄断企业，由于有了计划生产，就可以消灭经济危机。他说："关于近代社会本身所发生的经济危机的原因和挽救方法的激烈争论，绝不亚于关于病理学上的危机或人体病情的论争。而且这两者比较起来，容易发现在论述这两种现象时，各种理论之间有比较接近的类似点。"

"例如，从萨伊之流的极端经济自由主义——这一主义，把经济危机看作经济组织的自救过程——的信徒中间，可以看出和所谓自然疗法的信徒们有极类似的精神。"而"社会主义者彼此间关于经济危机的最流行的说法，是认为它的原因在于消费的减少。然而，恩格斯对这种解释常常加以激烈的反对。……他这么说：人民群众消费的减少，也许是'经济危机的一个前提条件'，但是，这既不能说明为什么经济危机过去没有（前资本主义的阶级社会，人民群众的消费是很少的，但是没有生产过剩的经济危机——引者），也不能说明为什么今天会有此现象。……马克思本人对于把消费减少认为是经济危机的原因这一理论，也常常加以严厉的批判。他在《资本论》（第二卷）中这样说：'把经济危机说是起因于缺少有支付能力的消费者，这完全是同义异语的反复'。"

但是，他认为："《资本论》（第三卷）第 2 部分的章句，与（上述）这些文章是很矛盾的。就是说，马克思在《资本论》（第三卷）中关于危机曾这样说：'一切真正危机的最根本原因，总不外乎群众的贫困和他们的有限的消费，资本主义生产却不顾这种情况而力图发展生产力，好像只有社会的绝对的消费能力才是生产力的发展界限。'"②……然而，在马克思上述引用的章句

---

① 伯恩斯坦：《社会主义的前提和社会民主党的任务》，舒贻上、杨凡等译，生活·读书·新知三联书店 1958 年版，第 53—54 页。

② 马克思：《资本论》（第三卷），载《马克思恩格斯全集》（第二十五卷），人民出版社 1974 年版，第 548 页。

中，"不仅强调大众的消费减少，而且还强调生产上的无政府状态（比例的破坏——引者）……是一切现实的经济危机的最后原因"。① 如果后者是他对马克思论述的复述的话，那么，前一段马克思的原话和后一段复述马克思的话，这两段话在生产的无政府状态是否是危机的原因这个问题上是不同的。据我所知，他加以复述的马克思的话是这样的："直接的剥削条件和实现这种剥削的条件，不是一回事。前者只受社会生产力的限制，后者受不同生产部门的比例和社会消费力的限制。……但是生产力越发展，它就越和消费的狭隘基础发生冲突。在这个充满矛盾的基础上，资本过剩和日益增加的人口过剩结合在一起是完全不矛盾的。"②这冲突就是经济危机。

由于马克思有比例性破坏和经济危机有关系的说法，他就认为：现在"随着通讯运输所需时间的大大缩短，是否使混乱调整的可能性大大增加了；……随着近代信用制度的伸缩性和工业上卡特尔（计划生产——引者）的兴盛，地方或特殊部门的混乱影响一般产业界的力量大大减弱，至少在今后较长的期间内，不是可以认为像过去产业上一般的经济危机大概不会到来了吗？"③其实，他误解了马克思。马克思的真正意思是：生产力的发展和消费落后的矛盾，直接使消费资料成为过剩的，间接使生产消费资料的生产资料成为过剩的，再间接使生产生产资料的生产资料成为过剩的；资本有机构成越高，生产消费资料的生产资料就越过剩，生产生产资料的生产资料就更加过剩：这里有一个比例问题。由此可见：经济危机的根本原因还是生产发展和消费相对落后之间的矛盾，比例失调不是根本原因。

这里还要论述一下伯恩斯坦关于卡特尔垄断组织可以防止经济危机的问题。他认为："卡特尔对工人和多数民众形成了垄断的联合。这种联合，或者牺牲工人和多数民众，和其他工业其他国家同种垄断组织进行斗争，或者通过国际的协议或国内各种工业间的协议，任意使生产和价格适应其所追求的利润。防止资本主义经济危机的手段，它本身就包藏着使工人阶级

---

① 伯恩斯坦：《社会主义的前提和社会民主党的任务》，舒贻上、杨凡等译，生活·读书·新知三联书店 1958 年版，第 54—56 页。

② 马克思：《资本论》（第三卷），载《马克思恩格斯全集》（第二十五卷），人民出版社 1974 年版，第 272—273 页。

③ 伯恩斯坦：《社会主义的前提和社会民主党的任务》，舒贻上、杨凡等译，生活·读书·新知三联书店 1958 年版，第 59 页。

成为更深刻的新奴隶的制度的萌芽,以及作为过去的行会特权的变本加厉的形式出现的生产上的特权制度的萌芽。因此,我认为与其预言卡特尔和托拉斯'没有力量',从工人的立场来说,毋宁更加重要的是常常意识到它的力量。卡特尔和托拉斯,经过一定时日,能否达到它的第一个目标——防止经济危机,在工人阶级看来,这还是次要的问题。话虽如此,但当对工人阶级解放运动的某种期望同一般的经济危机结合起来时,这个问题就变成非常重大的问题了。因为在这时候,卡特尔对于防止经济危机不起任何作用的观念,可以成为造成错误估计的重要原因。"①

他在这里还提出信用可以防止经济危机问题。由于这个问题是他在与卢森堡辩论的形式下进行的,我们留在下面谈。

2. 卢森堡对资本分散论的批判

从上述分析可以看到,伯恩斯坦用来反对马克思资本积累理论的是这三个论据:资本不是在集中而是在分散、资本家人数不是在减少而是在增加和中产阶级的崛起。卢森堡对前两者予以驳斥。

她指出:"开头,在《新时代》报上,他(伯恩斯坦)只是否认工业集中的迅速,他依据的是 1895 年和 1882 年德国企业统计结果的对比。"但是,这种统计只表明数量,而是不问经济内容或性质(详见下述)的,因此说明不了问题。后来,"在他的观点的进一步发展中,在他的著作中提出了新的证明材料,这就是股份公司统计,他以为统计表明股东在不断增加,因此,资产阶级不是缩小而是相反地扩大了"。② 这就是伯恩斯坦所说的:大小各阶级的资本家增加和中产阶级增加的统计证明。对此,卢森堡加以驳斥。她说:"每一个知道德国股票发行情况的人,都知道平均到每个企业的创业资本,几乎是一贯减少的。"这种平均创业资本,从 1873 年的 380 万马克,降到 1892 年的 62 万马克。伯恩斯坦"说不定会用这些数字组成(说明)一个反马克思的、由大企业过渡到小企业的趋势了"。但是,在这种"情况下每个人都会答复他说:如果你想用这统计证明一些什么,那么你必须首先证明,这些统计是

---

① 伯恩斯坦:《社会主义的前提和社会民主党的任务》,舒贻上、杨凡等译,生活·读书·新知三联书店 1958 年版,第 71 页。

② 罗莎·卢森堡:《社会改良还是社会革命?》,徐坚译,生活·读书·新知三联书店 1958 年版,第 35—36 页。

在同一个工业生产部门中出现在小企业代替了原来的大企业,而小企业不是出现在到现在为止只有个人资本甚至作坊和细小企业的地方。他是无法作这样证明的,因为从建立大股份公司过渡到建立中型、小型股份公司,只能用股票业务不断进入新的部门来解释,如果在开始的时候,它只适用于少数巨大企业,现在越来越适用于中等企业,有些地方并且适合于小企业了"。这就是说,有的中、小企业是由大企业出资建立的,但可以表现为企业总数增加,而平均创业资本减少。经过卢森堡这样的分析,这就不是资本分散,而是资本集中了。

至于说由于购买股票的人增加,就是大小各阶级资本家的增加,卢森堡更是不同意。她说:"发行股票这种经济现象的内容是什么呢? 一方面,是把许多小的货币财产联合成一个生产资本;另一方面,是生产从资本所有权脱离,因而,在两重意义上克服了资本主义生产方式——却仍然是在资本主义的基础上。……参加一个企业的股东数目很大,这个事实……不过是说明,现在一个资本主义企业不像从前那样相当于一个资本所有者,而是相当于大批的、人数不断增加的资本所有者,因而'资本家'这个经济范畴,不再是指一个个人,今天的工业资本是一个集体,是由几百甚至几千人组成的,'资本家'这个范畴本身在资本主义经济框子里变成社会的了,它社会化了。"这是卢森堡关于股份公司的"资本家"观,是很深刻的。她进一步指出:"因为伯恩斯坦把资本家不是理解为一个生产的范畴,而是一个所有权的范畴,他把资本不是理解为一个经济单位,而是简单的货币财产。因此,他在英国纺线托拉斯中不是看到 12 300 人合而为一,而是看到整整 12 300 个资本家。"因此,"在他看来,全世界密密麻麻地一大片都是资本家"。她特别指出:"当伯恩斯坦把资本家这个概念从生产关系搬进财产关系中去,'不谈企业主而谈人们'的时候,他也就把社会主义问题从生产范围搬进财产关系的范围,从资本和劳动的关系搬进了富者和贫者的关系中去了。"①这同样是很深刻的。

这里我必须指出,有一段话卢森堡虽然将其作为一个注解,而我认为十

①　罗莎·卢森堡:《社会改良还是社会革命?》,徐坚译,生活·读书·新知三联书店 1958 年版,第 37—38 页。

分重要的论述,这就是:"伯恩斯坦显然认为,小股票的大量推广是社会财富已经开始把它的股票之福降于细民的证明。实际上,除了小资产者或者甚至工人以外,谁还去买例如1分尼或20纸马克的股票这样小的东西呢?可惜的是,这个假定是根据一个错误的计算(而)来的:他用了股票的票面价值,不是用它的市场价值,而这是两回事。举个例子!在矿山市场上,除了其他以外,有南非洲的边区矿山股票交易,大部分股票的票面价值是1分尼即20个纸马克。它的价格在1899年已经是43分尼……即不是20纸马克而是860马克!一般情况平均都是如此。因此,'小'股东听起来虽然很民主,实际上是殷实的资产阶级的'对社会财富的票据',而绝不是小资产者或者甚至是无产者的,因为按照票面价值取得这种股票的人,在全部股东之中只占极小的部分。"①这段话是极其重要的,因为它以事实说明:大股东总是占便宜,而小股东总是被人摆布;只是它没有上升为理论。我们知道,股东不是按人头,而是按持有的股票数量行使权利的,小股东连股东大会都懒得参加,大股东并不认为,要控股就得拥有51%以上的股票,他们的经验证明,往往只要占有股份的20%—30%,就能控制整个股份公司,就能决定一切重大事项,任命总经理。这已是常识了,这里不赘述了。

将其上升为理论的是《金融资本》(1910年)的作者希法亭。他根据马克思的理论,称股票的市场价格为虚拟资本,以区别于真实资本。虚拟资本的市场价格的决定公式和地价的决定公式一样:获得的收入/银行利息率。例如:股票的红利加利息为每股10元,年利率为4%,那么,不论股票的面值为何,其市场价格应为10/0.04=250元。这就是说,我持有一张股票,由于每年能带来10元的收入,就等于我有年利率0.04的250元存款带来的收入一样,因此,这只股票不问其面值为何,市场价格就是250元。我们知道,垄断企业能获取垄断利润,分给10元股票的红利加利息,可以比银行利息高得多,只要是这样,10元的股票其市场价格就可以升为10元的若干倍。这个超过额,希法亭称为创业利润。上述的从1分尼升为43分尼,其差额42分尼就是创业利润。这只是创办垄断企业之初一次性获得的。因为其后的股

① 罗莎·卢森堡:《社会改良还是社会革命?》,徐坚译,生活·读书·新知三联书店1958年版,第38页注①。

票市场价格已经由创业利润和利率调节，所以就大为提高，就再也不能获得远远超过银行利率的收入，即创业利润了。不用说，能够买到人们称为"原始股"的，都是一些大股东或垄断企业的发起人。其他人是很难买到的。列宁的《帝国主义是资本主义的最高阶段》(1916 年)运用了希法亭的这一重要理论。

假如将上述的 1 分尼股票是否是"原始股"的问题不谈，那么，股票面值越小，买者就越多；大股东控股就越容易。具有丰富经验的英国资本家就制定法律，允许发行 1 英镑的股票。由此，股份公司发展很快，垄断组织发展也很快，英国首先成为帝国主义；其他国家的资产阶级羡慕不已，称之为 1 英镑的帝国主义。

对于伯恩斯坦的中产阶级论，卢森堡没有针对性地进行批判，因为在她看来，问题已经包含在对股东就是大小资本家论的批判中了。我认为这多少有点遗憾。这个问题，我们在下面再谈。

3. 卢森堡对危机消灭论的批判

关于伯恩斯坦宣扬的信用消灭危机论，卢森堡当然不同意。伯恩斯坦说："我在《社会主义者的崩溃论》那篇论文中提出的上述疑问，曾受到种种的反驳。特别是卢森堡夫人在《莱比锡国民报》上从 1898 年 9 月开始连续刊登的论文中，关于信用的本质和资本制度的适应能力，对我有所说明。这篇论文在其他几家社会主义报纸上转载了，内容虽然是错误的，但同时是极巧妙地运用了辩证法的真正标志，所以我认为在这里简单地加以检讨是适当的。"①

卢森堡对崩溃论那篇论文关于信用作用的论述，予以批判。伯恩斯坦将其摘要如下："说信用能限制危机，这是愚蠢的，它正是使危机推进到高峰的手段。这就是说，信用首先可以使资本主义的生产无限扩大，增进商品交换的速度，增进生产过程的循环速度，同时也是引起生产和消费之间的矛盾的手段。信用是资本家掌握对他人资本的管理权，同时又掌握进行极无计划的投机的手段。然而，当不景气一到来时，信用就由于紧缩而激起危机。

---

① 伯恩斯坦：《社会主义的前提和社会民主党的任务》，舒贻上、杨凡等译，生活·读书·新知三联书店 1958 年版，第 59—60 页。

实际上,信用的机能是从根底剥夺资本主义的各种关系的安定,又是使资本主义的各种势力极端地变成有伸缩性、相对性和敏感性的东西。"①

伯恩斯坦的摘要并不全面。他摘的这一段主要是谈信用对资本主义经济发展不利的一面,然后以其具有片面性为由,对卢森堡进行反驳。其实,卢森堡对信用对资本主义经济发展的两重作用都是加以论述的。例如她说:"信用在资本主义经济中有多方面的职能,其中最重要的是,大家知道,增加生产的扩张能力,媒介和便利交换的进行。在资本主义生产要求超越私有制的界限而无限扩张的内在倾向,同私人资本的有限规模发生冲突的地方,信用就插进来,作为用资本主义方式解决这个限制的手段,把许多私人资本融合成一个资本——股份公司,并让一个资本家能够去支配别人的资本——工业信用。另一方面,当作商业信用,它加速了商品交换,因而使资本更快地回到生产,加速了生产过程的整个循环。"但是,她接着说:"信用的这两个最主要的职能,对危机的形成有什么影响是容易看得出来的,既然,如大家知道的那样,危机是从生产的扩张能力、扩张趋势同有限的消费能力之间的矛盾产生的,那么,照上面所说的情况,信用恰恰是使得这种矛盾尽可能经常爆发的特殊手段。"②信用之所以使危机深化,是由于:"销路滞塞的现象刚刚露出苗头,信用萎缩了……因而在危机过程中,把消费能力减缩到最低限度。"③

总之,根据卢森堡表述的马克思关于信用的两重作用是:(1)各企业间的信用关系能节省货币流通量,减少纯粹流通的费用,信用又能集中社会闲置的货币和资本,变为职能资本:这是积极的作用;(2)信用使资本的使用者可以不是资本的所有者,他们可以用别人的货币和资本进行投机,使企业为定单而生产,掩盖生产和消费之间的矛盾,并使其加剧,当矛盾爆发、市场疲软、销售困难时,由于信用而结成的债权和债务关系必然破坏,企业倒闭,银行坏账,存户挤兑,只要一个环节不能按额按时支付,就使许多环节发生问

---

① 伯恩斯坦:《社会主义的前提和社会民主党的任务》,舒贻上、杨凡等译,生活·读书·新知三联书店 1958 年版,第 60 页。

② 罗莎·卢森堡:《社会改良还是社会革命?》,徐坚译,生活·读书·新知三联书店 1958 年版,第 7 页。

③ 同上书,第 8 页。

题,一个企业倒闭,就使许多企业倒闭,一夜之间,繁荣变为危机和萧条:这是消极的作用。如果没有信用破坏和信用危机,就不会发生如此的连环作用,市场疲软就不会以全面的形式出现。

关于垄断消灭危机论,卢森堡同样反对。她认为,"依伯恩斯坦的说法,这种组织通过管理生产的办法,应该使无政府状态告一结束,防止危机"。① 这就是说,垄断组织的生产是有计划的,这是事实,而在伯恩斯坦看来,计划生产就可以防止危机。按照这种理论逻辑,危机就是由生产无政府状态引起的。应该指出,持这种看法的经济学家是大有人在的。伯恩斯坦这种经济危机原因论是不正确的。因为这只是局部危机,而不是普遍危机的原因。普遍危机的原因是生产增长和消费相对落后之间的矛盾。可惜的是,卢森堡在这里是从生产无政府状态是普遍危机的原因出发,批判同样持这观点的伯恩斯坦的。

卢森堡首先指出:"只有当卡特尔和托拉斯等变成近乎包罗一切,居于支配地位的生产形式的时候,才说得上通过企业主的联合组织防止资本主义无政府状态。但是,卡特尔本身的性质就排斥了这种情况的发生。企业主联合组织的最终经济目的和作用,就是在一个部门内部禁止在分配世界市场利润方面的竞争,以便提高这个工业部门在世界市场上所得到的份额。而这种组织要提高这个工业部门的利润率,又只有牺牲别的部门才行,因此,它恰恰不能变成普遍性的组织。如果它居然包括了一切重要工业部门,它的作用也就消失了。"② 这就暗含着不存在纯粹垄断资本主义的思想,因为垄断利润要来自非垄断经济,这就决定了不可能存在普遍的计划生产。按照卢森堡的(也是伯恩斯坦的)理论逻辑,这就不可能消灭危机。

卢森堡再指出,垄断组织"就在实际应用范围内所起的作用,也是同废除工业无政府状态恰恰相反的。卡特尔为了在国内市场达到上述提高利润率的目的,通常用部分为满足国内需要还用不上的闲置资本为国外生产,而所要求的利润率比国内低得多,就是说,它的商品在国外销售的价格比国内低得多(所谓的倾销——引者)。结果,在国外剧烈竞争,在世界市场上出现

① 罗莎·卢森堡:《社会改良还是社会革命?》,徐坚译,生活·读书·新知三联书店 1958 年版,第 9 页。
② 同上书,第 9—10 页。

更大的无政府状态,就是说,同愿望恰恰相反"。① 这个论点同上面的一样;只是不是从一个国家,而是从世界范围进行分析。

卢森堡最后指出:"卡特尔本来就是资本主义生产方式的一个手段,用来制止个别生产部门中利润率的致命的下降。但是,卡特尔究竟用什么方法来达到这个目的呢? 根本地说,不过是把一部分积累起来的资本闲置起来,这就是说,用的方法同危机时所用的方法是一样的,不过形式不同而已。但是,这样的治疗方法,对于疾病正是半斤和八两,到一定的时间为止,比如对小疾病,那是有效的,但是,再往前去就不行了。"②这里包含一个重要的思想:垄断组织的生产是有计划的,包括由于要攫取垄断利润而限制产量也是有计划的,但是由此而闲置起来的机器设备和多余的工人:这一措施本身就是危机,只是与一般的危机的形式不同而已! 所谓危机,不过是对相对落后于生产的消费来说那部分多余的生产力的破坏! 因此,有计划地减产就已经是危机:这一思想是非常深刻的。卢森堡后来就坚持这种看法,而平衡论者布哈林自始至终都没有这种认识。卢森堡总结说:"卡特尔正同信用一样,也是一定程度的发展阶段,这个阶段,归根结底只有使资本主义世界的无政府状态扩大化,使它的内在矛盾暴露出来并趋于成熟。它使生产方式和交换方式之间的矛盾尖锐化,因为它把生产者和消费者之间的斗争发展到极顶,就像我们在美国见到的那样。它还使生产方式和占有方式之间的矛盾尖锐化,因为它把组织起来的资本的威势以最残酷的形式与劳动界对立起来,因而资本与劳动之间的对立达到了极端。"③

4. 争论的问题在当前的表现和我的认识

我选择的卢森堡和伯恩斯坦争论的两大问题——资本分散和危机消灭在当前有什么新表现呢? 有的。构成资本分散论的内容之一的是中产阶级化论,在西方,现在中产阶级化已经是事实,中产阶级化论广泛流行;自从20世纪30年代大危机之后,资本主义再也没有出现过如此严重的危机,资本主义经济发展没有大起大落,"有调节的资本主义论"或"烫平"危机论在广泛

---

① 罗莎·卢森堡:《社会改良还是社会革命?》,徐坚译,生活·读书·新知三联书店1958年版,第10页。
② 同上。
③ 同上书,第11页。

流行。应该怎样看待这两个问题？

对于西方社会中产阶级化的事实和理论，我的认识有一个过程。在纪念马克思逝世 100 周年时，我写过一篇与此有关的文章。[1] 那时的我认为，随着资本主义社会生产力和社会矛盾的发展，物质生产劳动者中脑力劳动者的比重增加、经营劳动独立化和经营劳动者在无产阶级中的比重增加、管理劳动独立化和管理劳动者在无产阶级中的比重增加，这是事实；但是，我将其通通看作无产阶级内部的结构的变化，不认为其中有中产阶级化事实的存在。我倒认为，资本主义社会存在着部分真正中产阶级的无产阶级化，以及部分无产阶级的资产阶级化。现在，我仍然坚持部分无产阶级资产阶级化的观点。但是，我认为对中产阶级化和真正中产阶级问题，有必要重新加以认识。

我是从应该如何认识当前广泛讨论的人力资本问题，以及因此而阅读斯密和马克思的著作中，认识中产阶级（区别于我说的真正中产阶级）化的事实和理论的。大概从 20 世纪 50—60 年代开始，西方人力资本理论发轫。与此同时，那些被认为拥有人力资本的人，其收入特别高，这应如何解释？结合这两者，我重读斯密的《国富论》，感到有一点值得注意。斯密说，越是高级的劳动者，越难培养。送子学做鞋匠，无疑他能学会制鞋的技术；但若送子学法律，精通法律并能靠法律吃饭的人，可能至少是 20 个人中才能产生 1 个；就成功者 1 人，而不成功者 19 人的职业来说，这成功的 1 人，其培养费就结集了 20 个人的培养费；因此，他又说："一种费去许多工夫和时间才学会的需要特殊技巧和熟练的职业，可以说等于一台高价机器。学会这种职业的人，在从事工作的时候必然期望，除获得普通工资外，还收回全部学费，并至少取得普通利润。而且，考虑到人的寿命长短极不确定，所以必须在适当的期间内做到这一点，正如考虑到机器的比较确定的寿命，必须在适当的期间内收回成本和取得利润一样。"[2]这就是说，需要极高培养费的劳动力，好比是高价的机器，要收回培养费即成本，也就是会计学上的折旧，并按全部

---

[1] 陈其人：《资本主义的发展和无产阶级构成的变化——评资本主义社会中产阶级化的理论》，《马克思主义与现实》1995 年第 4 期。

[2] 亚当·斯密：《国民财富的性质和原因的研究》（上卷），郭大力、王亚南译，商务印书馆 1972 年版，第 93 页。

成本取得利润(此外,还有真正的工资):这就是人力资本。他说,"社会上一切人民学到的有用的才能"(这就是现在说的人力资本——引者)、"机器与工具"、"有利润可取的建筑物"和"使土地变得更适于耕种的土地改良费"这四项属于固定资本:"其特性是不必经过流通,不必更换主人,即可提供收入或利润。"①因此,人力资本和一般的资本比如货币资本一样,其持有者都是资本家。这些人就是上述的那些物质生产中的脑力劳动者、经营劳动者和管理劳动者。这就是说,他们也是参加劳动的,从这一点看,也仅仅从这一点看,是高级的劳动者。他们既然是集人力资本家和高级劳动者于一身,所以就是中产阶级。这好比小业主是中产阶级一样。与此不同,我从前所说的"部分真正中产阶级无产阶级化"指的是:例如开业医生,独自经营,确是中产阶级,但是他们不雇佣工人,这一点和这里谈的中产阶级是雇佣工人的不同。那么,他们又是怎样无产阶级阶级化的呢? 因为越来越昂贵的医疗器械,他们逐渐买不起,只能依靠大医院成为院外的被雇佣工人。从上述可以看出,那些拥有人力资本的中产阶级的工资其实是一种总收益,它包括资本的折旧、资本的利息或利润和真正的工资。凡属固定资本,都是按全额计算利润或利息,而按所费转移价值,转移部分就是折旧,折旧又可以存在银行里拿利息,高价机器也是这样。它的收益可以有不同的形式,例如,除了工资之外,赠股票、分红利、拿奖金、得津贴等;方式也可以或明或暗。但是,通常都将这些说成工资了。我这种理解,似乎对如何说明复杂劳动是倍加的简单劳动的机制提供了科学的依据。

在这里,我要对他们的真正工资分析一下。这涉及他们的劳动是否创造价值的问题。我认为,物质生产的脑力劳动者,其劳动全部创造价值,他们的工资同一般工人的工资一样,是自己创造的价值的一部分;经营劳动者,其劳动就是买卖商品和收支货币,是属于马克思说的非生产劳动,属于纯粹流通费用,全部不创造价值,其工资来自社会的剩余价值,因为他们的劳动不能使"蛋糕"增大,而是对既有"蛋糕"切块和分配,并且自己也要从中拿一块;管理劳动者,由于资本主义管理具有两重性质:组织劳动和监督劳

① 亚当·斯密:《国民财富的性质和原因的研究》(上卷),郭大力、王亚南译,商务印书馆1972年版,第257页。

动,前者创造价值,后者则否,但两者结合在一起,因此,前者创造的价值,就不能单独剥离,予以计算。

这里还有一个这些"高价机器"从事的劳动是复杂劳动,根据上述的不同规定,它在形成价值的前提下(切和分"蛋糕"的除外),其形成的价值是简单劳动形成的价值的若干倍的问题。明确提出这个"倍加"问题的是马克思。他是这样说的:"比社会平均劳动较高级较复杂的劳动,是这样一种劳动力的表现,这种劳动力比普通劳动力需要高的教育费用,它的生产要花费较多的劳动时间,因此,它具有较高的价值。既然这种劳动力的价值较高,它也就表现为较高级的劳动,也就在同样长的时间内物化为较多的价值。"①在这段话中,他并没有说明其中的机制,但在其后是说明了的。他认为奴隶是奴隶主的固定资本,奴隶主将其"租给别人在产业上使用……而取得的间接利益,只是被看作预付资本的利息(和折旧费),这同资本主义生产中产业资本家把一部分剩余价值和固定资本的耗费看作他的固定资本的利息和补偿完全一样"。②"这一原理显然适用于高价机器这种固定资本投在生产中时,要取得利息和折旧。这就是:在复杂劳动形成的价值中,有一部分其实是"高价机器"的折旧,即相当于所费固定资本价值的转移:这是旧的价值转移,不是新价值的创造。至于新的价值,则是"高价机器"的活动,也就是"高价机器"的载体,即人力资本家的大脑的劳动所创造的。这就是复杂劳动创造的价值。但是它事实上是同高价机器转移的价值混在一起。当然,剥离了"高价机器"的活动后,这个人力资本家就再也不是资本家,而是一般的劳动者了,其劳动就是简单劳动,就再不"高价"了,它就和其他不需专门学习就能从事的简单劳动一样,创造的价值就没有什么不同了。其实,这个"机制"问题,俄国的卢彬也谈过。他说:"熟练劳动(应为复杂劳动——引者)所生产的生产物之价值,最低限度不但足以补偿生产该生产物(例如金玉加工的制成品)所直接消耗的劳动,而且足以补偿事前学习此种职业时所耗费的劳动以及师傅教授所需的劳动。"③我认为这是正确的。由于卢彬

①　马克思:《资本论》(第一卷),人民出版社 1975 年版,第 223 页。
②　马克思:《资本论》(第二卷),人民出版社 1975 年版,第 538 页。
③　李卜卡拉西、卢彬、布哈林:《价值学说史》,孙寒冰、林一新译,黎明书局部 1933 年版,序言第 19 页。

后来受批判,它就被淹没了。

这里存在一个问题:我一方面反对资本分散论,另一方面又认为中产阶级增加,这不是自相矛盾吗? 不矛盾。中产阶级的构成极不相同,绝大多数是小资本或小股份所有者,极少数是大资本或大股份所有者。前者支配后者,犹如前述的大股东支配小股东一样。这里的极少数大股东的产生,是由于他们拥有的人力资本是居于没有竞争者的地位,可以带来垄断利润,将这些垄断利润加以资本化,就是这些人力资本的价格,比如某一发明家,其产品能带来年垄断利润 1 亿元,银行年利率为 4%,那么,这发明家拥有的人力资本的价格则为 1 亿/0.04 = 25 亿元,将其折为股份,就是很惊人的了。这似乎可以说明某些技术精英和管理精英之所以成为亿万富翁的纯经济原因。

还有一个问题,就是从人力资本的角度看,人力资本获得的薪酬或收益是投入还是支出的问题。我认为,相当于"高价机器"的折旧部分是投入,而不是支出;"高价机器"活动,或其载体即复杂劳动者大脑的劳动创作的价值是投入;相当于"高价机器"价值的利息部分则是支出。只有这样理解,才符合马克思的政治经济学原理。

当然,如果生产"高价机器"的费用是由社会负担的,那么,其折旧、利息以及新创造的价值都应归社会所有。如果归人力资本家所有,那就等于侵吞公款了。换言之,在这样的条件下,他们应得的只是普通工资。

现在谈论"有调节的资本主义论"或"烫平"危机论问题。我曾在一篇文章和一部著作[1]中,谈论过这个问题。现在再论述如下:

资本主义实行了几百年的市场经济体制,从 1825 年起,就周期地发生破绽——发生经济危机,这种危机在 20 世纪 30 年代达到最严重的程度,与当时苏联开始实行计划经济体制形成鲜明的对照,引起资本主义世界的极大震荡,危及社会制度。于是,垄断资产阶级就寻求反危机的办法,终于从社会主义经济体制的宏观调节中得到启发,认为通过财政和金融渠道,实行膨胀政策就可以防治经济衰退,实行紧缩政策就可以防治经济过热。1934 年,著名历

---

① 参见陈其人《资本主义生产无计划理论的终结》,《当代经济研究》2001 年第 7 期;陈其人:《世界经济发展研究》,上海人民出版社 2002 年版。

史学家、英国的威尔斯周游世界，先到美国，后到苏联，对斯大林说：美国罗斯福总统也搞计划经济，意即是向苏联学的。但是，这是在资本主义条件下实行的，当然不能解决资本主义社会的基本矛盾，不能消灭危机。虽然这样，我认为可以使危机变形，不是"烫平"，而是变得较前和缓，这是20世纪30年代大危机后再也没有发生如此严重的危机这一事实证明了的。我的理由如下：

第一，这些政策能削弱普遍危机所起的暂时解决生产与消费的矛盾的作用，使普遍危机变形，并较以前和缓。危机之所以能暂时解决矛盾，是由于它使生产下降到与相对落后的消费相适应的地步。实行膨胀政策，可以使生产下降得较为缓慢，因为运用国家财政，可以包买部分垄断企业的产品，它们的生产不一定下降，可以兴建公共工程、发展军火生产、生产宇航工具、建造人工岛屿等，它们的产品与人民的消费无关，因而不发生生产与消费的矛盾问题；运用金融政策，降低利率，部分企业得到贷款，生产得以维持而不一定下降，而那些以消费者信用购买的耐用消费品、私人汽车、住房等，则因利率下降而加速出售，其生产也不一定下降。由于整个生产下降得很慢，它和消费重新达到均衡所需经历的时间就较长，然后再有新的发展。如果说，从前资本主义经济经过普遍危机的发展，犹如在山峦中要经过山峰和山谷的大起大落才能登高，那么，现在资本主义经济经过普遍危机的发展，则犹如在丘陵上要爬过很多坎壈才可走上山岗。

第二，这些政策能削弱固定资本的更新成为普遍危机周期长短的物质基础的作用，使这种周期的长短不再取决于固定资本的平均寿命，而具有自发的性质。我们知道，一次普遍危机包括四个小阶段：高涨、危机、萧条、复苏。在高涨阶段，企业连开工都来不及，一般不会更新固定资本；只有在危机阶段接近结束、存货接近售清、生产下降已近低谷时，危机中幸存下来的企业，便集中地更新固定资本，并且是性能更好的，这样便刺激了生产固定资本的第一部类生产的恢复和增长，部分工人就业，对消费资料的需求增加，便刺激了第二部类生产的恢复和增长，工人就业再增加，第二部类生产再增长，又促使第一部类生产的增长。这样，就使生产过渡到萧条，经过复苏，走向新的高涨……现在，由于实行膨胀政策，国家的财政支出用于固定资本建设和更新，可以根据调控的需要，分散在经济周期的不同阶段上进行。固定资本更新的集中和分散，对生产的刺激作用是不同的。由于这样，固定资本更新成为普遍危机周期长短的物质基础的作用便削弱了。这样，两次危机的间隔时间，便越来越该由生产增长和消费落后的矛盾发展到尖锐需要经历的时间来决定，具有自发性。

从上述分析可以看出，垄断资产阶级为了"烫平危机"，就交替实行不同的政策。实行膨胀政策虽然可以促使经济增长，减少失业，但是这是以财政赤字为支柱的，不能长久。弥补赤字最常用的方法，就是多印纸币，即膨胀通货。这必然给工资收入者带来高物价之苦。就是说，低失业和高物价同时存在。于是转为实行紧缩政策，这就使高失业和低物价同时并存。单纯的工资劳动者，只能受其摆布，非此即彼。

总之，随着资本主义社会生产力的提高，社会矛盾在发展，中产阶级的人数在增加，经济危机虽不能"烫平"，但较前缓和，单纯的工资劳动者，只能在一方面是低失业和高物价、另一方面是高失业和低物价中挣扎。这就是撇开国际环境不谈的发达国家的新情况。社会学家认为，中产阶级的壮大是现存社会的稳定力量。在这样的条件下，社会主义如何实现是一个新问题。

二、国民经济学、世界经济学和政治经济学

国民经济学或经济学具有国民性,这样的经济学实质上是 19 世纪中期德国的经济学,或不如说是德国的经济政策。我们知道,当时德国的经济大大落后于英国和法国。为了德国的利益,德国的政治家和经济学家,对于英国和法国政治经济学自认为其揭示的经济规律是适应于所有国家和所有时代的,必然格格不入,尤其不能接受其关于自由贸易的政策,因为德国需要的是保护政策。1841 年,德国历史学派的鼻祖李斯特的《经济学的国民体系》就是反对英法学派的。此后,德国旧历史学派诸子都以研究特定的德国,即一国的国民经济学以抗英国的研究世界的古典经济学,他们以流通方式为标准来划分历史阶段,认为德国的经济发展阶段落后于英国和法国,不能实行古典经济学的自由贸易政策。卢森堡在德国工人党的党校讲课时已经是 20 世纪初,这时尽管德国在经济上已经赶上英国,旧历史学派已被新历史学派取代,后者的对立面是马克思主义,但仍不能不受历史学派传统的影响,接受了国民经济学这一概念。这正如德国社会民主党领袖希法亭写作《金融资本》(1910 年)时接受历史学派的方法论,从流通入手进行"资本主义最新发展的研究"一样。

卢森堡的《国民经济学入门》是一部还没有写完的著作。因此,我们无法从结构上提出什么看法。但是,它有一个显著的特点,就是对原始社会(她称为原始共产主义社会)尤其是其中的氏族组织和农村公社的研究最为详尽,无论从资料和分析来看,都是这样。可以说,马克思晚年关于民族学的读书笔记所列举的书籍,她都充分利用了。这在同时代的马克思主义者中是很少见的。她强调摩尔根在《古代社会》里所说的,氏族成员和公社成员是生活在自由、平等和博爱之中的,并且认为像马克思所说的那样,作为农村公社的否定之否定的未来的高级公社,也将是这样。她所以如此重视

原始社会的研究,我想是为了说明其必然向高级的形态发展。从这里可以看到,卢森堡不仅以身殉共产主义,而且其科学研究也完全是为共产主义事业服务的。她确实是一只革命之鹰。

1. 关于国民经济的定义问题

《国民经济学入门》这本书的名称,似乎表明卢森堡认为区别于世界经济的国民经济是存在的。不是的。恰恰相反,她认为国民经济必然发展为世界经济或被世界经济所吞噬。她是在批判中提出这个看法的。她批判的对象是德国新历史学派的毕夏(Bücher)教授。毕夏说,满足全体国民欲望这一因素所引起的设备、制度和行为的总体,构成国民经济。国民经济又可分解为个别经济,后者相互处在一定的联系之中,并由于自己为他人及他人为自己,各自承担一定的义务,相互结成千丝万缕的依存关系。对此,卢森堡提出如下的批评:

A. 按照黑体字所述,"所谓国民经济就变成了天地间一切事物的总和,而国民经济学就变为一种无所不研究的普遍的科学了"。① 她认为,这个定义非受到一些限制不可。首先,"满足全体国民欲望",应该是物质的欲望。但是,总体的含义仍嫌过于广泛,令人难以捉摸。因此,要找出要点,这就是:"任何人都必须通过自己的劳动来生产一定数量的生活必需品,……以及制造上述必需品时所必不可少的材料和工具。而一国国民进行各种劳动,把生产出来的财富分配于各成员之间,消费它,在生活的永续循环中再生产它,所有这些方式、方法的总体即构成'国民经济'。这大概相当于毕夏教授的定义中第一个命题的意义。"② B. 但是,毕夏教授的定义还有第二个命题:"国民经济又可分为许多个别经济……",这是什么意思呢?大概是"包括个别家政式家庭经济吧。"但是,"事实上,在所谓的文明国家里,每个民族都是由无数的家庭所组成,而各个家庭又通常各管各的'经济'。这种私人经济的本质在于:各个家庭从其成员的工薪或其他源泉中,取得一定的货币收入,再通过消费,以之满足自家的衣食住等欲望。同时,当我们一想到所谓的家庭经济时,就自然会在头脑中浮现出主妇、厨房、洗衣柜、保育室

① 卢森堡:《国民经济学入门》,彭尘舜译,生活·读书·新知三联书店 1962 年版,第 13 页。
② 同上书,第 14 页。

等。'国民经济'是不是分解为这样的个别经济呢？我们实在搞不清楚。我们刚才说的国民经济概念……主要是……一切财富的生产……换言之，生产在国民经济中占有中心的地位。反之，家庭经济的中心，则是各种物品的消费"。① 因此，"我们认为毕夏的'国民经济分解为许多个别经济'这个命题，实际等于说：全体国民的生活资料的生产，经常是分解为各个家庭的生活资料的消费——这真是一个十足荒谬的命题！"②

既然将国民经济理解为各个家庭经济是不正确的，那么，是否可以将它理解为各个工厂、工场、农场及其他等企业呢？诚然，这些企业都是生产或制造种种有利于全体国民维持生活的产品，同时，它们之间也存在着一定的联系和互相依存的关系。但是，毕夏教授的国民经济既然是一种总体，那么它就必然包括生产和消费两者。可是，上述的工厂、工场和农场却是某种产品的生产者而非其消费者。"它们只是生活资料的构成部分，或者为生产供给原料，或者为生产供给工具而已。简直可以说，近代工业企业不过是一个单纯的经济断片。从经济观点来看，这个断片本身是完全没有什么意义和目的的东西。……其中的每一片也决不能算是'经济'。"因此，"如果说国民经济——满足国民欲望之设备和行为的总体——可以分解为工厂、工场、煤矿等个别经济；那么，也同样可以说：凡可以供人类有机体发挥一切机能之用的器官总体，就是人。这种人也可以分解为耳鼻手足等许多个别器官。事实上，说近代工厂是一种'个别经济'，正如说鼻子是人的个别器官一样，没有什么不同"。③

总之，毕夏教授的国民经济定义是不通的。不仅如此，她还指出这种定义从方法论看，是"资产阶级学者根据事物纯外部特征人为地捏造出来的"。④

2. 国民经济必然被世界经济所取代

在卢森堡看来，问题还在于：从发展看，国民经济是必然被世界经济所

---

① 卢森堡：《国民经济学入门》，彭尘舜译，生活·读书·新知三联书店 1962 年版，第 14—15 页。

② 同上书，第 15 页。

③ 同上书，第 17 页。

④ 同上。

吞噬的,是不存在的。

她指出:上面的说明不外乎表明,"国民经济学应该是研究国民经济的本质的科学,换言之,即阐明一国国民以其劳动创造财富,不断增殖财富,将它分配于各个社会成员进行消费,随后再生产出来的规律之学。因此,它的研究对象应该是全体国民的经济生活,而不是私人经济或个别经济……这种见解,表面看来,似乎很不错。因为,号称国民经济学(应是政治经济学,以后说明——引者)之父的亚当·斯密在其1776年出版的划时代的著作《国富论》中,也附有'国民的财富'的题名"。对此,卢森堡首先就提出质问:所谓国民经济,就是个别国家的经济,那么,"所谓个别国民经济这种东西,实际上到底存在吗?每个国民都是各自为计,经营它自己的特别的或孤立的经济生活吗?'国民经济'或'国家经济'一词,德国人非常喜欢使用,所以让我们把视线集中到德国来吧!"①她列举了许多统计数字后指出:"由此可见,我们在德国得以生活与劳动,差不多都是依赖所有国家与民族为我们服务,而我们也是为所有国家服务。"②由于这样,她就得出结论:"既然交换发展得这样庞大,又有什么必要在各个国家的'经济'之间硬设一些界限,称之为'国民经济',似乎就是经济上的完整的特殊的机构呢?"③

尽管"世界贸易不断急剧地增大,今日已无争论或怀疑的余地,而成为一般人所熟知所承认的事实"④;但是,毕夏及其同事桑巴特还是守着国民经济不放,毕夏教授说:"我们毋宁认为现今各民族(就其整个经济而言)并没有因那样庞大的商业关系而互相联结起来。各个国民经济,今日比之百年乃至50年前,它之被卷入世界市场,不是较多,而是较少。但是……说国际贸易关系对近代国民经济所具有的重要性似乎相对地增大了,这种假设至少是错误的,事实证明恰恰相反。"⑤毕夏教授又说:"各个国民经济越来越变成完整的小宇宙(同其他事物脱离的孤立的小世界)。国内市场的重要性,

① 卢森堡:《国民经济学入门》,彭尘舜译,生活·读书·新知三联书店1962年版,第18页。
② 同上书,第19页。
③ 同上书,第20页。
④ 同上。
⑤ 毕夏:《国民经济的起源》,第5版,第147页。转引自卢森堡《国民经济学入门》,彭尘舜译,生活·读书·新知三联书店1962年版,第21页。

在一切关系上,都日益凌驾于世界市场之上。"①卢森堡认为,这些谬论,"完全暴露了官方学者先生顽固地否认世界经济是人类社会新的发展形式之一——这种曲解事实真相的顽固态度,我们必须予以深切的注意,并且要挖出它的内在根源"。②

她尖锐地指出,毕夏是以研究经济史驰名的,但是,为了要迎合一种牵强附会的公式,"他毫不怀疑地把数千年来分散的各种文化阶段和经济阶段同国际贸易混为一谈。……在一般的模糊认识之中,埋没了各种经济形态和文化阶段的时代特殊性。……在教授式的浅薄模糊的理论之中,种种千差万别的交换形态也变为完全同一的东西了"。毕夏把原始的交换、剩余产品的交换、奢侈品的交换、农产品与工业品的交换、劳动力与杀人武器的参与交换、面包与富翁用的美术品的参与交换等混为一谈。卢森堡特别指出:"所有这一切,在我们的'国民经济学'教授的眼光中都变成同一的东西,都只不过是独立的经济有机体内的'某些空隙'的简单'弥补'而已。"③

卢森堡认为,人们首先生产自己所需要的东西,其次再出售剩余的东西,换言之,在主要从事自然经济这一点上,正是过去的社会劳动所固有的特性;现代社会劳动的特征则是个人都只生产他自己所不需要的东西,过去主要生产使用价值,现在主要生产交换价值。

对于世界现在处于界分为工业国和农业国的理论,卢森堡并不同意。德国曾是农业国,但是很快就变成工业国;美国曾是农业国,现在则处于变农业国为工业国的过程中。总之,一切都在变动中。

对于上述"剩余"和"某些空隙",应该怎样解释呢?卢森堡认为,"德国与其他国家之间存在着复杂的深刻的经济联系,成立了广泛的劳动分工,同一产品中的某些商品是德国为他国制造的,他种商品则是他国为德国生产的。"同时,"德国的巨额棉花输入,显然不是决定于本国人民自己的需要,而最可能是想有助于德国输出棉织品和衣服类。羊毛输入与毛织品输出的互相关系,以及外国生铁的大宗输入与各种铁制品的大宗输出的相互关系等

---

① 桑巴特:《19 世纪德国国民经济》,1909 年第 2 版,第 399—400 页。转引自卢森堡《国民经济学入门》,彭尘舜译,生活·读书·新知三联书店 1962 年版,第 21 页。
② 卢森堡:《国民经济学入门》,彭尘舜译,生活·读书·新知三联书店 1962 年版,第 21 页。
③ 同上书,第 22 页。

等,其目的也是一样。因此,德国之所以输入,主要是为了输出。德国制造人为的'某些空隙',其目的是想在以后使之化为同量的'剩余'。由此可见,所谓德国的'小宇宙',从各方面来看,只不过是庞大整体的一断片或世界工场的一部分而已"。①

经过冗长的分析,卢森堡终于得出结论:毕夏等所谓的"国民经济"是不存在的,或者说,世界经济必然吞噬国民经济。

3. 为何仍称国民经济学?

既然这样,那么,卢森堡为什么称其著作为《国民经济学入门》,而不称为《世界经济学入门》呢? 对此,我考虑了很久,初步认为有两个原因:第一,在世界经济的形成已成为世界潮流的时候,仍坚持"国民经济"的,必然是那些经济比较落后的国家,因为它们虽然已经被卷进世界经济的潮流,但是它们必须利用国家主权实行有利于本国的保护政策,德国曾经是这样的国家。因此,德国的旧历史学派就强调国民经济,强调国家利益,以免被世界经济所吞噬。这一点,同当时英国和法国的经济学家不同,英国的古典政治经济学强调的是世界主义、自由主义;这种政策主张,就是德国历史学派所说的世界经济学。卢森堡所说的:"沉重的灾难已经登上了世界经济的巨大浪潮;因为,大风暴已经准备要扫荡资产阶级国家的'小宇宙',所以资产阶级社会的科学'卫士',就不得不赶忙跑到他们所谓'民族国家'的堡垒前面,企图拼命死守这个据点。"②在我看来,这应该是发轫于 19 世纪 40 年代的德国旧历史学派之文所以强调国民经济的原因,而不是产生于 19 世纪 70 年代的德国新历史学派之所以强调国民经济的原因,因为此时的德国已经赶上英国和法国并向外发展了。我们知道,德国历史学派可以分为旧历史学派和新历史学派两种。前者反对英国的古典政治经济学,后者则反对马克思的政治经济学,并成为德国最高统治者的学术奴仆。德国利用在普法之战中战胜法国而取得的赔款,创办国营铁路以利于向外扩张,又因慑于在巴黎公社运动中逐渐觉醒的工人的威力,便在资本主义历史中首先对德国工人实行福利主义。新历史学派将这些说成是国家社会主义,将德国说成在实践

---

① 卢森堡:《国民经济学入门》,彭尘舜译,生活·读书·新知三联书店 1962 年版,第 28 页。
② 同上书,第 44 页。

社会主义,而他们自己由于都是大学教授,就取得讲坛社会主义者的雅号。这就是德国新历史学派之所以强调国民经济的原因。这种所谓的国家社会主义和后来的德国的国家社会主义或民族社会主义(纳粹)是一脉相承的。卢森堡这只革命之鹰,确实挖出德国强调国民经济的"内在根源"了。但是,这只说明卢森堡揭示德国新旧历史学派所以分别强调国民经济的不同原因,还没有说明卢森堡为什么既然反对国民经济概念,又为什么使用国民经济概念的原因。

第二,卢森堡是拥护旧历史学派的"国民经济"概念的。因为,这使德国有可能实行不同于英国的政策,从而有利于德国资本主义的发展,而德国资本主义的发展,就必然有利于打破英国对世界的经济垄断,有利于减少英国垄断利润的来源,使英国工人阶级资产阶级化的趋势得到遏制,从而有利于无产阶级的世界革命。我们知道,马克思和恩格斯研究英国工人阶级资产阶级化问题,英国没有真正的工人阶级政党问题长达40多年。因此,卢森堡事实上认为,只研究资本主义商品生产的经济学(这个问题留在下面谈),除英国外,其余国家的应是国民经济学而不是政治经济学。正因为这样,卢森堡便说,德国人喜欢用国民经济学一词,在德国政治经济学是一个外来语。

但是,我要指出,卢森堡在使用国民经济学概念时,并没有很好地利用旧历史学派特别强调国民经济时所持的理由。上面已经说过,德国的经济学必须同英国的相反,不是强调什么自由主义;而是认为古典学派的理论并不是适合于一切时代和地方的,是不适合于德国的,德国的历史条件使它有自己的"经济学";换言之,经济学有其国民性。德国的历史学派经济学就是这样产生的,其先驱是李斯特,李斯特的先驱是巴达。我们将他们的学说简述如下。

巴达极力攻击斯密,认为倡导自由主义是企图建立新的奴隶制,其实质是经济优势的国家奴役落后的国家。但是他的思想只是消极的攻击,并没有对他所主张的国家政策提出理论依据。

李斯特不是这样。他极力对国家主义的政策提出理论依据。他在1841年的《政治经济学的国民体系》的序言中指出:"流行学派告诉我们的是自由贸易原则。当考虑到法国取消各省间的关税,考虑到三个王国处于大不列颠一个政府之下的情况,这个原则显得是与常识相调和一致的,也是被经验所证明了的。但是,拿破仑大陆制度的非常有利效果以及这一制度取消以后的危害现象,都是近来的、活生生的事实,这一切都不容忽视;这些与我以前凭观察所得的认识都好像是直接矛盾的。……流行理论原来是完全正确的,但是只有当一切国家都像在上述各州、各省一样的情况下遵守着自由贸易原则时,这个理论才有其正确性。这使我要考虑到国家的性质。我所发现的是流行学派没有考虑到国家,它所顾到的,一方面是全人类,另一方面是单独的个人。我清楚地看到,两个具有高度文化的国家,要在彼此自由竞争下双方共同有利,只有当两者在工业发展上处于大体上相等的地位时才能实现。如果任何国家,不幸在工业上、商业上还远远落后于别国,即使具有发展这些事业的精神与物质手段,也必须首先加强它自己的力量,然后才能使它具备条件与先进各国进行自由竞争。总之,我发现世界主义经济学与政治经济学两者之间是有区别的。我认为德国必须取消国内关税,采用统一的对外商业政策,由此来努力达到别的国家凭了它们的商业在工商业发展上所达到的标准。"①我认为,这段话值得现在处于经济全球化浪潮中的落后国家思考。

4. 政治经济学、国民经济学和世界经济学

从上面的论述可以看出,在卢森堡那里有三个概念:政治经济学、国民经济学和世界经济学。她认为,在英国和法国,国民经济学表现为政治经济学,或反过来,在德国政治经济学是用来表示国民经济学的外来语,换言之,在德国这两者是合二为一的概念。这样,说明了上述两者之后,在德国就有一个如何解释世界经济的问题。卢森堡只是说,国民经济消失在世界经济之中,国民经济被世界经济吞噬。但是,她并没有直接解释世界经济是什么。照她所说,世界经济只能是国民经济的放大,后者是部分,前者是由部分构成的总体,两者只有量的不同,而没有质的不同。这样的解释当然是不正确的。

我的太老师朱伯康老教授是《中国经济通史》的作者。他认为,中国不存在国民经济。原因是:"中国经济的发展状况复杂、曲折,变化极多。就全

---

① 弗里德里希·李斯特:《政治经济学的国民体系》,陈万煦译,商务印书馆1983年版,第4—5页。

国范围看,除少数城市外,商品经济是不发达的,广大农村自给自足的自然经济占支配地位。中国历史上屡次出现地方割据、政权分裂、战争频仍、人口流亡、土地荒芜,不是始终和平稳定的大统一帝国局面。就是说在中国不存在国民经济长期发展的条件和稳固的基础。因此,使用《国民经济史》一词在科学上便欠确切。故本书仍用普通经济史的概念作为书名。"①就是说在中国,从横的看,商品经济和自然经济并存;从纵的看,帝国局面和地方分裂相间,这就不是国民经济。要由单一经济成分或单一生产关系长期统治,才是国民经济。这种理解和卢森堡不同。

在我国,世界经济是一门学科,有的大学还设有世界经济系。但是,我坦率地说,对于什么是世界经济学,其研究对象是什么的问题,我们并没有解决。因此,教材各式各样,多半是将各国经济概况加上世界性的几大经济问题作为框架。既没有自己的规律,也没有自己的范畴;而缺少这两者,就不成其为学科。

那么,什么是世界经济呢? 我认为布哈林的认识很正确。他说:"世界经济是全世界范围的生产关系和与之相适应的交换关系的体系。"②这就是说,研究在历史上继起的生产关系变化规律的科学是政治经济学,研究在空间上并存的生产关系和与其相适应的交换关系的体系的科学是世界经济学。因为世界并不是由单一的生产关系统治的,必然是多种生产关系并存的,即使是一个社会,也有多种生产关系同时并存,因此,需要有一种研究并存的生产关系和交换关系的体系的科学。这就是世界经济学。这样,政治经济学和世界经济学,就各有其研究对象了。

5. 国民(政治)经济学是否随着商品生产消灭而消灭?

卢森堡认为,政治经济学或国民经济学是随着商品生产的消灭而消灭。她说:"在马克思的理论中,国民经济学是完成了的东西,同时,也是作为科学的国民经济学的终结。今后,继国民经济学而起的是什么呢? 除将马克思学说的各个部分完成之外,那就只有把这个学说用之于行动,换言之,用之于为实现社会主义的经济制度所进行的国际工人阶级的斗争。因此,作

---

① 朱伯康、施正康:《中国经济通史》,中国社会科学出版社1995年版,自序部分,第3—4页。
② 布哈林:《世界经济和帝国主义》,蒯兆德译,中国社会科学出版社1983年版,第8页。

为科学的国民经济学的终结,就意味着一个具有世界历史意义的事件:实现有计划、有组织的世界经济。国民经济学的最后一章,就是世界无产阶级的社会革命。"①为什么呢?因为无产阶级的世界革命就意味着几个发达的资本主义国家同时发生社会主义革命,大家都实行生产资料公有制,商品生产就消灭了。而商品生产一旦消灭,经济规律就不再被掩盖起来,本质和现象一致,不需揭示,不需研究,规律和本质就呈现在人们的面前。这样,经济学就是多余的。

她举例说,在小农的自然经济和封建主的经济中,"任你从四方八面翻看,也无法在其中找出什么必须依靠特殊规律,进行深刻研究,才能得到解释的奥义"。② 因为自然经济就是男耕女织,在那里,怎样生产、怎样消费都是一清二楚的,说到底,就是一家的劳动如何分布在各种使用价值生产上的问题。在封建主的经济中,正如卢森堡所说的:"就连愚蠢的农民,也能正确地理解他们的'财富',说得确切些应该是他们的贫困是从何而来的。"③因为在劳役地租形式下,农民的必要劳动和剩余劳动,生产生活资料的劳动和生产地租的劳动,无论在时间上还是在空间上,都是分开的,是清清楚楚的,不需揭示就能了解。这里不是没有规律,没有公理,而是成为常识,确实是不需要什么经济学去解释的。实物地租也是这样。只有到了货币地租,由于以商品生产的存在为前提,才需要经济学去揭示其规律。

在消灭了商品生产的共产主义社会也将是这样。因为那是自由人的公社,是集体的鲁宾逊,他们集体地分布劳动于各种使用价值的生产上,就是男耕女织经济的高级形态和扩大形态。无需揭示,其中的规律同样是能了解的。

反之,在存在商品生产、存在资本主义生产的条件下,卢森堡认为政治经济学就是必要的。她说,当我们转眼到现代经济生活中任何现象时,事情又不同了。商品生产者的命运、利润、地租和利息产生的秘密,工业危机和商业危机的原因等,离开政治经济学是不能说明的。其理由不必多说。

---

① 卢森堡:《国民经济学入门》,彭尘舜译,生活·读书·新知三联书店 1962 年版,第 72 页。
② 同上书,第 51 页。
③ 同上。

比卢森堡略早的俄国的波格丹诺夫也是持这种看法。他认为，在共产主义社会，人们的关系如水晶般透明，完全没有必要存在政治经济学。比卢森堡略晚的布哈林也持这种看法。他明确地说："资本主义商品社会的末日，也就是政治经济学的末日。"①

列宁对布哈林的批判是："不对。甚至在纯粹的共产主义社会里，不也有 I (V＋M) 和 II C 的关系吗？还有积累呢？"②列宁说的当然是事实，但是并没有解决问题。因为这里虽有经济规律，但没有被掩盖起来，而是直接表现在社会劳动的分布上，是集体鲁宾逊在荒岛上劳动的重演，其规律是一看就清楚的。如果确是这样，那么，是不需什么经济学去揭示的。

6. 对《国民经济学入门》编者注的商榷

卢森堡正确地分析了由恩格斯首先指出的资本主义基本矛盾：个别企业生产的有组织性和社会生产的无政府状态之间的矛盾。她指出："无数的个别部门……虽然组织得极其严密，但就所谓'国民经济'即资本主义世界经济来看，则是完全无组织的。在包括全部大洋和大洲的这个整体中，无论怎样的计划、怎样的意识、怎样的调节，都是不存在的。……现在固然还有一个强有力的统治者——资本统治着劳动人民；但是，它的统治形态不是专制，而是无政府。"③对这段话，编者进行了加注，首先是："这个观点不大正确。"原因是："卢森堡本来想强调经济外强制与经济强制之间的差别；但是，这一差别无疑对于资产阶级的民主政治并无什么关系。"我不知道编者怎样看出卢森堡的本意是这样，也不理解编者为何要涉及资产阶级的民主政治。因为这里谈的始终只和经济管理有关：个别生产是有组织的，社会却是无政府状态的。编者又说："在民主政治的幌子下，资本对于劳动人民表演着独裁暴君的角色。"这说的虽是事实，但同样是和卢森堡的论述无关的事情。接着，编者又引用了马克思的一段话："资本主义的管理就其形式来说是专制的。"但是，编者没有引用紧接着的马克思的下一段话："随着大规模协作

---

① 尼古拉·布哈林：《过渡时期经济学》，余大章、郑异凡译，生活·读书·新知三联书店1981年版，第2页。
② 列宁：《对布哈林〈过渡时期经济〉一书的评论》，人民出版社1958年版，第3页。
③ 卢森堡：《国民经济学入门》，彭尘舜译，生活·读书·新知三联书店1962年版，第260页、59页。

的发展,这种专制也发展了自己特有的形式。"①即出现了一系列管理人员,他们的工作内容之一就是监督工人,就是对工人实行"专制"。这一引用恰恰说明这里说的管理是经济上的,非政治上的。编者也没有引用紧接着的马克思的上一段话:"资本主义的管理就其内容来说是二重的……一方面是制造产品的社会劳动过程,另一方面是资本的价值增殖过程。"②这就更清楚了:资本主义的管理有二重性,即组织工人的共同劳动和对工人实行"专制",它们都是经济上的,与民主政治无关。编者最后说:"资本主义生产的无政府状态和资本的专制是相互矛盾制约的。"③如果这里的专制说的是资本主义个别企业生产的有组织性,那么,就是对的。但是,编者注不应该一开始就说:"这个观点不大正确。"卢森堡说的"它的统治形态不是专制,而是无政府",其本意是:既然资本主义个别企业生产是有组织的,那么,全社会就不应是政府状态,而应由专制即计划来统治,只有这样,才能解决矛盾。这有什么错呢?

　　如果《国民经济学入门》的编者涉猎过卢森堡的《资本积累论》,就应该看到在这本书中有这样一段话:再生产公式表示各种生产品的比例关系,是适用于各种社会形态的。"在每一个计划经济里,这些关系被作为社会有意识控制的对象;在共产主义社会里,决定这些关系的是工人团体及其民主机构;在以阶级为基础的社会里,则为上层有产阶级及其专制力量;在资本主义生产制度下,没有这样有计划的控制。"④最后一句话就是在说,由于资本主义社会的生产无政府状态,没有一种专制力量来控制,使各种产品结成生产所需的比例关系。这错在哪里?

---

① 马克思:《资本论》(第一卷),人民出版社 1975 年版,第 369 页。
② 同上。
③ 卢森堡:《国民经济学入门》,彭尘舜译,生活·读书·新知三联书店 1962 年版,第 59 页。
④ 卢森堡:《资本积累论》,彭尘舜、吴纪先译,生活·读书·新知三联书店 1959 年版,第 41 页。

第三部分

对《卢森堡资本积累理论研究》的补充

（本部分内容根据陈其人先生著、东方出版中心 2009 年 4 月出版的《卢森堡资本积累理论研究》一书选编刊印）

卷 首 语

卢森堡是百科全书式的马克思主义理论家。即使仅就经济科学来说，她也是经济学原理、经济史、经济学说史、世界经济等无不精通。对于经济问题，她真是信手拈来就能议论，并且得心应手；她写的时候，一泻千里、娓娓道来、热情奔放。下面这一段高度概括的话，对于理解她提出资本积累论的背景有十分重要的意义。她说："资本主义历史地生育并发达于非资本主义环境之中。西欧诸国的资本主义，最初是处于产生它的封建环境之中——在农村是庄园经济，在都市是基尔特（行会）手工业。以后，脱离了封建制度之后，它又主要处于农民和手工业的环境之中，也就是说，处于农业及商业的简单商品生产的体系之中。此外，围绕欧洲资本主义的，还有非欧洲文化的广大区域，它们代表各个发展水平，从逐水草而居以狩猎或畜牧为业的原始共产主义的部落，一直到农业和手工业的商品生产。这就是资本主义积累所处的环境。"从资本的发展来说，"可以区分为三个阶段：资本对自然经济的斗争；资本对商品经济的斗争；资本在世界舞台上为争夺现存的积累条件而斗争"。[①] 她特别重视铁道网的发展，她说："铁道网的发展，大体上反映了资本的侵入。铁道网的急速发展，在欧洲是在（19世纪）40年代，在美洲是在50年代，在亚洲是在60年代，在澳洲是在70至80年代，在非洲是在90年代。"[②]据此，她的结论是：资本化的剩余价值，只有在资本主义外部，无条件地通过非资本主义生产和社会阶层及社会形态，才能找到购买者。

虽然历史事实是这样，但是，本质不是现象的总和，规律并不是事实的

[①] 罗莎·卢森堡：《资本积累论》，彭尘舜、吴纪先译，生活·读书·新知三联书店1959年版，第290—291页。

[②] 同上书，第335页。

总和。在研究资本积累时，她就没有想一想，如果像她所主张的那样，将用于积累的即体现在商品上的那部分剩余价值卖给个体的农业和手工业生产者，然后再向他们买回等价的商品，这对实现积累事实上是没有任何作用的。所以，这里必须运用抽象法，将对外贸易予以舍象，然后在理论实验室里分析问题。这样就能看到：在只有资本家和工人两个阶级的条件下，资本积累是完全可以实现的。因此，我认为卢森堡不会运用抽象法，只是屈从于事实，是其资本积累理论发生错误的方法论原因。

卢森堡是一位思想深邃的理论家，人们认为理所当然的事情和理论，她却提出异乎寻常的看法。在我们现在研究的问题方面，她就提出在不存在商品生产的地方，也没有再生产理论存在的必要这样的看法。她是在提出政治经济学将随着商品生产的消灭而消灭时提出这个看法的。卢森堡认为，政治经济学或国民经济学（她受反对英国古典学派宣扬世界主义的德国历史学派的影响，称政治经济学为国民经济学；历史学派用这个范畴来表示经济学具有国民性）随着商品生产的消灭而消灭。她说："在马克思的理论中，国民经济学是完成了的东西，同时，也是作为科学的国民经济学的终结。今后，继国民经济学而起的是什么呢？除将马克思学说的各个部分完成之外，那就只有把这个学说用之于行动，换言之，用之于为实现社会主义的经济制度所进行的国际工人阶级的斗争。因此，作为科学的国民经济学的终结，就是意味着一个具有世界历史意义的事件：实现有计划有组织的世界经济。国民经济学的最后一章，就是世界无产阶级的社会革命。"[1]为什么呢？因为无产阶级的世界革命，意味着几个发达的资本主义国家同时发生社会主义革命，大家都实行生产资料公有制，商品生产就消灭了。商品生产一旦消灭，经济规律就不再被掩盖起来，本质和现象一致，不需揭示，不需研究，规律和本质就呈现在人们的面前。这样，经济学就是多余的。

由于这样，在商品生产不存在的地方，是不存在再生产理论的。"任你从四方八面翻看，也无法在其中找出什么必须依靠特殊规律，进行深刻研

---

① 卢森堡：《国民经济学入门》，彭尘舜译，生活·读书·新知三联书店 1962 年版，第 72 页。

究,才能得到解释的奥义。"①因为自然经济就是男耕女织,在这里,怎样生产,怎样消费,都是一清二楚的,说到底,就是一家的劳动如何分配在各种使用价值生产上的问题。这也就是马克思所说的:"任何一个民族,如果停止劳动,不用说一年,就是几个星期,也要灭亡,这是每个小孩子都知道的。人人都同样知道,要想得到和各种不同需要相适应的产品量,就要付出各种不同的和一定数量的社会总劳动量。这种按一定比例分配社会劳动的必要性,决不可能被社会生产的一定形式所取消,而可能改变的只是它的表现形式。"②正如卢森堡所说的,在封建主的经济中:"就连愚蠢的农民,也能正确理解他们的'财富',说得确切些,应该是他们的贫困是从何而来的。"③因为在劳役地租形式下,农民的必要劳动和剩余劳动以及生产消费资料的劳动和生产地租的劳动,无论在时间上还是在空间上,都是分开的,是清清楚楚的,不需揭示,就能了解。这里不是没有规律,不是没有公理,而是都成为常识,确实是不需要什么经济学去解释的。实物地租也是这样。只有到了货币地租,由于以商品生产的存在为前提,才需要经济学去揭示其规律。

在消灭了商品生产的共产主义社会也将是这样。因为那是自由人的公社,是集体的鲁滨逊,他们集体地分配劳动于各种使用价值的生产上,就是男耕女织经济的高级形态和扩大形态。不需揭示,其中的再生产规律同样是能了解的。

比卢森堡略晚的布哈林也持这种看法。他明确地说:"资本主义商品社会的末日,也就是政治经济学的末日。"④他认为那时将存在的是劳动消耗规律,即人们根据对各种使用价值的需要,有意识地分配社会劳动去生产,这样,价值规律就脱下其历史外衣,而还原为劳动消耗规律,它就包含着再生产规律:这些都是人们的感官就能解决的问题。列宁对布哈林的批判是:"不对。甚至在纯粹的共产主义社会里,不也有 $I(V+M)$ 和 IIC 的关系吗?还有积累呢?"⑤列宁说的当然是事实,但是并没有解决问题。因为这里虽有

---

① 卢森堡:《国民经济学入门》,彭尘舜译,生活·读书·新知三联书店 1962 年版,第 51 页。

② 《马克思恩格斯全集》(第三十二卷),人民出版社 1972 年版,第 541 页。

③ 卢森堡:《国民经济学入门》,彭尘舜译,生活·读书·新知三联书店 1962 年版,第 51 页。

④ 布哈林:《过渡时期经济学》,余大章、郑异凡译,生活·读书·新知三联书店 1981 年版,第 2 页。

⑤ 列宁:《对布哈林〈过渡时期经济学〉一书的评论》,人民出版社 1958 年版,第 3 页。

经济规律,却没有被掩盖起来,而是直接表现在社会劳动的分配上,是集体鲁滨逊在荒岛上劳动的重演,其规律是一看就清楚的。就是说:当鲁滨逊是独自一人时,假如进行的是简单再生产,其劳动分配在各部门是极简单明了的;当他奴役了"礼拜五",就要在原来的基础上进行扩大再生产,就要有积累,比如用于吃的植物,所留的种子就要多一些,等等,这也是简单明了的:都不需要揭示什么规律。

关于卢森堡的热情奔放,我想说两句:愤怒出诗人,但出不了科学家。后者需要的是冷静。卢森堡怒斥资产阶级对落后民族的掠夺和侵占之后说:"想要从这些乱纷纷的政治暴力、欺诈和掠夺中,探求出经济过程的严密规律,那是需要费一点气力的。"[①]我说,即使费气力,她还是无法揭示其中的规律。因为暴力是无规律性可言的。换言之,她只能说明资本家和工人之外的"第三者",是实现资本积累的环境,但是无法说明他们是如何被剥削的。布哈林就批评说,她将剩余价值的实现问题和剥削问题分割开来了。她想要说明剥削而无法说明,这是她的资本积累理论的缺陷。

我原来接受某些经济学家的说法,以为卢森堡只是在1913年出版的《资本积累论》中才提出其资本积累理论的,读了她的其他著作,才知道早在1893年,她就有此理论胚胎了。当时,她才22岁,还在波兰。以后她逃离波兰,到瑞士求学,再到德国党校教学,这一思想就更完备了。她的《资本积累论》和在狱中写成的《资本积累——一个反批判》,除了反复论述她特有的资本积累理论外,还分别对原始社会尤其是其中对农村公社的描写,对帝国主义扩张的描写,确实是有血有泪,是同类著作不可比的。

---

① 罗莎·卢森堡:《资本积累论》,彭尘舜、吴纪先译,生活·读书·新知三联书店1959年版,第364页。

第一章　卢森堡首创世界体系论

卢森堡的资本积累理论是错误的。这是因为，虽然现实中的资本积累有一部分是在非资本主义环境中进行的，但是正如马克思指出的，在这个问题上，将对外贸易加进来只能起扰乱的作用，因为进行贸易总是有卖必有买，而且在一般情况下价值额大体相等，所以，必须将这个因素予以舍象，将积累问题予以抽象，放在纯粹的状态下进行研究。马克思的再生产理论表明，在只有工人和资本家的条件下，资本积累是完全可以实现的。

我还认为，卢森堡对资本积累必然侵占异质经济的历史过程以及手段的叙述是非常深刻的，其描写是血泪斑斑的，确实是同类的经济史著作不可比拟的；我们只要不将其视为实现资本积累的分析，而正确地视为掠夺的历史过程和手段，并且将其置于马克思主义的基础上予以加工，就是非常珍贵的思想财富了。

第一节　资本主义是一种世界体系

我们将一种不能为自己提供存在条件的经济形态称为世界体系。世界体系这个概念从方法论上看是卢森堡首先提出来的，是她的创新。她从再生产或资本积累的实现条件进行分析，认为资本主义自己是不能单独存在的经济形态，是一种世界体系。

卢森堡的世界体系论的另一个创新，就是在世界体系方法论的指导下，提出内部市场和外部市场这对范畴。她认为，撇开国家政治疆界，哪怕是跨越国家的交换，只要是资本主义经济内部交换的，是内部市场；哪怕是一国之内的交换，只要是不同性质的经济成分间的交换，则是外部市场。她说，德国资本主义的工业和英国资本主义的工业交换,这是内部市场,因为这是资本主义自己的交换;德国资本主义工业和德国个体农民的交换,对资本主义的工业来说则是外部市场。国家政治疆界在这里的意义是不大的。因此,另一方面看,在卢森堡看来,如果资本主义经济没有外部市场,它就不能存在。

我们根据这一方法论,以及我们对垄断资本主义经济必须从其他经济成分攫取垄断利润的分析,就可以说,如果没有外部市场,垄断资本主义经济就不可能存在。

与卢森堡同时代的列宁,也尝试地提出内、外市场的范畴。19世纪末,列宁针对俄国民粹派关于资本主义需要国外市场之原因的错误看法,不仅提出其真正原因不是实现再生产的需要,而是历史上与小生产有联系、资本主义生产不平衡和经济危机时的转嫁的思想;而且提出以经济成分划分市场的思想。他认为,采用国家政治疆界来划分市场是太机械的方法;然后指出:"如果中亚细亚是国内市场,而波斯是国外市场,那么,把满洲放在哪一类呢?"①他认为后一问题显然不能从政治疆界的角度来解决。其后,列宁还将这一思想用于研究帝国主义经济。他将垄断资本主义经济列为一方,将非垄断经济列为另一方,揭示了帝国主义不仅是资本主义的垄断阶段,而且是垄断资本主义经济剥削被其统治的非垄断经济的世界体系。这种非垄断经济不仅存在于国外,而且存在于国内。

但是,列宁没有明确指出,从垄断资本主义经济这一方看,它同非垄断经济另一方的交换构成外部市场,而一般称之为国外市场。例如,他在指出国内交换尤其是国际交换是资本主义具有的代表性特征之后,接着说:"到19世纪中叶,英国实行自由贸易,企图成为'世界工厂',由它供给各国成品,这些国家则供给它原料作为交换。"②这里谈的实质上是外部市场,但是他仍然称为国外市场。由于这样,有些经济学家对列宁的思想就发生误解。他们不是从列宁的理论的内容出发,而是从其用语形式出发,即从国家政治疆界来理解国外市场,这就对列宁的资本输出理论发生误解,认为它已经不适

---

① 《列宁全集》(第三卷),人民出版社1984年版,第371—372页。
② 列宁:《帝国主义是资本主义的最高阶段》,人民出版社1964年版,第55页。

用于战后的情况,因为战后发达国家之间的资本输出额,大于发达国家向落后国家的资本输出额。其实,前者应是同性质的资本主义经济成分之间的资本流动;只有后者才是不同经济成分之间的资本输出。

布哈林非常仔细地阅读了卢森堡的著作,在内部和外部市场的问题上,他发现卢森堡有时使用对外贸易的词语,便说:"不合适,因为'外贸'一词不一定表明生产方式的区别。"这表明布哈林完全了解卢森堡区别内外市场的方法论是以经济关系为界线。

卢森堡的前人也有一种世界体系论。两者虽然同样涉及两种不同经济成分的联系,但是这种联系有质的不同。前者以在再生产方面是否结成本质的联系为准,这要运用抽象法进行分析;后者则以事实上有联系为准,只要忠实地、详细地将事实记录下来就可以了。

第二节　沃勒斯坦的世界体系论

美国社会学家伊曼纽尔·沃勒斯坦也认为资本主义是一种世界体系。他表明,他提出这一理论是为了综合地解决战后发生的关于社会发展的三大争论:拉丁美洲经济委员会提出的中心和外围的关系的理论,这个理论后来发展为依附论;关于马克思的亚细亚生产方式理论的再度辩论,集中在社会发展是否分为五个阶段这个问题上;关于封建主义如何过渡为资本主义,这个讨论主要是在英国的多布和美国的斯威齐之间进行的。

在沃勒斯坦看来,任何社会制度都不是封闭的体系。因为社会体系中的各个部门、各个地区都依赖于其他部门、其他地区的经济交换。资本主义是一种世界体系,因为资本主义经济是一种由市场交换联结起来的世界经济。资本主义和世界经济是一枚硬币的两面。

他认为资本主义体系内的国家可以分为三个层次,即中心国、次外围国和外围国。首先是中心国和外围国。它们两者之间的关系,涉及不平等的交换关系、不平等的地理关系、垄断和自由竞争的关系。越靠近中心的越有垄断权,越靠近外围的越有被挤破头的竞争,中心化和外围化是两极分化的结果。次外围处在联系中心和外围的地位,中心能从次外围产生,次外围又是中心地区衰落的归宿。资本主义世界体系有一套与它相适应的政治上层建筑,这就是由主权国家组成的国际体系。

在沃勒斯坦看来,中心国和外围国的形成,以及它们之间的不平等交换的发生,是由于前者的生产容易形成垄断,后者则否。他认为,企业者必想赢利,赢利必求垄断,从这一点看,垄断是常态。但是,由于地理上的不平等,从历史看,西欧专门从事制造业和畜牧业,这需要较高的技术,由薪金较高的劳动者来经营,这样的结构能够操纵市场,易于形成垄断;拉丁美洲从事开发矿藏,波罗的海以东的欧洲从事粮食生产,这需要较低的技术,资本家是用强制的劳动来经营的。这样一来,通过贸易,西欧就从拉美、东欧取得剩余价值,结果,前者的力量增大,后者的力量削弱;前者成为中心国,后者成为外围国。

可以看出,沃勒斯坦的资本主义是一种世界体系的理论,同我论述的帝国主义是一种世界体系的理论,两者中的世界体系有不同的含义。根据他的理论,资本主义自始至终都是一种世界体系,这样一来,一般资本主义和垄断资本主义就没有区别了。此外,他认为垄断是企业家都想采取的经营方式,也使这种区别成为不可能。

还有一种看法认为很早以前的世界就是世界体系,因为事实上世界内部总是发生经济联系的。然后记录这种联系,用以证实世界体系的存在。对这种以记录法来研究世界经济的方法论,这里就不再评论了。

第三节　奴隶制经济是历史上第一个世界体系

运用卢森堡世界体系论的方法论考察社会经济形态,我认识到历史和现实中确实有的生产方式和经济形态是不能独自存在的。奴隶制经济就是一种世界体系,并且是历史上第一个。历史上的奴隶制,不论是古代的还是现代的,从奴隶来源看,都是不能独自存在的经济成分。在古代社会,奴隶这种劳动力来自其他经济成分的个别的成人,就是古典的奴隶制,来自集体的成人,就是东方的奴隶制,也就是最初的贡纳制。

经过研究我认为奴隶制是一种世界体系。它是在原始社会瓦解过程中产生的。由于生产力的发展,在原始公社里出现了剩余生产物和私有制,在战争中抓到的俘虏就再也不杀掉而变为奴隶,贫富分化中的债务人也变为奴隶。奴隶制度就是这样产生的。在奴隶制度下,剩余生产物虽已存在,但数量很少,如果让奴隶成立家庭、繁殖后代,剩余生产物就更少,所以,奴隶制度一般不用这种方法再生产劳动力,而用劫夺、捕捉的办法取得奴隶。马克思说:"奴隶市场本身是靠战争、海上掠夺等等才不断得到劳动力这一商品的,而这种掠夺又不是以流通过程为媒介,而是要通过直接的肉体强制,对别人的劳动力实行实物占有。"[1]这说明奴隶制度要以其他生产方式为其存在和发展的条件。从历史上看,希腊和罗马的奴隶多数来自战争中的俘虏,随着奴隶来源的日益枯竭,奴隶制度便衰落下去。

我认为,除了前面提到的古代奴隶制以外,美国南北战争前,南部的现代奴隶制也是这样。在这里,多半经营种植园,种植棉花和烟草,但是奴役性的劳动使奴隶很快死亡,要急速补充,奴隶对劳动没有兴趣,地力很快就耗尽,再不适宜种植棉花和烟草,因此,在当时的生产力水平低下的条件下,美国南部有几个州成为专门繁殖奴隶的地区,但是还不能满足奴隶劳动力的需求,还要继续从非洲捕捉黑人来充实奴隶市场。[2]

埃及经济学家萨米尔·阿明的看法也是这样。他说:"贡纳生产方式是最常见的接替公社方式的一种形式;这是一个规律。这个生产方式的特点是公社的继续存在与它又被国家所否定这两者之间的矛盾;而且,由于这种情况,占有剩余产品的上层阶级和政治上占统治地位的阶级混淆起来(经济上的剥削者和政治上的统治者是同一的——引者)。这种情况就不可能把生产关系简化为法定的财产关系,而使我们不得不把生产关系从它全面、原始意义上来视为从生产组织中产生的一种社会关系。这种生产方式有时被不精确地称为'亚细亚生产方式'。"[3]这样说来,这种方式应是处于瓦解中的农村公社的。下面的说法证实了这一点:"纳贡生产方式的特征是社会分为两大阶级:组织在村社内的农民阶级以及统治阶级,后者垄断着有关社会的政治组织的机能并从中征收贡赋(不以商品形式),当这种生产方式成为一种先进形式时,几乎总是成为封建的——那就是说,统治阶级夺取了村社的

---

① 马克思:《资本论》(第二卷),郭大力、王亚南译,人民出版社1964年版,第539页。
② 《马克思恩格斯全集》(第十五卷),人民出版社1963年版,第351页。
③ 萨米尔·阿明:《不平等的发展》,高铦译,商务印书馆1990年版,第5页。

土地支配权。"①这就是说:不继续分化的农村公社,就是纳贡的生产方式;分化了的农村公社,就成为封建的生产方式。这里我不想对封建生产方式的产生作评论,我只是对将不继续分化的公社称为贡纳制谈一点看法。我认为这是一个很好的说明,尽管他没有从另一个角度说明这是奴隶制社会的另一种形式。关于奴隶制,他认为,它"缺乏纳贡制的社会形态的弹性,因为它的先决条件是存在一个取得人力的外围地区"。②这就是说,奴隶制社会是要有一个取得奴隶来源的他称之为外围的地区,这种看法和我是相同的。

奴隶制是用另一种经济成分的劳动力,与生产资料结合起来进行生产的,这是不能独自存在的经济成分或生产方式。以上就是我所理解的一种世界体系。

第四节　我接受世界体系这一范畴的过程

我接受世界体系这一范畴有一个过程。将近 30 年前,由于写作有关帝国主义理论的著作,我就反复阅读《帝国主义论》,我发现列宁在该书的序言中有"世界体系"的提法,它指的就是宗主国和殖民地的对立统一。环绕着这个对立统一问题我思索多时,但是找不到一个准确的范畴来表达,因此,这对我一片混乱的头脑起了清醒的作用。正是"世界体系"这个范畴,应该是我已经怀孕的《帝国主义经济与政治概论》的研究对象。

恰在此时,1980 年在罗马召开的布哈林国际讨论会的有关资料陆续传到我国。从中我知道布哈林著有《世界经济与帝国主义》,列宁为之作序,并对布哈林将帝国主义作为一个世界体系来研究予以肯定;尽管列宁的《帝国主义是资本主义的最高阶段》是将帝国主义作为资本主义的一个阶段来研究的。此时,也只有此时,我苦闷多时后,才感到豁然开朗。

接着来的问题,就是一方面要和卢森堡的资本积累理论划清界限,以说明资本主义不是世界体系;另一方面又要运用其方法论,以说明垄断资本主义是

---

① 萨米尔·阿明:《不平等的发展》,高铦译,商务印书馆 1990 年版,第 4 页。
② 同上书,第 41 页。

世界体系。这个问题的另一面就是:当代的马格多夫和沃勒斯坦等,也认为资本主义是世界体系,我的世界体系论如何同他们的世界体系论划清界限。

卢森堡的资本积累理论简单地说就是:在只有工人阶级和资产阶级的纯粹资本主义条件下,资本积累即剩余价值的资本化是不可能的。她认为如果像马克思说的那样,就是第一部类进行积累以扩大再生产,是为了自己和第二部类的积累和扩大再生产,而第二部类的积累和扩大再生产,又是为了自己和第一部类的积累和扩大再生产:这样,资本家就成为为了积累而积累,为了扩大再生产而扩大再生产的糊涂虫了。其实,资本主义的竞争迫使资本家是为了生产而生产,为了积累而积累! 马克思是正确的。

卢森堡进一步说,资本家用来积累的剩余价值,不能卖给资本家自己,也不能卖给工人,只能卖给他们之外的"第三者":主要是农民。资本主义经济和个体经济之间有两次交换:第一次,资本家将用于积累的剩余价值的载体,即物质资料卖给农民,从他们手里拿到货币;这时,积累在价值上实现了;第二次,资本家将货币向农民购买生产资料和劳动力,有了这些生产要素,资本积累才在物质上实现了,扩大再生产才能进行。我们看得很清楚,经过这两次交换,她还是回到资本家是为了扩大生产而扩大生产的糊涂虫这上面来。她本应同意马克思的资本积累理论的,但是,她还是由此得出结论:资本主义离开对外贸易(同"第三者"进行两次交换)是不能存在的;资本主义经济是不能独自存在的:这是说,资本主义是世界体系。因此,卢森堡的世界体系论所包含的方法论就是:一种经济成分的再生产条件,不能由自身具备,而要由其他经济成分提供。

这样,卢森堡的世界体系论,同沃勒斯坦与马格多夫的世界体系论就有明显的质的区别了。前者是从资本主义再生产所需的条件进行分析而得出来的结论;后者是将资本主义实际上是与非资本主义有联系这种事实记录下来而已。

我的帝国主义观,就是建立在抛弃卢森堡的资本积累理论,而运用其中的方法论的基础上。垄断资本主义必须取得的垄断利润要由非垄断经济提供,只有这样,它才能实现扩大再生产,受其控制而巩固地为其提供垄断利润(不是一般利润)的经济成分就是殖民地。这两者构成一个对立统一体,即殖民帝国,就是说帝国主义是垄断资本主义的世界体系。

第二章　资本主义掠夺异质经济的规律性

　　根据上面的分析,我们已经了解了资本主义掠夺异质经济的根本原因,不是卢森堡所说的为了实现资本积累。那么,是为了什么呢? 我认为,这要区分两个不同的问题:卷入异质经济和掠夺异质经济。

　　马克思认为,资本主义卷入异质经济的必然性在于它的基本矛盾。前面分析资本主义必然发生生产过剩经济危机的原因是生产与消费之间的矛盾,说明这一点之后,马克思接着说:"因此,市场必须不断地扩大,以致市场的联系和调节这种联系的条件,越来越采取一种不以生产者为转移的自然规律的形式,越来越无法控制。这个内部矛盾力图用扩大生产的外部范围的办法来解决。"①按照逻辑,这个外部范围就是异质经济。

　　列宁的分析大体上与此相同。他说,资本主义为什么要同非资本主义的"第三者"交换,并争夺这个外部市场呢? 这是由于:第一,资本主义是从个体经济中长出来的,它和后者存在历史的联系;第二,资本主义存在着生产的无政府状态,生产过多的某些部门就从外部市场找出路;第三,资本主义存在着生产无限扩大的趋势和消费相对落后的矛盾,它使所有部门都生产过剩,即发生普遍危机,这就要从外部市场找出路。这同样是卷入异质经济。

　　在卢森堡之后,日本著名的马克思主义经济学家河上肇博士对资本主义必然卷入异质经济也有所说明。他是在论述马克思的再生产理论时,在提出这必然会导致资本家的生产走向尽头的结论中,作为解决问题的出路,而提出资本主义必然要卷入异质经济这个观点的。他在其《经济学大纲》中分析再生产的图式时,认为随着资本有机构成的提高,V 对于 C 而言逐渐减

---

　　① 马克思:《资本论》(第三卷),郭大力、王亚南译,人民出版社 1964 年版,第 273 页。

少,M 对于 V 而言逐渐增加,这样,如果不将 M 用于资本家个人消费部分增加,再生产的实现条件就会破坏。而不断地增加资本家个人的消费,就意味着资本主义自己会走向尽头。当然,正如前面我们列举魏埙教授的再生产公式所指示的,只要符合比例,就不会发生这类事情。但是,这是很难办到的,因为资本主义生产是处于无政府状态中,再生产是在不断破坏中实现的。河上肇博士认为,作为矛盾的解决,向异质经济渗透就是必要的了。这就是资本主义商品输出和资本输出的原因。

以上的分析说明,虽然资本主义经济必然要与异质经济发生联系,但是,那是按照等价交换原则进行的,因此,是谈不上掠夺或剥削的。那么,在此基础上,应当怎样说明掠夺异质经济呢?

第一节 卢森堡没有论述的马克思的再生产理论

卢森堡认为《经济表》很难读懂。但是,她没有列举马克思以自己的"经济表"修正魁奈《经济表》的错误,以帮助我们对后者的理解。现在我补做这工作。

这里附带指出,一般著作遵照马克思的谦逊说法,以他的经济表"代替"《经济表》,我则认为是"改造"《经济表》。我之所以说"改造",是由于《经济表》有很大的缺点,使其不能科学地说明再生产的进行。马克思对《经济表》重要的改造,就是取消了农、工业的区分,提出生产资料生产和消费资料生产这样两大部类的区分,并认为工业也生产剩余价值,它包括在两大部类中。当然,数据也改换了。

为了方便读者理解,这里再将我对《经济表》缺点的评论复述一遍:

我认为,《经济表》本身有缺陷,它根据物质生产的特点,将其区分为生产纯产品的农业以及不生产纯产品的工业。这就不能全部说明再生产的进行。我们知道,从再生产的角度看,工业和农业都应分为第一部类和第二部类,第一部类即 Ⅰ,生产生产资料,第二部类即 Ⅱ,生产消费资料。这是从产品的自然形态来区分的。但是,还要从价值形态来区分:两大部类产品都分为 C+V+M,其中,C 是不变资本,即生产资料的价值;V 是可变资本,即工资或工人所需消费资料的价值;M 是剩余价值,即农业中的纯产品。《经济表》认为工业中是没有的。根据马克思的政治经济学原理,再生产要从自然形态和价值形态同时得到补偿;简单再生产的实现条件是:Ⅰ(V+M)＝Ⅱ C,两者相等并交换,Ⅰ C 则内部交换,或自给自足,Ⅱ(V+M)也是内部交换,或自给自足。我们记住:Ⅰ 和 Ⅱ 都是既有工业,又有农业的;《经济表》没有 Ⅰ 和 Ⅱ 之分,只有农业和工业之分。这样,要进行简单再生产,要符合 Ⅰ(V+M)＝Ⅱ C 这个基本条件,就必然很复杂,容易引起观察上的混乱。

《经济表》中生产阶级的生产即农业生产可以分为 Ⅰ 和 Ⅱ,不生产阶级的生产即工业生产也可以分为 Ⅰ 和 Ⅱ。农业中的 Ⅰ C 要购买的工业品是工业中的 Ⅰ C,即农业向工业购买工具也就是固定资本,农业中的 Ⅰ(V+M)要购买的工业品是工业中的 Ⅱ C,即农业向工业购买消费资料;农业中的 Ⅱ C 要购买的工业品是工业中的 Ⅰ(V+M),即农业向工业购买工具也就是固定资本,农业中的 Ⅱ(V+M)要购买的是工业中的 Ⅱ(V+M),即农业向工业购买消费资料。因此,农业向工业购买的既有生产资料,包括原料和工具之类的固定资本,也有工业生产的消费资料。这是再生产原理决定的。这是最基本的问题。因此,对于农业向工业购买什么的问题,如果不是全部谈,而是只侧重谈其中的一方面,是可以有不同答案的。这是由不区分物质生产的两大部类引起的问题。

除此之外,我认为《经济表》存在上述缺点和粗陋是必然的,是由其理论本身决定的。只要承认其理论,就无法修正。第一,这个学派认为工业是不生产纯产品的,其产品价值只等于农业部门供给它所消耗的食物和原料的价值,即上述的 20 亿利弗,因此,它不能由于增加劳动而增加其价值。这样,如果设想:它增加劳动来生产本部门和生产部门所需的消费资料,以及工具、机器等固定资本,就会没有原料,如果说,利用自然界本来存在的物质加工,就能解决问题,那么,所增加的劳动就不能增加价值(总价值已由上述食物和原料的价值,即 20 亿利弗规定了),这样,它留下这部分产品后,按原来规定的工具和机器供给生产阶级,以及按原来规定的消费资料供给土地所有者阶级,其总价值必然小于 20 亿利弗,而卖 20 亿利弗,这就是不等价交换。第二,这个学派认为,只有农业是生产的,其突出表现,我认为就是农业所生产的消费资料比生产这些消费资料而所耗费的消费资料多,如果消费资料中也有工业品,就不能作这样的比较,上述说法就有破绽。

以下是马克思的"经济表"。

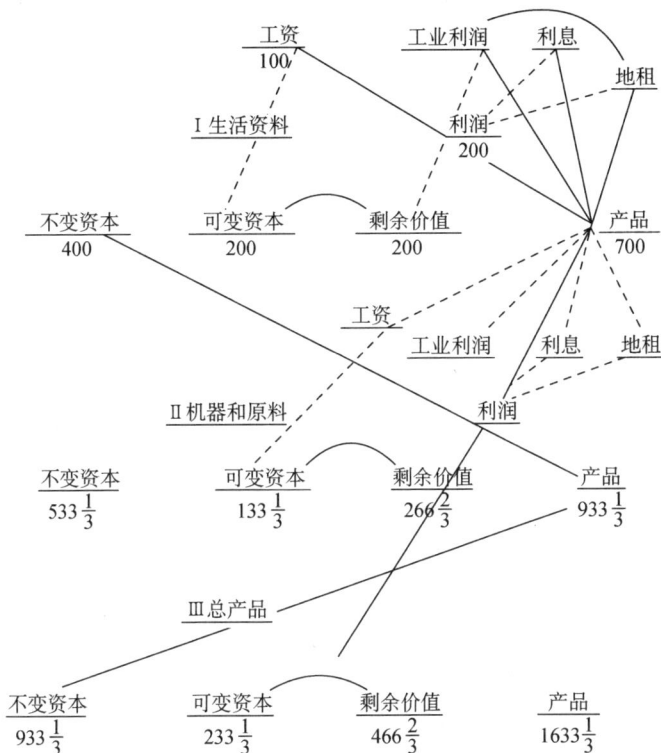

图 3-1　马克思的"经济表"

马克思对它的解释可以简化如下:说明的是简单再生产;数字一律以 100 万为单位;上升的线用虚线表示,下降的线用实线表示。

这样,在Ⅰ生活资料部类中,有不变资本(C)400,可变资本(V)100,剩余价值(M)200,因此,合起来的产品就是 700;在Ⅱ机器和原料部类中,有不变资本(C)533.33,可变资本(V)133.33,剩余价值(M)266.66,因此,合起来的产品就是 933.33;将以上两个部类加起来,其中的不变资本(C)就是 933.33,可变资本(V)就是 233.33,剩余价值(M)就是 466.66,合起来的产品就是 1 633.33,即Ⅲ社会总产品。

分配和流通情况是:在Ⅰ生活资料部类中,V100 是工资,用以购买 700 产品中的 100,M200 转化利润,它再分解为工业利润、利息和地租,全部用以购买700产品中的200,这样,700产品还留下400;在Ⅱ机器和原料部类中,V133.33是工资,用以购买Ⅰ产品400中的133.33,M266.66转化为利润,它再分解为工业利润、利息和地租,全部用以购买Ⅰ400产品中的266.66,这样,Ⅰ余下的400产品全部交换完毕。只是ⅠC400和ⅡC533.33还没有得到补偿。它们合起来是933.33,等于Ⅱ的产品933.33,互相交换后就全部得到补偿。

这张表就是马克思后来的再生产公式的前身:

Ⅰ （生产生产资料部门）:533.33C+133.33V+266.66M=933.33

Ⅱ （生产消费资料部门）:400C+100V+200M=700

合计:933.33C+233.33V+466.66M=1 633.33

第二节　伊曼纽尔对马克思理论的发展

伊曼纽尔在当代条件下,对马克思的理论加以发展,这被称为伊曼纽尔的国际价值理论或不平等交换理论。

希腊经济学家伊曼纽尔在其《不平等的交换》中,运用马克思的价值转化为生产价格的理论,以及生产价格在绝大多数情况下和价值有偏离的理论,来解释在商品交换中发达国家如何剥削落后国家的问题。他的理论不涉及垄断经济的形成,因而可以视为适用于发达国家和落后国家之间的一般商品交换。

他认为,发达国家和落后国家交换商品,后者的部分剩余价值会转移到前者。其根本原因是前者的工资高,后者的工资低;其机制是生产价格和价值偏离。这就是说,在资本能在各国自由流动的条件下,各国统一的平均的利润率的形成,使前者的商品的生产价格高于价值,后者的商品的生产价格低于价值。按生产价格交换,后者部分剩余价值便被前者攫取。这被称为不平等交换理论。他将不平等交换分为广义的和狭义的两种。

现将广义的不平等交换表解如下,见表3-1。

表 3-1 广义的不平等交换表

国家类别	所用不变资本	所费不变资本	可变资本	剩余价值	价值	生产成本	利润率	利润	生产价格
发达国家	180	50	60	60	170	110	0.333	80	190
落后国家	60	50	60	60	170	110	0.333	40	150
两国	240	100	120	120	340	220	—	120	340

这就是说,发达国家的资本有机构成比落后国家的高:180:60大于60:60;但两者的工资相等,都是60;剩余价值也相等,都是60;尽管两者所用不变资本不等,一个为180,另一个为60,但所费的不变资本相等,都是50(之所以发生这种情况,是由于发达国家使用的固定资本远比落后国家多,但两者的折旧部分和其他不变资本如原料的耗费合起来相等);因此,两者的产品价值相等,都是170;两者的剩余价值总额为120,除以两者资本总额360(两者所用不变资本240和两者可变资本120之和),得出平均利润0.333;按所费不变资本和可变资本之和计算的生产成本,两者相同,都是110;但按所用不变资本和可变资本之和分配到的利润,两者不同,一个为80,另一个为40,因此,由生产成本和利润构成的生产价格,两者不同,一个为190,另一个为150,都分别与其价值不同,发达国家的资本有机构成高,其商品的生产价格高于价值(190＞170),落后国家的资本有机构成低,其商品的生产价格低于价值(150＜170),两种商品交换,生产价格相等时,价值就不等。这是广义的不平等交换。

现将狭义的不平等交换表解如下,见表 3-2。

表 3-2 狭义的不平等交换表

国家类别	所用不变资本	所费不变资本	可变资本	剩余价值	价值	生产成本	利润率	利润	生产价格
发达国家	140	50	100	20	170	150	0.333	80	230
落后国家	100	50	20	100	170	70	0.333	40	110
两国	240	100	120	120	340	220	—	120	240

所用的概念和计算方法和前表相同，不必再说，要说的是内容上的不同。在前表，两国可变资本和剩余价值都分别相等；在本表，两国可变资本和剩余价值分别不等，但可变资本和剩余价值之和，即工人创造的新价值，两国相等，都是120。这就是说，两国的工人有同样的劳动生产率，在相同的时间内创造出同量的价值(120)，但对这价值的分配，即可变资本和剩余价值在其中占的份额，两表不同。在前表，两国完全相同，即两国的工资相等，剩余价值也相等，在本表，两国完全不同，即发达国家的工资高，剩余价值低，落后国家的工资低，剩余价值高，尽管两国分别的工资(可变资本)和剩余价值之和相等。在这个条件下，两国交换商品，生产价格相等时，价值就不等。这是狭义的不平等交换。

伊曼纽尔认为，这两种不平等交换，虽然都有剩余价值的国际转移，但两者有质的区别，只有由工资水平的差别而产生的剩余价值的国际转移，才是真正的不平等交换，即上述的狭义的不平等交换。他认为，广义的不平等交换也可以发生在国内，这只要将两国看成是两种生产部门，就有这种现象发生。在这里，他没有看到，一国之内，得失相抵，投下的劳动和实现的价值相等；国家之间，就不是这样。他认为，狭义的不平等交换是由工资差别引起的，这种差别又是由历史上和制度上的因素造成的，只要劳动力在国家之间不能自由流动，这种差别及其不平等交换就不能消除。

以上是我对伊曼纽尔运用马克思的价值与生产价格在大多场合下有偏离，用以说明发达国家和落后国家交换中存在不平等理论的说明。

我并不认为伊曼纽尔的理论一点缺点都没有。不是的。他的第二个图表便是有缺陷的，那就是虽然所费不变资本两国相同，但所用不变资本两国都不相同。如上所述，外资在落后国家经营的石油业，所用不变资本应同发达国家的相同。如果我们将第二个表的所用不变资本都改为120，即两国总和仍为240，也能得出相同的结论。

这可以表解如下，见表3-3。

表 3-3 相同不变资本发达国家和落后国家:生产价格和价值关系

国家类别	所用不变资本	所费不变资本	可变资本	剩余价值	价值	生产成本	利润率	利润	生产价格
发达国家	120	50	100	20	170	150	0.333	73.3	233.3
落后国家	120	50	20	100	170	70	0.333	46.7	116.7
两国	240	100	120	120	340	220	—	120	340

从上表可以看出,两国所用和所费资本相同,同量劳动创造的价值相同,但由它分割为可变资本和剩余价值不同,结果生产价格在发达国家高于价值,在落后国家则低于价值。两者交换,生产价格相等,价值不等。"利用现代化的生产工具,而远远没有要求现代化的享受"[①],说的就是这个意思。发达国家跨国公司在落后国家设的车间,雇佣当地工人,资本的技术构成和发达国家的一样,工资却低得多,不就是这样的吗? 这个严酷事实迫使我们进一步思考一些问题。

由于这样,伊曼纽尔就认为落后国家的工资特别低,从这方面使资本的有机构成低,资本在国家之间可以自由地流动,国际生产价格形成,落后国家商品的生产价格低于价值,发达国家则相反,两方交换,也是大量劳动交换小量劳动,贫国受富国剥削,因此,主张落后国对出口商品要征税,以便截留一部分剩余价值。出于种种原因,这个办法没有实行。20 世纪 70 年代运用得较好的石油武器,在运用中存在分歧,削弱了自己的力量。现在,加入了 WTO,就更加无法截留了。

第三节 警惕垄断资本主义联合起来掠夺异质经济的趋势

现在有一种趋势,就是世界垄断资本主义在调和自己的矛盾的基础上联合起来,形成一个超级的帝国主义,共同掠夺异质经济,然后在帝国内部

---

① 《计划化的问题》,1962 年第 2 期。

平均分红。

列宁对于霍布森的联合帝国主义理论和考茨基的"超级帝国主义理论"（这两者的实质相同），是持批判态度的。列宁认为，即使出现这样的帝国主义，也只能是垄断资本主义国家之间的暂时休战而已。他以1900年八强联合侵略中国，1914年它们分为两大集团互相交火为例，来证实他的观点。他还特别著有《论欧洲联邦口号》，指出欧洲联邦只是空想的，是不能实现的，是反动的，是针对俄国的。

事实如何呢？第二次世界大战后，至今已60余年，垄断资本主义国家之间没有发生过战争；欧洲相继成立的煤钢共同体、经济共同体、原子能共同体，合并为欧洲共同体，再到欧洲联盟，从共同市场到统一货币，从经济共同体到努力向政治共同体发展；德国和法国在历史上是仇敌，仅在20世纪就打了两次战争，竟然成为这个共同体的主要成员国。列宁认为只能是空想的欧洲联邦，竟然实现了。考茨基曾预言，经过世界大战的教训，世界资产阶级会联合起来，这个预言竟成为事实。

原因何在？我认为有两点：（1）战后大多殖民地获得政治独立，虽然其经济殖民地的性质并没有改变，但是它们成为公共的经济殖民地，各发达国家对其进行经济渗透，是"细无声"的，一般不会引起武力冲突，这是联合帝国主义的一种形式；（2）跨国公司的迅速发展，使世界大资产阶级联合起来，在争斗中共同剥削世界劳动阶级，这点尤其重要。

我们知道，资产阶级兴起时是强调国家的，这时是民族国家；当资产阶级已经向外发展时，它们就是世界主义者了。现在，随着跨国公司的发展，它们就更加是世界主义者，跨国公司的总部设在何处，以获取最高利润为准。它们兴起时，主张民族主权和国家主权，现在则反对这种主权的存在。落后国家提供的剩余价值多些，对世界垄断资产阶级当然有好处。这就是：不是某一国而是垄断资本主义为一方统治世界。这是联合帝国主义，也是超级帝国主义。

第二次世界大战后迅速发展起来的跨国公司（也称多国公司，日本称为多国籍企业），是垄断财团所属或控制的大垄断企业，通过资本输出的一种具体方式——直接投资，在国外设立分支机构或分公司，形成一个总机构或总公司，而其分支机构或子公司则分布在世界各地，尤其是设在殖民地和民族独立国家这些经济上仍受控制的国家和地区，形成一个国际垄断组织，以攫取垄断利润。有的跨国公司或其子公司的所在地被称为"看不见的帝国"或"国中之国"。如果有一天由跨国公司发动或操纵战争，并将雇佣兵作为国际纵队参加战争，我不会感到意外。

现在，世界经济全球化是一种趋势。落后国家在此条件下，处于什么地位呢？时任国家经贸委员会主任李荣融曾说："我们要用100亿条裤子，才能换一架波音飞机。"①虽然李荣融主任用具体的数字对上述不等量劳动的交换问题提出例证，但是，他没有说明其中的机制。这个机制是：落后国家生产的多半是资本有机构成低的产品，生产价格低于价值，发达国家则反是，这样，按生产价格交换，就是大量劳动和少量劳动的交换，落后国家受剥削。那么，又应怎样理解在交换中贫国也得到利益呢？这就是：如果农业国不以农产品、初级产品去交换工业国的高、精、尖产品，而在不具备技术条件时自己去生产，开始时花的劳动必然比用生产农产品、初级产品去交换高、精、尖产品的办法所花的劳动还要多些。这是马克思的对外贸易双赢观。这就有一个长远利益和目前利益应如何结合的问题。这是每个落后国家实现工业化和现代化时都会遇到的发展战略问题。

大多数落后国家并没有处理好这个发展战略问题。只要格局是这样，垄断资本主义为一方掠夺落后国家的另一方的可能就存在了。当然，落后国家也会出现垄断资本，它也会成为世界垄断资本的组成部分。

因此，是否出现统治世界的单一帝国主义，这取决于落后国家的发展战略。这一发展战略，我认为目前唯一不为垄断资本主义谋利益的发展经济学家阿瑟·刘易斯已胸有成竹。他呼吁立足于本国，加强南南合作，提高农业劳动生产率，增加农民收入，在此基础上，经济规律的作用就会提高工人的工资，因为他认为如果当工人挣的不比当农民挣的多，农民就不会去当工人，这样，工资提高了，工业品的成本中工资的部分就增大，在国际交换中本国工人就可多得利益；为此目的，就要发展工业，换言之，发展工业本身不是目的，而是手段，如果将其看成是目的，而忽略了借此提高农业劳动生产率，那么，工业品的成本中生产工具的部分就减少，在国际交换中反而有利于贸

---

① 《解放日报》2002年12月19日，第2版。

易伙伴。他认为对外贸易只是润滑油,而不是燃料,燃料是以发展工业为手段,来提高农业劳动生产率,将农业人口降为只占全国人口比重的1/2以下,一切就会改观。他警告说,南方国家如果过分注重对外贸易,就会从旧的依赖变为新的依赖。①

进一步的问题是:WTO与单一帝国主义有何关系?WTO的前景或理想境界,就是一个经济共同体,平均利润率规律就在这个范围内起作用。马克思说,就平均利润来说,不同的资本家在这里彼此只是作为一个股份公司的股东发生关系,在这个公司中,按每100资本均衡地分配到一份利润。关于平均利润率规律,马克思说:"我们在这里得到一个像数学一样精确的证明:为什么资本家在他们的竞争中表现出彼此都是虚伪的兄弟,但面对整个工人阶级却是结成真正的共济会团体。"②

现在,WTO就是一个大的股份公司,成员国的企业以经济力量入股。分红就是获得平均利润。资本的国别差别消失在分红中,都成为股份资本。有人说,在这个条件下,民族工业不存在了,只有不分社会性质的境内工业,这是有道理的。"股东"要做的就是努力改进技术与管理,以便获取超额利润。在理论上说,生产要素可以在WTO范围内流动,但是事实上,落后国家人口多,不可能全部自由流动到发达国家,就是说,落后国家的工资,不可能借此提高到发达国家的水平;发达国家的企业到落后国家投资,就是冲着其工资较低。落后国家的工人可以有发达国家工人的技术水平,生活水平却较低(设在落后国的跨国公司的工人最明显),提供的剩余价值事实上包括部分的劳动力价值(马克思称为变则剩余价值③)。落后国家个体生产者如农民出卖产品,由于压力,其价格可以仅等于成本,"利润"只好奉送。这些对提高WTO范围内的平均利润和资产阶级当然有好处。在这个条件下,反映WTO中的大资产阶级与经济水平不同社会的劳动阶级结成的关系的范畴,尚待命名。但是,有一点是清楚的:世界大资产阶级为一方,与世界劳动阶级的另一方对立,经济水平高的社会的无产阶级提供剩余价值,经济水平低的社会的无产阶级和农民,则分别提供变则剩余价值和全部剩余劳动:这

---

① 陈其人:《南北经济关系研究》,复旦大学出版社1994年版,第161—167页。

② 马克思:《资本论》(第三卷),郭大力、王亚南译,人民出版社1964年版,第221页。

③ 破坏等价交换原则,低于价值购买劳动力而产生的剩余价值。变则(Abnormad)也译异常。

三者构成"股份公司"的利润基金。

江泽民主席在联合国千年首脑会议上说:"在经济全球化的过程中,各国的地位和处境是很不相同的。在发达国家享尽全球化的'红利'时,广大发展中国家却仍然饱受贫穷落后之苦。"这是很深刻的,完全适用于对 WTO 的分析。

在这个条件下,正如资中筠和陈乐民在《冷眼向洋——百年风云歧视录》中说的:"全球化以来,传统意义的各国无产者没有见到团结起来的迹象,而资产者却以种种形式联合起来了。这是为什么呢?"①

第四节　剩余价值规律和垄断利润规律之间的空隙问题要解决

我清楚地认识到,垄断资本主义是整个资本主义发展的一个阶段,因此,不能将垄断资本主义同一般的资本主义分割开来研究。资本主义的基本经济规律是剩余价值规律,在资本主义自由竞争阶段,它具体化为平均利润规律,平均利润是生产价格的组成部分,生产价格就是资产阶级"共"剩余价值之"产"的结果。剩余价值的实体不包括非资本主义经济提供的价值。垄断利润与此不同,它一定要包括由非垄断经济提供的价值。换言之,剩余价值规律和垄断利润规律之间有一个空隙,方法论上要解决这个问题。否则,研究垄断资本主义经济就犯方法论的错误。

进一步的问题就是:将垄断资本主义作为资本主义的一个阶段研究时,也不能只研究它本身,而同时要研究殖民地,即研究垄断资本经济的异质经济,并且要研究它们之间的关系或外部市场,这才构成帝国主义经济。但是,这样考虑时,我就遇到一个方法论问题:研究垄断资本主义以前的几种经济成分时,都是只分别研究其本身,而不涉及其他经济成分,为什么研究垄断资本主义经济就不能这样? 这时,我就想到马克思研究自由竞争的资

---

① 姚椿龄:《回顾 20 世纪,推荐三本书,兼论四点看法》,《复旦学报》(社会科学版)2001 年第 6 期。

本主义经济和列宁研究垄断的资本主义经济,两者的方法是不同的。前者在研究剩余价值、社会再生产和平均利润率规律时,是将对外的经济联系予以舍象,不予研究的;后者在研究垄断利润时,则将对外贸易(外部市场)和资本输出等作为必要的条件。经过比较,我感到我的方法是正确的。其原因,说到底就是:垄断资本和一般资本不同,它必须攫取垄断利润,而垄断利润不是垄断资本自身产生的。垄断利润规律,也不是剩余价值规律直接的具体化,而是增加了新的因素(非垄断经济提供垄断利润)的具体化。

我的"增加新的因素"和"具体化"这一想法,来自对斯大林的《苏联社会主义经济问题》的阅读。他说:"剩余价值规律是过于一般的规律……必须把剩余价值规律具体化,把它发展起来适应于垄断资本主义的条件,同时要考虑,垄断资本主义所要求的不是随便什么利润,而正是最大限度利润(垄断利润——引者)。这才会是现代资本主义的基本经济规律。"①这是非常重要的方法论论证。可惜,斯大林没有进一步说明。

我认为,这就是在说明垄断资本经济必须攫取垄断利润的基础上,将其作为一个因素,加到剩余价值规律上,使其具体化为垄断利润规律。这个新的因素就是掠夺异质经济。在人们的认识和科学的发展过程中,随着新的因素出现和认识的深化,把它加入与它有密切联系的规律中,使这个规律发展起来,并在原有基础上以一个新的形式出现,这是常有的事。商品生产的所有权规律,由于资本主义扩大再生产、剩余价值积累而变为资本这些条件的出现,而转化为资本主义占有规律就是一个例子。

---

① 斯大林:《苏联社会主义经济问题》,人民出版社 1952 年版,第 36 页。

第三章　殖民地和帝国主义理论的
历史考察及应如何发展

第一节　历史考察

殖民地的历史早于帝国主义。资本主义的殖民地有的是从封建社会时留下来的,例如,爱尔兰在 12 世纪时就是不列颠的殖民地;1801 年组成不列颠及爱尔兰联合王国,它就从国外殖民地变为国内殖民地。资本主义的大量殖民地是在 16 世纪海路大通后逐渐获得的。

马克思研究了英国对北美的统治,也研究了英国对印度的统治,但是,他只有殖民地理论,而没有帝国主义理论。人们常说,鸦片战争是帝国主义侵略我国的开始①,但是,马克思却认为鸦片战争是商业战争。因为那时,帝国主义这一政治经济用语尚未出现。

帝国主义这个人们在政治生活中的用语是 19 世纪 80 年代才出现的。1873 年的经济危机,加速了资本主义向垄断资本主义发展,在此基础上,法、德、比、美等国发展甚快,与英国展开激烈的竞争,并极力挤进英国的经济势力范围。英国为了反击,就将其势力范围,即经济殖民地问宗主国在政治上联结在一起。这就是英国 1887 年召开的殖民地会议的任务。殖民地会议是英帝国的雏形。其后,英帝国成立。从这时起,人们觉得这大英帝国和古罗马帝国很相似,就将这个新产生的"帝国主义"一词理解为极力扩大一个国家的版图;在英国则多一层意思,即将已经控制的经济殖民地并入自己的版图。

---

① 　毛泽东在《中国革命与中国共产党》中,胡绳在《帝国主义与中国政治》中都有这种说法。

当时的理论家怎样认识帝国主义的本质呢？20 世纪开始的 20 年间，出版了一批研究帝国主义的著作，如霍布森的《帝国主义》、希法亭的《金融资本》、卢森堡的《资本积累论》、考茨基的《帝国主义》和《民族国家、帝国主义国家和国家联盟》、列宁的《帝国主义是资本主义的最高阶段》（以下简称《帝国主义论》）和布哈林的《世界经济和帝国主义》等。参与讨论帝国主义问题的理论家，对决定人类发展前途的帝国主义实质的看法，以及对它们之间是否必然发生战争这个问题的看法，是各不相同的。霍布森认为，帝国主义的向外扩张是分配不公，即工业巨头的收入远远超过其奢侈的消费，而投资又受到垄断的限制的产物，解决办法是在不改变生产关系的条件下改变分配；帝国主义的发展就是帝国主义的联合，这时，帝国主义战争就消灭了。希法亭认为，帝国主义是金融资本采取的政策，金融资本则是银行家所有而借给工业家使用的资本，因此，只要将最大的银行收归社会所有，一切问题就能解决。卢森堡认为，资本积累需要靠非资本主义环境来实现，随着资本积累的进行，非资本主义环境也资本主义化，它也需要非资本主义环境来实现积累，这样，发展到最后，资本主义由于不能实现积累就自行灭亡；帝国主义就是争夺尚未被占领的非资本主义环境：这一方面使资本能够积累，因而延长资本主义的寿命；另一方面则由于它使被占领的环境因进行资本积累而资本主义化，到全世界都资本主义化了，就再也没有资本积累的环境了，因而又促使资本主义灭亡。考茨基认为，资本主义的农业落后于工业，为了取得农产品，有两种政策：自由贸易和帝国主义，各适用于不同的历史条件，帝国主义是取代自由贸易的另一种取得农产品的政策；随着这种政策的实行，全世界就会由一个帝国统治，即组成国家联盟或超级帝国主义，这时就如像由一个罗马帝国统治世界就出现世界和平那样，也出现世界和平。列宁认为，帝国主义是资本主义发展的最高阶段，它们之间的矛盾必然爆发战争，它是无产阶级社会主义革命的前夜。列宁并且提出变当时的帝国主义战争为国内革命战争的路线。布哈林认为，帝国主义是金融资本采取的扩张政策，它一方面使世界经济国际化，另一方面使世界经济民族化或国家化，即在经济扩张时，又把势力范围纳入自己的版图；帝国主义是一种世界经济，同时又是一个历史阶段，但又认为它是一种意识形态。在 1914—1918 年的帝国主义战争中社会主义苏俄的诞生的历史，已经证明了列宁的帝国主义理论和国内革命战争的路线,对领导俄国无产阶级革命起了巨大的作用。

列宁写作《帝国主义论》仅作"通俗的论述",因此,帝国主义和殖民地理论还要完善,并要根据新的情况加以发展。

第二节　如何发展

1. 垄断产生的原因是什么? 恩格斯说:"历来受人称赞的自由竞争已经日暮途穷,必然要自行宣告明显的可耻破产。这种破产表现在:在每个国家里,一定部门的大工业家会联合成立一个卡特尔,以便调节生产……有些部门,只要生产发展的程度允许的话,就把该工业部门的全部生产,集中成为一个大股份公司,实行统一领导。"[1]列宁的说法与此不同。他说:"自由竞争引起生产集中,而生产集中发展到一定程度,就会引起垄断。"[2]现在流行的政治经济学教科书只是提一下诸如托拉斯、卡特尔、康采恩一类名称,以为就说明它们是垄断企业了。这是不对的,因为这些名称并不能表明它们是垄断企业。我认为,必须将参加卡特尔的企业和组成托拉斯的企业,为何要取得垄断利润的原因说清楚,才能说它们是垄断企业;否则,它们就只是庞大的企业。从1956年开始,我在不同的场合,多次谈论这类庞大企业取得超过平均利润的利润,即垄断利润的必要性和来源问题。[3]

恩格斯的说明是符合辩证法的,因为社会生产的无政府状态和资本主义个别企业生产有组织性的矛盾,必然使一些企业参加卡特尔和组成托拉斯,它们的生产是具有计划性的。列宁则直接认为它们是垄断企业。20年前,我就说我倾向于恩格斯的分析。[4] 因为应该从资本主义生产本身的矛盾,说明资本主义生产发生阶段性的变化。当然,要说明它们是垄断组织,还必须说明

---

[1]　马克思:《资本论》(第三卷),郭大力、王亚南译,人民出版社1964年版,第495页,恩格斯的插话。

[2]　列宁:《帝国主义是资本主义的最高阶段》,人民出版社1964年版,第16页。

[3]　最初见陈其人《剩余价值规律在资本主义发展各个阶段上的具体形式》,《复旦学报》(社会科学版)1956年第1期。英国的米克在《劳动价值学说的研究》中也有同样的看法,但提出时间比我晚。

[4]　陈其人:《政治经济学帝国主义部分理论体系探索》,《经济研究》1982年第5期,第50页。

这些组织必然还要攫取非本企业生产的利润,本企业才能进行再生产的原因①,只有这样做了,才是真正说明了垄断的产生。

2. 垄断资本主义向落后国家输出资本的原因。列宁的说明是:"在这些落后国家里,利润通常都是很高的,因为那里资本少,地价比较贱,工资低,原料也便宜。"②这里暗含着这样的前提:落后国家利润率比发达国家的高。为什么? 前人的解释各不相同。马克思认为,发达国家的生产力水平高,技术水平高,导致资本有机构成提高,剩余价值率虽然提高,利润率却降低;落后国家则反之。③

落后国家的原料为什么也便宜,列宁没有解释,而《资本论》(第三卷)是有很深刻的分析的。这就是:落后国家的个体生产者较多,他们的产品的价值可以像资本主义的产品价值那样,分解为 C+V+M,在外国资本的压力下,他们只要收回 C+V 即可,M 只好奉送,他们只求温饱,不求积累。由于这样,落后国家的农产品和其他原料的价格就显得很便宜,这是价格低于价值的结果,而不是劳动生产率特别高或土地特别肥沃的缘故。④

3. 外部市场问题。垄断资本主义输出资本的对象就构成其外部市场。外部市场和内部市场是罗莎·卢森堡在《资本积累论》中首创的理论:外部市场和内部市场的划分不是以国家疆界为准,而是以经济成分相同与否为准的;也就是说,即使是跨越国界的资本主义经济成分的交换,例如,德国的资本主义成分和英国的资本主义成分交换,这是内部市场;不同经济成分的交换,即使是在一国内部的,例如,德国资本主义成分和德国小农的交换,却构成外部市场。从这一点看,资本从发达国家输出到落后国家,就构成外部市场。列宁在《帝国主义论》中没有提出这个问题,而他在《俄国资本主义的发展》中尽管不很精确,却提出不以国家疆界为准划分国内市场和国外市场。⑤

---

① 陈其人:《剩余价值规律在资本主义发展各个阶段上的具体形式》,《复旦学报》(社会科学版)1956 年第 1 期。巴兰和斯威齐在《垄断资本》中有相同的看法,但提出时间比我晚。

② 列宁:《帝国主义是资本主义的最高阶段》,人民出版社 1964 年版,第 56 页。

③ 马克思:《资本论》(第三卷),郭大力、王亚南译,人民出版社 1964 年版,第 169 页。

④ 同上书,第 909 页。

⑤ 《列宁全集》(第三卷),人民出版社 1984 年版,第 644—645 页。

希法亭认为："'资本输出'是指用来在国外生产剩余价值的价值输出。"①"这里的根本问题是，剩余价值仍然留归国内支配。例如，如果一个德国资本家带着他的资本移居加拿大，在那里进行生产，不再回归故里，这就意味着德国资本的损失，意味着资本脱离原国籍。这不是资本输出，而是资本转移。"②列宁写《帝国主义论》时的笔记中，就有读希法亭著《金融资本》的摘要："资本输出＝'为了在国外生产剩余价值的价值的输出'。"③它暗含着这样的思想：输出资本以攫取垄断利润，是输出资本的垄断资本进行再生产的必要条件。这同我对垄断利润的必要性及其来源的认识是相同的。

4. 帝国主义既是历史阶段，又是世界体系。《帝国主义论》写成于1916年，初版于1917年。它强调"帝国主义是资本主义的特殊阶段"。④《帝国主义论》的写作，无疑是参考了布哈林1915年写的《世界经济和帝国主义》手稿的，这从《帝国主义论》的有关论述可以看出来，例如，它提到垄断条件下银行的新作用时说："一方面是银行资本和工业资本日益融合起来，或者用尼·伊·布哈林很中肯的说法，日益混合生长了……"⑤值得注意的是，1918年《世界经济和帝国主义》出版时的序言是列宁写的。该序言指出："布哈林这本书的科学意义特别在于：他考察了世界经济中有关帝国主义的基本事实，他把帝国主义看成一个整体，看成极其发达的资本主义的一定的发展阶段。"⑥强调帝国主义是资本主义的发展阶段，这是和《帝国主义论》明确指出"帝国主义是资本主义的最高阶段"这一思想相符合的；尽管布哈林深受希法亭的影响，强调帝国主义只是金融资本采取的政策。⑦同样值得注意的是，列宁在《帝国主义论》的法文版和德文版的序言中，则强调帝国主义是一种世界体系："资本主义已成为极少数'先进'国对世界上大多数居民施行殖民压迫和金融扼制的世界体系"⑧；尽管他在全书中强调帝国主义是资本

---

① 鲁道夫·希法亭：《金融资本——资本主义最新发展的研究》，福民等译，商务印书馆1994年版，第360页。

② 同上。

③ 《列宁全集》（第三卷），人民出版社1984年版，第373页。

④ 列宁：《帝国主义是资本主义的最高阶段》，人民出版社1964年版，第79页。

⑤ 同上书，第38页。

⑥ 布哈林：《世界经济和帝国主义》，蒯兆德译，中国社会科学出版社1983年版，第11页。

⑦ 列宁：《帝国主义是资本主义的最高阶段》，人民出版社1964年版，第7页。

⑧ 同上书，第72页。

主义的历史阶段。我的意思是说：这两本书互相影响，重要的理论事实上相同；用图表表示的殖民地领土，从格式到内容也完全相同。①

我认为，一种经济成分其再生产的条件要其他经济成分提供就成为世界体系：这种世界体系论内含的方法论是罗莎·卢森堡首创的。她认为资本主义就是这样。在她看来，第一，资本主义用于积累，即用来进行扩大再生产的剩余价值，在只有资本家和工人这两个阶级的纯资本主义社会中，是不可能实现的，它的实现只有靠资本家和工人以外的"第三者"、即个体生产者；第二，用来进行扩大再生产的追加物质资料和劳动力，资本主义生产本身无法供应，要靠第三者提供。就是说，资本主义要进行扩大再生产，就要同第三者进行两次交换：第一，向它出卖体现剩余价值的商品；第二，向它购买追加的物质资料和劳动力。因此，她认为："资本如果没有全地球的生产资料与劳动力，那是不成的。"②所以，"国际贸易一开始就是资本主义历史存在的首要条件"。③ 在她看来，这里的国际贸易就构成国外市场，即不同经济成分的交换，也就是我们前面说的外部市场，以区别于国内市场，即相同经济成分的交换，也就是我们前面说的内部市场。在她看来，一种经济成分不能独立存在，不能以自己为条件进行扩大再生产，该经济成分就是一种世界体系。因此，世界体系指的不是一种经济成分事实上与国外有联系，而是其再生产条件要由其他经济成分提供；不是一种对于现象的记录，而是一种关于本质的分析。

卢森堡的资本积累理论，从理论看是错误的，因为资本主义自身是可以实现扩大再生产的，不必靠"第三者"；但从方法论看，则能启发人，因为运用其方法，就可以看到，垄断资本主义（不是一般的资本主义）确实是要其他经济成分提供垄断利润，它才能进行扩大再生产的。因此，垄断资本主义就是一种世界体系。

在上述基础上，我进一步认为：帝国主义是垄断资本主义的世界体系。因为垄断企业必须攫取垄断利润才能进行扩大再生产，而垄断利润只能由

① 布哈林：《世界经济和帝国主义》，蒯兆德译，中国社会科学出版社1983年版，第63页。

② 罗莎·卢森堡：《资本积累论》，彭尘舜、吴纪先译，生活·读书·新知三联书店1959年版，第288、283页。

③ 马克思：《资本论》（第一卷），郭大力、王亚南译，人民出版社1963年版，第833页注(253)。

非垄断的经济成分提供,就是说,垄断资本主义经济的再生产条件,要由其他经济成分提供。

5. 关于经济殖民地和国内殖民地问题。《资本论》关于经济殖民地和国内殖民地的思想,列宁在《俄国资本主义的发展》中加以挖掘并发展了。马克思认为,政治上取得独立后的美国,在他研究其经济关系的时候,"从经济上来说……仍然是欧洲的殖民地"。[①] 原因是:"美国的经济发展本身就是欧洲特别是英国大工业的产物。目前(1866 年)的美国,仍然应当看作欧洲的殖民地。"1890 年,恩格斯在《资本论》(第 4 版)中,在这里加注说:"从那时以来,美国发展成为世界第二工业大国,但它的殖民地性质并没有因此完全消失掉。"[②]

列宁挖掘和整理了马克思的经济殖民地思想,提出政治经济学上的殖民地这概念,认为它有两大特征:"(1)土地还没有被人占有,还没有受土地私有权的支配;(2)几乎全部人口都从事农业,特别是从事大宗农产品的生产,他们只能用这种产品来交换工业品,这一点,从一开始就把以现代市场为基础的殖民地国家,同以前的特别是古代的殖民地国家区别开来。"[③]经济殖民地和政治殖民地即殖民国家的根本区别在于:主权是否存在。

用大宗的农产品交换工业品,为什么就是经济殖民地呢? 根据马克思散见于各处的论述,我认为其原因可能是:那时的农产品是资本有机构成低的产品,生产价格低于价值;工业品则是有机构成高的产品,生产价格高于价值;两者虽按生产价格交换,但在相等的生产价格的背后,则是农产品以大量劳动交换工业品的小量劳动,就是农业地区受到剥削,尽管它在交换中也得到利益。这种经济殖民地在垄断资本主义条件下当然被保留下来。

从经济殖民地,就很容易引出国内殖民地这个概念。国内殖民地也不涉及主权问题。马克思研究了美国各州谷物生产和谷物在各州之间的输入和输出,看到密歇根州在开始的时候,几乎全部人口都从事大宗农产品生产,以换取工业品,具备经济殖民地的特征。但这是在一国内部以农产品交换工业品,因而这种经济殖民地就是国内殖民地。这种国内殖民地在垄断

---

① 马克思:《资本论》(第一卷),郭大力、王亚南译,人民出版社 1963 年版,第 494 页注(234)。

② 同上。

③ 《列宁全集》(第三卷),人民出版社 1984 年版,第 543 页。

资本主义条件下同样保留下来。《帝国主义论》也论述国内殖民地。但是，用的语言是伊索寓言式的。《帝国主义论》的序言说："细心的读者不难用俄国代替日本，用芬兰、波兰、库尔兰、乌克兰、希瓦、布哈拉、爱斯兰和其他非大俄罗斯人居住的地区来代替朝鲜。"[①]朝鲜是日本的殖民地——国外殖民地，因而这些非大俄罗斯人居住区也是殖民地——国内殖民地。列宁说的国内殖民地，指的多半是被统治民族的聚居地。

经济殖民地的概念并没有被运用到《帝国主义论》中；《帝国主义论》中的殖民地概念指的只是殖民地国家，即政治殖民地，因而就有"半殖民地（波斯、中国、土耳其）"[②]之说。这指的是还部分拥有主权的国家。如果运用经济殖民地的概念，这些就都是经济殖民地了。

我想如果确立了经济殖民地的概念，大多数马克思经济学家就不会囿于联合国大会于 1960 年 12 月 14 日通过的、关于给予殖民地国家和人民独立的一纸宣言，以及由于原殖民地国家获得独立，以为政治殖民地的消灭，它们已经拥有主权，就是所有殖民地的消灭，就不会有那么多马克思主义经济学家认为再也不存在殖民地的对立面，即帝国主义了。

---

① 列宁：《帝国主义是资本主义的最高阶段》，人民出版社 1964 年版，第 4 页。
② 同上书，第 72 页。

后　记

1959 年,卢森堡的《资本积累论》中译本出版,我第一次阅读时,就感受极大的震动。这有两个原因:其一,她在书中明确提出资本主义经济是不能自己独自存在的,要以另一种经济成分的存在作为它存在的条件。这种看法同我已经接受的历史唯物论不完全相同。按照历史唯物论的公式,历史上继起的经济形态或社会形态,从前一经济形态或社会形态中产生(社会主义和共产主义社会例外)以后,就独自存在,不以其他经济形态或社会形态的存在为其存在的条件。因此,她是在向传统的历史唯物主义挑战。其二,1956 年,我在一篇拙作中论述垄断资本主义经济必须攫取垄断利润,而垄断利润又只能来自非垄断经济成分和非垄断经济成分中的社会成员。明眼人一看就知道,我事实上认为垄断资本主义经济是不能独自存在的。当时,这是极其大胆的提法,是离经叛道的。因此,一读《资本积累论》,知道卢森堡在方法论上(不是理论上)早已有此看法,这就为我壮了胆。在这一时刻,我就暗下决心:要为卢森堡写点什么。但是命途多舛。暗下决心时,我刚过"而立";到现在动手将其写出来,已是耄耋了——中间间隔 40 多年。

本书能够写成,是由于妻子 1946 年就勉励我读《资本论》,使我掌握了评价卢森堡的原则,对此,我永记心中。

本书能够出版,是由于得到全国哲学社会科学规划办公室设置的国家社会科学基金项目的资助,对此,我深表感谢。

陈其人(时年 85 岁)

2009 年 3 月

译 名 表

阿尔弗雷德·马歇尔	Alfred Marshall
爱德华·伯恩斯坦	Eduard Bernstein
爱德华·吉本·威克菲尔德	Edward Gibbon Wakefield
安德烈·冈德·弗兰克	Andre Gunder Frank
安·罗伯特·雅克·杜尔哥	Anne Robert Jacques Turgot
奥托·爱德华·利奥波德·冯·俾斯麦	Otto Eduard Leopold von Bismarck
奥托·鲍威尔	Otto Bauer
保罗·斯威齐	Paul Marlor Sweezy
保罗·亚历山大·巴兰	Paul Alexander Baran
鲍勃·萨克利夫	Bob Sutcliffe
本杰明·迪斯雷利	Benjamin Disraeli
彼得·阿尔卡季耶维奇·斯托雷平	Петр Аркадьевич Столыпин
彼得·伯恩哈多维奇·司徒卢威	Пётр Бернгардович Струве
彼罗·斯拉法	Piero Sraffa
伯纳德·孟德维尔	Bernard Mandeville
布阿吉尔贝尔	Boisguillebert
布鲁诺·希尔德布兰德	Bruno Hildebrand
大卫·布坎南	David Buchanan
大卫·李嘉图	David Ricardo
德斯蒂·德·特拉西伯爵	Antoine Distutt de Tracy
狄奥多罗斯	Diodorus
斐迪南·拉萨尔	Ferdinand Lassalle
费尔南·布罗代尔	Fernand Braudel
弗拉基米尔·米哈伊洛维奇·斯米尔诺夫	Владимир Михайлович Смирнов

弗拉基米尔·伊里奇·列宁	Vladimir Ilyich Ulyanov, Lenin
弗兰茨·奥本海默	Franz Oppenheimer
弗朗斯瓦·魁奈	Francois Quesnay
弗雷德里克·巴斯夏	Frédéric Bastiat
弗里茨·斯特恩堡	Fritz Richard Oskar Stern
弗里德里希·恩格斯	Friedrich Engels
弗里德里希·冯·维塞尔	Friedrich von Wieser
弗里德里希·李斯特	Friedrich List
富兰克林·德拉诺·罗斯福	Franklin Delano Roosevelt
富兰克·奈特	Frank Knight
格奥尔基·瓦连廷诺维奇·普列汉诺夫	Георгий Валентинович Плеханов
格尔哈特·冯·舒尔采-格弗尼茨	Gerhard von Schulze-Gävernitz
古斯塔夫·冯·施穆勒	Gustav von Schmoller
哈里·马格多夫	Harry Magdoff
河上肇	Hajime Kawakam
赫伯特·乔治·威尔斯	Herbert George Wells
亨利·查理士·凯里	Henry Charles Carey
亨利·乔治	Henry George
卡尔·阿伦德	Carl Arend
卡尔·毕歇尔	Karl Bücher
卡尔·古斯塔夫·阿道夫·克尼斯	Karl Gustav Adolf Knies
卡尔·海因里希·马克思	Karl Heinrich Marx
卡尔·考茨基	Karl Kautsky
卡尔·李卜克内西	Karl L'iebknecht
卡尔·门格尔	Carl Menger
卡尔·威尔海姆·舍勒	Carl Wilhelm Scheele
坎蒂耶纳·卡尔	Etienne Cabet
康斯坦西奥	Constancio
克劳德·昂利·圣西门	Claude-Henri de Rouvroy, Comte de Saint-Simon
克里斯托弗·蔡斯-邓恩	Christopher Chase-Dunn
肯尼斯 J. 塔尔巴克	Kenneth J. Tarbuck
孔狄亚克	Condillac

理查德·坎蒂隆	Richard Cantillon
理查德·柯布登	Richard Cobden
理查德·瓦格纳	Richard Wagner
列·阿·列昂节夫	Л. А. Леонтев
卢森贝	Д.И. Розенберг
鲁道夫·希法亭	Rudolf Hilferding
路德维希·冯·米塞斯	Ludwig von Mises
路德维希·库格曼	Ludwig Kugelmann
路易·奥古斯特-布朗芒	Louis Auguste-Blanqui
路易-勃朗	Louis Blanc
路易·腓立浦(菲利普)	Louis Philippe
路易斯·亨利·摩尔根	Lewis Henry Morgan
罗伯特·欧文	Robert Owen
罗杰·欧文	Roger Owen
罗纳德·林德利·米克	Ronald Lindley Meek
罗莎·卢森堡	Rosa Luxemburg
马克西姆·高尔基	Maxim Gorky
米哈伊尔·伊凡诺维奇·罗斯托夫采夫	Michael Ivanovitch Rostovtzeff
米哈伊尔·伊萨科维奇·李伯尔	Михаил Исаакович Либер（Гольдман）, liber
米哈伊尔·伊万诺维奇·杜冈-巴拉诺夫斯基	Mikhail Ivanovich Tugan-Baranovsky
莫里斯·多布	Maurice Dobb
纳骚·威廉·西尼尔	Nassau William Senior
尼古拉·伊万诺维奇·布哈林	Николай иванович Бухарин
尼古拉·伊万诺维奇·季别尔	Никоиећ· Ивановичэиöер
欧根·冯·庞巴维克	Eugen Bohm-Bawerk
欧内斯特·曼德尔	Ernest Mandel
皮埃尔-约瑟夫·蒲鲁东	Pierre-Joseph Proudhon
乔治·贝克莱	George Berkeley
乔治·拉姆赛	George Rams
乔治·约瑟芬·斯蒂格勒	George Joseph Stigler
让-巴蒂斯特-柯尔培尔	Jean Baptiste Colbert
让-巴蒂斯特·萨伊	Jean-Baptiste Say

让·沙尔列奥尔·西蒙德·德·西斯蒙第	Jean Charles Léonard Simonde de Sismondi
萨米尔·阿明	Samir Amin
汤姆·堪普	Tom Kemp
梯尔	K. Diehl
托马斯·罗伯特·马尔萨斯	Thomas Robert Malthus
托尼·克里夫	Tony Cliff
瓦列里安·弗拉基米罗维奇·古比雪夫	Валериáн Влади́мирович Ку́йбышев
瓦西里·巴甫洛维奇·沃龙佐夫	Василий Павлович Воронцов
威廉·阿瑟·刘易斯	William Arthur Lewis
威廉·高德文	William Godwin
威廉·卡尔·约瑟夫·库诺	Wilhelm Carl Josef Cuno
威廉·罗雪尔	Wilhelm Roscher
威廉·配第	William Petty
维尔纳·桑巴特	Werner Sombart
维拉·伊万诺夫娜·查苏利奇	Вера Ивановна Засулич
希尔特布兰	Hildebrand
谢尔盖·米洛诺维奇·基洛夫	Сергéй Миро́нович Ки́ров
谢尔盖·尼古拉耶维奇·布尔加科夫	Сергей Николаевич Булгаков
亚当·斯密	Adam Smith
亚历山大·亚历山德罗维奇·波格丹诺夫	Alexander Aleksandrovichc Bogdanov
叶甫盖尼·阿列克谢耶维奇·普列奥布拉任斯基	Преображенский，Евгений Алексееви
伊曼纽尔·莫里斯·沃勒斯坦	Immanuel Maurice Wallerstein
尤利乌斯·冯·基尔希曼	Julius Hermann von Kirchmann
约翰·阿特金森·霍布森	John Atkinson Hobson
约翰·巴顿	John Barton
约翰·布莱特	John Bright
约翰·卡尔·洛贝尔图斯	Johann Karl Rodbertus
约翰·克拉克	John Clark
约翰·雷姆赛·麦克库洛赫	John Ramsay McCulloch
约翰·梅纳德·凯恩斯	John Maynard keynes
约翰·斯图尔特·穆勒(小穆勒)	John Stuart Mill
约瑟夫·普利斯特列	Joseph Priestley

译 名 表

约瑟夫·唐森	Joseph Townsend
詹姆斯·德哈姆·斯图亚特	James Denham Steuart
詹姆斯·穆勒（老穆勒）	James Mill